Silke Lahn / Jan Christoph Meister

Einführung in die Erzähltextanalyse

Mit Beiträgen von Matthias Aumüller, Benjamin Biebuyck,
Anja Burghardt, Jens Eder, Per Krogh Hansen, Peter Hühn,
Markus Kuhn, Felix Sprang und Andreas Veits

3., aktualisierte und erweiterte Auflage

Mit Abbildungen und Grafiken

J. B. Metzler Verlag

Die Autoren
Silke Lahn ist Wissenschaftliche Mitarbeiterin an der Universität Hamburg.
Jan Christoph Meister ist Professor für Neuere deutsche Literatur (Literaturtheorie, Textanalyse, Computerphilologie) an der Universität Hamburg.
Weitere Informationen zu den beiden Autoren und den neun Beiträgern finden Sie auf den Seiten 312 bis 313.

Zitationsmuster für die einzelnen Kapitel des Bandes:
Eder, Jens: Film [Kap. V.3]. In: Lahn, Silke/Meister, Jan Christoph: Einführung in die Erzähltextanalyse. 3., aktual. und erweiterte Aufl. Stuttgart 2016, S. 269–281.
Lahn, Silke: Zeitrelationen zwischen Diskurs und Geschichte [Kap. II.2.3]. In: Dies. / Meister, Jan Christoph: Einführung in die Erzähltextanalyse. 3., aktual. und erweiterte Aufl. Stuttgart 2016, S. 143–165.

Gedruckt auf chlorfrei gebleichtem, säurefreiem und alterungsbeständigem Papier

Bibliografische Information Der Deutschen Nationalbibliothek
Die Deutsche Nationalbibliothek verzeichnet diese Publikation in der Deutschen Nationalbibliografie; detaillierte bibliografische Daten sind im Internet über http://dnb.d-nb.de abrufbar.

ISBN 978-3-476-02598-2

Dieses Werk einschließlich aller seiner Teile ist urheberrechtlich geschützt. Jede Verwertung außerhalb der engen Grenzen des Urheberrechtsgesetzes ist ohne Zustimmung des Verlages unzulässig und strafbar. Das gilt insbesondere für Vervielfältigungen, Übersetzungen, Mikroverfilmungen und die
Einspeicherung und Verarbeitung in elektronischen Systemen.

© 2016 J. B. Metzler Verlag GmbH, Stuttgart
www.metzlerverlag.de
info@metzlerverlag.de

Einbandgestaltung: Finken & Bumiller, Stuttgart (Foto: picture alliance)
Satz: primustype Hurler GmbH, Notzingen
Druck und Bindung: TenBrink, Meppel, Niederlande

Inhaltsverzeichnis

Geleitwort zur 2. Auflage IX
Vorwort XI

I	Was ist Erzählen?	1
1	Erscheinungsformen des Erzählens	5
2	Formale Merkmale des Erzählens	9
3	Funktionen des faktualen Erzählens	12
4	Funktionen des fiktionalen Erzählens	13
5	Literarisch-fiktionales Erzählen als Kommunikation	16
6	Begriffssystematik	18

II	Kurze Geschichte der Erzähltheorie	23
1	Antike	26
2	Moderne	29
2.1	Von der Romantheorie zur Erzähltheorie: Der formanalytische Ansatz in Deutschland	29
2.2	Russischer Formalismus	31
2.3	Untersuchungen zur Erzählperspektive	32
2.4	Untersuchungen zur Zeitgestaltung	35
2.5	Französischer Strukturalismus und Narratologie	36

III	Drei Zugänge zum Erzähltext	43
1	Autor und Autorkonzepte	46
1.1	Der reale Autor	48
1.2	Das Autorkonzept	51
2	Paratexte	54
3	Genres der Epik	60

IV	Die drei Dimensionen des Erzähltextes	69
1	Wer erzählt die Geschichte? – Parameter des Erzählers	73
1.1	Zur Darstellung des Erzählers	74
1.2	Erzähler und erzählte Welt – ontologische Bestimmung	78
1.2.1	Problemfelder bei Bestimmung der ontologischen Erzählerposition	84
1.2.2	Stanzels ›Typenkreis der Erzählsituationen‹	88
1.3	Erzähler und Erzählebenen – repräsentationslogische Bestimmung	90
1.3.1	Rahmen- und Binnenerzählung	90
1.3.2	Funktionen von Binnenerzählungen	94
1.3.3	Funktionen von Rahmenerzählungen	98
1.3.4	Metalepsen	101

1.4	Erzähler und Geschehenszeitpunkt – zeitlogische Bestimmung	103
1.5	Zur Darstellung des Adressaten	107
2	**Wie erzählt der Erzähler? – Parameter des Diskurses**	112
2.1	Anlage der Erzählperspektive	114
2.1.1	Fokalisierung nach Genette	116
2.1.2	Perspektivierung nach Schmid	121
2.2	Präsentation von Rede und mentalen Prozessen	126
2.2.1	Erzählerrede und Figurenrede	127
2.2.2	Drei-Stufen-Modell der Redewiedergabe	129
2.2.3	Textinterferenz-Modell	138
2.3	Zeitrelationen zwischen Diskurs und Geschichte	143
2.3.1	Erzählte Zeit vs. Erzählzeit	145
2.3.2	Ordnung: In welcher Reihenfolge?	147
2.3.3	Dauer: Wie lange?	152
2.3.4	Frequenz: Wie oft?	156
2.3.5	Weitere Elemente der Zeitgestaltung	159
2.4	Wissensvermittlung und Informationsvergabe	165
2.4.1	Erzählen als Mittel der Wissensbildung	166
2.4.2	Steuerung von Leseraffekten durch Informationsvergabe	169
2.4.3	Sympathielenkung durch Informationsvergabe	172
2.5	Erzählen über das Erzählen	174
2.5.1	Geschehensillusion und Erzähllillusion	175
2.5.2	Metanarration	178
2.5.3	Von der Erzähllillusion zur Selbstreflexion des Erzählens	182
2.5.4	Von der Selbstreflexion des Erzählens zur Metafiktion	185
2.6	Zuverlässigkeit des Erzählens	189
2.7	Merkmale des Stils	194
2.7.1	Was ist ›Stil‹? – Zu den verschiedenen Stilkonzepten	195
2.7.2	Wie kann man Stil erforschen? – Zur Stilanalyse	198
2.7.3	Vernetzung von Stilmitteln	200
3	**Was erzählt der Erzähler? – Parameter der Geschichte**	204
3.1	Aspekte der Thematik	208
3.2	Handlung	215
3.2.1	Was ist ›Handlung‹?	215
3.2.2	Geschehnis, Ereignis, Geschehen, Geschichte – und Erzählung	216
3.2.3	Handlungskonzepte	219
3.2.4	Die erzählte Handlung	221
3.2.5	Handlungstypen	224
3.2.6	Handlungslogik	226
3.2.7	Erzähltechnische Handlungsanalyse in der Praxis	232
3.3	Figuren	234
3.3.1	Das Interesse des Lesers an den Figuren	234
3.3.2	Figuren als fiktive, durch sprachliche Referenz erschaffene Personen	237
3.3.3	Figurenmodelle	239
3.3.4	Charakterisierung	242

3.3.5	Figuren als Aktanten	246
3.4	Aspekte des Raums	249
3.5	Aspekte der zeitlichen Situierung	255

V	**Weitere Themenfelder der narratologischen Analyse**	**259**
1	**Lyrik**	263
2	**Drama**	266
3	**Film**	269
3.1	Audiovisuelle Darstellungsmittel	270
3.2	Zeitlichkeit	272
3.3	Mehrschichtigkeit	273
3.4	Konkretheit der dargestellten Welt	275
3.5	Zurücktreten von Erzählinstanzen	276
3.6	Formen der Perspektivierung	277
3.7	Pragmatik und Emotionalität	279
4	**Comic**	282
4.1	Informationsvergabe durch das Bild	283
4.2	Informationsvergabe durch Sprache	284
5	**Digitale Erzähltextanalyse**	287

VI	**Anhang**	**295**
1	Glossar erzähltheoretischer Grundbegriffe	297
2	Über die Autoren und Beiträger	312
3	Verzeichnis der Abkürzungen	314
4	Literatur zur Erzähltheorie	315
5	Sachregister	319
6	Personen- und Titelregister	327

Geleitwort zur 2. Auflage

Seit den 1990er Jahren hat in unserer kulturellen Praxis und in ihrer wissenschaftlichen Reflexion das Erzählen als Organisationsform sowohl individueller Repräsentation als auch gemeinschaftlicher Verständigung besondere Beachtung gefunden. Dabei ist der Begriff ›Erzähltexte‹ zunächst auf sprachliche, dann aber auch auf weitere Vermittlungsweisen zu beziehen, die faktuale und fiktionale Gegenstandsbereiche erschließen. Erzählt wird beispielsweise zum Alltagsgeschehen, zur Vorgeschichte von Krankheiten, in psychotherapeutischen Bestandsaufnahmen, vor Gericht, in den Reportagen der Print-, Ton- und Bildmedien, in der Bibel, in der Historiographie sowie in den erfundenen Geschichten der Mythen, Märchen, der Belletristik, der Theaterstücke, der Film- und Fernsehwelten. Mit solchen ersten Markierungen ist der Zuständigkeitsbereich einer interdisziplinären ›Erzählforschung‹ umrissen. Für sie gilt als Vorgabe, dass zunächst die Bedingungen zu formulieren wären, die gemeinsam für unterschiedliche Erzählungen gelten, um sodann die Besonderheiten herauszuarbeiten, die den verschiedenen Anwendungsbereichen angemessen sind.

Die von Silke Lahn und Jan Christoph Meister konzipierte »Einführung in die Erzähltextanalyse« erfüllt diese Aufgabe in überzeugender Weise, indem sie – nach Überlegungen zu »Was ist Erzählen?« und einer knappen Übersicht zur Geschichte der Erzähltheorie – drei Zugänge zur Erzähltheorie als Grundlegung für ein systematisches Vorgehen in der Analyse von Erzählungen unterschiedlicher Art herausstellt: **Wer** erzählt die Geschichte, **wie** wird erzählt, **was** erzählt der Erzähler? Aus mehreren Teilkapiteln ist als weitere Frage zu erschließen: Welches Ziel wird im Erzählen verfolgt? Damit sind auch die zahlreichen kommunikativen Anwendungsbereiche des Erzählens im Blick zu behalten.

Die Autoren des Bandes überschauen die heute breit entwickelte Diskussion zur Erzähltheorie in souveräner Weise und beweisen großes Geschick darin, den Erfahrungsfundus der Narratologie und ihrer Anwendungen in der Analyse narrativer Kommunikation so zu nutzen und in einem überzeugenden Aufbau des Bandes zu strukturieren, dass ihrer »Einführung« auch ohne philologische Vorkenntnisse zu folgen ist. Auf den aktuellen Forschungsstand wird in kurzen bibliographischen Anhängen zu den einzelnen Kapiteln hingewiesen, ohne dabei eine dogmatisierende Absicht zu verfolgen. So kann dieses Buch für Lehrveranstaltungen in den Philologien und in der Medienwissenschaft mit erheblichem Gewinn für ein vertiefendes Selbststudium eingesetzt werden; darüber hinaus eignet es sich dazu (was nicht allen Einführungen dieser Art zugeschrieben werden kann), prinzipiell das Interesse am reflektierten Umgang mit fiktionalem und faktualem Erzählen zu wecken und zu fördern.

Das entschieden pragmatische Vorgehen in verständlich-präziser Darstellungsweise wird verdeutlicht durch die detaillierte Gliederung des Bandes, das konsequente Explizieren der Fachbegriffe (gestützt durch ein vorzüglich disponiertes Glossar und ein ausführliches Register der Sachbezüge), nützliche Tabellen und Schaubilder sowie einer Fülle von Anwendungsbeispielen aus dem literarisch-fiktionalen Erzählen. Mit Vorgaben zur Film-Analyse wird auch der Gegenstandsbereich der audiovisuellen Vermittlung erschlossen. Hilfreich wäre es gewesen, zudem für den Bereich des faktual orientierten Erzählens ein Analyse-Beispiel (etwa eine Gerichtsreportage) aufzunehmen, um zu zeigen, welche Anwendungsmöglichkeiten die pragmatische Konzeption und die Perspektivenvielfalt dieses Bandes zu eröffnen vermögen.

Die beiden Autoren dieser »Einführung« waren eingebunden in die Forschergruppe zur Narratologie (FGN), die von der Deutschen Forschungsgemeinschaft 2001 an der Universität Hamburg eingerichtet wurde. Diese Projektarbeit führte 2004 zur Gründung des Interdisziplinären Centrums für Narratologie (ICN), das in Hamburg und von Hamburg ausgehend Forschungs- und Ausbildungsleistungen zu Theorie und Praxis des Erzählens organisiert, sowie 2009 zum Aufbau eines European Narratology Network (ENN) und 2010 zur kooperativen Unternehmung des netzgestützten *Living Handbook of Narratology* (LHN). Jan Christoph Meister leitet gegenwärtig das ICN und ist Executive Director des LHN. Im Sinne solcher interdisziplinären und internationalen Zusammenarbeit wurden sieben Kolleginnen und Kollegen aus dem In- und Ausland für ergänzende Beiträge zu diesem Band gewonnen. So kann das Buch als Beispiel dafür gelten, welche besonderen Leistungen die kooperative Praxis von Wissenschaft auch für ein Unterrichtswerk zu erbringen vermag, das sich in entschiedener und zugleich wohl bedachter Weise als zeitgemäß versteht.

Hamburg, im Januar 2013　　　　　　　　　　　　　　　　Jörg Schönert

Vorwort

> Alle in diesem Buch vorgestellten Figuren, die 1. Person Singular eingeschlossen, sind gänzlich fiktiv und stehen in keiner Beziehung zu wem auch immer, lebendig oder tot.
>
> Flann O'Brien: *At Swim-Two-Birds* (1939)

Dieses paradoxe Motto trifft auf den vorliegenden Band kaum zu: Mit Ausnahme der Helden in einigen aus der Erzählliteratur zitierten Passagen, die wir als Textbeispiele heranziehen, sind die von uns erwähnten Figuren (wie auch wir, die Autoren) reale Personen: Literaturwissenschaftler, Erzähltheoretiker und Narratologen. Auch sind wir nicht beziehungslos: Uns alle – und hoffentlich auch Sie, verehrte Leser – verbindet ja das Interesse an eben jenem Phänomen, das der irische Romancier Flann O'Brien in seinem furiosen Roman *At Swim-Two-Birds* (*In Schwimmen-Zwei-Vögel*) vorführt. Das Buch mit dem seltsamen Titel ist ein Roman über das Schreiben eines Romans, und das Phänomen, das uns schon mit seinem selbstironischen Motto begegnet, ist genau jenes, um das es auch in unserem Buch gehen wird: die Kunst des Erzählens.

Jeder Erzähltext ist das Ergebnis einer sorgfältigen Konstruktionsarbeit. Erzähltheorien wollen die Bedingungen dieser Herstellung rekonstruieren und den Konstruktionsprozess modellhaft transparent machen. Als angewandte literaturwissenschaftliche Methode ist jede Erzähltextanalyse, die sich ihrerseits an einer Erzähltheorie orientiert, kein Selbstzweck: Sie ist vielmehr eine **Heuristik**, eine Methode des kontrollierten Beschreibens und Befragens, die eine verlässliche Grundlage legen will für das, was nach wie vor als Kerngeschäft aller Philologien gelten kann – die Deutung von Texten, also **Hermeneutik**.

Der vorliegende Band zur Einführung in die Erzähltextanalyse möchte ein narratologisch fundiertes begriffliches und methodisches Instrumentarium an die Hand geben, mit dem die – größtenteils, aber nicht durchweg – vorinterpretative Erkundung und Beschreibung eines erzählenden Texts systematisch durchgeführt werden kann. Gerade der bewusste Verzicht auf eine Textdeutung lässt hervortreten, was konkrete Erzähltexte als Mitglieder der Gattung Epik verbindet: eine Vielfalt formaler und gestalterischer Techniken und Verfahren, die in dieser Kombination nur der narrativen Repräsentation zur Verfügung stehen.

Welche Erzähltheorie, welche Narratologie? Die literaturwissenschaftliche Theoriebildung zum Phänomen des Erzählens blickt heute auf eine gut einhundertjährige Geschichte zurück. Der Strukturalist Tzvetan Todorov prägte 1969 den Begriff ›**Narratologie**‹ für eine Wissenschaft vom Erzählen, die sich nach seiner Auffassung ausschließlich mit der formalen Analyse von Erzähltexten befassen sollte. Die Blütezeit dieses sogenannten »harten« oder »klassischen« Strukturalismus währte nicht lange, auch wenn der davon ausgehende methodische Impuls noch bis heute nachwirkt. *Die* Narratologie, *die* Erzähltheorie hat es nie gegeben und gibt es auch heute nicht – wie in jeder lebendigen Wissenschaft konkurrieren verschiedene Modelle, Terminologien und methodische Philosophien. Eine homogene Theorie aus einem Guss und ohne methodische Brüche kann es für dynamische kulturelle Phänomene wie das Erzählen wohl auch kaum geben.

Vor diesem Hintergrund ist es erstaunlich, dass die verschiedenen Literaturwissenschaften lange darauf verzichtet haben, in ihrer Auseinandersetzung mit dem Erzählen die Ansätze der anderen Nationalphilologien zur Kenntnis zu nehmen. Man beschränkte sich trotz des universalistischen Anspruchs der Erzähltheorie auf die eigene Nationalliteratur, statt auszutauschen, zu vergleichen und zusammenzuführen. Wie ungemein fruchtbar dagegen das Ausbrechen aus dem Korsett einer rigiden Systematik und einer nationalphilologischen Theorietradition sein kann, haben die Arbeiten Gérard Genettes gezeigt, der 1972 mit *Discours du récit* und 1983 mit *Nouveau discours du récit* der Narratologie neue Impulse zu verleihen vermochte. Genette selbst rezipierte neben den französischen Narratologen auch die deutschen und angelsächsischen Erzähltheoretiker. In seinen Arbeiten zeigt er sich als ein ausgezeichneter Kenner dieser Traditionen. Die Vielzahl der von Genette geprägten narratologischen Fachbegriffe, die wir heute verwenden, verdeckt insofern die Tatsache, dass Genettes eigentliche Leistung darin bestand, eine Vielzahl von theoretischen Ansätzen systematisch zu integrieren, ohne dabei dem Systemzwang zu hohen Tribut zu zollen. Im Zentrum der von Genette begründeten angewandten Narratologie steht eher ein pragmatisches Anliegen: Es geht darum, unser Verständnis des Erzähltextes auf das Fundament nachvollziehbarer Textbeobachtungen zu stellen.

Zur Systematik: Dem Beispiel Genettes folgend, werden im vorliegenden Band verschiedene Ansätze der Erzähltheorie und Narratologie vorgestellt und systematisch integriert, soweit dies sinnvoll und sachlich gerechtfertigt ist. Im Mittelpunkt des Buches (Kap. IV.) steht dabei die **Analyse der drei Dimensionen fiktionaler Erzähltexte,** die sich ihrerseits durch drei **Leitfragen** erschließen lassen:

- Wer erzählt? (Kap. IV.1)
- Wie wird erzählt? (Kap. IV.2)
- Was wird erzählt? (Kap. IV.3)

Auf dem Weg dorthin werden der Begriff und das Phänomen des **Erzählens**, die Geschichte der **Erzähltheorie** und die pragmatischen Formen des Zugangs zum **Erzähltext** behandelt (Kap. I. bis III.); ein Ausblick auf **weitere Formen** des Erzählens steht am Ende des Bandes (Kap. V.). Wir möchten Studienanfängern der Literaturwissenschaft damit insgesamt ein erzähltheoretisches Instrumentarium an die Hand geben, um die Anlage von Erzähltexten analysieren und beschreiben zu können, wollen diese erzähltheoretische Annäherung an den Gegenstand jedoch zugleich in einen umfassenderen Kontext rücken. Theoriegeschichtliches Interesse tritt dabei allerdings in den Hintergrund; wir behandeln diesen Aspekt nur punktuell, um wichtige systematische Problemlagen zu verdeutlichen.

Zur Benutzung des Buches: Um den Haupttext so weit wie möglich von bibliographischen Nachweisen und Fußnoten zu entlasten, erscheinen die Angaben zur Sekundärliteratur nur in Kurzform; ausführliche bibliographische Angaben stehen jeweils am Ende des Kapitels. Mit Hilfe des Glossars können Termini schnell nachgeschlagen werden; über das Register ist zu ermitteln, wo in dem Band der Begriff behandelt wird. Die für den Band erstellten Grafiken stehen im Internet zum Download bereit; sie können nach Maßgabe der Creative Commons Public Licence für den Eigengebrauch und die Verwendung in der Lehre benutzt werden (http://www.jcmeister.de/eta-grafiken bzw. http://www.metzlerverlag.de/978-3-476-02598-2).

Wir danken Frau Ute Hechtfischer für ihre geduldige und stets kompetente Anleitung, Herrn Henning Brockmann für umsichtige Unterstützung bei der Erstellung von Grafiken und der Umsetzung der zahlreichen Korrekturen sowie Frau Sibylle Kronenwerth für sorgfältiges Korrekturlesen des Umbruchs und Unterstützung bei der Registererstellung. Unser besonderer Dank gilt den Beiträgern zu diesem Band: den Slavisten Matthias Aumüller und Anja Burghardt, dem Germanisten Benjamin Biebuyck, dem Filmwissenschaftler Jens Eder, dem Skandinavisten Per Krogh Hansen sowie den Anglisten Peter Hühn und Felix Sprang. Anregungen, Kritik und wichtige Impulse lieferten unsere Hamburger Kollegen aus dem Kreis des Interdisziplinären Centrums für Narratologie (ICN) und unsere Hamburger Studierenden.

Zur 2. Auflage: Für die 2. Auflage wurden Satzfehler korrigiert sowie einige Aktualisierungen und Ergänzungen eingefügt. Zudem wurden die Literaturangaben um neue Titel ergänzt. Wir danken Jan Horstmann für sorgfältige Durchsicht der 1. Auflage und Unterstützung bei der Titelrecherche sowie Jörg Schönert für seine kritische Lektüre und das Geleitwort.

Zur 3. Auflage: Für die 3. Auflage kamen neu die beiden Unterkapitel »V.4 Comic« von den beiden Medienwissenschaftlern Markus Kuhn und Andreas Veits sowie »V.5 Digitale Erzähltextanalyse« von Jan Christoph Meister hinzu. Zudem haben wir Satzfehler korrigiert, die Literaturangaben auch diesmal um neue Titel ergänzt und die bereits genannten auf die gegenwärtige Auflage aktualisiert. Wir danken Tomasz Gralla und Dr. Wilhelm Schernus für die umfangreiche Unterstützung bei der Titelrecherche.

Neu ist auch das Coverfoto. Sie fragen sich, was die russische Matrjoschka – zweiteilige Holzpuppen, die man ineinander schachteln kann – mit der Erzähltextanalyse zu tun hat? Des Rätsels Lösung finden Sie auf S. 92 dieses Bandes.

Hamburg, im Juli 2008, im Januar 2013 und im April 2016

Silke Lahn
Jan Christoph Meister

I Was ist Erzählen?

1 Erscheinungsformen des Erzählens
2 Formale Merkmale des Erzählens
3 Funktionen des faktualen Erzählens
4 Funktionen des fiktionalen Erzählens
5 Literarisch-fiktionales Erzählen als Kommunikation
6 Begriffssystematik

Einleitung

Erzählen und Erzählungen begleiten den Menschen in allen Kulturen und historischen Epochen. Ein deutliches Bewusstsein für die dominierende Rolle, die das Erzählen in unserer sozialen Alltagspraxis, in den verschiedensten Wissenschaftsbereichen, aber auch in unserem persönlichen Denken spielt, hat sich jedoch erst seit dem Aufkommen des französischen Strukturalismus in den 1960er Jahren entwickelt.

Der narrative turn: Die Einsicht in die zentrale Rolle des Erzählens für unsere gesamte Kulturpraxis bezeichnet man als **narrative turn**. Sie markiert eine Wende in unserer Einstellung gegenüber dem Phänomen des Erzählens, das bis dahin entweder als eine eher triviale Alltagstatsache oder aber als eine der literarischen Fiktion vorbehaltene Form des Imaginierens, Mitteilens und Unterhaltens angesehen wurde. Ausrufe wie »Erzähl' mir doch nichts!« und geläufige Pauschalurteile wie »Alle Dichter lügen …« weisen noch heute auf die untergeordnete Rolle, die dem Erzählen als einer irgendwie nicht ganz seriösen Darstellungsform zugemessen wird. Wer erzählt, so wird insgeheim vermutet, nimmt es mit der Wahrheit wohl nicht so ganz genau. Seit dem *narrative turn* hingegen gilt: Nicht nur die Dichter, sondern (fast) alle erzählen, sei es im Alltag, sei es in der Wissenschaft. Unfallberichte, Wetterprognosen, Wegbeschreibungen, Krankengeschichten, Laborberichte von physikalischen Experimenten und in einem abstrakten Sinne selbst mathematische Formeln besitzen in vielen Fällen eine mehr oder weniger ausgeprägte narrative Struktur: Sie präsentieren Fakten oder Annahmen nicht nur punktuell und isoliert, sondern als Bestandteile eines dynamischen Prozesses, in dessen Verlauf sich etwas ›ereignet‹. Wahrnehmungen und Messwerte in Listen erfassen können auch Computer – das Erzählen als Methode des Verknüpfens solcher Informationen begreifen viele Theoretiker hingegen als die genuin menschliche Form der Repräsentation von Fakten, Wissen, Glauben, Vorstellungen und Erfahrungen. Denn für uns Menschen gilt: Es gibt so gut wie nichts, was sich nicht erzählen ließe – und es gibt wohl nichts, worüber nicht auch erzählt wird.

Against narrativity: Die besondere Aufmerksamkeit, die das Erzählen seit dem *narrative turn* erfährt, birgt allerdings auch ein methodisches Risiko. Wenn überall und zu jeder Zeit erzählt wird, was bedeutet dann überhaupt noch der Begriff ›Erzählen‹? Gibt es eigentlich noch etwas außerhalb des Erzählens? Der Theoretiker Galen Strawson hat diese Frage 2004 in einem Artikel aufgegriffen, dem er den polemischen Titel »Against Narrativity« (sinngemäß übersetzt: »Gegen das Erzählen«) gab. Strawson geht es in seiner Polemik dabei weniger um das literarische Erzählen als um die seit dem *narrative turn* verbreitete Annahme, dass auch unsere eigene Selbstwahrnehmung im Kern unumgänglich narrativ – also erzählend – strukturiert sei. Das, so Strawson, ist ein Irrtum: Dem Erzählen als synthetisierender, sinnstiftender Wahrnehmungsform steht seiner Meinung nach in unserer Psychologie eine zweite Form gegenüber. Das notwendige Gegengewicht zur Narrativität sei »Episodizität« – eine offene Wahrnehmungsform, in der wir gerade das Fragmentarische, Unverbundene und Momentane als positiv erfahren. – Man mag Strawsons Behauptung für überzeugend halten oder nicht: Sein kritischer Einwand als solcher ist methodisch angebracht. Wer etwas Sinnvolles über das Erzählen sagen will, darf es nicht absolut setzen. In der Praxis der Erzähltextanalyse ist es deshalb lohnenswert, sich gelegentlich die Frage zu stellen: »Könnte man das, was hier erzählt wird, auch in einer nicht-erzählenden Form vermitteln?« Gerade mit dieser Frage nämlich rückt die Spezifik des Erzählens in unser Blickfeld.

1 Erscheinungsformen des Erzählens

Erzählen als anthropologische Universalie: Wie das Sprechen gilt das Erzählen heute als eine anthropologische Universalie und insofern als eine Kompetenz und Praxis, die für den Menschen als Menschen bestimmend ist. Nicht erzählen zu können ist dagegen etwas, was man sich nur sehr schwer vorstellen kann. Paul Maars (2004) *Geschichte vom Jungen, der keine Geschichten erzählen konnte* hat so einen Menschen zum Gegenstand. Ihr Held, der Junge Konrad, kennt zwar jede Menge Fakten – aber erzählen kann er nicht:

> »Versuch es mal so: Denk dir einfach irgendeine Geschichte aus«, sagte sein Vater. – »Einfach ausdenken? Ihr wollt, dass ich lüge?«, fragte Konrad empört. – »Nein, du sollst etwas erfinden. Das ist was ganz anderes«, sagte Vater. »Fang doch mal so an: Vor langer, langer Zeit...« – »Vor langer Zeit ist mir viel zu ungenau«, sagte Konrad. »Da müsste ich erst wissen, was du unter einer langen Zeit verstehst, Papa.« Seine Mutter sagte: »Dann versuch es doch mal mit diesem Anfang: Eines Tages...« – »Was heißt eines Tages?«, fragte Konrad. »Woher soll ich wissen, von welchem Tag du sprichst, Mama?« Konrads Mutter seufzte. Seine kleine Schwester Susanne kam ihm zu Hilfe. »Ich fange immer so an: Es war einmal eine Maus«, fing sie an. – »Spitzmaus, Hausmaus oder Wühlmaus?«, fragte Konrad, der sich in Biologie bestens auskannte. »Die Mäuse gehören zur Gattung der Nagetiere. Man unterscheidet zwei Gruppen, die echten Mäuse und die Wühlmäuse.« Nun seufzte auch sein Vater. »Er weiß wirklich nicht, wie man Geschichten erzählt«, sagte er leise zu seiner Frau.

Paul Maar: *Die Geschichte vom Jungen, der keine Geschichten erzählen konnte* (2004)

Was ist Erzählen? Der Junge Konrad kann nicht erzählen – aber was genau **ist** Erzählen? Woran erkennen wir es? Die Frage ist nicht leicht zu beantworten, denn der Begriff des Erzählens vermengt sich in der Alltagsrede schnell mit anderen, scheinbar verwandten, wie zum Beispiel denen des Berichtens, Beschreibens, Schilderns oder Informierens. Wie das Erzählen sind ja auch dies Formen des symbolischen Darstellens von etwas, was nicht anwesend ist. Wir wollen deshalb zunächst einmal umgekehrt fragen: Welche Form der symbolischen Darstellung wäre denn eindeutig **kein** Erzählen? Betrachten wir ein Beispiel:

»Zu viele Personen, zu wenig Handlung!« – So lautet ein alter Witz über das Telefonbuch als missglückte Erzählung. Blicken wir auf die abgebildete Seite, so scheint das zunächst plausibel. Dennoch kann man auch aus einem Telefonbuch **eine Erzählung machen**, wie Hartmut Jäckels Roman *Menschen in Berlin. Das letzte Telefonbuch der alten Reichshauptstadt 1941* (2000) zeigt. Das Buch erzählt die Geschichten von 250 Menschen, deren Name, Berufsbezeichnung und Adresse der Autor im Berliner Fernsprechbuch von 1941 gefun-

Das Telefonbuch als nonnarrativer Text

I.1 Was ist Erzählen?

Hartmut Jäckel: *Menschen in Berlin. Das letzte Telefonbuch der alten Reichshauptstadt 1941* (2000)

den hat. Nur: Indem der Roman diese Biografien erzählt, präsentiert er uns eben nicht mehr eine bloße geordnete Liste mit Name, Vorname, Berufsbezeichnungen, Adresse und Telefonnummer, sondern er **verknüpft diese nüchternen Daten zu Lebensgeschichten**. Zudem ordnet er diese Geschichten einem symbolträchtigen Datum aus der deutschen Historie zu – dem Jahr 1941 nämlich, in dem das nationalsozialistische Deutschland Russland angriff und die Nazidiktatur die Maschinerie der Judenvernichtung in den Konzentrationslagern in großem Stil in Gang setzte. Dieses **Verknüpfen und gleichzeitige thematische Ordnen von Fakten zu Geschichten** zählt zu den Kernmerkmalen, an denen wir instinktiv Erzählungen erkennen.

Story vs. information: Die amerikanische Literaturtheoretikerin und Dichterin Susan Sontag unterscheidet entsprechend zwischen der *story*, die einen geschlossenen Sinnzusammenhang entwirft, und der bloße Details vermittelnden und deshalb immer fragmentarischen *information*. Sontag stellt fest: »There is an essential – as I see it – distinction between stories, on the one hand, which have, as their goal, an end, completeness, closure, and, on the other hand, information, which is always, by definition, partial, incomplete, fragmentary« (2007, S. 224). Wir können daraus eine vorläufige Definition von Erzählen ableiten, die wir im Laufe unserer Betrachtungen in diesem Band schrittweise präzisieren werden:

Vorläufige Definition

> Unter Erzählen verstehen wir das (sprachliche) **Ausdrücken, Verknüpfen** und gleichzeitige **thematische Ordnen** von (wahren oder vorgestellten) **Fakten zu Geschichten**.

Wie erfahren wir das Erzählen?

Unser instinktives Vermögen, Erzählungen als solche erkennen zu können, erklärt sich vermutlich daraus, dass wir der Praxis des Erzählens in unserer eigenen Lebensgeschichte von Anfang an begegnen. Wenn nämlich Erzählen das Verknüpfen und gleichzeitige thematische Ordnen von Fakten zu Geschichten ist, dann bekommen wir offenbar schon als Babys erzählt.

Erzählen als Kindheitserfahrung: Bereits in der frühesten Mutter-Kind-Interaktion wird etwa die aus der Hand gefallene Rassel oder der aus dem Mund gefallene Schnuller dem Kleinkind in der Regel ja nicht einfach nur kommentarlos zurückgegeben, sondern dieser Vorgang wird zugleich sprachlich und mimisch mit einer kleinen »Hier-Da«-Erzählung vom Typus »Wo ist denn der Schnuller? *Da* ist er ja, der Schnuller!« begleitet. Zwei Fakten – Abwesenheit und anschließende Anwesenheit eines begehrten Objekts – werden zeitlich und thematisch verknüpft und in sprachlicher Form als geschlossener Geschehenszusammenhang repräsentiert: Es wird etwas erzählt.

Erzählen als Prozess: Lange bevor Erzählungen als Mittel der Unterhaltung oder didaktischen Belehrung eingesetzt werden – etwa in Form von Märchen, als Angst einflößende Geschichten mit einer ausgeprägten ›Moral‹, als Beispielfälle oder historische Erzählungen – begegnet uns also die sprachliche Repräsentation von Vorgängen, die sich in der Gegenwart ereignen oder sich in der unmittelbaren oder fernen Vergangenheit vollzogen haben. Literaturwissenschaftler denken beim Stichwort ›Erzählen‹ zwar unwillkürlich an Texte und Bücher: Tatsächlich sind dies jedoch sekundäre Erscheinungsformen des Erzählens, nämlich seine materiellen Produkte. Das **Erzählen** selbst begegnet uns jedoch zunächst **als ein Prozess**, in dem wir verschiedene Rollen einnehmen:

- als Produzenten bringen wir Erzählungen hervor;
- als Vermittler verbreiten, übertragen und modifizieren wir Erzählungen;
- als Rezipienten schließlich verarbeiten wir sie zu den mentalen Bildern eines »Kopfkinos«.

Rollen im Prozess des Erzählens

In allen drei Rollen nehmen wir zugleich immer schon Aspekte der Form und Gestaltung der Erzählung wahr, und möglicherweise beginnen wir auch bereits darüber nachzudenken, welchen Sinn die noch im Entstehen begriffene Erzählung für uns hat, mit welcher Absicht sie uns berichtet worden sein mag und an welche anderen Erzählungen sie uns erinnert.

Erzählung als Produkt: Das **Produkt ›Erzählung‹** ist also das **Resultat eines Erzählprozesses**, an dem nicht nur Autoren, sondern verschiedene Akteure in verschiedenen Rollen Teil haben. Als Produkt wie als Prozess kann man Erzählungen im Wesentlichen unter zwei Perspektiven untersuchen: Was leisten Erzählungen – und wovon sind sie abhängig, um ihre spezifischen Funktionen wahrnehmen zu können?

Funktion der symbolischen Repräsentation: Erzählungen sind **symbolische Repräsentationen**; sie verwenden (Sprach-)Zeichen, um auf etwas zu verweisen, was (real oder imaginär) außerhalb des Symbolsystems existiert und geschieht. So gesehen haben Erzählungen vor allen Dingen die Funktion der sprachlichen Repräsentation von **Ereignissen** – wie wir am Beispiel des Telefonbuchs gesehen haben, lassen sich einzelne Objekte ja durchaus auch auf andere, ökonomischere Weise repräsentieren: etwa in Form einer Tabelle, in der einem Objekt A (Person) verschiedene Merkmale B, C, D (Vorname, Telefonnummer, Adresse) zugeordnet werden. Ereignisse hingegen kann man nur schwer tabellarisch darstellen.

Thomas Mann: *Der Tod in Venedig* (1912)

Form und mediale Träger: Wer erzählt, um Ereignisse zu repräsentieren, kann sich der verschiedensten Medien bedienen – von der mündlichen Vermittlung über den gedruckten Text bis hin zur audiovisuellen Präsentation. Das heißt: Die Funktion der Ereignisrepräsentation ist im Prinzip nicht vom Medium abhängig, sondern von der Form, in der etwas repräsentiert wird. Andererseits beeinflusst jedoch die Spezifik der narrativen Gestaltungsmittel, die uns ein Medium zur Verfügung stellt, deutlich die Erscheinungsweise der Erzählung. Mündliches, schriftliches und bildhaftes Erzählen gestalten in der Regel ein und die gleiche Geschichte auf sehr unterschiedliche Weise, auch wenn alle drei von denselben Ereignissen berichten. Thomas Manns Novelle *Der Tod in Venedig* (1912) zum Beispiel kann man als Buch lesen, sich als Hörbuch vorlesen lassen, in der berühmten Verfilmung von Luchino Visconti (1970) anschauen, als Oper *Death in Venice* von Benjamin Britten (1973) oder gar als Ballett in einer Inszenierung des Choreographen John Neumeier an der Hamburgischen Staatsoper (2003) betrachten: Die Ereignisfolge, die repräsentiert wird, ist jedes Mal die gleiche (s. auch Kap. IV.3.1). Was sich von Fall zu Fall unterscheidet, sind Details, die zum Teil mit der Wahl des Mediums zu tun haben. So wird in Neumeiers Ballettinszenierung aus der Hauptfigur Gustav von Aschenbach, der in der Novelle von Thomas Mann ein gefeierter Schriftsteller ist, nun ein berühmter Choreograph. Was beide Figuren indes gemeinsam haben – und nur dies ist für die Gesamtkonzeption der Handlung wirklich wichtig – ist die Tatsache, dass sie als Künstler eine Sinnkrise durchleben und zugleich in ihrer Männerrolle durch eine homoerotische Erfahrung, die nur angedeutet wird, verunsichert werden.

Funktionen des Erzählens

Nüchterne Detailinformationen, wie sie das Telefonbuch bereithält, interessieren uns, weil wir sie aus praktischen Gründen benötigen – aber was motiviert Menschen überhaupt, komplexe Ereigniszusammenhänge, die zudem oft in historischer Ferne liegen, in Form von Erzählungen zu repräsentieren? Mit dieser Frage rückt die psychologische und soziale Dimension des Erzählens ins Blickfeld.

Sinnbildung und ideologische Funktion: Gemäß unserer vorläufigen Definition ist das Erzählen eine Form der Repräsentation, für die zwei Merkmale charakteristisch sind: die **Verknüpfung** und die **Ordnung** des **Dargestellten**. Beide Operationen gehen schon weit über ein bloßes Abbilden hinaus: Wer Fakten verknüpft und sie ordnet, der beginnt bereits, sie als **Zusammenhang zu interpretieren**. Für das Individuum leistet das Erzählen neben der Information damit immer schon eine grundlegende **Funktion der Deutung und Sinnbildung**; es ordnet und organisiert unsere Erfahrungswelt und erlaubt uns, unsere subjektive Position in ihr zu bestimmen. Für die Gesellschaft als Ganze nimmt das Erzählen eine analoge Funktion wahr, indem es einzelne gedankliche Annahmen und Vorstellungen zu einem **Modell der natürlichen und sozialen Welt** verbindet. Solche komplexen, auf Ideen beruhenden Weltmodelle dienen der Orientierung und begründen die Ideologie, über die sich eine Gesellschaft definiert – das heißt, die Grundannahmen, Normen und Wertvorstellungen, die die Gesellschaft als verbindlich setzt. In gesellschaftlicher Hinsicht sind Erzählungen damit ein unverzichtbarer **Bestandteil von Ideologien**.

2 Formale Merkmale des Erzählens

Betrachten wir nun etwas genauer, welche Verfahren beim sprachlichen Erzählen für die Repräsentation von Objekten und Ereignissen angewandt werden – eine Repräsentation, die sich in unserer Vorstellung schließlich zu dem komplexen Bild einer erzählten Welt fügt, in der die Figuren als Personen leben und handeln. Wir wollen drei Aspekte des Erzählens unterscheiden, von denen die beiden ersten bereits im deutschen Wort »Erzählen« angezeigt werden:

- Lineare Deskription: das »Auf«-zählen des Dargestellten.
- Vermittlung: das »(H)er«-zählen des Dargestellten.
- Strukturierung: Erzählen als Akt des Auswählens, Anordnens und Wertens.

Aspekte des Erzählens

Lineare Deskription: Wie die reale so besteht auch eine vorgestellte erzählte Welt zunächst aus vielen Elementen und Details. Nicht alle davon sind zentral für die Handlung – wie der französische Narratologe Roland Barthes (1915–1980) gezeigt hat, sind es vielmehr gerade die für die Kernhandlung logisch verzichtbaren, scheinbar nebensächlichen Informationen, Figuren und Vorgänge, die beim Leser den Eindruck der Realitätstreue erwecken. Barthes bezeichnete dies als den »Realitätseffekt« (2008). Erzählen ist so gesehen zunächst einmal ein scheinbar mechanisches, wertfreies »Aufzählen« von relevanten wie weniger relevanten Dingen, die im Nacheinander der Wörter und Sätze präsentiert werden. Das Erzählen simuliert mit dieser Technik den Prozess der (scheinbar) undifferenzierten, natürlichen Sinneswahrnehmung.

Vermittlung: Bei einer genaueren Betrachtung zeigt sich allerdings schnell, dass der Prozess des Erzählens im deutlichen Unterschied zum Prozess der direkten Sinneswahrnehmung immer schon einer des subjektiv bezogenen »Her«-Zählens und Herbeizitierens ist. Denn was da an Objekten und Ereignissen repräsentiert (also im Wortsinne: wieder-präsentiert) wird, ist tatsächlich weder räumlich noch zeitlich gegenwärtig. Vielmehr gilt gerade das Umgekehrte: Erzählt werden kann nur, was bereits vergangen und damit für unsere Sinne abwesend ist. Dieses symbolische Vergegenwärtigen des Abwesenden ist das Merkmal jeder Repräsentation; im Falle des Erzählens jedoch erfolgt die Vermittlung unter besonderen Bedingungen, die seinen dritten Aspekt ausmachen.

Strukturierung: Repräsentiert wird nämlich weder alles, was in der Welt oder in der Vorstellung gegeben war und vorkam, noch erscheint das, was repräsentiert wird, notwendig in der gleichen Reihenfolge oder Intensität, mit der ein objektiver Beobachter die Objekte und Ereignisse wahrnehmen würde. Wer erzählt, positioniert sich selbst unwillkürlich gegenüber dem Erzählten – man wählt aus, was als erzählenswert gilt, man ordnet das Erzählte in einer bestimmten Folge an, die oftmals von der ursprünglichen Geschehensfolge abweicht, und man wertet bereits bewusst oder unbewusst, und sei es nur durch die Wortwahl oder durch bloße Assoziationen, die die Erzählung beim Rezipienten unbeabsichtigter Weise weckt.

I.2 Was ist Erzählen?

Fiktion oder Wahrheit?

Erzählungen können also niemals perfekte 1:1-Wiedergaben sein; dennoch gibt es offenbar mehr oder weniger wahrheitsgetreue Formen des Erzählens. Dass etwa fiktionale, ausgedachte Erzählungen relativ freizügig mit ihren Gegenständen umgehen, kann uns nicht weiter überraschen. Aber worin genau besteht eigentlich der Unterschied zwischen dem wahrheitsgetreuen, sogenannten ›faktualen‹, und dem fiktionalen Erzählen?

Wahrheit und Wahrscheinlichkeit: Die Debatte um die **Unterscheidung zwischen dem fiktionalen und dem faktualen Erzählen** reicht zurück bis in die Antike. Der Philosoph Platon, für den Wahrheit als das oberste Kriterium galt, verdammte das dichterische Erzählen als Lüge. An das Erzählen legte er damit den gleichen moralischen Maßstab an wie an eine philosophische Argumentation: Es sollte ausschließlich objektiv wahre Tatsachen berichten. Platons Nachfolger und Kontrahent Aristoteles hielt das jedoch für unangemessen. Er behauptete: Im dichterischen Erzählen geht es gar nicht um die Wiedergabe der Fakten, also der spezifischen Details und Ereignisse in der Wirklichkeit. Nicht das **Besondere**, wie wir es mit unseren Sinnen erfassen, steht im Mittelpunkt, sondern es zählen vielmehr die aus unserer Wirklichkeitserfahrung abgeleiteten Gemeinsamkeiten der Dinge und Geschehnisse, d. h. das **Allgemeine** unserer Erfahrungen. Über dieses Allgemeine, für alle Menschen Gültige wollen wir uns, so Aristoteles, mit dem Mittel der Kunst verständigen, um aus ihm zu lernen und uns in seiner Betrachtung moralisch zu bessern. Wenn aber nun die Kunst, philosophisch gesehen, auf das Allgemeine zielt, dann kann die Wahrheit des Besonderen kein Kriterium mehr für sie sein. Nach Aristoteles spielt es in der Erzählkunst (wie in der Kunst überhaupt) deshalb keine Rolle, ob das Erzählte **wirklich** im Sinne von ›wahr‹ ist. Ausschlaggebend ist vielmehr, ob es **wahrscheinlich** ist: Denn nur das Wahrscheinliche vermag uns zu überzeugen und damit im Menschen moralisch wertvolle Reaktionen auszulösen. – Wir werden auf diesen Gedanken noch einmal eingehen, wenn wir die Frage nach dem Begriff des Ästhetischen aufgreifen.

Anspruch und Formmerkmale der Fiktion: Worin also unterscheiden sich **fiktionales** und **faktuales Erzählen**? Im Prinzip nur durch ihren **Wahrheitsanspruch**: Faktuales Erzählen erhebt diesen Anspruch, fiktionales hingegen nicht. In der Praxis allerdings kann man das fiktionale Erzählen tendenziell auch an einigen **formalen Merkmalen** erkennen. Zu diesen Merkmalen zählt zum Beispiel die eigentümlich unlogische Verwendung der grammatischen Zeiten. Wenn in einem Unfallbericht steht: »Das Auto fuhr bei Rot über die Kreuzung«, dann erkennen wir schon an der Verwendung des Imperfekts ›fuhr‹, dass es sich hier um die Schilderung eines Vorgangs handelt, der sich in der Vergangenheit ereignet hat. Steht der gleiche Satz aber in einem Roman, dann löst er im Leser in aller Regel die Vorstellung eines aktuell ablaufenden Geschehens aus – ein Effekt, den man im literarischen Erzählen noch steigern kann, indem man noch unlogischer formuliert: »**Jetzt** fuhr das Auto bei Rot über die Kreuzung.« Wieso kann man ›jetzt‹ sagen, wenn man von etwas berichtet, was **vergangen** ist? Die Logik der Dichtung ist, wie die Erzähltheoretikerin Käte Hamburger (1896–1992) schon 1957 in ihrem gleichnamigen Buch darlegte, offenbar eine von der Norm abweichende!

Formale Merkmale des Erzählens

Fiktion als literarische Konvention: Jeder einigermaßen geübte Leser weiß natürlich: das »Hier«, das »Jetzt« und das »Ich« im Roman meint nicht das Hier, Jetzt und Ich unserer eigenen Lebenswelt. Dieses Wissen um die vom Normalfall abweichende Bedeutung von sprachlichen Ausdrücken und grammatischen Formen im Erzähltext ist Teil der literarischen Konvention, die stillschweigend regelt, wie man die Textsorte ›Erzählung‹ zu lesen und zu interpretieren hat. Wie alle Konventionen gelten allerdings auch die literarischen nur zu bestimmten Zeiten und in bestimmten Kontexten – absolute Gewissheit und Trennschärfe besitzen sie nicht. In Hinblick auf die Unterscheidung zwischen fiktionalem und faktualem Erzählen heißt das, dass wir formale Merkmale wie die gerade skizzierte Art der Verwendung grammatischer Zeiten zwar als Indiz auffassen können – keinesfalls aber als eindeutigen Beweis. Noch mehr Vorsicht ist beim Umkehrschluss geboten: Anzunehmen, dass ein Text faktual erzählt, nur weil er zufällig im Präsens geschrieben ist, wäre naiv. Der Zusammenhang zwischen Fiktion und literarischer Konvention wird schließlich besonders deutlich, wenn wir uns mit fantastischer Literatur befassen. Hier werden Geschehnisse berichtet, die zwar in unserer Welt als völlig unwahrscheinlich gelten würden, in der Welt der fantastischen Literatur aber dank der literarischen Konvention als durchaus möglich, ja normal angesehen werden müssen.

3 Funktionen des faktualen Erzählens

Auch wer keine literarischen Interessen hat, kommt, wie wir gesehen haben, offenbar am Erzählen nicht vorbei. Sei es in mündlicher, sei es in schriftlicher Form – das Erzählen prägt und begleitet unsere Alltagserfahrung. Im Alltag wird dabei vor allen Dingen erzählt, um unser konkretes Handeln zu ermöglichen, zu koordinieren oder zu beeinflussen: **Alltagserzählen** hat also im Wesentlichen eine handlungsorientierte, sogenannte **pragmatische Funktion**.

Bereits das Alltagserzählen ist vielfältig ausgeprägt. Das beginnt schon bei der Wahl der Gegenstände, von denen erzählt wird. So kann man z. B. sach- oder personenbezogen erzählen, wobei die personenbezogene Variante ihrerseits in eine biographische und eine autobiographische Form geteilt werden kann. Noch deutlicher tritt die Vielfalt des Alltagserzählens hervor, wenn man seine **Wirkungsfunktionen** systematisiert:

Funktionen des Alltagserzählens

- Rhetorische Funktionen: Ein wesentlicher Aspekt des Alltagserzählens gilt dem Versuch, den Zuhörer so zu **beeinflussen**, dass er auf **eine bestimmte Weise handelt**. Unter dem Gesichtspunkt dieser rhetorischen Funktion kann man unterscheiden zwischen **Information** (d. h. der erzählenden Vermittlung von Fakten), **Appell** (der Vermittlung von direkten Handlungsaufforderungen) und **Manipulation** (der indirekten Beeinflussung des Rezipienten durch Form und Inhalt des Erzählens.)
- Kognitive Funktionen: Gerade im Alltag wird das Erzählen gerne eingesetzt, um Verstehensprozesse zu ermöglichen – man erzählt, was sich ereignet hat, um begreifbar zu machen, wie etwas zusammenhängt und warum sich die Dinge so entwickelt haben, wie sie sich zugetragen haben. Hier ermöglicht das Erzählen die entsprechenden **Verstehensleistungen des Empfängersubjekts**.
- Reflexive Funktionen: In anderen Fällen richtet sich das Erzählen aber in erster Linie gar nicht an einen äußeren Adressaten und Zuhörer, sondern es hat eher den Charakter eines Selbstgespräches – es dient dann primär der **Selbstvergewisserung des Äußerungssubjekts**, das sich erzählend artikuliert.
- Soziale Funktionen: Jede einzelne Alltagserzählung ist zugleich Teil eines ganzen Universums von Erzählungen, mit deren Hilfe sich die Gesellschaft als Ganze ihrer selbst bewusst wird. In dieser Hinsicht dienen Erzählungen den **Formierungen von Normen, Weltbild, Kultur und Geschichtsbewusstsein**.

4 Funktionen des fiktionalen Erzählens

Dem faktualen Alltagserzählen wird in der Regel eine größere Wirklichkeitstreue unterstellt als dem literarischen Erzählen. Zwar kann auch in einer Alltagserzählung Unwahres oder Unbeweisbares dargeboten werden – aber wenn dies dem Zuhörer bewusst wird, ist die Glaubwürdigkeit der gesamten Erzählung wie die ihres Produzenten grundsätzlich in Frage gestellt. Was aber garantiert die Relevanz des literarischen, fiktionalen Erzählens, wenn dieses doch prinzipiell keinen Anspruch auf Wahrheit seiner einzelnen Aussagen erhebt?

Wirkungsästhetische Funktion: Wie wir bereits gesehen haben, steht seit Aristoteles' *Poetik* (entstanden vermutlich 335 v. Chr.) in der Theorie zum fiktionalen Erzählen nicht mehr die Frage der Wahrheit im Vordergrund, sondern die Frage nach der Wirkung. An die Stelle des logischen »wahr/falsch«-Kriteriums, das für das pragmatisch orientierte Erzählen ausschlaggebend ist, ist das ästhetische »wahrscheinlich/unwahrscheinlich«-Kriterium der Kunst getreten. Wie wichtig diese Unterscheidung ist, macht Aristoteles (1982, S. 31 f.) in seiner *Poetik* deutlich, wenn er Dichtung und Geschichtsschreibung vergleicht und schließlich folgert:

> **Daher ist die Dichtung etwas Philosophischeres und Ernsthafteres als die Geschichtsschreibung; denn die Dichtung teilt mehr das Allgemeine, die Geschichtsschreibung hingegen das Besondere mit. Das Allgemeine besteht darin, daß ein Mensch von bestimmter Beschaffenheit nach der Wahrscheinlichkeit oder Notwendigkeit bestimmte Dinge sagt oder tut – eben hierauf zielt die Dichtung, obwohl sie den Personen Eigennamen gibt. Das Besondere besteht in Fragen wie: was hat Alkibiades getan oder was ist ihm zugestoßen.**

Aristoteles: Poetik

Wer sich mit Dichtung befasst, tut das nach Aristoteles' Ansicht demnach nicht, um etwas über reale historische Personen wie z. B. über den 404 v. Chr. gestorbenen athenischen Staatsmann und Feldherrn Alkibiades zu erfahren. Vielmehr wollen wir am Beispiel einer Figur, in der wir uns selbst oder Menschen aus unserer Umgebung in gewisser Hinsicht wiedererkennen, etwas Allgemeingültiges erfahren und lernen, das auf unser eigenes Leben übertragbar ist. Diese Übertragbarkeit macht die Dichtung, wie Aristoteles sagt, »philosophischer und ernsthafter«. Ob dagegen die erzählte Figur nun Alkibiades heißt oder nicht, ob es sie gegeben hat und ob die biographischen Details, die die Erzählung schildert – also das Besondere – historisch verbürgt ist, spielt in ästhetischer Hinsicht keine Rolle. Der Maßstab, an dem sich das Kunstwerk ›Erzählung‹ letztlich messen lassen muss, ist allein ihre **ästhetische Wirkung auf den Leser**.

Was heißt ›ästhetisch‹? Eine solche ästhetische Wirkung aber kann prinzipiell nur dann erzielt werden, solange das Erzählte vom Leser überhaupt als **möglich** aufgefasst wird – denn Unmögliches (es sei denn, es begegnet uns in einer fantastischen Erzählung) tun wir mit einem Achselzucken ab; es kann uns allenfalls belustigen oder ärgern, aber nicht belehren und ergreifen. Gerade dieses subjektive Engagement, bei dem Verstand und Affekte zugleich angesprochen werden, macht nun für Aristoteles den eigentlichen Wert der Kunst aus. Bezeichnet man etwas als ›ästhetisch‹, dann heißt das nach Aristoteles also keinesfalls, dass man es als etwas Abgehobenes und funktionslos Schönes auffasst, sondern umgekehrt meint die Kennzeichnung gerade, dass wir in der künstlerischen Darstellung mit etwas konfrontiert werden, dessen Wahrheit uns über den Augenblick der sinnlichen Begegnung hinaus berührt und damit nachhaltig auf uns wirkt.

Nicht alle Theoretiker und Philosophen legen wie Aristoteles den Akzent so deutlich auf die moralisch-erzieherische Funktion der Kunst. Der römische Dichter Horaz (65 v. Chr.–8 n. Chr.) formulierte in seinem berühmten Brief deutlich nüchterner: *Aut prodesse volunt aut delectare poetae* – »Die Dichter wollen entweder nützen oder unterhalten«. Auch Nutzen und Unterhaltung zählen zu den Wirkungen, die das Erzählkunstwerk auslöst.

Rolle der Illusionsbildung: Ein zentrales Verfahren, mit dem das fiktionale Erzählen seine ästhetische Wirkung auf uns erzielt, ist die **Illusionsbildung**. Literarische Erzählungen berichten darum nicht nur von isolierten Fakten und Vorgängen, sondern sie entwerfen eine komplexe erzählte Welt. Diese Welt braucht nicht in allen Details geschildert zu werden – es reicht, wenn sie in ihren Grundzügen so angelegt ist, dass der Leser die Lücken kraft seiner eigenen Imagination zu füllen vermag.

Illusion und Realismus: Zu berücksichtigen ist allerdings, dass die Einstellung des Lesepublikums gegenüber den Verfahren der Illusionsbildung in hohem Maße dem historischen Wandel unterworfen ist. Ausschweifende Schilderungen oder sprachliche Darstellungen von Gefühlszuständen der Helden, wie sie etwa im 18. Jahrhundert in der Epoche des Sturm und Drang oder im 20. Jahrhundert im frühen Expressionismus als Kunstmittel gebräuchlich waren, wirken auf den heutigen Leser oftmals unfreiwillig komisch: Sie entsprechen nicht mehr dem, was wir nach unserer eigenen Lebenserfahrung für möglich und wahrscheinlich halten. Andererseits ist Illusionsbildung aber auch dort möglich, wo Realismus grundsätzlich ausgeschlossen scheint – das Genre der Fantasyromane von J. R. R. Tolkiens *The Lord of the Rings* (1954/55) bis zu Joanne K. Rowlings Erfolgsserie *Harry Potter* (1997–2007) belegt diese Tatsache eindrucksvoll.

Funktionen des fiktionalen Erzählens

Wie das faktuale Alltagserzählen, so erfüllt auch das ästhetisch ambitionierte fiktionale Erzählen verschiedene Funktionen.

- **Erzählen als Akt der Erst- und Letztbegründung:** Zu den ältesten überlieferten Erzählungen gehören die Ursprungs- und Schöpfungsmythen. Das Erzählen solcher Mythen kann man als einen Versuch auffassen, sich den Grund für die Existenz der Welt und des Menschen zu erklären, also eine Art vor-philosophische Begründung des Seins zu entwerfen.
- **Erzählen als Verständigung über das Gute und das Böse:** Ein zentrales Problem, um das viele Erzählungen kreisen, ist die Frage der moralischen Normen. Was ist gut? Was ist böse? Was ist richtig, was falsch? Gerade in Epochen des historischen Umbruchs mehren sich Erzählungen, die diese Thematik in verschiedensten Varianten abhandeln. So entsteht z. B. in der deutschen Erzählliteratur des frühen 18. Jahrhun-

derts – also zu einer Zeit, als sich das Bürgertum als soziale Gruppe bewusst wird – der Typus der sogenannten »moralischen Erzählung«. Diese Erzählungen waren deutlich belehrender Art; sie wollten dem Bürgertum dazu verhelfen, sich eine Moral und Ethik zu geben, die eine Abgrenzung gegenüber der als negativ bewerteten adeligen Gesellschaft ermöglichte.

- **Erzählen als Verständigung über das Schöne:** Was ist Kunst? Was ist das »Schöne«? Auch diese Frage wird nicht nur im philosophischen Diskurs behandelt, sondern gerade im fiktionalen Erzählen immer wieder aufgegriffen. Wenn Literatur grundsätzlich in hohem Maße selbstreflexiv ist, so gilt dies für die Epik in besonderem Maße.
- **Erzählen als kulturelle Selbstreflexion:** Fiktionales Erzählen dient in hohem Maße auch der Selbstreflexion einer Kultur. Wie deutlich Literatur den gesellschaftlichen Entwicklungsprozess spiegeln und thematisieren kann, lässt sich oft gerade im Blick auf das Gesamtwerk eines Autors erkennen. Ein Beispiel: Der deutsche Schriftsteller Uwe Timm wurde 1974 mit seinem Buch *Heißer Sommer* bekannt; dem ersten Roman, der die Studentenbewegung von 1968 zum Gegenstand hatte. Ein Vierteljahrhundert später unternahm Timm mit dem Roman *Rot* (2001) dann einen teils selbstironischen, teils nostalgischen Rückblick auf die Mentalität der 1968er Epoche. Die im Laufe der Zeit gewonnene Distanz zum Thema spiegelt in diesem Fall nicht nur die eigene Lebenserfahrung des Autors, sondern die seiner gesamten Generation.

> **Sehr verehrte Trauergemeinde, dieser hier hat aus seinen Erfahrungen gelernt, und das ist das Beste, was wir sagen können, jemand, der nicht starrsinnig ist, jemand, der sich selbst als im Werden begriffen versteht. Edmond, der einmal eine wahre revolutionäre Partei Deutschlands mit aufbauen wollte, der die Tradition von Marx, Engels, Lenin, Stalin und Mao Tsetung hochhielt […].**

Uwe Timm: *Rot* (2001), S. 246

Kulturelle Selbstreflexion im Erzählen

Interpretationsskizze

Der Ich-Erzähler von Uwe Timms Roman *Rot*, der fünfzigjährige Thomas Linde, ist ein Alt-Achtundsechziger; er hat die Studentenrevolte mitgemacht und ist heute von Beruf Trauerredner. Damit wird die Deutung des gesamten Textes als eine Art Trauerrede über die Epoche der 1968er nahegelegt. Was Thomas Linde in diesem Textbeispiel hier über seinen alten Freund und ehemaligen politischen Mitstreiter Edmond berichtet, steht insofern exemplarisch für die heutige Auseinandersetzung mit der Gesellschaft und Kultur dieser Epoche – ein Merkmal, das durch die direkte Ansprache der Leser als »Trauergemeinde« noch unterstrichen wird.

5 Literarisch-fiktionales Erzählen als Kommunikation

Bei der Erzähltextanalyse, wie wir sie in diesem Band vorstellen werden, gehen wir von einem Modell aus, das das Erzählen hauptsächlich unter formalen Gesichtspunkten betrachtet. Im Zentrum stehen damit weniger die inhaltlichen Aspekte des Erzählens, also seine pragmatischen, sozialen oder ästhetischen Funktionen, sondern vielmehr ein allgemeinerer Aspekt, der diese Einzelfunktionen in ihrer grundlegenden Gemeinsamkeit beschreibt: Wir betrachten Erzählen als eine Form der Kommunikation.

Erzählen als mehrdimensionale Kommunikation: Die Kommunikation im literarischen Erzählwerk vermittelt zwischen mehreren Ebenen und Instanzen; sie ist dabei zugleich eine in sich verschachtelte Form der Kommunikation. Anders als in der mündlichen Erzählung werden im literarisch-fiktionalen Erzählen die sprachlich repräsentierten Inhalte nicht direkt von einem Sprecher an einen Hörer vermittelt: Autor und Leser befinden sich in keiner *face-to-face* Kommunikation, sondern sie kommunizieren über einen Dritten – nämlich über den Erzähltext. Je nach Anlage dieses Textes können damit diverse Stellvertreterinstanzen zwischengeschaltet werden.

Wer spricht? Betrachten wir zunächst, wer in einer Erzählung etwas sagen kann. Die an der erzählerischen Kommunikation in einer **Sprecherrolle** beteiligten realen Personen wie abstrakten Instanzen wollen wir in einer Liste anführen. Nicht alle diese Rollen und Instanzen müssen in der literarischen Erzählkommunikation eindeutig besetzt sein.

Wer hört? Jeder möglichen Sprecherrolle sollte im Prinzip auch eine **Adressatenrolle** zugeordnet werden können. Auch diese Rollen kann man zunächst in einer gestaffelten Liste darstellen. Dabei wird allerdings deutlich, dass die literarisch-erzählende Kommunikationssituation nicht vollkommen symmetrisch sein muss: Es ist durchaus nicht zwingend, dass ein Erzähler sich direkt an einen Adressaten wendet, wie dies im oben zitierten Auszug aus Uwe Timms Roman *Rot* geschieht, wo die Adressaten als »Verehrte Trauergemeinde« tituliert werden. Die unumgänglich notwendigen Rollen heben wir deshalb in der Grafik auf der folgenden Seite farbig hervor.

Will man die folgende Darstellung vorläufig zusammenfassen, so kann man sagen: Charakteristisch für die Kommunikationsstruktur der literarischen Erzählung ist, dass in ihr zumindest die Instanzen **Autor, Erzähler** und **Leser** differenziert werden können.

Autor und Erzähler: In unserem Kommunikationsmodell ist die **Unterscheidung von Autor und Erzähler grundlegend** – tatsächlich ist sie eine von zwei Grundunterscheidungen, auf der die gesamte Theorie und Methode der erzähltechnischen Analyse beruht. Gegenstand der erzähltechnischen Analyse im engeren Sinne ist nämlich ausschließlich das, was im Text – also durch Wörter und Sätze – sprachlich ausgedrückt oder zumindest logisch impliziert wird. Was hingegen jenseits des Textes liegt, zählt nicht zum eigentlichen Gegenstand der Analyse. Das gilt auch für Fragen, die den realen Autor oder den realen Leser betreffen. Für beide

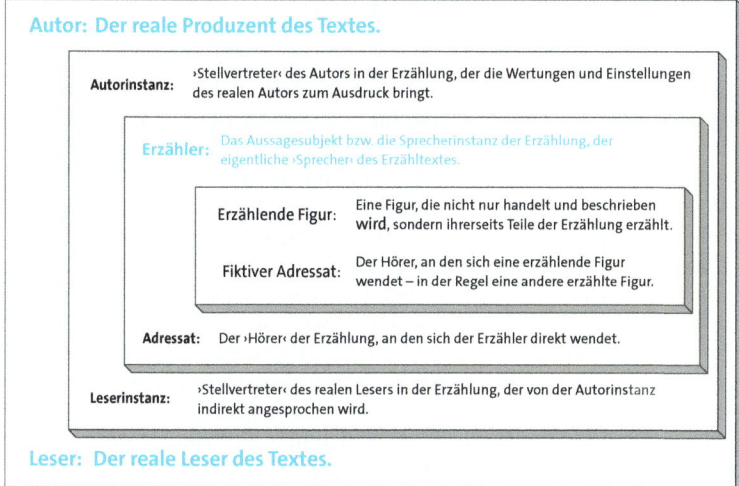

Sprecher- und Adressateninstanzen in der literarischen Erzählkommunikation

sind andere Teilbereiche der Literaturwissenschaften zuständig, darunter die Literaturgeschichtsschreibung und die empirische Leseforschung. Verschiedene Erzähltheorien handhaben diese methodische Grundsatzfrage allerdings unterschiedlich streng – wer über das bloße Beschreiben hinausgehen und z. B. inhaltliche, interpretatorische Probleme in den Blick fassen will, der muss über kurz oder lang auch über Kategorien wie den ›Autor‹ nachdenken. Aus diesem Grund spielt in manchen Theorien gerade die Autorinstanz eine wesentliche Rolle.

Geschichte und Diskurs: Die zweite fundamentale Unterscheidung, die bei der Erzähltextanalyse eine unverzichtbare Rolle spielt, ist die zwischen der **Geschichte** und dem **Diskurs**.

> Die Geschichte ist das **Was der Erzählung** – eine fiktionale Welt, die von Figuren und Dingen bevölkert ist und in der sich bestimmte Geschehnisse ereignen.
> Der Diskurs ist das **Wie der Erzählung** – die **sprachliche Mitteilung**, die uns der Erzähler von diesen Gegenständen und Ereignissen liefert.

Zum Begriff

Die Geschichte und der Diskurs sind nie identisch. Keine sprachliche Repräsentation ist in der Lage, ein 1:1-Abbild ihres Gegenstandes zu liefern: Wer erzählt, muss zumindest auswählen, was erzählenswert ist. In der Regel wird ein Erzähler jedoch darüber hinaus auch das Erzählte anordnen und mittels seiner Wortwahl Akzente setzen. Eben diese Differenz zwischen der Geschichte und dem Diskurs steht im Zentrum der erzähltechnischen Analyse – nur wer diese Differenz genau zu fassen vermag, kann erkennen, wie die Erzählung **als Erzählung gemacht ist** und wie die **Erzählinstanz die Geschichte überformt** hat.

6 Begriffssystematik

Wir können damit zum Abschluss dieser einleitenden Betrachtung eine Begriffssystematik entwerfen, die für den vorliegenden Band verbindlich sein wird. Vorgestellt werden hier zunächst nur die Kernbegriffe; einen Gesamtüberblick liefert das Glossar am Ende des Bandes.

Wahl der Terminologie: Die Erzähltheorie und Narratologie besitzt eine mittlerweile gut einhundert Jahre alte Geschichte. Im Verlaufe dieser Zeit hat sich ihr Begriffsrepertoire nicht nur stark ausgeweitet, viele alte Begriffe sind auch mehrfach neu definiert worden. Beinahe jede neue Erzähltheorie hat zugleich neue Dimensionen und Phänomene des Erzählens in den Blick gefasst und deshalb zusätzliche Fachtermini eingeführt. Wir werden in diesem Band eine Terminologie verwenden, die sich weitgehend an der jüngsten und systematisch wie begrifflich schlüssigsten Erzähltheorie orientiert, nämlich an Wolf Schmids *Elemente der Narratologie* (2005). Da jedoch viele Konzepte aus den vorhergehenden Theorien – darunter die von Franz K. Stanzel, Mieke Bal, Tzvetan Todorov und insbesondere Gérard Genette – weiterhin gebräuchlich sind, führen wir in einer Tabelle im Anschluss an unsere eigene Begriffsdefinition die wichtigsten terminologischen Entsprechungen an.

Diskurs, Erzähler und Geschichte

Gegenstand dieser Einführung sind die drei zentralen Dimensionen des Erzählkunstwerks: **Diskurs, Erzähler und Geschichte**. Bevor wir diese Konzepte sowie die ihnen systematisch untergeordneten Begriffe kurz definieren, wollen wir sie zunächst in einer Grafik im systematischen Zusammenhang darstellen:

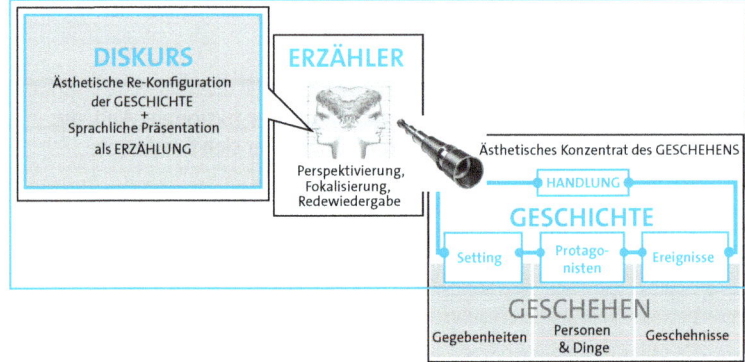

Die drei Grundkategorien der Erzähltextanalyse

In unserer Grafik ist der Erzähler als janusköpfige Instanz dargestellt: Er blickt nach rechts auf die Geschichte, die er zugleich nach links sprachlich kommuniziert. Die blaue Umrandung verdeutlicht, welche Phänomene innerhalb des sprachlich realisierten Erzähltextes anzutreffen sind – und was andererseits außerhalb des Textes liegt: nämlich das repräsentierte Geschehen mit seinen Gegebenheiten, Personen, Dingen und Geschehnissen.

Damit können wir nun die wesentlichen Begriffe auflisten, mit denen wir uns im Folgenden befassen werden:

Diskurs	Die sprachlich realisierte Erzählung, mit der die Geschichte von einer Erzählinstanz vermittelt wird.
Erzähler	Die Erzählinstanz, der wir gemäß dem Kommunikationsmodell den Diskurs als sprachliche Aussage zuordnen.
Geschichte	Der Geschehenszusammenhang, der im Diskurs vom Erzähler vermittelt wird.

Neben diesen drei Grundkategorien verwenden wir weitere Begriffe, die insbesondere zur Beschreibung der Beziehungen zwischen Diskurs, Erzähler und Geschichte nötig sind:

Diegesis	Die erzählte Welt, in der sich die Geschichte ereignet; ›diegetisch‹ = »zur erzählten Welt gehörend« (Schmid).
Exegesis	Die Welt der Erzählinstanz; die Welt, in der erzählt wird. »Ebene des Erzählens und der das Erzählen begleitenden Kommentare« (Schmid).
Erzählte Zeit	Die Zeit der Geschichte, die die *story world* zeitlich strukturiert.
Erzählzeit	Die zeitliche Struktur des Diskurses.
Erzählerzeit	Die Zeit des Erzählers, die den Erzählvorgang strukturiert. Damit ist vor allem jene Zeitdauer gemeint, die das Erzählen in der Exegesis in Anspruch nimmt.
Fokalisierung	Die prinzipiellen Möglichkeiten des Wissens und Wahrnehmens, die der Erzählinstanz zugemessen werden. Die Spezifik der Fokalisierung erschließen wir logisch aus dem Diskurs: Welche Dimensionen der Diegesis muß der Erzähler gekannt und/oder wahrgenommen haben, um das erzählen zu können, was er erzählt hat?
Perspektivierung	Die qualitative, subjektive Akzentuierung und ›Färbung‹ des Erzählten, die durch den Diskurs sprachlich ausgedrückt oder logisch impliziert wird: Inwieweit erkennen wir z. B. Wertungen, Urteile und andere subjektive Merkmale des Erzählens?

Diese Begriffe werden uns bei der schrittweisen Erkundung des Doppelphänomens »Erzählen – Erzählung« begleiten.

Was ist Erzählen?

In dieser Tabelle sind die gebräuchlichsten Alternativbezeichnungen zu den von uns gewählten Termini angeführt:

Begriffstabelle

Begriff	Alternativbezeichnungen
Diskurs	*discours* (Todorov) *récit/narration* (Genette) (Präsentation der) Erzählung (Schmid) *plot* *sujet*
Erzähler	*voix*, Stimme (Genette) Erzählinstanz
Geschichte	*histoire* (Todorov, Genette) Geschehen/Geschichte (Schmid) *story* *fabula*
Diegesis	*story world*
Exegesis	*discourse world*
homo-/heterodiegetisch	diegetischer Erzähler: »dessen früheres Ich als Figur der erzählten Geschichte auftritt«; nichtdiegetischer Erzähler: »der nicht an der erzählten Geschichte teilhatte« (Schmid)
primärer, sekundärer, tertiärer etc. Erzähler; Erzähler einer Rahmengeschichte bzw. einer Binnengeschichte	intra-/extradiegetisch (Genette)
Erzählte Zeit	*story time, narrated time*
Erzählzeit	*discourse time, narrative time*
Erzählerzeit	(keine Alternativbezeichnung)

Literatur

Aristoteles: Poetik. Griechisch/deutsch. Übersetzt und hg. von Manfred Fuhrmann. Stuttgart 1982.
Barthes, Roland: Die Vorbereitung des Romans. Frankfurt a. M. 2008.
Genette, Gérard: Die Erzählung. Paderborn ³2010.
Rimmon-Kenan, Shlomith: Narrative fiction – contemporary poetics [1983]. London/New York ²2002.
Schmid, Wolf: Elemente der Narratologie [2005]. Berlin/Boston ³2014.
Sontag, Susan: »At the same time. The novelist and moral reasoning«. In: Dies.: At the same time. Essays and speeches. New York 2007, S. 210–231.
Strawson, Galen: »Against Narrativity«. In: Ratio 17/4 (2004), S. 428–452.
Todorov, Tzvetan: »Die Kategorien der literarischen Erzählung« [frz. 1966]. In: Hillebrand, Bruno (Hg.): Zur Struktur des Romans. Darmstadt 1978, S. 347–369.
Weber, Dietrich: Erzählliteratur. Göttingen 1998.

Literatur zum Weiterlesen

Bareis, Jr Alexander/Nordaum, Lene (Hg.): How to make believe. The fictional truths of the representational arts. Berlin/Boston 2015 (= Narratologia 49).
Fludernik, Monika: »Factual narrative. A missing narratological paradigm«. In: Germanistisch-romanische Monatsschrift 63/1 (2013), S. 117–134.
Fludernik, Monika: »Narratologische Probleme des faktualen Erzählens«. In: Dies./Falkenhayner, Nicole/Steiner, Julia (Hg.): Faktuales und fiktionales Erzählen. Interdisziplinäre Perspektiven. Würzburg 2015.
Herman, David/Phelan, James/Richardson, Brian/Warhol, Robyn: Narrative Theory. Core Concepts and Critical Debates. Columbus 2012.

Klauk, Tobias/Köppe, Tilmann (Hg.): Fiktionalität. Ein interdisziplinäres Handbuch. Berlin/Boston 2014.
Koschorke, Albrecht: Wahrheit und Erfindung. Grundzüge einer Allgemeinen Erzähltheorie. Frankfurt a. M. 2012.
Scheffel, Michael: Erzählen als anthropologische Universalie. Funktionen des Erzählens im Alltag und in der Literatur. In: Zymner, Rüdiger/Engel, Manfred (Hg.): Anthropologie der Literatur. Poetogene Strukturen und ästhetisch-soziale Handlungsfelder. Paderborn 2004, S. 121–138.
Wolf, Werner: »›What would happen if we were no longer able to narrate?‹ Dystopian speculations and other reflections on the relevance of narratives for human life«. In: Anglia 131/1 (2013), S. 1–16.

II Kurze Geschichte der Erzähltheorie

1 Antike
2 Moderne

Einleitung

Kaum einer der zahlreichen historischen Abrisse der Erzähltheorie gleicht dem anderen (vgl. etwa Herman 1999; Nünning 1997; Prince 1995). Das liegt nicht nur daran, dass **jede größere Nationalphilologie ihre eigene theoretische Tradition** herausgebildet hat, sondern auch an deren unterschiedlichen theoretischen Vorlieben. Von Erzähltheorie als eigenständiger Theorie ist jedoch erst seit den 1960er Jahren die Rede; seither befindet sie sich in einer rasanten und sich weit verzweigenden Entwicklung. Aber schon lange vorher hat man sich im Rahmen der Prosatheorie mit erzähltheoretischen Problemen befasst. Im Folgenden werden die wichtigsten Entwicklungslinien nachgezeichnet, die bis zur gegenwärtigen Blüte der Erzähltheorie geführt haben. Die Stationen dieser Entwicklung sind durch die Prägung wichtiger Begriffe und Unterscheidungen markiert, die bis heute die wissenschaftliche Auseinandersetzung mit Erzählformen bestimmen.

II.1 Kurze Geschichte der Erzähltheorie

1 Antike

Wie die meisten Konzepte in der abendländischen Theoriebildung lassen sich auch die Anfänge der Erzähltheorie bis in die griechische Antike zurückverfolgen. Die frühesten erhaltenen Schriften, die sich explizit Fragen der Dichtung widmen, stammen von **Platon** (427–348/47 v. Chr.) – hier sind in erster Linie verschiedene Passagen aus der *Politeia* sowie die Dialoge *Ion*, *Symposion* und *Phaidros* zu nennen. Es ist aber vor allem **Aristoteles'** (384–322 v. Chr.) kurze Abhandlung *Poetik*, die der modernen Erzähltheorie als grundlegender Text gilt.

Die antiken Vorläufer der Erzähltheorie müssen allerdings in Bezug zu ihrem literaturhistorischen Kontext gesehen werden, insofern sich die antike Literatur in manchem entscheidend von neusprachlichen Literaturen unterscheidet. In der Antike ist zum Beispiel die fiktionale Literatur nicht gegen andere Formen des Schreibens abgegrenzt; so sind etwa in der Philosophie das Lehrgedicht und der Dialog gängige Textformen. Der Systematiker Aristoteles formulierte die erste inhaltlich begründete **Abgrenzung literarischer Texte gegenüber der Naturforschung und Geschichtsschreibung**. Aristoteles legitimierte zudem in seiner *Poetik* – und zwar in deutlicher Abgrenzung gegen Platons Kritik an der Dichtung – die **Fiktionalität des literarischen Kunstwerks**. Für dessen Beurteilung haben nach Aristoteles eigene Maßstäbe zu gelten. So sind für ihn in literarischen Kunstwerken der Wahrheitsgehalt oder die sachliche Richtigkeit des Dargestellten irrelevant, andererseits jedoch die Schlüssigkeit des Handlungsverlaufs und die Stimmigkeit der Figuren zentrale Kriterien.

Geschriebenes hat zudem in der griechischen Antike grundsätzlich einen anderen Stellenwert als in späteren Epochen; die überlieferten Texte weisen zumeist noch Merkmale einer **Kultur der Mündlichkeit** auf. Auch die literarische Gattungseinteilung hat wenig Ähnlichkeit mit der heute geläufigen Einteilung in Drama, Prosa und Lyrik. Komödie und Epos sind weit verbreitet, wobei die Epen gemeinhin mit musikalischer Begleitung vorgetragen werden. Die populärste Gattung aber ist die Tragödie. Wenn Aristoteles in seiner *Poetik* vorrangig die Tragödie untersucht, wendet er sich also einer der wichtigsten literarischen Formen seiner Zeit zu.

Einbettung der Dichtungstheorie in philosophische Systeme: Für Platon wie für Aristoteles gilt, dass ihre Ausführungen über die Dichtung Teil ihrer philosophischen Systeme sind. Dementsprechend findet sich in heutigen philosophischen Diskussionen eine **Vielfalt an Lesarten** der Texte. Beide Autoren betrachten darüber hinaus die Dichtung in ihrer **Funktion für das gesellschaftlich verortete Individuum**, also in einem ethischen oder politischen Kontext. Vor diesem Hintergrund erklärt sich bei Platon die Einbettung der Dichtungskritik in erkenntnistheoretische und ethische Fragen, bei Aristoteles die Wichtigkeit der Reinigung (*katharsis*) als Funktion der Tragödie: über Mitleid (*eleos*) und Schrecken (oder Furcht: *phobos*) sollen die Zuschauer ein emotionales Leben im rechten Maß erlernen.

Platon

Platon legt im dritten und zehnten Buch der *Politeia* (*Der Staat*, entstanden um ca. 370 v. Chr.) seine Auffassung der Dichtkunst und ihrer Bedeutung für die Erziehung dar. Berühmt geworden ist Platons moralisches Verdikt im zehnten Buch, mit dem er jede nachahmende Kunst als »Trugbilder von Abbildern« verwirft.

Unterscheidung von *mimesis* und *diegesis*: Wichtig für die Geschichte der Erzähltheorie ist aber weniger diese erkenntnistheoretische (epistemologische) Einschätzung als vielmehr die Methode, die Platon bei der Bestimmung des Erzählens verwendet. Er trifft seine grundsätzliche Unterscheidung der drei literarischen Gattungen nämlich mit Hilfe eines **formalen Kriteriums**. Danach unterscheiden sich die drei Gattungen durch ihre jeweiligen Redeformen, die er *mimesis* und *diegesis* nennt.

- Mit ***mimesis*** bezeichnet Platon die vom Dichter nachgeahmte Figurenrede in Tragödie und Komödie.
- Mit ***diegesis*** ist die Dichterrede selbst gemeint, aus der laut Platon ein Gedicht besteht und die er als »persönliche Kundgebung des Dichters« auffasst.

Das Epos schließlich kombiniert nach Platon als einzige Gattung beide Redeformen miteinander. Die nachstehende Tabelle verdeutlicht seinen Ansatz:

Redeform \ Gattung	Gedicht	Komödie/Tragödie	Epos
diegesis	X	–	X
mimesis	–	X	X

Redekriterium nach Platon

Das Unternehmen, Erzählen durch zwei Redeformen – die Erzähler- und die Figurenrede – zu bestimmen, wird uns später wieder begegnen (s. Kap. IV.2.2). Gerade die Ausdifferenzierung dieser Bestimmung macht einen großen Teil der modernen Erzähltheorie aus.

Aristoteles

Aristoteles als erster Theoretiker der Handlung: Aristoteles' Schrift *Peri poietikes*, auch bekannt unter den Titeln *Ars poetica* und *Poetik* (entstanden vermutlich 335 v. Chr.), lässt sich als eine der ersten Abhandlungen zur Geschichte im Sinne des *plot*-Begriffs lesen, steht doch im Zentrum seiner Poetik die Haupthandlung, der *mythos*. Aristoteles betrachtet die Haupthandlung als das einheitsstiftende Element der Tragödie, das alle weiteren Aspekte des literarischen Werkes umfasst. Die Einzelhandlungen der Figuren, begründet aus deren Charakter und Reflexionsvermögen, fügen sich zur Gesamthandlung. Der *mythos* ist in angenehmer Sprache gefasst und wird musikalisch begleitet; an ihm lassen sich damit auch die künstlerischen, insbesondere die sprachlichen Besonderheiten einer Tragödie untersuchen.

Die Haupthandlung ist nach Aristoteles ferner durch zwei weitere Kriterien charakterisiert: Sie ist in sich geschlossen, und sie weist eine bestimmte Größe auf. Das **Kriterium der Abgeschlossenheit** liegt bis heute literaturwissenschaftlichen Untersuchungen zugrunde. Dabei fällt es laut Aristoteles dem Dichter zu, den Anfang so zu gestalten, dass Hauptteil und Schluss aus ihm notwendig folgen, wobei »notwendig« hier natürlich nicht im strikten logischen Sinn zu verstehen ist. Die Größe ist dabei relativ bestimmt: Die Tragödie ist so lang, wie es die Darstellung des Umschwungs (der *peripeteia*) vom Glück zum Unglück verlangt.

Die oft referierte »**Einheit von Raum und Zeit**« findet sich in Aristoteles' Schrift nur indirekt. Mit Blick auf die Aufführungspraxis weist er lediglich darauf hin, dass die Länge der Tragödie überschaubar bleiben müsse.

2 Moderne

Wohl in jeder Poetik seit Aristoteles lassen sich Überlegungen zur Epik entdecken, unter der man lange Zeit ausschließlich Versepen versteht. Bis in die Barockzeit jedoch werden die verschiedenen Prosagattungen, die wir heute kennen, nicht der »schönen Literatur« zugerechnet. Erst seit dem 18. Jahrhundert finden sie nach und nach auch als künstlerische Erzeugnisse Anerkennung und erhalten damit ihren Platz in der Poetik – allen voran der Roman.

Roman- und Novellentheorie: In Frankreich war bereits 1670 der *Traité de l'origine des romans* (dt. *Abhandlung über den Ursprung der Romane*) von Pierre Daniel Huet (1630–1721) erschienen, bevor in Deutschland mit Christian Friedrich von Blanckenburgs (1744–1796) *Versuch über den Roman* aus dem Jahr 1774 eine erste selbständige Abhandlung publiziert wird. Die Romantheorie setzt sich **überwiegend mit thematischen und didaktischen Fragen** auseinander und gründet vielfach auf Vergleichen mit dem Epos, was noch für Georg Lukács' (1885–1971) *Theorie des Romans* von 1916 gilt.

Andere Theoretiker stellen die Romankunst der im 19. Jahrhundert aufblühenden Novellenkunst gegenüber. Obwohl die Novelle wie auch der Roman Erzähltexte sind, werden sie nicht hinsichtlich ihrer Gemeinsamkeiten, sondern im Hinblick auf ihre Unterschiede betrachtet. Vom Roman verlangt man, dass er ein **Gesellschaftsbild** beinhalte, und beurteilt ihn nach seiner Welthaltigkeit. Novellen hingegen sollen **Einzelschicksale** darstellen. Diese Einteilung ist jedoch selten angemessen, weil gerade der Roman des 19. Jahrhunderts sich häufig auch auf die Darstellung individueller Lebenswege konzentriert (zur Romantheorie allgemein vgl. Steinecke/Wahrenburg 1999 und Voßkamp 1973).

2.1 | Von der Romantheorie zur Erzähltheorie: Der formanalytische Ansatz in Deutschland

Friedrich Spielhagen

Überlegungen zur Erzähltechnik: Auch die Schriftsteller selbst stellen theoretische Reflexionen an, denen die wissenschaftliche Erzähltheorie des 20. Jahrhunderts wesentliche Impulse verdankt. Einer dieser Autoren ist der heute weitgehend vergessene Romancier Friedrich Spielhagen (1829–1911), dessen Abhandlungen die damalige akademische Auseinandersetzung mit erzähltheoretischen Fragen maßgeblich befördert haben. Spielhagen unterscheidet in seinem Essay »Der Ich-Roman« (1883) zwischen **Ich- und Er-Erzählungen** und problematisiert **die Beziehung zwischen Autor und Erzähler**. Ihm liegen besonders jene Romane am Herzen, in denen das Erzähler-Ich nicht als Sprachrohr des realen Autors fungiert, sondern als Figur in die Handlung integriert ist. Spielhagen hat nämlich eine deutliche Abneigung gegen die Romanhandlung unterbrechende Reflexionen, die er als unstatthafte Zwischenrufe des Autors interpretiert.

Er duldet sie in seinem Werk nur, wenn ein Erzähler-Ich sie äußert und sie Bedeutung für die Handlung haben.

Wie viele Autoren dieser Zeit verknüpft Spielhagen seine erzähltheoretischen Beobachtungen mit normativen Vorgaben. Er vertritt die Ansicht, dass Romane **ausschließlich von Handlung bestimmt** sein müssten, und lehnt alle Verfahren ab, die dieser Maxime zuwider laufen. Dazu zählt er nicht nur Reflexionen, sondern auch Brüche in der Darstellung, wie sie durch den **Wechsel der Hauptfigur** hervorgerufen werden. Spielhagen weist damit auf die besondere Funktion von Figuren in Erzählungen hin, die später unter dem Begriff der Perspektive bzw. Fokalisierung in der Erzähltheorie thematisiert werden (s. Kap. IV.2.1).

Käte Friedemann

Mittelbarkeit als zentrales Kriterium: Aufgegriffen und einer Kritik unterzogen werden Spielhagens Ansichten von Käte Friedemann, die in *Die Rolle des Erzählers in der Epik* (1910) die **Mittelbarkeit als konstituierendes Charakteristikum des Erzählens** sowohl in der Ich-Form als auch in der Er-Form bestimmt und deutlich zwischen Autor und Erzähler unterscheidet. Die obligatorische Anwesenheit eines vom Autor eingesetzten Mediums (einer Vermittlungsinstanz) als Gattungsmerkmal des Erzählens zu postulieren war eine erzähltheoretische Großtat, die jedoch lange unbemerkt blieb. Ihre anhaltende Bedeutung liegt darin, dass damit das Erzählen über ein strukturelles Merkmal definiert wird, nämlich über die **Gegebenheit einer Vermittlungs- oder Erzählinstanz** – und damit unabhängig vom jeweiligen Erzählinhalt einzelner Texte. Eine Konsequenz dieser Auffassung ist, dass man die Erzählinstanz als integralen Teil des Werks betrachtet.

Friedemanns Abhandlung fällt in eine Zeit, in der auffällig viele germanistische Dissertationen mit erzähltechnischen Fragestellungen entstehen. Sie widmen sich zu einem großen Teil der **Untersuchung des Verhältnisses von Rahmen- und Binnenerzählungen** – z. B. in E. T. A. Hoffmanns *Die Serapions-Brüder* (1819–21). Wie viele dieser Dissertationen, so verdankt auch Friedemanns Studie dem Germanisten **Oskar Walzel** (1864–1944) wesentliche Anregungen. Inspiriert von der Theoriebildung in der Kunstwissenschaft, vertritt Walzel die Ansicht, dass **neben die Literaturgeschichte die Formanalyse zu treten habe**, deren Objekt die ästhetischen Eigenschaften der literarischen Werke seien.

Kritik an Friedemanns Erzählerkonzept: Das Konzept der Erzählinstanz ist hin und wieder in Frage gestellt worden, z. B. 1986 von Susan S. Lanser. Insbesondere US-amerikanische Wissenschaftler haben – unter dem Eindruck der Literaturtheorie des Russen Michail M. Bachtin (1895–1975) – **die Gültigkeit der strikten Trennung zwischen Autor und Erzähler angezweifelt**. Bis heute ist das Konzept der Erzählinstanz jedoch ein wesentlicher Bestandteil jeglicher Art von Erzähltheorie geblieben.

2.2 | Russischer Formalismus
Viktor Šklovskij

Eine ähnliche, aber radikalere und – mit Verzögerung – ungleich wirkungsmächtigere Auffassung von den Aufgaben der Literaturwissenschaft entstand ab 1916 in Russland. Sie wurde Ende der 1920er Jahre von der stalinistischen Kulturpolitik unterdrückt und geriet für einige Jahrzehnte in Vergessenheit. Radikaler als der formanalytische Ansatz in Deutschland sind insbesondere jene russischen Formalisten, die **die formale Methode zum einzigen legitimen Forschungsansatz einer Literaturwissenschaft** erklären, die den Anspruch hat, die **Literatur als Kunst** zu untersuchen – und nicht als biographisch-psychologische Äußerung eines Künstlers oder als soziales Produkt einer Gesellschaft. Entsprechend vertreten die russischen Formalisten um Viktor B. Šklovskij (1893–1984) den Standpunkt, dass man **die für ein literarisches Kunstwerk spezifischen Verfahren** untersuchen müsse. Konsequenter und wirkungsmächtiger als die Walzel-Schule sind sie international auch deshalb, weil sie Literatur ausschließlich als **Sprachkunst** verstehen und ihre Untersuchungen entsprechend enger an sprachlichen Verfahren ausrichten. Als Manifest des russischen Formalismus gilt Šklovskijs Aufsatz mit dem programmatischen Titel »Kunst als Verfahren«, der um die Jahreswende 1916/17 entsteht.

Verfahren der Verfremdung: Der russische Formalismus ist der damaligen literarischen Avantgarde eng verbunden und münzt ihre literarischen Innovationen um in literaturästhetische Annahmen, die die genannten methodologischen Postulate ergänzen. In dem genannten Aufsatz untersucht Šklovskij **Verfahren der Verfremdung**, die er als das Schlüsselprinzip jeglicher Kunst ansieht. Durch Verfremdung lenke das Kunstwerk, so Šklovskij, die Aufmerksamkeit weg von den Inhalten auf sich selbst und gebe sich überhaupt erst als Kunstwerk zu erkennen. Damit brachte er die Kunstauffassung der Moderne auf einen Begriff.

Einfluss auf den französischen Strukturalismus: Der formalistische Ansatz sollte sich ein halbes Jahrhundert später als außerordentlich einflussreich erweisen, als um 1965 der **literaturwissenschaftliche Strukturalismus in Frankreich** entstand (s. Kap. II.2.5). Im Hinblick auf die Entwicklung der Erzähltheorie war das methodologische Credo der formalen Methode ein wichtiger Impuls: Es forderte dazu auf, **nach Strukturmerkmalen zu suchen**, die unabhängig von inhaltlichen Besonderheiten Erzähltexte als solche auszeichnen und von anderen Textgattungen unterscheiden. Auch die aktuelle Erzähltheorie macht es sich in weiten Teilen immer noch zur Aufgabe, strukturelle Eigenschaften zu bestimmen, die für das Erzählen spezifisch sind. Auf der Basis eines solchermaßen weitgehend normierten Modells können dann die Besonderheiten individueller Erzählungen in Form von **Abweichungen vom Modell** ermittelt werden.

Fabula und *sujet:* Neben dem Konzept der Verfremdung verdankt die Erzähltheorie den russischen Formalisten eine Reihe grundlegender Analysekategorien. An erster Stelle steht hier Šklovskijs Unterscheidung zwischen dargestellter bzw. erzählter Welt einerseits (*fabula* bzw. **Geschichte**) und der Art und Weise der Darstellung bzw. Erzählung andererseits (*sujet* bzw. **Diskurs**). Diese Unterscheidung ist von ähnlich zentraler Bedeutung wie jene von Autor und Erzähler. Sie wurde von fast allen Erzähltheoretikern übernommen und weiterentwickelt – meist unter anderen Bezeichnungen wie z. B. *story* und *discourse* im Englischen und *histoire* und *discours* im Französischen (vgl. auch die tabellarische Aufstellung bei Martínez/Scheffel 2012, S. 28).

Die Formalisten nehmen darüber hinaus an, dass es spezielle **Sujetgesetze** gibt (z. B. wiederkehrende Elemente im Detektivroman), nach denen sich Erzähltexte organisieren. Auch dieser Gedanke entfaltet später – vermittelt über Vladimir Propp – im Strukturalismus eine große Wirkung.

Vladimir Propp

Handlungslogische Funktionen im Märchen: Häufig dem russischen Formalismus zugerechnet wird auch Vladimir Propp (1895–1970). Er gehört ihm jedoch allenfalls am Rande an, da sein Formalismus nicht auf eine Poetik zielt, sondern ein Mittel ist, genealogische Aussagen über die **Märchenentwicklung** zu treffen. Bahnbrechend für die Erzähltheorie ist unbeschadet dieses ganz anderen Ziels seine Studie *Morphologie des Märchens* (1928), in der er eine Auswahl von russischen Zaubermärchen miteinander vergleicht und feststellt, dass ihnen – unabhängig von den jeweils unterschiedlichen Motiven – dasselbe Schema aus handlungslogischen »Funktionen« zugrunde liegt. Propp identifiziert 31 solcher Funktionen, worunter er die Aktionen der Figuren in Relation zu ihren Folgen versteht. Zwar sind nicht alle Funktionen in jedem Märchen realisiert, doch liegen sie seiner Meinung nach immer in derselben Abfolge vor.

Dieser Ansatz wird später von Strukturalisten wie etwa Gerald Prince (*1942) aufgegriffen und führt in den 1960er und 1970er Jahren zur Entwicklung sogenannter *story*-**Grammatiken**. Die Grundidee dieses Ansatzes besteht in dem Versuch, Geschichten allgemein – und nicht nur eine Auswahl von Märchen – auf eine begrenzte Anzahl von Grundelementen und ihre Kombinationsmöglichkeiten zurückzuführen.

2.3 | Untersuchungen zur Erzählperspektive

Anfänge bei Henry James und Percy Lubbock

In der anglo-amerikanischen Literatur ist es der Schriftsteller **Henry James** (1843–1916), der mit seinen Essays und Vorworten zu seinen *Gesammelten Werken* (1907–1909) die theoretische Diskussion des 20. Jahrhunderts nachhaltig anregt. Ähnlich wie Spielhagen, aber vor allem beeinflusst von Gustave Flauberts Romanpoetik, fordert auch er, der Autor solle hinter sein Werk zurücktreten. Um dies zu erreichen, plädiert er für die sogenannte **szenische Methode**: Dabei wird die Geschichte aus dem Blickwinkel einer einzigen Figur erzählt. Umgesetzt hat James diese Konzeption z. B. in seinem Roman *The Ambassadors* (1903), in dem er konsequent die Sicht des Protagonisten Lambert Strether darstellt, ohne auf Ereignisse einzugehen, die jenseits von Strethers Horizont bzw. Blickwinkel liegen. Der englische Ausdruck für Blickwinkel – **point of view** – beherrscht fortan die anglo-amerikanische Diskussion.

Point of view: Der James-Vertraute **Percy Lubbock** (1879–1965) greift diesen Terminus in seinem vielzitierten Buch *The craft of fiction* (1921) auf. Die Frage nach dem *point of view* erklärt er hier zur **Leitfrage für das Handwerk der Romankunst** schlechthin und James' szenische Methode zugleich zur einzig richtigen Verfahrensweise. Diese einseitige Bevorzugung der James'schen Darstellungspraxis ist jedoch in ästhetischer und erzählpraktischer Hinsicht schnell überholt.

In erzähltheoretischer Hinsicht folgenreicher ist Lubbocks Verknüpfung des Perspektivenbegriffs mit dem Begriff des Erzählers, die auch schon in James' Überlegungen zum Ausdruck kam. Lubbock identifiziert die Figur, deren Sicht dargestellt wird, mit dem Erzähler. In *The craft of fiction* beschreibt er die Effekte und Vorzüge einer Erzählweise, bei der alle Informationen durch ein Wahrnehmungszentrum laufen, das in Form des Protagonisten angelegt ist.

Showing vs. telling: Die beiden Methoden, die Lubbock dabei besonders im Auge hat, bringt er auf das Begriffspaar *showing* vs. *telling*. Gelungen ist eine Darstellung nach Lubbock nicht, wenn sie erzählt wird (*telling*), sondern wenn sie gezeigt wird (*showing*). Das Ideal, an dem sich der Gedanke orientiert, ist das der vollständigen mimetischen Illusion, die durch nichts gestört werden darf – ein Ideal, das sich mit der modernen Literatur schon bald nicht mehr vereinbaren ließ. In der anglo-amerikanischen Erzähltheorie bleibt das Begriffspaar, das bezeichnenderweise nicht durch Textmerkmale, sondern aufgrund der Ausrichtung auf die Illusionsbildung beim Leser wirkungsästhetisch motiviert ist, aber ein wichtiger Bezugspunkt, bis **Wayne C. Booth** (1921–2005) es in seinem Werk *The rhetoric of fiction* (1961) einer Kritik unterzieht.

Internationaler Ausbau der Perspektivtheorie

Weitere einflussreiche Stationen der Perspektivtheorie sind Jean Pouillons Überlegungen zu Darstellungsmöglichkeiten der Wahrnehmung in *Temps et roman* (1946), Norman Friedmans Konzeption in »Point of view in fiction« (1955) und Boris A. Uspenskijs Modell der Perspektivebenen in *Poetik der Komposition* (1970). Schließlich gehört in diese Reihe auch Franz K. Stanzels Theorie der Erzählsituationen, die er seit 1955 in mehreren Werken entfaltet.

Jean Pouillon (1916–2002) nennt – noch ohne zwischen Autor und Erzähler zu unterscheiden – lediglich drei Beziehungen der *vision* (Sicht), in denen der Erzähler zu den Figuren stehen kann. Dieses Modell wird wenig später von den Strukturalisten Tzvetan Todorov und Gérard Genette übernommen.

- ***la vision avec***: ›Mitsicht‹, in der das Wissen des Erzählers dem der Figuren entspricht;

Formen der Sicht

- **la vision par derrière:** ›Sicht von hinten‹ bzw. ›Übersicht‹, in der der Erzähler mehr weiß als die Figuren;
- **la vision du dehors:** ›Außensicht‹, in der die Erzählinstanz keinen Zugang zu den inneren Vorgängen der Figuren hat.

Norman Friedman (1925–2014) unterscheidet **acht Möglichkeiten der Perspektivierung**, wobei er Grade des Erzählerwissens mit dem Standpunkt des Wahrnehmungssubjekts kombiniert und diese Kombinationen dann auf einer Skala zwischen *showing* und *telling* anordnet. **Formen der Allwissenheit** (z. B. neutrale und selektive) verlegt Friedman auf die Seite des *telling*, szenische Darstellung und die (scheinbar) völlige Ausschaltung des Erzählers in der Weise einer ›Kamera‹ auf die des *showing*.

Boris A. Uspenskijs (*1937) semiotisches Modell, das er als Grundlage auch für die bildende Kunst und den Film ansieht, ist ein Zeugnis des russischen Strukturalismus (der sogenannten Moskau-Tartu-Schule). Es beruht auf einer **Stratifikation des Perspektivenbegriffs**, also auf einer Unterteilung der Perspektive in verschiedene Ebenen. Uspenskij unterscheidet vier Ebenen, auf denen sich jeweils die Form der Bezugnahme der Darstellung auf das Dargestellte ausdrückt:

Vier Ebenen der Perspektive nach Uspenskij

- die ideologische Ebene der Wertung,
- die phraseologische Ebene des Stils,
- die raum-zeitliche Ebene,
- die psychologische Ebene.

Diese Ebenen korreliert Uspenskij mit den Standpunkten der Figur und des Erzählers, deren unterschiedliche Beziehungen zueinander für ihn die charakteristische Spannung künstlerischer Darstellungen ausmachen.

Franz K. Stanzel (*1923) geht ebenfalls von der grundsätzlichen Vermitteltheit des Erzählten durch eine Erzählinstanz aus. Er unterscheidet **drei Erzählsituationen** (ES):

Erzählsituationen nach Stanzel

- **Ich-ES:** Der Erzähler tritt in der erzählten Welt auch als Figur auf.
- **Auktoriale ES:** Ein nicht als Figur gestalteter Erzähler dominiert die Erzählung mit Kommentaren und anderen Einlassungen.
- **Personale ES:** Der Erzähler hält sich zurück und delegiert so viel wie möglich an die Figuren.

Diese drei Erzählsituationen fasst Stanzel zum **Modell des sogenannten Typenkreises** zusammen (s. Kap. IV.1.2.2).

Kritik an Stanzels Modell: Diese Dreiteilung behielt Stanzel trotz Kritik über Jahrzehnte hinweg bis heute bei. Unter Beschuss stand vor allem das **Verhältnis der Kategorien** zueinander. Wie in den meisten anderen in diesem Kapitel vorgestellten Fällen handelt es sich auch bei Stanzels Konzepten um komplexe Kategorien, die mehrere Merkmale des Erzählens in sich vereinen, statt sie begrifflich zu differenzieren (hier: Wissen und Standort der Erzählinstanz). Zudem überlappen Stanzels Konzepte einander und können daher distinkte Phänomene nicht immer klar auseinanderhalten (zur Kritik an Stanzel vgl. etwa Kindt 2003 und Titzmann 2003, S. 3068 f.).

2.4 | Untersuchungen zur Zeitgestaltung

Günther Müller

Auf Günther Müller (1890–1957) geht die für die Erzähltheorie fundamentale Unterscheidung zwischen erzählter Zeit und Erzählzeit zurück. In einer Reihe von Aufsätzen hat Müller seit den 1940er Jahren diese Unterscheidung im Rahmen seiner »Morphologischen Poetik« vorgestellt (gr. *morphè*: Form, Gestalt), die mit Propp nur die Berufung auf Goethes Morphologiebegriff gemein hat. Hintergrund ist Müllers Vorhaben, der bis dahin in der deutschen Literaturwissenschaft vorherrschenden literaturgeschichtlichen Richtung eine **formwissenschaftliche Richtung** an die Seite zu stellen. Seine Konzeption läuft jedoch nicht auf einen formanalytischen Ansatz in dem Sinne hinaus, der in Deutschland eine Zeit lang mit den Arbeiten Walzels in Verbindung gebracht wurde, sondern versteht sich als ebenso ambitionierter wie vorläufiger – und letztlich gescheiterter – **Versuch, Geistes- und Naturwissenschaften zu versöhnen**.

Erzählzeit und erzählte Zeit: Erzähltheoretisch relevant ist daher nicht Müllers gesamte Konzeption, sondern nur ein Aspekt: Jede Erzählung dauert. Diese Dauer kann in Stunden angegeben werden, die benötigt werden, um eine gegebene Erzählung vorzulesen. Üblicher ist es, die **Dauer der Erzählzeit** in Seitenzahlen zu fassen. Demgegenüber wird die **erzählte Zeit** – also jene Zeitspanne, über die sich die erzählte Geschichte erstreckt – aus den in der Erzählung gemachten Angaben errechnet. Anhand von Beispielanalysen hat Müller das Verhältnis von Erzählzeit und erzählter Zeit untersucht und auf verschiedene Grade der Zeitraffung und -dehnung hingewiesen, die sich aus dem Verhältnis der beiden Ebenen ergeben (s. Kap. IV.2.3).

Eberhard Lämmert

Systematisierung der Zeitgestaltung in Erzählungen: Müllers Beobachtung zur Zeitgestaltung in Erzählungen vertieft und systematisiert Eberhard Lämmert (1924–2015) in seinen *Bauformen des Erzählens* (1955). Dabei verengt er Müllers Ansatz auf eine erzähltheoretische Konzeption. Es ist sein erklärtes Ziel, **nach ahistorischen Konstanten** – Typen – zu suchen, die unabhängig von epochenspezifischen Ausformungen den Grundstock des Erzählens bilden sollen. Lämmert nimmt Müllers Unterscheidung von Zeitraffung und -dehnung auf und benennt auch die Grenzfälle: **Aussparung von Zeit** (von Genette später als »Ellipse« bezeichnet) und **Zeitdeckung**. Wie schon Müller macht auch Lämmert auf das **Phänomen des Erzählens von sich wiederholenden und andauernden Gegebenheiten** sowie auf das des zeitlosen Erzählens aufmerksam (in Genettes Terminologie: iterativ-duratives Erzählen und Pause).

Kombination von Formen der Zeitgestaltung mit Erzählweisen: Zusätzlich kombiniert Lämmert diese Möglichkeiten der Zeitgestaltung mit von ihm sogenannten Erzählweisen, die er zum Teil von Lubbock, zum Teil aus Robert Petschs *Wesen und Formen der Erzählkunst* (1934) übernimmt –

zum Beispiel szenische Darstellung, Bericht, Betrachtung, Beschreibung. Dabei bringt er jeweils **eine Erzählweise mit einem bestimmten Grad der Zeitraffung in Verbindung**.

Rückwendungen und Vorausdeutungen: Noch variantenreicher ist Lämmerts System der Rückwendungen und Vorausdeutungen in Erzählungen. Er unterscheidet beispielsweise zwischen **aufbauender und auflösender Rückwendung** – aufbauend, weil einleitend und auf den Anfang der Erzählung ausgerichtet; auflösend, weil auf das Ende hin orientiert. Zudem differenziert er zwischen Rückschritt, Rückgriff und Rückblick – je nachdem, wie sehr die jeweilige Rückwendung aus dem Erzählfluss herausragt. Ähnlich geht Lämmert hinsichtlich der **Vorausdeutungen** vor, die er in zukunftsgewisse und -ungewisse einteilt und darunter jeweils weitere Spezialfälle subsumiert (s. Kap. IV.2.3.2).

Kritik an Lämmert: Lämmerts Konzeption, die bereits eine erstaunliche Bandbreite an Begriffen und Unterscheidungen aufweist, hat maßgeblich Einfluss genommen auf die weitere Entwicklung der literaturwissenschaftlichen Erzähltheorie. **Sein Modell fällt allerdings derart komplex** aus, dass sich die anschließende Theorieentwicklung in Teilen nicht nur als Vervollständigung, sondern durchaus auch als Entschlackung und Harmonisierung beschreiben lässt. Denn Lämmerts Unterscheidungen sind nicht immer einwandfrei und **lassen oft die nötige Trennschärfe vermissen**. So liegt etwa der detailreichen Einteilung der Rückwendungen kein klares Kriterium zugrunde, sondern sie folgt aus einem Bündel disparater Beobachtungen. Umgekehrt verdankt sich die Bestimmung einer Rückwendung als aufbauend oder auflösend einer **sehr groben Zuordnung** zum Anfang oder zum Ende einer Erzählung. Sowohl eine aufbauende als auch eine auflösende Rückwendung erfüllen jedoch letztlich dieselbe Funktion: Sie erklären nachträglich ein bereits erzähltes Ereignis; ihre Unterscheidung ist damit eigentlich überflüssig. Auch durch die genannte Verknüpfung der Zeitgestaltung mit bestimmten Erzählweisen stellt Lämmert Zusammenhänge her, die als Einzelbeobachtungen zutreffen mögen, aber keine allgemeingültigen ›Konstanten des Erzählens‹ darstellen.

Desiderat einer umfassenden Systematisierung: Solche kritischen Anmerkungen ließen sich auch zu den anderen bislang vorgestellten Ansätzen machen. Wichtiger ist jedoch die Konsequenz, die sich insgesamt für die weitere Genese der Erzähltheorie abzeichnet. Die Vorläufer der modernen Erzähltheorie haben zwar bereits viele der grundlegenden Kategorien entworfen – was jedoch fehlt, ist eine Vereinheitlichung und Präzisierung der vorhandenen Begriffe und eine umfassende Systematisierung als Gesamttheorie.

2.5 | Französischer Strukturalismus und Narratologie

Narratologie als Nachfolgerin der Erzähltheorie: Das Jahr, in dem schließlich die Erzähltheorie als Theorie *sui generis* unter dem Namen ›Narratologie‹ aus der Taufe gehoben wurde, lässt sich genau angeben. Im Jahr 1969 postuliert der in Frankreich lebende Bulgare Tzvetan Todorov

(*1939) in seiner *Grammaire du Décaméron* **eine neue Disziplin, für die er den französischen Ausdruck *narratologie* vorschlägt**. Todorovs Manifest sind bereits andere Publikationen vorausgegangen; die berühmteste darunter ist die der Erzähltheorie gewidmete achte Ausgabe der Zeitschrift *Communications* aus dem Jahr 1966. Eingeleitet mit einem Aufsatz von Roland Barthes (1915–1980), der die **Grundideen einer strukturalen Erzähltheorie formuliert**, beinhaltet die Ausgabe Beiträge u. a. von den Literaturwissenschaftlern Todorov, Gérard Genette (*1930) und Umberto Eco (1932–2016) sowie dem Filmwissenschaftler Christian Metz (1931–1993).

Einfluss des Russischen Formalismus: Wesentliche Impulse erhalten die französischen Strukturalisten von Propps *Morphologie des Märchens*, die der Begründer der strukturalen Anthropologie Claude Lévi-Strauss (1908–2009) im Westen bekannt gemacht hatte. Einflussreich ist außerdem Boris V. Tomaševskijs (1890–1957) *Teorija literatury* (1925, dt. *Theorie der Literatur*), ein Lehrbuch, in das Ergebnisse des russischen Formalismus eingegangen sind. Barthes übernimmt daraus für seinen Artikel in *Communications* u. a. die Unterscheidung zwischen gebundenen und freien Motiven, also **obligatorischen und fakultativen Handlungselementen**, die er ›**Kardinalfunktionen**‹ bzw. Kerne und Katalysen nennt. **Kerne** sind für Barthes solche Elemente, die notwendig für eine Handlung sind und diese vorantreiben, **Katalysen** hingegen sind für die reine Handlung entbehrliche Elemente, die jeweils einem Kern zuzuordnen sind und diesen näher bestimmen.

Einfluss der strukturalen Linguistik: Eine andere wichtige Bezugstheorie ist die strukturale Linguistik. Diese beruft sich ihrerseits auf den Genfer Sprachwissenschaftler **Ferdinand de Saussure** (1857–1913) und dessen 1916 posthum unter dem Titel *Cours de linguistique générale* (dt. *Grundfragen der allgemeinen Sprachwissenschaft*) erschienene Vorlesungen als Gründungsdokument. Von Strukturalismus ist jedoch erst ab etwa den 1930er Jahren die Rede, als der vormals zu den russischen Formalisten zählende **Roman Jakobson** (1896–1982) die Ideen des Prager Linguistenkreises unter dem Namen **Strukturalismus** publik macht und später in den USA auch Lévi-Strauss nahebringt. Jakobson ist es auch, der schon früh die **Vereinigung von Literatur- und Sprachwissenschaften** unter einem gemeinsamen theoretischen Dach verfolgt und in *Linguistics and Poetics* (1960) selbst eine Konzeption der Literaturwissenschaft als Sprachwissenschaft vorschlägt.

Die strukturalistischen Erzähltheoretiker orientieren sich an der zunächst mit phonologischem Schwerpunkt arbeitenden strukturalen Linguistik und versuchen entsprechend, linguistische Kategorien analog auf literarische Phänomene im Allgemeinen und auf narrative Phänomene im Besonderen anzuwenden. Aber auch die allgemeinen methodologischen Grundsätze werden übernommen. Dazu gehört, **narrative Elemente als Zeichen** aufzufassen und die Erzähltheorie damit als Teil einer Meta-Theorie, der **Semiotik**, zu konzipieren. Die Bedeutung eines Zeichens ergibt sich nach dieser Auffassung aus der Beziehung zu anderen Zeichen, für die man die Existenz besonderer Gesetze annimmt (womit Šklovskijs Thesen von den Sujetgesetzen wieder aufgegriffen wird).

Ahistorischer Ansatz: Charakteristisch für den Strukturalismus ist dabei sein ahistorischer Ansatz. Nicht die historisch jeweils spezifischen Erscheinungsformen sollen erfasst werden, sondern die nur in einer synchronen Perspektive hervortretenden abstrakten Merkmale, die allen Phänomenen gemeinsam sind. Auf diese Weise glaubt man, das all diesen Erscheinungsformen zugrundeliegende **allgemeine System** isolieren zu können. Die Strukturalisten versprechen sich davon einen ähnlichen Erkenntnisfortschritt und Zugewinn an **Objektivität in der Literaturwissenschaft**, wie er in der Linguistik bereits erzielt worden war.

Geschichten als Substrat: Literarische Erzählungen stellen dabei in der Perspektive der Strukturalisten nur den Spezialfall eines allgemeinen Phänomens dar: dem einer Geschichte, die zwar in allen möglichen Medien – vom Film über den Text bis zum Ballett – dargestellt, jedoch letztlich immer auf dasselbe Substrat zurückgeführt werden kann. Autoren wie **Claude Bremond** (*1929) versuchen deshalb, die Verknüpfungsmodalitäten von invarianten Elementen aller möglichen Geschichten zu identifizieren. In *Logique du récit* (1973) etwa geht er vom Begriff der narrativen Sequenz aus und ordnet ihr drei grundlegende Funktionen zu:

Drei Funktionen der narrativen Sequenz

- *virtualité:* die Eröffnung einer möglichen Handlung,
- *passage à l'acte:* deren Aktualisierung oder Nicht-Aktualisierung,
- *achèvement:* das Erreichen oder Nicht-Erreichen des Handlungszieles.

Ergänzt um eine **Typologie der narrativen Rollen** (Patient, Agent usw.), die durch die Figuren eingenommen werden können, baut Bremond seinen Ansatz schließlich zu einem komplexen formalen System aus, das die ›Logik der Geschichte‹ – so die deutsche Übersetzung des Buchtitels *Logique du récit* – als grundlegend beschreibt, die Logik des Erzählens jedoch kaum noch beachtet.

Trotz der intensiven Rezeption und Weiterentwicklung während der Hoch-Zeit des literaturwissenschaftlichen Strukturalismus in den 1970er Jahren vermochten sich die diffizilen (und vom konkreten literarischen Werk abstrahierenden) Modelle dieser Art in der literaturwissenschaftlichen Praxis nicht durchzusetzen.

Die literarische Narratologie Genettes: Ungemein erfolgreich war dagegen der Weg, den **Gérard Genette** (*1930) mit seinem *Discours du récit* (1972) einschlug, dem er noch einen *Nouveau discours du récit* (1983) folgen ließ. Genette konzentriert sich auf die Analyse der für literarische Erzählungen typischen Relationen von **Erzähltem (*histoire*), Erzählung (*récit*) und Erzählen (*narration*)**. Dabei greift er eine Vielzahl der hier in diesem Kapitel erwähnten Begriffe auf und systematisiert beispielsweise zeitliche Relationen und mögliche Positionen der Erzählinstanz. Genette löst zudem erstmals den **Wahrnehmungsmodus** (also die Frage: »Aus wessen Perspektive wird erzählt?«) von der **Erzählinstanz** (»Wer erzählt?«) ab. Um dieser Unterscheidung auch terminologisch Ausdruck zu verleihen, prägt er die Kategorien ›**Fokalisierung**‹ für die Bestimmung des Wahrnehmungsmodus und jene der ›**Stimme**‹ für die Bestimmung der Erzählinstanz. Für die Differenzierung der verschiedenen **Fokalisierungsmöglichkeiten** wiederum bezieht sich Genette auf Pouillons Modell (s. Kap. II.2.2). Seinen eigenen Beitrag sieht er in der Beschreibung von

Alterationen, d. h. den Abweichungen vom idealtypischen Modell Pouillons.

Darüber hinaus liefert Genette schließlich auch ein **Modell der Redewiedergabe** in Erzählungen. Dieser Aspekt seiner Theorie trägt der sprachlichen Verfasstheit von literarischen Erzählungen besonders Rechnung – und lässt zugleich die alte platonische Unterscheidung von *mimesis* und *diegesis* wieder aufleben (s. Kap. II.2.3).

Reaktionen auf Genette: Im Anschluss an Genettes Narratologie ist eine Vielzahl von narratologischen Einzel- und Gesamtdarstellungen erschienen, die seine Systematik aufgreifen und in unterschiedliche Richtungen ausweiten. Hierzu zählt z. B. *Story and Discourse* (1978) von Seymour Chatman (1928–2015), das den Film einbezieht. Doch neben der positiven und insgesamt zustimmenden Rezeption der Narratologie im Sinne Genettes wird nach und nach auch eine Gegenposition laut. Man moniert vor allem die allzu forschen Erkenntnisansprüche und die Einseitigkeit mancher Strukturalisten. Auch wird Genettes Konzeption für zu eng befunden, und man kritisiert Vagheiten in seiner ausufernden Terminologie, die viele Neologismen und Umdeutungen rhetorischer Begriffe enthält.

Ungeachtet der kritischen Einwände im Detail liegen jedoch die Vorzüge der Arbeiten von Genette und vergleichbarer moderner Konzeptionen auf der Hand: Das Phänomen des literarischen Erzählens besitzt mit der Narratologie eine umfassende systematische Theorie. Wie jede Theorie entwickelt sich dabei allerdings auch die Narratologie laufend weiter.

Wichtige Schriften der Erzähltheorie

ca. 370 v. Chr.	**Platon:** *Politeia* (dt. *Der Staat*)	
ca. 335 v. Chr.	**Aristoteles:** *Peri poietikes* (dt. *Poetik*)	
1774	**Christian Friedrich von Blanckenburg:** *Versuch über den Roman*	
1883	**Friedrich Spielhagen:** *Beiträge zur Theorie und Technik des Romans*	
1910	**Käte Friedemann:** *Die Rolle des Erzählers in der Epik*	
1916/17	**Viktor Šklovskij:** »Iskusstvo kak priem« (dt. »Kunst als Verfahren«)	
1921	**Percy Lubbock:** *The craft of fiction*	
1925	**Boris V. Tomaševskij:** *Teorija literatury* (dt. *Theorie der Literatur*)	
1928	**Vladimir Propp:** *Morfologija skazki* (dt. *Morphologie des Märchens*)	
1955	**Norman Friedman:** »Point of view in fiction«	
1955	**Eberhard Lämmert:** *Bauformen des Erzählens*	
1957/1968	**Käte Hamburger:** *Die Logik der Dichtung*	
1964	**Franz K. Stanzel:** *Typische Formen des Romans*	
1972	**Gérard Genette:** *Discours du récit* (dt. *Die Erzählung*)	

II.2 Kurze Geschichte der Erzähltheorie

Literatur

Aristoteles: Werke in deutscher Übersetzung. Hg. von Hellmut Flashar. Bd. 5: Poetik. Berlin 2007.
– : Poetik. Griechisch/deutsch. Übersetzt und hg. von Manfred Fuhrmann. Stuttgart 1982.
Barnes, Jonathan: »Life and work«. In: Ders. (Hg.): The cambridge companion to Aristotle. Cambridge 1995, S. 1–26.
Barthes, Roland: »L'analyse structurale du récit«. In: Communications 8 (1966), S. 1–27.
Blanckenburg, Christian Friedrich von: Versuch über den Roman [1774]. Stuttgart 1965.
Booth, Wayne C.: Die Rhetorik der Erzählkunst [engl. 1961]. Heidelberg 1974.
Bremond, Claude: Logique du récit. Paris 1973.
Chatman, Seymour: Story and discourse. Narrative structure in fiction and film [1978]. Ithaca ^{6}1993.
Friedemann, Käte: Die Rolle des Erzählers in der Epik [1910]. Hildesheim 1977.
Friedman, Norman: »Point of view in fiction: The Development of a critical concept«. In: Publications of the modern language association of America 70 (1955), S. 1160–1184.
Fuhrmann, Manfred: Einführung in die antike Dichtungstheorie. Darmstadt 1973.
– : Die Dichtungstheorie der Antike: Aristoteles – Horaz – Longin. Eine Einführung. Düsseldorf 2003.
Genette, Gérard: Die Erzählung. Paderborn ^{3}2010. – Diese Ausgabe versammelt die beiden nachfolgenden Titel:
– : »Discours du récit. Essai de méthode«. In: Genette, Gérard: Figures III. Paris 1972, S. 65–282.
– : Nouveau discours du récit. Paris 1983.
Herman, David: »Introduction«. In: Ders. (Hg.): Narratologies. New perspectives on narrative analysis. Columbus 1999, S. 1–30.
Jakobson, Roman: »Linguistik und Poetik« [engl. 1960]. In: Ders.: Poetik. Ausgewählte Aufsätze 1921–1971. Frankfurt a. M. 1979, S. 83–121.
James, Henry: The art of the novel. Critical prefaces [1907–09]. London 1935.
Kindt, Tom: »Die Quadratur des Typenkreises. Franz K. Stanzels Überlegungen zu einer Erzähltheorie für Leser«. Zugänglich unter: www.iaslonline.de (eingestellt am 26.3.2003, gesehen am 25. April 2016).
Lämmert, Eberhard: Bauformen des Erzählens [1955]. Stuttgart ^{9}2004.
Lanser, Susan S.: »Toward a feminist narratology«. In: Style 20/3 (1986), S. 341–363.
Lubbock, Percy: The craft of fiction [1921]. London 1968.
Martínez, Matías/Scheffel, Michael: Einführung in die Erzähltheorie [1999]. München ^{9}2012.
Müller, Günther: Morphologische Poetik. Gesammelte Aufsätze. Darmstadt 1968.
Nünning, Ansgar: »Erzähltheorie«. In: Weimar, Klaus (Hg.): Reallexikon der deutschen Literaturwissenschaft. Berlin 1997, Bd. 1, S. 513–517.
Petsch, Robert: Wesen und Formen der Erzählkunst [1934]. Halle/Saale ^{2}1942.
Platon: Der Staat [Politeia]. Übersetzt und hg. von Karl Vretska. Stuttgart 2001.
– : Ion. Griechisch/deutsch. Übersetzt und hg. von Hellmut Flashar. Stuttgart 1997.
– : Phaidros oder vom Schönen. Übertragen und eingeleitet von Kurt Hildebrandt. Stuttgart 2002.
– : Symposion. Griechisch/deutsch. Übersetzt und hg. von Thomas Paulsen und Rudolf Rehn. Stuttgart 2006.
Pouillon, Jean: Temps et roman. Paris 1993.
Prince, Gerald: »Narratology«. In: Selden, Raman (Hg.): From formalism to poststructuralism. Cambridge 1995, S. 110–30.
Propp, Vladimir: Morphologie des Märchens [russ. 1928]. Frankfurt a. M. ^{2}1989.
Rorty, Amélie Oksenberg (Hg.): Essays on Aristotle's poetics. Princeton 1992.
Saussure, Ferdinand de: Grundfragen der allgemeinen Sprachwissenschaft [1916]. Berlin/New York ^{3}2001.
Šklovskij, Viktor: »Kunst als Verfahren/Iskusstvo kak priem« [russ. 1917]. In: Striedter, Jurij (Hg.): Texte der russischen Formalisten, Bd. 1: Texte zur allgemeinen Literaturtheorie und zur Theorie der Prosa. München 1969, S. 2–35.
Spielhagen, Friedrich: »Der Ich-Roman« [1883]. In: Ders.: Beiträge zur Theorie und Technik des Romans. Göttingen 1967, S. 129–241.
Stanzel, Franz K.: Typische Formen des Romans [1964]. Göttingen ^{12}1993.
Steinecke, Hartmut/Wahrenburg, Fritz (Hg.): Romantheorie. Texte vom Barock bis zur Gegenwart. Stuttgart 1999.

Titzmann, Michael: »Literatursemiotik«. In: Posner, Roland u. a. (Hg.): Semiotik. Ein Handbuch zu den zeichentheoretischen Grundlagen von Natur und Kultur. Berlin 2003, Bd. 3, S. 3028–3103.
Todorov, Tzvetan: Grammaire du Décaméron. Den Haag 1969.
Tomaševskij, Boris V.: Theorie der Literatur. Poetik [russ. 1925]. Wiesbaden 1985.
Uspenskij, Boris A.: Poetik der Komposition. Struktur des künstlerischen Textes und Typologie der Kompositionsform [russ. 1970]. Frankfurt a. M. 1975.
Vernant, Jean-Pierre: »Myth and tragedy«. In: Rorty, Amélie Oksenberg (Hg.): Essays on Aristotle's poetics. Princeton 1992.
Voßkamp, Wilhelm: Romantheorie in Deutschland. Von Martin Opitz bis Friedrich von Blanckenburg. Stuttgart 1973.

Fludernik, Monika: »Beyond structuralism in narratology. Recent developments and new horizons in narrative theory«. In: Anglistik 11/1 (2000), S. 83–96.
Fludernik, Monika: »Histories of narrative theory (II). From structuralism to the present«. In: Phelan, James/Rabinowitz, Peter J. (Hg.): A companion to narrative theory. Malden 2005, S. 36–59.
Herman, David: »Histories of narrative theory (I). A genealogy of early developments in the field«. In: Phelan, Peter/Rabinowitz, Peter J. (Hg.): A companion to narrative theory. Malden 2005, S. 19–35.

Literatur zum Weiterlesen

III Drei Zugänge zum Erzähltext

1 Autor und Autorkonzepte
2 Paratexte
3 Genres der Epik

Einleitung

Was ist ein Text? Das **Textverständnis**, das in diesem Band zu Grunde gelegt wird, spiegelt das **methodische Selbstverständnis** der Erzähltextanalyse. Narratologie und Erzähltextanalyse verfolgen die Zielsetzung einer **methodisch geregelten Textbeschreibung**; sie bezwecken noch **keine Textauslegung**. Als sogenannte ›heuristische Verfahren‹ (gr. *heuriskein*: (auf-)finden, entdecken) wollen sie einen ersten und möglichst vorurteilsfreien Zugang zum Gegenstand ›Erzähltext‹ bereiten. Das heißt aber nicht, dass wir bei unserer Textanalyse die Praxis der Interpretation vollkommen aus den Augen verlieren könnten. Vielmehr gilt: Wie in jedem wissenschaftlichen Arbeitsbereich ist auch bei der Untersuchung von Erzählungen eine präzise, möglichst objektive **Gegenstandsdeskription die Voraussetzung**, ohne die eine begründbare Interpretation von Erzählungen überhaupt nicht möglich ist.

Die erzähltechnische und narratologische Beschreibungssprache mit ihren Theorien, Modellen, Kategorien und Fachtermini erfasst allerdings nur einen Teilbereich der Merkmale, die wir einem Erzähltext gemeinhin zuschreiben. Erzähltheorie und Narratologie konzentrieren sich bewusst auf jene ›harten‹ Merkmale, die spezifisch für Erzähltexte sind; sie blenden hingegen die allgemeineren Eigenschaften weithin aus, die auch für dramatische und lyrische Texte gemeinsam und damit gattungsübergreifend relevant sind. Gerade diese ›weichen‹ Merkmale – d. h., die Kontexte und Konventionen, in die Texte eingebettet sind – liefern jedoch in vielen Fällen den eigentlichen Ansatzpunkt für Textinterpretationen.

In diesem Kapitel wird es um drei solcher allgemeineren Merkmale gehen, die zwar prinzipiell nicht spezifisch für fiktionale Erzähltexte sind, aber einen so **entscheidenden Einfluss** auf unsere Praxis der Textbeschreibung und Textinterpretation nehmen können, dass wir sie nicht ignorieren dürfen:

- **Autor und Autorkonzepte:** Welche Rolle spielt unsere Vorstellung von einem Autor in Hinblick auf Erzähltexte?
- **Paratexte:** Welche Rolle spielen äußere Merkmale des Textes als ›Buch‹ für unsere Auffassung und Interpretation?
- **Genres der Epik:** Welche Untergruppen erzählender Texte – sogenannte Genres – haben sich historisch ausgebildet und welche Rolle spielt unsere Zuordnung eines Erzähltextes zu einem dieser Genres?

Merkmale des Erzähltextes

III.1 Drei Zugänge zum Erzähltext

1 Autor und Autorkonzepte

Wozu brauchen wir einen Autor? Dass konkrete Texte reale Autoren haben, scheint zunächst eine Binsenweisheit zu sein. Aber – spielt diese scheinbare Selbstverständlichkeit in unserer Praxis der Lektüre, der Analyse und der Interpretation erzählender Texte überhaupt eine entscheidende Rolle?

Zumindest beim nicht-wissenschaftlichen Lesen von Romanen, Erzählungen, Märchen oder anderen erzählenden Genres hat unser Wissen um den Autor in den allermeisten Fällen eher eine untergeordnete Funktion. Die wenigsten Leser versuchen zum Beispiel, mit dem realen Autor Kontakt aufzunehmen, um sich genauere Auskunft über seine Aussageabsicht einzuholen. Nicht einmal die Literaturkritik und das Feuilleton, deren erklärte Zielsetzung doch die erläuternde und wertende Vermittlung literarischer Texte an das lesende Publikum ist, stellen an Autoren so platte Fragen wie »Wie haben Sie denn das gemeint?«. Gerade die von Kritikern und Lesern gemeinhin als qualitativ herausragend eingeschätzten Autoren **verweigern sich zudem solchen interpretierenden Selbstkommentaren**. So stellt der Dramatiker Heiner Müller zum Beispiel lakonisch fest: »Wenn ich weiß, was ich sagen will, sage ich es. Dazu muß ich nicht schreiben« (Müller 1990). Zwischen dem literarischen »Schreiben« und der expliziten Behauptung oder der ästhetischen Aussage, dem »Sagen«, besteht für Müller eine grundlegende Differenz, die der Autor genauso empfindet wie der Leser. Ähnlich problematisch sehen Schriftsteller zumeist auch den Versuch, umgekehrt aus der Lektüre der Texte **Aufschluss über die Person des Autors** zu gewinnen. Als der österreichische Schriftsteller Leo Perutz, der in den 1920er Jahren zu den Stars der Literaturszene zählte, von einer Feuilletonredaktion gebeten wurde, den Zusammenhang zwischen seinen Texten und seiner Biografie zu erläutern, antwortete er kurz angebunden: »Meine innere Entwicklung ergibt sich für jeden, nur nicht für mich, aus der Lektüre meiner Romane« (Perutz 1925).

Unbestreitbar werden jedoch Autoren gerade in den modernen Massenmedien als **literarische Entertainer** durchaus ähnlich vermarktet wie jene Filmstars, Musiker oder Maler und Bildhauer, die gerade ›in‹ sind. Bei manchen Schriftstellern tritt im öffentlichen Bewusstsein das literarische Werk schon beinahe in den Hintergrund. Das gilt insbesondere für Gegenwartsautoren wie z. B. Günter Grass, die wir als politisch engagierte Zeitgenossen wahrnehmen. Die Medien präsentieren solche Personen des öffentlichen Lebens oftmals hauptsächlich wegen der Aufmerksamkeit, die sie mit jedem ihrer Auftritte auf sich ziehen.

Pro und contra Autor – fünf wissenschaftliche Positionen: Auch in der Literaturwissenschaft ist die Einstellung zum Autor und seinem Stellenwert für die eigenen Verfahren und Erkenntnisinteressen nicht einheitlich. Verfolgt man die Frage »Wozu brauchen wir einen Autor?« in einer wissenschaftlichen Perspektive, so treten in der Geschichte der Erzähltheorie und Narratologie seit Beginn des 20. Jahrhunderts fünf verschiedene Position hervor. Wir wollen diese Positionen kurz umreißen (in weitgehender Anlehnung an Jannidis u. a. 1999).

Autor und Autorkonzepte — **III.1**

1. **Biographische Methode und Biographismus:** Ende des 19. Jahrhunderts dominierte in der Philologie ein Ansatz, den man unter das **Stichwort »Leben und Werk«** fassen kann. Im deutschsprachigen Raum war es insbesondere die Goethe-Philologie, die anhand akribischer Auswertung von Briefen, Gesprächsnotizen und Selbstkommentaren einen möglichst lückenlosen, mitunter geradezu kausalen Zusammenhang zwischen Ereignissen im Leben des ›Dichterfürsten‹ Goethe und seinen literarischen Texten aufzuweisen versuchte. Die Philologie folgte damit dem **Vorbild der »positiven« Naturwissenschaften**, die ihre Schlussfolgerungen allein auf der Basis objektiv gegebener (in diesem Sinne: »positiver«) Tatsachen anstellte. Dass dieses Verfahren dem Gegenstand ›Literatur‹ unangemessen ist, erkannte man spätestens zu Beginn des 20. Jahrhunderts; die bis dahin dominierende »biographische Methode« wurde deshalb nun negativ als »Biographismus« gewertet. Im Zentrum der Beobachtung sollte ab jetzt das Kunstwerk, nicht sein Schöpfer, stehen.

2. **Kritik der *intentional fallacy*:** Eine fundierte philosophische Kritik des biographischen Ansatzes lieferten allerdings erst 1946 die beiden amerikanischen Literaturtheoretiker William K. Wimsatt und Monroe C. Beardsley. Die Identifizierung der Aussageabsicht des Werks mit der Aussageabsicht des Autors bezeichneten sie als ***intentional fallacy***, zu Deutsch: als intentionalistischen Fehlschluss. Die Frage nach der Aussageabsicht des Autors führe in die Irre, denn der einzig gültige normative Maßstab sei letztlich die ästhetische Qualität des Werks, die man aus diesem allein zu erschließen habe. Ob die Aussageabsicht des Autors im Werk adäquat zum Ausdruck komme, sei dagegen für diese Beurteilung völlig unerheblich.

3. **Differenzierung von Autor und Erzähler:** Wem aber ist die Aussageabsicht eines Textes zuzuschreiben, wenn nicht dem Autor? Auf diese Frage hatte die deutsche Literaturwissenschaftlerin Käte Friedemann eigentlich schon 1910 die Antwort geliefert: dem Erzähler. Ihre **Differenzierung zwischen dem realen Autor und dem Erzähler** als der eigentlichen, **logischen Aussageinstanz** des erzählenden Textes wurde in den 1950er Jahren von Theoretikern wie Käte Hamburger und Wolfgang Kayser nochmals unterstrichen und gilt seitdem als Standard in der Erzähltheorie (s. Kap. IV.1).
   In manchen Erzähltexten ist es allerdings äußerst schwer, einen solchen Erzähler auszumachen; in anderen Fällen scheint es, als wirke hinter der logisch zu erschließenden Erzählinstanz doch noch eine weitere, die dem Erzähler möglicherweise widerspricht, ihn manipuliert oder lächerlich machen will. Um in solchen Fällen nun nicht wieder auf den realen Autor zurückgreifen zu müssen, führte Wayne C. Booth deshalb das Konzept des ***implied author*** in die Debatte ein. Dieser implizite Autor nimmt als logisches Konstrukt eine Zwischenposition zwischen dem Erzähler und dem realen Autor ein. Er vertritt den realen Autor in Hinblick auf die Aussageabsicht des jeweiligen Textes – aber er ist nicht mit dem realen Autor identisch.

4. **Der »Tod des Autors«:** Entschiedener als alle vorhergehenden theoretischen Ansätze stellte seit den 1960er Jahren schließlich der Struktura-

Fünf Positionen pro und contra Autor

lismus die Rolle des Autors als Bezugsgröße für die Textinterpretation in Frage. Das eigentliche Geschäft der **Textauslegung** besorgten, so behauptete insbesondere der führende strukturalistische Theoretiker Roland Barthes, **der Text und sein Leser**. Der Autor habe in genau dem Moment ausgedient, in dem der Text als fertiger vorliegt: In diesem Augenblick emanzipiert sich das Produkt ›Text‹ von seinem natürlichen Produzenten und tritt in die Kommunikation mit dem Leser ein. Barthes formulierte deshalb bewusst polemisch die These vom »Tod des Autors«.

5. Rückkehr des Autors: Der von Barthes endgültig totgesagte Autor taucht allerdings schon in den 1970er Jahren erneut auf, als im Rahmen der *Gender Studies* die Frage nach geschlechtsspezifischen Merkmalen des Schreibens und Erzählens diskutiert wird. 1999 widmen die vier deutschen Literaturtheoretiker Fotis Jannidis, Gerhard Lauer, Matías Martínez und Simone Winko der Frage nach dem Autor deshalb eine Tagung, deren Ergebnisse unter dem Titel *Rückkehr des Autors* veröffentlicht wurden.

Das wesentliche Fazit dieser jüngsten umfassenden Gesamtschau zum Thema Autor wird uns auch im Folgenden zur Orientierung dienen. Es lautet: Wir müssen unterscheiden zwischen dem **realen Autor als historischer Person** und verschiedenen **Autorkonzepten**, d. h. Vorstellungen und Modellen eines Autors, die wir aus bestimmten methodischen und theoretischen Gründen entwerfen und verwenden (vgl. Hoffmann/Langer 2007).

1.1 | Der reale Autor

Was den Autor als reale Instanz, also als Menschen angeht, so sehen wir in ihm heutzutage in erster Linie den **Urheber eines Textes**. An diese Urheberschaft knüpfen sich zwei Folgerungen:

Urheberschaft
- **Juristische Verantwortlichkeit:** Der Autor ist für seinen Text juristisch verantwortlich.
- **Geistiges Eigentum:** Der Text gilt als geistiges Eigentum des Autors.

Juristische Verantwortlichkeit: Die Möglichkeit, ein Individuum für einen von ihm verfassten und veröffentlichen Text juristisch verantwortlich zu machen, spielt insbesondere unter politisch repressiven Bedingungen eine entscheidende Rolle. Eine wirkungsvolle Zensur bis hin zur vollkommenen Unterdrückung von Publikationen setzt voraus, dass die staatlichen Organe des Autors habhaft werden können.

Dabei schützt auch der besondere Status von Schriftstellern und fiktionalen Erzähltexten in den aufgeklärten Demokratien und die verfassungsrechtlich gesicherte künstlerische Freiheit durchaus nicht immer vor Versuchen, Autoren für die ihnen zugeschriebenen Äußerungen zur Rechenschaft zu ziehen. Ein bekanntes Beispiel aus der jüngeren deutschen Geschichte ist das Tucholsky-Zitat »Alle Soldaten sind Mörder«, das schon bei der Erstpublikation juristische Attacken auf den Autor zur Folge hatte.

Noch drastischer ist der Fall des Romans *The Satanic Verses* (1988; dt. *Die satanischen Verse*, 1989) von Salman Rushdie, der von Fundamentalislamisten als Verunglimpfung des Propheten Mohammed angesehen wurde und dem Autor – von den iranischen Behörden offiziell gutgeheißene – Morddrohungen einbrachte.

Geistiges Eigentum: Für die Autoren nicht minder wichtig ist indes, dass ihnen ihre Texte unter dem Gesichtspunkt der persönlichen Urheberschaft auch in einem positiven Sinne als geistiges Eigentum offiziell zuerkannt und dieses Eigentumsverhältnis wie die sich aus ihm ableitenden materiellen Ansprüche gesetzlich garantiert werden. Erst dies macht überhaupt den Beruf des sogenannten ›freien Schriftstellers‹ möglich, den es in seiner modernen Ausprägung erst seit der zweiten Hälfte des 18. Jahrhunderts gibt.

Die **Einführung des Massenmediums Buch** im späten 15. Jahrhundert hatte zwar die allmähliche Emanzipation der Autoren von einzelnen Mäzenen vorbereitet, deren Interessen oft über die eigenen ästhetischen und materiellen Absichten gestellt werden mussten. An die Stelle des Einzelmanuskripts, das allenfalls noch mit wenigen handschriftlichen Abschriften vervielfältigt werden konnte, trat nun das Produkt und damit die Ware ›Buch‹. Aber mit dieser technologischen Innovation war auch das Produkt ›Erzählung‹ zugleich nicht mehr an seinen ersten Urheber – einen konkreten Erzähler – gebunden; es konnte jetzt vielmehr beliebig reproduziert und rezipiert werden. Ähnlich wie heute im Musik- und Filmgeschäft, die beide durch die verbreitete **Praxis des illegalen Kopierens von Kunstwerken** erheblichen Schaden erleiden, mehrten sich deshalb schon bald die Klagen von Schriftstellern und Verlegern über illegale Raubdrucke. Den eigentlichen ökonomischen Schaden dieser Praxis trugen allerdings, so die zeitgenössische Rechtsauffassung, weniger die Autoren, als vielmehr die Verleger. Mit dem Verkauf eines Manuskriptes an einen Verleger ging das Werk in aller Regel in dessen alleinigen Besitz über – alle Verwertungsrechte lagen damit beim Verleger, nicht bei dem Autor als ursprünglichem Urheber.

Urheberschaft und Verwertungsrechte: In Deutschland finden sich die ersten Vorläufer eines modernen Urheberrechts, das schließlich neben der geistigen Urheberschaft auch die ökonomischen Verwertungsrechte dem Autor zusichert, zu Beginn des 19. Jahrhunderts, was im europäischen Vergleich recht spät ist. Erst 1871 wurde schließlich ein im Deutschen Reich allgemeingültiges **Urheberrechtsgesetz** verabschiedet, das unserem modernen Rechtsbewusstsein entspricht.

Dennoch münzt sich für Autoren noch heute die Garantie ihres geistigen wie materiellen Eigentums am Text durchaus nicht automatisch in einen hinreichenden ökonomischen Ertrag um. Bis in die Gegenwart üben viele Autoren den ›Beruf Schriftsteller‹ neben einem Brotberuf aus, der die ökonomische Basis des Lebens sichert – und sei es, wie Franz Kafka, als untergeordnete Verwaltungsangestellte in einer Versicherungsgesellschaft.

Unter dem ökonomischen Gesichtspunkt kann man Autoren zwar auf die Rolle »Hersteller und Eigner des Produkts Text« reduzieren – unter einem philosophischen und ästhetischen Gesichtspunkt schreibt die Gesell-

Autor und Gesellschaft

schaft insbesondere den künstlerisch ambitionierten Autoren von Romanen und Erzählungen jedoch zumeist weit umfassendere und bedeutsamere Rollen zu, die mit der jeweils behaupteten spezifischen Leistung von Literatur für eine Gesellschaft zu tun haben. In dieser Hinsicht haben sich seit der Antike drei verschiedene Vorstellungen von **Autorschaft** entwickelt, die bis heute Gültigkeit besitzen:

Drei Vorstellungen von Autorschaft

- *poeta vates*
- *poeta doctus*
- schöpferisches Genie

Poeta vates: Das lateinische Wort ***vates*** bezeichnet einen Wahrsager und Propheten; die Bezeichnung ›Poet‹ wird noch heute als Synonym für ›Dichter‹ insbesondere für solche Schriftsteller verwendet, deren Texten eine besondere sprachliche Qualität zugesprochen wird.

Bereits in der Antike wurden Autoren als ›Dichterseher‹ gefeiert, weil sie, so glaubte man, in dreierlei Hinsicht die gleichen Eigenschaften wie Wahrsager und Propheten aufweisen: Sie verdanken ihr Können einer göttlichen Eingebung, sie stehen in einer privilegierten Beziehung zu den höheren Mächten, und sie üben deshalb drittens eine priestergleiche Rolle aus und vermitteln zwischen den Göttern und dem Publikum. Als ein besonderes Indiz dieser Seher-Rolle galt dabei nicht zuletzt die Tatsache, dass Poeten wie Priester ›in Zungen‹ reden, d. h. eine von der Alltagssprache abweichende Form der gebundenen Rede verwenden.

Poeta doctus: Der ›gelehrte‹ Dichter (von lat. *doctus*: gelehrt) stellt in gewisser Hinsicht den Gegenentwurf zum ersten Modell dar. Diese Vorstellung ist seit dem 3. vorchristlichen Jahrhundert bis in die Gegenwart hinein verbreitet. Als kennzeichnend für den gelehrten Dichter gelten Traditionsbezug, Wissen in möglichst vielen Gebieten, handwerkliches Können, eine herausgehobene gesellschaftliche Rolle und die Fähigkeit zur theoretischen Selbstreflexion. Als ein moderner Vertreter dieses Typus gilt etwa Thomas Mann, dessen Romane nicht nur Geschichten erzählen, sondern anspielungsreich auf politische, philosophische und ästhetische Kontexte Bezug nehmen. Auch zeitgenössischen Autoren wird von der Literaturkritik gerne das Prädikat der besonderen Gelehrsamkeit verliehen; ein aktuelles Beispiel liefern etliche Kritiken zu dem Erfolgsroman *Die Vermessung der Welt* (2005), in denen dem jungen Autor Daniel Kehlmann für seine umfassenden biographischen Recherchen zum Leben der beiden Protagonisten Humboldt und Gauss Achtung gezollt wird – wobei ein wenig in den Hintergrund zu geraten droht, dass diese scheinbaren Fakten nur einen Bruchteil des Romans ausmachen.

Schöpferisches Genie: Die Idee vom Autor als schöpferischem Genie ist eine Erfindung des 18. Jahrhunderts. Zusammen mit der Abkehr von den Regelpoetiken, in denen feste Vorschriften für die Herstellung von Wortkunstwerken niedergelegt waren, etabliert sich die Vorstellung vom autonomen Dichtersubjekt. Originalität und nicht Regeltreue gilt jetzt als Maßstab, und Vorbild für den dichterischen Schaffensprozess ist die Natur mit ihren fortwährenden Variationen und Neuerungen.

1.2 | Das Autorkonzept

Bisher haben wir die Rechte, Pflichten und gesellschaftlichen Rollen betrachtet, durch die reale Autoren als Individuen wie als Berufsgruppe definiert werden. In einer allgemeineren literaturwissenschaftlichen Perspektive sind dies durchaus relevante Fakten. In Hinblick auf die spezielle Aufgabenstellung einer erzähltechnischen Analyse – also auf die Frage: wie funktioniert der Text speziell als **erzählender** Text? – sind diese Fakten jedoch wenig aufschlussreich. Für einen Narratologen wäre es zum Beispiel unsinnig, die komplexe Handlungsführung in einem Roman damit zu erklären, dass der Autor als *poeta vates* beim Schreiben eine göttliche Eingebung hatte. So ein Ansatz, der konkrete Merkmale der Erzählung von der Person des Autors her erklärt, ist zwar durchaus möglich, nur – er ist methodisch gesehen eben kein erzähltechnischer.

Autorkonzept: In der narratologischen Perspektive steht der Text im Mittelpunkt; die konkrete Person des realen Autors als Texthersteller tritt damit hinter die Funktionen zurück, die wir im Prozess des Lesens und Verstehens wahrnehmen und der unbekannten Größe ›Autor‹ zuschreiben. Gewiss: Texte haben Autoren. Aber es reicht uns, dieses Faktum gedanklich vorauszusetzen, ohne dass wir den einzelnen Autor mit all seinen konkreten und einmaligen Ausprägungen und seiner Lebensgeschichte kennen müssten – die Autorfunktion bleibt unabhängig von der Person gegeben. In der Praxis der erzähltechnischen Analyse reicht es deshalb, wenn wir uns den Autor als **abstrakte Instanz** denken. Eine solche verallgemeinernde **gedankliche Vorstellung vom Autor** nennt man ein **Autorkonzept**.

Position der Autorinstanz: Die Aussageinstanz des erzählenden Textes ist zunächst der Erzähler. Überschreiten wir jedoch die Grenze der erzählten Welt und blicken wir auf die Erzählerrede von unserer realweltlichen Außenposition, so zeigt sich schnell: Der Erzähler wird seinerseits von irgendeiner textexternen Instanz erzählt und gestaltet, einer Instanz, die z. B. über Wortwahl und Stil der Erzählerrede entscheidet. Der Erzähler selbst hat außerhalb des Textes keine Existenz – klappen wir das Buch zu, dann verstummt er. Was indes bleibt und vor jeder Lektüre schon da ist, sind wir selbst, der Text und – eine Autorinstanz. Um unsere Bezugnahme auf und unsere Vorstellung von einer solchen Autorinstanz methodisch transparent machen zu können, müssen wir uns über unsere begriffliche Vorstellung von ihr verständigen: also über unser **Autorkonzept**. Im Zentrum steht dabei die Frage nach der Erkenntnisfunktion, die das Konzept wahrnehmen soll.

Funktionen des Autorkonzepts: Für die deskriptive Erzähltextanalyse spielt die Bezugnahme auf ein Autorkonzept hauptsächlich im Vorfeld der Analyse eine entscheidende Rolle. Die Analyse eines Objekts setzt voraus, dass man es zunächst einmal als Objekt eindeutig bestimmt und festlegt (wissenschaftstheoretisch bezeichnet man diesen Schritt als ›Objektkonstitution‹). Auch die Erzähltextanalyse muss im ersten Schritt den Text als Untersuchungsgegenstand definieren und systematisch einordnen.

Vor dem Hintergrund dieser methodischen Anforderung nehmen Autorkonzepte verschiedene Funktionen wahr:

Drei Zugänge zum Erzähltext

Funktionen des Autorkonzepts

- **Fixierung des Textes:** Durch die Zuschreibung des Textes zu einem Autor wird eine Erzählung historisch fixiert. Dies ist insbesondere dann wichtig, wenn der Erzählstoff in vielen verschiedenen Textvarianten vorliegt.
- **Zuordnung des Textes zu einem Œuvre:** Die einzelne Erzählung kann mit einer Reihe von Texten des gleichen Autors verglichen und auf Grund von Textmerkmalen einem Gesamtwerk zugeordnet werden.
- **Intertextualität:** Erzählende Texte verweisen vielfach auf andere Erzählungen anderer Autoren. Hier eröffnet erst die Annahme, dass diese Texte trotz deutlicher Gemeinsamkeiten verschiedene Autoren haben, eine interessante Perspektive auf den Gegenstand.
- **Kontextualisierung:** Der einzelne Text lässt sich unter Bezugnahme auf das Autorkonzept in seinem spezifischen historischen und ästhetischen Kontext definieren.

Bei der eigentlichen erzähltechnischen Analyse spielt das Autorkonzept hingegen kaum eine Rolle – mit einer gewichtigen Ausnahme: Erzähltheorien, die die Instanz des impliziten Autors (s. o.) verwenden, machen zumindest partiell auch den Autor zu einer textinternen Instanz. Sie verstehen den impliziten Autor als Stellvertreter des realen Autors, der diesen als ästhetische Instanz (aber nicht als reale Person!) im Text repräsentiert und seine Absichten umsetzt, indem er z. B. dem Erzähler subtil widerspricht, indem er ihm z. B. eine unbewusst verräterische Ausdrucksweise in den Mund legt. Damit wird es möglich, scheinbare Widersprüchlichkeiten im Text unter Rückgriff auf die Intention des Autors als beabsichtigt zu erklären (s. auch Kap. IV.2.6).

Problematik des Autorkonzepts: Die Problematik dieses Verfahrens liegt auf der Hand: Das Konzept des impliziten Autors führt in der Erzähltextanalyse zu einem **methodischen Bruch**, denn die **Textanalyse und Textbeschreibung** geht an dieser Stelle unweigerlich über in eine **Textinterpretation**. Aus genau diesem Grund ist der implizite Autor als theoretisches Konstrukt in der narratologischen Theorie nach wie vor äußerst umstritten; strukturalistische Theoretiker wie Genette lehnen die Idee rundweg ab.

Am Fall des impliziten Autors wird insofern deutlich, welches Risiko eine unkritische Verwendung von Autorkonzepten grundsätzlich birgt: Es handelt sich, wie Kindt und Müller (2006) mit Blick auf den impliziten Autor formuliert haben, um einen »Begriff zwischen Narratologie und Interpretationstheorie«. Das gilt im Prinzip für jeden Rückgriff auf ein Autorkonzept. Aus der möglichst objektiv am Text vollzogenen **Beschreibung** kann unter der Hand eine vorschnelle **Deutung** werden, die den Sinn des Textes auf eine Autorintention reduziert, die als solche aber gar nicht eindeutig am Text belegbar ist, sondern im schlechtesten Falle bloß hineingelesen, im günstigsten Fall einigermaßen plausibel interpretierend entfaltet wird.

Das heißt nun allerdings gerade nicht, dass Autorkonzepte für die Erzähltextanalyse grundsätzlich irrelevant und verzichtbar wären. Wir sollten den Hinweis auf dieses Risiko vielmehr als Aufforderung verstehen, uns die prinzipielle **methodische Differenz von Textanalyse und Text-**

interpretation bewusst zu halten. Unter diesem kritischen Vorbehalt sind Autorkonzepte auch in der Narratologie durchaus mit Gewinn anwendbar.

Literatur

Barthes, Roland: »Der Tod des Autors«. In: Jannidis, Fotis/Lauer, Gerhard/Martínez, Matías/Winko, Simone (Hg.): Texte zur Theorie der Autorschaft. Stuttgart 2000, S. 185–193.
Detering, Heinrich (Hg.): Autorschaft. Positionen und Revisionen. Stuttgart/Weimar 2002.
Friedemann, Käte: Die Rolle des Erzählers in der Epik [1910]. Hildesheim 1977.
Hamburger, Käte: Die Logik der Dichtung [1957/1968]. Stuttgart ⁴1994.
Hoffmann, Torsten/Langer, Daniela: »Autor«. In: Anz, Thomas (Hg.): Handbuch Literaturwissenschaft. Bd. 1: Gegenstände und Grundbegriffe. Stuttgart 2007, S. 131–170.
Jannidis, Fotis/Lauer, Gerhard/Martínez, Matías/Winko, Simone (Hg.): Rückkehr des Autors. Zur Erneuerung eines umstrittenen Begriffs. Tübingen 1999.
Kayser, Wolfgang: Das sprachliche Kunstwerk. Eine Einführung in die Literaturwissenschaft [1948]. Tübingen ²⁰1992.
Kindt, Tom/Müller, Hans-Harald: »Der implizite Autor. Zur Karriere und Kritik eines Begriffs zwischen Narratologie und Interpretationstheorie«. In: Archiv für Begriffsgeschichte 48 (2006), S. 163–190.
Künzel, Christine/Schönert, Jörg (Hg.): Autorinszenierungen. Autorschaft und literarisches Werk im Kontext der Medien. Würzburg 2007.
Müller, Heiner: Gesammelte Irrtümer 2. Interviews und Gespräche. Frankfurt a. M. 1990.
Perutz, Leo: »Ein Brief«. In: Das literarische Echo 28 (1925/26), S. 643.
Wimsatt, William K./Beardsley, Monroe C.: »The intentional fallacy«. In: Sewanee Review 54 (1946), S. 468–488.

Literatur zum Weiterlesen

Birke, Dorothee/Köppe, Tilmann (Hg.): Author and narrator. Transdisciplinary contributions to a narratological debate. Berlin/Boston 2015.
Currie, Gregory: Narratives and narrators. A philosophy of stories. Oxford 2010.
Dorleijn, Gillis J./Grüttemeier, Ralf/Korthals Altes, Liesbeth (Hg.): Authorship revisited. Conceptions of authorship around 1900 and 2000. Groningen 2010.
Kindt, Tom/Müller, Hans-Harald: The implied author. Concepts and controversy. Berlin/New York 2006 (= Narratologia 9).
Neuhaus, Stefan: »Das bin doch ich – nicht: Autorfiguren in der Gegenwartsliteratur (Bret Easton Ellis, Thomas Glavinic, Wolf Haas, Walter Moers und Felicitas Hoppe)«. In: Kyora, Sabine (Hg.): Subjektform Autor. Autorschaftsinszenierungen als Praktiken der Subjektivierung. Bielefeld 2014, S. 307–325.

2 Paratexte

Ein Erzähltext präsentiert sich in aller Regel nicht ohne Begleitung. Gemeinhin erscheint er in Gestalt eines Buches, das auf dem Cover den Titel und den Namen des Autors nennt. Zudem finden sich auf den ersten Seiten, dem eigentlichen Erzähltext vorangestellt, verschiedene publizistische Angaben wie zum Beispiel Verlag, Verlagsort, Erscheinungsjahr und Anmerkungen zum Copyright sowie zwischen Titelblatt und dem Beginn des eigentlichen Haupttextes weitere Elemente wie Widmungen, Mottos oder Vorworte. Dieses ›Beiwerk‹ zum eigentlichen Werk nennt die Literaturwissenschaft **Paratexte**.

Zum Begriff	**Paratext** (von gr. *para*: neben, über ... hinaus und lat. *textus*: Gewebe, Zusammenhang) ist ein Neologismus, der 1982 von dem französischen Literaturwissenschaftler Gérard Genette eingeführt wurde. Der Terminus bezeichnet sämtliche Elemente in der Umgebung eines Erzähltextes, die in einem mehr oder weniger unmittelbaren Zusammenhang zu ihm stehen. Mit der Einführung dieses Begriffs wurde erstmals der Versuch unternommen, scheinbar selbstverständliche Begleittexte eines Erzähltextes systematisch zu erfassen und zu untersuchen. Da unter Paratexte aber eine Vielzahl von äußerst heterogenen Erscheinungsformen subsumiert werden – neben Elementen wie Titel, Motto, Schutzumschlag und Typographie auch Interviews und Briefe zum Werk –, ist der Begriff bislang recht unscharf geblieben, was nicht zuletzt an seiner noch jungen Forschungsgeschichte liegen mag.

Paratexte befinden sich gleichsam an der Schwelle von Innen und Außen; sie formen eine Art »Vestibül« für den Haupttext, in dem der Leser sich zunächst einmal ein wenig umschauen darf, bevor er in diesen selbst eintritt. Damit nehmen Paratexte entscheidenden Einfluss auf die Erwartungshaltung des Lesers und steuern die Rezeption. Dies trifft insbesondere auf Autorname und Werktitel zu.

Variabilität von Paratexten: Paratexte sind keine unveränderlichen Kennzeichen eines Erzähltextes. Neue Informationen können dazu führen, dass verschiedene Paratexte eines Werks in den nachfolgenden Ausgaben geändert werden.

Ein Werk ändert seine Paratexte

Erstausgabe von *Demian* unter Hesses Pseudonym Emil Sinclair (1919)

1919 erschien beim S. Fischer Verlag die autobiographische Schrift des Debütanten Emil Sinclair *Demian. Die Geschichte einer Jugend*. Hermann Hesse hatte das Manuskript des jungen, kranken Mannes zur Publikation empfohlen. Thomas Mann und Alfred Döblin zeigten sich tief beeindruckt von dem Buch, für das Sinclair 1919 der Fontane-Preis für Nachwuchsautoren zugesprochen wurde. Als *Demian* bereits in 16. Auflage erschienen war, wurde im Mai 1920 bekannt, dass niemand anders als Hesse selbst der Autor war. Daraufhin änderte sich nicht nur der Autorname und die Textsorte – aus einer angeblichen autobiographischen Schrift wurde eine Erzählung –, sondern auch der Untertitel. Ab der 17. Auflage lautete er nun: *Demian. Die Geschichte von Emil Sinclairs Jugend.*

Hermann Hesse: *Demian. Die Geschichte von Emil Sinclairs Jugend* (17. Auflage, 1920)

Besonders deutlich wird die Variabilität von Paratexten auch infolge von Übersetzungen. So erschien 1937 in London der Titel *Out of Africa* von Isak Dinesen. Im selben Jahr kam in Kopenhagen das Buch *Den afrikanske Farm* von Karen Blixen heraus. Und im Jahr darauf wurde in Deutschland von Tania Blixen *Afrika – dunkel lockende Welt* veröffentlicht. Bei diesen drei Publikationen handelt es sich jeweils um den gleichen Text von derselben Autorin, der Dänin Karen Christence baronesse von Blixen-Finecke.

Mit Genette können zwei Subtypen von Paratexten unterschieden werden:

- Peritexte sind all jene Paratexte, die sich in räumlicher Nähe zum Buch befinden und Teil seiner physischen Gestalt sind. Dies sind erstens alle **äußeren Aspekte** wie materiale und grafische Elemente – Schutzumschlag, Abbildungen und Schmuckelemente auf dem Titel, die Wahl der Typografie, die Beschaffenheit des Papiers und die Art des Einbandes (Paperback oder Hardcover) – sowie textuelle Elemente wie Umschlagrückseite- und Klappentext. Im Buch zählen zweitens zu den Peritexten **alle Elemente, die den Haupttext umschließen**. Neben textlichen Komponenten wie Autorname, Titel, Untertitel, Genreangabe, Widmungen, Mottos und Vor- oder Nachworte können auch dem Text vorangestellte Abbildungen wie Frontispiz oder Autorenporträt vorhanden sein. Drittens zählen zu Peritexten auch **Elemente in den Zwischenräumen des Haupttextes** wie Kapiteleinteilungen und -überschriften, Anmerkungen oder Fußnoten. Aber auch integrierte Fotos, Zeichnungen oder sonstige Abbildungen sind möglich. Die meisten von uns werden sich an die beiden charmanten Zeichnungen auf der ersten Seite von Antoine de Saint-Exupérys *Der kleine Prinz* (1943) erinnern, die im Erzähltext selbst thematisiert sind. Die erste stellt eine dickbäuchige Boa dar, die eher einem Hut als einer Schlange ähnelt; die zweite, die das Innere der Boa zeigt, offenbart den von ihr verschluckten Elefanten, der – dem Ausdruck seiner Augen nach zu urteilen – verständlicherweise wenig glücklich über seine Lage ist.
- Epitexte sind all jene Elemente, die Mitteilungen über das Buch enthalten, aber außerhalb des gedruckten Werks an einem anderen Ort platziert sind. Hierzu zählen beispielsweise Verlagsprospekte und alle Entscheidungen zur Bewerbung der Publikation sowie Rezensionen, Interviews mit dem Autor und spätere Selbstkommentare, Briefwechsel oder Tagebücher, die den jeweiligen Erzähltext zum Gegenstand haben.

Peritexte und Epitexte

Die Aufzählung zeigt, dass sehr unterschiedliche Elemente aus der Umgebung eines Haupttextes als Paratexte bezeichnet werden. Während Peritexte wie Autorname, Titel oder die Verlagsangabe aus der heutigen Veröffentlichungspraxis nicht wegzudenken sind, sind andere Elemente fakultativ. Nicht jeder Autor stellt seinem Erzähltext etwa ein Motto voran oder teilt ihn in Kapitel ein.

Gerade fakultative Paratexte unterliegen Moden. Während es zum Beispiel lange Zeit üblich war, dass ein Autor seinem Haupttext ein **Vorwort** vorschaltet, in dem er sich den Leser gewogen machen will (*captatio benevolentiae*) oder den didaktischen Wert seines Werks erläutert, verschwindet diese Art von Leserbegrüßung in der zweiten Hälfte des 18. Jahrhunderts weitestgehend. **Widmungen** hingegen haben bis Ende des 18. Jahrhunderts vor allem eine ökonomische Funktion. Da das Bücherschreiben auch damals selten ein einträgliches Geschäft war, erhoffte sich so mancher mit einer ›Zueignung‹ seines Werks an eine adlige Person eine finanzielle Zuwendung. Im 19. Jahrhundert aber wurde die Schriftstellerei meist nebenberuflich ausgeübt. Daher entfiel dieses Kalkül, so dass Widmungen in dieser Zeit deutlich seltener zu finden sind (vgl. Retsch 2000, S. 85 f.). Inzwischen erfreut sich die Widmung aber wieder wachsender Beliebtheit, ihre Funktion ist allerdings meist eine andere als im 18. Jahrhundert. Die meisten Romanciers nutzen diesen Paratext nämlich zu eher privaten Zwecken, um etwa einem verehrten Mentor oder ihrem geduldigen Ehepartner zu danken.

Eine recht neue Sorte unter den Paratexten scheint eine Art »**Fiktionalitätserklärung**« zu sein, wie sie sich eingangs in Christian Krachts Roman *Faserland* (1995) findet (jene, die Flann O'Brien seinem Roman *At Swim-Two-Birds* von 1939 vorangestellt hat, haben wir bereits in unserem Vorwort zitiert):

Christian Kracht: Faserland (1995)

Alle hier beschriebenen Personen und alle Begebenheiten sind, von den gelegentlich erwähnten Personen des öffentlichen Lebens abgesehen, frei erfunden. Jede Ähnlichkeit mit lebenden Personen ist völlig unbeabsichtigt.

Wofür braucht ein explizit als Roman ausgewiesener Erzähltext noch einen derartigen Paratext, wie er uns sonst in erster Linie aus Filmabspännen vertraut ist? Kracht wollte damit offenkundig der Annahme entgegenwirken, dass es sich bei dem Ich-Erzähler seines Romans im Grunde um ihn selbst handelt – ein Vorwurf, mit dem sich die deutschsprachigen Autoren der sogenannten »Pop-Literatur« der 1990er Jahre häufig konfrontiert sahen.

Um Paratexte genauer bestimmen und klassifizieren zu können, bieten sich die folgenden fünf Kriterien an:

Fünf Kriterien zur Klassifikation von Paratexten

1. **Position:** Wo steht der Paratext? Wenn er sich im direkten Umfeld des Buches (Peritext) befindet, steht er dann vor, im oder nach dem eigentlichen Text? Wenn er sich außerhalb des Buches befindet (Epitext), liegt er dann in einem anderen Buch vor (Tagebuch- oder Briefedition), in einer Zeitung oder vielleicht in Form einer Radio- oder TV-Sendung (Interview, Buchkritik)?

2. **Datum des Erscheinens:** Wann ist der Paratext im Verhältnis zur Erstpublikation des Erzähltextes erschienen? Vor oder nach der Veröffentlichung oder gleichzeitig mit ihr? Darüber hinaus kann auch von Interesse sein, ob der Paratext posthum oder »anthum« (zu Lebzeiten des Autors) erschienen ist. Wenn zum Beispiel buchinterne Paratexte in späteren Ausgaben gestrichen und erst bei einer kritischen Werkausgabe wieder aufgenommen werden, kann auch das Datum des Verschwindens bzw. des Wiederauftauchens eines Paratextes relevant sein.
3. **Form des Paratexts:** In welcher stofflichen Form liegt der Paratext vor? Als »Text« in schriftlicher oder mündlicher Form? Oder in nichtverbaler Form mit paratextuellem Wert: **bildlich** (Illustration, Autorenporträt) oder **material** (die gewählte Typographie, das Buchformat, das Material des Buchs)? Genette zählt auch **faktisches Kontextwissen** zu Autor und Werk zu den Paratexten wie etwa das Wissen des Lesepublikums um das Geschlecht des Autors oder seinen Bekanntheitsgrad. Als konkretes Beispiel nennt er die Tatsache, dass Prousts Homosexualität den meisten Lesern bekannt ist.
4. **Charakteristika der kommunikativen Instanzen:** Wer ist der **Adressant** und wer der **Adressat** eines Paratextes? Stammt der Paratext vom Autor, vom Verlag oder von einem Dritten – ist er also auktoral, editorisch oder allograph (d. h. von fremder Hand) verfasst? An wen richtet sich der Paratext – etwa an den einzelnen Leser, an das allgemeine Publikum oder an mögliche Rezensenten? In diesem Zusammenhang kann auch gefragt werden, in welchem Öffentlichkeitsgrad der Paratext geäußert wird: **öffentlich** (Buchkritik, Werbeplakat), **privat** (im kleinen Kreis wie etwa ein Brief) oder **intim** (Tagebucheintrag).
5. **Funktion des Paratexts:** Welche Absicht wird mit einem Paratext verfolgt? Stellt er eine Leseanweisung des Autors oder des Editors dar (Vorwort, Genreeinordnung)? Oder dient er einer Verkaufsstrategie des Verlags, der damit den Absatz befördern will?

Welcher der Paratexte relevant ist für die Erzähltextanalyse, kann allgemein nicht beantwortet werden, sondern muss für jeden Einzelfall separat untersucht werden. Um dies zu illustrieren, vergleichen wir die Schutzumschläge zweier Romane miteinander.

Paratext ›Schutzumschlag‹ im Vergleich

Beispiel

Der Schutzumschlag zur Erstauflage von Arno Schmidts *Gelehrtenrepublik* (1957) wurde ohne weitere Abstimmung mit dem Autor vom Verlag in Auftrag gegeben. Die aquarellierte Zeichnung stellt eine nackte Zentaurin dar, die allerdings recht wenig mit dem Inhalt des Romans zu tun hat. Zusammen mit der Kleinschreibung von Autorname, Titel und Verlagsangabe schließt dieser Bildstil aber an avantgardistische Strömungen an. Die Funktion dieses Covers ist also in erster Linie, die Neugier des Publikums zu wecken und allgemein auf die Modernität des Erzähltextes hinzuweisen. Inhaltliche Bezüge spielen dabei keine Rolle (Jürgensen 2007, S. 118 f.).

III.2

Drei Zugänge zum Erzähltext

Arno Schmidt:
Die Gelehrtenrepublik (1957)

Hans Erich Nossack:
Dorothea (1948)

Ganz anders verhält es sich mit dem Schutzumschlag von Hans Erich Nossacks Erzählungssammlung *Dorothea* (1948): Hier wird das Ölgemälde »Figurine« (1939) von Carl Hofer abgebildet, das Nossack zu der Titelerzählung anregte. Die Funktion dieser Schutzumschlaggestaltung ist also, dem Leser auch visuell vor Augen zu führen, was der Autor in seinem Erzähltext beschreibt. Während im Fall von Schmidts *Gelehrtenrepublik* das Cover in einem eher willkürlichen Verhältnis zum Erzähltext steht und daher bestenfalls relevant für eine Untersuchung von Marketingstrategien des Verlags sein kann, kann im letzten Fall die Abbildung auf dem Schutzumschlag durchaus Gegenstand der Erzähltextanalyse sein.

Die systematische Forschung zu Paratexten ist noch jung; daher besteht bei vielen Elementen noch Diskussionsbedarf. Umstritten ist beispielsweise, ob Epitexte tatsächlich als Paratexte berücksichtigt werden sollten: Zu unbestimmt und zu voraussetzungsreich scheinen die Bezüge zwischen Primär- und Sekundärtexten zu sein. Aus ähnlichen Gründen wird noch kontrovers diskutiert, ob auch Kontextwissen des Lesers – Stichwort Prousts Homosexualität – zur Paratextualität gerechnet werden soll. Die meisten Untersuchungen beschränken sich vor dem Hintergrund solcher Bedenken in erster Linie auf jene Paratexte, die Genette als Peritexte bezeichnet.

Literatur

Genette, Gérard: Paratexte. Das Buch vom Beiwerk des Buches [frz. 1987]. Frankfurt a. M./New York 1989.
– : Palimpseste. Die Literatur auf zweiter Stufe [frz. 1982]. Frankfurt a. M. 1993.
Jürgensen, Christoph: »Der Rahmen arbeitet«. Paratextuelle Strategien der Lektürelenkung im Werk Arno Schmidts. Göttingen 2007.
Moennighoff, Burkhard: »Paratexte«. In: Arnold, Heinz Ludwig/Detering, Heinrich (Hg.): Grundzüge der Literaturwissenschaft. München [9]2011, S. 349–356.
Retsch, Annette: Paratext und Textanfang. Würzburg 2000.
Stanitzek, Georg: »Paratextanalyse«. In: Anz, Thomas: Handbuch Literaturwissenschaft. Bd. 2: Methoden und Theorien. Stuttgart/Weimar 2007, S. 198–203.

Literatur zum Weiterlesen

Antonsen, Jan Erik: Text-Inseln. Studien zum Motto in der deutschen Literatur vom 17. bis 20. Jahrhundert. Würzburg 1998.
Kreimeier, Klaus/Stanitzek, Georg (Hg.): Paratexte in Literatur, Film, Fernsehen. Berlin 2004.
Maclean, Marie: »Pretexts and paratexts. The art of the peripheral«. In: New Literary History 22/2 (1991), S. 273–279.

3 Genres der Epik

Im letzten Kapitel sind wir unter der Überschrift »Paratexte« bereits kurz auf Genres zu sprechen gekommen, die verschiedenen Unterklassen von Erzähltexten. Bevor wir diese genauer betrachten, sollten wir zunächst der Frage nachgehen, was ein Erzähltext überhaupt ist.

›Erzähltext‹ ist ein Begriff, der vorzugsweise seit der zweiten Hälfte des 20. Jahrhunderts verwendet wird, da er weniger voraussetzungsreich ist als verwandte Ausdrücke wie ›Schöne Literatur‹, ›Belletristik‹, ›Prosa‹ oder auch der traditionelle Gattungsbegriff ›Epik‹. Mit der Zuordnung zur Epik ist ›Erzähltext‹ zugleich von der Lyrik und dem Drama abgegrenzt. Was aber ist Epik?

Unter Epik versteht man Texte in Prosaform oder in Versform, die erzählerischer Natur sind. Von Alltagserzählungen unterscheiden sie sich durch ihren **fiktionalen Charakter**, das heißt, sie beanspruchen nicht, wirkliche Ereignisse darzustellen. Darüber hinaus erheben epische Texte einen **dichterisch-künstlerischen Anspruch**. Wenn bei poetischen Erzählungen in Versform das erzählerische Moment über das Gedichthafte dominiert – wie in der Ballade oder dem Versepos – werden auch diese Texte zur Epik, und somit zu den Erzähltexten, gerechnet. Aus diesem Grund ist Prosa kein Synonym für Erzähltexte; seit der Neuzeit liegen epische Texte allerdings meist in der **Prosaform** vor.

Die Unterklassen der Epik, der Lyrik und des Dramas werden im Deutschen als Genres bezeichnet. Im Englischen hingegen bezeichnet man mit *genre* die Gattung selbst; daher wird »Genre« auch im Deutschen häufig als Synonym für Gattung verwendet. Wir reservieren im Folgenden jedoch den Begriff für die Subformen von Gattungen.

> **Zum Begriff**
>
> Genre (frz., von lat. *genus*: Art, Gattung) ist die Bezeichnung für eine Gruppe von Texten mit ähnlichen Eigenschaften. Statt Genre wird auch von **Textsorten** gesprochen. Da ein einzelnes Merkmal für mehrere Genres charakteristisch sein kann, ist eine gewisse **Kombination von Eigenschaften** für ein Genre spezifisch. Der jeweilige Erzähltext muss aus diesem Merkmalsbündel allerdings nicht jede Eigenschaft realisieren; für die Genreeinordnung ist es ausreichend, wenn eine gewisse Anzahl an Kriterien aufzufinden ist. Die gegenwärtige Forschung behandelt diese Art der Klassifikation unter dem Stichwort **Familienähnlichkeit**. Auf diese Weise werden nicht starre Festlegungen formuliert, sondern ein offenes System kann flexibel auf gemischte Formen reagieren und sie integrieren.
>
> Mit der ausdrücklichen Nennung des Genres – beispielsweise als Paratext auf dem Buchtitel – werden bestimmte **Erwartungshaltungen beim Leser** geweckt, die erfüllt werden oder auch – im Fall der Parodie – unterlaufen werden können.

Flexibilität von Genres: Genres systematisch zu erfassen und zu definieren, ist ein schwieriges Unternehmen, da sie historischem Wandel unterliegen. So können im Laufe ihrer Entwicklung neue Merkmale hinzukommen oder andere verschwinden. Eine Genrebestimmung kann daher niemals abschließend erfolgen, sondern immer nur vorläufig sein. Wenn wir Genres definieren, beschreiben wir hierfür sogenannte **Arche- oder Prototypen**, in einigen Kontexten wird auch von **Urformen** gesprochen. Ein Text kann auch Merkmale mehrerer Genres aufweisen; wir sprechen dann von **hybriden Formen**. Der Autor eines solchen hybriden Erzähltextes spielt meist mit der Genre-Zugehörigkeit. Vor diesem Hintergrund werden Genres auch oft als Konstrukte bezeichnet, die vor allem philologischen Bedürfnissen nach Einordnung Rechnung tragen.

Aufgrund gesellschaftlicher oder produktionstechnischer Bedingungen erleben verschiedene Genres Hoch-Zeiten, in denen sich vielfältige Unterformen ausbilden können. In unserer Zeit trifft dies vor allem auf den Roman und seine verschiedenen Spielarten zu. Auch können Genres wieder verschwinden, wenn sie etwa den Anliegen der Autoren nicht mehr gerecht werden oder die Mode wechselt. In unserer Zeit entstehen zum Beispiel praktisch keine Versepen mehr.

Funktion von Genrebestimmungen: Die Klassifikation in Genres ist hilfreich, um die Gesamtheit von literarischen Texten überschaubarer zu machen und Erzähltexte miteinander zu vergleichen. Daneben können auch andere Ordnungssysteme zum Einsatz kommen, die zu der Genrebestimmung nicht in Konkurrenz stehen müssen – etwa die Chronologie, also die Klassifikation von Texten nach ihrer **Epochenzugehörigkeit**.

Wie erkennt man das Genre eines Textes? In der modernen Buchproduktion wird oft auf dem Titelblatt eines Buches auch explizit das Genre angegeben, zu dem es nach Meinung des Verlags oder des Autors gehört – wie wir im letzten Kapitel gesehen haben, ist in diesen Fällen die Genrebezeichnung ein **Paratext**. Nicht selten findet sich die Genreangabe auch in dem Paratext ›Titel‹ oder ›Untertitel‹. Joseph Roth zum Beispiel versah seinen *Hiob* (1930) mit dem Untertitel *Roman eines einfachen Mannes*, und E. T. A. Hoffmann nannte *Den goldenen Topf* (1814) im Untertitel *Ein Märchen aus der neuen Zeit*. Dem Leser wird damit eine Leseanweisung mitgegeben. Aber Achtung: Es kann die Absicht des Autors sein, eine gewisse Erwartung mit der Genrebezeichnung zu wecken, diese dann aber zu unterlaufen. Manche Erzähltexte werden daher literaturwissenschaftlich nicht in das Genre eingeordnet, welches ihr Paratext angibt. Hoffmanns *Goldener Topf* etwa wird entgegen des Untertitels ›Märchen‹ meist als Novelle klassifiziert. Und Wilhelm Raabes *Chronik der Sperlingsgasse* (1856) genügt kaum den Erfordernissen der nichtfiktionalen Textsorte ›Chronik‹; sein Erstlingswerk nennt man stattdessen in der Regel einen Roman. In einigen Fällen kann die Genrezuordnung somit nicht einfach aus Angaben in den Paratexten übernommen werden, sondern ist im Rahmen einer Interpretation erst zu ermitteln.

Allgemein unterscheidet man Erzähltexte nach ihrem Umfang:
- Zu den Großformen rechnet man neben dem heute eher seltenen Versepos vor allem den **Roman**.
- Formen mittleren Umfangs werden auch »Kurzprosa« genannt. Hierzu zählen beispielsweise die **Novelle** und die **Erzählung**.

Unterscheidung von Erzähltexten nach ihrem Umfang

III.3 Drei Zugänge zum Erzähltext

- Unter Kleinformen subsumiert man kürzere und kurze Erzähltexte wie die **Kurzgeschichte** bzw. die **Shortstory**, die **Fabel**, die **Parabel**, die **Legende** und das **Märchen**.

Diese Unterteilung bietet nur eine erste Orientierung; sie ist nicht sonderlich trennscharf (und will es auch nicht sein). Der Übergang zwischen einer längeren Erzählung und einem kürzeren Roman beispielsweise kann fließend sein. Diese Unterscheidung hat sich aber etabliert, da eine Klassifikation nach formalen, strukturellen oder inhaltlichen Merkmalen ein komplexes Unterfangen darstellt und schnell auf schwer lösbare Probleme stößt. Häufig finden sich in der Fachliteratur Varianten dieser Einteilung. So wird häufig der Vorschlag gemacht, eine vierte Gruppe zu ergänzen, die »**Kürzestformen**« wie den Witz, das Sprichwort, den Aphorismus oder das Rätsel umfasst.

Wir skizzieren im Folgenden die wichtigsten Genres von Erzähltexten:

Die wichtigsten Genres der Epik

1. Roman: Der Roman in Prosaform stellt das zur Zeit vermutlich verbreitetste Genre unter den Erzähltexten dar. Dabei ist es gar nicht so leicht zu sagen, was ein Roman eigentlich ist. Eine **Minimaldefinition** lautet: Ein Roman ist ein umfangreicher fiktionaler Erzähltext in Prosa, der selbständig veröffentlicht vorliegt. Was meint aber ›umfangreich‹? Der englische Schriftsteller und Literaturwissenschaftler Edward Morgan Forster (1879–1970) gab darauf die launige Antwort: Ein Roman ist jedes fiktionale Prosawerk von mehr als 50.000 Wörtern. Viel Spaß also beim Zählen!

Der Roman ist kein Gegenstand von antiken Poetiken, auch wenn es die ersten Romane wohl schon in vorchristlicher Zeit gab. Als einer der ersten überlieferten Erzähltexte, die als Roman klassifiziert werden können, gilt Heliodors *Aithiopika* (3. Jh. n. Chr.). In dieser Zeit ist das Genre nahezu ausschließlich auf die Themen **Liebe und Abenteuer** festgelegt.

Die Bildung des Begriffs ›Roman‹ steht in enger Verbindung mit dem volkssprachlichen Erzählen. Der Ausdruck *lingua romana* bezeichnet in Absetzung von der Gelehrtensprache, *lingua latina*, die Volkssprachen in der Romania – das sind jene Gebiete, in denen eine romanische Sprache gesprochen wird. Mit der Zeit überträgt sich der Ausdruck auch auf die Werke, die in diesen Sprachen verfasst werden. Aus der Wortgeschichte wird deutlich, warum bisweilen auch Erzählungen in Versform ›Roman‹ genannt werden. In Deutschland bürgert sich der Begriff erst im 17. Jahrhundert ein. Bis dahin sind für umfangreichere Erzähltexte Bezeichnungen wie **Historie** oder **Geschichte** üblich.

Im Mittelalter finden sich in erster Linie **höfische Versromane**. Thematisch im Mittelpunkt stehen üblicherweise die Abenteuer und Liebeshändel des Helden, die episodisch dargestellt und additiv aneinandergereiht werden. Erst im späten Mittelalter entstehen vermehrt **Romane in Prosaform**, die seitdem als ein wichtiges Bestimmungsmerkmal des Genres gilt. Der erste bedeutende deutsche Roman in der Neuzeit ist Hans Jakob Christoffel von Grimmelshausens *Simplicissimus* (1668). Wegen der Prosaform bleibt dem Genre des Romans lange die allgemeine Anerkennung versagt, denn nach traditionellem Verständnis zählen nur Texte in Versform zur Poesie.

Seit dem 17. Jahrhundert verschiebt sich das Interesse des Genres auf die innere Befindlichkeit des Menschen. Ausdruck hierfür sind der **psychologische Roman** und der **Künstlerroman** wie Johann Wolfgang von Goethes *Wilhelm Meisters Lehrjahre* (1795/96). Dieses Werk nimmt nachhaltigen Einfluss auf die Ausbildung des **Bildungsromans** im 19. Jahrhundert, in dem die Identitätsfindung des Helden im Mittelpunkt steht. Zeitgleich entstehen Romane, die traditionellere Erfolgsmuster weiter ausbauen – so entsteht etwa mit den **Robinsonaden** nach Daniel Defoes *Robinson Crusoe* (1719) eine neue Spielart der Abenteuerromane.

Anfang des 19. Jahrhunderts wird der **Geschichtsroman** *Waverley* (1814) des Schotten Walter Scott stilbildend; er gilt als der erste historische Roman überhaupt. Dieser erhebt den Anspruch, auf altbekannte Ereignisse der Weltgeschichte ein neues Licht werfen zu können. Dabei bemüht er sich, besonders realistisch zu sein und die Wirklichkeit möglichst getreu zu erfassen. Auch der kurz darauf sich etablierende **Zeit- bzw. Gesellschaftsroman** beansprucht, die Wirklichkeit abzubilden; für diesen Typus werden die Werke der Franzosen Stendhal (Pseudonym für Henri Beyle, 1783–1842) und Honoré de Balzac (1799–1850) prägend.

Der deutsche Roman nimmt diese Einflüsse auf und verbindet sie mit den Merkmalen des **Individual- bzw. Bildungsromans**. Das Verhältnis von Gesellschaft und Individuum ist insgesamt als das zentrale Thema des gesamten realistischen Romans zu bezeichnen.

Ende des 19. Jahrhunderts tritt das politische Moment im naturalistischen **Sozialroman bzw. Tendenzroman** verstärkt hervor. Zugleich verstärkt sich das Moment der Psychologisierung im **Roman der klassischen Moderne**, der mit Genreformen und Erzähltechniken wie dem Bewusstseinsstrom experimentiert und sich von allen Vorgaben der bisherigen Romantradition emanzipiert.

In der Folge wird oft von der **Krise des Romans** gesprochen, da das Ende der »Erzählbarkeit der Welt« erreicht sei. Allerdings kommt es nicht zum angekündigten Tod des Genres. Im Gegenteil: In Deutschland entfaltet sich ab der Mitte des 20. Jahrhunderts eine breitenwirksame und unterhaltende Romanliteratur auf hohem Niveau – zu nennen sind hier etwa Heinrich Böll, Siegfried Lenz, Günter Grass und Christa Wolf. Thematisch im Mittelpunkt stehen die zentralen Probleme des modernen Menschen wie **Identitätsbildung, gestörte Kommunikation** sowie **Widerstand gegen gesellschaftliche Konventionen** und Institutionen.

Schon früh werden in einen Roman auch Texte aus anderen Genres eingebettet. Hierfür bieten sich insbesondere Kleinformen aller Art an, von den epischen Kurztexten werden vor allem Märchen und Novellen integriert. Auch sonst zeichnet sich der Roman durch eine **ungemeine Flexibilität** aus. Den Literaturtheoretiker H. Porter Abbott veranlasste dies zu der Bemerkung, dass Erzähltexte eine Art Plattform seien, auf die man alles Mögliche hinaufladen könne – zum Beispiel auch nichtnarrative Passagen wie enzyklopädische Exkurse über Wale wie in Herman Melvilles *Moby Dick* (1851). Wolf Haas hat mit *Das Wetter vor 15 Jahren* (2006) sogar einen Roman vorgelegt, der vollständig aus einem fiktiven Interview – also eigentlich einem journalistischen Genre – besteht.

2. Die Novelle (lat. *novus*: neu), eine Prosaform mittleren Umfangs in mündlicher Erzähltradition, ist in Europa seit dem 14. Jahrhundert bekannt. Sie konzentriert sich auf einen prägnanten Vorfall, dessen Handlung mit wenigen Figuren und ohne Nebenstränge, dafür mit einem eindeutigen Ergebnis erzählt wird. Meist gibt es ein festes Repertoire an Handlungselementen, die auf eine unerwartete Lösung des Problems zusteuern.

Prägend für die europäische Novelle ist *Il Decamerone* (verfasst um 1350, dt. *Das Dekameron* – das »Zehn-Tage-Werk«) von Giovanni Boccaccio – eine Sammlung von 100 Erzählungen, die von einer Rahmenhandlung zusammengehalten werden. Diese Anordnung wird **Novellenzyklus** genannt. Boccaccio lässt seine Erzählerfiguren in einer Runde von Freunden erzählen; damit knüpft er an die mündliche Tradition der Form an. Die Mündlichkeit bleibt lange ein dominanter Stilgestus der Novelle und wird durch das gestaltete Auftreten eines Erzählers signalisiert. Goethe orientiert sich mit den *Unterhaltungen deutscher Ausgewanderter* (1795) am *Dekameron*, aber auch in *Wilhelm Meisters Wanderjahren* (1821/1825–29) integriert er Novellen. Von ihm stammt die vielzitierte Kurzdefinition der Novelle als »**eine sich ereignete unerhörte Begebenheit**« (im Gespräch mit Johann Peter Eckermann am 29.1.1827). Wenn Goethe in unmittelbarem Anschluss ergänzt: »so vieles, was in Deutschland unter dem Titel ›Novelle‹ geht, ist gar keine Novelle, sondern bloß Erzählung oder was Sie sonst wollen«, dann wird deutlich, dass auch zu Goethes Zeiten die Genrebestimmung keine leichte Angelegenheit war.

Im 19. Jahrhundert bedingt der Aufschwung der Zeitschriftenkultur eine Blütezeit dieser Kurzform. Die **Einzelnovelle** tritt nun verstärkt auf, mehrere von ihnen erscheinen zusammen ohne eine Rahmenhandlung, wie sie für den Novellenzyklus typisch ist, in einem Band wie z. B. in Adalbert Stifters *Bunte Steine* (1843/53) und Gottfried Kellers *Leute von Seldwyla* (1856/1874). In der Novelle mischen sich nun Stoffe und Stile, zudem bilden sich Subgenres aus. E. T. A. Hoffmann begründet mit *Das Fräulein von Scudery* aus dem Zyklus *Die Serapions-Brüder* (1819–21) die Form der **kriminalistischen Novelle**, andere Autoren integrieren **Märchenelemente**. In dieser Zeit dominiert die Novelle über den Roman. Einer der wichtigsten Vertreter des Genres in dieser Zeit ist Paul Heyse, der die Theorie vom ›Falken‹ formuliert (nach einer Novelle aus dem *Dekameron*): Damit bezeichnet er die Notwendigkeit eines symbolhaften Leitmotivs für die Novelle. Allerdings beschreibt Heyse damit ein spezifisches Stilmerkmal der deutschen Novelle seiner Zeit. Für die ältere Tradition ist solch ein Leitmotiv eher nicht typisch.

Zwar führen Literaten wie Arthur Schnitzler sowie Heinrich und Thomas Mann das Genre im 20. Jahrhundert fort, aber wegen ihrer geschlossenen Form erscheint die Novelle eher ungeeignet, um avantgardistischen Strömungen Rechnung tragen zu können. Daher wird das Genre mehr und mehr von anderen Typen der Kurzprosa verdrängt. Dennoch setzt sich die Tradition der Novelle ohne Unterbrechung bis in die Gegenwart fort (Aust 2006, S. 133).

3. Die Kurzgeschichte ist eine kurze Erzählform in Prosa, die oft unvermittelt eröffnet und auch beendet wird. Sie entwickelt sich in Europa vor allem im Anschluss an die US-amerikanische *Shortstory* – insbesondere nach dem Vorbild Ernest Hemingways (1899–1961). Modellfunktion haben auch die Geschichten des US-Amerikaners Edgar Allan Poe (1809–1849), des Franzosen Guy de Maupassant (1850–1893) und des Russen Anton Čechov (1860–1904). Das Genre zeichnet sich durch eine straffe Komposition und durch Ausschnitthaftigkeit aus. Wolfdietrich Schnurre bezeichnete sie daher als »ein Stück herausgerissenes Leben« (Meid 2001, S. 288). Gegenstand sind häufig scheinbar unspektakuläre Momente aus dem Alltagsleben eines Menschen, die sich ungewöhnlich zuspitzen oder eine existentielle Bedeutung erhalten (Marx 2005, S. 58). Wegen seiner Flexibilität erwies sich das Genre nach 1945 in Deutschland als besonders geeignet, um die Erfahrungen des ›Dritten Reichs‹, der Kriegszeit und der Wiederaufbaujahre darzustellen.

4. Die Parabel (gr. *paraballein*: nebeneinanderstellen; *parabole*: Gleichnis) ist eine kürzere Erzählung, die ihren Gegenstand skizzenhaft verknappt darstellt und meist eine didaktische Absicht verfolgt. Das Genre unterliegt nahezu keinerlei **inhaltlicher Beschränkung**; einzig Tiere oder Pflanzen, die menschlich handeln, kommen nicht vor. Transzendentale Figuren wie Engel hingegen können durchaus auftreten. Die Parabel erfordert eine Übertragungsleistung von den Lesern: Mit expliziten oder impliziten **Transfersignalen** fordert sie dazu auf, das Dargestellte nicht nur im buchstäblichen Sinne, sondern auch in einer übertragenen Bedeutung zu verstehen. Diese Richtungsänderung der Bedeutung kann ausdrücklich gelenkt sein oder auch offen bleiben. Die Parabel wird häufig auch als **Gleichniserzählung** bezeichnet; während aber das Gleichnis den Analogieschluss selbst erklärt, bedarf die Parabel der Auslegung.

Zu den ältesten Beispielen zählen die **neutestamentarischen Parabeln** Jesu, etwa das *Gleichnis vom verlorenen Sohn*. Nach diesem Vorbild wird bis in die Gegenwart hinein häufig die Parabel-Form gewählt, um religiöse Überzeugungen zu verdeutlichen (**Erbauungsparabel**). Als eigenes Genre etabliert sich die Parabel im 17. Jahrhundert, meist als **Lehrgedicht** bezeichnet. Nach einem Rückgang ist eine zweite Etablierungsphase ab 1778 mit Gotthold Ephraim Lessings *Eine Parabel* auszumachen. Berühmt ist bis heute seine von der Titelfigur erzählte Ringparabel in dem Ideendrama *Nathan der Weise* (1779).

Im 20. Jahrhundert kommt es zu einer **Erneuerung** der Parabel – vor allem durch die Herr-Keuner-Geschichten Bertolt Brechts, der das Genre auch für die Bühne modifiziert (Parabeltheater), und durch Prosatexte Franz Kafkas wie *Vor dem Gesetz* (1915). Seine sogenannte »Türhüterparabel« mündet jedoch nicht mehr in eine eindeutig zu ermittelnde Lehre, sondern in rätselhafte Unbestimmtheit.

5. Die Fabel (lat. *fabula*: Rede, Erzählung), die in Vers- oder Prosaform verfasst sein kann, zeichnet sich durch ihre **Kürze** aus. Oft füllt eine Fabel nicht einmal eine Buchseite, daher erscheint sie meist zusammen mit anderen in einer Anthologie. Die Fabel schildert meist nur eine Episode, in der das menschliche Zusammenleben kritisch betrachtet wird. Dies geschieht maskiert, denn die handelnden Figuren sind in der Regel **Tiere,**

Pflanzen oder auch unbelebte Gegenstände, die deutlich menschliche Züge tragen. Man spricht in diesen Fällen von einer **globalen Anthropomorphisierung**. Die Fabel fordert den Leser ebenso wie die Parabel dazu auf, durch einen **Analogieschluss** das Erzählte in das eigentlich Gemeinte zu übertragen. Auch die Fabel verfolgt damit didaktische Ziele. Häufig ist einer Fabel ein kurzer Kommentar nachgestellt, der explizit die ›Moral‹ der Geschichte formuliert (Coenen 2000, S. 12).

Zu den ältesten Fabeln gehören die des griechischen Dichters **Äsop** (5. Jh. v. Chr.), der lange fälschlicherweise als Begründer des Genres galt und gerade im deutschsprachigen Raum großen Einfluss auf diese Form hatte. Seine wohl bekannteste Fabel ist jene vom *Fuchs und den Trauben*, in der der Titelheld die Früchte – da sie für ihn zu hoch hängen – schließlich als zu sauer schmäht.

Die ersten Fabeln in der deutschen Literatur entstehen im Mittelalter in Versform. Im 18. Jahrhundert wird das Genre ein Leitgenre der Aufklärungsliteratur, da sich mit ihm optimal Poesie und Belehrung verbinden lassen. In der gegenwärtigen Literatur ist die Fabel nur noch selten anzutreffen, und wenn dann meist in satirischer oder parodistischer Absicht – oder auch nur ›zum eigenen Vergnügen‹, wie Robert Gernhardt (1937–2006) einmal bekannte, der scheinbar überholte Formen gern schalkhaft reanimierte.

6. Die Legende (lat. *legendum:* das zu Lesende) ist eine volkstümliche Erzählung in Vers- oder Prosaform über das Leben einer meist historisch verbürgten heiligen Person, die an deren Festtag vorzulesen ist. Das Genre, das sich im Anschluss an die Erzählungen des Neuen Testaments entfaltet, gehört bis zum Ende des Mittelalters zu den meistrezipierten überhaupt. In der Regel beschreibt eine Legende Gefangennahme, Folter und Tod eines christlichen Märtyrers. Sie interessiert sich weniger für die Lebensgeschichte selbst, sondern will am Beispiel dieses Heiligen zeigen, wie Gott auf die Welt einwirkt. In der Romantik erlebte die Legende noch einmal eine Renaissance; inzwischen aber steht das Genre auf der Liste der aussterbenden Arten. Wenn Erzähltexte in unserer Zeit entstehen, die die Genrebezeichnung ›Legende‹ im Titel führen, weisen sie meist eine ironisch-parodistische Tendenz auf. Neben der Literaturwissenschaft beschäftigen sich auch die Theologie, die Geschichtswissenschaft und die Volkskunde mit diesem Genre.

7. Das Märchen (mhd. *mære*: Kunde, Bericht) ist eine Form der Kurzprosa in mündlicher Tradition, in der häufig die Bedingungen der Wirklichkeit aufgehoben sind. Die Handlung ist meist einsträngig und weist Wiederholungscharakter auf. Erst durch die Brüder Grimm, die 1812/1815 die einflussreiche und äußerst erfolgreiche Sammlung *Kinder- und Hausmärchen* veröffentlichten, wird ›Märchen‹ zu einer Genrebezeichnung. André Jolles bezeichnet das Märchen daher auch als »Gattung Grimm« (1930, S. 219). Wie auch andere Romantiker sammeln und veröffentlichen Jacob und Wilhelm Grimm Volksliedgut und Volksmärchen, um zu belegen, dass es eine germanisch-deutsche Urkultur gibt. So wollen sie im Kulturellen zusammenführen, was durch die deutsche Kleinstaaterei politisch zersplittert ist.

Sie erreichen, dass dem bis dahin eher geringgeschätzten Genre von nun an der Status einer Nationalpoesie zukam. Konkrete Aussagen über das Alter der Märchenstoffe lassen sich nicht machen; vermutlich haben sie ihren Ursprung in der Zeit vor dem späten Mittelalter. Die Hypothese, dass Varianten des Märchens bereits in frühgeschichtlicher Zeit existiert haben, konnte die Forschung bislang nicht belegen.

Da das **Volksmärchen** bis zur Verschriftlichung mündlich tradiert wurde, veränderte es sich und bildete Varianten aus. Es diente anscheinend vor allem der Unterhaltung und Belehrung von weniger gebildeten Erwachsenen. Durch die Streichung von erotischen Passagen und die Herausarbeitung von moralischen Botschaften wandelten die Brüder Grimm die Geschichten jedoch zur Kinderlektüre um. Inzwischen gilt die mündliche Tradierung und die »Autorlosigkeit« als Merkmal des Märchens, wie es Max Lüthi formuliert hat (1990, S. 5), in dieser Form als nicht mehr haltbar. So besteht Stefan Neuhaus darauf, dass die Bearbeitungen von Stoffen immer originäre Leistungen von Autoren sind (2005, S. 3).

Als besonders typisch für das Märchen gelten formelhafte Wendungen, z. B. **Eingangs- und Schlussformeln** wie »Es war einmal« oder »Und wenn sie nicht gestorben sind, dann leben sie noch heute«. Meist ist die Märchenwelt eine **magische Welt**, in der Natur- und Kausalgesetze aufgehoben sein können. Neben Riesen und Einhörnern treten Feen und Zauberer auf, und es kommt zu wunderbaren Vorkommnissen: In *Jorinde und Joringel* zum Beispiel verwandelt sich die Erzzauberin gern in eine Katze oder eine Nachteule; schöne junge Mädchen dagegen verhext sie in Nachtigallen. **Symbolische Zahlen** spielen in fast allen Märchen eine zentrale Rolle. Der Held muss beispielsweise drei Prüfungen bestehen, oder es werden ihm drei Wünsche gewährt, *Schneewittchen* lebt zusammen mit sieben Zwergen hinter den sieben Bergen, *Die zwölf Jäger* erinnern einen Königssohn an sein Ehegelöbnis, und hundert Jahre muss *Dornröschen* schlafen. Auch eine **Anthropologisierung** von einzelnen Tieren oder Pflanzen kann vorkommen – so spricht der Wolf das *Rotkäppchen* im Wald an, ohne dass es sich sonderlich darüber wundern würde. Typisch ist neben einem vorhersehbaren Verlauf und einem glücklichen Ausgang auch ein klares **Gut-Böse-Schema**; auf eine darüber hinausgehende psychologische Zeichnung der Figuren wird in der Regel verzichtet. Auch finden sich meist **keine Angaben zu Ort und Datum** der Handlung; auf diese Weise wirken Märchen ahistorisch und allgemeingültig. Dass *Der Hase und der Igel* ausgerechnet auf der Buxtehuder Heide um die Wette laufen, ist eine Ausnahme, die bei genauerer Betrachtung die Regel bestätigt: Die Ortsangabe wurde 1840 von dem ersten Bearbeiter dieses volkstümlich überlieferten Märchens, Wilhelm Schröder, ergänzt – vermutlich um mit einer regionalen Ortsangabe das gewählte Plattdeutsch zu beglaubigen. Als jedoch die Brüder Grimm 1843 *die Geschichte* in eine neue Auflage der *Kinder- und Hausmärchen* aufnahmen, ist nicht nur das Plattdeutsche getilgt, sondern auch die Angabe »Buxtehude«.

Das Volksmärchen ist **nicht immer eindeutig von anderen Genres** abzugrenzen. Tatsächlich gilt die Bezeichnung als eine philologische Erfindung der deutschen Romantiker. *Der Hase und der Igel* kann beispielsweise auch als Fabel klassifiziert werden. Die Schwierigkeiten in der genretypologischen Abgrenzung zeigen sich auch darin, dass sich die entsprechenden Ausdrücke in anderen Sprachen nicht immer mit dem deutschen Gegenstandsbereich decken. Im Französischen wurde das Genre mit dem Ausdruck *contes de fées* (Feengeschichten) eingeführt, von dem sich auch der Begriff *fairy tale* im Englischen ableitet. Das Dänische und Norwegische nennen Märchen dagegen *eventyr* – eine Bezeichnung, die den abenteuerlichen Charakter betont.

Kunstmärchen sind im Gegensatz zu den Volksmärchen Individualdichtung; sie haben also ohne Zweifel einen identifizierbaren Autor, der häufig Themen, Stil, Motive und Handlungselemente aus der mündlichen Tradition übernimmt. Meist sind Kunstmärchen anspruchsvoller konzipiert. Goethes »Märchen« in den *Unterhaltungen deutscher Ausgewanderter* (1795), das als Prototyp des Kunstmärchens gilt, weist zum Beispiel einen mehrsträngigen Handlungsaufbau auf und ist deutlich komplexer angelegt (zu einem Vergleich von Volks- und Kunstmärchen vgl. Neuhaus 2005, S. 8 f.).

Literatur

Abbott, H. Porter: »What do we mean when we say ›narrative literature‹? Looking for answers across disciplinary borders«. In: Style 34 (2000), S. 260–273.
Aust, Hugo: Novelle. Stuttgart/Weimar [5]2012.
Brunner, Horst/Moritz, Rainer (Hg): Literaturwissenschaftliches Lexikon: Grundbegriffe der Germanistik. Berlin [2]2006.
Burdorf, Dieter/Fasbender, Christoph/Moennighoff, Burkhard (Hg.): Metzler Lexikon Literatur. Begriffe und Definitionen. Stuttgart/Weimar [3]2007.
Coenen, Hans Georg: Die Gattung Fabel. Infrastrukturen einer Kommunikationsform. Göttingen 2000.
Eckermann, Johann Peter: Gespräche mit Goethe in den letzten Jahren seines Lebens [1836]. München [2]1984.
Forster, Edward Morgan: Ansichten des Romans [engl. 1927]. Berlin/Frankfurt a. M. 1949.
Gernhardt, Robert: Reim und Zeit & Co. Gedichte, Prosa, Cartoons. Stuttgart [3]2014.
Jolles, André: Einfache Formen. Legende, Sage, Mythe, Rätsel, Spruch, Kasus, Memorabile, Märchen [1930]. Tübingen [8]2006.
Lüthi, Max: Märchen. Stuttgart/Weimar [10]2004.
Marx, Leonie: Die deutsche Kurzgeschichte. Stuttgart/Weimar [3]2005.
Mayer, Mathias/Tismar, Jens: Kunstmärchen. Stuttgart/Weimar [4]2003.
Meid, Volker: Sachwörterbuch zur deutschen Literatur. Stuttgart 2001.
Neuhaus, Stefan: Märchen. Tübingen/Basel 2005.
Wenzel, Peter: »Gattungstheorie und Gattungspoetik«. In: Nünning, Ansgar (Hg.): Metzler Lexikon Literatur- und Kulturtheorie. Ansätze – Personen – Grundbegriffe. Stuttgart/Weimar [5]2013, S. 246–250.
Wilpert, Gero von: Sachwörterbuch der Literatur. Stuttgart [8]2001.
Zymner, Rüdiger: »Texttypen und Schreibweisen«. In: Anz, Thomas (Hg.): Handbuch Literaturwissenschaft. Bd. 1: Gegenstände und Grundbegriffe. Stuttgart/Weimar 2007, S. 36–58.

Literatur zum Weiterlesen

Fludernik, Monika: »Genres, text types or discourse modes?« In: Style 34/2 (2000), S. 274–292.
Füllmann, Rolf: Einführung in die Novelle. Darmstadt 2010.
Gymnich, Marion/Neumann, Birgit/Nünning, Ansgar (Hg.): Gattungstheorie und Gattungsgeschichte. Trier 2007.
Meyer, Anne-Rose: Die deutschsprachige Kurzgeschichte. Eine Einführung. Berlin 2014.
Penonne, Florence (Hg.): Probleme der Gattungstheorie. Freiburg 2010.
Petersen, Jürgen H.: Formgeschichte der deutschen Erzählkunst. Von 1500 bis zur Gegenwart. Berlin 2014.
Rath, Wolfgang: Die Novelle. Konzept und Geschichte. Göttingen [2]2008.
Scheinpflug, Peter: Genre-Theorie. Eine Einführung. Berlin 2014.
Zymner, Rüdiger (Hg.): Handbuch Gattungstheorie. Stuttgart/Weimar 2010.

IV Die drei Dimensionen des Erzähltextes

1 Wer erzählt die Geschichte? – Parameter des Erzählers
2 Wie erzählt der Erzähler? – Parameter des Diskurses
3 Was erzählt der Erzähler? – Parameter der Geschichte

IV

Einleitung

Zur Systematik des Kapitels: Die klassische Narratologie kennt lediglich die Dichotomie Diskurs (*discours*) und Geschichte (*histoire*). Der Erzähler und seine Merkmale werden dabei der Diskurs-Seite zugeschrieben (s. Kap. I.6). Im Rahmen dieser Einführung haben wir uns dagegen für eine Trias entschieden, in der die Dimension des Erzählers als eigenständiger Phänomenbereich neben denen von Diskurs und Geschichte steht. Diese drei Dimensionen des Erzähltextes dienen in der Untersuchung von Erzählungen entsprechend als analytische Kategorien:

- Der Erzähler ist die Vermittlungsinstanz, der wir die Erzählung zuschreiben (wer erzählt?).
- Der Diskurs bezeichnet die kompositorische und sprachliche Realisierung einer Erzählung (wie wird erzählt?).
- Die Geschichte besteht aus den Elementen ›erzählte Welt‹, ›Figuren‹ und ›Handlung‹, die zusammen den Gegenstand der Erzählung ausmachen (was wird erzählt?).

Die drei Dimensionen der Erzähltextanalyse

Unsere Trias trägt der Tatsache Rechnung, dass im Erzählkunstwerk eine Geschichte nie unabhängig vom Diskurs existiert: Es gibt die Geschichte nicht ›an sich‹ und vor der Erzählung, sondern wir konstruieren sie aus der Rede des Erzählers. Auch wenn es uns so scheint, als ginge es dabei um eine Re-Konstruktion, als würden wir hinter dem Erzählerbericht irgendwie das ›wirkliche Geschehen‹ ausfindig machen können: Tatsächlich kommen wir am Erzähler nicht vorbei, denn: Fiktionale Erzählungen sind – Dichtung.

Der Erzähler ist in unserer Betrachtung also nicht ein Parameter unter anderen, sondern er ist der aktive Produzent des Diskurses, aus dem der Leser die Elemente der Geschichte erschließen kann. Aus diesem Grund steht **der Erzähler als unumgängliche Vermittlungsinstanz der Geschichte** in unserem Modell an erster Stelle. Diese systematisch-hierarchische Überordnung des Erzählers wird auch durch unsere Sprache ausgedrückt. Nach dem Erzähler kann man direkt fragen, ohne dass man die anderen beiden Kategorien heranziehen müsste: »Wer erzählt?«. Fragt man hingegen nach dem Diskurs und nach der Geschichte, erscheint der Erzähler indirekt immer gleich mit. Der Erzähler steckt unumgänglich im Verb ›erzählen‹, das wir verwenden, wenn wir nach der Spezifik des Diskurses fragen: »Wie wird erzählt?«. Und das gleiche gilt für die Frage nach der Spezifik der Geschichte: »Was wird erzählt?«.

Zur Darlegungsmethode: Mit den drei Kategorien ›**Erzähler**‹, ›**Diskurs**‹ und ›**Geschichte**‹ behandelt dieses Kapitel die Kernaspekte der Erzähltheorie überhaupt. Über diese fundamentalen Kategorien kann man nun allerdings nicht reden, ohne auf die teilweise sehr unterschiedlichen Ansätze hinzuweisen, die hier miteinander konkurrieren.

Die Entwicklung der Erzähltheorie und Narratologie blickt, wie in Kapitel II. dargestellt wurde, auf eine rund hundertjährige Geschichte zurück. Einer ihrer ersten Grundlagentexte erschien 1910, Käte Friedemanns Studie zur *Rolle des Erzählers in der Epik*. Nicht nur um den Begriff des Erzählers, sondern um beinahe jeden der erzähltheoretischen Begriffe, die wir heute mitunter wie selbstverständlich verwenden, sind ausführliche theoretische Debatten geführt worden, die zum Teil noch andauern. Die unterschiedlichen Begriffe und ihre Varianten kann man deshalb nur dann wirklich verstehen, wenn man sie im Kontext der jeweiligen Theorie und des Modells sieht, die dabei vorausgesetzt wurden.

Wer heute eine erzähltechnische Analyse vornehmen will, die den Standards der Wissenschaftlichkeit entspricht, muss diesen theoretischen und begriffsgeschichtlichen Hintergrund zumindest in Umrissen kennen. Auf der anderen Seite verfolgen wir in diesem Band jedoch eine **pragmatische Zielsetzung**: Wir wollen das **Handwerkszeug für konkrete erzähltechnische Textanalysen vermitteln**. Um beiden Zielen gerecht werden zu können – also sowohl die wissenschaftlich gebotene Reflexion und Problematisierung von Konzepten und Modellen zu leisten, als auch praktisch anwendbare Begriffe zu erarbeiten –, müssen wir beide Aspekte miteinander verbinden. Dabei werden wir folgende Methode anwenden:

Wir stellen an den Anfang eines jeden Unterkapitels die von uns nach kritischer Abwägung favorisierten **Fachbegriffe, Konzepte und Modelle**, die nach unserer Auffassung für die Praxis der Erzähltextanalyse am relevantesten und widerspruchsfrei kombinierbar sind.

Nach der Definition und Erläuterung der Konzepte an Textbeispielen gehen wir sodann vertiefend auf den **theoretischen und begriffsgeschichtlichen** Hintergrund ein.

Am Ende eines Kapitels blenden wir in der Regel mit **konkreten Leitfragen** zur Praxis der Erzähltextanalyse zurück.

1 Wer erzählt die Geschichte? – Parameter des Erzählers

1.1 Zur Darstellung des Erzählers
1.2 Erzähler und erzählte Welt – ontologische Bestimmung
1.3 Erzähler und Erzählebenen – repräsentationslogische Bestimmung
1.4 Erzähler und Geschehenszeitpunkt – zeitlogische Bestimmung
1.5 Zur Darstellung des Adressaten

Wenn wir einander im Alltag etwas erzählen, nehmen wir intuitiv verschiedene Rollen ein: Erzähler und Zuhörer. In Analogie zur Alltagserzählung spricht man auch im Fall der literarischen Erzählung vom **Erzähler**; in der Fachliteratur werden auch die Ausdrücke **Erzählinstanz** und **Stimme** verwendet. Käte Friedemann macht in ihrer Abhandlung *Die Rolle des Erzählers in der Epik* (1910) darauf aufmerksam, dass der Erzähler in Erzähltexten als **Vermittlungsinstanz** wirkt. Als eine der ersten betont sie zugleich auch die Differenz zwischen Autor und Erzähler:

> Es handelt sich nicht um den Schriftsteller Soundso [...], – sondern »der Erzähler« ist *der* Bewertende, *der* Fühlende, *der* Schauende. Er symbolisiert die uns seit Kant geläufige erkenntnistheoretische Auffassung, daß wir die Welt nicht ergreifen, wie sie an sich ist, sondern wie sie durch das Medium eines betrachtenden Geistes hindurchgegangen. [...]
>
> Also nicht um einen außerhalb des Kunstwerkes stehenden Schriftsteller handelt es sich, der seine Gestalten, denen er versäumt hätte, ein selbständiges Leben einzuhauchen, nachträglich zurechtrücken und erläutern müsste, sondern um den Erzähler, der selbst als Betrachtender zu einem organischen Bestandteil seines eigenen Kunstwerkes wird. [Hervorhebungen im Original]

Käte Friedemann: *Die Rolle des Erzählers in der Epik* (1910), S. 26

Nichtidentität von Autor und Erzähler: Laut Friedemann kommt kein Erzähltext ohne einen Erzähler aus. Dieser ist fiktiv, also erfunden, und nicht identisch mit dem textexternen realen Autor – egal, wie zahlreich die Parallelen zwischen beiden auch sein mögen oder wie wenig der Erzähler konturiert sein mag. Der fiktive Erzähler stellt die zentrale Vermittlungsinstanz in dem vom realen Autor produzierten Erzähltext dar; alle Rede stammt ausnahmslos vom Erzähler. Das gilt auch – und insbesondere dann –, wenn der Erzähler von sich in der Ich-Form spricht. Der reale Produzent des Erzähltextes, der Autor, und der fiktive, vom Autor vorgeschobene Urheber der Erzählung, der Erzähler, sind also **zwei Instanzen der literarischen Kommunikation**, die systematisch stets streng voneinander zu unterscheiden sind. Der Erzähler ist damit das vermutlich wesentlichste Formprinzip von Erzähltexten. Die Kommunikationssituation, wie sie textextern zwischen dem realen Autor und dem realen Leser vorliegt, wird textintern gespiegelt, denn auch der fiktive Erzähler gestaltet seine

IV.1 Wer erzählt die Geschichte? – Parameter des Erzählers

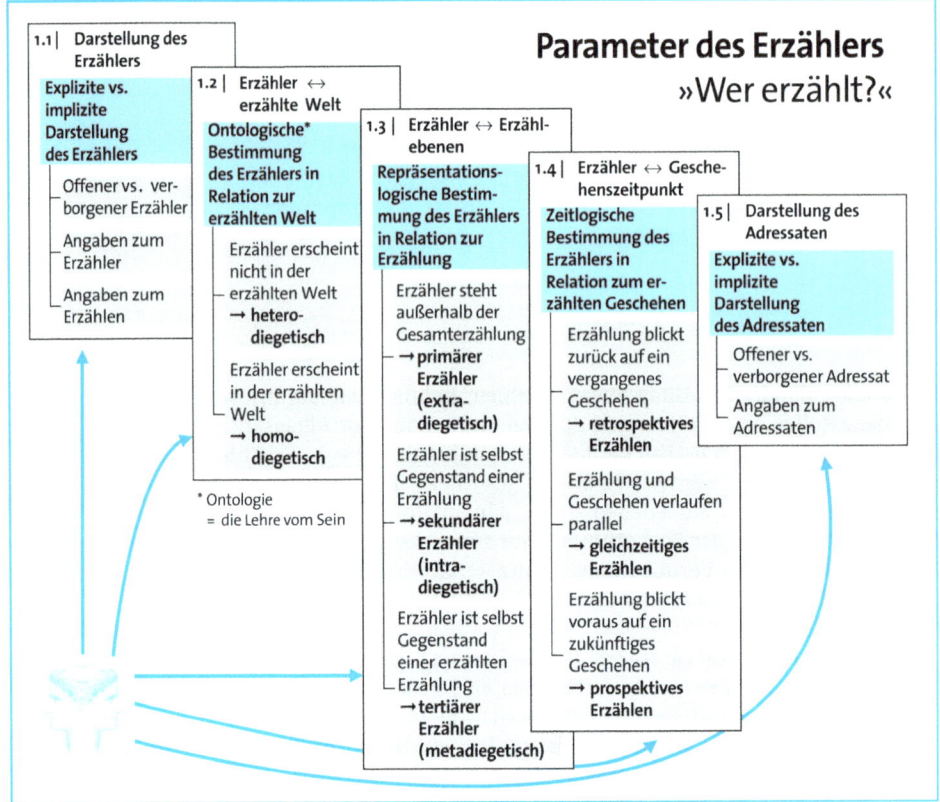

| Die fünf wichtigsten Parameter des Erzählers | Rede im Hinblick auf seinen fiktiven Leser (s. Kommunikationsschaubild in Kap. I.5; vgl. auch Schmid 2014, Kap. II). |

Dieses Kapitel behandelt all jene formalen Merkmale des narrativen Textes, die unter die Kategorie des textinternen, fiktiven Erzählers fallen; es untersucht also die Gestaltung der narrativen Instanz und der Kommunikationskonstellation, wie sie von dem textexternen Produzenten des literarischen Werks, dem Autor, angelegt werden. Die Frage »Wer erzählt die Geschichte?« kann um beliebig viele Aspekte der Erzählkonstellation erweitert werden – etwa: Wer erzählt wem was wann wo warum wie lange und in welcher Form?

Die folgenden Unterkapitel behandeln die **fünf wichtigsten Parameter des Erzählers**. Hier eine Übersicht über die thematischen Schwerpunkte:

1.1 | Zur Darstellung des Erzählers

Alle Erzähltexte weisen einen **Erzähler** auf. Dieser kann mehr oder weniger vernehmbar sein. So treten einige deutlich in Erscheinung – zum Beispiel mittels persönlich gefärbter Kommentare oder moralischer Beurteilungen –, und nicht wenige sind sogar als eine Person mit individuellen

Merkmalen und biographischen Angaben profiliert. Andere Erzähler hingegen bleiben so sehr im Dunkeln, dass eher ungeübte Leser ihre Vermittlungsfunktion vergessen können und meinen, sie wohnten – ähnlich wie im Theater oder im Kino – den geschilderten Ereignissen direkt bei. Die Vermittlungsarbeit des Erzählers ist in Erzähltexten jedoch immer vorhanden; lediglich die Art seiner Darstellung kann unterschiedlich gestaltet sein.

Implizite und explizite Darstellung des Erzählers: Der Erzähler kann auf zwei Weisen dargestellt werden.

- Die **implizite Darstellung** des Erzählers ist für jeden Erzähltext obligatorisch. Hierzu gehören alle Verfahren, die das Erzählen konstituieren – wie die Komposition des Erzähltextes in einer bestimmten Ordnung, die Art der sprachlich-stilistischen Präsentation sowie die Auswahl von Personen, Situationen und Redehandlungen.
- Als **explizite Darstellung** bezeichnen wir hingegen die verschiedenen Formen von selbstreferentiellen Bemerkungen des Erzählers, also Aussagen, die sich auf ihn selbst beziehen. Er kann zum Beispiel seinen Namen nennen oder Angaben zu seiner Biographie oder Weltsicht machen. Allein die Verwendung der grammatischen ersten Person (›ich‹ oder ›wir‹) ist bereits eine gewisse Form von Selbstdarstellung. Die explizite Darstellung des Erzählers muss nicht realisiert sein; sie ist fakultativ.

Explizite vs. implizite Darstellung des Erzählers

Offener vs. verborgener Erzähler: Die klassische Narratologie unterscheidet vor diesem Hintergrund den offenen Erzähler und den verborgenen Erzähler, die man sich als die beiden Extrempunkte auf einer Skala vorstellen kann:

- Ein **offener Erzähler** (*overt narrator*) liegt vor, wenn der Text in einem gewissen Umfang Spuren des Erzählers enthält, er also ein gewisses Persönlichkeitsprofil aufweist und quasi wie eine Figur gestaltet wird. In diesen Fällen ist die Vermittlungsfunktion der Instanz deutlich spürbar.
- Von einem **verborgenen Erzähler** (*covert narrator*) wird hingegen gesprochen, wenn die Erzählung sich scheinbar selbst erzählt. In diesen Fällen meint der Leser, dem Geschehen unmittelbar beizuwohnen, da die Vermittlungsfunktion des Erzählers kaum mehr vorhanden scheint.

Overt vs. covert narrator

Je mehr der Erzähler in den Hintergrund tritt, desto stärker erscheint der Erzähltext wie ein dramatischer Text. Aus diesem Grund können z. B. Erzähltexte, die ausschließlich inneren Monolog aufweisen und daher scheinbar ohne Erzähler auskommen – wie Arthur Schnitzlers Erzählungen *Leutnant Gustl* (1900) und *Fräulein Else* (1924) oder das letzte Kapitel in James Joyce' *Ulysses* (1922), »Penelope« –, auch ohne größere Bearbeitungen als Einpersonenstück für die Bühne inszeniert werden.

Nonnarrator

In vielen Shortstorys Ernest Hemingways ist der Erzähler besonders schwer auszumachen. Für derlei Fälle hochgradiger Verborgenheit schlägt der Erzähltheoretiker Seymour Chatman in seiner einflussreichen Studie *Story and discourse* (1978) die Kennzeichnung *non-narrator* vor, die als Gegenbegriff zum *overt narrator* gemeint ist.

Zur Vertiefung

IV.1

Wer erzählt die Geschichte? – Parameter des Erzählers

Die Idee eines *nonnarrator* scheint zunächst plausibel. Aber: Auch in einem scheinbar erzählerlosen Erzähltext zeichnen sich die das Erzählen leitenden Bewusstseinshandlungen stets ab, denn der Erzähler entscheidet auch hier über Auswahl und Gestaltung des erzählten Geschehens – also **was** erzählt wird (und auch was ausgelassen wird) und **wie** es erzählt wird.

Angaben zum Erzähler: Während der *covert narrator* nur implizit dargestellt ist, präsentiert sich ein *overt narrator* auch auf explizite Weise. Gerade Erzähler, die auch als Figur in ihrer Geschichte auftreten, gewinnen im Laufe des Textes ein persönliches Profil. Um die **Profilierung des Erzählers** als Individuum genauer bestimmen zu können, bietet es sich an, auf die Topik der antiken Rhetorik zurückzugreifen und sich an den *loci a persona* des antiken Rhetorikers Quintilian (35 bis ca. 96 n. Chr.) zu orientieren, einer standardisierten Kriterienliste zur Person:

Angaben zum Erzähler

- Nennt der Erzähler seinen **Namen** oder kann dieser aus der Ansprache einer Figur erschlossen werden (*nomen*)?
- Wird deutlich, ob der Erzähler **männlichen oder weiblichen Geschlechts** ist (*sexus*)?
- Nennt der Erzähler sein **Alter oder die Lebensphase**, in der er sich gerade befindet (*aetas*)? Wenn ein Erzähler vorliegt, der seine eigene Geschichte erzählt, gilt die Frage auch für sein jüngeres Ich. Auf diese Weise lässt sich die zeitliche Distanz der beiden Ich-Instanzen bestimmen.
- Macht der Erzähler Angaben zu seiner **Erziehung und Ausbildung** (*educatio et disciplina*)? Nennt er seinen **Beruf** oder die Art seiner Betätigung (*studia*) und seine soziale Stellung (*conditio*)?
- Macht der Erzähler Angaben zu seinem **aktuellen Familienstand**? Hat er zum Beispiel Kinder oder Enkelkinder?
- Macht der Erzähler Angaben zu seinen Eltern oder anderen **Vorfahren** oder seiner Abstammung (*genus*)?
- Wo ist der Erzähler geboren und aufgewachsen? Welches ist sein **Vaterland** (*patria*)? Lassen sich daraus eventuell Rückschlüsse ziehen auf seine Lebenseinstellungen und Ansichten?
- Nennt der Erzähler als Herkunft eine bestimmte **Region oder Nationalität** (*natio*)? Wo liegt seine Heimat?
- Nennt der Erzähler besondere **Merkmale seiner Körperbeschaffenheit** (*habitus corporis*)?
- Äußert er sich zu seinem **Charakter oder seiner Wesensart** (*animi natura*)? Vertritt er bestimmte **ideologische Ansichten**?
- Hat er gewisse **Vorlieben und Neigungen** (*quid affectet quisque*)?
- Nennt er Elemente seiner **Vorgeschichte** (*ante acta dicta*)?

Diese Liste ist nicht vollständig; sie soll lediglich dazu dienen, mögliche Kriterien ausmachen und gezielt abfragen zu können. In der Erzähltextanalyse selbst empfiehlt es sich, nur jene Kriterien aufzuführen, die im Rahmen der Interpretation relevant sind. Diese gelten im Übrigen nicht nur für den Erzähler, sondern können auch auf die dargestellten Figuren angewendet werden.

Ein Beispiel: Der Erzähler in Haruki Murakamis Roman *Gefährliche Geliebte* (1992) macht gleich zu Beginn ausführliche Angaben zu seiner Biographie:

> **Ich bin am vierten Januar 1951 geboren, in der ersten Woche des ersten Monats des ersten Jahres der zweiten Hälfte des zwanzigsten Jahrhunderts. Eine denkwürdige Konstellation, nehme ich an, und darum gaben meine Eltern mir den Namen Hajime – japanisch für »Beginn«. Ansonsten war es eine hundertprozentig durchschnittliche Geburt. Mein Vater arbeitete in einer großen Investment-Firma, meine Mutter war eine typische Hausfrau.**

Haruki Murakami: *Gefährliche Geliebte* (1992)

Angaben des Erzählers zu seiner Person

Interpretationsskizze

Bereits mit den ersten vier Sätzen hat der Erzähler in Haruki Murakamis Roman *Gefährliche Geliebte* sechs der *loci a persona* thematisiert. Er äußert sich mit seinem Geburtsdatum zu *aetas* sowie mit seinem Namen zu *nomen* und damit auch zu *sexus*. Die Namenswahl Hajime legt zudem Japan als *patria* bzw. *natio* nahe. Mit den Hinweisen auf seine Eltern macht er schließlich Angaben zu *genus*.

Angaben des Erzählers zu seinem Erzählen:
Meist sind einem Erzähltext auch Angaben zu entnehmen, die das Erzählen selbst betreffen:

- In welcher Form berichtet der Erzähler – **schriftlich oder mündlich**? Liegt sein Text als fixierte Aufzeichnung vor? Wenn ja, in welchem **Medium** – als Manuskript, Brief, Tonband oder Video? Fragen wie diese werden unter dem Terminus »**Narrationsweise**« behandelt (Genette 2010, S. 229).
- Ist die **Erzählerzeit**, also die Dauer des Narrationsaktes, bestimmbar (s. Kap. IV.2.3.1)? Wenn ja, welchen Zeitraum nimmt das Erzählen in Anspruch?
- In welchem **Öffentlichkeitsgrad** berichtet der Erzähler? Wendet er sich etwa mit einer mündlichen Rede an ein großes Publikum, verfasst er einen Brief an einen bestimmten **Adressaten** oder schreibt er für sich selbst einen Erlebnisbericht, den niemand sonst zu Gesicht bekommt?
- Gibt es direkte **Leseransprachen**? Wenn ja, soll damit der Kontakt zwischen Erzähler und seinem Adressaten bestätigt werden (**phatische Funktion**)? Oder will der Erzähler auf diese Weise auf seinen Adressaten einwirken (**konative Funktion**)?
- Warum erzählt der Erzähler? Nennt er einen **Erzählanlass** oder eine **Erzählmotivation**?
- Welche **Haltung** nimmt der Erzähler zu dem Erzählten ein? Ist eine **Distanz** in moralischer, intellektueller oder emotionaler Hinsicht festzustellen?

Angaben zum Erzählen

Diese Frageliste ist in erster Linie an menschlichen Erzählern ausgerichtet. Aber auch Tiere, ja sogar Gegenstände können die Funktion des Erzählers übernehmen. Die fiktionale Literatur darf eben alles – auch, was in der Realität nicht möglich ist.

IV.1 Wer erzählt die Geschichte? – Parameter des Erzählers

In seinem Roman *The Speed Queen* (1997, dt. *Die Speed Queen*) entwirft Stewart O'Nan eine Berichtsituation, die alle genannten Kriterien zum Erzählen ausgestaltet.

Stewart O'Nan:
Die Speed Queen
(1997)

> Warum ich die Leute umgebracht hab? Ich hab sie nicht umgebracht. Ich war zwar dabei, aber umgebracht habe ich keinen. Ich weiß noch genau, wie's passiert ist. Eigentlich war's ziemlich öde. Ziemlich normal. Ich glaub nicht, daß es die Leser sonderlich interessieren wird. Aber manchmal war's doch richtig komisch.

Interpretationsskizze **Angaben des Erzählers zu den Umständen seines Erzählens**

O'Nans Erzählerin Marjorie Standiford in *Die Speed Queen* bespricht in der Nacht vor ihrer Hinrichtung drei Stunden lang (Erzählerzeit) einige Kassetten (mündliche Narrationsweise mit fixiertem Medium). Um ihren kleinen Sohn Gainey finanziell abzusichern (Erzählmotivation), hat sie ihre Lebensgeschichte dem namentlich nicht genannten Autor von *The Shining* (Adressat) verkauft, der daraus einen Roman machen will – offensichtlich also Stephen King. Nun arbeitet sie die Liste seiner 114 Fragen ab. Sie beteuert, bei den fraglichen Morden zwar dabei gewesen zu sein, diese aber nicht selbst begangen zu haben; allerdings habe sie inzwischen zu Gott gefunden und sehe daher einige Dinge anders (moralische Distanz). Den *Shining*-Autor, den sie durchgehend anredet (Leseransprachen), versucht sie immer wieder von ihrer Unschuld zu überzeugen (konative Funktion); der Leser hat aber infolge ihrer Schilderung guten Grund, daran zu zweifeln. Sie bittet den *Shining*-Autor, die Kassetten niemand anderem vorzuspielen; ihr Anwalt werde eine Kopie für ihren Sohn machen und sie sich anhören – sie rechnet also nur mit drei Zuhörern (Öffentlichkeitsgrad).

1.2 | Erzähler und erzählte Welt – ontologische Bestimmung

Die Narratologie unterscheidet grundsätzlich zwei mögliche Positionen des Erzählers zu dem von ihm erzählten Geschehen: Entweder sind er und sein Gegenstand in derselben fiktiven Welt angesiedelt – wir sprechen dann von **ontologischer Vereinbarkeit** –, oder sie gehören verschiedenen fiktiven Welten an – wir bezeichnen dies als **ontologische Unvereinbarkeit**.

Zum Begriff

> In der Philosophie bezeichnet der Begriff Ontologie die Lehre vom Sein. Es geht dabei jedoch weniger um metaphysische Probleme wie ›Was ist der Mensch?‹, ›Gibt es einen Gott?‹ oder ›Hat die Welt einen Anfang?‹, sondern vielmehr um die Frage nach den allgemeinen Grundstrukturen der Realität.

IV.1
Erzähler und erzählte Welt – ontologische Bestimmung

> Die fiktive Welt eines Erzähltextes und der darin vorkommenden Figuren wie die des Erzählers kann man unter ontologischem Gesichtspunkt charakterisieren und vergleichen: Was ist in der jeweiligen Welt grundsätzlich möglich, was unmöglich? Existieren Figuren und Erzähler in der gleichen Welt oder in prinzipiell verschiedenen?

Exegesis vs. Diegesis: Mit der Zugehörigkeit zu unterschiedlichen fiktiven Welten ist also gemeint, dass die Ebene des Erzählens ontologisch von jener des Erzählten zu unterscheiden ist. Die Ebene des Erzählens nennen wir mit dem deutschen Slavisten Wolf Schmid **Exegesis**, die ihr untergeordnete Ebene des Erzählten **Diegesis**.

Je nachdem, ob der Erzähler in der Geschichte auch als Figur auftritt, unterscheiden wir nach einem Vorschlag Genettes zwei Erzählertypen:

> **Zum Begriff**
>
> **Homodiegetisch** (von gr. *homo*: gleich, und gr. *diegesis*: Erzählung, Darstellung): Der Erzähler ist Teil der erzählten Welt. Er tritt erlebend als eine der Figuren in der Geschichte auf, die er im Rückblick erzählend als Vermittler berichtet.
>
> **Heterodiegetisch** (von gr. *hetero*: verschieden, und gr. *diegesis*: Erzählung, Darstellung): Der Erzähler ist nicht Teil der erzählten Welt und erscheint daher in der Geschichte auch nicht als Figur.

Zugrunde gelegt wird also prinzipiell eine strenge Dichotomie, ein Entweder-Oder. In älteren Werken der Erzähltheorie ist die Unterscheidung ›Ich-Erzähler‹ und ›Er-Erzähler‹ zu finden, die aber wenig glücklich mit einem grammatischen Kriterium operiert und daher terminologisch problematisch ist; wir werden später noch darauf zurückkommen.

> **Zur Vertiefung**
>
> **Alternative Benennung der ontologischen Bestimmung**
>
> Schmid, der die Begriffsbildung Genettes mittels der Präfixe *homo-* und *hetero-* für problematisch hält, schlägt eine modifizierte Benennung vor. Kommt das frühere Selbst des Erzählers in der Diegesis vor, bezeichnet Schmid den Erzähler als **diegetisch**, tritt der Erzähler dagegen nur in der Exegesis auf, nennt Schmid ihn **nichtdiegetisch**.

Schauen wir uns die beiden Möglichkeiten der **Erzählerposition** – Martínez/Scheffel bezeichnen dieses Kriterium als ›Stellung des Erzählers zum Geschehen‹ (2007, S. 80) – anhand von Beispielen einmal genauer an. Der heterodiegetische Erzähler in Lev Tolstojs Roman *Anna Karenina* (1877/78) etwa beginnt mit einer allgemeinen Lebensweisheit und geht sogleich dazu über, diese an einem konkreten Beispiel zu illustrieren:

IV.1

Wer erzählt die Geschichte? – Parameter des Erzählers

Lev Tolstoj:
Anna Karenina
(1877/78)

> Alle glücklichen Familien gleichen einander, jede unglückliche Familie ist auf ihre eigene Weise unglücklich.
> Bei Oblonskijs ging alles drunter und drüber. Die Frau vom Hause hatte erfahren, daß ihr Mann mit der französischen Gouvernante, die früher im Hause gewesen war, ein Liebesverhältnis unterhielt, und hatte ihrem Manne erklärt, sie könne nicht mehr unter einem Dache mit ihm wohnen.

Interpretationsskizze

Heterodiegetischer Erzähler

Tolstojs heterodiegetischer Erzähler in *Anna Karenina* gehört nicht zum Figurenpersonal des Romans. Aus diesem Grund ist auch die Frage nach seinem zeitlichen Verhältnis zu der Geschichte irrelevant. Er berichtet das Geschehen in der erzählten Welt vielmehr aus einer gottähnlichen Position, die es ihm erlaubt, nach Belieben Ereignisse der Vergangenheit, der Gegenwart und der Zukunft zu montieren, um kausale Strukturen offenzulegen.

Knut Hamsun:
Hunger (1890)

Der homodiegetische Erzähler hingegen imitiert einen realen Bericht – meist mit autobiographischer Prägung – und erhebt für das von ihm Erzählte einen Wahrheitsanspruch. Anders als einem heterodiegetischen Erzähler ist dem homodiegetischen die **Introspektion** – also der Einblick in die Gefühlslage, die Befindlichkeit und die Gedanken einer anderen Figur – nicht möglich. Er muss sich auf seinen eigenen Erlebnishorizont beschränken. Im Vergleich mit unserer Alltagswelt erscheint die Homodiegese daher als eine sehr ›natürliche‹ Form des Erzählens. Die Literaturtheoretikerin Käte Hamburger (1896–1992), die Erzähltexte unter dichtungslogischen Kriterien untersucht, bezeichnet die sogenannte Ich-Form daher auch als eine **fingierte Wirklichkeitsaussage**, die sich selbst als Nicht-Fiktion setzt (1968, S. 246 f.). Der homodiegetische Erzähler in Knut Hamsuns Roman *Hunger* (1890) beispielsweise eröffnet seinen Bericht mit den Worten:

Knut Hamsun:
Hunger (1890)

> Es war in jener Zeit, als ich in Kristiania umherging und hungerte, in dieser seltsamen Stadt, die keiner verläßt, ehe er von ihr gezeichnet worden ist ...
> Ich lag wach in meiner Dachstube und hörte eine Uhr unter mir sechsmal schlagen; es war schon ziemlich hell, und die Menschen fingen an, die Treppen auf und nieder zu steigen.

Interpretationsskizze

Homodiegetischer Erzähler

Da Hamsuns Erzähler in *Hunger* selbst als Figur in der erzählten Welt erscheint, ist er eindeutig als homodiegetisch zu identifizieren. Gegenstand seiner Ausführungen sind Erfahrungen, die sein früheres Selbst gemacht hat und die er nun im Rückblick referiert. Er erhebt demnach für seinen Bericht einen autobiographischen Anspruch.

Wie der weitere Verlauf der Lektüre zeigt, berichtet Hamsuns Erzähler eine Geschichte, in der er selbst im Mittelpunkt steht. Diese Sonderform der homodiegetischen Erzählweise heißt nach Genette **Autodiegese**.

> Autodiegetisch (von gr. *auto*: selbst, und gr. *diegesis*: Erzählung, Darstellung): Der autodiegetische Erzähler ist ein Sonderfall des homodiegetischen: Er erscheint nicht nur als eine der Figuren in der Geschichte, er ist zudem auch ihre Hauptperson.

Zum Begriff

Während die Anwesenheit eines homodiegetischen Erzählers ihre Grade hat, ist die Abwesenheit des heterodiegetischen Erzählers in der Geschichte absolut; für letzteren ist die ontologische Grenze prinzipiell nicht überschreitbar. Die US-amerikanische Literaturwissenschaftlerin Susan S. Lanser unterscheidet neben dem heterodiegetischen Typus fünf Formen von homodiegetischen Erzählern; ihr Schaubild geben wir hier leicht modifiziert wieder:

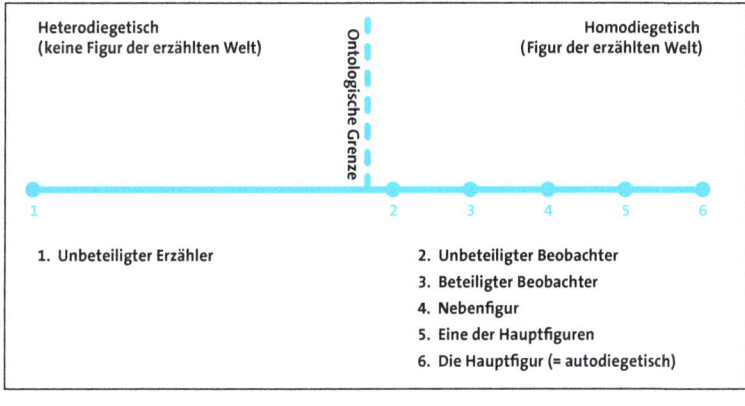

Sechs Typen von Erzählern nach Susan S. Lanser (1981)

Diese fünf Formen des homodiegetischen Erzählers sind Idealtypen; auf der Skala rechts von der ontologischen Grenze ist prinzipiell eine fließend graduelle Unterscheidung möglich. Je mehr der homodiegetische Erzähler von der Extremposition der **zentralen** Hauptfigur abrückt, desto größer ist sein **peripherer Grad** zu der erzählten Geschichte. Ein einschlägiges Beispiel für einen peripheren Erzähler findet sich in Scott F. Fitzgeralds *The Great Gatsby* (1925, dt. *Der große Gatsby*): Nick Carraway berichtet von dem Versuch Jay Gatsbys, die einstige Liebesbeziehung zu Carraways Cousine Daisy wieder aufzunehmen. Da Gatsby ihn zum Vertrauten macht und auch andere Figuren ihm von der früheren Liaison berichten, kann Carraway auch jene Ereignisse berichten, bei denen er nicht anwesend war. Nach dem Schema von Lanser kann er als ›Nebenfigur‹ bezeichnet werden. Auch Dr. Watson in den Sherlock-Holmes-Romanen von Arthur Conan Doyle ist ein peripherer homodiegetischer Erzähler. Anders als Carraway ist er aber bei nahezu allen Begebenheiten vor Ort; daher ist er nach dem Lanser-Schema eher als ›eine der Hauptfiguren‹ zu bezeichnen.

Erzählendes Ich vs. erlebendes Ich: In homodiegetischen Erzählungen liegt eine ›Spaltung des Ich‹ vor, denn sie gewinnen ihr charakteristisches Profil aus dem »geheimnisvolle[n] Doppelspiel der beiden Ich, des überlegen erzählenden und des benommenen, dumpf erlebenden«, wie Leo Spitzer (1887–1960) es 1928 formuliert (1961, S. 478). Der Erzähler ist strenggenommen nur das **erzählende Ich**, das auf der Ebene der Exegesis im fiktionalen »Jetzt« berichtet, während das **erlebende Ich** auf der Ebene der Diegesis im fiktionalen »Damals« im Grunde nur eine Figur unter anderen ist. Die Relation von erzählendem und erlebendem Ich entspricht damit jener zwischen Erzählinstanz und beschriebener Figur in der Heterodiegese, nur sind diese beiden Instanzen in der Homodiegese dieselbe Person. Man bezeichnet dies auch als **figurale Identität**.

Retrospektion: Während der heterodiegetische Erzähler in keinem zeitlichen Verhältnis zu den von ihm beschriebenen Figuren steht, ist zwischen erzählendem und erlebendem Ich eine **zeitliche Distanz** in der Regel obligatorisch: Das erzählende Ich berichtet retrospektiv – also im Rückblick –, was dem erlebenden Ich widerfahren ist. Je länger die berichteten Ereignisse zurückliegen, desto stärker unterscheiden sich meist auch die beiden Instanzen: Das erzählende Ich ist älter und meist auch reicher an Erfahrungen. Wenn beispielsweise ein in die Jahre gekommener Erzähler aus seiner Jugend berichtet, wird der Erzähltext Bemerkungen aufweisen wie »Damals war ich – im Gegensatz zu heute – noch sehr unerfahren im Umgang mit Frauen«, oder »Erst später sollte ich erfahren, dass er seine Entscheidung traf, als wir damals in den Dünen von Amrum standen und aufs Meer blickten«. Im letzten Beispiel können sogar mehrere Stufen des erlebenden Ich unterschieden werden. Denn das erzählende Ich kann nach Belieben Zeitpunkte auf der Zeitachse, die ihn und das erlebende Ich verbindet, auswählen und thematisieren. Dieser Vergangenheitscharakter – es wird von der Gegenwart in die Vergangenheit zurückgeblickt – wird häufig als ein Nachteil der Ich-Form bezeichnet.

Die Gestaltungsmöglichkeiten für die Homodiegese richten sich nach der Frage, ob eher aus der Perspektive des erzählenden oder des erlebenden Ich erzählt wird:

Die beiden Grundformen der Homodiegese

1. **Das erzählende Ich tritt kaum in Erscheinung:** Der Erzähltext scheint sich selbst zu erzählen, denn das erzählende Ich bleibt weitestgehend im Hintergrund. Es macht sich nicht mit Kommentaren oder Ähnlichem bemerkbar und gestaltet auch seine Erzählgegenwart nicht. Stattdessen konzentriert es sich auf das erlebende Ich und die erzählte Handlung. Später erworbenes Wissen hält es zurück. **Vorteil:** Der Leser erlebt die Handlung mit den Augen und auf dem Wissensniveau des erlebenden Ich. **Nachteil:** Das erzählende Ich erscheint dem Leser gegenüber nicht ganz aufrichtig, denn es stellt sich dümmer, als es eigentlich ist. Ein typisches Beispiel für diese Form ist Hamsuns *Hunger*.

2. **Das erzählende Ich tritt markant in Erscheinung:** Das erzählende Ich teilt etwa in Kommentaren immer wieder Wissen mit, über das das erlebende Ich noch nicht verfügt. Der Bericht spiegelt so den Prozess des bewussten Erinnerns wider. Seine Erzählgegenwart stellt es in der Regel dar. In diesen Fällen ist das Spannungsverhältnis zwischen erlebendem und erzählendem Ich gestaltet. Meist nennt der Erzähler auch sei-

nen Erzählanlass, der in der Regel existentieller Art ist. **Vorteil:** Der Leser darf sich als Vertrauter des erzählenden Ich fühlen, das ihn jederzeit maximal informiert. **Nachteil:** Da der Leser die Handlung privilegiert rezipiert, erlebt er Affekte wie Überraschung nicht gemeinsam mit dem erlebenden Ich. Wenn der Autor den Leser bei der Stange halten will, muss er daher zu anderen Mitteln der Spannungserzeugung greifen (s. auch Kap. IV.2.4.2). Typische Beispiele für diese Form sind fiktionale Memoiren wie Wilhelm Raabes *Die Chronik der Sperlingsgasse* (1856).

Das erzählende Ich kann in beiden Formen nicht umhin, zunächst künstlich Wissen zurückzuhalten, da es nur nacheinander erzählen kann. Zentral ist daher die Frage, wann das erzählende Ich welche Information in welchem Umfang vermittelt. Die erzähllogische Konstellation der Homodiegese mit ihrer charakteristischen »Spaltung des Unteilbaren« (Bode 2005, S. 152 f.) wird daher oft – neben dem Retrospektivitätscharakter – als ihr Grundproblem bezeichnet. Vor diesem Hintergrund wird auch deutlich, dass ein Autor sich nicht schlicht zwischen der homo- und der heterodiegetischen Form entscheidet, sondern damit zugleich bestimmte Auflagen in Bezug auf die Wissensvergabe und Spannungserzeugung ›einkauft‹ (s. Kap. IV.2.4).

Der retrospektive Charakter der Homodiegese bringt nicht selten eine weitere Problematik mit sich: Wie sind zum Beispiel die **erstaunlichen Erinnerungsleistungen** des erzählenden Ich zu beurteilen, das auch nach Jahren noch lange Gespräche angeblich Wort für Wort wiederzugeben vermag? Gattungskonvention oder Anmaßung? Diese Frage kann im Einzelfall die Zuverlässigkeit des Erzählers als zweifelhaft erscheinen lassen (s. Kap. IV.2.6).

Präsentisches Erzählen in der Homodiegese: Die Erzählliteratur jüngeren Datums weist vermehrt homodiegetische Erzähler auf, die sich des Erzählvorgangs durchaus bewusst sind – und damit der Distanz zwischen erlebendem und erzählendem Ich –, aber dennoch **statt des eigentlich angemessenen Präteritums das Präsens** verwenden. Mit Dorrit Cohn nennen wir diese temporale Gestaltung *evocative present* (1978, S. 198 f.). Was wie ein bloßer Tempuswechsel anmutet und de facto die Lektüre nicht irritiert, zieht in erzähltechnischer Hinsicht schwerwiegende Probleme nach sich. Auf diese Weise wird nämlich die zeitliche Distanz zwischen erlebendem und erzählendem Ich aufgehoben und die der Homodiegese innewohnende Retrospektivität eliminiert, denn präsentisches Erzählen suggeriert eine Gleichzeitigkeit der beiden Ich-Instanzen. Dies verstößt aber gegen unsere Erlebniswelt, denn wer könnte schon handeln und zugleich darüber berichten? Einzig im Tagebuch- und im Briefroman ist die Situation denkbar, dass der Erzähler berichtet, was sich just im Moment der Niederschrift in seiner Umgebung ereignet. Wegen des **dehistorisierenden Effekts**, den präsentisches Erzählen in der Homodiegese erzeugt, wird der Realitätsstatus der erzählten Handlung schillernd. Der Leser muss sich fragen: Werden Ereignisse geschildert, die wirklich stattgefunden haben, oder werden sie nur – ohne dass dies explizit gemacht würde – imaginiert nach dem Motto »Stellen wir uns vor, dass ich Folgendes erlebe«?

IV.1
Wer erzählt die Geschichte? – Parameter des Erzählers

Eines der prominentesten Beispiele in der jüngeren deutschsprachigen Literatur für präsentisches Erzählen ist Christian Krachts kontrovers besprochener Roman *Faserland* (1995):

Christian Kracht: Faserland (1995)

> Also, es fängt damit an, daß ich bei Fisch-Gosch in List auf Sylt stehe und ein Jever aus der Flasche trinke. Fisch-Gosch, das ist eine Fischbude, die deswegen so berühmt ist, weil sie die nördlichste Fischbude Deutschlands ist. Am obersten Zipfel von Sylt steht sie, direkt am Meer, und man denkt, da käme jetzt eine Grenze, aber in Wirklichkeit ist da bloß eine Fischbude.
> Also, ich stehe da bei Gosch und trinke ein Jever. Weil es ein bißchen kalt ist und Westwind weht, trage ich eine Barbourjacke mit Innenfutter. Ich esse inzwischen die zweite Portion Scampis mit Knoblauchsoße, obwohl mir nach der ersten schon schlecht war. Der Himmel ist blau.

Wir haben es hier mit einem homodiegetischen Erzähler zu tun, der sich des Erzählvorgangs durchaus bewusst ist, denn er bereitet seine Geschichte für sein Gegenüber auf, wenn er beispielsweise erklärt, was es mit »Fisch-Gosch« auf sich hat. Schmid bezeichnet diesen Roman als ein deutschsprachiges Beispiel für den **Skaz**, eine Erzählweise, der lange die besondere Aufmerksamkeit der russischen Literaturwissenschaft galt (2014, S. 160). Der Skaz zeichnet sich durch eine eigentümliche Erzählerrede aus, die sich stark an den Verfahren des mündlichen Erzählens orientiert und deren Stil keinesfalls mit dem des realen Autors verwechselt werden sollte. Die erzähltheoretischen Schwierigkeiten präsentischen Erzählens lassen sich also mit der Erklärung auflösen, dass die Erzählerfigur ein wenig ungeschickt erzählt und mit den Erzählkonventionen nicht vertraut ist. Mit der unpassenden Tempuswahl scheint sie *nolens volens* sogar einen angeblichen Nachteil der Homodiegese – ihren Retrospektivitätscharakter – zu überwinden, da das Präsens die zeitliche Distanz zwischen erlebendem und erzählendem Ich verwischt. Im Rahmen des Textinterferenz-Modells kann das präsentische Erzählen darüber hinaus auch als ein Kennzeichen des Figurentextes verstanden werden (s. Kap. IV.2.2.3).

1.2.1 | Problemfelder bei Bestimmung der ontologischen Erzählerposition

Das »Er« des homodiegetischen Erzählers: Ein homodiegetischer Erzähler muss nicht zwingend von sich selbst in der Ich-Form sprechen, wie der folgende Romananfang zeigt:

Hans Erich Nossack: Der Fall d'Arthez (1968)

> Auf die Frage, ob er sich Notizen zu machen pflege oder ein Tagebuch führe, antwortete d'Arthez: ›Aber ich bitte Sie, das wäre für unsereinen doch gar zu unvorsichtig.‹
> Herr Oberregierungsrat Dr. Glatschke war natürlich ein viel zu geschulter Beamter, als daß man seinem Gesicht auch nur die geringste Überraschung über die Antwort hätte anmerken können. Der Verfasser dieser Aufzeichnungen war bei dem Gespräch nicht persönlich anwesend, sondern befand sich,

mit Kopfhörern an den Ohren, in dem kleinen dunklen Raum, in dem solche Verhöre auf Band aufgenommen wurden. Trotzdem rechnete er geradezu damit, daß Herr Dr. Glatschke an diesem Punkt mit einer weiteren, sei es auch noch so beiläufig gestellten Frage nachfassen würde.

Das Ich als »Er«

Interpretationsskizze

In Nossacks Roman *Der Fall d'Arthez* (1968) tritt eingangs der Erzähler als eine der Figuren am Ort des Geschehens auf. Damit gehört der Erzähler ohne Zweifel der erzählten Welt an; er ist also ein homodiegetischer Erzähler, auch wenn er von sich selbst in der Er-Form spricht. Seit der Begegnung mit der Titelfigur ist er sich selbst fremd geworden, und sein bisheriges Leben erscheint ihm als hohl und oberflächlich. Daher meint er, kein Recht zu haben, ›ich‹ zu sagen. Das erzähltechnische Mittel – Vermeidung der hier eigentlich adäquaten Ich-Form – stützt somit einen inhaltlichen Aspekt: die **Identitätskrise** der Erzählerfigur.

Aus vermutlich genau entgegengesetzten Gründen verzichtet Julius Caesar in seinen *Commentarii de bello gallico* (58–51/50 v. Chr., dt. *Der Gallische Krieg*) auf die Ich-Form. In den Büchern über den Gallischen Krieg, denen ein Rechtfertigungscharakter eingeschrieben ist, wählte er stattdessen – wie der namenlose Erzähler Nossacks – die dritte Person, vermutlich um so seinen Berichten **einen objektiveren Anschein** zu verleihen.

Die Homodiegese, die von der älteren Erzähltheorie als ›Ich-Erzählung‹ bezeichnet wird, kann also auch ohne die Verwendung der grammatischen 1. Person Singular auskommen. Daher beschreibt die Bezeichnung ›homodiegetisch‹ den Sachverhalt weniger voraussetzungsreich und ungleich präziser.

Das »Ich« des heterodiegetischen Erzählers: Umgekehrt bedeutet die Tatsache, dass der Erzähler »ich« sagt, nicht zwangsläufig, dass ein homodiegetischer Erzähler vorliegt. Charles Dickens etwa eröffnet seinen Roman *Oliver Twist, or, The Parish Boy's Progress* (1837/38, *Oliver Twist oder Der Weg eines Fürsorgezöglings*) mit den Worten »Unter andern öffentlichen Gebäuden in einer gewissen Stadt, die ich nicht nennen, der ich aber auch andrerseits keinen erdichteten Namen beilegen möchte [...]«. Da der Erzähler als Figur nicht in der erzählten Welt auftritt, ist er trotz der Verwendung der 1. Person – die sich hier einzig auf die Exegesis, die Ebene des Erzählers, bezieht –, eindeutig ein heterodiegetischer Erzähler.

Erzählungen in der zweiten Person

Zur Vertiefung

Wenn ein Erzähltext die Du- oder Sie-Form verwendet, ist die Frage nach der Positionierung des Erzählers zum Geschehen häufig schwer oder gar nicht zu beantworten. Denn auch hier folgt aus der grammatischen Form nicht zwingend, ob der Erzähler als homo- oder heterodiegetisch zu klassifizieren ist. Erzähltexte, in denen die Du-Form durchgängig vorkommt, sind allerdings äußerst selten. Das Phänomen ist wohl auch nicht zuletzt deshalb bislang wenig untersucht worden.

IV.1 Wer erzählt die Geschichte? – Parameter des Erzählers

Wechsel der Erzählerposition: Ein schwieriger Sonderfall liegt vor, wenn sich die Erzählerposition im Laufe des Textes wandelt. Nach den narratologischen Regeln ist dies im Grunde nicht möglich, da so die angeblich unüberschreitbare ontologische Grenze aufgeweicht wird. Die Literaturgeschichte kennt aber durchaus Fälle dieser Art. In Fedor Dostoevskijs Roman *Brat'ja Karamazovy* (1878–80, dt. *Die Brüder Karamazov*) beispielsweise findet sich eingangs ein peripherer homodiegetischer Erzähler. Dostoevskij ersetzt diesen im Laufe des Romans durch einen allwissenden, der Introspektion fähigen Erzähler. Da dieser nicht wieder als Figur auftritt, erscheint er nun als ein heterodiegetischer Erzähler. Schmid nennt dies »Schwanken des Erzählerbildes« (2014, S. 73) und unterstreicht, dass damit auch der **Grad seiner Markiertheit** korreliere: Während der Leser eingangs die Anwesenheit des homodiegetischen Erzählers deutlich registriert, vergisst er diese im weiteren Verlauf seiner Lektüre, so dass die meisten Leser auf die Frage, welche Erzählerposition im Roman vorliege, wohl antworten würden: eine heterodiegetische natürlich.

Zur Vertiefung

Schwanken der Erzählerposition

Nachdem Genette 1972 in *Discours du récit* die Unterscheidung von homo- und heterodiegetischen Erzählern eingeführt hat, nimmt er die Frage nach der ontologischen Bestimmung in seinem Band *Nouveau discours du récit* (1983) wieder auf. Erzähltexte wie *Die Brüder Karamazov*, William Makepeace Thackerays *Vanity Fair, or, a novel without a hero* (1847/48, dt. *Jahrmarkt der Eitelkeit. Ein Roman ohne einen Helden*) und Gustave Flauberts *Madame Bovary* (1856/57) veranlassen ihn zu der Annahme, dass innerhalb eines umfangreicheren Textes die Erzählposition durchaus alternieren kann. Neben dem **zeitgenössischen Chronisten** wie in den drei genannten Romanen ist auf dieser zweideutigen Grenzsituation auch der **spätere Historiker** anzusiedeln, der zwar in derselben erzählten Welt lebt, aber eine zeitliche Distanz zum geschilderten Geschehen aufweist. Angesichts dieser Beispiele zweifelt Genette daran, dass »an dem Gedanken einer unüberschreitbaren Grenze zwischen dem hetero- und homodiegetischen Erzähltyp« wirklich festgehalten werden kann (Genette 2010, S. 237).

Wir möchten ergänzen: Wo diese Grenze verläuft, ist im Rahmen der Theoriebildung prinzipiell geklärt. Aber in der Praxis – im Dickicht der real existierenden Primärtexte – können merkwürdige Zwitterwesen auftreten. Die beschriebenen Beispiele stellen jedoch seltene Ausnahmefälle dar.

Umgekehrt kann ein lange heterodiegetisch wirkender Erzähler sich gegen Ende des Erzähltextes als ein homodiegetischer herausstellen. Vladimir Nabokov erzielt auf diese Weise in seiner Erzählung *Tjaželyj dym* (1935, dt. *Träger Rauch*) einen nachhaltigen Überraschungseffekt. Der Leser hat in solch einem Fall seine bisherige Lektüre umzudeuten.

Wechsel der Erzählerposition

Interpretationsskizze

Ein prominentes Beispiel für den Wechsel der Erzählposition hat Ian McEwan mit seinem Roman *Atonement* (2001, dt. *Abbitte*) vorgelegt, der virtuos mit den verschiedenen Zuschreibungen spielt, die den jeweiligen Erzählerpositionen zukommen. Die ersten drei Teile des Romans werden heterodiegetisch erzählt; dem Leser wird dabei Introspektion in verschiedene Figuren gewährt. Im vierten und letzten Kapitel wechselt die Erzählerposition zur Homodiegese: Eine der eingeführten Figuren, Briony, enthüllt, dass sie, inzwischen Schriftstellerin, die sie belastenden Erlebnisse im Rahmen ihres neuen Romans behandelt hat und auf diese Weise den anderen, inzwischen gestorbenen Figuren *Abbitte* für ihr damaliges Verhalten tut. Der Leser muss daraufhin eine Neudeutung seiner gesamten Lektüre vornehmen. Wenn der Roman im Grunde homodiegetisch erzählt ist, mit Briony als verdeckter Erzählerin, wie kann sie dann so detailliert von Ereignissen berichten, bei denen sie gar nicht anwesend war? Woher weiß sie, was andere Figuren gedacht und gefühlt haben, wenn sie diese doch nie wiedergesehen hat? Mit diesem Verwirrspiel provoziert McEwan die Frage ›Was stimmt denn jetzt eigentlich?‹ und thematisiert zugleich die Kraft der Fiktion und die Fiktion der Wirklichkeit.

Diese Beispiele zeigen, dass man die Erzählerposition nur bestimmen kann, wenn man den gesamten Text kennt. Ein Ausschnitt reicht kaum aus, denn bereits ein einziger Satz in einem viele hundert Seiten starken Roman kann ausreichen, um einen vermeintlich heterodiegetischen Erzähler als einen homodiegetischen zu identifizieren. Der oben zitierte Beginn von Tolstojs *Anna Karenina* etwa könnte sich im weiteren Verlauf des Romans im Grunde genauso gut als homodiegetisch erzählt erweisen.

McEwans *Abbitte* belegt zudem, dass offenbar nur homodiegetische Erzähler zweifelsfrei als solche zu identifizieren sind. Der Befund, dass man es mit einem heterodiegetischen Erzähler zu tun hat, kann hingegen allem Anschein nach immer nur ein vorläufiger sein. Denn wer weiß, mit welchen Bekenntnissen ein Erzähler, der sich lange als ein heterodiegetischer gibt, schließlich noch überraschen wird? Oder ob er dem Leser nicht vielleicht sogar ganz verschweigt, im Grunde Teil der erzählten Welt zu sein?

Eine Reihe von Narratologen hält die Frage, welcher Erzählertypus vorliegt, sogar insgesamt für überbewertet – so etwa Wayne C. Booth in seiner wirkungsmächtigen Monographie *The rhetoric of fiction* (1961). Die Frage, ob eine Unterscheidung von homo- und heterodiegetischen Erzählern unter systematischen Aspekten überhaupt sinnvoll ist, mag die weitere Forschung entscheiden. Wir halten fest, dass nicht für jeden Erzähltext zweifelsfrei entschieden werden kann, welche Erzählerposition vorliegt, und dass die Grenze zwischen Homo- und Heterodiegese vielleicht doch eine »reichlich unklare« ist (Genette 2010, S. 238).

1.2.2 | Stanzels ›Typenkreis der Erzählsituationen‹

Ich-Erzähler vs. Er-Erzähler: Dass Erzähler nach dem ontologischen Kriterium unterschieden werden, war nicht immer selbstverständlich, sondern stellt das Ergebnis einer intensiven Forschungsdiskussion dar. Die ältere Erzähltheorie klassifizierte noch nach der grammatischen Person: Wenn die berichtende Instanz eigene Erlebnisse schildert, wurde sie **Ich-Erzähler** genannt. Berichtet sie über andere Figuren, wurde sie **Er-Erzähler** genannt. Der Begriff des Erzählers wurde oft auch in einem recht weiten Sinne verwendet; man bezeichnete damit nicht selten das Orientierungszentrum in einem Erzähltext. Dies konnte der Erzähler selbst oder auch die wahrnehmende Figur sein.

Trias der ›Erzählsituationen‹ nach Stanzel: Der österreichische Anglist Franz K. Stanzel (*1923) baut diese Dichotomie ab 1955 in verschiedenen Studien zu einer Trias aus. Diese war lange maßgeblich für die Klassifizierung von Erzählertypen und wird bis heute gelehrt. Aus diesem Grund stellen wir dieses Modell vor (s. auch Kap. II.2.3).

Erzählertypen nach Stanzel

- **Ich-Erzählsituation:** Wie die ältere Erzähltheorie bezeichnet Stanzel als Ich-Erzähler eine berichtende Instanz, die eigene Erlebnisse schildert.
- **Auktoriale Erzählsituation:** Ein auktorialer Erzähler liegt vor, wenn er sich mit Kommentaren zu Wort meldet und explizit das Geschehen organisiert. Zudem kann er prinzipiell allen Figuren in Hirn und Herz schauen, was Stanzel – entgegen der allgemeinen Intuition – als **Außenperspektive** bezeichnet. Ein Beispiel für die auktoriale Erzählsituation stellt Tolstojs Roman *Anna Karenina* dar, aus dem wir oben die Anfangspassage zitiert haben. Wenn man diesen Terminus als unglücklich gewählt ansieht, da die Wortwahl den Anschein erweckt, der Autor selbst melde sich hier zu Wort, kann man stattdessen auch von ›narratorialer Erzählsituation‹ sprechen.
- **Personale Erzählsituation:** Ein personaler Erzähler liegt vor, wenn er in den Hintergrund tritt und das Geschehen aus dem Blickwinkel einer einzigen Figur schildert. Diesen eingeschränkten Blickwinkel bezeichnet Stanzel als **Innenperspektive**. Da der Erzähltext keine offensichtlichen Spuren eines Erzählers aufweist, entsteht für den Leser die Illusion, als befände er sich selbst auf dem Schauplatz des Geschehens und »betrachte die dargestellte Welt mit den Augen einer Romanfigur, die jedoch nicht erzählt, sondern in deren Bewußtsein sich das Geschehen gleichsam spiegelt. Damit wird diese Romanfigur zur persona, zur Rollenmaske, die der Leser anlegt« (Stanzel 1993, S. 17). Diese Figur nennt Stanzel im Anschluss an Henry James **Reflektorfigur**. Während dem gottähnlichen auktorialen Erzähler schlichtweg alles möglich ist, unterwirft sich der personale Erzähler Beschränkungen – in der Regel legt er sich auf den Blickwinkel und den Erfahrungshorizont einer einzigen Figur fest. Diese Form ähnelt damit – sieht man von der ontologischen Differenz der erzählenden und erlebenden Instanz ab – durchaus der Ich-Erzählhaltung. Wenn man meint, dass »personal« zu unbestimmt ist, kann man stattdessen auch von ›figuraler Erzählsituation‹ sprechen. Während in der auktorialen Erzählsituation der Erzähler deutlich als ordnende Instanz in Erscheinung tritt, die die *Geschichte* erzählerisch

für den Leser aufbereitet, zeichnet sich die personale Erzählsituation eher durch eine **mangelnde Selektion** aus. Da der Erzähler weitestgehend zurücktritt und (scheinbar) darauf verzichtet, Schwerpunkte zu setzen, auszufüllen, zusammenzufassen oder auszusparen, schwindet für den Leser auch der Vermittlungscharakter des Erzählens: Er erhält durch diese Art (scheinbaren) erzählerlosen Registrierens im Bewusstsein der Reflektorfigur den illusionären Eindruck der **Unmittelbarkeit**. Nach Stanzel ist diese »Überlagerung der Mittelbarkeit durch die Illusion der Unmittelbarkeit […] das auszeichnende Merkmal der personalen ES [Erzählsituation]« (2008, S. 16).

Ein Beispiel für die personale Erzählsituation stellt die berühmte Erzählung *Die Verwandlung* (1915) von Franz Kafka dar:

> Als Gregor Samsa eines Morgens aus unruhigen Träumen erwachte, fand er sich in seinem Bett zu einem ungeheueren Ungeziefer verwandelt. Er lag auf seinem panzerartig harten Rücken und sah, wenn er den Kopf ein wenig hob, seinen gewölbten, braunen, von bogenförmigen Versteifungen geteilten Bauch, auf dessen Höhe sich die Bettdecke, zum gänzlichen Niedergleiten bereit, kaum noch erhalten konnte. Seine vielen, im Vergleich zu seinem sonstigen Umfang kläglich dünnen Beine flimmerten ihm hilflos vor den Augen.
> »Was ist mit mir geschehen?«, dachte er. Es war kein Traum.

Franz Kafka: *Die Verwandlung* (1915)

Reflektorfigur

Interpretationsskizze

Die Figur Gregor Samsa in Franz Kafkas *Die Verwandlung* ist nicht identisch mit dem Erzähler, sondern eine Reflektorfigur. Der Leser erfährt die fiktive Welt, wie sie sich im Bewusstsein Samsas spiegelt; er befindet sich quasi neben Samsa im Bett und erlebt, was Samsa erlebt, sieht, was Samsa sieht – er »sah, wenn er den Kopf ein wenig hob, seinen gewölbten, braunen, von bogenförmigen Versteifungen geteilten Bauch«.

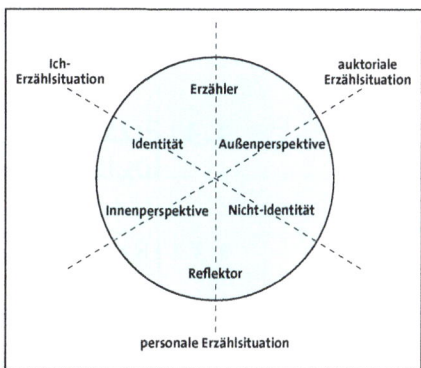

Stanzels Typenkreis

Typenkreis der Erzählsituationen: Diese drei Idealtypen ordnet Stanzel kreisförmig an und betont damit, dass die Übergänge zwischen ihnen prinzipiell fließend sind. Die »Er-Ich-Grenze« jedoch, die wir oben als ontologische Grenze bezeichnet haben, ist auch für ihn eine Entweder-Oder-Frage.

Mischformen: Ein Erzähltext liegt selten in rein auktorial oder personal erzählter Form vor. Meist finden sich selbst in einer nahezu einheitlichen Erzählsituation Einsprengsel des anderen Typus – wenn beispielsweise ein dominant personaler Erzähler eine Information geben will, die der Anlage der personalen Erzählsituation widerspricht. Umgekehrt kann ein auktorialer Erzähler bewusst auf Introspektion oder die Darstellung von Zusammenhängen verzichten, um Spannung zu erzeugen oder um den Leser den gleichen limitierten Wissensstand erleben zu lassen wie eine Figur. Der Übergang zwischen den beiden Polen auktorialer und personaler Erzähler ist also fließend.

Zur Vertiefung

Zum Streit der Theorien

Gérard Genette kritisiert 1972 an diesem und ähnlichen Ansätzen die Orientierung an der grammatischen Form und die unzulässige Vermischung der Kategorie des Erzählers – »Wer erzählt?« – mit jener der Perspektive – »Wer nimmt wahr?« (s. auch Kap. IV.2.1). In der Frage nach dem Erzählertypus hält er lediglich das ontologische Kriterium für relevant und unterscheidet daher streng dichotomisch den homodiegetischen vom heterodiegetischen Erzähler.

Die narratologischen Modelle Genettes werden in den Arbeiten der Erzähltheorie gern als *state of the art* gehandelt, während Stanzels Taxonomie zugleich in Bausch und Bogen verworfen wird. In der praktischen Textanalyse kommt Stanzels Trias dennoch nach wie vor zum Einsatz; Werner Wolf etwa unterstreicht nachdrücklich ihre heuristische Brauchbarkeit (Wolf 2008, S. 175). Inzwischen melden sich zudem immer mehr Stimmen zu Wort, die nicht allein die unterschätzten Vorteile Stanzels, sondern auch die meist unbeachtet gebliebenen Nachteile der strukturalistisch geprägten Ansätze Genettes herausstellen. So wiegt der Münchner Anglist Christoph Bode eingehend Vor- und Nachteile der »germanischen Rosette« gegenüber der »gallischen Taxonomie« ab. Sein Fazit: Es ist im Grunde egal, welches der beiden Modelle man verwendet, da sie beide abstrahierend gebildet werden (Bode 2005, S. 143). Daher eignet sich mal das eine, mal das andere Modell besser für die Analyse und Beschreibung eines konkreten Erzähltextes.

Für Studienanfänger ist die Bezeichnungsvielfalt zweifelsohne verwirrend, aber die Stanzel- oder-Genette-Frage illustriert äußerst eindrucksvoll die Schwierigkeiten bei der wissenschaftlichen Modell- und Terminologiebildung. Für die eigene Erzähltextanalyse empfiehlt es sich, das gewählte Modell explizit auszuweisen und in der Argumentation eine einheitliche Terminologie zu verwenden. Falls man verschiedene Modelle komplementär verwenden möchte, sollte auch hierauf explizit hingewiesen werden.

1.3 | Erzähler und Erzählebenen – repräsentationslogische Bestimmung

1.3.1 | Rahmen- und Binnenerzählung

Viele Erzähler integrieren in ihre Geschichte eine weitere, untergeordnete Erzählung, oder sie berichten, dass ihnen einmal von einer anderen Figur eine Geschichte erzählt worden ist. Wir sprechen dann von einer **Erzählung in der Erzählung** oder einer **Binnenerzählung**.

IV.1
Erzähler und Erzählebenen – repräsentationslogische Bestimmung

> In der Tradition der deutschsprachigen Erzähltheorie heißt die eingelassene Erzählung Binnenerzählung, die Erzählung, in die sie eingelassen ist, Rahmenerzählung. Die Metapher der Rahmung ist dem Effekt entliehen, den Gemälde in einem Rahmen haben.

Zum Begriff

Im englischsprachigen Raum kommt auch der Ausdruck *embedding* (Einbettung) zum Einsatz. Häufig wird auch von **inkludiertem Erzählen** gesprochen. Die hierarchische Staffelung der verschiedenen Erzählebenen wird entsprechend als **Inklusionsschema** bezeichnet.

Das Verhältnis von Rahmenerzählung und Binnenerzählung kann quantitativ stark variieren. So kann zum Beispiel die Rahmenerzählung die Haupthandlung enthalten, in die der Rahmenerzähler eine kurze Binnenerzählung integriert. In Max Frischs Roman *Stiller* (1954) etwa erzählt der Häftling James White alias Anatol Ludwig Stiller im Rahmen seiner Aufzeichnungen auch das kurze Märchen von Rip van Winkle. Aber auch die Binnenerzählung kann den größten Teil des Erzähltextes ausmachen. In Lev Tolstojs *Krejcerova sonata* (1889, dt. *Die Kreutzersonate*) beispielsweise erzählt ein Mann namens Pozdnyšev während einer Zugfahrt dem Rahmenerzähler ausführlich die Geschichte seiner Ehe.

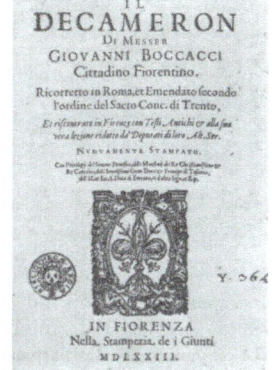

Giovanni Boccaccio: *Das Dekameron* (um 1350)

Serielle Binnenerzählungen: Auch können mehrere gleichberechtigte Binnenerzähler nacheinander eine Geschichte erzählen – wie in Giovanni Boccaccios *Il Decamerone* (verfasst um 1350, dt. *Das Dekameron* – das »Zehn-Tage-Werk«), in dem eine Sammlung von thematisch gruppierten Erzählungen mit einer Rahmenhandlung verknüpft wird. Diese additive Form der Verknüpfung wird als **Zyklus** bezeichnet; im Fall des *Dekamerons* spricht man konkret von einem Novellenzyklus (s. Kap. III.3). Weitere Beispiele für serielle Binnenerzählungen sind die Sammlung morgenländischer Erzählungen *Tausendundeine Nacht* (entstanden vermutlich im frühen Mittelalter), die *Canterbury Tales* von Geoffrey Chaucer (entstanden ab 1387) und die Erzählungensammlung *Unterhaltungen deutscher Ausgewanderter* (1795) von Johann Wolfgang von Goethe.

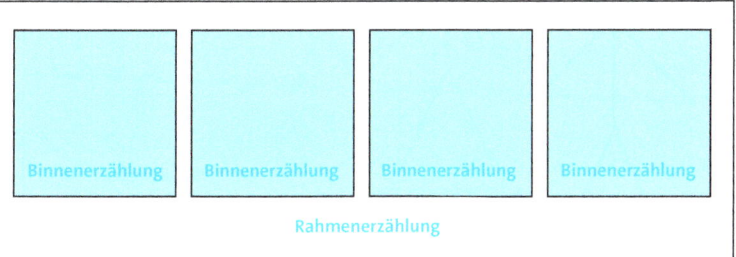

Schema zu seriellen Binnenerzählungen

Jeder erzählte Erzähler ist zugleich ein offener (*overt narrator*). Denn bevor er zu erzählen beginnt, ist er von dem Erzähler der ihm übergeordneten Stufe als eine Figur eingeführt und als Person profiliert worden. Seine Erzählgegenwart ist damit gestaltet.

Ausdrücke wie ›Erzählung zweiter Stufe‹ oder ›Binnenerzählung‹ sagen nichts darüber aus, welche der verschachtelten Erzählungen die zentrale ist. Allerdings bilden sich in einem Inklusionsschema die Dominanzverhältnisse ab, denn dem jeweils übergeordneten Erzähler obliegt die Zitiergewalt über das erzählte Erzählen.

Matrjoschka als Metapher für verschachteltes Erzählen

Mehrstufiges Inklusionsschema: Auch die erzählte Erzählerfigur kann in ihre Erzählung wiederum eine Binnenerzählung integrieren. Die Idee von einer ›Geschichte in der Geschichte in der Geschichte‹ wird häufig mit sogenannten *Chinese boxes* verglichen – verschieden große Papierboxen, die ineinander verschachtelt werden – oder auch mit der Matrjoschka, einem zerlegbaren Holzspielzeug aus Russland. Nimmt man die zweiteilige Steckpuppe auseinander, findet sich in ihrem Inneren eine weitere, die – ebenfalls auseinandergenommen – eine weitere Puppe enthält. Auf diese Weise kann eine Matrjoschka prinzipiell beliebig viele weitere enthalten. Theoretisch ist dies auch im narrativen Diskurs möglich. Je mehr Ebenen ein Autor aber einrichtet, desto größer ist die Gefahr, dass der Leser die Staffelung der Ebenen nicht mehr durchschaut.

Genette illustriert die Hierarchisierung von Erzählebenen mittels des folgenden Schaubildes (Genette 2010, S. 225), das wir hier leicht modifiziert wiedergeben:

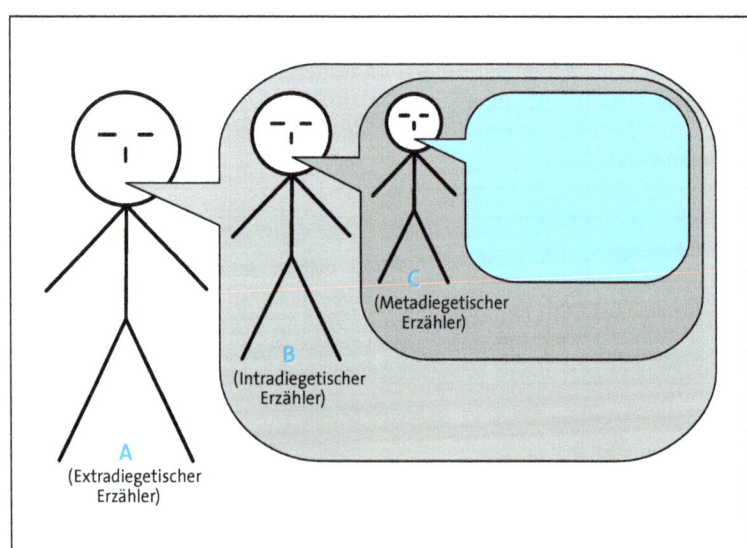

Schaubild der narrativen Ebenen nach Genette

IV.1

Erzähler und Erzählebenen – repräsentationslogische Bestimmung

Um die verschiedenen Ebenen mit den unterschiedlichen Erzählern genauer bestimmen zu können, führt Genette folgende Termini ein:

> **Zum Begriff**
>
> Die Begriffe extra-, intra- und metadiegetisch bezeichnen die verschiedenen Ebenen im Inklusionsschema eines Erzähltextes. Den Erzähler auf der ersten Stufe nennt Genette **extradiegetisch** (im Schaubild: A), den von ihm zitierten Erzähler auf der zweiten Stufe nennt er **intradiegetisch** (im Schaubild: B). Alle weiteren untergeordneten Erzähler nennt Genette **metadiegetisch** (im Schaubild: C), **metametadiegetisch** usw.

Diese Art der Bezeichnung beinhaltet allerdings eine Reihe von Schwierigkeiten. So ist zum Beispiel die Vorsilbe in ›metadiegetisch‹ missverständlich, da diese sprachlich eine Über- statt Unterordnung anzeigt. Zudem trägt die Reihung ›metameta-‹, ›metametameta-‹ etc. in Erzähltexten mit vielen Ebenen nicht unbedingt zur Übersichtlichkeit bei.

> **Probleme in Genettes Modell**
>
> **Zur Vertiefung**
>
> Genettes Modell weist noch eine weitere Problematik auf. Er vermischt mit den Begriffen ›extra- und intradiegetisch‹ die Diskussion über die verschiedenen absoluten Ebenen im Inklusionsschema mit der relationalen Unterscheidung von Erzählen und Erzähltem, die auf jeder Ebene relevant ist. Genette selbst ist dies bewusst, wenn er einräumt: »Diese Ausdrücke bezeichnen keine festen Wesen, sondern relationale Situationen und Funktionen« (2010, S. 148). Wenn er aber fortfährt, diese Termini zugleich zur Bestimmung der absoluten Erzählebenen einzusetzen, trägt er dem nicht Rechnung. Der Ausdruck »metadiegetisch« hat zudem in einem relationalen Modell keinen Platz.
>
> Genette selbst empfiehlt denn auch im *Nouveau discours du récit*, die Kategorie der Inklusion nicht überzubewerten. Eine Rahmung sei häufig nicht mehr als ein Präsentationskunstgriff und ein oft vernachlässigbares Klischee, da bereits ein einziger abschließender Satz ausreiche, um aus einer scheinbar »extradiegetischen eine eingeschachtelte Narration zu machen« (2010, S. 231). Wir hingegen empfehlen, in jeder narratologisch orientierten Deskription stets sorgfältig das Inklusionsschema eines Erzähltextes – so vorhanden – zu untersuchen und darzustellen. Oft nämlich erweist sich diese Art von ›Kunstgriff‹ als äußerst relevant für eine adäquate Interpretation, etwa wenn das Spiel mit den Erzählebenen in narrativer Unzuverlässigkeit gründet (zum ›unzuverlässigen Erzähler‹ s. Kap. IV.2.6).

Wegen der genannten Schwierigkeiten ist Genettes Terminologie für die verschiedenen Ebenen vielfach kritisiert worden. Schmid schlägt vor, in Anlehnung an Bertil Romberg stattdessen von **primären, sekundären, tertiären usw. Erzählern** zu sprechen (Schmid 2014, S. 80):

IV.1
Wer erzählt die Geschichte? – Parameter des Erzählers

Schaubild der narrativen Ebenen (nach Schmid)

Diese Benennung hat gegenüber den Genette-Begriffen den Vorteil der beliebigen und eindeutigen Erweiterbarkeit.

Vergleich der Modelle: Genettes Terminologie ist in der Analysepraxis anwendbar, wenn man das Begriffspaar **extra- und intradiegetisch** nicht als Bezeichnung für absolute Standpunkte versteht, sondern auf das Verhältnis der Ebene des Erzählens zu der Ebene des Erzählten zueinander reduziert. Bei diesem Vorgehen kann ohne Folgeprobleme auf den strittigen Ausdruck ›metadiegetisch‹ verzichtet werden. Allerdings leistet Schmids **Unterscheidung von Exegesis und Diegesis** – für die Unterscheidung der Ebene des Erzählens von jener des Erzählten – ebendies mit deutlicherer Trennschärfe. In Kombination mit der **numerischen Bezeichnung der Erzähler als primär, sekundär, tertiär** usw. steht damit eine präzise Terminologie zur Verfügung. In Ergänzung kann das Begriffspaar **Rahmen- und Binnenerzählung** verwendet werden, da dieses – anders als die Begriffe Genettes und Schmids – nicht zwingend einen Erzählerwechsel voraussetzt und somit auch für Beispiele wie das Rip-van-Winkle-Märchen in Frischs Roman *Stiller* ein Begriffsinstrumentarium liefert.

1.3.2 | Funktionen von Binnenerzählungen

Eingebettete Erzählungen können verschiedene Funktionen übernehmen, die auch in Kombination auftreten können. Shlomith Rimmon-Kenan unterscheidet in Anlehnung an Genettes *Discours du récit* drei Haupttypen (2002, S. 93), die sich bereits in Eberhard Lämmerts 1955 erschienenen *Bauformen des Erzählens* vorgebildet finden (2004, S. 43–67):

Die drei wichtigsten Funktionen von Binnenerzählungen

1. **Aktionale Funktion:** Die erzählte Erzählung ist **handlungskonstitutiv** für die Rahmenerzählung. In *Tausendundeine Nacht* beispielsweise zögert die sekundäre Erzählerin Scheherazade ihre Tötung jede Nacht erneut heraus, indem sie dem Sultan eine neue Geschichte erzählt, die jedoch auf eine erst für den Folgeabend angekündigte Auflösung hinausläuft – für diesen insbesondere bei TV-Serien verbreiteten Trick verwendet man den Ausdruck **Cliffhanger**. Binnenerzählungen dieser Art weisen nicht zwingend explizite Bezüge zur Ebene des Erzählens auf. Am Beispiel von Scheherazade: Welche Geschichte sie dem Sultan erzählt, ist völlig egal. Auch die Reihenfolge der Geschichten ist beliebig, da sie thematisch voneinander völlig unabhängig sind. Relevant ist

allein, dass Scheherazade (möglichst spannend) erzählt – nicht also der Inhalt zählt, sondern einzig der Akt der Narration.

Binnenhandlungen dieses Typs können homodiegetisch oder heterodiegetisch sein, d. h., der Erzähler kann in der erzählten Welt als Figur auftreten oder auch nicht. Scheherazade etwa berichtet nur heterodiegetische Geschichten. Da in diesem Fall das Erzählen eine Handlung in der Rahmenerzählung hinauszögert – nämlich Scheherazades Tod – liegt nach Genette in *Tausendundeine Nacht* zudem eine **obstruktive Funktion** vor. Wenn die eingelassenen Erzählungen mehr dem Zeitvertreib des Erzählenden dienen, wie etwa in Boccaccios *Dekameron*, spricht Genette von einer **distraktiven Funktion**.

2. Explikative Funktion: Die erzählte Erzählung **liefert eine Erklärung** für Elemente der übergeordneten Ebene, nach dem Fragemuster: Welche Ereignisse führten zu der aktuell vorliegenden Situation? Es besteht also ein Kausalverhältnis zwischen Binnen- und Rahmenerzählung, und meist auch eine raumzeitliche Kontinuität. In Ernst Weiß' Novelle *Jarmila. Eine Liebesgeschichte aus Böhmen* (1998 posthum) beispielsweise erzählt der fliegende Händler Bedřich Kohoutek einem Geschäftsreisenden in einem Prager Wirtshaus bei Bier und Schinken, wie einst seine Geliebte Jarmila ums Leben kam, er ins Gefängnis und der Sohn zu Fremden.

Binnenhandlungen mit explikativer Funktion sind in der Regel Rückwendungen (sogenannte ›Analepsen‹, s. Kap. IV.2.3.2) und werden meist homodiegetisch erzählt. Da Kohoutek in *Jarmila* seine eigene Vorgeschichte berichtet, ist er sogar ein autodiegetischer sekundärer Erzähler. Die Binnenerzählung Kohouteks hat zudem für den weiteren Handlungsverlauf auch eine **prädiktive Funktion**: Wie in der Unterhaltung im Prager Wirtshaus angekündigt, entführt er später seinen angeblichen Sohn und bittet in Paris bei dem Geschäftsreisenden, dem primären Erzähler, um Obdach.

3. Thematische Funktion: Zwischen Rahmen- und Binnenhandlung bestehen thematische Analogien, die in Korrespondenz- bzw. Kontrastbeziehungen vorliegen können (vgl. Lämmert 2004, S. 52 f.). In diesem Fall ist eine raumzeitliche Kontinuität nicht vonnöten; der Erzähler tritt also nicht unbedingt in der Binnenerzählung als Figur auf. In *Stiller* beispielsweise handelt das eingebettete Märchen über Rip van Winkle von einem Mann, den übernatürliche Kräfte viele Jahre von zu Hause fernhalten – auch Stiller hatte vor vielen Jahren die Schweiz verlassen, blieb allerdings aus freien Stücken in der Ferne.

Binnenhandlungen dieses Typs können sich zur Rahmenerzählung homodiegetisch oder heterodiegetisch verhalten. Im Fall des Romans *Stiller* stellt das eingebettete Märchen eine heterodiegetische Erzählung dar.

Schauen wir uns zur Illustration das Inklusionsschema in der Novelle *Der Schimmelreiter* (1888) von Theodor Storm an. Sie beginnt mit den Worten:

IV.1 Wer erzählt die Geschichte? – Parameter des Erzählers

Theodor Storm:
Der Schimmelreiter
(1888)

Was ich zu berichten beabsichtige, ist mir vor reichlich einem halben Jahrhundert im Hause meiner Urgroßmutter, der alten Frau Senator Feddersen, kundgeworden, während ich, an ihrem Lehnstuhl sitzend, mich mit dem Lesen eines in blaue Pappe eingebundenen Zeitschriftenheftes beschäftigte; ich vermag mich nicht mehr zu entsinnen, ob von den »Leipziger« oder von »Pappes Hamburger Lesefrüchten«. Noch fühl ich es gleich einem Schauer, wie dabei die linde Hand der über Achtzigjährigen mitunter liebkosend über das Haupthaar ihres Urenkels hinglitt. Sie selbst und jene Zeit sind längst begraben; vergebens auch habe ich seitdem jenen Blättern nachgeforscht, und ich kann daher um so weniger weder die Wahrheit der Tatsachen verbürgen, als, wenn jemand sie bestreiten wollte, dafür aufstehen; nur so viel kann ich versichern, daß ich sie seit jener Zeit, obgleich sie durch keinen äußeren Anlaß in mir aufs neue belebt wurden, niemals aus dem Gedächtnis verloren habe.

Es war im dritten Jahrzehnt unseres Jahrhunderts, an einem Oktobernachmittag – so begann der damalige Erzähler –, als ich bei starkem Unwetter auf einem nordfriesischen Deich entlangritt.

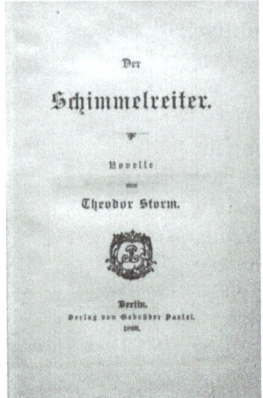

Titelblatt der Erstausgabe 1888

Storm gibt sich mit diesem zweistufigen Inklusionsschema jedoch noch nicht zufrieden. Nachdem eine dunkle Gestalt auf einem Schimmel an dem Binnenerzähler vorbeigepprescht ist, kehrt dieser in ein Wirtshaus hinter dem Deich ein. Hier setzt er sich zu einer Runde einheimischer Männer, während draußen das Unwetter weiter tobt, und kommt mit ihnen bei einem dampfenden Glas Punschbowle ins Gespräch:

Theodor Storm:
Der Schimmelreiter
(1888)

Ich erfuhr bald, daß mein freundlicher Nachbar der Deichgraf sei; wir waren ins Gespräch gekommen, und ich hatte begonnen, ihm meine seltsame Begegnung auf dem Deiche zu erzählen. Er wurde aufmerksam, und ich bemerkte plötzlich, daß alles Gespräch umher verstummt war. »Der Schimmelreiter!« rief einer aus der Gesellschaft, und eine Bewegung des Erschreckens ging durch die übrigen. [...]
»Unser Schulmeister«, sagte er [der Deichgraf] mit erhobener Stimme, »wird von uns hier Ihnen das am besten erzählen können« [...]. »Erzählt, erzählt nur, Schulmeister«, riefen ein paar der Jüngeren aus der Gesellschaft.
»Nun freilich«, sagte der Alte, sich zu mir wendend, »will ich gern zu Willen sein; aber es ist viel Aberglaube dazwischen und eine Kunst, es ohne diesen zu erzählen.«
»Ich muß Euch bitten, den nicht auszulassen«, erwiderte ich; »traut mir nur zu, daß ich schon selbst die Spreu vom Weizen sondern werde!«
Der Alte sah mich mit verständnisvollem Lächeln an. »Nun also!« sagte er. »In der Mitte des vorigen Jahrhunderts, oder vielmehr, um genauer zu bestimmen, vor und nach derselben, gab es hier einen Deichgrafen, der von Deich- und Sielsachen mehr verstand, als Bauern und Hofbesitzer sonst zu verstehen pflegen [...].«

Erst dieser Alte berichtet die Geschichte des unglücklichen Deichgrafen Hauke Haien.

Inklusionsschema in Storms *Der Schimmelreiter*

Theodor Storm präsentiert in *Der Schimmelreiter* ein besonders kunstvolles Beispiel für mehrfaches erzähltes Erzählen. Zudem versteht er es, die jeweiligen Kommunikationssituationen meisterhaft zu variieren. Bei dem Urenkel von Frau Senator Feddersen handelt es sich um den **primären Erzähler**, der einen Zeitschriftenartikel wiedergibt, in dem der **sekundäre Erzähler** berichtet, dass ihm in einem nordfriesischen Wirtshaus ein alter Schulmeister – der **tertiäre Erzähler** – einmal die Geschichte von Hauke Haien erzählt hat. Der Schulmeister will seinem Zuhörer berichten, was es (nach seiner Ansicht) mit der dunklen Gestalt auf sich hat, die dem Besucher Nordfrieslands kurz zuvor auf dem Deich entgegengeritten ist. Diese Erzählung verhält sich zu der ihr übergeordneten also **explikativ**.

Zwischen der Geschichte und der Berichtsituation des primären Erzählers besteht eine **große zeitliche Distanz**: Frau Senator Feddersens Urenkel hat vor über 50 Jahren einen Artikel gelesen; der sekundäre Erzähler spezifiziert seine Erzähldistanz nicht, aber der tertiäre Erzähler, der Schulmeister, erzählt eine Begebenheit »aus der Mitte des vorigen Jahrhunderts«, die also – da seine Erzählgegenwart vermutlich in den 1830er Jahren anzusiedeln ist – offenkundig rund 80 Jahre zurückliegt.

Besonders kunstvoll wird die Schachtelung durch die **verschiedenen Arten der Übermittlung**. Der primäre Erzähler schildert die Rezeptionssituation des kindlichen erlebenden Ich, das **einen schriftlichen Bericht** las. Dem erlebenden Ich des sekundären Erzählers wird die Begebenheit hingegen **mündlich von Angesicht zu Angesicht** berichtet. Der tertiäre Erzähler nun kann nicht einen einzigen Gewährsmann nennen; seine Erzählung amalgamiert er **aus vielen verschiedenen Berichten**.

Die folgende Grafik veranschaulicht die Ebenenhierarchie im *Schimmelreiter*:

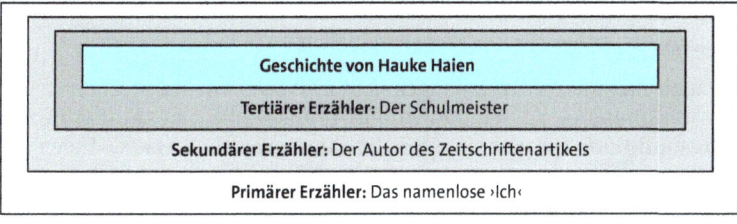

Inklusionsschema in Storms Schimmelreiter

Jedes Modell hat seine Grenzen – gerade wenn räumliche Repräsentationen wie unsere Schaubilder die Gestaltung von Zeitverhältnissen wiederzugeben versuchen. Die Tatsache, dass eine Ebene die jeweils nachgeordnete vollständig umrahmt, bedeutet z. B. nicht, dass alle Erzähler am Ende auch wieder in Erscheinung treten. Im *Schimmelreiter* etwa wird nach Abschluss der Kernerzählung wieder in die Erzählgegenwart des Schulmeisters und damit auf die Ebene des erlebenden Ich des sekundären Erzählers ›hinaufgestiegen‹. Die Novelle endet mit dessen Abreise aus Nordfriesland. Aber es wird weder auf das Niveau des erzählenden Ich des sekundären Erzählers zurückgekehrt noch auf jenes des primären Erzählers. Die Präsenz der Erzähler illustriert das folgende Schaubild:

Modifiziertes Inklusionsschema in Storms *Schimmelreiter*

| Primärer Erzähler: Das namenlose ›Ich‹ | Sekundärer Erzähler: Der Autor des Zeitschriftenartikels | Tertiärer Erzähler: Der Schulmeister | Geschichte von Hauke Haien | Tertiärer Erzähler: Der Schulmeister |

Grafische Darstellungen dieser Art können beliebig komplex ausfallen. Beispielsweise unterbricht der Schulmeister ungefähr auf halbem Weg seine Erzählung – dies mag nicht von ungefähr an die Pause im Theater erinnern – und zieht mit dem erlebenden Ich des sekundären Erzählers aus der Wirtsstube in seine Unterkunft um. Der Übersicht halber haben wir hier darauf verzichtet, dies abzubilden (im vorigen Schaubild wären Unterbrechungen dieser Art gar nicht abbildbar). In der Kernerzählung finden sich zudem weitere nachgeordnete Erzähler – so erzählt die alte Trin' Jans Hauke Haiens Tochter Wienke, wie sie in ihrer Jugend einmal eine Wasserfrau, eine Art mythologisches Wesen, beobachtet haben will.

1.3.3 | Funktionen von Rahmenerzählungen

Wenn die Haupthandlung nicht in der Rahmenerzählung verortet ist, sollte untersucht werden, was die Inklusion für den Gesamttext leistet. Wenn etwa eine zyklische Reihung von Binnenerzählungen vorliegt – wie in *Tausendundeine Nacht* oder im *Dekameron* – ist die Rahmenhandlung meist nur **eine bloße Erzählklammer**, die das bunte Kaleidoskop der Erzählhandlungen zusammenhält (Lämmert 2004, S. 47).

Interpretationsskizze

Funktion der Rahmenerzählungen in Storms *Der Schimmelreiter*

Auch die drei Rahmenerzählungen in Storms *Schimmelreiter* scheinen nur ›Erzählklammern‹ zu sein. Allerdings erfüllen alle eine **Authentifizierungsfunktion**: Der Schulmeister lebt dort, wo auch Hauke Haien als Deichgraf gewirkt hat. Der sekundäre Erzähler ist Publizist und hat seinen Erlebnisbericht in einer Zeitschrift mit Reputation veröffentlicht. Als primärer Erzähler scheint der Autor Storm selbst zu uns zu sprechen, die höchste Autorität also (da es sich aber nicht um ein Vorwort zur Novelle handelt, sondern um einen Teil des Erzähltextes selbst, darf diese Instanz gemäß den narratologischen Regeln nicht mit dem Autor gleichgesetzt, sondern muss als primärer Erzähler verstanden werden). Infolge dieser dreifachen Authentifizierung entrückt aber die Figur Hauke Haien mehr und mehr. Wir haben es hier vielmehr mit einer Spielart des Stille-Post-Prinzips zu tun. Entgegen der Intention ihres Erzählers haben Rahmenerzählungen, die das erzählte Erzählen beglaubigen sollen, somit nicht selten genau den gegenteiligen Effekt.

Wenn erst am Ende des Erzähltextes eine neue, übergeordnete Ebene eingerichtet wird – und dafür reicht ein einziger Satz wie in Philip Roths *Portnoy's Complaint* (1969, dt. *Portnoys Beschwerden*) –, dann kommt dieser nachträglichen Rahmung eine **Überraschungsfunktion** zu. Infolge der neuen Information kann der Leser sich veranlasst fühlen, den soeben beendeten Roman gleich noch einmal unter veränderten Gesichtspunkten zu lesen.

Sonderfall Herausgeberfiktion

Eine Sonderform der Rahmenerzählung stellt die sogenannte ›Herausgeberfiktion‹ dar, bei der die Binnenerzählung mittels Vor- oder Nachwort gerahmt wird. Auch der Herausgeberfiktion kommt meist eine Authentifizierungsfunktion zu: Der primäre Erzähler erklärt typischerweise, dass es sich bei der Binnenerzählung um einen wahren Lebensbericht handle, für dessen Echtheit er garantieren könne. Der Rahmenerzähler dieser »gedoppelte[n] Ich-Erzählung« erscheint somit »als Garant für die ›historische‹ Wahrheit« des von ihm zitierten Ich-Berichts (Hamburger 1968, S. 266 f.).

Titelblatt der Erstausgabe 1843

Herausgeberfiktion mit einem Vorwort: In der Regel stellt sich ein fingierter Herausgeber in Form eines Vorworts vor und meldet sich dann nicht wieder zu Wort. Auf diese Weise endet der Gesamttext mit den letzten Worten des sekundären Erzählers in der Binnenerzählung, ohne dass auf die Ebene des Rahmenerzählers zurückgekehrt wird.

Ein berühmtes Beispiel für solch eine Herausgeberfiktion ist Søren Kierkegaards einflussreiches Werk *Enten – Eller. Et Livs-Fragment* (1843, dt. *Entweder – Oder. Ein Lebensfragment*). Ein gewisser Victor Eremita behauptet hier eingangs, dass er in einem gebraucht erworbenen Sekretär per Zufall ein Geheimfach mit Papieren gefunden habe. Damit ist Kierkegaards Buch ein typischer Repräsentant des weit verbreiteten Typs des »Manuskript gefunden!«-Romans. Hier das fingierte Vorwort:

> Vielleicht wandelte dich, geneigter Leser, zuweilen ein kleiner Zweifel an, ob es mit dem bekannten philosophischen Satze sich ganz richtig verhalte: »Das Äußere ist das Innere, das Innere das Äußere«. Du selbst magst ein Geheimnis bei dir bewahrt haben, von welchem du dir sagtest: es sei dir in der Freude, die es birgt, oder seinem Schmerze, allzu wert, als daß du andere in dasselbe einweihen könntest. [...] Solch unerwartetes Glück war es, welches mich auf überaus seltsame Art in den Besitz der Papiere gesetzt hat, die ich hiemit mich beehre, dem lesenden Publikum vorzulegen. Mittels dieser Papiere bekam ich Gelegenheit, einen Einblick zu thun in das Leben zweier Menschen; und dieser Einblick bestärkte meinen Zweifel, daß das Äußere ohne weiteres auch das Innere sein solle. [...]
>
> Jedoch dürfte es das beste sein, daß ich der Ordnung halber zunächst erzähle, wie ich in den Besitz dieser Papiere gekommen bin. Heute ist es

Søren Kierkegaard: *Entweder – Oder* (1843)

IV.1
Wer erzählt die Geschichte? – Parameter des Erzählers

> ungefähr sieben Jahre her, als ich bei einem Trödler hier in der Stadt einen s. g. Sekretär sah, der sogleich das erste Mal, da er mir in die Augen fiel, meine Aufmerksamkeit auf sich zog.

Wie der Rahmenerzähler im Weiteren ausführt, stammt die eine Hälfte der Papiere von einem Ästhetiker – den Eremita als A bezeichnet – und die andere Hälfte von einem Ethiker – den Eremita als B bezeichnet. Narratologisch gesehen weist *Entweder – Oder* damit zwei nebengeordnete Binnenerzählungen auf:

Inklusionsschema in Kierkegaards Entweder – Oder

Rahmenerzählung: Vorwort des Herausgebers	Binnenerzählung 1: Papiere des Ästhetikers	Binnenerzählung 2: Papiere des Ethikers

Für die zeitgenössischen Leser war die Herausgeberfiktion als solche nicht zu identifizieren, da Kierkegaard auf die Nennung seines Namens als Autor verzichtete und sich hinter dem Pseudonym Victor Eremita, dem »siegreichen Einsiedler«, verbarg. Das Unternehmen, mit Hilfe eines fiktiven Herausgebervorworts *Entweder – Oder* den Anschein der faktischen Authentizität zu verleihen, gelang Kierkegaard vollkommen: Ganz Kopenhagen rätselte jahrelang, wer wohl A und wer B sein könnte, und versuchte lange – natürlich ohne Erfolg –, Victor Eremita ausfindig zu machen.

Erzähltexte dieses Typus wollen – meist zur Verwirrung der Leser – bewusst **zwischen realer und fiktionaler Wirklichkeit oszillieren**. Ähnlich wie Kierkegaard spielt auch der italienische Semiotiker Umberto Eco in *Il nome della rosa* (1980, dt. *Der Name der Rose*) mit dem Authentifizierungsanspruch. Eco knüpft augenzwinkernd an die Tradition der Herausgeberfiktion an, wenn er dem Roman den Paratext »Natürlich, eine alte Handschrift« voranstellt. Weitere Beispiele für diesen Typus sind *Der Steppenwolf* von Hermann Hesse (1927) und *Der Marques de Bolibar* (1920) von Leo Perutz.

Hans Erich Nossack: Der jüngere Bruder (1958)

Herausgeberfiktion mit einem Nachwort: Ein fingierter Herausgeber kann auch erst am Ende in Form eines Nachworts in Erscheinung treten. Auf diese Weise kann in den Erzähltext eine Gegenstimme zu dem zuvor zitierten Binnenerzähler integriert werden, die Zweifel an dessen Ausführungen anmeldet, korrigierend eingreift und Ergänzungen liefert. Wie oben bereits erwähnt, wohnt der nachträglichen Einführung einer übergeordneten Erzählebene ein **Überraschungseffekt** inne, infolgedessen sich der Leser genötigt sehen kann, seine bisherige Lektüre umzudeuten.

Ein einschlägiges Beispiel hierfür stellt Hans Erich Nossacks Roman *Der jüngere Bruder* (1958) dar: In seinem Nachwort erklärt der fingierte Herausgeber Arno Breckwaldt, dass er die zuvor zitierten Aufzeichnungen Stefan Schneiders nach dessen Tod erhalten habe und nun einem interessierten Publikum vorlegen möchte. Der primäre Erzähler berichtet nicht nur vom Tod des sekundären, sondern bewertet das Manuskript auch ästhetisch, wenn er – selbst Schriftsteller – die »literarische Naivität« Schneiders thematisiert und »ein paar Ungeschicklichkeiten« in der Themenführung kritisiert. Da es sich bei den Aufzeichnungen aber nicht »um ein spezifisch literarisches Vorhaben« handle, habe er diese »Fehler« nicht redigiert. Nossack gelingt es mit Breckwaldts Nachwort, ein Korrektiv zu den Ausführungen Schneiders in den Erzähltext zu integrieren.

Wir sehen an diesem Fall, dass das Herausgebernachwort ein Merkmal der Homodiegese kompensieren kann: Der sogenannte Ich-Erzähler kann naturgemäß nur zu seinen Lebzeiten erzählen und muss daher die Darstellung seines Todes aussparen. Um dem Lesepublikum aber mitteilen zu können, wie seine Lebensgeschichte ausgegangen ist, stellt das Nachwort eines fingierten Herausgebers ein probates Mittel dar. Auf diese Weise kann also der **Endzustand einer Entwicklung** beschrieben werden (Lämmert 2004, S. 60).

1.3.4 | Metalepsen

Stellen Sie sich vor, Sie sitzen gemütlich vor dem Fernseher und sehen einen Film. Plötzlich schaut einer der Darsteller in Ihre Richtung, klettert dann aus dem Apparat, setzt sich neben Sie aufs Sofa und fragt: »Kann ich auch ein Bier haben?« – Unmöglich? Vielleicht in der realen Welt. Aber Figuren in Erzähltexten und vor allem in Filmen passiert so etwas immer wieder. Vorfälle dieser Art stellen logische Verstöße gegen die Ebenenhierarchie dar, die die Narratologie als Metalepsen bezeichnet.

> Als Metalepse (wörtlich »Herübernahme«) wird eine regelwidrige Verletzung der Ebenenhierarchie oder eine Grenzüberschreitung zwischen den verschiedenen Welten in Erzähltexten bezeichnet – etwa zwischen den Ebenen der Erzählung und der erzählten Handlung.

Zum Begriff

Meist wird eine narrative Grenze in Richtung der übergeordneten Ebene überschritten – beispielsweise indem Figuren eines Romans über ihren Autor sprechen wie in Flann O'Brians *At Swim-Two-Birds* (1939, dt. *In Schwimmen-Zwei-Vögel*) oder sogar den Leser ums Leben bringen wie in Julio Cortázars Erzählung »Continuidad de los Parques« aus der Erzählungensammlung *Final del Juego* (1956, dt. »Park ohne Ende« in *Ende des Spiels*). Aber eine Metalepse ist auch in Richtung auf die untergeordnete Ebene möglich, wenn etwa der Erzähler oder sein Adressat in die erzählte Welt eindringen oder mit den Figuren kommunizieren. Ein Erzähler kann das Agieren einer Figur z. B. für eine Weile einfrieren: Er befiehlt ihr etwa, stillzustehen und abzuwarten, da er erst noch einen Kommentar einfügen oder eine Vorgeschichte nachreichen will – er macht also eine ›deskriptive Pause‹ (s. Kap. IV.2.3.3). Wenn die zur Untätigkeit verdammte Figur schließlich fragt, ob sie jetzt endlich weitergehen dürfe, denn in dieser unnatürlichen Stellung schmerze ihr der Rücken, wirkt diese Szene wegen ihres unrealistischen absurden Charakters erheiternd. Mit dieser Spielart von Metalepsen wird **die doppelte Zeitlichkeit von Geschichte und Diskurs aufgehoben**, denn es wird suggeriert, dass beide parallel und gleichzeitig ablaufen. In Bezug auf die temporale Ordnung in Erzähltexten ist das natürlich skandalös, aber eine Metalepse reproduziert in gewisser Weise – wenn auch mit regelwidrigen Mitteln – erzählerisch das Lektüreerlebnis des realen Lesers, dem sich Geschichte und Diskurs ja auch gleichzeitig präsentieren.

Zur Vertiefung

Metalepsen in Spielfilmen

Das Kino experimentiert besonders gern mit dieser Art von paradoxen Konstruktionen. In Woody Allens Film *The Purple Rose of Cairo* (USA 1985) zum Beispiel wendet sich plötzlich der Filmheld auf der Kinoleinwand mit einigen tröstenden Worten an eine traurige Zuschauerin im Saal und verlässt dann sogar aus Mitleid mit ihr die Leinwand. Damit hat er eine ontologische Grenze überschritten, was in dichtungslogischen Verständnis unmöglich ist. Den umgekehrten Weg geht ein Geschwisterpaar in Gary Ross' Film *Pleasantville* (USA 1998): Bruder und Schwester werden infolge eines Streits um die Fernbedienung in die gleichnamige Seifenoper versetzt und müssen sich dort den Regeln der fiktionalen Welt in Schwarzweiß unterwerfen.

Eine Metalepse ist meist ein **Fiktionalitätssignal**, das den Leser in amüsanter Form an die Konstruiertheit der erzählten Geschichte erinnert; ein ›narrativer Kurzschluss‹ (Wolf 1993, S. 357 f.) hat also einen komischen Effekt, meist in Kombination mit einer fantastischen Wirkung. Damit ist die Funktion der Metalepse eine genau gegensätzliche zu der der Herausgeberfiktion, die einen fiktionalen Text als nicht fiktional erscheinen lässt. Und vielleicht bringt die Metalepse auch eine kleine existentielle Verunsicherung mit sich, wie Jorge Luis Borges feststellte: »Solche Spiegelungen legen die Vermutung nahe, daß, sofern die Figuren einer Fiktion auch Leser und Zuschauer sein können, wir, ihre Leser und Zuschauer, fiktiv sein können« (1981, S. 57).

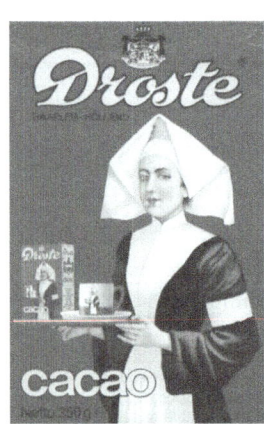

Visuelle mise en abyme

Ein Sonderfall der Metalepse ist die *mise en abyme* (»In-den-Abgrund-Setzung«). Der Begriff wurde von Lucien Dällenbach geprägt, der ihn aus der Heraldik entlehnte: Dort spricht man von einer *mise en abyme*, wenn auf einem Schild dasselbe Wappen noch einmal verkleinert abgebildet wird (in der nebenstehenden Abbildung ist es eine Kakaopackung, die im Bild noch einmal erscheint). In der Literaturwissenschaft kommt der Begriff zur Anwendung, wenn der Erzähltext in sich selbst gespiegelt wird. Ein berühmtes Beispiel ist der Roman von André Gide *Les Faux-Monnayeurs* (1925, dt. *Die Falschmünzer*), in dem eine Figur damit beschäftigt ist, einen Roman zu schreiben, der dem entspricht, in dem sie selbst erscheint (Rimmon-Kenan 2002, S. 94).

Genette bezeichnet die *mise-en-abyme*-Struktur als die Extremform einer Binnenhandlung mit thematischer Funktion (2010, S. 230): Die Ähnlichkeit tendiert hier zur Identität bzw. zur absoluten Kongruenz. Visuell kann man das Phänomen erleben, wenn man sich zwischen zwei Spiegel stellt und so in beiden die unendliche Reproduktion vom Bild des Bildes des Bildes usw. sehen kann.

Nicht von ungefähr werden diese logischen Verstöße gegen die Ebenenhierarchie gern mit nichtliterarischen Beispielen illustriert: Das Phänomen erschließt sich in visuellen Repräsentationen unmittelbarer als in sprachlichen. Die Termini ›Metalepse‹ und ›*mise en abyme*‹ sind daher auch ein Exportschlager in der Filmnarratologie (s. Kap. V.3).

1.4 | Erzähler und Geschehenszeitpunkt – zeitlogische Bestimmung

Die Haupthandlung in Erzähltexten wird meist rückblickend erzählt. Aber es können auch Ereignisse dargestellt werden, die gleichzeitig stattfinden oder die sich erst noch ereignen werden. Wir unterscheiden daher drei Zeitbezüge des Diskurses im Verhältnis zur Geschichte: **retrospektives Erzählen, gleichzeitiges Erzählen und prospektives Erzählen**.

1. Retrospektives Erzählen: Oft werden in fiktionalen Erzählungen weder Ort noch Zeitpunkt des Erzählens angegeben. Da der Diskurs aber meist im **Präteritum** steht, wird nahegelegt, dass die Ereignisse vor dem Zeitpunkt des Erzählens stattgefunden haben und in der Erzählgegenwart aus der Rückschau berichtet werden. Dieses ›retrospektive Erzählen‹ – Rimmon-Kenan nennt es **ulterior narration** (2002, S. 90) – stellt den Regelfall dar. Die Frage nach der zeitlichen Erzähldistanz – wie viel Zeit ist zwischen den Ereignissen und dem Bericht über die Ereignisse vergangen? – ist damit aber noch nicht beantwortet.

In der Homodiegese wird ohne Zweifel retrospektiv erzählt, aber wie liegt der Fall in der Heterodiegese? Meist bleibt die zeitliche Verortung eines heterodiegetischen primären Erzählers völlig im Dunkeln und interessiert auch nicht weiter, da er nicht zu einer der erzählten Welten gehört. In diesem Verständnis erscheint die Wahl des Präteritums als reine Genrekonvention. Aus diesem Grund spricht Käte Hamburger dem Präteritum – außer im Fall der sogenannten ›Ich-Erzählung‹ – alle temporale Bedeutung ab (s. Kap. IV.4).

In zwei Fällen jedoch kann auch in der Heterodiegese von echtem retrospektiven Erzählen gesprochen werden:

- Markierte Vorzeitigkeit: Ein heterodiegetischer Erzähler kann eine Geschichte erzählen, die sich zwar in seiner Welt, aber vor seiner Zeit zugetragen hat. Gerade bei inkludierten und damit gestalteten Erzählern ist dies oft der Fall. In Storms *Schimmelreiter etwa haben sich d*ie Ereignisse um Hauke Haien zwar in dem Landstrich *abgespielt*, in dem der Schulmeister lebt, allerdings lange vor seiner Geburt.
- Zeitliche Isotopie: Einige heterodiegetische Erzähler suggerieren, dass zwischen dem Geschehen und dem Zeitpunkt des Diskurses

Retrospektives Erzählen in der Heterodiegese

IV.1
Wer erzählt die Geschichte? – Parameter des Erzählers

eine zeitliche Kontinuität besteht. Die Narratologie nennt dies »zeitliche Isotopie« (Genette 2010, S. 143). Henry Fielding beispielsweise eröffnet seinen Roman *History of Tom Jones, a Foundling* (1749, dt. *Tom Jones. Geschichte eines Findlings*) mit den Worten: »In dem westlichen Teil unseres Königreichs, der gemeinhin Somersetshire heißt, lebte vor nicht langer Zeit und lebt vielleicht noch heute ein Gentleman namens Allworthy«. Der Erzähler ist hier strenggenommen Teil der erzählten Welt, tritt aber in ihr nicht als Figur auf. Er ist also eine Art ›Ich-Erzähler‹, der sein erlebendes Ich ausspart. Die Frage, ob ihn das zu einem homodiegetischen Erzähler macht, wollen wir hier nicht weiter verfolgen (s. Kap. IV.1.2.1), sondern schlicht feststellen: Auch ein Erzähler wie jener bei Fielding erzählt originär retrospektiv.

Betrachtet man nicht eine isolierte Passage allein, sondern die gesamte Verlaufsstruktur eines homodiegetischen Erzähltextes, kann man **zwei Arten von retrospektivem Erzählen** unterscheiden:

Zwei Arten des retrospektiven Erzählens in der Homodiegese

- **Abgeschlossenes Geschehen:** Der Erzähler berichtet nur Ereignisse, die sich vor Erzählbeginn zugetragen haben. Ein klassisches Beispiel hierfür stellen fiktive Memoiren dar: Im Laufe des Berichts verringert sich die zeitliche Distanz zwischen dem erlebenden Ich und dem erzählenden Ich kontinuierlich, bis im Idealfall die Ereignispräsentation an den Zeitpunkt des Erzählbeginns heranreicht, der Held zum Erzähler wird und den aktuellen Moment seiner Erzählgegenwart wiedergibt.
- **Nichtabgeschlossenes Geschehen:** Zu Erzählbeginn ist das zu berichtende Geschehen noch nicht abgeschlossen, sondern entwickelt sich während der Dauer des Erzählvorgangs weiter. Dies wird als **eingeschobenes Erzählen** bezeichnet; Rimmon-Kenan, die diese Art retrospektiven Erzählens sogar als eine eigenständige Form ansieht, verwendet den Ausdruck *intercalated narration* (2002, S. 91). Eingeschobenes Erzählen findet sich typischerweise in tagebuchähnlichen Erzähltexten oder auch in Briefromanen.

Der Anfang von Paul Austers Roman *Leviathan* (1992) stellt ein typisches Beispiel für retrospektives Erzählen dar:

Paul Auster: Leviathan (1992)

> Vor sechs Tagen hat sich im nördlichen Wisconsin ein Mann am Rand einer Straße in die Luft gesprengt. Zeugen gab es keine, doch offenbar saß er im Gras neben seinem geparkten Wagen, als die Bombe, an der er bastelte, plötzlich hochging. [...] Bis heute (4. Juli 1990) scheint niemand zu wissen, um wen es sich bei dem Toten handelt. [...] Was mich betrifft, können sie gar nicht lange genug brauchen. Die Geschichte, die ich zu erzählen habe, ist ziemlich kompliziert, und sollte ich noch nicht damit fertig sein, wenn sie die Antwort gefunden haben, wird das, was ich hier aufschreiben will, überhaupt keinen Sinn ergeben.

Retrospektives Erzählen in Paul Austers *Leviathan*

Der homodiegetische Erzähler Peter Aaron berichtet hier von Ereignissen, die sich in der Vergangenheit zugetragen haben; er erzählt also retrospektiv. Dabei benennt er auch – nicht selbstverständlich in Erzähltexten – mit einer konkreten Datumsangabe sein ›Heute‹ und die zeitliche Distanz zu dem geschilderten Geschehen. Aaron kündigt hier zudem explizit an, dass sein Erzählen ein ›eingeschobenes‹ sein wird. Und tatsächlich berichtet er später, dass ihn die Polizei in den folgenden Wochen, während er an seiner Niederschrift arbeitet, mehrfach zu dem Toten befragt.

Interpretationsskizze

2. **Gleichzeitiges Erzählen:** Beim Typus des gleichzeitigen Erzählens finden das Erzählen und das Erzählte im selben Moment statt. Es besteht also eine Koinzidenz von Diskurs und Geschichte. Rimmon-Kenan nennt dies ***simultaneous narration*** (2002, S. 91). Gleichzeitiges Erzählen liegt zum Beispiel bei der **Teichoskopie** (Mauerschau) im Drama oder bei einer **medialen Direktübertragung** vor – etwa bei der Kommentierung eines Fußballspiels durch einen Radioreporter. Auch ein Brief- oder Tagebuchschreiber praktiziert gleichzeitiges Erzählen, wenn er notiert, was just im Augenblick der Niederschrift um ihn herum geschieht. Als Tempus tritt in der Regel das Präsens auf.

Der Erzähler Johannes Wachholder in Wilhelm Raabes *Die Chronik der Sperlingsgasse* (1856) beispielsweise schließt seine Aufzeichnungen unter dem Eindruck seiner nächtlichen Erzählgegenwart:

> Ich öffne das Fenster und schaue in die dunkle, stille, warme Nacht hinaus. Hier und da flimmert ein einsamer Stern an der schwarzen Himmelsdecke. Wie feierlich der Glockenton in der Nacht klingt! Zwölf! [...]
>
> Meine Lampe flackert und ist dem Ausgehen nahe. Mit müder Hand schließe ich das Fenster und schreibe diese letzten Zeilen nieder:
>
> Seid gegrüßt, alle ihr Herzen bei Tage und bei Nacht; sei gegrüßt, du großes, träumendes Vaterland; sei gegrüßt, du kleine, enge, dunkle Gasse; sei gegrüßt, du große, schaffende Gewalt, die du die ewige *Liebe* bist! – Amen! Das sei das Ende der Chronik der Sperlingsgasse.

Wilhelm Raabe: Die Chronik der Sperlingsgasse (1856)

Gleichzeitiges Erzählen in Raabes *Die Chronik der Sperlingsgasse*

Interpretationsskizze

Der Erzähler Wachholder berichtet hier Handlungen aus seiner Erzählgegenwart – er erzählt also gleichzeitig. Dieser Textauszug illustriert aber deutlich die Schwierigkeit, wirklich simultan zu erzählen. Denn Raabes Erzähler wird kaum in die Nacht hinausschauen und im selben Moment notieren können, dass er dieses tut. Es ist also im Grunde nicht möglich – in der schriftlichen Form noch weniger als in der mündlichen –, Ereignisse ohne eine Zeitversetzung zu schildern, mag diese auch noch so gering sein. Puristen könnten also darauf bestehen, dass es im Grunde kein gleichzeitiges Erzählen von Ereignissen geben kann.

IV.1 Wer erzählt die Geschichte? – Parameter des Erzählers

Unser Textbeispiel weist allerdings einen tadellosen Fall auf: Wenn ein länger andauerndes Geschehen unabhängig vom Sprecher abläuft – wie das Flackern der Lampe, die dem Ausgehen nahe ist –, kann dieses durchaus gleichzeitig erzählt werden. Auch die Darstellung von **Gefühlszuständen und Ansichten** ist unproblematisch, da sie meist weniger punktuell sind als die einzelnen Teile einer Handlungsabfolge.

3. Prospektives Erzählen: Beim prospektiven Erzählen geht das Erzählen der erzählten Handlung voraus. Typisch hierfür sind Orakelsprüche, Vorhersagen, Wunschfantasien oder Planungen. Einschlägige Beispiele stellen etwa Prophezeiungen in der Bibel dar. Tzvetan Todorov spricht daher auch von **prädiktivem Erzählen** (1969, S. 48); Rimmon-Kenan verwendet den Ausdruck *anterior narration* (2002, S. 91). In der Regel findet das Futur Verwendung. Das Erzählen ist prospektiv vom Standpunkt der Figur, die die Aussage macht, nicht aber zwingend vom Standpunkt der ihr übergeordneten Erzählinstanz.

Bedenkenswert ist, dass dem prospektiven Erzählen **ein anderer Realitätsstatus** zukommt als den beiden zuvor genannten Arten: Die im retrospektiven und im gleichzeitigen Erzählen dargestellten Ereignisse sind Tatsachen in der fiktionalen Welt und damit gewiss. Beim prospektiven Erzählen hingegen bleibt über einen gewissen Zeitraum oder sogar gänzlich unklar, ob die geschilderten Ereignisse tatsächlich eintreten. Man könnte daher die Ansicht vertreten, **dass es prospektives Erzählen im Sinne der Definition gar nicht gibt**, sondern die hierunter subsumierten Erzählakte schlicht Annahmen, Vermutungen, Befürchtungen oder Wünsche des Sprechers sind, die sich auf die Zukunft beziehen. Nicht wenige Geschichten handeln gerade von dem Versuch, ein angekündigtes Ereignis noch zu verhindern. Ödipus etwa wird als Kind ausgesetzt, damit ein Orakelspruch nicht Wirklichkeit wird. Als Erwachsener verlässt er Korinth, um einem zweiten Orakelspruch auszuweichen. In diesem Zusammenhang wird deutlich, dass den beiden Orakelsprüchen als prädiktive Binnenerzählungen eine aktionale Funktion zukommt, denn infolge der Prophezeiung werden die Figuren jeweils handelnd aktiv. Vergeblich, wie wir wissen.

Im Briefroman kann eine interessante Variante prospektiven Erzählens in der Präsensform auftreten, wie zu Beginn von *Kufsah Shorah* (1987, dt. *Black Box*) des Israeli Amos Oz:

Amos Oz:
Black Box (1987)

Schalom Alek,

Wenn Du diesen Brief beim Anblick meiner Handschrift auf dem Umschlag nicht sofort vernichtet hast, zeigt sich wieder einmal, daß die Neugier noch stärker ist als der Haß. Oder daß der Haß neuen Sprit braucht.

Jetzt erbleichst Du, presst wie gewohnt Deine Wolfslefzen zusammen, ziehst die Lippen ein und verschlingst diese Zeilen, um herauszufinden, was ich von Dir will, was ich mir anmaße, von Dir zu wollen, nach sieben Jahren völligen Schweigens zwischen uns.

Prospektives Erzählen in Amos Oz' *Black Box*   Interpretationsskizze

Die Briefeschreiberin Ilana verwendet das Präsens, wenn sie die (vermutete) Reaktion Aleks auf ihren Brief schildert. Von ihrem Standpunkt aus liegt seine Reaktion auf ihren Brief aber in der Zukunft, daher erzählt Ilana hier – trotz ihrer Tempuswahl – eindeutig prospektiv.

Deutlich zeichnet sich in diesem Beispiel ab, dass prospektives Erzählen im Grunde nicht Ereignisse wiedergibt, sondern die Vermutung einer Figur: Alek ist Ilana zwar so vertraut, dass sie meint, seine Reaktion auf ihren Brief korrekt vorhersagen zu können; aber im Grunde kann sie natürlich nur ihre Imaginationen über den erwarteten Vorgang, nicht aber den Vorgang selbst wiedergeben.

Soweit die narratologische Auswertung. Mit Hilfe dieses erzähltechnischen Kniffs jedoch kompensiert Oz ein oft als Manko angesehenes Charakteristikum des Briefromans, der die Rezeption durch den Briefadressaten nicht szenisch abbilden kann. Egal, ob Alek wirklich wie von Ilana geschildert auf ihren Brief reagiert: Die **Funktion des prospektiven Erzählens** besteht hier in der Absicht Oz', dem realen Leser eine – wenn auch nur von einer Figur imaginierte – Szenerie anzubieten.

1.5 | Zur Darstellung des Adressaten

Wenn jemand erzählt, richtet er sich in aller Regel an ein Gegenüber. Neben der Frage »Wer erzählt?« ist daher im Rahmen der Erzähltextanalyse auch die Frage »An wen wendet sich der Erzähler?« von zentraler Bedeutung. Wir untersuchen im Folgenden also die **Konturierung des textinternen Adressaten des Erzählten**. Im Englischen wird von *narratee*, im Französischen von *narrataire* gesprochen. Wie oben bereits dargestellt (Kap. IV.1), sehen die meisten Narratologen die Existenz eines Erzählers als unabdingbar an; dies gilt im gleichen Maße für seinen Adressaten. Selbst wenn der Eindruck entsteht, als wende sich der Erzähler an niemanden, geht die Erzähltheorie von der Annahme aus, dass sich jeder Diskurs notwendigerweise an jemanden richtet und dass somit jedes Aussagesubjekt (wenn auch nur insgeheim) an einen Adressaten appelliert – gleichgültig, ob dieser im Erzähltext ein deutliches Profil erhält (***overt narratee***) oder, im Gegenteil, gar nicht existent zu sein scheint (***covert narratee***). Schmid unterscheidet entsprechend **explizite und implizite Darstellung** des fiktiven Adressaten. Im expliziten Darstellungsmodus kann der fiktive Leser eine konkret benannte Figur sein oder auch eine imaginierte Leserschaft, an die der Erzähler sich mit **Leseransprachen** oder Formeln wie »der geneigte Leser möge mir verzeihen« direkt wendet. Dabei kann er auch das Personalpronomen »wir« einsetzen, um einen gemeinsamen Erfahrungshorizont mit seinem Leser zu beanspruchen.

Orientierung des Erzählers am Adressaten: Die Rolle des Adressaten ist im hohen Maße kommunikationsrelevant – auch dann, wenn ein *covert narratee* vorliegt –, denn aus der **Ausrichtung des Erzählers am Adressa-**

IV.1 Wer erzählt die Geschichte? – Parameter des Erzählers

ten ist das Bild rekonstruierbar, das er von seinem fiktiven Leser hat. So nimmt zum Beispiel das vom Erzähler angenommene Vorwissen des Adressaten Einfluss auf die Quantität der Informationen, die er vergibt. Auch richtet sich der Erzähler nach den beim Adressaten vermuteten Normen moralischer und sozialer Art und passt seinen sprachlichen Duktus entsprechend an. Darüber hinaus kann der Erzähler mögliche Reaktionen des vorgestellten Adressaten antizipieren und in seinem Sinne regulierend gegensteuern. Schmid subsumiert derartige Kriterien unter dem Terminus ›**Orientierung**‹ (2014, S. 100). Das Bild des fiktiven Lesers stellt damit prinzipiell eine Eigenschaft des Erzählers dar, da nur er, nicht aber der Adressat, eine Sendeinstanz in der narrativen Kommunikation ist.

Die Konstellation von Sende- und Empfängerinstanz folgt auf der Ebene des Erzählens (Exegesis) und der Ebene des Erzählten (Diegesis) unterschiedlichen Voraussetzungen:

Erzähler und Adressat auf den verschiedenen narrativen Ebenen

- **Erzähler-Adressat-Beziehung in der Exegesis:** Wie wir oben festgestellt haben, kann der primäre Erzähler recht unkonturiert und scheinbar unabhängig von jeder Bindung an Zeit und Raum sprechen (s. Kap. IV.1.1). Dieser Erzähler nennt oder profiliert auch nicht zwingend seinen Adressaten. So kann fälschlicherweise der Eindruck entstehen, als wende sich der Erzähler an niemanden.
- **Erzähler-Adressat-Beziehung in der Diegesis:** Anders liegt der Fall bei einem erzählten Erzähler, denn sowohl er als auch sein Adressat sind gestaltete Figuren in einem raumzeitlichen Kontinuum. Die Sprechsituation, in die die Binnenerzählung eingebettet ist, ist dabei Teil der erzählten Geschichte und daher notwendig konkret ausgeführt: So wird neben Daten zur Sende- und Empfängerinstanz in der Regel auch angegeben, wo erzählt wird (Ort), wann (konkrete Jahreszahl, historische Kontextsituierung, Jahres- und/oder Tageszeit) und wie lange (Erzählerzeit).

Varianz infolge der Form der Erzählung: Bei der Analyse der Kommunikationssituation von Erzähler und Adressat empfiehlt es sich, auch die Frage nach der Form des Berichts zu stellen. Denn häufig gibt die jeweilige Textsorte mit ihren Spezifika schon eine bestimmte Kommunikationssituation vor. Liegt die Erzählung beispielsweise in Form von Briefen vor wie in *Black Box* von Amos Oz (s. Kap. IV.1.4), dann bedeutet dies zugleich, dass das Ich sich **in schriftlicher Form** an einen ausdrücklich genannten Adressaten wendet, der das Schriftstück zu einem späteren Zeitpunkt lesen wird.

Bei einer **mündlichen Erzählung** hingegen sind Sender und Empfänger meist zur selben Zeit am selben Ort, so dass die Rezeption zeitgleich zum Erzählen erfolgt. Kohoutek in Weiß' *Jarmila* beispielsweise richtet sich mit seiner Erzählung in dem Prager Wirtshaus direkt an den Geschäftsreisenden, und Pozdnyšev in Tolstojs *Kreutzersonate* berichtet die Geschichte seiner Ehe während einer Zugfahrt einem Mitreisenden. Aber es ist auch die Konstellation denkbar, dass die Erzählinstanz ein Tonband bespricht und – anders als O'Nans *Speed Queen* – sich dabei nicht an einen konkreten Adressaten wendet.

IV.1 Zur Darstellung des Adressaten

Erzähler und Adressaten in Storms *Schimmelreiter* — Interpretationsskizze

Nehmen wir zur Illustration der Parameter ›Subjekt‹ und ›Adressat‹ des Erzählens noch einmal den Anfang von Storms *Schimmelreiter* zur Hand.

Primäre Kommunikationssituation: Der **primäre Erzähler** nennt zwar nicht seinen Namen, stellt sich uns aber als ein Subjekt vor, das an Zeit und Raum sowie an typisch menschliche Rahmenbedingungen wie familiäre Strukturen durchaus gebunden ist: Ausführlich schildert er die Situation des erlebenden Ich vor rund 50 Jahren, als dieses die Geschichte von Hauke Haien in einer Zeitschrift las. Das erzählende Ich teilt uns jedoch vergleichsweise wenig über seine Erzählgegenwart mit. **Wir erfahren nicht, an wen es seine Ausführungen richtet** oder ob es seinen Bericht mündlich oder schriftlich anfertigt. Man kann lediglich feststellen, dass der Erzähler eine erklärte Erzählabsicht hat und mit einem Rezipienten rechnet. Auch die Frage, warum er überhaupt und warum er gerade diese Geschichte erzählt, bleibt offen. In der Tat erweisen sich somit der primäre Erzähler und seine Situierung in dieser Erzählsituation auffällig ungestaltet. Der **reale Leser** erhält den Eindruck, als wende sich der textexterne **reale Autor** Storm mit einer Art Vorwort direkt an ihn, und tatsächlich weisen die Angaben Parallelen zu Storms Biographie auf. Auch der Prolog jedoch ist Teil des fiktionalen Textes, so dass der primäre Erzähler hier nicht mit dem realen Autor gleichzusetzen ist.

Sekundäre Kommunikationssituation: Auch der **sekundäre Erzähler** bleibt recht ungestaltet: Die Situation, in der ihm die Binnenhandlung berichtet wird, ist detailliert geschildert; aber der Leser erfährt nichts über dessen Erzählgegenwart. Dies ist typisch für die Textsorte »Zeitungsartikel«, die hier imitiert wird: Die Kommunikationssituation von **Publizist und Zeitungsleser** ist damit ausreichend umrissen. Aus narratologischer Sicht mag dieser Befund der eingangs gemachten Aussage widersprechen, dass die Sprechsituation in Binnenerzählungen Teil der erzählten Geschichte und daher notwendig konkret gestaltet ist. Bedenkt man aber, dass der sekundäre Erzähler auch ein Rahmenerzähler ist, bestätigt unser Befund sogar die Hypothese. Offenbar ist es bei einem mehrstufigen Inklusionsschema immer die vorletzte Hierarchieebene – also die letzte vor der Haupthandlung –, die nach einer detaillierteren Ausgestaltung der Erzählsituation verlangt.

Tertiäre Kommunikationssituation: Im Fall von Storms Novelle ist dies die Szene in der Wirtsstube, wo der alte Schulmeister (wer?), der **tertiäre Erzähler**, an einem Oktobernachmittag (wann?) hinter einem nordfriesischen Deich (wo?) mündlich (in welcher Form?) die Geschichte von Hauke Haien (was?) bis in die Nacht hinein (wie lange?) berichtet. Sieht man von den anwesenden Einheimischen ab, ist **sein narrativer Adressat der namenlose Besucher Nordfrieslands** (wem?), der sekundäre Erzähler. Den Erzählanlass bildet der Umstand, dass der Besucher seine merkwürdige Begegnung auf dem Deich erwähnt und der Schulmeister daraufhin von der Gesellschaft aufgefordert wird, die Geschichte vom Schimmelreiter zu erzählen (warum?).

In der Wirtshausszene werden somit alle wesentlichen Parameter definiert, die eine Kommunikationssituation konstituieren, denn mit ihrer Gestaltung können die Fragen, wer erzählt wem was wann wo warum wie lange und in welcher Form – die Fragereihe kann je nach Bedarf beliebig eingeschränkt oder ausgedehnt werden –, hinreichend beantwortet werden.

Leitfragen zur Analyse des Erzählers

- Darstellung des Erzählers: Wie wird der Erzähler konturiert? Finden sich im Text Angaben zu seiner Person und den Bedingungen seines Erzählens? Wird er als Individuum profiliert und, wenn ja, wie?
- Ontologische Bestimmung des Erzählers: In welchem Verhältnis steht der Erzähler zur erzählten Welt? Ist er als eine der handelnden Figuren auch Teil des erzählten Geschehens?
- Repräsentationslogische Bestimmung des Erzählers: Liegt verschachteltes Erzählen vor, also eine Erzählung in der Erzählung, und damit unter Umständen eine Hierarchie verschiedener Erzähler? Auf welcher Ebene des narrativen Diskurses berichtet welcher Erzähler?
- Zeitlogische Bestimmung des Erzählers: Wann findet das erzählte Geschehen im Verhältnis zum Zeitpunkt des Erzählens statt? Bezieht sich das Erzählen auf ein Ereignis, das früher vorgefallen ist, das gleichzeitig stattfindet oder das sich erst noch ereignen wird?
- Darstellung des Adressaten: An wen wendet sich der Erzähler? Spricht er explizit ein Gegenüber an? Wenn ja, welches Profil des Adressaten zeichnet sich ab?

Literatur

Bode, Christoph: Der Roman. Eine Einführung. Tübingen/Basel 2005.
Booth, Wayne C.: Die Rhetorik der Erzählkunst [engl. 1961]. Heidelberg 1974.
Borges, Jorge Luis: »Befragungen«. In: Gesammelte Werke, Bd. 5/II. München/Wien 1981.
Chatman, Seymour: Story and discourse. Narrative structure in fiction and film [1978]. Ithaca ^{6}1993.
Cohn, Dorrit: Transparent minds. Narrative modes for presenting consciousness in fiction. Princeton 1978.
Friedemann, Käte: Die Rolle des Erzählers in der Epik [1910]. Hildesheim 1977.
Genette, Gérard: Die Erzählung [frz. 1972, 1983]. Paderborn ^{3}2010.
Hamburger, Käte: Die Logik der Dichtung [1957/1968]. Stuttgart ^{4}1994.
Lämmert, Eberhard: Bauformen des Erzählens [1955]. Stuttgart ^{9}2004.
Lanser, Susan S.: The narrative act. Point of view in prose fiction. Princeton 1981.
Martínez, Matías/Scheffel, Michael: Einführung in die Erzähltheorie [1999]. München ^{9}2012.
Rimmon-Kenan, Shlomith: Narrative fiction – contemporary poetics [1983]. London/New York ^{2}2002.
Romberg, Bertil: Studies in the narrative technique of the first-person-novel. Stockholm 1962.
Schmid, Wolf: Elemente der Narratologie [2005]. Berlin/Boston ^{3}2014.
Spitzer, Leo: »Zum Stil Marcel Prousts« [1928]. In: Stilstudien, Bd 2: Stilsprachen. Darmstadt ^{2}1961, S. 365–497.
Stanzel, Franz K.: Die typischen Erzählsituationen im Roman. Dargestellt an ›Tom Jones‹, ›Moby-Dick‹, ›The Ambassadors‹, ›Ulysses‹ u. a. Wien/Stuttgart 1955.

– : Typische Formen des Romans [1964]. Göttingen [12]1993.
– : Theorie des Erzählens [1979]. Göttingen [8]2008.
Todorov, Tzvetan: Grammaire du Décaméron. Den Haag 1969.
Wolf, Werner: Ästhetische Illusion und Illusionsdurchbrechung in der Erzählkunst: Theorie und Geschichte mit Schwerpunkt auf englischem illusionsstörenden Erzählen. Tübingen 1993.
– : »Erzähler«. In: Nünning, Ansgar (Hg.): Metzler Lexikon Literatur- und Kulturtheorie. Ansätze – Personen – Grundbegriffe. Stuttgart/Weimar [5]2013, S. 184 f.
– : »Erzählsituation«. In: Nünning, Ansgar (Hg.): Metzler Lexikon Literatur- und Kulturtheorie. Ansätze – Personen – Grundbegriffe. Stuttgart/Weimar [5]2013, S. 185 f.

Blödorn, Andreas/Langer, Daniela/Scheffel, Michael (Hg.): Stimme(n) im Text. Narratologische Positionsbestimmungen. Berlin/New York 2006 (= Narratologia 10).

Literatur zum Weiterlesen

Eisen, Ute E./Möllendorff, Peter von (Hg.): Über die Grenze. Metalepse in Text- und Bildmedien des Altertums. Berlin/New York 2013 (= Narratologia 39).
Friedman, Melvin: The stream of consciousness. A study in literary method. New Haven 1955.
Genette, Gérard: Métalepse. De la figure à la fiction. Paris 2003.
Kukkonen, Karin/Klimek, Sonja (Hg.): Metalepsis in popular culture. Berlin/New York 2011 (= Narratologia 28).
Margolin, Uri: »Necessarily a narrator or narrator if necessary. A short note on a long subject«. In: Journal of literary semantics 40 (2011), S. 43–57.
Mommertz, Stefan: Die Herausgeberfiktion in der englischsprachigen Literatur der Neuzeit. Berlin 2003.
Petersen, Jürgen H.: Die Erzählformen: Er, Ich, Du und andere Varianten. Berlin 2010.
Prince, Gerald: »Notes towards a characterization of fictional narratees«. In: Genre 4 (1971), S. 100–106.
Wirth, Uwe: Die Geburt des Autors aus dem Geist der Herausgeberfiktion. Editoriale Rahmung im Roman um 1800: Wieland, Goethe, Brentano, Jean Paul und E. T. A. Hoffmann. Paderborn 2007.
Zipfel, Frank: »Narratorless narration? Some reflections on the arguments for and against the ubiquity of narrators in fictional narration«. In: Birke, Dorothee/Köppe, Tilmann (Hg.): Author and narrator. Transdisciplinary contributions to a narratological debate. Berlin/Boston 2015, S. 45–80.

2 Wie erzählt der Erzähler? – Parameter des Diskurses

2.1 Anlage der Erzählperspektive
2.2 Präsentation von Rede und mentalen Prozessen
2.3 Zeitrelationen zwischen Diskurs und Geschichte
2.4 Wissensvermittlung und Informationsvergabe
2.5 Erzählen über das Erzählen
2.6 Zuverlässigkeit des Erzählens
2.7 Merkmale des Stils

Narratologische Theorien beschreiben das Erzählwerk generell unter zwei systematischen Perspektiven, die sich ergänzen. Die erste richtet sich dabei auf jene Phänomene, die das **Wie** des Erzählens ausmachen; die zweite Perspektive widmet sich dem **Was**, also dem Gegenstand des Erzählens. Diese grundlegende Systematik verdankt die moderne Erzähltheorie dem methodischen Ansatz, den Theoretiker wie Todorov, Barthes, Greimas und insbesondere Genette entwickelt haben und der für die strukturalistische Erzähltheorie auch heute insgesamt charakteristisch ist (so auch bei Martínez/Scheffel).

In diesem Kapitel wird der **Aspekt des Wie** im Zentrum stehen. Wir wollen das Erzählen damit als einen Vorgang und kommunikativen Prozess betrachten, der zwar als Ganzer bestimmten literarischen und ästhetischen Konventionen unterliegt, im konkreten Einzelfall jedoch von derart vielen Verfahren Gebrauch machen kann, dass auch literaturhistorische Konventionen und Muster der Originalität des Einzeltextes kaum Abbruch tun. Dieses spezifische Wie der Erzählverfahren, die sich in einem Erzähltext beobachten lassen, kennzeichnet ihn in der **systematischen Dimension des Diskurses** (*discours*).

Wie nun der Diskurs im konkreten Einzeltext angelegt ist, hängt von der Einstellung der verschiedenen Verfahrensweisen ab. Diesen sogenannten **Parametern des Diskurses** kann man insgesamt sieben Merkmalsgruppen zuordnen; wir stellen sie hier zunächst einmal in grafischer Form als Gesamtkomplex vor, um die Vielfalt der Steuerungsmöglichkeiten des **Wie** des Erzählens auf einen Blick zu erfassen:

Analysieren oder interpretieren? Unter einem methodischen Gesichtspunkt lassen sich die sieben Merkmalsgruppen, deren Abfolge zugleich die Systematik für unsere nun folgenden Unterkapitel vorgibt, allerdings auch zu zwei ganz anders definierten Komplexen zusammenfassen. Auf der einen Seite stehen dann die Parameter, deren jeweilige Einstellung wir analytisch »am Text« nachweisen können, für die es also eindeutige sprachliche Markierungen gibt. Dazu zählt, um nur ein Beispiel zu nennen, die Unterscheidung zwischen Erzählerrede und Figurenrede (s. Kap. IV.2.2). Eine sprachliche Markierung durch Anführungszeichen und eine vorangestellte Formel wie »Er sagte:« gibt eindeutig zu erkennen, dass jetzt die direkte Rede einer Figur beginnt.

IV.2

Wie erzählt der Erzähler? – Parameter des Diskurses

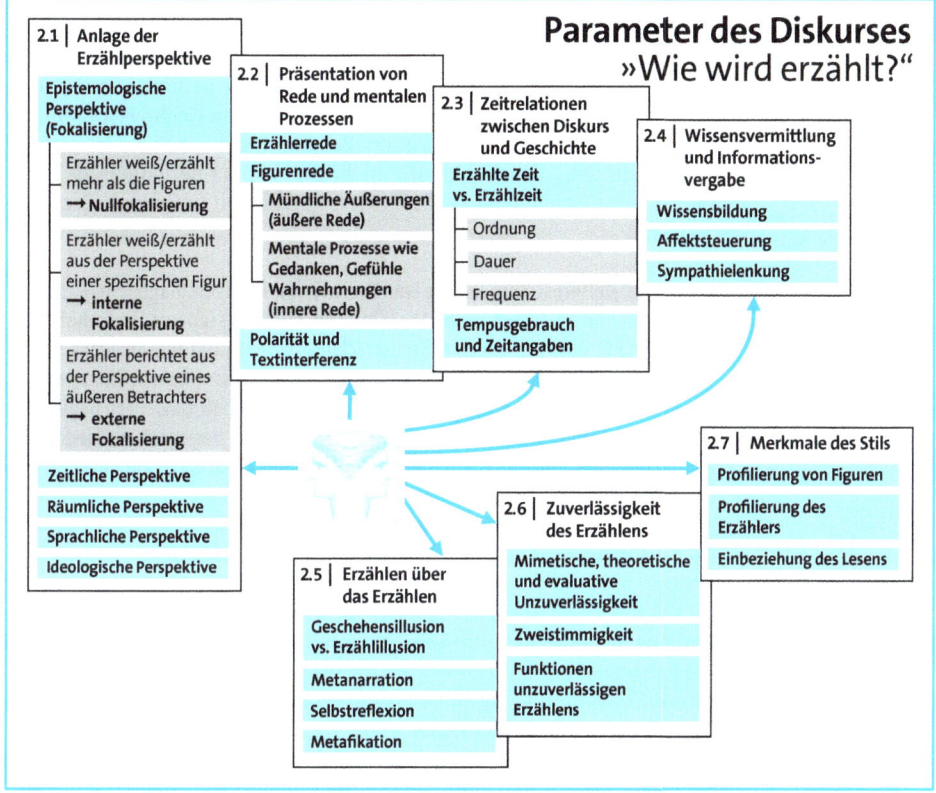

Anders verhält es sich mit jenen Parametern, für die es zwar durchaus auch mehr oder minder ausgeprägte sprachliche Indizien gibt – worauf diese Indizien jedoch deuten, können wir hier nur noch interpretativ »aus dem Text« (und in besonders schwierigen Fällen sogar nur unter Einbeziehung von Kontexten) erschließen. Aussagen über Fragen der ideologischen Perspektive (Kap. IV.2.1) oder die Funktion von Stilmerkmalen (Kap. IV.2.7) etwa setzen immer eine Interpretation der beobachteten sprachlichen Merkmale voraus. Solche Merkmale haben keinen eindeutigen, festen Wert; was sie jeweils für das Wie des Erzählens bedeuten, muss erst erschlossen werden und ergibt sich relativ zu unserem eigenen Standpunkt. Am schwierigsten zu bewerten sind in dieser Hinsicht Indizien für die Zuverlässigkeit oder Unzuverlässigkeit des Erzählers (s. Kap. IV.2.6): Sie setzen meist schon unsere Interpretation des Gesamttextes voraus.

Die sieben wichtigsten Parameter des Diskurses

IV.2 Wie erzählt der Erzähler? – Parameter des Diskurses

2.1 | Anlage der Erzählperspektive

In diesem Kapitel werden zwei Ansätze zur Analyse eines Phänomens vorgestellt werden, das zentral für das literarische Erzählen ist. Die folgende Passage am Anfang des dritten Kapitels von Anton Čechovs Erzählung *Krankenzimmer Nr. 6* liefert ein gutes Beispiel für diese Eigenart ästhetischer Narrationen, die offenkundig mehr und anders berichten, als es im faktualen, um Sachlichkeit und objektive Richtigkeit bemühten Erzählen der Fall ist:

Anton Čechov: Krankenzimmer Nr. 6 (1892)

An einem Herbstmorgen ging Ivan Dmitrič, mit hochgeschlagenem Mantelkragen und durch den Schmutz schlurfend, durch Gassen und Hinterhöfe zu einem Kleinbürger, um einen Vollstreckungsbefehl auszuführen. Seine Stimmung war düster, wie immer am Morgen. In einer Gasse kamen ihm zwei Häftlinge in Ketten entgegen, die von vier Soldaten mit Gewehren begleitet wurden. Früher war Ivan Dmitrič sehr oft Häftlingen begegnet, und jedes Mal hatten sie in ihm Mitleid und Verlegenheit erweckt, diesmal aber machte diese Begegnung auf ihn einen besonderen, eigentümlichen Eindruck. Es wollte ihm auf einmal scheinen, man könne auch ihn in Ketten legen und auf die gleiche Weise durch den Schmutz ins Gefängnis abführen.

Was weiß der Erzähler – und was kann er wissen? Was an diesem Beispiel für ästhetisches Erzählen typisch ist, lässt sich in folgende Fragen fassen: Wieso kann der Erzähler dieser Passage eigentlich wissen, dass Ivan Dmitrič düsterer Stimmung ist und dass der Anblick der Häftlinge in ihm den Gedanken erweckt, auch er könne eines Tages im Gefängnis landen? Diese Frage mag sich aufdrängen, ist aber falsch gestellt – denn dass Erzähler derlei Dinge wissen und mitteilen können, gehört nun einmal ganz einfach zu den grundlegenden Konventionen des fiktionalen Erzählens. Wir wollen deshalb nicht nach dem ›Warum‹ des Wissens fragen, sondern vielmehr nach seiner Spezifik: **Wie viel weiß der Erzähler? Unter welchen Bedingungen hat er dieses Wissen erworben?**

An der oben zitierten Textpassage fällt jedoch noch mehr auf als nur der eigentümliche Umstand, dass der Erzähler der Figur in den Kopf zu schauen vermag. Der Erzähler vermittelt uns sein Wissen auch auf eine besondere Weise: im vorliegenden Fall z. B. auf eine eher distanzierte und neutrale Art, die kein emotionales Engagement mit der Figur und auf den ersten Blick auch keine Wertung der Umstände wie des Geschehens erkennen lässt. Aber – warum wird uns Dmitrič als durch den Schmutz »schlurfend« präsentiert?

Wie wertet der Erzähler? Allein in der Wahl des Verbs steckt offenbar schon eine **Wertung**; könnte man den Helden selbst befragen, so würde er möglicherweise angeben, dass er vielmehr ›zielstrebig‹ oder ›eilig‹ durch den Schmutz gegangen ist und dabei zusätzlich zu den berichteten noch ganz andere, wichtigere Gedanken im Kopf hatte. Und dann diese vage Information, dass der Held durch irgendwelche »Gassen und Hinterhöfe« geht: Weshalb werden diese Örtlichkeiten so unspezifisch erwähnt und nicht genau benannt? – Selbst unerfahrene Leser sind sich intuitiv des Problems bewusst, das damit zusätzlich zur Frage des Wissens angesprochen ist: **Ein Erzähler teilt uns weder alles mit, was er weiß, noch ist alles, was er uns mitteilt, Wissen.**

Das Phänomen, dem wir hier begegnen, bezeichnet man in einem allgemeineren Sinne als **Perspektivierung**. Jedes erzählte Geschehen wird von einer Erzählinstanz vermittelt, die den Erzählgegenstand unter bestimmten Wahrnehmungsbedingungen aufnimmt und dann in Form einer Geschichte auf eine spezifische Art und Weise an uns weitergibt. Für den speziellen Aspekt der erzählerischen Wahrnehmungsbedingungen hat Gérard Genette (1972) den Begriff ›**Fokalisierung**‹ geprägt. Für den Gesamtkomplex aus erzählerischem Wahrnehmen und Weitergeben ist dagegen bis heute der Begriff der **Erzählperspektive** gebräuchlich, der in der Erzähltheorie von Wolf Schmid (2005) in besonders präziser Weise entfaltet worden ist.

Perspektivierung und Fokalisierung

> Der Begriff Fokalisierung wurde von dem Narratologen Gérard Genette geprägt. Er bezeichnet die prinzipiellen **Möglichkeiten des Wahrnehmens und Wissens**, die dem Erzähler als Beobachter des erzählten Geschehens zur Verfügung stehen – das heißt, seine **epistemologische Position** (gr. *epistéme*: Wissen, Erkenntnis, Einsicht). In der älteren Erzähltheorie wurde der Begriff Erzählperspektive nur vage gefasst. Wir legen dagegen die präzise Definition von Wolf Schmid zu Grunde. Nach dieser Bestimmung ist die Erzählperspektive »der **von inneren und äußeren Faktoren gebildete Komplex** von Bedingungen für das Erfassen und Darstellen eines Geschehens« (Schmid 2014, S. 121). Im Unterschied zu dem allein auf die Aspekte ›Wahrnehmen‹ und ›Wissen‹ beschränkten Konzept der Fokalisierung geht es hier zusätzlich insbesondere auch um die Frage, inwieweit der Bericht des Erzählers durch dessen **Überzeugungen, Normen, Wertungen und Mutmaßungen** – das heißt, durch seine **ideologische Position** – gefärbt wird.

Zum Begriff

Im Folgenden soll zunächst das Genette'sche **Konzept der Fokalisierung** erläutert werden. Im Anschluss werden wir dann die **Funktion der Fokalisierung** für das Erzählen betrachten, nämlich die Rolle der **Wahrnehmungssteuerung**. Unsere Erprobung des Konzepts an dem bereits zitierten Textbeispiel wird dessen Stärken, aber auch seine Schwächen demonstrieren. Grundsätzlich erweist sich das Fokalisierungskonzept nämlich als einseitig: Es begrenzt die Fragestellung nach der erzählerischen Perspektive auf den Aspekt des Wahrnehmens und Wissens, grenzt jedoch die wichtige Frage nach der **Einstellung der Erzählinstanz zum erzählten Geschehen** und der Spezifik ihrer sprachlichen Vermittlung des Geschehens als Geschichte weitgehend aus. Diese umfassendere Betrachtung leistet das alternative **Modell der Erzählperspektive** von Schmid, das im anschließenden Abschnitt vorgestellt und ebenfalls an einem Textbeispiel erprobt werden wird.

2.1.1 | Fokalisierung nach Genette

Der Erzähler in Čechovs Erzählung *Krankenzimmer Nr. 6* weiß ganz offensichtlich mehr von seinem Helden, als man bei einer rein äußerlichen Beobachtung eines Menschen objektiv wissen kann. Zudem präsentiert er uns diese Informationen als unzweifelhaft und nicht etwa nur als seine persönliche Vermutung.

Fokalisierung vs. ›Sehen‹: In der Erzähltheorie vor Genette sind zur Beschreibung solcher Eigenheiten erzählerischer Informationsvergabe oft metaphorische Begriffe verwendet worden, die die Möglichkeiten des Wahrnehmens im Sinne von Möglichkeiten des ›Sehens‹ beschreiben. *Point of view*, der Begriff des erzählerischen ›Blickpunkts‹ oder der des ›Blickwinkels‹ sind entsprechende Beispiele. Genette grenzt sich mit dem neu geprägten Begriff der **Fokalisierung** bewusst von dieser vagen, metaphorischen Begrifflichkeit seiner Vorgänger ab: Mit der Festlegung der **Möglichkeiten des Wahrnehmens und Wissens,** die der Erzählinstanz zugemessen werden, geht es in einem eher technischen Sinn um das Phänomen der **gesteuerten Informationsaufnahme**. Jeder Darstellung geht zwar logisch gesehen eine Informationsaufnahme voraus – aber unter welchen Bedingungen die Informationsaufnahme tatsächlich stattgefunden hat, erschließen wir als Rezipienten von Texten wie als Betrachter von Bildern in der Regel rückblickend, also vom fertigen Text oder Bild ausgehend. Im Konzept des **Fokus** klingt entsprechend statt der Vorstellung von der natürlichen visuellen Perspektive des Menschen eher die einer technisch-optischen ›Einstellung‹ an, wie sie beim Einsatz einer Kamera vorgenommen wird. Genette bevorzugt diese distanziertere, eher technische Redeweise aus zwei Gründen, die nicht nur historisch interessant sind, sondern vor allen Dingen auf methodische Entscheidungen hinweisen, die auch für unsere Praxis der Erzähltextanalyse relevant sind.

Risiko der Anthropomorphisierung: Die suggestive Metaphorik des ›Sehens‹ verleitet uns dazu, die Erzählinstanz zu anthropomorphisieren – das heißt, sie letztlich wie einen realweltlichen Erzähler aufzufassen: Eben als einen Jemand, der ›sieht‹, was in der erzählten Welt geschieht. Tatsächlich jedoch ist der **Erzähler ein reines Konstrukt**, das vom Autor entworfen und eingesetzt wird, um einen **spezifischen Wissenshorizont abzustecken** und den **narrativen Informationsprozess zu steuern**.

Eine derartige Begrenzung und Steuerung ist unverzichtbar: Denn ein Erzähler, der alles als objektives Wissen parat hat und uns auf einen Schlag mitteilt, wäre nicht besonders glaubwürdig. Vor allen Dingen aber wäre er auch rhetorisch und künstlerisch alles andere als überzeugend; gerade so zentrale wirkungsästhetische Effekte des Erzählens wie die **Spannung** (s. Kap. IV.2.4.2) oder unsere Identifikation mit einzelnen **Figuren** (s. Kap. IV.3.3) hängen ja ganz entscheidend davon ab, dass man als Leser die entsprechenden Informationen sukzessive und auf bestimmte Weise gefiltert und bewertet präsentiert bekommt. Das gilt auch für unser obiges Textbeispiel, das nämlich sofort die Frage aufwirft, wo und wer denn dieser quasi-menschliche Erzähler wäre, der da vermeintlich ›sieht‹ und eine ›Perspektive‹ besitzt. In dem kurzen Ausschnitt aus Čechovs Erzählung *Krankenzimmer Nr. 6* kann man ihn zumindest nicht ausmachen.

Hier spricht offenkundig eine Stimme, die nicht die einer der Figuren in der Erzählung ist. Ebenso wenig ist es aber die Stimme einer realen Person außerhalb der Erzählung.

Vermischung von ›Wahrnehmen‹ und ›Darstellen‹: Aus der latenten Anthropomorphisierung der Erzählinstanz zur Erzählerperson resultiert ein Folgeproblem: Wahrnehmung bzw. Wissen und Repräsentieren (Erzählen) sind nämlich zweierlei narrativ gesteuerte Vorgänge, sie werden so jedoch ein und derselben quasi-Person zugerechnet. Diese beiden **funktionalen Aspekte fallen** im literarischen Erzählen jedoch **oft gerade nicht in einer Person, einer Figur oder einer Instanz zusammen**. Die Wahrnehmungsposition einer Erzählinstanz kann zum Beispiel die einer figurengebundenen Mitsicht sein – aber das heißt noch lange nicht, dass die Erzählinstanz sich zum Beispiel auch sprachlich genau so artikuliert, wie es diese Figur getan hätte. Oft distanziert sich die Erzählinstanz vielmehr durch die Wahl sprachlicher Mittel von der Figur – der Erzähler teilt uns also indirekt mit:»Ich nehme zwar wahr, was die Figur wahrnimmt – aber **ich, der Erzähler, beurteile das Wahrgenommene ganz anders**, als es die Figur selbst beurteilt.« Unser erstes Textbeispiel oben ist möglicherweise so ein Fall. Betrachten wir einmal, was die Erzählinstanz hier alles wahrnehmen kann:

- Vorgänge in der erzählten Welt,
- Ivan Dmitričs Stimmung,
- seine aktuelle und vergangene Gefühlslage und
- seine psychische Reaktion auf die Begegnung mit den Häftlingen: nämlich eine plötzliche Angst davor, in der Zukunft im Gefängnis zu landen.

Der Akzent liegt damit schon quantitativ nicht auf den objektiven Vorgängen, die sich in der Welt des Ivan Dmitrič zutragen, sondern auf dem, was in seiner Psyche geschehen ist, aktuell geschieht und als Zukunft imaginiert wird. Nichts davon wird nun aber, wie es damit realistischerweise sein müsste, von Ivan Dmitrič selbst sprachlich ausgedrückt. Die Stimme, die seinen inneren Wahrnehmungen und Gedanken Ausdruck verleiht, ist vielmehr die einer unpersönlichen Erzählinstanz, die selber keine Gestalt annimmt. Deshalb ist es auch fraglich, ob Ivan Dmitrič selbst zum Beispiel seine Art des Gehens mit dem abfälligen Wort »schlurfen« beschrieben hätte.

Betrachten wir zunächst genauer, wie die **Steuerung der Informationsaufnahme** und damit die **Profilierung der Erzählinstanz als Wahrnehmungsinstanz** erzähltechnisch angelegt werden kann. Die prinzipiellen Möglichkeiten von Wahrnehmen und Wissen sind in der Philosophie Gegenstand der sogenannten Erkenntnistheorie oder Epistemologie (gr. *epistéme*: Erkenntnis, Wissen und *lógos*: Wissenschaft, Lehre). Auch eine Erzählinstanz kann man epistemologisch analysieren: Was weiß sie, was kann sie überhaupt wissen?

Der Erzähler als Wahrnehmungsinstanz: Unter dem Gesichtspunkt der Fokalisierung fragt die erzähltechnische Analyse damit nicht mehr, ›wieso‹ Čechovs Erzähler die oben angeführten Informationen über das Innenleben von Ivan Dmitrič überhaupt hat, sondern wesentlich präziser: Welche

Funktionale Dimensionen der Erzählinstanz

IV.2 Wie erzählt der Erzähler? – Parameter des Diskurses

Möglichkeiten von Wahrnehmung und Wissen müssen diesem Erzähler prinzipiell zur Verfügung gestanden haben, damit er uns solche Informationen übermitteln kann – und wie viel von diesem Wissen enthält er uns möglicherweise vor?

Fokalisierungstypen nach Genette: Aus der kleinen Textpassage kann man anhand der darin mitgeteilten Informationen recht gut das **epistemologische Profil der Erzählinstanz** erschließen. Für die genaue Kennzeichnung dieses Profils unterscheiden wir **drei Typen der Fokalisierung**. Jeder Typus wird definiert über das quantitative Verhältnis zwischen zwei Wahrnehmungspositionen und den ihnen jeweils zugeordneten Wissensmengen:

- Wissen des Erzählers,
- Wissen der erzählten Figuren.

Die Fokalisierung ist also grundsätzlich nicht absolut, sondern immer relational definiert. Wir verlassen uns bei der **Bestimmung von Fokalisierungstypen** allerdings durchaus nicht nur auf die wortwörtlichen Aussagen und Behauptungen von Figuren und Erzählinstanz, sondern wir bewerten und **erschließen diese im Gesamtzusammenhang**. Dies ist besonders in jenen Fällen wichtig, wo uns ein Erzähler als Informant suspekt erscheint (zum ›unzuverlässigen Erzähler‹ s. Kap. IV.2.6).

Drei Formen der Fokalisierung nach Genette

1. **Nullfokalisierung: Erzähler > Figur:** Den ersten Typus bezeichnet Genette als **Nullfokalisierung** – eine etwas widersprüchliche Bezeichnung. Gemeint ist damit, dass an den Aussagen des Erzählers überhaupt keine Einschränkung seiner Wahrnehmungs- und Wissensmöglichkeiten erkennbar wird, die ihn an die epistemologische Position einer Figur innerhalb oder außerhalb der erzählten Welt binden würde. Im Verhältnis zum Wissen der Figuren gilt: Der Erzähler weiß bzw. sagt mehr, als irgendeine der Figuren und selbst alle zusammen wissen bzw. wahrnehmen.
Die Nullfokalisierung wird auch als **Über- oder Allsicht** bezeichnet. Typische Beispiele für diesen Fokalisierungstyp stellen Romane dar, in denen ein allwissender Erzähler berichtet (auch auktorialer oder olympischer Erzähler genannt). Der Erzähltheoretiker Todorov hat diese Konstellation auf die folgende Formel gebracht: Erzähler > Figur. – In unserem Textbeispiel ist das wohl kaum der Fall; zumindest findet sich in diesem kurzen Auszug kein Indiz, das auf eine epistemologische Überlegenheit der Erzählinstanz gegenüber der Figur Ivan Dmitrič deuten würde.

2. **Externe Fokalisierung: Erzähler < Figur:** Hier gilt: Der Erzähler sagt weniger, als die Figur weiß. Die **externe Fokalisierung** wird auch **Außensicht** oder **objektive Technik** genannt. Typische Beispiele hierfür sind viele *Shortstorys* Hemingways, wo infolge der erzählerischen Zurückhaltung eine beträchtliche Mitarbeit des Lesers erforderlich ist. Auch Anton Čechov bedient sich in manchen Erzählungen dieser Technik, wie der Anfang seiner Erzählung *Tsss! …* zeigt: »Iwan Jegorowitsch Krasnuchin, ein Journalist mittleren Ranges, kehrt spät in der Nacht heim, ernst und ungewöhnlich konzentriert. Er sieht aus, als erwarte er eine Haussuchung oder als gehe er mit Selbstmordgedanken um«. Der

Erzähler mutmaßt über Krasnuchins Gedanken; direkt zugänglich sind ihm dessen Psyche und Gefühle hier jedoch offenbar nicht. – Todorov bringt diese Wissenskonstellation auf die Formel: Erzähler < Figur.
3. Interne Fokalisierung: Erzähler = Figur: **Intern fokalisiert** ist eine Erzählinstanz im Unterschied zu den vorgenannten Fällen immer dann, wenn ihre Wahrnehmungs- und Wissensmöglichkeiten an die einer spezifischen Figur gebunden sind. Der Erzähler sagt damit grundsätzlich nicht mehr, als diese Figur weiß. Die interne Fokalisierung wird auch als **Mitsicht** bezeichnet. Todorov schlägt für diese Konstellation diese Formel vor: Erzähler = Figur. Genette untergliedert die interne Fokalisierung nochmals in drei Subkategorien:
   - **Feste (auch: fixierte) interne Fokalisierung:** Das Blickfeld ist den gesamten Erzähltext über beschränkt auf die epistemologische Position einer einzigen Figur. Ein typisches Beispiel hierfür liefern Ich-Erzählungen.
   - **Variable interne Fokalisierung:** Es wird mal aus der wahrnehmungslogischen Position der einen, dann aus der einer anderen Figur berichtet.
   - **Multiple interne Fokalisierung:** Dasselbe Ereignis wird von mehreren Figuren geschildert und interpretiert. Ein typisches Beispiel für diese Subkategorie ist der Briefroman.

Woran erkennt man eine interne Fokalisierung? Um festzustellen, ob in einem Erzähltext interne Fokalisierung vorliegt, schlägt Genette einen einfachen Test vor: Wenn man eine Textpassage ohne Schwierigkeiten in die 1. Person Singular transponieren kann, ist die Erzählinstanz intern fokalisiert (Genette 2010, S. 124). Wir wollen diesen Test auf eine mögliche **interne Fokalisierung** an der bereits zitierten Passage aus Anton Čechovs *Krankenzimmer Nr. 6* durchführen.

> An einem Herbstmorgen ging [Ivan Dmitrič] *ich* mit hochgeschlagenem Mantelkragen und durch den Schmutz schlurfend, durch Gassen und Hinterhöfe zu einem Kleinbürger, um einen Vollstreckungsbefehl auszuführen. [Seine] *Meine* Stimmung war düster, wie immer am Morgen. In einer Gasse kamen [ihm] *mir* zwei Häftlinge in Ketten entgegen, die von vier Soldaten mit Gewehren begleitet wurden. Früher war [er] *ich* sehr oft Häftlingen begegnet, und jedes Mal hatten sie in [ihm] *mir* Mitleid und Verlegenheit erweckt, diesmal aber machte diese Begegnung auf [ihn] *mich* einen besonderen, eigentümlichen Eindruck. Es wollte [ihm] *mir* auf einmal scheinen, man könne auch [ihn] *mich* in Ketten legen und auf die gleiche Weise durch den Schmutz ins Gefängnis abführen.

Anton Čechov: *Krankenzimmer Nr. 6* (1892)

Die Ersetzung funktioniert problemlos. Die Erzählung scheint also intern fokalisiert zu sein.

Woran erkennt man eine variable Fokalisierung? Aber Vorsicht: Wir haben nur die Anfangspassage einer eingelegten Erzählung vor uns! Tatsächlich ist die Geschichte von Ivan Dmitrič im dritten Kapitel nur eine von mehreren, die der Erzähler benutzt, um das Schicksal der eigentlichen Hauptfigur – es ist der Arzt Andrej Efimyč Ragin – im Kontrast dazu her-

IV.2 Wie erzählt der Erzähler? – Parameter des Diskurses

vortreten zu lassen. Und selbst im Kontext der in sich abgeschlossenen Nebengeschichte **ändert sich zum Ende hin plötzlich die Fokalisierung**. So heißt es im vorletzten Absatz, in dem der schließlich seinem Verfolgungswahn erlegene Dmitrič nach Hause gebracht und nun erstmals auch der eigentliche Protagonist erwähnt wird:

Anton Čechov: Krankenzimmer Nr. 6 (1892)

Man hielt ihn auf, brachte ihn nach Hause und schickte die Wirtin nach einem Arzt. Doktor Andrej Efimyč Ragin, von dem später noch die Rede sein wird, verordnete kalte Umschläge auf den Kopf und Kirsch-Lorbeer-Tropfen, er schüttelte traurig den Kopf und ging fort, nachdem er der Wirtin gesagt hatte, er käme nicht mehr, weil man die Menschen nicht hindern solle, verrückt zu werden. [...] Nach einem Jahr hatte man in der Stadt Ivan Dmitrič schon völlig vergessen [...].

Hier weiß der Erzähler bereits mehr, als Ivan Dmitrič überhaupt noch wahrnehmen kann, insbesondere dann, wenn er im letzten Satz plötzlich im Rückblick aus einem Jahr Distanz über das Desinteresse der gesamten Stadt an dem Verrückten berichtet, der zu diesem Zeitpunkt selber schon im berüchtigten Krankenzimmer Nr. 6 eingesperrt ist, aus dem er nie wieder herauskommen wird. Aus der **internen Fokalisierung** (Mitsicht) des Anfangs ist damit eine **Nullfokalisierung** (Allsicht) geworden, wie sie den traditionellen allwissenden Erzähler auszeichnet – wir haben hier also insgesamt ein Beispiel für eine **variable Fokalisierung**.

Wer Čechovs Erzählung jetzt noch weiter liest, bekommt übrigens im gleich darauf beginnenden vierten Kapitel im ersten Satz dann eine nochmals anders definierte Erzählinstanz präsentiert: »Ivan Dmitičs Nachbar zur Linken ist, wie ich schon sagte, der Jude Mojseka [...]«. Hier **tritt der Erzähler vorübergehend als ›Ich‹ hervor**, ohne jedoch als Figur wirklich Kontur zu gewinnen. Als Erzählinstanz behält er zudem die Nullfokalisierung bei.

Zur Vertiefung

Kritik am Fokalisierungskonzept

Die Frage nach einer objektiven und vollkommen uneingeschränkten Erzählinstanz kann man nur beantworten, wenn man eine hypothetische dritte Wissensmenge definiert: nämlich die Gesamtmenge aller (objektiven und subjektiven) Fakten – also ein lückenloses Gesamtwissen über die erzählte Welt.

Aber: Niemand sagt uns jemals alles über die erzählte Welt, auch nicht ein vermeintlich objektiver nullfokalisierter Erzähler. Jedes Erzählen setzt immer schon eine Selektion von Informationen voraus. An den Prinzipien dieser Selektion wird deshalb letztlich auch das Profil eines sich allwissend gebenden Erzählers erkennbar: Auch er ist als Erzählinstanz nur ein vom Autor geschaffenes Konstrukt. Allwissende Erzähler sind jedoch in der Regel weniger epistemologisch – also: hinsichtlich ihrer grundsätzlichen Wahrnehmungs- und Wissensmöglichkeiten – eingeschränkt; Auswahl und Umfang der von ihnen mitgeteilten Informationen sind zumeist eher von Erwägungen abhängig, die wir unter den **ideologischen Parameter** fassen (s. unten).

> Genettes Fokalisierungskonzept ist in der narratologischen Forschung sehr kontrovers diskutiert worden (Bal 1977; Kablitz 1998; Jahn 2005). Neben dem eben skizzierten speziellen Einwand, dass auch der sogenannten Nullfokalisierung Prinzipien der Selektion unterliegen (Schmid 2014, S. 112), und der Kritik an der unscharfen Abgrenzung von Wissen und Wahrnehmung bei Genette (Kablitz 1998) ist auch auf systematische Widersprüchlichkeiten hingewiesen worden. Mieke Bals umfassende Auseinandersetzung mit Genette hebt in dieser Hinsicht hervor, dass Nullfokalisierung wie externe Fokalisierung Typen des ›Von-außen-Schauens‹ sind, in denen die Erzählinstanz das Wahrnehmungssubjekt ist, die erzählten Vorgänge und Figuren hingegen die Wahrnehmungsobjekte. Diese Differenzierung ist nun aber bei der internen Fokalisierung aufgehoben bzw. in ihr Gegenteil verkehrt: Hier wird das Wahrnehmungssubjekt selbst ›gesehen‹, es wird also zum selbstwahrnehmenden Wahrnehmungsobjekt. Damit ist, so Bal, die systematische Schlüssigkeit des Modells durchkreuzt. Bal selbst nahm dies zum Anlass, ein (noch komplexeres) Gegenmodell zu entwerfen, das jedoch wenig Akzeptanz gefunden hat (Bal 1977).

2.1.2 | Perspektivierung nach Schmid

Wie wir schon eingangs gesehen haben, steuert die von Čechov geschaffene Erzählinstanz den Prozess der Informationsaufnahme und -vermittlung nicht nur quantitativ, sondern auch qualitativ. Solche Bewertungen lassen sich oftmals gerade an szenischen Details erkennen. In der bereits zitierten Anfangsszene wird der Gang des Helden als schlurfend charakterisiert: Wir haben dies oben als Indiz einer negativen Wertung interpretiert, die uns der Erzähler möglicherweise suggerieren will. – Der Čechov'sche Erzähler geht durchaus nicht immer so subtil vor. Betrachten wir zum Vergleich den Beginn des anschließenden vierten Kapitels von Krankenzimmer Nr. 6:

> Ivan Dmitričs Nachbar zur Linken ist, wie ich schon sagte, der Jude Mojseka, der rechte Nachbar aber ein aufgedunsener, dicker, fast kugelrunder Bauer mit einem stumpfen, völlig ausdruckslosen Gesicht. Dieses unbewegliche, gefräßige und schmutzige tierische Geschöpf hat schon längst die Fähigkeit zum Denken und Fühlen verloren. Es verbreitet ständig einen scharfen, erstickenden Gestank.

Anton Čechov: Krankenzimmer Nr. 6 (1892)

An dem zweiten Textauszug lassen sich die **fünf Parameter der Perspektive** demonstrieren, die im Perspektivmodell von Schmid (2005) systematisiert werden:
1. Perzeptive Perspektive: Wie und aus welcher epistemologischen Position wird wahrgenommen?
2. Ideologische Perspektive: Wie und aus welcher Position wird das Wahrgenommene moralisch, ethisch, philosophisch etc. bewertet?
3. Räumliche Perspektive: Aus welcher räumlichen Position wird das Geschehen wahrgenommen?

Fünf Parameter der Perspektive nach Schmid

4. **Zeitliche Perspektive:** Ist das ›Jetzt‹ an eine der Figuren gebunden, oder drückt es eine autonome zeitliche Position der Erzählinstanz aus?
5. **Sprachliche Perspektive:** Wessen Sprache spricht der Erzähler – die einer der Figuren oder seine Eigene? Verstellt er sich womöglich oder drückt die Sprachverwendung z. B. eine ironische Distanz aus?

Figurale vs. narratoriale Einstellung: In einem konkreten Erzähltext müssen nicht immer alle fünf Parameter erkennbar sein – aber wo sie hervortreten, kann man ihren jeweiligen Wert an einem gemeinsamen Maßstab messen: Jeder der Parameter kann tendenziell entweder **figural oder narratorial definiert** sein. Das heißt, dass der jeweilige Parameter entweder so ›eingestellt‹ ist, dass er der Position einer der Figuren entspricht, oder aber so, dass er auf die Erzählinstanz, den Narrator verweist.

Interpretationsskizze

Opposition figural vs. narratorial

Im Folgenden wollen wir skizzieren, wie sich die grundlegende Opposition figural-narratorial in Anton Čechovs *Krankenzimmer Nr. 6* (4. Kapitel) in den fünf Parametern niederschlägt.

Perzeptive Perspektive: In dem Textausschnitt spricht uns der Erzähler als ›Ich‹ an; seine Wahrnehmungsmöglichkeiten sind erkennbar nicht auf die der beiden erwähnten Figuren beschränkt. Über den Bauern erfahren wir Dinge, die der Bauer, wenn man der Beschreibung glauben will, selber wohl nicht mehr wahrnimmt. Über den Juden Mojseka dagegen wird uns zwar so gut wie nichts mitgeteilt; gerade das knappe Überblenden des Erzählers vom Juden zum Bauern zeigt aber, dass hier ein Erzähler berichtet, der nach Belieben von der einen Figur zur anderen überwechselt und ihnen in den Kopf zu schauen vermag – auch wenn darin angeblich nichts mehr vorgeht. In Genettes Terminologie wäre dies eine Nullfokalisierung. In Schmids Terminologie liegt dagegen im Parameter ›Perzeption‹ eine **narratoriale Perspektive** vor; diese Bestimmung wird jetzt um vier weitere Parameter ergänzt werden.

Ideologische Perspektive: Die Wortwahl des Ich-Erzählers wie seine Rhetorik – hier insbesondere die vierfache Reihung verwandter Adjektive (»aufgedunsen«, »dick«, »kugelrund«; »stumpf, ausdruckslos«; »unbeweglich, gefräßig, schmutzig, tierisch«; »scharf, erstickend«) – bringen deutlich zum Ausdruck, dass und wie dieser Erzähler über den Bauern wertet: vernichtend. Theoretisch könnte diese Wertung zwar auch aus der Perspektive einer der anderen Figuren im Krankenzimmer Nr. 6 erfolgt sein, aber in dem kurzen Textausschnitt lässt sich dafür kein Indiz finden: Die ideologische Perspektive ist demnach **narratorial**.

Räumliche Perspektive: Ob dieser Parameter figural oder narratorial eingestellt ist, lässt sich aus dem knappen Zusammenhang nicht eindeutig erschließen: Aus wessen Perspektive wird hier die Verteilung der drei Betten im Raum eigentlich geschildert? Steht der Erzähler gewissermaßen am Fußende von Dmitriãs Bett, oder ist die Links-Rechts-Mitte-Anordnung aus der räumlichen Perspektive des in seinem Bett liegenden Helden entworfen und damit genau umgekehrt? Oder liegt dieser gar auf dem

Bauch, so dass sein Links-Rechts-Schema doch mit dem eines am Fußende stehenden Beobachters identisch ist? – Wir lassen diesen Parameter unbestimmt.

Zeitliche Perspektive: Ähnlich schwierig scheint zunächst die Bestimmung des zeitlichen Parameters. Deutlich wird jedoch, dass die sich hier artikulierende Instanz die Fähigkeit hat, einen großen Zeitraum zu überblicken: Auf der Geschehensebene wird mit dem »hat schon längst« auf einen vor langer Zeit abgeschlossenen Vorgang und mit dem »ständig« auf einen in unbestimmte Zukunft hinein noch andauernden Zustand hingewiesen. Eindeutig wird die Einstellung dieses Parameters durch das »wie ich schon sagte«: Hier wird zeitlich ja nicht auf einen vergangenen Vorgang auf der Geschehensebene verwiesen, sondern auf das vergangene ›Sagen‹ des Erzählers selbst. Diese Selbstreflexion kann jedoch nur narratorial sein. Dafür spricht auch die Verwendung des Präsens in den beschreibenden Partien. Auch dieses temporale Merkmal verweist auf den Erzähler; es handelt sich also insgesamt um eine **narratoriale** Einstellung.

Sprachliche Perspektive: Insbesondere dieser letzte Parameter kann kaum bewertet werden, wenn man den Gesamttext nicht kennt – denn die Charakterisierung von Figuren und Erzählinstanzen über sprachliche und stilistische Merkmale erfolgt oftmals erst über den Wechselbezug der Positionen aufeinander. Zudem spielt gerade hier die Gesamthandlung eine wesentliche Rolle, wenn man die Angemessenheit oder mögliche ironische Distanzierung der Sprachverwendung beurteilen will. – Die Pointe der Gesamterzählung *Krankenzimmer Nr. 6* kann man ganz knapp so schildern: Durch seine Begegnung mit dem verrückten, aber intelligenten Ivan Dmitrič findet der in dem verschlafenen Nest an Langeweile und Sinnleere leidenden Doktor Andrej Efimyā Ragin endlich einen ebenbürtigen Gesprächspartner. Er besucht Dmitrič nun immer häufiger im Krankenzimmer – mit dem Resultat, dass er am Ende selber von den bigotten Bürgern für verrückt erklärt und bis zu seinem Tode im Irrenhaus eingesperrt wird.

Wer diesen Gesamtzusammenhang der Erzählung und die Schilderungen der anderen Figuren kennt, wird nun in der Wortwahl des Erzählers ein kollektives Subjekt wiedererkennen: Aus ihm spricht die Dummheit und Brutalität der vermeintlich normalen Bürger, denen der Irre und sein Arzt als die einzig wahren Menschen gegenübergestellt werden. Diesen Bürgern leiht die Erzählinstanz hier ihre Stimme; sie spricht damit ›uneigentlich‹ und sarkastisch und also durchaus nicht narratorial, sondern figural – aber eben nicht im Sinne einer einzelnen Figur, sondern eines Kollektivs. Manfred Jahn schlägt für derartige Fälle die Bezeichnung »**kollektive Fokalisation**« vor (Jahn 2005).

Diese ›Uneigentlichkeit‹ des Sprechens hat schließlich Rückwirkungen auf die Bewertung aller anderen Parameter. Am deutlichsten erkennen wir dies am ideologischen Parameter: Auch die drastische und abfällige Schilderung des stumpfsinnigen Bauern ist, wie sich jetzt zeigt, eigentlich aus der Perspektive dieses Kollektivs formuliert; sie muss damit rückblickend ebenfalls als **figural** eingeschätzt werden.

IV.2

Wie erzählt der Erzähler? – Parameter des Diskurses

Kompakte vs. distributive Perspektive: Die Analyse der fünf Parameter der Perspektive kann man zu einem gewissen Grad schematisieren. Schmid schlägt dazu eine einfache Tabelle oder Matrix vor, in der man die Einzelwerte erfasst, um so die Gesamtkonstellation der Parameter für die jeweilige Textstelle darzustellen. Dadurch lässt sich insbesondere gut erkennen, ob die Perspektive insgesamt eindeutig – also dominant figural oder narratorial – ausgeprägt ist (**kompakte Perspektive**), oder ob die Parameter bewusst konträr zueinander angelegt worden sind (**distributive Perspektive**). Für das oben analysierte Textbeispiel ergibt sich folgendes Bild:

Analyse der Perspektivparameter in Čechovs Krankenzimmer Nr. 6 (4. Kapitel)

	Perzeption	Ideologie	Raum	Zeit	Sprache
narratorial	X	(X)		X	
figural		X			X

Die Tabelle zeigt, dass unsere Analyse zwar im ersten Durchgang eine kompakte narratoriale Perspektive ergab, dass dieses Ergebnis jedoch bei einer umfassenderen Textkenntnis und -auswertung letztlich eine Neubestimmung des Parameters ›Ideologie‹ nach sich zieht und damit dem Muster einer distributiven Perspektive gehorcht. Solche dynamischen Rückkopplungen, bei denen wir unsere eigenen Interpretationshypothesen korrigieren, sind Effekte der in Kapitel IV.2.4 näher erläuterten Techniken zur Spannungserzeugung und Wissensverteilung.

Unter einem methodischen Gesichtspunkt ist es zugleich wichtig zu betonen, dass gerade die **Bestimmung der Parameter ›Ideologie‹ und ›Sprache‹ in der Regel nur interpretierend** zu leisten ist. Diese Bestimmungen setzen in der Regel immer schon eine umfassende Textkenntnis, oft auch eine Kenntnis historischer, werk- und literaturgeschichtlicher Fakten voraus, die man als solche nicht dem Text entnehmen kann.

Zur Vertiefung

Theorien der Perspektive und der Fokalisation

Wir haben in unserer Darstellung mit den Modellen von Genette und Schmid zwei im Ansatz sehr unterschiedliche narratologische Theorien der Perspektive miteinander kombiniert. Dieses Verfahren ist pragmatisch gesehen durchaus legitim; es soll dennoch auf die grundsätzliche Differenz der beiden Ansätze verwiesen werden.

Idealgenetischer Ansatz: Schmids Theorie der Perspektive ist im Zusammenhang eines sogenannten idealgenetischen Modells konzipiert. Das Modell will verständlich machen, wie man sich den Entstehensprozess einer Erzählung (ihre Genese) abstrakt (also ›ideal‹ im Sinne von ›gedanklich‹) vorstellen kann. Nach Schmid verläuft dieser Prozess über vier Stufen:

Geschehen → Geschichte → Erzählung → Präsentation der Erzählung

Das Voranschreiten von einer Stufe zur jeweils nächsten bezeichnet er als eine narrative Transformation (Schmid 2014, S. 205). Jede der **drei narrativen Transformationen** (Auswahl, Komposition, Verbalisierung) prägt in entscheidender Weise die Perspektivierung, wobei im Fortschritt des Entstehungsprozesses insbesondere die sprachliche und ideologische Perspektivierung zunehmend an Bedeutung gewinnen. So plausibel nun dieses Gesamtmodell als idealgenetisches ist: Bei der konkreten Bestimmung von Perspektivierungsparametern jenseits der reinen Perzeption oder Fokalisierung müssen wir, wie unser Anwendungsbeispiel gezeigt hat, jedoch bereits **auf umfangreiches Kontextwissen zugreifen und also interpretieren.**

Beschreibungsheuristik: Demgegenüber ist das Genette'sche Konzept der Fokalisierung Teil einer systematischen Heuristik, das heißt, eines methodisch geregelten **Verfahrens zur möglichst interpretationsfreien Beschreibung** von Erzählungen. Die Funktion einer Heuristik oder ›Fragelehre‹ ist es, einen Gegenstand überhaupt erst einmal so zu erfassen, dass man interessante Phänomene an ihm erkennen, die entsprechenden Fragen zur genaueren Untersuchung dieser Phänomene formulieren und diese dann mit anderen Methoden – zum Beispiel der Methode einer Textinterpretation – untersuchen kann. Genette stellt keine Überlegungen darüber an, wie Erzählungen entstehen: Er liefert eine Systematik, um bereits vorliegende Erzählungen nach klar definierten Kategorien zu beschreiben. In diesem Zusammenhang nun beleuchtet sein Konzept der Fokalisierung eben nur einen Aspekt unter vielen – nämlich die Frage nach den Wissens- und Wahrnehmungsmöglichkeiten des Erzählers. Wenn man Genettes Ansatz als ›reduktionistisch‹ kritisiert, muss man also der Fairness halber einräumen: Der Reduktionismus ist methodisch gewollt.

Kognitivistische Ansätze: In der jüngeren narratologischen Forschung richtet sich das Interesse immer stärker auf die Frage, wie Erzählungen von Lesern verarbeitet und in Bezug zu ihrer Lebenswirklichkeit und Erfahrung gesetzt werden. Diese sogenannte kognitive Narratologie ist damit in besonderem Maße an den Prozessen des Vorstellens, der Hypothesenbildung und des Interpretierens interessiert, die sich – vom Text und seiner Erzählinstanz gesteuert – während des Lesens fortlaufend wechselseitig beeinflussen. Genettes Kategorie der variablen Fokalisierung, aber auch Schmids Konzept einer distributiven Perspektive weisen nun bereits darauf hin, dass auch die Perspektive durchaus prozesshaften Charakter annehmen kann. Für die kognitive Narratologie ist dieser Vorgang textgesteuerter Perspektivierung deshalb besonders interessant. Ein aktuelles Beispiel für einen solchen Ansatz liefert das Modell der ***Dynamic Narrative Architecture*** (Meister/Schönert 2008).

Leitfragen zur Analyse der Erzählperspektive

- Fokalisierung und Perzeption: Welche Einschränkungen bestimmen die Prozesse von Wissen und Wahrnehmen, durch die das erzählte Geschehen aufgefasst worden ist (Nullfokalisierung, externe Fokalisierung, interne Fokalisierung)?
- Epistemologisches Profil: Verweisen diese Einschränkungen im Sinne einer Epistemologie insgesamt auf die Wissens- und Wahrnehmungsmöglichkeiten einer Figur (figuraler Fokus) oder auf die einer abstrakten Instanz (narratorialer Fokus)?

IV.2 Wie erzählt der Erzähler? – Parameter des Diskurses

- **Raum und Zeit:** Werden Wissen oder Wahrnehmung von einem innerhalb der erzählten Welt definierten räumlichen oder zeitlichen Standpunkt aus gewonnen und vermittelt, oder verweisen die raumzeitlichen Indizien auf eine Erzählinstanz außerhalb dieser Welt?
- **Ideologie:** Welche Wertungen von wahrgenommenem oder berichtetem Geschehen lassen sich erkennen und wem sind sie als Äußerungen zuzuschreiben – einer erzählten Figur oder der Erzählinstanz?
- **Sprache:** Wird durch sprachliche Markierungen – z. B. eine figurenspezifische Wortwahl – das Mitgeteilte einer Figur oder einer Erzählinstanz zugeordnet? Handelt es sich um wortwörtlich gemeinte Rede, oder sind Effekte der Distanzierung erkennbar (Ironie, Parodie etc.)?
- **Kongruenz vs. Inkongruenz:** Sind die Parameter der Erzählperspektive kongruent definiert, d. h., kann man aus ihnen eine eindeutige Aussageposition erschließen (kompakte Perspektive) oder verweisen sie auf unterschiedliche Standpunkte und Aussagepositionen (distributive Perspektive)?
- **Informationssteuerung:** Werden uns Wissen oder Wahrnehmungen erkennbar vorenthalten? Wenn ja, durch welche Instanz?

Literatur

Bal, Mieke: »Narration et focalisation. Pour une théorie des instances du récit«. In: Poétique 29 (1977), S. 107–127.
Genette, Gérard: Die Erzählung [frz. 1972, 1983]. Paderborn ³2010.
Jahn, Manfred: »Windows of focalization: Deconstructing and reconstructing a narratological concept«. In: Style 30/2 (1996), S. 241–267.
– : »Narrative voice and agency in drama. Aspects of a narratology of drama«. In: New Literary History 32/2 (2001), S. 659–679.
– : »Focalization«. In: Herman, David/Jahn, Manfred/Ryan, Marie-Laure (Hg.): Routledge encyclopedia of narrative theory. London/New York 2005, S. 173–177.
Kablitz, Andreas: »Erzählperspektive – Point of view – Focalisation. Überlegungen zu einem Konzept der Erzähltheorie«. In: Zeitschrift für französische Sprache und Literatur 98 (1998), S. 237–255.
Meister, Jan Christoph/Schönert, Jörg: »The DNS of mediacy«. In: Hühn, Peter/Schmid, Wolf/Schönert, Jörg (Hg.): Point of view, perspective and focalization. Modeling mediation in narrative. Berlin/New York 2008 (= Narratologia 17), S. 11–40.
Schmid, Wolf: Elemente der Narratologie [2005]. Berlin/Boston ³2014.
Stanzel, Franz K.: Die typischen Erzählsituationen im Roman. Dargestellt an ›Tom Jones‹, ›Moby-Dick‹, ›The Ambassadors‹, ›Ulysses‹ u. a. Wien/Stuttgart 1955.
– : Theorie des Erzählens [1979]. Göttingen ⁸2008.

2.2 | Präsentation von Rede und mentalen Prozessen

Im vorigen Kapitel haben wir zunächst die Frage verfolgt, wie man aus dem Erzähltext auf die Fokalisierung – d. h. auf die der Erzählinstanz zuzurechnenden Möglichkeiten des Wahrnehmens und Wissens – schließen kann. Im zweiten Schritt wurden unter dem Stichwort Perspektivierung Indizien der subjektiven Färbung des Wahrgenommenen untersucht, durch die eine abstrakte Erzählinstanz allmählich als konkreter Erzähler hervortritt. Beides sind Aspekte der **Informationsaufnahme und -verarbeitung**, die man logisch aus dem vorliegenden Erzähltext erschließen kann. In diesem Kapitel nun betrachten wir die komplementäre **Aus-**

drucksseite: Es geht nunmehr um die Formen der **Informationsvergabe**, derer sich der Erzähler bedienen kann.

Grundsätzlich präsentiert uns der Erzähltext alle Informationen in Form einer Rede, als deren Urheber der Erzähler gilt. Im einfachsten Fall berichtet der Erzähler eigene Wahrnehmungen oder Gedanken in seinen eigenen Worten. Komplizierter wird es jedoch, wenn der Erzähler seinerseits die Rede oder die Gedanken einer Figur wiedergibt: In diesem Fall stellt sich u. a. die Frage, wie genau eigentlich die Äußerungen, die Gedanken und die Wahrnehmung der Figuren dargestellt werden.

2.2.1 | Erzählerrede und Figurenrede

Bevor wir die Bearbeitungsleistungen des Erzählers im Hinblick auf die Figurenrede untersuchen, wollen wir einige grundsätzliche Überlegungen zur Beschaffenheit von Erzähltexten als **Mischform aus Erzählerrede und Figurenrede** voranstellen.

Diegesis vs. mimesis: Platon (428–347 v. Chr.) unterscheidet in der *Politeia* (entstanden um 370 v. Chr., dt. *Der Staat*) die drei Gattungen Lyrik, Drama und Epos mit Hilfe eines formalen Kriteriums: der Redeform. Jene Form der Erzählung von Worten, bei der der Erzähler selbst spricht, nennt Platon **haple diegesis** (**einfache Erzählung**). Die Wiedergabe von Worten der Figuren bezeichnet er dagegen als *mimesis* (meist mit **Nachahmung** übersetzt). In der Lyrik spricht nach Platons Ansicht ausschließlich der Dichter selbst; sie besteht also aus reiner *diegesis*. In Komödie und Tragödie sind dagegen die vom Dichter nachgeahmten Reden der Figuren zu hören; sie bestehen also aus reiner *mimesis*. Das Epos schließlich enthält sowohl *diegesis* als auch *mimesis*; nach Platon stellt die Gattung damit eine Mischform dar (vgl. auch Kap. II.1).

In Anlehnung an Platon unterscheidet auch die moderne Erzählforschung zwei Modi der Darstellung:

- Im diegetischen Modus werden Ereignisse und Gespräche durch die Vermittlungsinstanz mehr oder weniger zusammenfassend erzählt. Je mehr ein Erzähler auf Dialogpassagen verzichtet, desto stärker herrscht der Eindruck eines berichtenden Erzählens vor, während umgekehrt die Illusion der dramatischen Darstellung abnimmt.
- Im mimetischen Modus werden dagegen Gespräche in direkter Rede möglichst authentisch wiedergegeben. Wenn über einen längeren Abschnitt hinweg die Redebeiträge in direkter Rede erscheinen, kann das narrative Moment fast gänzlich in den Hintergrund treten. Diese Passagen nähern sich dann der Gestalt des Dramas an, und der Leser kann den Eindruck gewinnen, dass er nicht einen Erzähltext, sondern ein Theaterstück liest.

Diegetischer vs. mimetischer Modus

mimesis vs. *diegesis*

Zur Vertiefung

Es gibt eine Vielzahl von unterschiedlichen Verwendungsweisen der beiden Termini *mimesis* und *diegesis*. Aristoteles beispielsweise, der sich in seiner *Poetik* (entstanden vermutlich 335 v. Chr.) mit dem Drama beschäf-

IV.2 Wie erzählt der Erzähler? – Parameter des Diskurses

tigt, verwendet den Ausdruck *mimesis* anders als Platon nicht für Rededarstellung, sondern bezeichnet damit die ›Imitation einer Handlung‹.

Noch schwieriger liegt der Fall beim Begriff *diegesis*. Er spielt in der Filmtheorie und insbesondere in der Erzähltheorie von Genette eine zentrale Rolle, hat dort aber eine vollkommen neue Bedeutung angenommen: Während Platon mit *diegesis* die Erzähleranteile im Text meint, bezeichnet Genette mit *diégèse* die erzählte Geschichte und Welt in ihrer Gesamtheit.

Showing vs. telling: In der anglo-amerikanischen Erzähltheorie hat sich dagegen das Begriffspaar *telling* (für Platons *diegesis*) und *showing* (für Platons *mimesis*) etabliert. Geprägt wurde es von dem US-amerikanischen Schriftsteller Henry James (1843–1916), der damit den jeweiligen Erzählmodus von Romanen bezeichnet. Im Modus des *showing* tritt der Erzähler in den Hintergrund; Handlung und Gespräche erscheinen dem Leser unmittelbar vernehmbar. Im Modus des *telling* hingegen wird die Vermittlungsleistung eines Erzählers deutlich, indem dieser Handlung und Gespräche kommentiert, zusammenfasst oder anderweitig bearbeitet. Die Opposition *telling* vs. *showing* war von James durchaus wertend gemeint. Getreu seiner Maxime »Dramatize, dramatize!« galten ihm Einmischungen des Erzählers in Form von expliziten Kommentaren sowie deutliche Raffungen von Handlung und Gesprächen als inakzeptabel, da sie die Handlungsebene des Erzähltextes unterbrechen.

Auch der englische Schriftsteller Percy Lubbock forderte 1921 in einer romantheoretischen Schrift, *The craft of fiction:* Moderne Romanautoren sollten nicht erzählen (*telling*), sondern zeigen (*showing*) – also die Geschichte so präsentieren, ›als erzähle sie sich selbst‹. Dies unterstütze die **Illusionsbildung** beim Leser optimal (s. Kap. IV.2.5.1). Je detailreicher der Erzähler die Szenerie ausgestaltet, desto stärker entsteht nach Lubbock beim Leser der Eindruck, er könne die Szenerie quasi vor seinem inneren Auge anschauen. Die Distanz zu der erzählten Welt empfindet der Leser dann als gering.

Die visuelle Vorstellung, die James und Lubbock mit dem Begriff des *showing* verbinden, ist nicht unproblematisch. Anders als eine Theaterinszenierung, die wir als Zuschauer in der Tat unmittelbar erleben, wird ein Erzähltext dem Leser immer durch einen zwischengeschalteten Erzähler vermittelt. Die Vorstellung, dass der Leser eine eindrücklich geschilderte Szene quasi vor seinem inneren Auge anschauen könne, ist ebenso eine Metapher wie das sprichwörtliche ›Kopfkino‹. Wenn ein Erzähltext seinen Gegenstand lebendig darzustellen vermag, kann bestenfalls von einer Illusion der Unmittelbarkeit die Rede sein. Deshalb ist das Begriffspaar *showing* und *telling* zwar eingängig, aber es verdeckt das wesentliche Merkmal des Erzähltextes: Alles am Erzähltext ist, wie schon Platon richtig sah, letztlich *diegesis* oder *telling* – auch wenn mimetische Redeanteile die Illusion des *showing* erwecken mögen.

Figurenrede als Illusion der Unmittelbarkeit: Während der Erzähler beobachtete Zustände und Ereignisse erst in das Medium der Sprache transformieren muss, findet er die Gespräche der Figuren bereits in sprachlicher Form vor. Die Wiedergabe von gesprochenen Worten erfordert somit offenbar deutlich weniger Übertragungsleistung als Zustandsbeschreibungen oder Ereignisrepräsentationen. Besonders wenn der Erzähler die direkte Rede als Wiedergabeform wählt, meint der Leser, unverfälscht die Äußerung der Figur zu vernehmen.

Authentizität der »Wiedergabe«: Wenn wir sagen, dass der Erzähler die Figurenrede »vorfindet«, und von »authentischer Wiedergabe« sprechen, ist dies natürlich eine Vereinfachung. Denn anders als in der Realität (und im Drama) liegt die Aussage an sich nicht vor; sie entsteht de facto erst durch die angebliche Wiedergabe des Erzählers.

Von dieser Einschränkung abgesehen: Ist ein wörtliches Zitat in der Figurenrede immer und unbedingt eine authentische Wiedergabe? In der Erzähltheorie wurde lange Zeit angenommen, dass die zitierte Rede 1:1 dem Original entspricht und damit als »vollmimetisch« anzusehen ist (vgl. Janik 1973, S. 36). Gegen diese Auffassung sprechen jedoch verschiedene Beobachtungen. Deutlich wird die Bearbeitung des Erzählers beispielsweise immer dann, wenn der Erzähltext erwähnt, dass eine Figur in einer Fremdsprache redet, der Erzähler sie aber in der Sprache des Erzähltextes »zitiert«: Der Erzähler hat in diesem Fall offenkundig die Figurenrede übersetzt. Auch bei der Wiedergabe der Figurenrede in Versform, wie im Epos üblich, tritt die Bearbeitung durch den Erzähler klar zutage. Einige Autoren nutzen eine nichtauthentische Wiedergabe von Figurenrede auch, um den Erzähler zu konturieren und explizit seine Vermittlungstätigkeit hervorzuheben. Aufmerksame Leser können beispielsweise in den Werken Dostoevskijs häufig zwei Wiedergaben derselben Rede finden, die signifikant voneinander abweichen (Schmid 2014, S. 143 f.). Auf diese Weise kann der Autor etwa die mangelnde Zuverlässigkeit des Erzählers als Vermittlungsinstanz markieren. Selbst die scheinbar ›authentisch‹ zitierte Figurenrede kann also trotz ihres quasi-dokumentarischen Charakters vom Erzähler bearbeitet worden sein.

Konkurrierende Modelle: Die Begriffssystematik für die Untersuchung der verschiedenen Darstellungsmöglichkeiten von Figurenrede ist bislang noch recht uneinheitlich. Das liegt zum einen daran, dass jede Nationalsprache ihre eigenen linguistischen Gesetzmäßigkeiten hat und sich daher die Wiedergabe von Figurenrede unterschiedlich ausprägt. Zum anderen haben sich für denselben Typus in verschiedenen Sprachen unterschiedliche Ausdrücke etabliert. Daher findet sich für die Untersuchung von Redewiedergabe eine Vielzahl von unterschiedlichen Modellen und konkurrierenden Termini. Die meisten Ansätze lassen sich jedoch auf ein **Drei-Stufen-Modell der Redewiedergabe** zurückführen, das wir im Folgenden (in Anlehnung an das Modell in Martínez/Scheffel 2012, S. 65) skizzieren. Anschließend stellen wir mit dem **Textinterferenz-Modell** einen jüngeren Ansatz vor, der das Zusammenspiel von Erzählerrede und Figurenrede neu zu beleuchten vermag.

2.2.2 | Drei-Stufen-Modell der Redewiedergabe

Bei der Präsentation von Figurenrede können drei Hauptkategorien unterschieden werden:
1. Zitierte Figurenrede: In der zitierten Figurenrede bleibt die Wörtlichkeit der Figurenrede erhalten: Was die Figur sagt, wird als **direkte Rede** au-

Drei Hauptkategorien der Redeformen in Erzähltexten

thentisch wiedergegeben. Es entsteht so der Eindruck, als handle es sich um die getreue Transkription, also die Verschriftlichung, einer mündlichen Äußerung. In deutschsprachigen Erzähltexten ist die zitierte Figurenrede grafisch mittels Anführungszeichen aus der Erzählerrede ausgegliedert. In dem Satz

Casper schrie: »Ich will heute meine Suppe nicht essen.«

lässt sich damit die Erzählerrede (›Casper schrie:‹) eindeutig unterscheiden von der Figurenrede (»Ich will heute meine Suppe nicht essen.«). Die Vermittlungsarbeit des Erzählers scheint in der zitierten Figurenrede gegen Null zu tendieren, denn die direkte Rede suggeriert, dass 1:1 wiedergegeben wird, was die Figur äußert.

2. Transponierte Figurenrede: Wird eine Äußerung von der direkten in die indirekte Form übertragen (»transponiert«), so bezeichnet man sie als transponierte Figurenrede. Jetzt hält sich der Erzähler nicht mehr wortwörtlich an die ursprüngliche Äußerung, sondern präsentiert sie in **indirekter Rede**. Er ist also der Sprecher der gesamten Sequenz; der individuelle Charakter der Figuräußerung bleibt jedoch weitgehend erhalten:

Casper schrie, dass er an jenem Tag seine Suppe nicht essen wolle.

In unserem Beispiel markiert die Konjunktion »dass« deutlich den Übergang von der Erzählerrede im übergeordneten Satz zu der Figurenrede im untergeordneten Satz. Der übergeordnete Satz besteht aus einer Redeankündigung, der ›Inquit-Formel‹, die zugleich den Sprecher benennt (›Casper‹) und die Art seines Sprechens charakterisiert (›schrie‹). Auch die anderen Merkmale der indirekten Rede treten hervor: Pronomen, Verb und die auf Raum und Zeit verweisenden Ausdrücke werden an die Sprechposition des Erzählers angepasst (aus ›ich‹ wird ›er‹; aus ›meine Suppe‹ wird ›seine Suppe‹; das Verb ›will‹ erscheint im Konjunktiv ›wolle‹, und statt ›heute‹ heißt es nun ›an jenem Tag‹).

Zum Begriff

Als Inquit-Formel bezeichnet man die Ankündigung einer direkt oder indirekt zitierten Rede durch einen Erzähler. Eine typische Inquit-Formel wie »Casper sagte, dass ...« verknüpft die Kennzeichnung des ursprünglichen Sprechers »Casper« mit einem **verbum dicendi** (einem Verb der Äußerung), das die Art und Weise des Sprechens charakterisiert – in diesem Beispiel also mit dem Verb »sagte«. Neben den *verba dicendi* gibt es auch die **verba credendi**, d. h. Verben des Denkens, Fühlens oder Wahrnehmens. Sie spielen bei der Markierung von Gedankenrede eine analoge Rolle.

3. Erzählte Figurenrede: In der erzählten Figurenrede muss der Erzähler die ursprüngliche Äußerung der Figur nicht länger wortgetreu wiedergeben oder indirekt reproduzieren – es liegt vollkommen bei ihm, inwieweit er noch sprachliche Elemente aus der ursprünglichen Aussage

der Figur verwendet. Meist gibt der Erzähler Gespräche der Figuren eher in seinem eigenen Sprachstil und in seiner eigenen Wortwahl wieder. Diese Form kann die Figurenrede recht detailliert beschreiben; sie kann aber auch eine **Kondensierung**, also eine zusammenfassende Wiedergabe vornehmen. Im Extremfall gibt der Erzähler nur eine knappe Inhaltsangabe dessen, was die Figur sagt:

Casper wies die Mahlzeit zurück.

Diese drei kurzen Beispiele zeigen, dass von zitierter über transponierter bis zur erzählten Figurenrede eine **graduelle Abnahme der Wörtlichkeit** vorliegt. Die Bearbeitungsleistung durch den Erzähler bei der Darstellung der Äußerung tendiert bei zitierter Figurenrede gegen Null, bei der erzählten Figurenrede hingegen ist sie relativ groß. In Erzähltexten findet sich selten nur eine Form der Redewiedergabe. Meist treten die verschiedenen Formen sogar innerhalb eines Absatzes in Kombination auf.

Äußerungen und Gedanken: Der Terminus ›Figurenrede‹ wird im Deutschen in der Regel nicht nur auf die wörtlichen Äußerungen der Figur bezogen (**äußere Rede**); er bezeichnet vielmehr auch mentale Prozesse der Figuren wie Gedanken, Gefühle und Wahrnehmungen, die mitunter auch als ›Gedankenrede‹ bezeichnet wird (**innere Rede**). Die englischsprachige Narratologie hat hier eine präzisere Begrifflichkeit; sie unterscheidet zwischen **Präsentationen von Äußerungen** (*speech representation*) und **Präsentation von mentalen Prozessen** (*thought representation*).

In der nachstehenden Systematik verwenden wir diese genauere Benennung und führen die verschiedenen Präsentationstypen der Figurenrede sowohl für gesprochene Worte als auch für Gedanken bzw. innere Vorgänge auf. Zudem unterscheiden wir, ob die Figurenrede autonom wiedergegeben wird oder nicht: In der **nichtautonomen Form** kündigt der Erzähler die syntaktisch untergeordnete Figurenrede mit einer Inquit-Formel an; in der **autonomen Form** hingegen erscheint die Figurenrede ohne eine derartige Ankündigung. Kombiniert man diese systematischen Aspekte, so ergibt das insgesamt zwei mal fünf Möglichkeiten, die einem Erzähler für die Form der Redewiedergabe zur Verfügung stehen:

		Präsentation von Äußerungen	Präsentation von mentalen Prozessen
1. Zitierte Figurenrede	autonom	autonome direkte Rede	autonomes Gedankenzitat (»innerer Monolog«)
	nicht autonom	direkte Rede	Gedankenzitat
2. Transponierte Figurenrede	autonom	autonome indirekte Rede (»erlebte Rede«)	autonome indirekte Gedankenrede (erlebte Gedankenrede, auch »erlebte Rede«)
	nicht autonom	indirekte Rede	indirekte Gedankenrede
3. Erzählte Figurenrede	nicht autonom	erzählte Rede	erzählte Gedankenrede (»Bewusstseinsbericht«)

Übersicht der verschiedenen Typen von Figurenrede

IV.2

Wie erzählt der Erzähler? – Parameter des Diskurses

Um die verschiedenen Typen der Rededarstellung zu illustrieren, nehmen wir als Ausgangspunkt eine Passage aus Storms Novelle *Der Schimmelreiter* (1888): Die alte Magd Trin' Jans hat der kleinen Wienke gerade die Geschichte von der Wasserfrau erzählt und wird nun von Hauke Haien, dem Vater des Kindes, zurechtgewiesen. Die Textpassage lautet im Original:

Theodor Storm: Der Schimmelreiter (1888)

«Trin' Jans!« kam eine tiefe Stimme von der Küchentür, und die Alte zuckte leicht zusammen. Es war der Deichgraf Hauke Haien, der dort am Ständer lehnte. »Was redet Sie dem Kinde vor? Hab ich Ihr nicht geboten, Ihre Mären für sich zu behalten oder sie den Gäns' und Hühnern zu erzählen?«

Im Folgenden variieren wir die Rede Haiens nach den verschiedenen Typen der Redewiedergabe (und werden – Storm möge uns verzeihen – je nach Bedarf Elemente ergänzen oder weglassen, um die Unterschiede hervorzuheben). Zunächst werden wir Haiens Schelte in den möglichen Varianten einer Präsentation von Äußerungen betrachten; anschließend formen wir sie in die Varianten einer Präsentation von Gedanken um.

Präsentation von Äußerungen einer Figur

Verluste bei der Überführung von mündlicher Rede in Schriftsprache: Grundsätzlich ist keine Schriftsprache in der Lage, die mündliche Rede vollkommen zu reproduzieren: Man kann beispielsweise nicht präzise abbilden, wie lang die Pausen zwischen den Worten einer Äußerung oder zwischen Redebeiträgen sind oder in welchem Tempo und in welcher Tonhöhe eine Figur spricht. In der Regel ist eine derart realistische Wiedergabe aber auch gar nicht gewollt; nur wenige Erzähler muten ihren Lesern so typische Merkmale der mündlichen Sprache zu wie etwa die Wiedergabe von »Ähs« und »Öhs« oder von unnötigen Wiederholungen. Andere typische Merkmale der mündlichen Rede wie dialektale Einfärbungen jedoch können in die Schriftsprache eingehen und so einen **Eindruck von Mündlichkeit** erzeugen.

Manipulationen sind bei der Transkription also unumgänglich; die Schriftsprache kann mündliche Rede immer nur imitieren und stilisieren. Die Redewiedergabe in Erzähltexten ist somit immer nur eine quasi-wörtliche. Interessanterweise scheinen die genannten Einschränkungen aber kaum Einfluss auf die Vorstellungskraft des Lesers zu haben. Denn trotz des Verlusts des mündlichen Charakters meinen wir bei der Lektüre eines wörtlich wiedergegebenen Gesprächs, dass wir die Rede der Figuren mehr oder weniger direkt und authentisch vernehmen können.

Betrachten wir jetzt die verschiedenen Möglichkeiten, die dem Erzähler in Storms *Schimmelreiter* für die Wiedergabe der äußeren Rede Hauke Haiens zur Verfügung standen:

1. **Zitierte Figurenrede:** Die Äußerung der Figur wird mit Anführungszeichen von der Erzählerrede abgesetzt und in direkter Rede wörtlich zitiert. Sie erscheint als äußerst authentisch wiedergegeben.

- **Autonome direkte Rede:** Diese Form der direkten Rede kommt ohne Inquit-Formel aus. Die Rede scheint sich gewissermaßen selbst zu sprechen. Dass sie jedoch tatsächlich ebenfalls von einem Erzähler geäußert wird, ist sprachlich nicht markiert:

  »Trin' Jans! Was redet Sie dem Kinde vor? Verdammt noch eins! Hab ich Ihr nicht geboten, Ihre Mären für sich zu behalten oder sich bei den Gäns' und Hühnern beizuhocken und sie denen zu erzählen?«

- **Direkte Rede:** Anders als in der ersten Variante wird die Äußerung der Figur in dieser Form der Redewiedergabe von einer einleitenden oder nachgestellten Inquit-Formel begleitet. Damit wird die Vermittlungsarbeit des Erzählers markiert; die zitierte Äußerung der Figur erscheint aber weiterhin als authentisch wiedergegeben:

  Hauke Haien sagte zu Trin' Jans: »Was redet Sie dem Kinde vor? Verdammt noch eins!« Er trat in die Stube. »Hab ich Ihr nicht geboten, Ihre Mären für sich zu behalten oder sich bei den Gäns' und Hühnern beizuhocken und sie denen zu erzählen?«, ergänzte er.

  Diese Form kann auch in einer **reduzierten Variante** auftreten, wenn nur einzelne Wörter im Erzählertext zitiert werden:

  Hauke Haien fragte Trin' Jans in scharfem Ton, was sie dem Kinde vorredete und ob er ihr nicht schon am Tag zuvor geboten habe, ihre »Mären« für sich zu behalten oder sich bei den Gänsen und Hühnern »beizuhocken« und denen zu erzählen.

  In dieser Mischform findet die Subjektivität der Figurenrede punktuell Eingang in die Erzählerrede. Dabei können die zitierten Ausdrücke auch eine ironische Akzentuierung erfahren; der Erzähler signalisiert dann seine Distanzierung von der Aussage der Figur (vgl. Schmid 2014, S. 180).

2. **Transponierte Figurenrede:** Dieser Typus bewegt sich zwischen mimetischem und diegetischem Modus. Wesentliche Merkmale der wortwörtlichen Figurenrede sind zwar noch in der Aussage enthalten; das Aussagesubjekt ist aber eindeutig der Erzähler. Infolge der Transponierung geht der Zitatcharakter der Aussage verloren. Es ist nicht auszuschließen, dass der Erzähler die Figurenrede verdichtet und sie gemäß seines eigenen Stils modifiziert. Beim Leser entsteht so der Eindruck, als höre er zwei Stimmen zugleich – die der Figur und die des Erzählers.
   - **Autonome indirekte Rede (»erlebte Rede«):** Dieser Typus, auch freie indirekte Rede oder »erlebte Rede« genannt, gibt die in die indirekte Form umgewandelte Figurenrede ohne Inquit-Formel wieder:

     Was Trin' Jans seinem Kinde da heute schon wieder vorredete! Verdammt noch eins! Hatte er ihr nicht gerade gestern geboten, ihre Mären für sich zu behalten oder sich bei den Gäns' und Hühnern beizuhocken und sie denen zu erzählen?

Die autonome indirekte Rede scheint auf merkwürdige Weise zwischen indirekter Rede und direkter Rede zu oszillieren. Zwar ist ohne Zweifel der Erzähler der Sprecher der gesamten Sequenz; da die Figurenrede aber nicht von einer Inquit-Formel eingeleitet und in einen Nebensatz eingebettet wird, sondern syntaktisch frei steht, erscheint auch die Figur beinahe wie ein Aussagesubjekt. Dieser Eindruck verstärkt sich noch, wenn der Stil der Figurenrede mit Ausrufen, dialektalen Einfärbungen und abwertender oder emphatischer Wortwahl beibehalten wird. Wegen dieses subjektiven Erzählstils wird der erlebten Rede eine äußerst lebendige Wirkung zugeschrieben.

Zur Vertiefung

Grammatische Merkmale der ›erlebten Rede‹

Für die autonome indirekte Rede, besser bekannt unter dem Ausdruck ›erlebte Rede‹, muss der Erzähler die wortwörtliche Figurenrede in mehrfacher Hinsicht grammatisch umformen. Vor allem hat er die Pronomina anzupassen und die Anredeformen in der zweiten Person in die dritte zu überführen (Hauke Haien bedient sich in Storms Originaltext allerdings der heute unüblichen Anrede in der dritten Person Singular; die Differenz zwischen dem ›Ihr‹ im Original und dem ›ihr‹ in unserer Umwandlung ist deshalb nicht so deutlich). Von der direkten Figurenrede unterscheidet sich dieser Typus weiterhin durch die Änderung des Tempus vom Indikativ Präsens zum Indikativ Imperfekt. Zeit- und Raumverweise – sogenannte ›chronotopische Deiktika‹ – können, müssen aber nicht transponiert sein. Aus diesem Grund ist ein Satz wie »Hatte er ihr nicht gerade *gestern* geboten, ihre Mären für sich zu behalten« durchaus sinnvoll.

- Indirekte Rede: Anders als in der autonomen Variante leitet der Erzähler die indirekte Rede mit einer Inquit-Formel ein; er nennt also das Aussagesubjekt und kann mittels des *verbum dicendi* die Ausdrucksweise der Figurenrede kennzeichnen. Die Figurenrede selbst gibt er in einem untergeordneten Satz wieder, den er meist mit der Konjunktion ›dass‹ eröffnet oder – bei Fragen – mit ›ob‹ oder einem anderen Fragewort.

Hauke Haien fragte Trin' Jans in scharfem Ton, was sie seinem Kinde vorredete und ob er ihr nicht schon am Tag zuvor geboten habe, ihre Mären für sich zu behalten oder zu den Gänsen und Hühnern auf den Hof zu gehen und sie denen zu erzählen.

Wie in der erlebten Rede werden Pronomina und Verbformen umgewandelt. Die Verbformen des Zitats stehen in der indirekten Rede jedoch meist nicht im Indikativ, sondern im Konjunktiv. Im Einleitungssatz ist es dem Erzähler möglich, die Tonlage der Figur ergänzend zu beschreiben – in unserem Beispiel teilt er etwa mit, dass Haien zu Trin' Jans »in scharfem Ton« spricht. Im Gegenzug eliminiert er meist Besonderheiten der Figurenrede, vorzugsweise affektgeladene Einschübe und Ausrufe – in unserem Beispiel streicht er etwa den Fluch »Verdammt noch eins!«. Auch den abfälligen Ausdruck »beihocken« ersetzt er durch die neutralere Wendung »auf den Hof gehen«. Auch Raum- und Zeitverweise können dem Standpunkt des Erzählers angepasst sein (»am Tag zuvor« statt »gestern«).

3. **Erzählte Figurenrede:** Bei diesem Typus tritt die Mittelbarkeit der Erzählung besonders deutlich zutage, denn die Informationsvergabe wird in hohem Maße vom Erzähler kontrolliert, während die wortwörtliche Figurenrede kaum mehr zu erschließen ist.

   Hauke Haien wies Trin' Jans scharf zurecht und verbot ihr erneut, seiner Tochter Gespenstergeschichten wie die von der Wasserfrau zu erzählen.

   Wie groß der Anteil der Figurenrede an der erzählten Rede genau ist, kann der Leser kaum mehr rekonstruieren. Der Extremfall von erzählter Rede – die größtmögliche Distanz zwischen der geäußerten Figurenrede und ihrer Darstellung durch den Erzähler – liegt bei einer drastischen Raffung vor: Der sprachliche Akt wird zwar erwähnt, aber was inhaltlich konkret geäußert wurde, wird uns vorenthalten:

   Hauke Haien tadelte Trin' Jans.

   Die erzählte Figurenrede weist wie die erlebte Rede keine Inquit-Formel auf. Daher kann es im Einzelfall schwer sein zu entscheiden, welche Form konkret vorliegt.

Präsentation von mentalen Prozessen der Figur

Die anhand von gesprochener Figurenrede illustrierten drei Formen – zitierte, transponierte und erzählte Redewiedergabe – können analog auf die Darstellung von Gedankenrede bzw. innere Rede übertragen werden. Da hierunter neben den Gedanken einer Figur auch andere Arten von inneren Vorgängen wie Gefühle und Wahrnehmungen fallen, repräsentieren diese Redetypen zugleich verschiedene Arten der **Introspektion**, also der Darstellung der geistigen Innenwelt von Figuren. Introspektion ist, wenn die Erzählung dafür nicht eine plausible Begründung auf der Inhaltsebene liefert, eigentlich nur einem sogenannten allwissenden Erzähler möglich, der nicht Figur der erzählten Welt ist, dafür aber allen Figuren in den Kopf zu schauen vermag. Da es uns in der realen Welt unmöglich ist, die Gedanken, Gefühle und Wahrnehmungen anderer Menschen direkt zu erfahren, gelten in der Erzähltheorie diese Darstellungen der figuralen Innenwelt als ein typisches Merkmal für fiktionale Literatur (vgl. Hamburger 1994).

1. **Zitierte Gedankenrede:** Analog zu der Wiedergabe von Figurenäußerungen werden in der zitierten Gedankenrede Gedanken, Wahrnehmungen und Gefühle der Figur scheinbar wörtlich wiedergegeben.
   - **Autonomes Gedankenzitat (»innerer Monolog«):** Der Erzähler verzichtet darauf, den Wechsel von der Erzählung äußerlich beobachtbarer Handlung zu der Erzählung innerer Vorgänge zu kennzeich-

nen. Er tritt nahezu vollkommen in den Hintergrund und gibt allem Anschein nach direkt die Gedanken der Figur wieder. Die Anführungszeichen fallen dabei meist weg.

Was hör ich da, was redet Trin' Jans meinem Kinde heute schon wieder vor? Verdammt noch eins! Hab ich der Alten nicht erst gestern geboten, Ihre Mären für sich zu behalten oder sie den Gäns' und Hühnern zu erzählen? Ich werde sie jetzt sofort tadeln deswegen.

Das Handlungsgeschehen wird hier indirekt vermittelt durch die psychischen Reaktionen einer der Figuren. Damit muss in der Ich-Form all das verbalisiert werden, was die betreffende Figur wahrnimmt, gerade tut oder als nächstes machen will. In Folge dessen kann die Darstellung mitunter recht künstlich wirken – gerade wenn der innere Monolog nicht punktuell, sondern über eine längere Passage hinweg verwendet wird.

- Gedankenzitat: Auch hier werden Gedanken, Wahrnehmungen und Gefühle der Figur wortwörtlich wiedergegeben. Der Erzähler leitet die Rede in diesem Typus allerdings mit einer Inquit-Formel und einem *verbum credendi* ein, also einem Verb des Denkens, Fühlens oder Wahrnehmens.

Hauke Haien dachte bei sich: »Was redet Trin' Jans dem Kinde heute schon wieder vor? Verdammt noch eins! Hab ich der Alten nicht erst gestern geboten, ihre Mären für sich zu behalten oder den Gäns' und Hühnern zu erzählen?«

2. Transponierte Gedankenrede: Wie bei der transponierten Wiedergabe von Äußerungen passt der Erzähler auch hier meist die Pronomina und das Tempus an seinen Standpunkt an. Typische Ausdrucksformen der Figur können beibehalten werden oder modifiziert sein in die ›objektivere‹ Ausdrucksweise des Erzählers.
    - Autonome indirekte Gedankenrede bzw. »erlebte (Gedanken-)Rede«: In dieser Darstellungsform werden die inneren Vorgänge der Figur analog zum Typus der autonomen indirekten Rede vom Erzähler nicht explizit angekündigt und begrenzt.

Jetzt war es genug! Trin' Jans sollte Wienke nicht diese Mären erzählen. Verdammt noch eins! Erst gestern hatte er ihr dies wieder geboten. Sollte sie es doch den Gäns' und Hühnern erzählen, nicht aber seinem Kinde. Sobald die Mutter Wienke zum Essen in die Küche geholt hätte, würde er der alten Frau das ohne weiteres Federlesen einschärfen.

- Indirekte Gedankenrede: In dieser Form bettet der Erzähler die Introspektion in eigene Rede ein, markiert aber zugleich sprachlich, dass es sich um innere Vorgänge im Bewusstsein der Figur handelt.

Hauke Haien beschloss, Trin' Jans zurechtzuweisen, weil sie seinem Kind wieder Mären erzählte. Die, so dachte er bei sich, könne sie für sich behalten oder den Gänsen und Hühnern erzählen, nicht aber seiner Tochter.

- In den beiden Typen der transponierten Gedankenrede können nicht nur aktuelle innere Vorgänge einer Figur präsentiert werden, sondern auch ihre grundsätzlichen Überzeugungen und Einstellungen, beispielsweise zu ideologischen Fragen. Es muss also nicht zwingend eine konkrete Situation abgebildet sein.

3. Erzählte Gedankenrede: Diese Form wird auch **Gedankenbericht** und **Bewusstseinsbericht** genannt. Der Erzähler stellt die inneren Vorgänge einer Figur mehr oder weniger summarisch dar und eliminiert dabei häufig deren eigenen Sprach- und Gedankenstil. Dabei muss nicht zwingend eine konkrete oder aktuelle Situation abgebildet sein; auch hier können charakteristische Grundeinstellungen der Figur geschildert werden, die ihr Weltbild und ihre Überzeugungen hervortreten lassen – im nachfolgenden Beispiel etwa Hauke Haiens rationalistische Skepsis gegenüber Gespenstergeschichten und Aberglauben.

> Hauke Haien hatte sich vorgenommen, Trin' Jans jedes Mal aufs Neue zurechtzuweisen, wenn sie Wienke wieder Gespenstergeschichten erzählen sollte. Er war strikt dagegen, dass sie seiner Tochter mit diesen frei erfundenen Geschichten Angst einjagte.

Wir haben hier die einzelnen Typen in Idealform vorgestellt. In der Praxis lassen sich die verschiedenen Formen allerdings oft nur schwer unterscheiden: Während die zitierte Figurenrede durch Anführungszeichen und wörtliches Zitat deutlich markiert ist, kann der Übergang zwischen den Formen der transponierten und der erzählten Rede fließend sein. Gerade bei der Wiedergabe von Gedanken ist es häufig unmöglich zu entscheiden, ob noch indirekte Rede oder schon erzählte Rede vorliegt. Aus diesem Grund halten Narratologen wie Monika Fludernik das Drei-Stufen-Modell in der Analysepraxis für nicht sonderlich tauglich (1993 und 2005). Auch andere Erzähltheoretiker stehen dieser Systematik skeptisch gegenüber. Geoffrey Leech und Mick Short (1981) beispielsweise halten die Parallelisierung von Äußerungen und inneren Vorgängen für unzulässig, da ihrer Auffassung nach die Effekte, die die Darstellungen jeweils hervorrufen, nicht vergleichbar sind.

Bewusstseinsstrom-Techniken *Zur Vertiefung*

In der zweiten Hälfte des 19. Jahrhunderts begann sich die moderne Erzählliteratur vermehrt für unbewusste Prozesse zu interessieren; äußere Handlungsverläufe rückten in den Hintergrund. Diese Tendenz zur Privilegierung der Innenperspektive verstärkte sich um die Jahrhundertwende noch durch die Psychoanalyse Sigmund Freuds (1856–1939). Um Bewusstseinsinhalte möglichst unmittelbar abzubilden, fanden in der Prosaliteratur die Techniken **innerer Monolog** und **erlebte Rede** zunehmend Verwendung.

Als erster Schriftsteller, der den **inneren Monolog** in einigen Passagen einsetzte, gilt Edouard Dujardin mit *Les lauriers sont coupés* (1887, dt. *Der geschnittene Lorbeer*). Tatsächlich hatten jedoch schon Fedor Dostoevskij

IV.2
Wie erzählt der Erzähler? – Parameter des Diskurses

in *Dvojnik* (1846, dt. *Der Doppelgänger*) und Lev Tolstoj in *Vojna i mir* (1868, dt. *Krieg und Frieden*) diese Technik verwendet (vgl. Schmid 2014, S. 177–179). Im 20. Jahrhundert wird das Verfahren ausgeweitet: Neben konkreten Gedanken kommen nun auch die Abfolge von Bewusstseinsinhalten und freie Assoziationen von Figuren zur Darstellung – Alfred Döblin setzte diese Variante des inneren Monologs in *Berlin Alexanderplatz* (1918) besonders eindrucksvoll ein. Perfektioniert wurde der sogenannte Bewusstseinsstrom (*stream of consciousness*) schließlich von James Joyce in seinem Roman *Ulysses* (1922), in dem die Figuren über viele Seiten hinweg assoziativ ihre Gedanken aneinanderreihen. Die Geschichte wird nicht mehr als vom Erzähler berichtet dargeboten, sondern gänzlich aus der Innenperspektive der Figur präsentiert. Der innere Monolog ist eine ausgesprochen moderne Technik und gilt als eines der wichtigsten Merkmale in den Texten dieser Epoche.

Die **erlebte Rede** (im Englischen als *free indirect discourse* bezeichnet, im Französischen als *style indirect libre*) ist deutlich komplexer als der innere Monolog, da in ihr zwei Stimmen zu verschmelzen scheinen. Obwohl der Erzähler Sprecher der gesamten Aussage ist, erweckt dieser Typus den Eindruck, als wären die Worte der Figur unmittelbar vernehmbar. Aus diesem Grund wird die erlebte Rede auch als **blended discourse** oder als ein **Dual-voice**-Phänomen bezeichnet. Entgegen der lange Zeit vorherrschenden Ansicht findet sich erlebte Rede auch in der Homodiegese: Hier sind es die Stimmen des erzählenden Ich und des erlebenden Ich, die miteinander fusionieren.

2.2.3 | Textinterferenz-Modell

Käte Friedemann weist als zentrales Merkmal von Erzähltexten aus, dass »wir die Welt nicht ergreifen, wie sie an sich ist, sondern wie sie durch das Medium eines betrachtenden Geistes hindurchgegangen« ist (1910, S. 26). Friedemann charakterisiert damit die Vermittlungsarbeit des Erzählers in Erzähltexten. Bei der transponierten und erzählten Figurenrede geht die erzählte Welt sogar durch den ›betrachtenden Geist‹ zweier Instanzen: zum einen durch das Bewusstsein des Erzählers und zum anderen durch das der Figur. Erzählerrede und die Figurenrede verschmelzen damit auf eigentümliche Weise.

Zweistimmigkeit: Zu den ersten, die diese Art von **Zweistimmigkeit eines Wortes** untersuchten, zählt der russische Literaturtheoretiker Michail M. Bachtin. Zu diesem Phänomen rechnete Bachtin alle Aussagen, die nach ihren grammatischen und kompositionellen Merkmalen einem einzigen Sprecher gehören – in unserem Fall dem Erzähler –, in denen sich aber tatsächlich zwei Aussagen, zwei Redeweisen und somit auch zwei Sinn- und Wertungshorizonte vermischen (1929, auf dt. 1971). Bachtins Landsmann Valentin Vološinov prägte für dieses Phänomen der Zweistimmigkeit die Bezeichnung **Interferenz** (1929, auf dt. 1975).

Vor diesem Hintergrund hat der Hamburger Slavist Wolf Schmid eine Alternative zu dem traditionellen Drei-Stufen-Modell der Redewiedergabe entworfen. Er verzichtet dabei nicht nur auf die Unterscheidung, ob eine Äußerung oder ein mentaler Prozess präsentiert wird; er legt zudem statt drei nur zwei Hauptkategorien zugrunde: einerseits die Wiedergabe der **Figurenrede**, die hier – anders als im Drei-Stufen-Modell – ausschließlich als Zitat der Figur in direkter Rede verstanden wird, und andererseits die **Erzählerrede**, die aus allen übrigen Textanteilen besteht und auch die durch den Erzähler bearbeitete Wiedergabe der Figurenrede umfasst (im Drei-Stufen-Modell die transponierte und die erzählte Rede). Bei allen Formen der Redewiedergabe in der zweiten Hauptkategorie verhält es sich so, dass in ein und demselben Textabschnitt einige Merkmale auf den Erzähler und andere auf die Figur verweisen können. Auf diese Weise kann eine Werkpassage eher **narratorial** oder eher **figural** geprägt sein. Schmid nennt dies in Anlehnung an Vološinov **Interferenz von Erzählertext (ET) und Figurentext (FT)**, kurz: **Textinterferenz**.

Um den jeweiligen Anteil von Erzählertext und Figurentext in einer Passage auszumachen, unterscheidet Schmid verschiedene Merkmale von Rede; das Merkmalsschema korrespondiert dabei in Teilen mit seinem ›Perspektivmodell‹ (s. Kap. IV.2.1.2):

1. **Thematische Merkmale:** Erzählertext und Figurentext können sich in der Auswahl von Themen unterscheiden. Dieses Kriterium entspricht im Perspektivmodell dem Parameter der **Perzeption**.
2. **Merkmale der Wertung:** Erzählertext und Figurentext können sich im Hinblick auf den ideologischen Horizont unterscheiden. Dieses Kriterium entspricht im Perspektivmodell dem Parameter der **Ideologie**.
3. **Grammatische Merkmale der Personalform:** Erzählertext und Figurentext können sich in der Verwendung der Pronomina und der Verbformen unterscheiden. Um die Figuren der erzählten Welt zu beschreiben, verwendet der heterodiegetische Erzähler die Pronomina und Verbformen der dritten Person für alle am Geschehen Beteiligten. Die Figur dagegen verwendet alle drei grammatischen Personen: Sich selbst bezeichnet sie als »ich«, ein Gegenüber spricht sie mit »du« an, und von anderen Figuren redet sie in der dritten Person.
4. **Grammatische Merkmale des Tempus:** Um Vorgänge in der erzählten Welt zu beschreiben, verwendet der Erzähler in der Regel das Präteritum, selten auch das historische Präsens. Die Figur verwendet prinzipiell alle drei Zeitstufen.
5. **Grammatische Merkmale des Zeigsystems:** Um den Raum und die Zeit zu bezeichnen, kommen in Erzählertext und Figurentext unterschiedliche Zeigsysteme zum Einsatz. So verwendet die Figur raum-zeitliche Verweisausdrücke (»Deiktika«), die sich auf ihren Standpunkt im aktuellen Hier-und-Jetzt beziehen – wie zum Beispiel ›gestern‹, ›heute‹, ›morgen‹ sowie ›hier‹ und ›dort‹. Der Erzähler hingegen verwendet

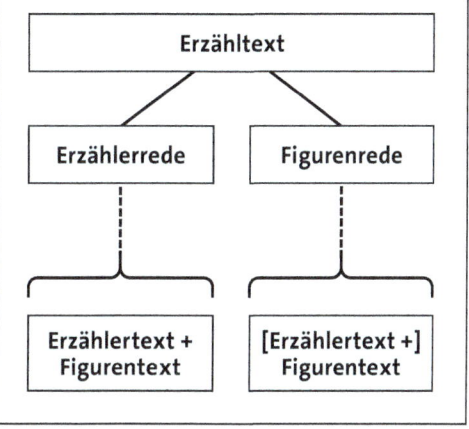

Komponenten des Erzähltextes (nach Schmid 2014, S. 145)

Merkmale von Erzählertext vs. Figurentext

IV.2
Wie erzählt der Erzähler? – Parameter des Diskurses

Zeigwörter, die relativer Art sind (»anaphorische Ausdrücke«) – wie zum Beispiel ›am Tag zuvor‹, ›am selben Tag‹, ›am folgenden Tag‹ sowie ›am selben Ort‹ und ›andernorts‹. Dieses Kriterium entspricht im Perspektivmodell den beiden Parametern **Raum und Zeit**.

6. Merkmale der Sprachfunktion: Erzählertext und Figurentext können durch unterschiedliche Sprachfunktionen wie Darstellung, Ausdruck oder Appell charakterisiert sein.
7. Stilistische Merkmale der Lexik: Erzählertext und Figurentext können für dasselbe Objekt verschiedene Benennungen verwenden. Die Figur kann beispielsweise für andere Figuren Kosenamen oder abfällige Bezeichnungen verwenden und regionale oder dialektal gefärbte Ausdrücke gebrauchen. In unserem *Schimmelreiter*-Beispiel verweisen etwa der etwas altertümliche Ausdruck »Mären« und das abwertende »beihocken« auf das lexikalische Repertoire der Figur.
8. Stilistische Merkmale der Syntax: Erzählertext und Figurentext können durch unterschiedliche syntaktische Muster charakterisiert sein. – Die Kriterien 6, 7 und 8 korrespondieren im Perspektivmodell mit dem Parameter **Sprache**.

Die praktische Anwendung des Modells lässt sich gut am Beispiel des inneren Monologs demonstrieren. Das typische Polaritätsprofil der acht Merkmale von Erzählertext (ET) und Figurentext (FT) für diese Redeform sieht wie folgt aus:

Polaritätsprofil für den inneren Monolog

	1. Thema	2. Wertung	3. Personalform	4. Zeit (Tempus)	5. Zeigsystem	6. Sprachfunktion	7. Lexik	8. Syntax
ET								
FT	X	X	X	X	X	X	X	X

Prinzipiell können alle Formen der Redewiedergabe, ja sogar alle Passagen eines Textes, mittels eines solchen Polaritätsprofils abgebildet werden. Erst aber wenn **weder ein einheitlicher Figurentext noch ein einheitlicher Erzählertext** vorliegt, sprechen wir von **Textinterferenz**. Wie das Polaritätsprofil für den inneren Monolog zeigt, verweisen bei dieser Redeform alle Merkmale auf die Figur: Der innere Monolog stellt also keinen Fall von Textinterferenz dar.

Textinterferenz in erlebter Rede: Das Paradebeispiel für Textinterferenz liefert dagegen die Form der erlebten Rede. Betrachten wir noch einmal eine Variante des *Schimmelreiter*-Zitats:

> Was Trin' Jans seinem Kinde da heute schon wieder vorredete! Verdammt noch eins! Hatte er ihr nicht gerade gestern geboten, ihre Mären für sich zu behalten oder sich bei den Gäns' und Hühnern beizuhocken und sie denen zu erzählen?

Das Polaritätsprofil für diese Passage sieht wie folgt aus:

	1. Thema	2. Wertung	3. Personalform	4. Zeit (Tempus)	5. Zeigsystem	6. Sprachfunktion	7. Lexik	8. Syntax
ET			X	X				
FT	X	X			X	X	X	X

Polaritätsprofil für erlebte Rede

Alle Pronomina und das Tempus der Verben verweisen auf die Perspektive des Erzählers. Daher ist in den Spalten »Personalform« und »Zeit (Tempus)« die Zeile des Erzählertextes (ET) markiert. Alle anderen Merkmale hingegen verweisen auf die Perspektive der Figur – so entspricht etwa das zeitliche Deiktikum ›gestern‹ dem Erfahrungshorizont Hauke Haiens. Auch die Ausdrucksweise und die Wortwahl zeigt die Perspektive der Figur an, nicht die des Erzählers.

Je nachdem welche Position insgesamt dominiert, kann man so zwischen einer **figural und einer narratorial akzentuierten Variante** der erlebten Rede unterscheiden. Es ist auch möglich, dass ein Merkmal nicht eindeutig dem Erzähler oder einer Figur zugeordnet werden kann; Schmid spricht in diesen Fällen von einer **neutralisierten Opposition**. Das Polaritätsprofil markiert dann das Merkmal sowohl beim Erzählertext als auch beim Figurentext. Gerade in modernen Erzähltexten wird der Effekt der Unentscheidbarkeit gern eingesetzt, um die als zersplittert erfahrene moderne Welt abzubilden.

Funktionen von Textinterferenz: Warum entwickelte die europäische Erzählprosa seit dem 19. Jahrhundert eine Vorliebe für solche **hybriden Formen**, die dem Leser oft keine eindeutige Identifikation des verantwortlichen Äußerungssubjekts mehr ermöglichen? Dafür gibt es (mindestens) zwei mögliche Erklärungen. Erstens bietet sich diese Darstellungstechnik an, um die problematische, gespaltene Natur des Seelenlebens einer Figur zu spiegeln. Zweitens kann man diese Gestaltungsform als einen Appell an den Leser auffassen, sich aktiv mit den unterschiedlichen Wertungsstandpunkten von Figuren und Erzähler auseinanderzusetzen.

Leitfragen zur Analyse von Erzählerrede und Figurenrede

- Einsatz der verschiedenen Redeformen: Nutzt der Erzähler das ganze Spektrum aus zitierter, transponierter und erzählter Figurenrede oder verwendet er vorwiegend eine Darstellungsform? Welche Darstellungsform wählt der Erzähler im Einzelfall? Welche Absicht verfolgt er mit dem jeweils gewählten Typus?
- Erlebte Rede: Finden sich Passagen mit erlebter Rede oder mit verwandten Formen? Wenn ja, welchen Effekt haben diese zweistimmigen Abschnitte? Akzentuiert der Erzähler die Figurenrede beispielsweise eher verächtlich, ironisch oder mit Sympathie?

IV.2 Wie erzählt der Erzähler? – Parameter des Diskurses

- **Textinterferenz:** Wie sind in erlebter Rede und in verwandten Formen die Merkmale von Erzählertext (ET) und Figurentext (ET) verteilt? Ist die Redewiedergabe eher als narratorial oder als figural zu bezeichnen?

Literatur

Bachtin, Michail M.: Probleme der Poetik Dostoevskijs [russ. 1929]. München 1971.
Cohn, Dorrit: Transparent Minds. Narrative Modes for Presenting Consciousness. Baltimore 1978.
Fludernik, Monika: The fictions of language and the languages of fiction. The linguistic representation of speech and consciousness. London/New York 1993.
– : »Speech Representation«. In: Herman, David/Jahn, Manfred/Ryan, Marie-Laure (Hg.): Routledge encyclopedia of narrative theory. London/New York 2005, S. 558–563.
Friedemann, Käte: Die Rolle des Erzählers in der Epik [1910]. Hildesheim 1977.
Genette, Gérard: Die Erzählung [frz. 1972, 1983]. Paderborn ³2010.
Hamburger, Käte: Die Logik der Dichtung [1957]. Stuttgart ⁴1994.
Janik, Dieter: Die Kommunikationsstruktur des Erzählwerks. Ein semiologisches Modell. Bebenhausen 1973.
Leech, Geoffrey/Short, Mick: Style in fiction. A linguistic introduction to english fictional prose. London/New York 1981.
Lorck, Etienne: Die ›Erlebte Rede‹. Eine sprachliche Untersuchung. Heidelberg 1921.
Lubbock, Percy: The craft of fiction [1921]. London 1968.
Martínez, Matías/Scheffel, Michael: Einführung in die Erzähltheorie [1999]. München ⁹2012.
Schmid, Wolf: Elemente der Narratologie. Berlin/Boston ³2014.
– : »Erzähltextanalyse«. In: Anz, Thomas (Hg.): Handbuch Literaturwissenschaft. Bd. 2: Methoden und Theorien. Stuttgart/Weimar 2007, S. 98–120.
Spitzer, Leo: »Sprachmengung als Stilmittel und als Ausdruck der Klangphantasie«. In: Ders.: Stilstudien II. München 1928, S. 84–124.
Vološinov, Valentin N.: Marxismus und Sprachphilosophie. Grundlegende Probleme der soziologischen Methode in der Sprachwissenschaft [russ. 1929]. Frankfurt a. M./Berlin/Wien 1975.

Literatur zum Weiterlesen

Antor, Heinz: »Erlebte Rede«. In: Nünning, Ansgar (Hg.): Metzler Lexikon Literatur- und Kulturtheorie. Ansätze – Personen – Grundbegriffe. Stuttgart/Weimar ⁵2013, S. 183 f.
Banfield, Ann: Unspeakable sentences. Narration and representation in the language of fiction. Boston/London/Melbourne/Henly 1982.
Cohn, Dorrit: »Erlebte Rede im Ich-Roman«. In: Germanisch-Romanische Monatsschrift N. F. 19 (1969), S. 303–313.
– : »The encirclement of narrative. On Franz K. Stanzel's ›Theorie des Erzählens‹«. In: Poetics Today 2/2 (1981), S. 157–182.
Pascal, Roy: The dual voice. Free indirect speech and its functioning in the nineteenth-century European novel. Manchester 1977.
Rimmon-Kenan, Shlomith: Narrative fiction – contemporary poetics [1983]. London/New York ²2002.
Stanzel, Franz K.: »Erlebte Rede – Prolegomena zu einer Wirkungsgeschichte des Begriffs«. In: Helbig, Jörg (Hg.): Erzählen und Erzähltheorie im 20. Jahrhundert. Festschrift für Wilhelm Füger. Heidelberg 2001, S. 153–167.
Steinberg, Günter: Erlebte Rede. Ihre Eigenart und ihre Formen in neuerer deutscher, französischer und englischer Erzählliteratur. 2 Bde. Göppingen 1971.
Sternberg, Meir: »Narrativity. From objectivist to functional paradigm«. In: Poetics Today 31/3 (2010), S. 507–659.

2.3 | Zeitrelationen zwischen Diskurs und Geschichte

Kaum etwas erscheint uns so selbstverständlich zu sein wie die Zeit. Aber was genau ist Zeit eigentlich? Schon der Kirchenlehrer und Philosoph Augustinus stellt sich diese Frage in seinen *Confessiones* (entstanden um 400 n. Chr., dt. *Bekenntnisse*): »Was ist also die Zeit? Wenn mich niemand danach fragt, weiß ich es, wenn ich es aber einem, der mich fragt, erklären sollte, weiß ich es nicht« (11. Buch, 14. Kapitel). Auch wenn wir wie Augustinus schwer erklären können, was Zeit im Grunde eigentlich ist: Was wir sehr genau wahrnehmen, ist die **chronologische Sukzession** von Geschehensmomenten, d. h. die zeitliche Abfolge mit einem Vorher, einem Jetzt und einem Nachher. Das Vergehen von Zeit gehört damit zu den menschlichen Erfahrungen schlechthin.

> Mit dem Ausdruck Zeit (ahd. *zît*: Abgeteiltes) wird eine kontinuierlich vorschreitende Ordnung bezeichnet, wie sie das menschliche Bewusstsein wahrnimmt. Das Wesen der Zeit wird dabei erlebt als ein fließendes Vergehen: ein Fortschreiten der Gegenwart aus der Vergangenheit kommend zur Zukunft hin. Der Zeitbegriff hängt eng mit unserem Begriff von Kausalität zusammen. Wir gehen davon aus, dass die Ursache vor ihrer Wirkung auftritt. Die Vergangenheit kann von der Gegenwart nicht beeinflusst werden, sie erscheint daher als unveränderlich. Die Zukunft dagegen hängt von der Gegenwart kausal ab; sie ist Folge von zeitlich vorher stattfindenden Handlungen und Ereignissen. Trotz der zentralen Bedeutung des Zeitempfindens für den Menschen entzieht sich das Phänomen bislang einer naturwissenschaftlichen Beschreibung.

Zum Begriff

Einteilung der Zeit: Das Vergehen der Zeit wird dem Menschen vor allem bewusst, wenn äußere Faktoren sie in Abschnitte einteilen. Das kann durch **Naturgegebenheiten** geschehen wie zum Beispiel durch den Wechsel von Tag zu Nacht oder durch die Abfolge der Jahreszeiten. Aber auch ein angefertigter **Zeitmesser** kann uns das Vergehen von Zeit vor Augen führen – oder auch ›vor Ohren‹: Bevor man handlich eine Uhr am Armgelenk oder ein Mobiltelefon in der Tasche mit sich herumtragen und nach Belieben die Uhrzeit ablesen konnte, orientierten sich Menschen vor allem am Läuten der Kirchturmglocken.

Der Wechsel von Tages- und Jahreszeiten erscheint universell allen Menschen gleich. Wenn wir aber Zeit nach einer Uhr bemessen, ist das eine soziale Vereinbarung. Wer sagt eigentlich, dass ein Tag 24 Stunden haben muss; wäre nicht eine Einteilung nach dem Dezimalsystem in zehn Einheiten viel praktischer? Auch unser Kalender ist eine Konvention. Während in christlicher Tradition die Jahre seit der Geburt von Jesus Christus angegeben werden (leider hat sich da jemand mal um rund vier Jahre verrechnet), lässt der jüdische Kalender seine Datierung mit der Schöpfung des ersten Menschen beginnen, wie sie sich aus der Rückrechnung von biblischen Chroniken ergibt. Infolgedessen ist die jüdische Zeit-

IV.2 Wie erzählt der Erzähler? – Parameter des Diskurses

rechnung der christlichen 3761 Jahre voraus. Nach islamischer Zeitrechnung hingegen befinden wir uns aktuell im 15. Jahrhundert, denn hier setzt das Jahr Null mit dem Auszug des Propheten Muhammed aus Mekka an. Nach christlicher Zeitrechnung geschah dies am 16. Juli 622.

Uhr und Kalender – der Soziologe Norbert Elias nennt diese Instrumente **Zeitbestimmer** – sind Ausdruck des menschlichen Bedürfnisses, Zeit vom subjektiven Empfinden des Einzelnen unabhängig zu machen. Schließlich empfindet jeder von uns das Vergehen von Zeit je nach Situation und Temperament sehr individuell. Erst die Bemessung der Zeit mit Hilfe von Zeitbestimmern macht sie objektiv und quantifizierbar. Und erst in Folge allgemein anerkannter Vereinbarungen über die Zeit ist es uns möglich, uns über zeitliche Angaben zu verständigen und diese zueinander in Relation zu setzen.

Lange meinte man, dass die Zeit in naturwissenschaftlicher Perspektive eine objektive Größe ist. Isaac Newton (1643–1727) nahm etwa an, dass es eine absolute, wahre Zeit gibt, die ›an sich‹ verfließt. Den Menschen sei es bislang nur noch nicht gelungen, eine entsprechend absolute Uhr zu bauen. Inzwischen wissen wir, dass auch die Zeit keine an sich bestehende Größe ist. Dies konnte Albert Einstein (1879–1955) Anfang des 20. Jahrhunderts mit seiner Allgemeinen Relativitätstheorie zeigen.

Das paradoxale menschliche Zeiterleben: Wir erleben Zeit als **linear-irreversibel** in die Unendlichkeit verlaufend. Zugleich aber erleben wir Zeit auch als eine **zyklisch-reversible** Bewegung, als ewige Wiederkehr des Immergleichen: Alle 24 Stunden beginnt ein neuer Tag, alle 12 Monate kommt der Frühling wieder, feiern wir Weihnachten und begrüßen das neue Jahr. Vor diesem Hintergrund erscheint Zeit paradoxerweise als eine unumkehrbare Veränderung mit unendlicher Wiederholung.

Während Platon (428–348 v. Chr.) in diesem Rhythmus eher ein Abbild der Ewigkeit sieht als die Permanenz von Werden und Vergehen, versteht Heraklit (um 540 bis um 480 v. Chr.) die ständigen Veränderungen als den wesentlichen Grundzug der Natur. Alles fließt, so sein Credo. Daher können wir auch nicht zweimal in denselben Fluss steigen, denn das Wasser ist inzwischen ein anderes. Und: Nicht allein das Objekt der Erfahrung, auch das Subjekt, also der Mensch, befindet sich in einem steten Fluss. Daher ist auch er nicht mehr derselbe Mensch, der in den nicht mehr selben Fluss steigt. Für Heraklit wird die Zeit damit zur absoluten Macht des Seins.

Zeit und Erzähltexte: Diese allgemeinen Maßgaben der Zeit bedingen die Zeitbehandlung in Erzähltexten, der wir uns nun zuwenden. Das besondere **Verhältnis von Zeit und erzählender Literatur**, wie es in der Moderne charakteristisch werden sollte, beschrieb der ungarische Philosoph Georg Lukács 1916 in seiner Studie *Die Theorie des Romans*. Man könne fast sagen, so Lukács, »die ganze innere Handlung des Romans ist nichts als ein Kampf gegen die Macht der Zeit«. Wie also organisiert der Erzähler diesen Kampf und damit die so diffizile Kategorie der Zeit?

Zunächst werden wir die Zeit der *Geschichte* im Zusammenhang mit der Zeit des *Diskurses* betrachten und dabei die verschiedenen Formen der Zeitbehandlung – **Ordnung**, **Dauer** und **Frequenz** – erläutern. Im Anschluss gehen wir auf **das grammatische Tempus** in Erzähltexten und auf hier aufzufindende **Zeitdeiktika** ein.

2.3.1 | Erzählte Zeit vs. Erzählzeit

Narrative Texte zeichnen sich (mindestens) durch **eine doppelte Zeitlichkeit** aus: die Zeit des Geschehens und die Zeit der Erzählung. In anderen Worten: jene Zeit, über die erzählt wird, und jene Zeit, in der erzählt wird. Hierauf weist bereits Thomas Mann in *Der Zauberberg* (1924) hin:

> Die Erzählung [...] hat zweierlei Zeit: ihre eigene erstens, die musikalisch reale, die ihren Ablauf, ihre Erscheinung bedingt; zweitens aber die ihres Inhalts, die perspektivisch ist, und zwar in so verschiedenem Maße, daß die imaginäre Zeit der Erzählung fast, ja völlig mit ihrer musikalischen zusammenfallen, sich aber auch sternenweit von ihr entfernen kann.

Thomas Mann: *Der Zauberberg* (1960, S. 749)

Mit Günther Müller (1948) wird die Zeit der Ereignisse als **erzählte Zeit**, die Zeit ihrer Präsentation im Text als **Erzählzeit** bezeichnet (s. Kap. II.2.4).

- Erzählte Zeit bezeichnet die Zeit der Geschichte (*histoire*), also jenen Zeitraum, den die erzählte Geschichte selbst in Anspruch nimmt. Oft werden in der Erzählung verschiedene Datierungen und Zeitphasen genannt. Aus der Gesamtheit von Angaben wie »drei Wochen lang«, »am 1. September 1914« oder »fünf Jahre später« kann der Leser den Umfang der erzählten Zeit rekonstruieren. In James Joyce' Roman *Ulysses* zum Beispiel umfasst die erzählte Zeit nur einen einzigen Tag. Andere Erzähltexte dagegen beschreiben das gesamte Leben des Protagonisten »von der Wiege bis zur Bahre« oder auch eine Familiengeschichte über mehrere Generationen hinweg.
- Erzählzeit bezeichnet die Zeit des Diskurses (*discours*), also jenen Zeitraum, den die Erzählung braucht, um die Geschichte zu berichten. Wie aber ist dieser zu ermitteln? Zeitlich messbar ist ja lediglich jene Zeit, die die Lektüre eines Textes erfordert, also die Lesezeit. Da diese Größe aber von Leser zu Leser variiert, wird die Erzählzeit in der Regel nach dem Seitenumfang des Erzähltextes gemessen. Damit ist die Erzählzeit aber im Grunde genommen keine zeitliche Dimension, sondern eine räumliche, die sich auf den Seiten des Buches manifestiert. Eine zudem recht ungenaue Angabe, wenn man bedenkt, dass der Seitenumfang von Erzähltexten in verschiedenen Ausgaben je nach Format, Satzspiegel, Typographie und Schriftgröße sehr unterschiedlich ausfallen kann. Trotz dieser Vagheiten ist dieser Wert zentral, um die Erzählzeit von verschiedenen Abschnitten innerhalb eines Erzähltextes zueinander in Beziehung zu stellen.

Zeitebenen des Erzähltextes

Fragen nach dem Verhältnis erzählte Zeit und Erzählzeit sind für die adäquate Untersuchung eines Prosawerks von eminenter Bedeutung und können – je nach Erzähltext – zu den einfachsten oder auch zu den schwierigsten Fragen im Rahmen einer Analyse gehören.

Neben der Zeit der Geschichte und der Zeit des Diskurses kann noch eine dritte, bislang wenig beachtete Zeitform in Erzähltexten unterschieden werden: die Zeit des Erzählers bzw. die Dauer seines Erzählaktes, die wir **Erzählerzeit** nennen wollen.

IV.2 Wie erzählt der Erzähler? – Parameter des Diskurses

Zur Vertiefung

Erzählerzeit

Wie wir aus unserer Alltagserfahrung wissen, erfordert auch der Akt des Erzählens selbst Zeit. Auch der Erzähler unterliegt also einer (fiktiven) Zeiterfahrung. **Heterodiegetische Erzähler** erster Stufe scheinen allerdings von dieser Regel oft merkwürdigerweise ausgenommen zu sein: Wenn sie in keinerlei zeitlichem Verhältnis zur berichteten Geschichte stehen, wirken sie und ihr Erzählen wie ohne Bindung an die Zeit. Gérard Genette geht deshalb davon aus, dass es sich in diesen Fällen von Erzählen um einen »instantanen Akt ohne zeitliche Ausdehnung« handelt (2010, S. 144). In erzählten Erzählungen und homodiegetischen Texten hingegen kann jener Zeitraum, den der Erzähler braucht, um die Geschichte zu berichten, handlungskonstitutiv sein und eine zentrale Rolle spielen. Für diese Zeitdauer hat sich in der narratologischen Literatur bislang kein Terminus herausgebildet. Da der naheliegende Ausdruck ›Erzählzeit‹ bereits besetzt ist, bezeichnen wir diese Größe im Folgenden als Erzählerzeit.

In **erzählten Erzählungen** sind die Umstände des Erzählens in der Regel gestaltet, daher ist meist auch die Erzählerzeit eines inkludierten heterodiegetischen Erzählers zu ermitteln. In Theodor Storms Novelle *Der Schimmelreiter* (1888) zum Beispiel erzählt der tertiäre Erzähler, der Schulmeister, die Geschichte von Hauke Haien an einem einzigen Abend (s. Kap. IV.1.3.2).

Ein **homodiegetischer Erzähler** macht häufig Angaben über seine Erzählgegenwart, so dass der Leser die Erzählerzeit in der Regel auch hier bestimmen kann – wenn das erzählende Ich sie nicht sogar selbst explizit nennt. In Paul Austers Roman *Leviathan* (1992) zum Beispiel erwähnt der homodiegetische Erzähler Peter Aaron gegen Ende seiner Aufzeichnungen ausdrücklich, dass er seit dem 4. Juli 1990 rund zwei Monate an seiner Niederschrift gearbeitet hat. Wilhelm Raabes Erzähler Johannes Wachholder in *Die Chronik der Sperlingsgasse* (1856) dagegen nennt zwar nicht explizit den Zeitraum, in dem er Aufzeichnungen anfertigt, aber er überschreibt seine Einträge stets mit dem jeweiligen Datum. Da der erste vom 15. November datiert und der letzte vom Abend des 1. Mai, kann der Leser schlussfolgern, dass die Erzählerzeit fünfeinhalb Monate beträgt.

Die Erzählerzeit in der Homodiegese kann in eine unausgewogene Relation zur erzählten Zeit geraten. Laurence Sterne führt dies in seinem Roman *The Life and Opinions of Tristram Shandy, Gentleman* (1759–1767, dt. *Leben und Meinungen von Tristram Shandy, Gentleman*) auf amüsante Weise vor: Da sich Tristram Shandy von seinen Assoziationen immer wieder zu ausschweifenden Exkursen verleiten lässt, verwendet er allein ein Jahr auf die Darstellung des ersten Tages seines Lebens. Damit ist er 364 Tage in Verzug geraten – und muss einsehen, dass sein Lebensbericht, wenn er diese Geschwindigkeit beibehält, niemals seine Erzählgegenwart einholen wird.

Zeitrelationen zwischen Diskurs und Geschichte

Die Zeitbehandlung in Erzähltexten ist im 20. Jahrhundert ausgiebig untersucht worden. In der deutschsprachigen Erzähltheorie haben sich hier vor allem Günther Müller und sein Schüler Eberhard Lämmert verdient gemacht. Gérard Genette führt die verschiedenen Ansätze 1972 in *Discours du récit* zusammen und entwickelt ein differenziertes und komplexes Analysemodell für die Zeitstrukturen in erzählenden Texten, dem wir in diesem Kapitel weitestgehend folgen. Seine Begriffssystematik mag zunächst ungewohnt und schwierig erscheinen. Wegen ihrer enormen Präzision konnte sie sich in der internationalen Erzählforschung aber durchsetzen und gilt heute als eine Art *lingua franca* der Narratologie.

Infolge des Wechselspiels von erzählter Zeit und Erzählzeit sind bei der zeitlichen Organisation von Erzähltexten **drei Grundformen der Zeitbehandlung** von zentraler Bedeutung:

- Ordnung: In welcher Reihenfolge werden die Ereignisse in der Erzählung wiedergegeben? Folgt die Darstellung der chronologischen Ordnung oder präsentiert der Erzähler die Ereignisse auf nichtchronologische Weise?
- Dauer: Wie lang ist der zeitliche Umfang eines Ereignisses im Vergleich zum Umfang seiner Darstellung im Text?
- Frequenz: Wie oft findet ein Ereignis statt und wie oft wird es im Erzähltext dargestellt?

Drei Grundformen der Zeitbehandlung in Erzähltexten

2.3.2 | Ordnung: In welcher Reihenfolge?

Ordo naturalis vs. *ordo artificialis*: Unter dem Stichwort ›Ordnung‹ untersuchen wir die Abfolge der Ereignisse im Verhältnis zu der Reihenfolge ihrer Präsentation im Text. Die zentrale Frage lautet dabei: Folgt der Erzähler auf der Diskurs-Ebene der »realen« Anordnung der Begebenheiten auf der Ebene der Geschichte (*ordo naturalis*), oder bietet er in seinem Bericht die Geschehnisse in einer künstlichen Ordnung dar, die den Erfordernissen des Erzählens angemessenen ist (*ordo artificialis*)? Wenn der Erzähler die Reihenfolge der Ereignisse umstellt, nennen wir diesen Vorgang **Permutation**. Die umgestellten Handlungselemente bezeichnen wir als **narrative Anachronien**. Grundsätzlich können zwei Typen unterschieden werden: Analepsen und Prolepsen.

> **Analepse:** Wir sprechen von einer Analepse, wenn der Erzähler nachholend berichtet, was sich früher ereignet hat. In anderen Traditionslinien der Erzähltheorie wird eine Analepse auch als ›Rückgriff‹, ›Rückschau‹, ›Rückblick‹, ›Rückwendung‹ oder auch als ›Retrospektion‹ bezeichnet; weit verbreitet ist auch der Ausdruck *flashback* aus der Filmtheorie.

Zum Begriff

IV.2

Wie erzählt der Erzähler? – Parameter des Diskurses

Alfred Döblin:
Berlin Alexander-
platz (1929)

Alfred Döblin eröffnet seinen Roman *Berlin Alexanderplatz* (1929) mit solch einer Anachronie:

Er stand vor dem Tor des Tegeler Gefängnisses und war frei. Gestern hatte er noch hinten auf den Äckern Kartoffeln geharkt mit den anderen, in Sträflingskleidung, jetzt ging er im gelben Sommermantel, sie harkten hinten, er war frei.

Der Erzähler schildert in dieser Analepse, wie Franz Biberkopf den Tag vor seiner Entlassung aus dem Gefängnis – und vermutlich auch viele andere – verbracht hat. Allem Anschein nach ist es nicht der Erzähler, sondern Biberkopf selbst, der sich an den vorigen Tag erinnert, denn »gestern« verweist auf die Perspektive der Figur. Diese Analepse ist demnach **figural motiviert** (s. Kap. IV.2.1.2). Die Erinnerung selbst ist damit zum chronologisch korrekten Zeitpunkt des Erinnerns wiedergegeben; so gesehen folgt eine figural motivierte Analepse durchaus dem *ordo naturalis*.

Analepsen können auch vom Erzähler, also **narratorial motiviert** sein. In diesen Fällen liegt ohne Einschränkung der *ordo artificialis* vor.

Zum Begriff

> **Prolepse:** Wenn der Erzähler vorwegnehmend berichtet, was sich später ereignet hat, sprechen wir von einer Prolepse. Diese Art von Anachronie kommt deutlich seltener vor als die Analepse. Für die Prolepse werden auch die Begriffe ›Vorgriff‹, ›Vorausschau‹, ›Vorwegnahme‹ oder auch ›Antizipation‹ gebraucht; weit verbreitet ist auch der Ausdruck *flashforward* aus der Filmtheorie.

Der Erzähler kann mit einer Prolepse Hinweise liefern, welche Entwicklung ein Handlungsstrang nehmen wird oder welches Schicksal eine Figur erwartet. Dabei kann er den Ausgang eines Geschehens eindeutig schildern oder auch nur eine allgemeine Andeutung machen wie zum Beispiel »Aber es sollte alles noch viel schlimmer kommen«. Damit stellt er das künftige Geschehen in ein besonderes Licht und erhellt ein Ereignis von einer späteren Warte aus. Der Leser weiß infolgedessen mehr als die Figuren; der Erzähler macht ihn so zum Mitwisser der Zukunft.

Der Erzähler Johannes Wachholder in Raabes *Die Chronik der Sperlingsgasse* berichtet zum Beispiel, dass vor vielen Jahren ein Junge namens Gustav Berg mit seiner Mutter in die Sperlingsgasse zog, der etwa im gleichen Alter wie seine Pflegetochter Elise war. Beiläufig erwähnt Wachholder:

Wilhelm Raabe:
Die Chronik der
Sperlingsgasse
(1856)

»Gustav und Elise Berg« wird die neue Melodie lauten!

Mit dieser Andeutung teilt Wachholder dem Leser vorausgreifend mit, dass aus den beiden Kindern trotz aller Kabbeleien zwischen ihnen später ein Ehepaar geworden ist.

Darstellung von simultan stattfindenden Ereignissen: Neben Analepsen und Prolepsen tritt häufig noch eine andere Art von chronologischen Abweichungen auf: simultan stattfindende Handlungen. Erzählen aber kann prinzipiell nur sukzessiv erfolgen. Wenn nur ein einziger Schauplatz oder ein einzelner Charakter betrachtet wird, ist ein chronologisches Erzählen ohne Probleme möglich. Was aber, wenn die Geschichte nicht **unilinear**, sondern **multilinear** ist (Rimmon-Kenan 2002, S. 17), wenn also zum Beispiel eine zweite Figur auftritt und sich von der ersten räumlich trennt und unabhängig agiert?

Visuellen Medien steht die *Split-screen*-Technik zur Verfügung, um die Gleichzeitigkeit von mehreren Ereignissen abzubilden. Die äußerst erfolgreiche TV-Serie *24* (USA 2001), die in 24 einstündigen Folgen die Arbeit eines FBI-Agenten und seiner Kollegen während 24 Stunden schildert, setzt dieses Stilmittel umfangreich ein. Da ein Zuschauer in der Regel aber immer nur einen Strang rezipieren oder einem Gespräch zur Zeit folgen kann, bleiben auch mit der *Split-screen*-Technik die Möglichkeiten eingeschränkt, parallel stattfindende Handlungen gleichzeitig abzubilden.

Linearisierung: Erzähltexte dagegen können nicht umhin, Ereignisse nacheinander zu erzählen, die gleichzeitig stattgefunden haben. Diesen Vorgang nennen wir mit Wolf Schmid **Linearisierung** (2014, S. 238). Linearisierung impliziert immer auch einen Wechsel der zeitlichen Perspektive, denn wenn der Erzähler zwei simultan stattfindende Vorgänge schildern will, muss er nach Abschluss des ersten Vorgangs zu jenem Zeitpunkt zurückkehren, zu dem beide Vorgänge begannen, um den zweiten Vorgang erzählen zu können. Wenn zwei gleichzeitige Handlungen an verschiedenen Orten stattfinden, ist auch ein Wechsel der räumlichen Perspektive nötig.

Vor diesem Hintergrund wird inzwischen erwogen, unter ›Ordnung‹ statt wie bislang zwei vielmehr drei Typen von Anachronien zu unterscheiden. Ken Ireland beispielsweise plädiert hierfür und spricht von *co-occurrence*, wenn parallel stattfindende Handlungen nacheinander dargestellt werden (2005, S. 592). Da dieser Ausdruck nicht sonderlich distinkt ist, schlagen wir hierfür als Terminus – in Anlehnung an Genettes Terminologie – das Kunstwort **Simullepse** vor.

Zeit als ›Parameter des Diskurses‹ vs. Zeit als ›Parameter des Erzählers‹   *Zur Vertiefung*

Die Kategorie der Ordnung ist verwandt mit jener des **»Zeitpunkts des Erzählens im Verhältnis zum Erzählten«**, die wir im Kapitel zum Erzähler untersucht haben (Kap. IV.1.4). In systematischer Hinsicht aber sollten diese beiden Parameter streng voneinander unterschieden werden. Die meisten Erzähltexte sind retrospektiv erzählt; deshalb sind sie aber nicht als eine große Analepse zu verstehen. Und vergleicht man prospektives Erzählen und eine Prolepse, wird deutlich: Eine Prolepse hat ein bereits stattgefundenes Ereignis zum Gegenstand, das zwar entgegen der linearen Chronologie vorab berichtet wird, jedoch eine Tatsache in der fiktionalen Welt darstellt. Prospektives Erzählen hingegen enthält Annahmen, Prophezeiungen oder Wünsche und Befürchtungen, die der Sprecher in Bezug auf die noch nicht erlebte Zukunft macht.

IV.2 Wie erzählt der Erzähler? – Parameter des Diskurses

Wir können Anachronien nach ihrer **Reichweite** und nach ihrem **Umfang** unterscheiden.

Reichweite von Anachronien: Reichweite meint den zeitlichen Abstand zwischen dem Zeitpunkt der gegenwärtigen Handlung und dem Zeitpunkt der Anachronie. Je nachdem ob das erzählte Geschehen innerhalb oder außerhalb der Basiserzählung stattgefunden hat, unterscheiden wir externe und interne Anachronien.

- Externe Anachronie: Wird ein Ereignis geschildert, das zeitlich vor dem Beginn der Basiserzählung liegt, heißt diese Art Rückgriff **externe Analepse**. Basiserzählung und externe Analepse überschneiden sich also nicht. Unser obiges Textbeispiel aus Döblins *Berlin Alexanderplatz* ist ein Beispiel hierfür: Der Roman beginnt mit Biberkopfs Entlassung aus dem Gefängnis; die externe Analepse gleich im zweiten Satz aber erhellt rückblickend Biberkopfs jüngste Vergangenheit und schiebt damit den Anfang der Handlung über den eigentlichen Beginn des Romans zurück.

  Entsprechendes gilt für die **externe Prolepse**: Ein vor der Zeit geschildertes Ereignis findet erst nach Abschluss der Basiserzählung statt; eine externe Prolepse verlängert also den Erzähltext zeitlich noch über sein eigentliches Ende hinaus. Externe Prolepsen übernehmen häufig eine Epilogfunktion und dienen dazu, einen nebengeordneten Handlungsstrang zu Ende zu führen.

- Interne Anachronie: Findet das nachgeholte Ereignis hingegen erst nach Beginn der Basiserzählung statt, heißt diese Rückschau **interne Analepse**. Interne Analepsen füllen Lücken auf, die der Erzähler beim Erzählen der Basiserzählung zunächst gemacht hat. Wenn er dies nicht markiert, wird dem Leser erst in Folge der internen Analepse bewusst, dass der Erzähler ihm zu dem früheren Zeitpunkt seines Berichts Wissen vorenthalten und Leerstellen gelassen hat. Wir werden hierauf unter »Dauer« zurückkommen.

  Entsprechend bezeichnet eine **interne Prolepse** ein Geschehen, das sich vor Ende der Basiserzählung ereignet hat. Interne Prolepsen können, wenn sie recht unbestimmt bleiben, ein Instrument sein, um beim Leser Spannung zu erzeugen oder eine gewisse Erwartungshaltung hervorzurufen. Solch einen Effekt erzielt die interne Prolepse, mit der Hans Erich Nossack seinen Roman *Spätestens im November* (1955) beginnen lässt:

Hans Erich Nossack: Spätestens im November (1955)

Wir dürfen keinen Fehler machen, wollte ich zu ihm sagen, doch als ich ihn ansah, ließ ich es.
Nein, ich muß der Reihe nach erzählen, genau der Reihe nach, wie es ungefähr gewesen ist. Es ist sowieso schwer zu erklären. [...] Es begann bei dem ›Kleinen Imbiß‹, wie es auf der Einladungskarte hieß.

Die Reichweite dieser internen Analepse bleibt unbestimmt; der Leser erfährt also hier noch nicht, wie groß die zeitliche Distanz zwischen dem »Kleinen Imbiß« und dem nicht ausgesprochenen Satz des erzählenden Ich ist.

Möglich ist auch eine Mischung aus interner und externer Analepse. Wenn etwa eine Rückwendung vor dem Beginn der Basiserzählung ansetzt, aber erst hinter dem Ausgangspunkt der Basiserzählung endet, sprechen wir von einer **gemischten Analepse**.

Umfang von Anachronien: Der Umfang einer Anachronie bezeichnet jenen Zeitraum, den die erzählte Zeit der eingeschobenen Geschichte umfasst. Auch in Bezug auf den Umfang von Anachronien sind zwei Typen zu unterscheiden. Wir erläutern diese anhand der Analepse:

- Komplette bzw. kompletive Analepsen reichen bis zu dem Zeitpunkt in der Basiserzählung heran, an dem die Erzählung unterbrochen wurde. Ihr kommt häufig die Funktion zu, die Vorgeschichte aufzuhellen, nachdem der Erzähltext mit einem *in-medias-res*-Anfang eingesetzt hat. Die Analepse zu Beginn von Döblins *Berlin Alexanderplatz* ist ein Beispiel hierfür.
- Partielle Analepsen hingegen beenden die nachgeholte Rückschau an einem beliebigen vorzeitigen Punkt; sie enden, ohne die Basiserzählung wieder zu erreichen. Ihre Funktion besteht in der Regel darin, den Leser mit einer einzelnen Information zu versorgen, damit er ein bestimmtes Element der Handlung besser verstehen kann.

Anachronien können schließlich auch stark variieren zum einen **auf der Ebene der Erzählzeit** in Bezug auf die **Dauer** und zum anderen in Bezug auf die **zeitliche Distanz** zwischen dem gegenwärtigen Zeitpunkt der Erzählung und dem nachgeholten Geschehensmoment. Im Fall von Döblins *Berlin Alexanderplatz* beträgt die Dauer der Analepse nur einen Satz und die zeitliche Distanz lediglich einen Tag.

Anachronien und Erzählanfang: Anachronien stehen im engen Zusammenhang mit den verschiedenen Möglichkeiten, einen Erzähltext beginnen zu lassen. Streng chronologisch kann nur erzählt werden, wenn *ab ovo* (lat., vom Ei an), also von Anfang an, erzählt wird. Wenn hingegen ein Erzähltext *in medias res* (lat., mitten in die Dinge) oder *in ultimas res* (lat., von den letzten Dingen an) beginnt, muss mit Hilfe von Analepsen nachgeholt werden, wie es zu der Eingangsszene gekommen ist.

Achronien: Wenn ein geschildertes Ereignis weder der Chronologie folgt, noch eine Anachronie darstellt, liegt eine dritte Form vor: die **Achronie**, eine Art ›unzeitlichen Erzählens‹. Die Achronie entbehrt aller Zeitbezüge und kann daher nicht in der Chronologie der Geschichte verortet werden. Ihre zeitliche Relation zu den anderen Handlungssequenzen des Erzähltextes bleibt ungeklärt; sie lässt sich in Bezug auf die sonstigen Ereignisse nicht situieren. Die Verknüpfung zur Haupthandlung kann stattdessen thematischer oder auch räumlicher Art sein. Achronien sind somit in der Regel weniger an die Geschichte als vielmehr an den (unzeitlichen) Diskurs gebunden.

Ein Beispiel:

> Niemand schreibt über die Burenwurst. Weil die Burenwurst macht so aggressiv, das glaubst du nicht. [...] Ich weiß nicht, liegt es am Fett oder liegt es an den Zusätzen. Daß sie womöglich ein Pulver hineinmischen, das den Menschen aggressiv macht.

Wolf Haas: *Komm, süßer Tod* (1998, S. 165 f.)

IV.2 Wie erzählt der Erzähler? – Parameter des Diskurses

> Sonst würde ich sagen, vielleicht von den verrückten Kühen drüben. Aber Kuhfleisch ist ja keines drinnen in der Burenwurst. Überhaupt kein Fleisch eigentlich. Jedenfalls hat das der Großvater vom Brenner in seinen letzten Lebensjahren immer gesagt: Heute ist überhaupt kein Fleisch mehr drinnen, nur mehr Sägespäne.

Man wird annehmen dürfen, dass dieses Lamentieren des Großvaters schon lange zurückliegt, aber beweisen lässt es sich nicht. Haas' Erzähler interessiert sich auch nicht für die zeitliche Relation von Haupthandlung und dieser Anekdote; es ist das Thema – das Stichwort ›Wurst‹ –, das ihn assoziativ von ›Hölzchen auf Stöckchen‹ kommen lässt, von ›Burenwurst‹ auf ›Sägespäne‹.

Wenn die Zeitstruktur eines Erzähltextes wegen einer komplexen Verschränkung von Analepsen und Prolepsen nicht zu rekonstruieren ist, spricht man auch von einer **achronischen Struktur** (Genette 2010, S. 51).

2.3.3 | Dauer: Wie lange?

Unter dem Stichwort »Dauer« fragen wir danach, wie lange ein Geschehen gedauert hat und wie lange der Erzähler es in seiner Schilderung wiedergibt. Die Zeitdauer eines Elements der Geschichte (der erzählten Zeit) wird also in Beziehung gesetzt zu der Zeitdauer seiner Schilderung im Diskurs (der Erzählzeit). Wir nennen diese Relation Erzähltempo oder Erzählgeschwindigkeit.

Erzähltempo: Das zentrale Kriterium für das Erzähltempo ist die **Quantität der Informationen**, die der Erzähler liefert. Die Narratologie bezeichnet dies auch als **Granularität der Informationen**. Um das Erzähltempo eines Erzähltextes zu ermitteln, werden immer wieder gern Durchschnittsrechnungen angestellt. In Joyce' Roman *Ulysses* zum Beispiel spielen 16 Stunden auf 1200 Buchseiten. Es ergibt sich ein recht geringes Erzähltempo von 75 Seiten pro Stunde. Die erzählte Zeit in Thomas Manns Roman *Die Buddenbrooks* dagegen behandelt auf 753 Buchseiten rund 42 Jahre. Das Erzähltempo beträgt hier demnach nur 0,059 Seiten pro Tag und erscheint daher vergleichsweise hoch (vgl. Vogt 2014, S. 102 f.). Solche Berechnungen wirken auf den ersten Blick äußerst objektiv. Aber mit ihnen ist nicht viel gewonnen außer ein wenig aussagekräftiger Durchschnittswert. Denn von Relevanz ist nicht das absolute Erzähltempo, sondern gerade die Variation des Erzähltempos – also die Beschleunigung und die Verlangsamung – innerhalb eines Prosawerks. Um Erkenntnisse über die Zeitbehandlung in Erzähltexten zu gewinnen, empfiehlt es sich daher, das Verhältnis von erzählter Zeit und Erzählzeit vielmehr innerhalb einzelner Abschnitte zu analysieren. Dabei sind in systematischer Hinsicht drei Typen zu unterscheiden:

1. Zeitraffung (erzählte Zeit > Erzählzeit): Wenn die erzählte Zeit deutlich länger ist als die Erzählzeit, spricht man von Zeitraffung. Die Menge der Information ist infolgedessen eher gering. Diese Form der Zeitbehandlung ist häufig anzutreffen, denn wie unser Beispiel von *Tristram Shandy* gezeigt hat, kann eine Geschichte oder das Leben einer Figur im Grunde nicht lückenlos berichtet werden. Darüber hinaus würde der Erzähler Gefahr laufen, seinen Leser mit Nebensächlichkeiten unendlich zu langweilen. Um dies zu vermeiden, schildert der Erzähler jene Geschehenselemente summarisch gedrängt, die er als nicht handlungskonstitutiv ansieht.

Der Erzähler in Friedrich Nietzsches *Also sprach Zarathustra* (1883–1885) beispielsweise fasst auf engstem Raum zehn Jahre in Zarathustras Leben zusammen, die ihn nur als Vorschichte der eigentlichen, nun einsetzenden Handlung interessiert:

> **Als Zarathustra dreißig Jahre alt war, verließ er seine Heimat und den See seiner Heimat und ging in das Gebirge. Hier genoß er seines Geistes und seiner Einsamkeit und wurde dessen zehn Jahre nicht müde. Endlich aber verwandelte sich sein Herz, – und eines Morgens stand er mit der Morgenröte auf, trat vor die Sonne hin und sprach zu ihr also: »Du großes Gestirn! Was wäre dein Glück, wenn du nicht die hättest, welchen du leuchtest!«**

Friedrich Nietzsche: *Also sprach Zarathustra* (1883–1885)

Ein Extremfall der Zeitraffung liegt vor, wenn der Erzähler das Erzähltempo so stark beschleunigt, dass Zeiträume übersprungen werden und so gewisse Geschehenselemente gar nicht zur Darstellung kommen. Dieser Sonderfall heißt **Ellipse** oder auch Aussparung oder Zeitsprung (**erzählte Zeit ∞ > Erzählzeit**; das Zeichen ∞ steht hier für ›unendlich‹). Eine Ellipse kann entweder markiert oder unmarkiert sein: Wir sprechen dann von einer **expliziten bzw. impliziten Ellipse**. Der Erzähler kann solche Leerstellen aus verschiedenen Gründen einsetzen. Zum Beispiel wenn seiner Ansicht nach in einem Zeitabschnitt nichts Relevantes geschieht, das das Erzählen lohnen würde. Oder auch um dem sittlichen Empfinden der Zeitgenossen Rechnung zu tragen: Statt ein erotisches Tête-à-tête zur Darstellung zu bringen, setzt er diskret eine Leerzeile. Er kann auf diese Weise aber auch Wissen zurückhalten, um später einen Überraschungseffekt zu erzielen.

Eines der berühmtesten Beispiele in der deutschsprachigen Literatur für eine implizite Ellipse findet sich in Heinrich von Kleists Novelle *Die Marquise von O…* (1808). Während kriegerischer Auseinandersetzungen fällt die Titelheldin zunächst Soldaten in die Hände, wird dann aber von einem Offizier gerettet:

> **[Er] bot dann der Dame, unter einer verbindlichen, französischen Anrede den Arm, und führte sie, die von allen solchen Auftritten sprachlos war, in den anderen, von der Flamme noch nicht ergriffenen, Flügel des Palastes, wo sie auch völlig bewußtlos niedersank. Hier – traf er, da bald darauf ihre erschrockenen Frauen erschienen, Anstalten, einen Arzt zu rufen; versicherte, indem er sich den Hut aufsetzte, daß sie sich bald erholen würde; und kehrte in den Kampf zurück.**

Heinrich von Kleist: *Die Marquise von O…* (1808)

Der Erzähler spart hier ein Geschehen aus, das handlungskonstitutiv für den weiteren Verlauf der Novelle sein wird. Hinter dem unschuldigen Gedankenstrich verbirgt sich nämlich eine Untat: Der scheinbar edelmütige

IV.2
Wie erzählt der Erzähler? – Parameter des Diskurses

Retter nutzt die Ohnmacht der Marquise, um sie zu vergewaltigen. Dies wird dem Leser aber erst viel später enthüllt. Liest er die zitierte Passage erneut, wird ihm deutlich, dass infolge des Gedankenstrichs die Ellipse vielleicht doch gar nicht so implizit ist, wie zunächst angenommen.

2. Zeitdeckendes Erzählen (erzählte Zeit = Erzählzeit): Wenn der Leser den Eindruck hat, dass erzählte Zeit und Erzählzeit übereinstimmen, liegt zeitdeckendes bzw. synchrones Erzählen vor. Die erzählte Zeit korrespondiert dann scheinbar mit der Erzählzeit – ähnlich wie im Drama. Ein typisches Beispiel für diese Form der Zeitbehandlung stellen denn auch längere Dialogpassagen in direkter Rede dar, insbesondere wenn der Erzähler sich zurücknimmt. Zeitdeckendes Erzählen wird auch **Szene** genannt.

3. Zeitdehnung (erzählte Zeit < Erzählzeit): Wenn die erzählte Zeit deutlich kürzer ist als die Erzählzeit, spricht man von Zeitdehnung. Die erzählte Zeit scheint dann weniger umfangreich zu sein als die Erzählzeit, die aufgewendet wird, um die Ereignisse zu berichten. Die Menge der Informationen ist infolgedessen eher hoch.

Wenn die Erzählzeit sich sehr stark ausdehnt und der Fortgang der Geschichte sich so sehr verlangsamt, bis er gleichsam angehalten wird, kann beim Leser der Eindruck entstehen, dass die erzählte Zeit stillsteht. Dieser Extremfall der Zeitdehnung wird als **deskriptive Pause** bezeichnet (**erzählte Zeit < ∞ Erzählzeit**). Der Erzähler setzt diese ein, um den Leser mit Informationen anderer Art zu versorgen – etwa um einen Kommentar oder eine Beschreibung einzufügen. Wenn der Erzähler seine Figur in einer Situation explizit erstarren lässt und die Handlung quasi einfriert, kann er auf diese Weise einen komischen Effekt erzielen (s. Kap. IV.1.3.4).

Isochronien und Anisochronien

Zeitdeckendes Erzählen wird auch **Isochronie** (gr., gleiche Zeit) genannt, die Abweichungen hiervon – also Zeitraffung und Zeitdehnung – **Anisochronien** (gr., ohne gleiche Zeit). In der Regel weist ein Erzähltext nicht nur eine der drei bzw. fünf hier skizzierten Kategorien der Zeitdauer auf; typisch ist vielmehr, dass im Verlauf des Erzähltextes alle im Wechsel zum Einsatz kommen. Hier noch einmal alle fünf Formen in einer Übersicht:

Ellipse	erzählte Zeit	∞ > Erzählzeit
Zeitraffung	erzählte Zeit	> Erzählzeit
zeitdeckendes Erzählen	erzählte Zeit	∞ Erzählzeit
Zeitdehnung	erzählte Zeit	< Erzählzeit
deskriptive Pause	erzählte Zeit	< ∞ Erzählzeit

Fünf Kategorien der Erzähldauer

Diese Tabelle soll nicht darüber hinwegtäuschen, dass hier im Grunde Äpfel mit Birnen verglichen werden. Denn während die Maßeinheit der erzählten Zeit explizit genannte und rekonstruierbare Zeiträume im Erzähltext sind, gründet die Maßeinheit der Erzählzeit in der Anzahl von Buchseiten – was weniger ein zeitliches denn ein räumliches Kriterium ist. Zudem kann der Seitenumfang von Erzähltexten in unterschiedlichen Ausgaben beträchtlich schwanken; eine objektive, exakte Bestimmung des Erzähltempos ist also de facto nicht möglich. In Folge kann die Frage, ob in einer Textpassage eher Zeitraffung, zeitdehnendes Erzählen oder Zeitdehnung vorliegt, von verschiedenen Interpreten unterschiedlich beantwortet werden.

Berichtende vs. szenische Darstellung: Wenn ein Geschehen nur sparsam geschildert wird wie im Fall der Zeitraffung, spricht die traditionelle Erzähltheorie von **berichtender Darstellung**. Sie geht davon aus, dass die Vermittlungsarbeit des Erzählers in Passagen wie diesen wegen der summarischen Präsentationsweise für den Leser deutlich spürbar ist.

Gestaltet der Erzähler ein Geschehen hingegen mit vielen Details aus wie im Fall des zeitdeckenden Erzählens, nennt die traditionelle Erzähltheorie dies **szenische Darstellung**. Sie geht davon aus, dass die Schilderung dabei aus dem Blickwinkel der jeweiligen Figuren erfolgt, ohne dass der Erzähler kommentierend eingreifen würde; er scheint dann gleichsam in den Hintergrund zu treten. Auf diese Weise entstehe beim Leser der Eindruck, die Szene sei ihm unmittelbar präsent. Viele der erwähnten Details erscheinen überflüssig und nicht unmittelbar funktional für die Erzählung. Genau dies aber erzeugt nach Roland Barthes einen Realitätseffekt (*l'effet de réel*) und fördert beim Leser die Illusion, dass ihm die erzählte Welt unmittelbar präsent ist (1994, S. 479–484).

In der konkreten Erzähltextanalyse kann es schwierig sein zu entscheiden, ob eine eher szenische oder berichtende Darstellung vorliegt. Wo sollte man etwa den Nullpunkt ansetzen, an dem die Darstellung gleichsam vom berichtenden in den szenischen Typus kippt? Darüber hinaus kann der Erzähler nicht umhin, das Geschehen zu raffen, denn es gibt eine unendliche Menge von Geschehenselementen. Schmid betont denn auch, dass **Selektion** eine unbedingte Voraussetzung jeder sprachlichen Repräsentation von Wirklichkeit ist. Aus diesen Gründen existiert für Zeitdehnung, zeitdeckendes Erzählen und Zeitraffung **kein objektiver Maßstab**. Laut Schmid kann nur sehr vereinfachend festgestellt werden: »Wenn für eine Episode der Geschichte relativ viele Momente gewählt und die Momente in vielen Eigenschaften konkretisiert sind, erscheint die Darstellung *gedehnt* und das Erzählen *langsam*. Wenn aber relativ wenige Momente und Eigenschaften gewählt sind, erscheint die Darstellung *gerafft* und das Erzählen *schnell*« (2014, S. 233). Darüber hinaus ist die Annahme, dass in der szenischen Darstellung aus dem Blickwinkel der jeweiligen Figuren berichtet wird, nicht haltbar (s. Kap. IV.2.1).

Detailfülle und Illusionsbildung

Zur Vertiefung

Die Quantität der durch den Erzähler vergebenen Informationen wird von Genette und von Martínez/Scheffel unter der Überschrift »Distanz« in der Kategorie »Modus« behandelt. Im Fokus des Interesses steht dabei die Frage, wie unmittelbar sich die erzählte Welt dem Leser darbietet. Je stärker der Erzähler die Szenerie ausgestaltet, so die Auffassung, desto stärker entsteht beim Leser der Eindruck, er könnte die Szenerie quasi vor seinem inneren Auge anschauen. Die Distanz zur erzählten Welt ist dann angeb-

IV.2 Wie erzählt der Erzähler? – Parameter des Diskurses

lich gering. Damit wird die **Detailfülle** in Erzähltexten auf merkwürdige Weise mit der **Illusionsbildung** verknüpft (s. Kap. IV.2.5). Die **Granularität der narrativen Information** aber ist systematisch gesehen ein Parameter der Erzähldauer, also ein Phänomen der Zeitbehandlung. Aus diesem Grund greifen wir diesen Punkt hier an seinem systematischen Bezugspunkt auf.

Auf den ersten Blick scheint die Idee ›Je mehr Informationen der Erzähltext liefert, desto weniger ist der Erzähler als Vermittler spürbar und desto direkter erfährt der Leser die erzählte Welt‹ einiges für sich zu haben. Sollte aber die Quantität von Informationen tatsächlich kompensieren können, dass **Erzähltexte als sprachliche Repräsentation einer möglichen Welt** von anderer Qualität sind als selbsterfahrene Sinneseindrücke? Wohl kaum. Zudem weiß jeder von uns aus seiner Lektüreerfahrung, dass seitenlange Landschaftsbeschreibungen den Langmut doch arg strapazieren können und wir sie daher gern auch mal überschlagen. Die Geschwätzigkeit des Erzählers läuft der Illusionsbildung dann eher entgegen, als dass sie ihr dienlich wäre. Man kann demnach auch den genau entgegengesetzten Standpunkt vertreten und behaupten, dass das Erzählen weniger, aber präziser Details deutlich illusionsfördernder ist.

Die Frage, ob eine hohe Informationsdichte einen Leser tatsächlich unmittelbar in die Szenerie eines Romans versetzt, hängt offensichtlich von den individuellen Präferenzen jedes Einzelnen ab. Die Illusionsbildung beim Leser korreliert demnach nicht zwingend mit der Quantität der Information. Anders als das narratologisch beschreibbare Verhältnis von erzählter Zeit und Erzählzeit – und damit die Detailfülle – fällt die Frage nach der Unmittelbarkeit, die der jeweilige Leser zur erzählten Welt empfindet, demnach bestenfalls in den Bereich der empirischen Rezeptionsforschung. Als systematische Kategorie der Narratologie aber ist sie untauglich.

2.3.4 | Frequenz: Wie oft?

Unter der Überschrift »Frequenz« untersuchen wir, wie oft ein Ereignis stattfindet und wie oft es erzählt wird. Es geht also um das **Verhältnis der Wiederholungshäufigkeit von Ereignissen** auf der Ebene der Handlung einerseits und auf der Ebene der Darstellung andererseits. Dabei wird von der Tatsache abstrahiert, dass jedes Ereignis im Grunde natürlich einmalig ist. Um von der Wiederholung eines Vorgangs sprechen zu können, legen wir vielmehr ein gewisses Minimum an übereinstimmenden Ähnlichkeitskriterien zugrunde. Jeder Sonnenaufgang stellt zum Beispiel ein einmaliges Ereignis dar. Die Sonne geht sogar jeden Morgen zu einem etwas späteren oder früheren Zeitpunkt auf als am Vortag. Dennoch empfinden wir die Tatsache, dass dieser Vorgang täglich aufs Neue stattfindet, als ein Ereignis, das sich stetig wiederholt.

Wie unter der Überschrift »Dauer« sind auch in diesem Zusammenhang in systematischer Hinsicht drei Relationen möglich. Wir variieren zur Illustration im Folgenden erneut das Zitat aus Storms *Schimmelreiter*, das uns bereits im vorigen Kapitel die verschiedenen Möglichkeiten zur »Präsentation von Figurenrede« verdeutlicht hat:

1. Singulatives Erzählen (Ereignis = erzähltes Ereignis): Wenn ein Ereignis genau so oft erzählt wird, wie es sich ereignet hat, sprechen wir von singulativem Erzählen. Diese Art der Frequenzbeziehung stellt den Regelfall in Erzähltexten dar. Singulatives Erzählen folgt der Formel: **einmal erzählen, was einmal geschehen ist (1E/1G)**:

> Hauke Haien verbot Trin' Jans, seinem Kind Schauermärchen zu erzählen.

Sonderform ›Anaphorisches Erzählen‹: Wenn sich ein Ereignis wiederholt und jedes Mal erneut erzählt wird, liegt eine Sonderform des singulativen Erzählens vor, das Genette **anaphorisches Erzählen** nennt, das aber auch als multi-singulatives Erzählen bezeichnet wird. Anaphorisches Erzählen folgt der Formel: **n-mal erzählen, was n-mal geschehen ist (nE/nG)**:

> Einst hatte Hauke Haien Trin' Jans untersagt, seinem Kind Schauermärchen einzuflüstern. Erst letzte Woche hatte sie ihm Anlass gegeben, sein Verbot zu erneuern. Als er sie nun dabei überraschte, wie sie der kleinen Wienke die Geschichte von der Wasserfrau erzählte, forderte er die alte Frau noch einmal auf, ihre Mären für sich zu behalten oder den Gänsen und Hühnern zu erzählen.

Ausgiebiges anaphorisches Erzählen hält sich zwar streng an die Chronologie des Geschehens, kostet den Berichterstatter jedoch viel Zeit und langweilt seinen Rezipienten meist aufs Äußerste. Miguel de Cervantes Saavedra skizziert diese Problematik auf äußerst charmante Weise in *El ingenioso hidalgo Don Quixote de la Mancha* (1605/1615, dt. *Der sinnreiche Junker Don Quijote von der Mancha*): Sancho Pansa erzählt seinem Herren Don Quijote im 20. Kapitel des ersten Buches die Geschichte eines Hirten, der 300 Ziegen über einen Fluss setzen muss. In seinem Boot ist aber nur Platz für den Ruderer und ein einziges Tier. Als Sancho sich nun anschickt, die Überfahrt jeder einzelnen Ziege zu schildern, entgegnet Don Quijote ungeduldig: »›Nimm an, er habe sie alle übergesetzt‹, sagte Don Quijote, ›und fahre nicht ewig so hinüber und wieder herüber, sonst wirst du in einem ganzen Jahr nicht fertig mit dem Übersetzen deiner Ziegen‹.« Der humoristische Effekt resultiert hier übrigens aus einer Variante des sogenannten ›narrativen Kurzschlusses‹, auch Metalepse genannt: Don Quijote lässt unzulässigerweise die Zeitlichkeit des Diskurses und der Geschichte zusammenfallen, wenn er in seinem Zwischenruf den Erzähler Sancho Pansa zugleich auch zur Figur des handelnden Hirten macht (zu ›Metalepsen‹ s. Kap. IV.1.3.4).

2. Repetitives Erzählen (Ereignis < erzähltes Ereignis): Ein Ereignis wird öfter erzählt, als es sich ereignet hat. Diesen Typus nennen wir repetitives Erzählen. Repetitives Erzählen folgt der Formel: **n-mal erzählen, was einmal geschehen ist (nE/1G)**.

Interne Prolepsen ziehen sehr häufig repetitives Erzählen nach sich: Der Erzähler gibt etwa zunächst einen kurzen Ausblick auf ein späteres Ereignis. Sobald der weitere Handlungsverlauf den chronologischen Zeit-

IV.2 Wie erzählt der Erzähler? – Parameter des Diskurses

punkt dieses Ereignis erreicht hat, berichtet der Erzähler den Vorfall erneut – nun allerdings deutlich detaillierter:

> In der Abenddämmerung lief Wienke gern zu Trin' Jans, um sich von ihr Schauergeschichten erzählen zu lassen. [Prolepse:] Als Hauke Haien dies einige Monate später einmal beobachten sollte, untersagte er dies der Alten strikt. Noch aber konnte sie ohne schlechtes Gewissen das andächtig lauschende Kind zu ihren Füßen hocken lassen.
> Die Monate vergingen, der Deichbau kam stetig voran. [Repetitives Erzählen:] Eines Tages, Trin' Jans erzählte Wienke gerade die Geschichte von der Wasserfrau, kam Hauke Haien ungewöhnlich früh heim und wurde Zeuge dieser Szene. »Was redet Sie dem Kinde vor? Will Sie es vor Angst vergehen lassen? Sie behält Ihre Mären zukünftig besser für sich oder erzählt sie den Gäns' und Hühnern. Nicht aber Wienke.«

Uwe Johnson: *Mutmassungen über Jakob* (1959)

Mehrfachschilderungen eines einzigen Ereignisses liegen auch vor, wenn verschiedene Figuren denselben Vorfall jeweils aus ihrer Warte berichten (**Multiperspektivismus**). Dieses Verfahren macht Uwe Johnson in seinem Roman *Mutmassungen über Jakob* (1959) zum strukturbildenden Prinzip: Mehrere Figuren schildern ihre Erinnerungen an den Bahnbeamten Jakob Abs und spekulieren über seinen tödlichen Unfall auf den Rangiergleisen. Oder war es vielleicht doch Mord? Jeder Sprecher kann lediglich die eigenen ›Mutmaßungen‹ äußern. Da Johnson darauf verzichtet, eine der Stimmen zu privilegieren oder einen sich allwissend gebenden Erzähler einzusetzen, muss der Leser sich aus den bruchstückhaft vergebenen Informationen selbst ein Bild über Jakob Abs und das Geschehen machen. Erschwert wird die Lektüre neben dem ständigen Perspektivwechsel durch die Tatsache, dass Johnson nicht kennzeichnet, wer sich jeweils zu Wort meldet und worum es jeweils geht.

3. Iteratives Erzählen (Ereignis > erzähltes Ereignis): Wenn ein Ereignis seltener erzählt wird, als es sich ereignet hat, sprechen wir von iterativem Erzählen. Eine Aussage fasst also mehrere vergleichbare Vorkommnisse zusammen, indem sie von dem jeweiligen Einzelfall abstrahiert. Iteratives Erzählen folgt der Formel: **einmal erzählen, was n-mal geschehen ist (1E/nG)**:

> In den Jahren, in denen Trin' Jans im Hause des Deichgrafen Haien lebte, hatte er ihr mehrfach untersagt, seinem Kind Schauermärchen zu erzählen.

Iteratives Erzählen kommt zum Einsatz, um Zeit zu sparen und um den Leser nicht durch die Schilderung von sich wiederholenden gleichförmigen Handlungen zu langweilen (um etwa Diskurse zu vermeiden wie »Montag ging ich um 9 Uhr zur Arbeit. Auch Dienstag ging ich um 9 Uhr zur Arbeit. Und Mittwoch ging ich auch um 9 Uhr zur Arbeit«). Iteratives Erzählen ist also gleichsam die geraffte Version des anaphorischen Erzählens. In unserem obigen Beispiel verlangt Don Quijote demnach, dass sein

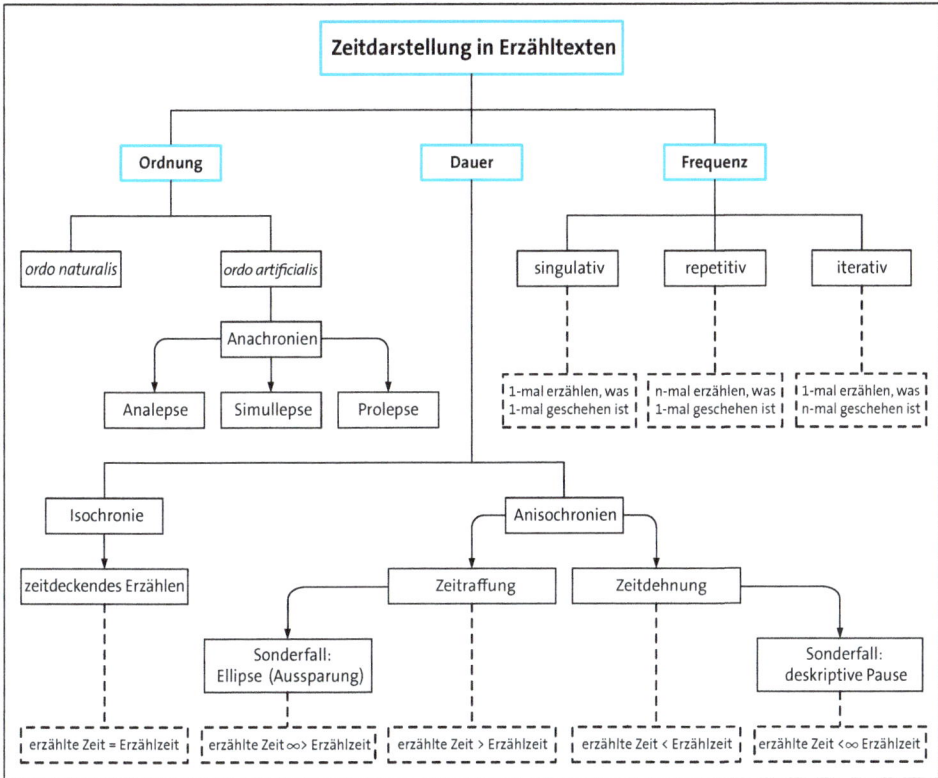

Diener Sancho Pansa das gleichförmige Übersetzen der 300 Ziegen nicht anaphorisch, sondern iterativ erzählen solle.

Iteratives Erzählen kommt auch zum Einsatz, wenn ein Ereignis von sich regelhaft wiederholenden Vorfällen abweicht: Zunächst werden diese iterativ dargeboten, dann wird die einmalige Regelabweichung erzählt (»Jeden Tag gehe ich um 9 Uhr zur Arbeit. Aber gestern hatte ich frei und blieb zu Hause«).

Oben haben wir die drei Kategorien ›Ordnung‹, ›Dauer‹ und ›Frequenz‹ mit den jeweiligen Unterformen in einem Schaubild zur besseren Übersicht noch einmal zusammengestellt.

Übersichtsdarstellung zu den Kategorien der Zeitdarstellung in Erzähltexten

2.3.5 | Weitere Elemente der Zeitgestaltung

Neben den verschiedenen Beziehungen zeitlicher Art zwischen erzählter Zeit und Erzählzeit sind für die Zeitgestaltung in Erzähltexten auch der grammatische Tempusgebrauch und die Verwendung von Zeitangaben von Relevanz.

IV.2 Wie erzählt der Erzähler? – Parameter des Diskurses

Der grammatische Tempusgebrauch

Nach dem Vorbild von Tatsachenberichten wird auch in den meisten Prosawerken retrospektiv erzählt (s. Kap. IV.1.4). Daher erscheint es natürlich, dass ein grammatisches Tempus der Vergangenheit zum Einsatz kommt, um ein zurückliegendes Geschehen zu erzählen: das Präteritum.

Episches Präteritum: Auch wenn in Erzähltexten im Präteritum berichtet wird, empfinden wir uns als Leser als gleichzeitig zur erzählten Handlung. Es scheint uns, als geschehe das Erzählte im Augenblick unserer Lektüre. Das Präteritum verliert damit seinen Charakter als Tempus der Vergangenheit, und wir erleben die erzählte Welt und die Ereignisse in ihr als eine **Gegenwärtigkeitsillusion**. Vor dem Hintergrund dieser atemporalen Qualität des Präteritums spricht Käte Hamburger von der »**Zeitlosigkeit der Fiktion**« und bezeichnet die Vergangenheitsform als fingiertes »episches Präteritum«. Das epische Präteritum zeigt nach Hamburger keine Vergangenheit an, sondern weist vielmehr auf die Fiktionalität des Textes hin.

Für die Verwendung des Präteritums in der Heterodiegese kann dies ohne Einschränkung gelten. Da der Erzähler nicht Teil der erzählten Welt ist, steht er auch in keinem zeitlichen Verhältnis zu ihr. Die Verwendung des Präteritums scheint damit hier einzig durch Konvention begründet. In homodiegetischen Erzähltexten dagegen ist das Präteritum eine echte Vergangenheitsform, denn die Homodiegese ist – wieder mit Käte Hamburger gesprochen – erzähllogisch gesehen eine »**fingierte Wirklichkeitsaussage**«. Aus diesem Grund unterscheidet Hamburger Ich-Erzählungen in erzähllogischer Hinsicht auch kategorisch von fiktionalen Texten, zu denen sie – im Widerspruch zu der herkömmlichen Auffassung – nur heterodiegetische Erzähltexte zählt. Ohne uns weiter auf diese Diskussion einzulassen, können wir festhalten, dass für beide Erzählerpositionen die Verwendung des Präteritums als Tempus des Geschehens als der Standardfall gilt.

Funktionen des Präsens: Während das Präteritum für die Darstellung des Erzählten die natürliche Zeitform zu sein scheint, ist das Präsens das adäquate Tempus für die Darstellung des Erzählens selbst. Wenn der Erzähler zum Beispiel zeitgleich stattfindende Vorgänge aus seiner unmittelbaren Umgebung beschreibt oder den Akt des Erzählens selbst thematisiert, bedient er sich in der Regel des Präsens – wie der Erzähler des *Don Quijote* gleich im ersten Kapitel des Romans:

Miguel de Cervantes Saavedra: *Don Quijote* (1605/15)

An einem Orte der Mancha, an dessen Name ich mich nicht erinnern will, lebte vor nicht langer Zeit ein Junker, einer von jenen, die einen Speer im Lanzengestell, eine alte Tartsche, einen hagern Gaul und einen Windhund zum Jagen haben.

Die Tempora sind hier standardmäßig gewählt: Während der Erzähler die Darstellung des Geschehens ins Präteritum setzt (»**lebte**«), verwendet er für das Erzählen seiner Gegenwart und seiner inneren Haltungen das Präsens (»ich mich nicht erinnern **will**«).

Im Präsens kann der Erzähler auch allgemein Gültiges oder Überlegungen über die Bedingungen der menschlichen Existenz formulieren. Solch allgemein Gültiges spricht der Erzähler des *Don Quijote* zum Beispiel aus, wenn er beschreibt, welcher Art dieser Junker ist, von dem er im Folgenden erzählen will (»zum Jagen **haben**«).

In Harry Mulischs *De Aanslag* (1982, dt. *Das Attentat*) etwa eröffnet der Erzähler die »Letzte Episode 1981«, das sechste Kapitel im Roman, mit allgemeinen Betrachtungen über die Zeit – dankenswerterweise sehr passend für das Thema unseres Kapitels – und setzt diese ins Präsens:

> Und dann ... und dann ... und dann ... Die Zeit verstreicht. ›Das haben wir wenigstens hinter uns‹, sagen wir – ›aber was haben wir nicht noch alles vor uns?‹ Unserem Sprachgebrauch zufolge haben wir das Gesicht der Zukunft zugewendet und den Rücken der Vergangenheit, so erleben es die meisten. Die Zukunft liegt vor ihnen, die Vergangenheit hinter ihnen. Für dynamischere Persönlichkeiten ist die Gegenwart in aller Regel ›ein Schiff, das bei rauher See durch die Wellen der Zukunft pflügt‹, für passivere Menschen eher ein Floß, das auf einem Fluß ruhig mit der Strömung treibt.

Harry Mulisch: Das Attentat (1982), »Letzte Episode 1981«

Wenn wie hier allgemeine Reflexionen angestellt werden, der Erzähler sich also gleichsam aus der Erzählung heraus an seine Leserschaft wendet, bezeichnet die Erzähltheorie dies als **gnomisches** oder **generisches Präsens**. Wenn der Erzähler einen statischen Zustand beschreibt – zum Beispiel eine Landschaft –, spricht man vom **tabularischen Präsens**.

Aber auch Handlungssequenzen können im Präsens stehen. Meist verfolgt der Erzähler damit die Absicht, eine Passage besonders hervorzuheben. Häufig findet sich hier auch ein Ausdruck wie »plötzlich«. In Mulischs *Das Attentat* zum Beispiel sitzt die Familie Steenwijk im Januar 1945 gerade bei einem Würfelspiel zusammen, als der holländische Widerstand vor dem Haus ein Attentat auf einen Repräsentanten der deutschen Besatzungsmacht verübt. Der Erzähler berichtet den Vorfall aus der Perspektive der Steenwijks und wechselt für die Dauer eines Absatzes vom Präteritum ins Präsens:

> Die Stille, zu der der Krieg in Holland gegen Ende geworden ist, wird plötzlich durch einen sechsfachen scharfen Knall auf der Straße zerrissen: erst einmal, dann zweimal schnell hintereinander, nach ein paar Sekunden der vierte und fünfte Schuß. Kurz danach so etwas wie ein Schrei und noch ein sechster Schuß. Anton, der gerade würfeln will, erstarrt und schaut seine Mutter an, seine Mutter seinen Vater und sein Vater die Zwischentüren, nur Peter nimmt den Schirm der Karbidlampe und stülpt ihn über den Brenner.
> Auf einmal saßen sie im Dunkeln.

Harry Mulisch: Das Attentat (1982), »Erste Episode 1945«, Unterkapitel 2

Diese nur wenige Sekunden währende Szene wird das ganze Leben Anton Steenwijks grundlegend verändern. Der Leser weiß dies zu diesem Zeitpunkt ebenso wenig wie Anton. Den ersten Knall, der die länger währende Aktivität des Würfelspielens unterbricht, wird Anton in jenem Moment selbst als »plötzlich« empfinden. Die Verwendung des Ausdrucks auf der

IV.2
Wie erzählt der Erzähler? – Parameter des Diskurses

Ebene des Diskurses korrespondiert also mit dem Erleben der Figur und bildet ein Geschehenselement der *Geschichte* nach. Der Wechsel ins Präsens aber hat seinen originären Ort nur auf der Ebene des Diskurses. Durch den Tempuswechsel intensiviert der Erzähler die geschilderte Szene auf beinahe unmerkliche Weise und signalisiert dem Leser unausgesprochen die zentrale Relevanz dieses Ereignisses. Die Erzähltheorie bezeichnet dies als **dramatisches** oder auch **historisches Präsens**. Es dient wie in unserem Beispiel meist der Rezeptionslenkung und der Spannungserzeugung.

Gerade in Erzähltexten älteren Datums finden sich einem Kapitel vorangestellt häufig Inhaltsangaben, die das im Folgenden dargestellte Geschehen im Präsens zusammenfassen. So ist in Christoph Martin Wielands *Die Abenteuer des Don Sylvio von Rosalva* (1764) das 7. Kapitel im ersten Buch des ersten Teils überschrieben mit: »Don Sylvio findet auf wunderbare Art das Bildnis seiner geliebten Princessin«. In diesen Fällen sprechen wir von **reproduzierendem** oder **synoptischem Präsens**.

In der jüngeren Gegenwartsliteratur finden sich viele Beispiele, die mit der Tradition des epischen Präteritums brechen und stattdessen das Geschehen nahezu durchgängig im Präsens erzählen. So verwendet beispielsweise Judith Hermann in ihrem Erzählungenband *Sommerhaus, später* (1998) in heterodiegetischen Erzählungen wie *Camera Obscura* oder *Diesseits der Oder* das Präsens, um das Geschehen zu schildern. Ein Beispiel für die Verwendung des Präsens in einem homodiegetischen Erzähltext ist der bereits mehrfach erwähnte Roman *Faserland* (1995) von Christian Kracht. Die Vergegenwärtigung des Erzählten wird hier durch die Wahl des Tempus unterstützt. Vor diesem Hintergrund erscheint die bisher vorherrschende Verwendung des Präteritums in Erzähltexten in der Tat als reine Konvention.

Zeitangaben

In Erzähltexten finden sich verschiedene Arten von Angaben, die die *Geschichte* zeitlich situieren und ihre Geschehenselemente zueinander ins Verhältnis setzen. Diese können unterschiedlich genau sein.

Typen von Zeitangaben

- **Kalendarische Zeitangaben:** In vielen Erzähltexten sind **konkrete und vollständige Zeitangaben** zu finden. Der 16. Juni 1904 zum Beispiel ist ein berühmtes Datum in der Literaturgeschichte. An diesem Tag lässt James Joyce die gesamte Handlung seines Romans *Ulysses* spielen; als »Bloomsday« – nach der Hauptfigur Leopold Bloom – ist dieses Datum seitdem weit über die Grenzen Dublins hinaus ein Begriff.

  Der Erzähler kann auch **konkrete, aber unvollständige Zeitangaben** machen. Das Attentat in Mulischs gleichnamigem Roman beispielsweise findet im Januar 1945 statt; der Erzähler teilt uns aber nicht den genauen Tag mit. Raabes Tagebuchschreiber Johannes Wachholder in *Die Chronik der Sperlingsgasse* dagegen überschreibt jeden Eintrag gewissenhaft mit Tag und Monat, nennt aber nicht das jeweilige Jahr. In anderen Erzähltexten schaffen **unkonkrete Zeitangaben** wie »Es war an einem der ersten Maitage« (der Romananfang von Theodor Fontanes Roman *Frau Jenny Treibel*, 1892), »Der Tag, an dem dann doch noch einmal etwas geschieht, ist der Freitag vor Ostern« (so beginnt Judith Hermanns Erzählung *Hunter-Tompson-Musik*) oder Ausdrücke wie »Novembersonne«, »Frühjahrsregen« oder auch »Fliederduft« eine jahreszeitliche Atmosphäre, erlauben aber nicht, die Handlung präzise zu datieren.

- **Deiktische Adverbien der Zeit:** Neben kalendarischen Zeitangaben kann der Erzähler zwei Handlungssequenzen auch mit deiktischen Adverbien der Zeit zueinander in Beziehung setzen. Das kann einmal aus der Perspektive der Figur geschehen mittels Angaben deiktischer Zeigwörter wie »gestern«, »heute« oder »morgen« oder auch aus der Perspektive des Erzählers mittels anaphorischer Zeigwörter wie »am Tag zuvor«, »am selben Tag« oder »am Tag darauf«.
- **Relationale Zeitangaben:** Relationale Zeitangaben setzen zwei Zeitpunkte mittels einer Zeitraumangabe zueinander in Beziehung. Das kann mit einer eher konkreten Angabe geschehen wie »zwei Wochen zuvor« oder »zehn Jahre später« oder mit einer eher unbestimmten Angabe wie »vor vielen Jahren« oder »einige Wochen später«. Auch Ausdrücke, die eine Frequenzbeziehung signalisieren, wie »jeden Montag« oder »alle zwei Wochen«, können hierunter subsumiert werden.

Wenn der Leser alle Zeitangaben, die sich in einem Erzähltext finden, zueinander in Beziehung setzt, kann er im Idealfall – vorausgesetzt der Erzähler liefert ausreichende Angaben – die zeitliche Konfiguration der Geschichte rekonstruieren.

Rekonstruktion der Zeitstruktur in Paul Austers *Leviathan* — Interpretationsskizze

Austers Roman beginnt mit der Zeitangabe »Vor sechs Tagen hat sich im nördlichen Wisconsin ein Mann am Rand einer Straße in die Luft gesprengt«. Der homodiegetische Erzähler Peter Aaron geht davon aus, dass es sich bei diesem Mann um seinen Freund Benjamin Sachs handelt. Wenige Zeilen darauf nennt Aaron das **Datum von** »**heute**« – es ist der 4. Juli 1990 –; damit kann der Vorfall auf den 28. Juni 1990 datiert werden. Keinem US-Amerikaner wird zudem die Bedeutung des Datums 4. Juli entgehen: Es ist der symbolträchtige Unabhängigkeitstag von 1776. Wer einen **sogenannten ewigen Kalender** zu Rate zieht, kann zudem feststellen, dass der 4. Juli im Jahr 1990 auf einen Mittwoch fiel. Gegen Ende des Romans (und seiner Aufzeichnungen) kommt Aaron auf den Wisconsin-Vorfall zurück und merkt an: »Das war vor zwei Monaten«. Er gibt damit zugleich einen Hinweis auf die **Erzählerzeit**: Der Leser kann erschließen, dass sein »Heute« inzwischen in den letzten Augusttagen des Jahres 1990 anzusiedeln ist. Aaron schildert aber nicht nur die Geschehnisse während der zwei Monate, die sein Erzählen in Anspruch nimmt. Infolge einer Vielzahl von eingestreuten externen Analepsen, in denen der Erzähler die Geschichte seiner Freundschaft mit Sachs aufrollt, umfasst sein Bericht rund drei Jahrzehnte. Die **erzählte Zeit** ist damit in Austers *Leviathan* insgesamt also deutlich umfangreicher als die zwei Monate umfassende Erzählerzeit. Nach Kenntnis des gesamten Romans erweist sich der Beginn des Romans als *in-ultimas-res*-Anfang.

IV.2 Wie erzählt der Erzähler? – Parameter des Diskurses

Leitfragen zur Analyse der Zeitrelationen von Diskurs und Geschichte

- Ordnung: Wird vorwiegend chronologisch erzählt oder finden sich viele Anachronien? Welche Funktion haben die Anachronien jeweils?
- Dauer: Welche Passagen schildert der Erzähler eher zusammenfassend und welche eher in epischer Breite? Warum behandelt er die jeweilige Passage auf die gewählte Art?
- Frequenz: Welche Wiederholungsbeziehungen weisen vergleichbare Ereignisse und das Erzählen darüber auf?
- Tempus: Finden sich Handlungssequenzen im Erzähltext, die einen signifikanten Tempuswechsel ins Präsens aufweisen? Wenn ja, welchen Effekt ruft dieser Tempuswechsel hervor und welche Funktion kommt ihm zu?
- Zeitstruktur der Geschichte: Gibt es konkrete Zeitangaben im Erzähltext, anhand derer der Umfang der erzählten Zeit bestimmt werden kann? Kann die *Geschichte* anhand der Zeitangaben im *Diskurs* exakt datiert werden, oder bleibt der Erzähltext zeitlich eher unbestimmt?

Literatur

Augustinus, Aurelius: Die Bekenntnisse des heiligen Augustinus [ca. 400 n. Chr.]. Leipzig 1888.
Barthes, Roland: »L'effet de réel«. In: Ders.: Œuvres complètes. Paris 1994, Bd. 2, S. 479–484.
Elias, Norbert: Über die Zeit. Arbeiten zur Wissenssoziologie II. Frankfurt a. M. [7]2000.
Genette, Gérard: Die Erzählung [frz. 1972, 1983]. Paderborn [3]2010.
Hamburger, Käte: Die Logik der Dichtung [1957/1968]. Stuttgart [4]1994.
Ireland, Ken: »Temporal ordering«. In: Herman, David/Jahn, Manfred/Ryan, Marie-Laure (Hg.): Routledge encyclopedia of narrative theory. London/New York 2005, S. 591–592.
Lämmert, Eberhard: Bauformen des Erzählens [1955]. Stuttgart [9]2004.
Lukács, Georg: Die Theorie des Romans. Ein geschichtsphilosophischer Versuch über die Formen der großen Epik [2016]. München [2]2000.
Mann, Thomas: Der Zauberberg (= Gesammelte Werke in zwölf Bänden, Bd. 3). Frankfurt a. M. 1960.
Martínez, Matías/Scheffel, Michael: Einführung in die Erzähltheorie [1999]. München [9]2012.
Müller, Günther: »Erzählzeit und erzählte Zeit«. In: Festschrift für Paul Kluckhohn und Hermann Schneider. Tübingen 1948, S. 195–212.
Ricœur, Paul: Zeit und Erzählung [frz. 1983–1985]. Bd. 2: Zeit und literarische Erzählung. München [2]2007.
Rimmon-Kenan, Shlomith: Narrative fiction – contemporary poetics [1983]. London/New York [2]2002.
Schmid, Wolf: Elemente der Narratologie. Berlin/Boston [3]2014.
Vogt, Jochen: Aspekte erzählender Prosa. Eine Einführung in Erzähltechnik und Romantheorie [1972]. München [11]2014.

Literatur zum Weiterlesen

Avanessian, Armen/Henning, Anke (Hg.): Der Präsensroman. Berlin/Boston 2013 (= Narratologia 36).
Fludernik, Monika: »Time in narrative«. In: Herman, David/Jahn, Manfred/Ryan, Marie-Laure (Hg.): Routledge encyclopedia of narrative theory. London/New York 2005, S. 608–612.
Ireland, Ken: The sequential dynamics of narrative. Energies at the margins of fiction. Madison, NJ 2001.
Meister, Jan Christoph/Schernus, Wilhelm (Hg.): Time. From concept to narrative construct: A reader. Berlin/New York 2011 (= Narratologia 29).
Müller, Günther: Morphologische Poetik. Gesammelte Aufsätze. Darmstadt 1968.

Sternberg, Meir: »Telling in time (I): Chronology and narrative theory«. In: Poetics Today 11/4 (1990), S. 901–948.
– : »Telling in time (II): Chronology, teleology, narrativity«. In: Poetics Today 13/3 (1992), S. 463–540.
Weinrich, Harald: Tempus. Besprochene und erzählte Welt [1964]. München ⁶2001.

2.4 | Wissensvermittlung und Informationsvergabe

Was ist Wissen? Die Etymologie des deutschen Wortes Wissen deutet darauf hin, dass Gewusstes ursprünglich mit der Vorstellung der **Augenzeugenschaft** verknüpft war.

> Wissen geht auf das indoeuropäische *weid (finden, erkennen, erblicken) zurück und korrespondiert mit der griechischen Grundbedeutung von *eídon* (ich erblickte, erkannte). Auch das lateinische *sapere* (wissen; auch: schmecken, verkosten) geht auf eine Sinneswahrnehmung zurück. Wesentlich deutlicher ist die enge Beziehung zwischen Wissen und Erzählen im englischen Begriff *knowledge*: Das altenglische *cnāwan*, ist – wie das lateinische *narrare* – aus dem indoeuropäischen *gnarrāre (berichten, erzählen) hervorgegangen. Bereits die Etymologien der Wissensbegriffe machen also das Spannungsfeld zwischen sinnlicher Erfahrung von Welt und sprachlicher Reflexion über die Welt deutlich.

Zum Begriff

Schon in der Antike setzte allerdings eine wichtige Begriffsverschiebung ein, die den Wahrheitsanspruch des unmittelbaren Sinneseindrucks gegenüber dem der Argumentation abwertete. Als Wissen gelten seitdem Überzeugungen, die logisch begründbar und in ihren Bestandteilen widerspruchsfrei verknüpfbar sind. Mit der Abwertung von Sinneseindrücken und der Aufwertung kognitiver Prozesse oder Kategorien, die unsere Wahrnehmung der Welt immer schon vorstrukturieren, wurde auch der Wahrheits- und Wirklichkeitsbegriff problematisch. Da wir keinen direkten, unverzerrten Zugriff auf die Wirklichkeit haben, müssen fundierte Überzeugungen mit einem Objektivitätsanspruch verknüpft werden, um als Wissen gelten zu können (Vogel/Wingert 2003, S. 12).

Beide Kategorien – ›Wahrheit‹ und ›Wirklichkeit‹ – sind umso problematischer, wenn sie in Bezug auf einen fiktionalen Erzähltext angewandt werden. Denn: Fiktionale Texte erheben ja gerade keinen Anspruch auf objektiv nachprüfbare Wahrheit. Allerdings muss auch das, wovon ein fiktionaler Erzähltext berichtet, zumindest nach den Maßstäben der erzählten Welt als widerspruchsfrei und glaubhaft bewertet werden, um vom Leser als **relevant** eingeschätzt zu werden. Auch das, was man über eine erzählte fiktionale Welt weiß, muss sich also zu einem mehr oder weniger geschlossenen Ganzen fügen, das Bedeutung hat.

Wissen vs. Information: Mit Blick auf Erzählstrategien müssen wir zunächst zwischen den Begriffen ›Wissen‹ und ›Information‹ unterscheiden. Als **Wissen** gelten in der Regel interpretierte, das heißt auf ihren Bedeutungsgehalt oder ihre Relevanz hin ausgelegte Informationen. **Informatio-**

nen hingegen beschreiben einen Sachverhalt oder eine Eigenschaft; sie sind im strengen Sinne reine Daten, die erst noch ausgewertet werden müssen, um sinnhaft und nutzbar zu werden. Sowohl die Hypothesenbildung als auch die Erfassung von Daten setzt zeitliche und räumliche Vorstellungen voraus. Insofern ist Erzählen nicht nur ein Hilfsmittel, das die Wissensaneignung erleichtert; narrative Muster, in denen die Kategorien ›Raum‹ und ›Zeit‹ eine besondere Rolle spielen, bestimmen vielmehr die menschliche Wahrnehmung bereits bei der Beobachtung und Hypothesenbildung (Wright 2005). **Erzählen** lässt sich folglich als **Prozess** beschreiben, in dem **Informationen so kombiniert werden, dass daraus ein Wissen** entsteht: nämlich eine Geschichte, die bedeutungshaft und für uns relevant ist. Allerdings setzt dieser Prozess seinerseits immer schon ein anderes Wissen voraus. Geschichten können vom Leser nur dann verstanden werden, wenn dieser mit dem jeweiligen kulturellen Kontext vertraut ist und die meisten Informationen des Textes auf der Basis seines Weltwissens zu kombinieren versteht.

Um das Zusammenspiel von Erzählen und Wissen in Erzähltexten konkret beschreiben zu können, sind vor allem drei Aspekte relevant:

1. Erzählen als Mittel der Wissensbildung: Wie trägt das Erzählen zur Wissensbildung bei? Welche Funktionen kommen dem Erzählen im Hinblick auf Wissensaneignung, -speicherung und -vermittlung zu?
2. Steuerung von Leseraffekten durch Informationsvergabe: Welche Affekte soll die Informationsvergabe in einem Erzähltext beim Leser hervorrufen? Erzeugt sie eher Spannung, Neugier oder Überraschung?
3. Sympathielenkung durch Informationsvergabe: Welche Auswirkungen hat die Informationsvergabe auf die Sympathielenkung des Lesers?

Während unsere erste Frage der grundsätzlichen Funktion des Erzählens für den Aufbau von Wissen gilt, zielen die zweite und dritte Frage umgekehrt auf die Funktion des Wissens und seines erzählerisch gesteuerten Aufbaus für die Erzählung.

2.4.1 | Erzählen als Mittel der Wissensbildung

Erzählungen haben kulturhistorisch entscheidend dazu beigetragen, Tatsachen- oder Faktenwissen wie auch das Wissen über regelhafte Abläufe festzuhalten und vermittelbar zu machen. Dabei kann Erzählen sowohl **bekanntes Wissen** auffrischen als auch **neues Wissen** aufbereiten, eine Doppelfunktion, der die Unterscheidung von **ereignislosen** und **ereignishaften** Erzählungen Rechnung trägt (Hühn 2008, S. 147).

Besonders deutlich wird die Funktion des Erzählens für die Wissenssicherung in der mündlichen Tradition: Hier haben Märchen, Fabel und Parabel ganz wesentlich dazu beigetragen, vorhandenes Weltwissen zu ordnen und verständlich zu machen (Schenda 1993; s. Kap. III.3). So sind nicht allein die zentralen Schöpfungsmythen in den meisten Religionen Schöpfungs**geschichten**, auch Genealogien und Abstammungsmythen werden in der Regel narrativ ausgekleidet. Das Erzählen leistet dabei, wie wir schon im ersten Kapitel bei der Bestimmung des Begriffs gesehen haben (s. Kap. I.2), immer schon mehr als ein bloßes Abbilden von Inhalten – es beschreibt, vermittelt und strukturiert das Dargestellte.

Insbesondere der Aspekt der Strukturierung ist nun im Hinblick auf die Rolle des Erzählens bei der Wissensvermittlung von entscheidender Bedeutung. So ist beispielsweise der biblische **Schöpfungsbericht** nach 1. Mose eben gerade kein Bericht, der nur Informationen über ein historisches Geschehen auflistet. Hier werden vielmehr durch die zeitliche Ordnung der Informationsvergabe, also durch die Reihung der Ereignisse, und durch die wechselnde Perspektive zwischen Erzähler und Gott die bekannten Sachverhalte wie Himmel und Erde in eine sinnhafte Beziehung zueinander gesetzt (s. Kap. IV.2.1):

> [1] Am Anfang schuf Gott Himmel und Erde. [2] Und die Erde war wüst und leer, und es war finster auf der Tiefe; und der Geist Gottes schwebte auf dem Wasser. [3] Und Gott sprach: Es werde Licht! Und es ward Licht. [4] Und Gott sah, dass das Licht gut war. Da schied Gott das Licht von der Finsternis. [5] und nannte das Licht Tag und die Finsternis Nacht. Da ward aus Abend und Morgen der erste Tag.

Die Bibel, 1. Mose 1, 1–5

Der Schöpfungsbericht nach 1. Mose macht besonders anschaulich, dass Erzählen bei der Überführung von Informationen in Wissen drei voneinander abzugrenzende Funktionen erfüllt:

- Wissensaneignung: Narrative Strukturen dienen der temporalen Ordnung von Fakten und Prozessen und zerlegen diese in Informationsbausteine.
- Wissensspeicherung: Narrative Strukturen unterstützen das Erinnerungsvermögen und erleichtern so die Sicherung von und den Zugriff auf Wissen.
- Wissensvermittlung: Narrative Strukturen erleichtern die Weitergabe von Wissen, da sie Wissen kommunizierbar machen.

Funktionen des Erzählens für die Wissensbildung

Wir wollen im Folgenden die Prozesse der Wissensaneignung, -speicherung und -vermittlung getrennt betrachten. Als Beispiel dient uns die Kurzgeschichte *The Black Cat* (1845, dt. *Die schwarze Katze*) von Edgar Allan Poe.

Edgar Allen Poe: *Die schwarze Katze* (1845)

Inhaltsskizze

In Poes Erzählung berichtet ein zum Tode Verurteilter von seinem Verbrechen: Unter Alkoholeinfluss misshandelt er regelmäßig die schwarze Katze des Hauses und erhängt sie schließlich im Garten. In der folgenden Nacht wird das Haus des Erzählers durch ein Feuer komplett zerstört. Zum Erstaunen der Nachbarn und des Erzählers ist am Morgen die Silhouette der Katze mit der Schlinge auf einer Mauer des niedergebrannten Hauses zu sehen. Nur wenige Tage nach der Tötung der Katze läuft dem homodiegetischen Erzähler erneut eine Katze zu, die der erhängten erstaunlich ähnlich ist und die er ebenfalls regelmäßig misshandelt. Als seine Frau das Tier vor einem seiner Wutanfälle beschützen will, erschlägt

IV.2
Wie erzählt der Erzähler? – Parameter des Diskurses

er sie im Affekt und mauert die Leiche seiner Frau im Keller ein. Bei einer Hausdurchsuchung entdeckt die Polizei das Versteck, weil die Katze mit ihrem Geschrei den Ort der Leiche verrät: Der Erzähler hatte sie versehentlich mit eingemauert.

Wissensaneignung: Homodiegetische Erzählungen wie Poes *The Black Cat* eignen sich besonders, um den Prozess der narrativen Wissensaneignung zu verfolgen. Sie führen das Verfahren der Transformation von Information in Wissen nämlich direkt an einer Erzählerfigur vor: Das Erzählen dient hier zunächst einmal dem **Erzähler** selbst, sich über Ereignisse oder Begebenheiten klar zu werden, bevor sein Erzähltext dann auch dem **Leser** ein **Gerüst zur Wissensaneignung** anbietet:

Edgar Allan Poe:
Die schwarze Katze
(1845)

Daß man den so unheimlichen und doch so natürlichen Geschehnissen, die ich jetzt berichten will, Glauben schenkt, erwarte ich nicht, verlange es auch nicht. Ich müsste wirklich wahnsinnig sein, wenn ich da Glauben verlangen sollte, wo ich selbst das Zeugnis meiner Sinne verwerfen möchte. Doch wahnsinnig bin ich nicht – und sicherlich träume ich auch nicht. Morgen aber muss ich sterben – und darum will ich heute meine Seele entlasten. Aller Welt will ich kurz und sachlich eine Reihe von rein häuslichen Begebenheiten enthüllen, deren Wirkungen mich entsetzt – gemartert – vernichtet haben. Ich will jedoch nicht versuchen, sie zu deuten.

Gleich zu Beginn der Erzählung *Die schwarze Katze* macht die Erzählerfigur hier deutlich, dass sie sich des Erzählens nicht nur bedient, um dem Adressaten eine komplizierte Begebenheit zu erklären, sondern auch, um das Geschehene selbst zu begreifen. Die »kurz und sachlich« zu berichtende »Reihe von rein häuslichen Begebenheiten« – nüchterne, isolierte Sachinformationen also – reicht dazu nicht, zumal der Erzähler seinen Sinnen offensichtlich ohnehin nicht traut. Erst mit Hilfe des Erzählens gelingt es ihm, das Geschehene zu ordnen, subjektiv zu deuten und letztlich zu verstehen. Denn obwohl der homodiegetische Erzähler hier vorgibt, das Geschehene nicht deuten zu wollen, ist jede Erzählung doch immer genau das: ein Deutungsangebot. Dabei werden die narrativen Mittel der Perspektive, der zeitlichen Ordnung, der Metafiktion und des Stils genutzt, um den Prozess der Wissensaneignung zu steuern (s. Kap. IV.2.1, IV.2.3.2, IV.2.5, IV.2.7).

Wissensspeicherung: Erzählen dient zudem der Speicherung von Wissen. Wissen, das erzählt wird, lässt sich leichter erinnern (Yates 1966). Offensichtlich ist diese **mnemotechnische Funktion** (erinnerungstechnische Funktion) des Erzählens in Märchen, Fabeln, Parabeln und Legenden, die häufig abstraktes Wissen, beispielsweise gesellschaftliche Normen, über Generationen hinweg weitergeben.

Erzähler bedienen sich hauptsächlich der mnemotechnischen Mittel der Wiederholung und der Versinnbildlichung, um Wissen im Gedächtnis zu verankern. Besonders auffällig sind diese Strategien in mündlichen Erzählungen. Aber auch schriftliche Erzähltexte sind in der Regel mit Blick auf Wissensspeicherung organisiert.

- **Thematisch:** Bekannte Themen, Motive und Skripte organisieren das zu speichernde Wissen.
- **Zeitlich und räumlich:** Vorausdeutungen (Prolepsen), Rückwendungen (Analepsen), Parallelismen und Wiederholungen markieren und verankern das zu speichernde Wissen.
- **Stilistisch:** Visualisierungen und formelhafte Wendungen, in der Regel wiederholt verwendet, akzentuieren das zu speichernde Wissen.

Strategien zur Wissensspeicherung

Die Kurzgeschichte von Poe nutzt alle diese Strategien der Wissensverankerung: Der Erzähler wählt bekannte **Themen, Motive und Skripte** aus (schwarze Katze, Tierquälerei, Gattenmord, Folgen der Trunksucht etc.); er schildert **zeitdehnend**, wenn die Tierquälerei und die folgenden Scham- und Schuldgefühle thematisiert werden, und er **visualisiert** schließlich seine Gewissensqualen und Schuldgefühle, wie im folgenden Textbeispiel, in dem die Katze das ›Alpgespenst‹ verkörpert.

> Bei Tage ließ das Tier mich nicht einen Augenblick allein, und in der Nacht fuhr ich fast jede Stunde aus qualvollen Angstträumen empor, um den heißen Atem des Viehes über mein Gesicht wehen zu fühlen, und den Druck seines schweren Gewichts – wie die Verkörperung eines Alpgespenstes, das ich nicht abzuschütteln vermochte – auf meiner Brust zu tragen.

Edgar Allan Poe: Die schwarze Katze (1845)

Wissensvermittlung: Auf der Basis von Wissensaneignung und -speicherung können Erzähltexte schließlich der Wissensvermittlung dienen. Das heißt, Erzähltexte können ein beim Leser vorhandenes Wissen affirmativ stützen oder neue Wissensinhalte transportieren. Auch Lehrbücher stützen sich häufig auf narrative Strukturen, insbesondere um geschichtliche Prozesse darzustellen oder abstrakte Konzepte zu vermitteln.

2.4.2 | Steuerung von Leseraffekten durch Informationsvergabe

Bislang haben wir das Verhältnis von Wissen und Erzählen rein formal als einen Prozess beschrieben, in dem Informationen so kombiniert werden, dass daraus Wissen entsteht. Im Unterschied zu Sachtexten steuern Erzähltexte diesen Prozess jedoch ganz gezielt mit Blick auf das **rezeptionsästhetische Kalkül** bei der Wissensvermittlung. Damit stellen sich Fragen wie: Welche Wirkung erzielt die Wissensvermittlung beim Adressaten? Welche Bedingungen müssen auf Seiten des Adressaten erfüllt sein, damit eine Wissensvermittlung stattfinden kann? Unwissen allein reicht hier nicht aus, vielmehr muss der Adressat ein ausgeprägtes **Interesse** am Wissenstransfer haben.

Neugier und Spannung: Bezogen auf einen Erzähltext heißt das, dass der Leser motiviert werden soll, weiterzulesen. Als grundsätzliche Motivation kann die Neugier des Lesers vorausgesetzt werden. Diese Neugier bleibt paradoxerweise sogar dann erhalten, wenn die Erzählung bereits bekannt ist, beispielsweise wenn ein Leser einen Roman zum zweiten Mal liest (Carroll 1996, S. 71). Offensichtlich ist die Neugier des Lesers nicht

IV.2
Wie erzählt der Erzähler? – Parameter des Diskurses

allein Ausdruck eines Nicht-Wissens; denn Leser zeigen ein genuines Interesse an den Emotionen, die der Akt des Lesens hervorruft – auch bei mehrmaliger Lektüre eines Textes. Erzähltexten gelingt es also, die Neugier immer wieder aufs Neue zu wecken. Sie kanalisieren diese geschickt, so dass die Neugier teilweise befriedigt, aber immer auch wieder neu geschürt wird (Lodge 1992, S. 15 f.). Das Kanalisieren der Neugier, also das Spiel mit den Affekten des Lesers, lässt sich als **Spannung** beschreiben. Spannung kann prinzipiell auf drei Arten erzeugt werden – durch Auslassung, Andeutung und Überraschung (Barthes 1970):

Strategien der Spannungserzeugung

- Auslassung: Informationen werden ausgelassen oder sind unvollständig, so dass der Text Fragen aufwirft. Häufig steht bereits am **Erzählanfang** eine Auslassung, wenn der Leser mitten ins Geschehen geworfen wird. Dieser, insbesondere für Kurzgeschichten typische *in-medias-res*-Anfang, wirkt rätselhaft auf den Leser, weckt sein Interesse an folgenden Erklärungen und aktiviert seine Affekte. Gerade aufgrund dieser Affektbindung zog bereits Horaz in seiner *Ars poetica* (entstanden um 15 v. Chr.) diesen Erzählanfang dem *ab ovo* vor, also der behutsamen, streng chronologischen Einführung in die fiktionale Welt. In Poes Kurzgeschichte wird der Leser direkt mit einer sehr persönlichen Erklärung des Erzählers konfrontiert: Er weiß nicht, wer der Erzähler ist, der ihn direkt anspricht, erfährt aber sogleich, dass dieser am folgenden Tag sterben muss. Solche Wissenslücken, auch **Unbestimmtheitsstellen** (vom Leser zu komplettierende Textelemente) oder **Leerstellen** (vom Leser zu füllender Deutungsspielraum zwischen unvermittelten Textelementen) genannt (Iser 1975, S. 234–236), fesseln den Leser, geben ihm Rätsel auf und fordern ihn zur Sinnkonstituierung auf. Ebenso können Erzählungen Spannung erzeugen, wenn sie ihr **Erzählende** erreichen, ohne dass sie eine *closure*, eine Auflösung der Handlung, liefern. Joseph Conrads Roman *Suspense – A Napoleonic Novel* (1925; dt. *Spannung*) bleibt beispielsweise eine derartige Auflösung schuldig, so dass der Leser nicht endgültig entscheiden kann, ob der Protagonist Cosmo seinen Verfolgern entkommen wird oder nicht.
- Andeutung: Im Unterschied zur Auslassung greift die Andeutung in der erzählten Zeit mit Anspielungen oder Vorausdeutungen (Prolepsen) vor und weckt so bestimmte **Erwartungshaltungen** beim Leser. Andeutungen können explizit sein oder als *foreshadowing* eine Stimmung oder Ahnung ausdrücken. Der Leser ist angesichts einer Andeutung bemüht, in der weiteren Lektüre Hinweise auf die Wahrscheinlichkeit des Angedeuteten oder des Prophezeiten aufzuspüren. In Poes Kurzgeschichte beteuert beispielsweise der Erzähler gleich zu Beginn, nicht wahnsinnig zu sein. Diese Andeutung reicht aus, dass der Leser im Folgenden nach Indizien sucht, um die Behauptung zu bestätigen oder zu widerlegen.
- Überraschung: Überraschung wird erzeugt, wenn der Leser plötzlich mit einer unerwarteten Information konfrontiert wird. Auch der Effekt der Überraschung basiert auf einer Leerstelle – aber es ist eine **Leerstelle, die uns erst nachträglich bewusst wird**. Denn erst im Moment der Überraschung wird der Leser gewahr, dass seine bisherige Vorstellung von der erzählten Welt unvollständig war, weil ihm wichtige Infor-

mationen vorenthalten worden sind, die nun plötzlich nachgeliefert werden. Die Überraschung lässt sich zudem aus kognitionswissenschaftlicher Sicht als **Abweichung von einem mentalen Schema** deuten (Stockwell 2006). Während der Leser ein traditionelles Ablaufschema im Kopf hat, weicht die Erzählung unvorhersehbar von diesem Plan ab. Die Überraschung fordert den Leser auf, im Geiste auf das bereits Erzählte zurückzublicken und nach versteckten Hinweisen zu suchen. Sie wirkt aber auch in die Zukunft, denn mit ihr muss der Leser jetzt *ad hoc* neue Hypothesen für das Folgende entwickeln. In Poes sehr kontrollierter Erzählung, die – wie der Erzähler betont – »als Kette von Tatsachen« streng linear aufgebaut ist und »auch das allerkleinste Glied nicht unerwähnt« lässt, überrascht den Leser beispielsweise am Schluss das Geschrei der Katze. Es überführt nicht nur den Erzähler als Mörder, so dass dieser Moment entscheidend ist für die Geschichte; es veranlasst den Leser auch, die vorherigen Ausführungen des Erzählers insgesamt neu zu deuten.

Spannung, Neugier und Überraschung im Kontext der Informationsvergabe: Die Mittel der Auslassung, Andeutung und Überraschung können nicht isoliert betrachtet werden. Sie sind in ihrer Funktion nur dann zu verstehen, wenn man das jeweilige **Textganze** und das **Weltwissen** des jeweiligen realen Lesers, also dessen Erwartungshorizont berücksichtigt. Erst vor diesem Hintergrund wird die Komplexität der Informationsverteilung und -anordnung transparent. So können Spannung, Neugier und Überraschung bei der Lektüre eines Erzähltextes grundsätzlich als Resultat einer gelenkten Informationsvergabe begriffen werden (Sternberg 1992). **Spannung** entsteht, wenn aufgrund gegebener Informationen die **Neugier** des Lesers mit Blick auf den weiteren Verlauf der Erzählung geweckt wird; **Überraschung** resultiert aus einer Informationsvergabe, die den Leser zur Revision der bisherigen Deutung zwingt, wenn der Leser also die bisherigen Informationen neu interpretieren und nach Erklärungen für die plötzliche Wendung suchen muss (Baroni 2007).

Von allen literarischen Gattungen macht der **Detektivroman** das Spiel mit der Informationsvergabe und -zurückhaltung besonders anschaulich. Zwar muss der Leser zunächst über ein gewisses Maß an Informationen verfügen, das es ihm erlaubt, fundierte, gerechtfertigte Vermutungen anzustellen, wer denn der Täter sein könnte. Die Spannung kann aber in der Regel nur gehalten werden, wenn diese Informationen so bemessen sind, dass sich der Leser bis zum Schluss nicht sicher sein kann, ob seine Hypothesen zutreffen. Darüber hinaus spiegelt sich der Verstehensprozess des Lesers auch in der Figur des Detektivs. Diese Figur muss gleichsam wie der Rezipient die Indizien und Hinweise, die im Text verstreut sind, analysieren und kombinieren.

Informiertheit: Auch die Informiertheit ist ein wesentliches – da bedeutungsstiftendes – Mittel. Eine **asymmetrische (divergente) Informiertheit**, also ein **Informationsgefälle** kann nicht nur **zwischen Erzähler und Leser** verwirklicht sein, sondern auch **zwischen Figuren** des Romans untereinander. Der daraus resultierende **Informationsrückstand** – oder, je nach Perspektive, **Informationsvorsprung** einer Figur gegenüber einer anderen – hat entscheidenden Einfluss auf die Figurencharakterisierung. Folglich lassen sich Entwicklungen der Handlung sowie Spannungen und Sympathien zwischen den Figuren in der Regel auf unterschiedliche Grade der Partizipation und Informiertheit zurückführen. In seltenen Fällen liegt eine **symmetrische (konvergente) Informiertheit** vor.

2.4.3 | Sympathielenkung durch Informationsvergabe

Die Informationsverteilung und das Informationsgefälle zwischen den Figuren untereinander sowie zwischen den Figuren und dem Leser sind jedoch nicht nur für den Handlungsentwurf und die Erzeugung von Spannung bedeutsam. Sie ist auch das zentrale Mittel – neben der klassischen Charakterisierung von Romanfiguren anhand äußerlicher Merkmale, ihres Dialekts und Soziolekts sowie der Wiedergabe ihrer Gedanken – für die **Sympathielenkung** des Lesers. Leser sympathisieren in der Regel mit Figuren, denen in der Hierarchie der Informationsverteilung eine extreme Stellung zugemessen wird. Diese Ausrichtung geht auf die Konventionen des Epos zurück, das den Protagonisten entweder als tragischen oder als gottgleichen Helden konzipiert (Miller 2000, S. 6 f.). Während der erstere Sympathie aus Mitleid erregt, erweckt der letztere Sympathie aus Bewunderung. Während der tragische Held aufgrund eines Mangels an Informationen beispielsweise nicht bemerkt, dass er an Hochmut und Selbstüberschätzung krankt und sein Fall damit vorgezeichnet ist, kann der gottgleiche Held seinen Informationsvorsprung gegenüber den anderen Figuren behaupten.

Poetic justice: Die gesamte abendländische Poetik und insbesondere die Figurenkonzeption ist von dieser Dichotomie geprägt. Zwischen ihren Polen hat die Vorstellung von einer ***poetic justice*** Gestalt angenommen, also die Vorstellung, dass das Schicksal fiktiver Figuren mit den etablierten Werten und Normen im Einklang stehen muss (Nussbaum 1995). Ausdruck dieser Empfindung ist die angsterfüllte Besorgnis des Lesers um einen sympathischen, d. h. einen moralisch vorbildlichen, Protagonisten, dem Gefahr droht. Die Besorgnis des Lesers speist sich aus der Befürchtung, dass der moralisch guten Figur der Fall, womöglich der Tod, bevorsteht, während der moralisch verwerflichen Figur womöglich noch eine Belohnung für ihre Untaten zuteil wird.

Insofern ist die **Informationsverteilung und Sympathielenkung auch an das Moment der Spannung** gekoppelt. Die Sympathien des Lesers werden mit Hilfe der Informationsverteilung gelenkt, der dann um ›seine‹ Heldin oder ›seinen‹ Helden fiebert. Indem der Leser von Poes Kurzgeschichte *Die schwarze Katze* von Anfang an als Mitwissender angesprochen wird und im Laufe der Erzählung den Informationsstand des Erzählers erreicht, wird der Leser zu einer Komplizenschaft mit der Erzählerfigur genötigt. Diese erzwungene Komplizenschaft durch die Perspektive, durch die Informationen gefiltert werden, steht allerdings der Sympathielenkung – also in diesem Fall der Ablehnung der Figur, deren Wahnsinn zunehmend deutlicher wird – diametral entgegen. Der Leser, der detailgenaue Berichte über die Gräueltaten des Erzählers erhält, zugleich aber auch über dessen Schuld- und Schamgefühle informiert wird, steht vor einem moralischen Dilemma. Er muss die Überführung des Mörders aus Gründen der *poetic justice* begrüßen; zugleich ist er zu einem Mitwissenden geworden, der direkt dazu aufgefordert wurde, die »Seele [des Erzählers zu] entlasten«.

Beziehungen zwischen Erzählen und Wissen: Erzählungen haben also insgesamt einen zweifachen Bezug zum Wissen. Auf der einen Seite dient das Erzählen der Wissensaneignung, -speicherung und -vermittlung. Auf der anderen Seite verwendet das Erzählen Techniken der Vergabe von Informationen, d. h. der Bausteine des Wissens, um bestimmte Effekte zu erzielen. Diese Techniken beeinflussen entscheidend die rezeptionsästhetische Wirkung von Texten, denn sowohl die Spannung als auch die Sympathielenkung gehen wesentlich auf die Informiertheit des Lesers zurück.

Leitfragen zur Analyse des Verhältnisses von Erzählen und Wissen

Zum Verhältnis von Erzähltext und Wissen lassen sich zwei unterschiedliche Fragenkataloge formulieren:
1. **Leitfragen zur Wissensvermittlung durch Erzähltexte:**
   - **Textpragmatische Ausrichtung:** Welche Informationen enthält der Text? Welches Wissen setzt der Text voraus? Welches Wissen kann aufgrund der im Text angelegten Informationsverknüpfungen gewonnen werden?
   - **Wissensaneignung:** Welche Strategien der Ordnung und welche kausalen Verknüpfungen verwendet der Text, um Wissensaneignung zu ermöglichen?
   - **Wissensspeicherung:** Welche mnemotechnischen Strategien der Wiederholung und Visualisierung können im Text aufgezeigt werden?
   - **Wissensvermittlung:** Welche leserorientierten Strategien sind im Text verwirklicht, die die Wissensvermittlung unterstützen?

2. **Leitfragen zur rezeptionsästhetischen Wirkung von Erzähltexten:**
   - **Informationsvergabe:** Weiß der Erzähler mehr als die Figuren? Weiß der Leser mehr als die Figuren? Gibt es ein signifikantes Informationsgefälle zwischen den Figuren?
   - **Spannung, Neugier und Überraschung:** Inwiefern erzeugt die Informationsvergabe beim Leser Spannung, Neugier und Überraschung? Welche Unbestimmtheitsstellen oder Leerstellen steuern das Leserinteresse?
   - **Sympathielenkung:** Welche Wirkung erzeugt die Informationsvergabe beim Leser: Sympathie oder Antipathie für eine Figur? Sympathie oder Antipathie für den Erzähler?

Literatur

Barthes, Roland: S/Z. Paris 1970.
Baroni, Raphaël: La tension narrative. Suspense, curiosité et surprise. Paris 2007.
Carroll, Noël: »The paradox of suspense«. In: Vorderer, Peter/Wulff, Hans J./Friedrichsen, Mike (Hg.): Suspense. Conceptualizations, theoretical analyses, and empirical explorations. New Jersey 1996, S. 71–91.

IV.2
Wie erzählt der Erzähler? – Parameter des Diskurses

Hengartner, Thomas/Schmidt-Lauber, Brigitta (Hg.): Leben – Erzählen. Beiträge zur Biographie- und Erzählforschung. Berlin 2005.
Hühn, Peter: »Functions and forms of eventfulness in narrative fiction«. In: Pier, John/García Landa, José Ángel (Hg.): Theorizing narrativity. Berlin/New York 2008.
Iser, Wolfgang: »Die Appellstruktur der Texte«. In: Warning, Rainer (Hg.): Rezeptionsästhetik. München 1975, S. 228–252.
Kluge, Friedrich: Etymologisches Wörterbuch der deutschen Sprache. Berlin/Boston ²⁵2011.
Lodge, David: »Suspense«. In: Ders.: The art of fiction. London 1992, S. 15 f.
Miller, Dean A.: The epic hero. Baltimore/London 2000.
Nussbaum, Martha C.: Poetic justice. The literary imagination and public life. Boston 1995.
Schenda, Rudolf: Von Mund zu Ohr: Bausteine zu einer Kulturgeschichte volkstümlichen Erzählens in Europa. Göttingen 1993.
Sternberg, Meir: »Telling in time (II): Chronology, teleology, narrativity«. In: Poetics Today 13/3 (1992), S. 463–540.
Stockwell, Peter: »Schema theory: stylistic applications«. In: Brown, Keith (Hg.): The encyclopedia of language and linguistics. Amsterdam ²2006, Bd. XI, S. 8–13.
Vogel, Matthias/Wingert, Lutz (Hg.): Wissen zwischen Entdeckung und Konstruktion. Frankfurt a. M. 2003.
Wright, Edmond Leo: Narrative, perception, language and faith. Basingstoke 2005.
Yates, Frances A.: Gedächtnis und Erinnern. Mnemonik von Aristoteles bis Shakespeare [engl. 1966]. Berlin ⁷2012.

2.5 | Erzählen über das Erzählen

Fast alle Wirkungen des fiktionalen literarischen Erzähltextes auf den Leser stehen im Zusammenhang mit einer Illusionsstiftung: Literarische Erzählungen entwerfen fiktionale Welten, in denen Ereignisse geschehen und Personen existieren, und selbst wenn wir wissen, dass es sich dabei eigentlich nur um Wörter auf dem Papier handelt, lesen und reagieren wir auf das Vermittelte doch in erster Linie so, als nähmen wir es direkt und sinnlich wahr.

Titelblatt der Erstausgabe von Cervantes' *Don Quijote* von 1605

Die illusionsstiftende Funktion des literarischen Erzählens ist allerdings nicht beschränkt auf das Hervorrufen von fiktionalen Welten und Geschehniszusammenhängen. Der Text ruft in uns auch die **Vorstellung einer besonderen Vermittlungssituation** hervor, oder, wie Sheridan Baker pointiert formuliert hat: »*Fiction does not imitate reality out there. It imitates a fellow telling about it*« – Fiktion imitiert die Wirklichkeit nicht direkt, sondern sie imitiert jemanden, der uns etwas über die Wirklichkeit erzählt (Baker 1981, S. 156). Diesem Aspekt tragen die meisten Erzähltheorien allerdings nur indirekt Rechnung, indem sie nach dem Wie der Vermittlung fragen und von daher dann Rückschlüsse auf die Position und das Profil eines Erzählers ziehen. Der **Erzähler** selbst wird dabei in den modernen Erzähltheorien eher funktional bestimmt, d. h. im Hinblick auf seine **Rolle als Erzählinstanz**. Aber ist er tatsächlich nur eine abstrakte Größe?

Betrachten wir den Beginn des ersten Kapitels von Miguel de Cervantes Saavedras *El ingenioso hidalgo Don Quixote de la Mancha* (1605/15, dt. *Der sinnreiche Junker Don Quijote von der Mancha*) – jenes Buches also, das als erster Roman der Neuzeit und damit als Begründer dieser bis heute erfolgreichsten Form der Epik gilt:

> An einem Orte der Mancha, an dessen Namen ich mich nicht erinnern will, lebte vor nicht langer Zeit ein Junker, einer von jenen, die einen Speer im Lanzengestell, eine alte Tartsche, einen hagern Gaul und einen Windhund zum Jagen haben.

2.5.1 | Geschehensillusion und Erzählillusion

Gewiss, das Bild des berühmten ›Ritters von der traurigen Gestalt‹ Don Quijote tritt uns in diesem Textauszug sofort anschaulich vor Augen – aber neben ihm erscheint, wenn auch nur angedeutet, zugleich das Bild eines Erzählers, der sich nicht erinnern will oder kann. Der Text stiftet demnach nicht nur eine **Geschehensillusion**, sondern auch (und wie manche Erzähltheoretiker meinen, sogar in erster Linie) eine **Erzählillusion**. Nachgeahmt wird insofern nicht nur eine fiktionale Welt mit ihren Bewohnern, sondern zugleich der Akt des mündlichen Erzählens selbst. Ausgehend von dieser Beobachtung hat der Narratologe Ansgar Nünning deshalb die alte Frage »Wie aus Sätzen Personen werden« (Grabes 1978) aufgegriffen und reformuliert: **Wie werden aus Sätzen Erzähler?** (Nünning 2001). Nünnings Problemstellung ist die Leitfrage unseres gegenwärtigen Kapitels. Es befasst sich mit dem Phänomen der Erzählillusion, die durch ein ›Erzählen über das Erzählen‹ gestiftet wird. Dabei werden wir folgende Aspekte behandeln:

- Wie soll man sich den Erzähler vorstellen – als menschenähnliche Figur oder als Abstraktum?
- Welche Konsequenzen ergeben sich aus den unterschiedlichen Konzeptualisierungen des Erzählers in Hinblick auf das Phänomen des selbstreflexiven ›Erzählens über das Erzählen‹?
- Welche wirkungsästhetische Funktion hat ein ›Erzählen über das Erzählen‹?
- Welche typologischen Formen und sprachlichen Markierungen der Erzählillusion lassen sich beobachten?
- Worin unterscheiden sich die Spielarten der Erzählillusion systematisch?
- Welche Leitfragen können wir zur Analyse des ›Erzählens über das Erzählen‹ verwenden?

Anthropomorphisierung des Erzählers: Wenn die Erzählung, wie Baker (s. o.) behauptet, in erster Linie nicht eine Welt imitiert, sondern jemanden, der über eine Welt berichtet, dann stellt sich die Frage, wie man sich diesen ›Jemand‹ – also den erzählten Erzähler – vorzustellen hat. Die Klärung dieser Frage ist für die Entwicklung der modernen Erzähltheorie von zentraler Bedeutung gewesen, wie ein kurzer historischer Rückblick zeigt.

Abgrenzung von Autor und Erzähler: Die heutzutage selbstverständliche Unterscheidung zwischen dem realen Autor und dem von ihm geschaffenen Erzähler war bis zum Ende des 19. Jahrhunderts unbekannt: Das ›Ich‹, das in dem oben zitierten Eingangssatz aus dem Don Quijote als

IV.2 Wie erzählt der Erzähler? – Parameter des Diskurses

Sprecher hervortritt, wäre einfach mit dem des Autors Miguel de Cervantes Saavedra identifiziert worden. Der Erzähler wird damit anthropomorphisiert (das heißt, ›vermenschlicht‹ vorgestellt); man denkt und urteilt über ihn wie über einen realen Menschen. Das aber hat gravierende Folgen für die Bewertung seiner Äußerungen: Denn wenn es tatsächlich Cervantes selbst ist, der uns schon im allerersten Satz mitteilt, dass er sich an den Namen des Handlungsortes nicht erinnern kann oder will, so stellt er damit von Anfang an die Glaubwürdigkeit seiner Erzählung in Frage – er bewirkt einen **Illusionsbruch**. Für die Romanleser des ausgehenden 19. Jahrhunderts galt das als vollkommen inakzeptables Verfahren; als höchstentwickelte Form der Erzählkunst feierte man vielmehr gerade die realistischen Romane, in denen ein allwissender, aber nicht als Figur hervortretender Erzähler (sogenannter auktorialer Erzähler; s. Kap. IV.1) die Wirklichkeit scheinbar objektiv, dafür aber möglichst umfassend und wirklichkeitsadäquat – eben ›realistisch‹ – vor Augen treten lässt. Anmerkungen wie die oben zitierte konnten so nur als höchst unwillkommene Einmischung des Erzählers – und das hieß nach damaliger Lesart: des Autors – aufgefasst werden. Noch heute bewerten manche Literaturkritiker das gerade im postmodernen Roman weit verbreitete Phänomen solcher Selbstreflexionen entschieden negativ als eine illusionshemmende *authorial intrusion*. Schon die Wortwahl dieser abwertenden Kennzeichnung verrät jedoch, dass man hier weiterhin einem (in der Erzähltheorie mittlerweile längst überwundenen) anthropomorphisierenden Erzählerkonzept anhängt.

Der deutschen Erzähltheoretikerin Käte Friedemann verdanken wir die schließlich Anfang des 20. Jahrhunderts gewonnene Erkenntnis, dass auch der **Erzähler eine vom Autor geschaffene Größe** ist, die als vermittelnde und durchaus auch wertende Instanz zwischen uns und den realen Autor tritt. Friedemann formulierte: »[Der Erzähler] symbolisiert die uns seit Kant geläufige Vorstellung, daß wir die Welt nicht ergreifen, wie sie an sich ist, sondern wie sie durch das Medium eines betrachtenden Geistes hindurchgegangen ist« (Friedemann 1910, S. 26). Dabei ist es egal, ob der Erzähler nun als fiktionale Person erscheint oder aber nur indirekt aus den Sätzen der Erzählung erschlossen werden kann, die ja schließlich von irgendeinem Aussagesubjekt hervorgebracht worden sein müssen. Dieses Phänomen wurde von dem Erzähltheoretiker Franz K. Stanzel als **Mittelbarkeit** bezeichnet und in seiner Theorie der ›Erzählsituationen‹ geradezu zum Kernmerkmal epischen Erzählens erhoben (Stanzel 1955, S. 4). Für Stanzel ist die Erzählillusion das primäre Kennzeichen der Erzählung, die Geschehensillusion dagegen ein nachgeordneter Effekt.

Die strukturalistische Narratologie der 1960er Jahre beurteilte die Rolle des Erzählers dagegen distanzierter. Ihre Vertreter analysierten den Erzähler konsequent und systematisch als eine **abstrakte Erzählinstanz** und damit als ein Konstrukt, das sich nicht nur als ein Nebeneffekt des Erzählens gewissermaßen notwendig und wie von selbst ergibt, sondern als einen Wirkungsfaktor, der vom Autor mit gezielter ästhetischer Absicht entworfen und realisiert wird. Für den Erzähler galt damit analog, was für die Figuren gilt: Er ist kein ›vorgestellter Mensch‹, sondern eine körperlose Instanz, die im Prozess des Erzählens und Rezipierens eine spezifische Rolle spielt. Bereits in den 1920er Jahren hatte der formalistische Erzähltheoretiker Vladimir Propp die Figuren auf abstrakte Erzählfunktionen zurückgeführt; sein Nachfolger Algirdas Julien Greimas beschrieb sie später als ›Aktanten‹, die bestimmte handlungslogisch vorgegebene Rollen erfüllen (s. Kap. IV.3.2). Diese methodische Perspektive kennzeichnet nun auch das neue Konzept des Erzählers: Auch er wird von der strukturalistischen Erzähltheorie nicht länger als menschenähnliche Person oder als ästhetisch privilegierte Größe aufgefasst, sondern als ein funktional bestimmtes Element unter mehreren, die in der dynamischen Struktur ›Erzählkunstwerk‹ zusammenwirken. In einer strukturalistischen Perspektive kann man also sagen: Es ›gibt‹ den Erzähler nicht – aber er spielt eine unverzichtbare Rolle.

Naturalisierung als Funktion der Erzählillusion: Vor diesem Hintergrund mutet unsere Frage ›**Wie werden aus Sätzen Erzähler?**‹ zunächst wie ein Rückfall in die anthropomorphisierende Vorstellung an. Aber was unsere Fragestellung jetzt motiviert, ist nicht mehr das naive Verlangen, sich den Erzähler ›vorzustellen‹. Das neuerliche Interesse an der Art und Weise, wie Erzähler vorstellungshaft Gestalt gewinnen, entspringt vielmehr der Erkenntnis, dass die Wirkung von Erzähltexten auf Rezipienten entscheidend beeinflusst wird von ihrer Fähigkeit, zwei komplementäre Illusionen hervorzurufen: **Geschehensillusion und Erzählillusion**. Die moderne Erzähltheorie interessiert sich in besonderem Maße für erzählungsbasierte Prozesse der Kognition – das heißt, für die Prozesse des Auffassens und Verstehens von Erzählungen. In dieser Forschungsperspektive nun zeigt sich, dass die Erzählillusion eine stützende Rolle erfüllt und unsere Immersion in eine fiktionale Welt – also eben jenes Sich-Hineinversenken in die Erzählung, das für die auf sie gerichteten kognitiven Prozesse charakteristisch ist – entscheidend befördert. Diese Unterstützungsfunktion bezeichnet man als **Naturalisierungsstrategie**.

> Der Begriff der Naturalisierung (engl.: *naturalization*) wurde von Jonathan Culler geprägt. Eine Naturalisierung wird nach Culler durch ein Textmerkmal dann bewirkt, wenn der Leser den Text aufgrund dieses Merkmals in Beziehung zu einem Diskurs (einem Text bzw. einem Gesprächstyp) oder einem Modell bringen kann, die ihm bereits geläufig sind. Was uns geläufig ist, erscheint uns als ›natürlich‹ und selbstverständlich, und indem der Text diese scheinbare Natürlichkeit assoziativ herstellt, verdeckt er seine tatsächliche Künstlichkeit und ›Gemachtheit‹ (Culler 1975, S. 138). Er scheint vielmehr direkt an unsere Lebenswirklichkeit oder unser Wissen anzuschließen und wird damit als unmittelbar zugänglich erfahren.

Zum Begriff

2.5.2 | Metanarration

Die kognitionstheoretische Prämisse lautet entsprechend: Die Nachahmung einer Welt durch einen literarischen Erzähltext wird von uns insbesondere dann erfolgreich aufgefasst und verstanden, wenn sie eine Assoziation des natürlichen Erzählaktes hervorruft, wie er uns zuvor in unserer Lebenswelt im mündlichen Erzählen begegnet ist. Neben die vordergründige *mimesis of product* (d. h. die Nachahmung einer erfundenen Welt) tritt notwendig eine *mimesis of process* (d. h. die Nachahmung des Erzählprozesses, vgl. Hutcheon 1984, S. 38 f.), die uns im günstigsten Fall naturalisierend den Zugang zur erzählten Welt erleichtert.

Für dieses Phänomen einer *mimesis of process* ist von Ansgar Nünning die deutsche Bezeichnung **Mimesis des Erzählens** vorgeschlagen worden (Nünning 2001). Diese Kennzeichnung ist griffig, aber systematisch insofern widersprüchlich, als es auch Fälle eines Erzählens über das Erzählen gibt, die das Erzählen selbst radikal problematisieren und so die Assoziation an einen natürlichen Erzählakt bewusst zerstören.

Metanarration

Wir werden deshalb im Folgenden den Terminus **Metanarration** als Oberbegriff verwenden und die Mimesis des Erzählens als eine ihrer Varianten bestimmen. Zwei methodische Fragestellungen müssen bei unserer Behandlung des Phänomens unterschieden werden:
- **Phänomenologische Analyse:** Welchen Effekt üben verschiedene Phänomene einer Metanarration auf den Rezipienten aus?
- **Systematische Analyse:** Welche Formen der Metanarration lassen sich entsprechend systematisch unterscheiden und welche Mittel kennzeichnen diese Varianten?

Effekte der Metanarration: Das Phänomen, dessen Erscheinungsformen wir zunächst nach ihrer Wirkung auf uns (d. h. phänomenologisch) unterscheiden wollen, kann man umgangssprachlich als ein **Erzählen über das Erzählen** bezeichnen. Wie wir schon an dem Exkurs zur Entwicklung unterschiedlicher Erzählerkonzepte in der Erzähltheorie gesehen haben, wird Metanarration in Abhängigkeit von den jeweiligen ästhetischen und theoretischen Orientierungen unterschiedlich erfahren und bewertet – bis hin zum Vorwurf eines literarischen Narzissmus (Hutcheon 1984). Für die meisten Leser hängt der wirkungsästhetische Effekt, den die Darstellung des Erzählaktes im Erzählwerk selbst hat, insbesondere davon ab, ob die hervorgerufene sogenannte **Sekundärillusion** (Wolf 1993, S. 102) – das heißt, die Vorstellung einer Erzählsituation, in der ein Erzähler uns direkt anspricht – den Aufbau unserer **Primärillusion** von der fiktionalen Welt unterstützt, in den Hintergrund drängt oder vielleicht sogar völlig unmöglich macht. Betrachten wir unser erstes Textbeispiel einmal in dieser Hinsicht:

Miguel de Cervantes Saavedra: *Don Quijote* (1605/15)

An einem Orte der Mancha, an dessen Namen ich mich nicht erinnern will, lebte vor nicht langer Zeit ein Junker, einer von jenen, die einen Speer im Lanzengestell, eine alte Tartsche, einen hagern Gaul und einen Windhund zum Jagen haben.

Der kurze Einschub »an dessen Namen ich mich nicht erinnern will« im ersten Satz des ersten Kapitels aus dem *Don Quijote* reicht, um ein tragfähiges *storytelling scenario* – also eine Erzähl- und damit Sekundärillusion, in der man sich einen Erzähler und seine Zuhörer bildlich vor Augen führen kann – zu entwerfen. Im weiteren Verlauf des ersten Kapitels enthält sich der Erzähler jedoch solcher Einwürfe, so dass sich nun die Primärillusion des erzählten Geschehens um Don Quijote ungestört vor unserem inneren Auge entfalten kann.

Primacy effect: Insbesondere Roman- und Kapitelanfänge sind wesentlich für den Entwurf solcher Erzählszenarios. Grundsätzlich hat die zuerst verarbeitete Information, wie man aus der kognitionstheoretischen Forschung weiß, eine entscheidende Wirkung auf den Leser; sie determiniert unsere Einstellungen nachhaltig – man nennt dies den **primacy effect** (den ›Effekt des Ersten‹). Ob wir also den Erzähler ›sehen‹ und inwieweit sein Bild und die Vorstellung vom Erzählvorgang den Aufbau einer Vorstellung von der fiktionalen Welt nicht nur naturalisierend unterstützt, sondern womöglich überdeckt, zeigt deshalb gerade die Analyse solcher ersten Textpartien. Auch später kann sich allerdings ein Erzähler immer noch derart vernehmlich zu Wort melden, dass die primäre Geschehensillusion zumindest vorübergehend aufgehoben wird. So lesen wir zum Beispiel in der Mitte des zweiten Kapitels des *Don Quijote*:

> Beinahe diesen ganzen Tag zog er [Don Quijote] dahin, ohne daß ihm etwas begegnete, was zum Erzählen wäre, und darüber wollte er schier verzweifeln; denn gern hätte er gleich zur Stelle auf jemanden treffen mögen, an dem er die Tapferkeit seines starken Armes erproben könnte. Es gibt Schriftsteller, die da sagen, das erste Abenteuer, das ihm [Don Quijote] zustieß, sei das im Bergpaß Lápice gewesen; andere sagen, das mit den Windmühlen. Was ich jedoch über diesen Kasus ermitteln konnte und was ich in den Jahrbüchern der Mancha geschrieben fand, ist, daß [...]

Miguel de Cervantes Saavedra: *Don Quijote* (1605/15)

Wer verzweifelt hier und worüber – Don Quijote vor Langeweile oder der Erzähler, weil es nichts zu erzählen gibt? Im Fortgang des Textes wird sofort klar, dass der (in Don Quijotes Welt überhaupt nicht anwesende, heterodiegetische) Erzähler sich hier völlig in den Vordergrund drängt und sich sogar explizit als ›Schriftsteller‹ zu erkennen gibt, was seiner irrtümlichen Identifikation mit dem realen Autor Cervantes natürlich massiv Vorschub leistet.

Grundsätzlich kann man den Effekt, den so ein Erzählen über das Erzählen jeweils auf den Leser hat, auf einer Skala verorten, die sich von **illusionsfördernd zu illusionshemmend** (gemessen an der primären Geschehensillusion) erstreckt. Absolut lässt sich dieser Effekt jedoch nicht bemessen, denn die Wirkung ist letztlich von mindestens drei Faktoren abhängig:

- **Lesereinstellung:** Welche Toleranz hat der einzelne Leser gegenüber Illusionsbrüchen; welche Lektüreerfahrungen und welches Vorwissen bringt er in den Leseprozess ein?
- **Gewichtung im Text:** Welche quantitative und qualitative Beziehung herrscht zwischen den Textpartien, die der Geschehensillusion und jenen, die der Erzählillusion zugewiesen werden?

Illusionsfördernde vs. illusionshemmende Effekte

IV.2 Wie erzählt der Erzähler? – Parameter des Diskurses

- **Kulturelle Normen:** Welche kultur- und literaturhistorischen sowie genrespezifischen Normen bestimmen die Rezeption?

Ein gutes Beispiel dafür, wie schwer die Gesamtwirkung dieser Faktoren auf die Leser gerade im Blick auf historische Erzähltexte zu bewerten ist, liefert die **romantische Erzählprosa**. In der Erzählliteratur der Romantik wurden selbstreflexive Kommentare des Erzählers, aber auch Spekulationen der Figuren über ihren eigenen Realitätsgehalt, als geistreiche Einschübe durchaus geschätzt und geradezu zum ästhetischen Programm erhoben. Diese Form der erzählerischen Selbstdistanzierung und Selbstreflexion gilt als Epochenmerkmal besonders anspruchsvoller Texte.

Eines der bekanntesten Beispiele dafür ist Heinrich Heines Erzählung *Die Harzreise* (1824). Im ersten Teil dieses Textes tritt ein Gespenst auf, das dem Ich-Erzähler unter Berufung auf den Vernunft-Philosophen Kant zu beweisen versucht, dass es Gespenster nicht geben kann:

Heinrich Heine: Die Harzreise (1824)

> Und nun schritt das Gespenst zu einer Analyse der Vernunft, zitierte Kants »Kritik der reinen Vernunft«, 2. Teil, 1. Abschnitt, 2. Buch, 3. Hauptstück, die Unterscheidung von Phänomena und Noumena, konstruierte alsdann den problematischen Gespensterglauben, setzte einen Syllogismus auf den andern, und schloß mit dem logischen Beweise: daß es durchaus keine Gespenster gibt. Mir unterdessen lief der kalte Schweiß über den Rücken, meine Zähne klapperten wie Kastagnetten, aus Seelenangst nickte ich unbedingte Zustimmung bei jedem Satz, womit der spukende Doktor die Absurdität aller Gespensterfurcht bewies, und derselbe demonstrierte so eifrig, daß er einmal in der Zerstreuung, statt seiner goldenen Uhr, eine Handvoll Würmer aus der Uhrtasche zog, und seinen Irrtum bemerkend, mit possierlich ängstlicher Hastigkeit wieder einsteckte. »Die Vernunft ist das höchste« – da schlug die Glocke eins und das Gespenst verschwand.

Interpretationsskizze

Metanarration in Heinrich Heines *Harzreise*

Dieses Textbeispiel unterscheidet sich von den vorhergehenden nicht nur in Hinblick auf seine Wirkung, sondern auch hinsichtlich der **Form, in der über das Erzählen erzählt wird**. Im ersten Satz des *Don Quijote* tritt das erzählende Ich mit einer knappen und konkreten Bemerkung hervor, die sich direkt auf den Erzählvorgang bezieht – es kann oder will sich nicht an ein zu erzählendes Detail erinnern. Heines Erzähler dagegen stilisiert sich selbst ausführlich als Zuhörer einer abstrusen logischen Beweisführung, mit der ihm eine erzählte Figur (das Gespenst) den Boden unter den Füßen hinwegzieht und die Fiktion als unmöglich entlarvt, während sie doch augenscheinlich gerade erzählt wird. Wird hier also vielleicht nur ein fantastischer Traum des Ich-Erzählers wiedergegeben? – Auf der Ebene der Geschehensillusion kann man das so lesen. Aber wer den ästhetisch-philosophischen Kontext der Erzählung kennt und sie vor diesem Hintergrund interpretiert, wird in diesem Erzählen über das Erzählen zugleich eine Allegorie erkennen. Allegorien sind gegenständliche Darstellungen eines abstrakten Prinzips oder Gedankens; in diesem

Fall handelt es sich bei der abstrusen Beweisführung des Gespenstes um die allegorische Konkretisierung des ästhetischen Prinzips der **Romantischen Ironie**.

> Eine verbindliche Definition des Prinzips der Romantischen Ironie zu geben, ist kaum möglich. Schon in der Epoche selbst waren recht unterschiedliche Auffassungen davon, was Ironie ist, verbreitet. Wohl die wichtigste und umfassendste Bestimmung nahm Friedrich Schlegel in seiner für die literarische Theorie der Frühromantik maßgeblichen Zeitschrift *Athenäum* (1798–1800) vor; er definiert Ironie in dreierlei Hinsicht. Grundsätzlich verstand Schlegel unter ›Ironie‹ etwas Produktives, nämlich den Wechsel von ästhetischer »Selbstschöpfung und Selbstvernichtung«, der in der Selbstbeschränkung seine dialektische Vermittlung und Vollendung findet. Daraus leitet sich für die Dichtung nun zweitens die Forderung ab, das »Produzierende mit dem Produkt« darzustellen – also nicht nur einen Stoff abzubilden und zu reflektieren, sondern den poetischen Prozess selbst fortwährend dichterisch transparent und somit zum Gegenstand der Dichtung zu machen. In einer dritten und allgemein-philosophischen Hinsicht schließlich bedeutete Ironie für Schlegel ein Grundverhältnis des erkennenden Geistes zu sich und der Welt: Die Einsicht, dass die Erkenntnis ein unabschließbarer Prozess von Frage und Antwort ist, der auch und gerade sich selbst reflexiv in Frage stellen muss. Selbstschöpfung und Selbstvernichtung werden in Heines Erzählung von dem philosophisch beschlagenen Gespenst mustergültig vorgeführt, zugleich aber auch die selbstironische poetische Selbstreflexion des Erzählers.

Zum Begriff

Anhand der bisher untersuchten Textbeispiele kann man eine erste **Typologie der Metanarration**, des Erzählens über das Erzählen, erstellen. Es lassen sich unterscheiden:

1. Selbstbeschreibung des Erzählers: Ein Erzähler **redet** ausdrücklich über sich selbst als Erzähler und stiftet so die Vorstellung einer Erzähl- und Zuhörsituation: »An einem Orte der Mancha, an dessen Namen ich mich nicht erinnern will […]« (Textbeispiel 1).
2. Inszenierung des Erzählvorganges: Eine Erzählinstanz **agiert** auf erkennbare Weise als Erzähler; sie macht damit den laufenden Erzählprozess transparent: »Was ich jedoch über diesen Kasus ermitteln konnte und was ich in den Jahrbüchern der Mancha geschrieben fand, ist, daß […]« (Textbeispiel 2).
3. Reflexion des Erzählers: Der Text (oder eine seiner Erzählinstanzen) **reflektiert** – mitunter auf eine recht subtile und indirekte Weise – Voraussetzungen, Probleme, Wirkungen und Theorien des Erzählens: »›Die Vernunft ist das höchste – ‹ da schlug die Glocke eins und das Gespenst verschwand« (Textbeispiel 3).

Typologie der Metanarration

Diese verschiedenen Formen der Metanarration werden in einem konkreten Text an sprachlichen Merkmalen und den dadurch beim Leser hervorgerufenen Erzählillusionen deutlich, die wir nun näher betrachten und auf unsere formale Typologie abbilden wollen.

| Zur Vertiefung | **Systematik der Erzählillusionen nach Nünning** |

Die erste umfassende Systematik der Erzählillusionen stammt von Ansgar Nünning (2001, S. 28), der sie anhand von vier Erscheinungsformen sogenannter *storytelling scenarios* unterscheidet:
1. **Szenisch dargestelltes bzw. dramatisiertes Erzählen,** bei dem sich Erzähler und Zuhörer in einer spezifischen, raumzeitlich definierten Situation befinden.
2. **Inszenierung eines Akts des Erzählens** auf der Ebene der erzählerischen Vermittlung, z. B. in der monologischen Ich-Erzählung.
3. **Thematisiertes Erzählen,** d. h. die Raffung von Erzählvorgängen, die auf einer ersten Ebene ablaufen, durch einen übergeordneten Erzähler auf der zweiten Ebene.
4. **Metanarrationen,** d. h. Reflexionen über das Erzählen.

Diese Systematik gibt zwar einen ersten Ansatzpunkt, ist aber nicht ohne immanente Widersprüche. Weder die Bezeichnung der dritten Kategorie, noch ihre Abgrenzung zur zweiten ist plausibel: ein ›Thematisieren‹ des Erzählens müsste eigentlich unter die vierte Kategorie fallen; die konkrete Technik der Raffung hingegen ist eine von mehreren Formen der Inszenierung. Wir übernehmen deshalb Nünnings Systematik zwar im Ansatz, reduzieren sie jedoch auf drei Kategorien. Entsprechendes gilt für die sieben Textfaktoren, die Nünning als Auslöser von *storytelling scenarios* anführt (Nünning 2001, S. 29–31). Auch hier ist die systematische Trennung mitunter unscharf oder widerspricht der ersten Systematik – z. B. wenn nun von der »Thematisierung des Akts des Erzählens durch metanarrative Äußerungen« die Rede ist (ebd., S. 31), wodurch die vorherigen Kategorien drei (Thematisierung) und vier (Metanarration) terminologisch wieder zusammenfallen. Um solche Probleme zu vermeiden, werden wir uns im anschließenden dritten Unterkapitel auf fünf Kategorien beschränken und sie neu benennen. – Eine ausführliche kritische Auseinandersetzung mit Nünnings Modell und eine Erweiterung nimmt Monika Fludernik (2003) vor. Sie legt den Akzent im Anschluss an Werner Wolf und Nünning insbesondere auf die Kategorie der **Metafiktion** (s. Kap. IV.2.5.4).

2.5.3 | Von der Erzählillusion zur Selbstreflexion des Erzählens

Am offenkundigsten tritt die Metanarration dort hervor, wo ein Erzähler »Ich bin der Erzähler« sagt; am subtilsten hingegen erfolgt die Nachahmung des Erzählvorganges, wenn sie nur noch indirekt aus Reflexionen über das Erzählen erschlossen werden kann. Die verschiedenen Erscheinungsformen lassen sich anhand von **fünf Typen von Textsignalen** bestimmen, durch die eine Erzählillusion hervorgerufen werden kann:

1. Markierte Erzähler-Identität,
2. Rollenzuweisung,
3. Kolloquialität,
4. Generalisierung,
5. Selbstreflexion.

Textsignale der Metanarration

1. **Markierte Erzähler-Identität:** Die Textsignale, die den Erzähler am stärksten hervortreten lassen und uns unmittelbar dazu motivieren, ihn uns sogar als Figur vorzustellen, sind sprachliche Äußerungen, die ihm eindeutig zuzuweisen sind und in denen seine Rolle als Erzähler zugleich offen angezeigt wird. Dies ist insbesondere dort der Fall, wo ein Erzähler Auskunft über die Art und Weise gibt, in der er seine Beobachtungen und Erkundungen über das erzählte Geschehen gemacht hat, wo er wertend und urteilend hervortritt oder auch Zweifel an seinen eigenen Möglichkeiten artikuliert. Im einfachsten Fall ist diese Subjektivität des Erzählers explizit markiert und lässt sich auf die Formel »Ich sage, behaupte, weiß, dass ...« bringen; im anspruchsvollsten Fall tritt die Markierung der Erzähleridentität an den mitunter nur indirekt vermittelten Einstellungen und Normen hervor, die die Erzählung subjektiv färben (s. Kap. IV.1.1).
2. **Rollenzuweisung:** Als Erzähler gibt sich ein Sprecher aber auch dann zu erkennen, wenn er umgekehrt seine Adressaten dazu zwingt oder ihnen nahelegt, sich in der Rolle eines Hörers bzw. Lesers zu definieren. Hier reichen die Mittel von der direkten Ansprache des Rezipienten – die sogenannte **Leserapostrophe** (»Geneigter Leser, höre nun ...«) – bis zu indirekten emotionalen Appellen, wie sie durch Ausrufe (»Oh nein! Es sollte noch schlimmer kommen!«) oder kommentierende Einschübe (»Was nun geschah, war so fürchterlich, dass ...«) erfolgen können. In all diesen Fällen wird in erster Linie nichts über die fiktionale Welt und das Geschehen in ihr ausgesagt, sondern es wird der kommunikative Prozess Erzähler-Hörer (bzw. Leser) gesteuert: Der Leser soll zuhören, mitfühlen, gespannt sein usw., kurz: Er soll seine Rolle als Leser spielen – und indem er diese Rolle annimmt, verstrickt er sich bereits in die Erzählillusion.
3. **Kolloquialität:** Dass wir uns in der Leserrolle und damit als Gegenüber eines Erzählers in einem *storytelling scenario* befinden, kann uns der Text aber auch dadurch suggerieren, dass er Stil und Formen des Alltagserzählens imitiert. Zum Eindruck von Kolloquialität – der Terminus bedeutet ›Geläufigkeit‹ oder ›Alltäglichkeit‹ – tragen insofern insbesondere solche Merkmale des Erzählens bei, wie wir sie im Erzählkunstwerk normalerweise nicht erwarten würden: Etwa eine umgangssprachliche Ausdrucksweise oder ein besonders weitschweifiges Erzählen, das nicht auf den Punkt kommt; umgekehrt auch ein extrem sprunghaftes Erzählen, bei dem der Zusammenhang kaum noch über den erzählten Inhalt, sondern nur noch über den Erzählvorgang selbst gestiftet wird. Auch auf inhaltlicher Ebene kann Kolloquialität ausgedrückt werden, etwa durch die Erwähnung von eher trivialem Allgemeinwissen und Selbstverständlichkeiten, die nur einen geringen Informationsgehalt besitzen, aber die Kommunikation am Laufen halten,

IV.2
Wie erzählt der Erzähler? – Parameter des Diskurses

wie dies in der Alltagskommunikation durch die notorischen ›Wettergespräche‹ geschieht.

4. **Generalisierung:** Generalisierende Feststellungen und Bemerkungen stellen eine Distanz zum Besonderen des erzählten Welt- und Geschehenszusammenhanges her. Was erzählt wurde, gibt jetzt Anlass für verallgemeinernde Schlussfolgerungen und Aussagen – der Akzent liegt auf der belehrenden ›Moral von der Geschicht'‹. Mit didaktischer Absicht konzipierte bzw. verwendete Textsorten wie die Fabel oder das Kindermärchen fügen solche Selbstauslegungen oft am Ende ein; sie unterstreichen damit in besonderem Maße, dass die Ebene der veranschaulichenden Geschehensillusion verlassen worden ist und nun die direkte Mitteilung des Erzählers über Sinn und Bedeutung des Erzählten beginnt. Der Einschub von Generalisierungen in einen literarischen Erzähltext ruft insofern Assoziationen an diese schematische, didaktische Erzähler-Zuhörer-Konstellation hervor.

5. **Selbstreflexion:** Selbstreflexive Kommentare des Erzählens unterbrechen, auch wenn sie nicht als Aussagen einer Erzählfigur erkennbar sind, sondern unpersönlichen Charakter zu haben scheinen, in jedem Fall den dargestellten Geschehensfluss. Insbesondere die Techniken des *Diskurses*, die zur Umgestaltung der natürlichen Geschehensordnung der *Geschichte* führen, werden gerade in den aus einer Perspektive der Allwissenheit erzählten (sogenannte ›nullfokalisierte Erzählung‹, s. Kap. IV.2.1.1) oftmals von kommentierenden Einschüben und Überleitungen begleitet. Dabei wird der Prozess des Erzählens selbst thematisiert; etwa indem eine Rückblende (Analepse) mit der Bemerkung »Wie wir uns erinnern ...«, eine Vorblende (Prolepse) mit der Floskel »Wie wir später sehen werden ...« und eine Parallelerzählung mit einem unschuldigen »Zu gleicher Zeit ereignete sich in ...« eingeleitet werden.

Textsignale und Typen der Metanarration

Zwischen den hier aufgelisteten fünf Arten von **Textsignalen** und den oben angeführten drei **Typen der Metanarration** besteht von Fall zu Fall eine mehr oder weniger starke Affinität. Markierte Erzähler-Identität, Rollenzuweisung oder Kolloquialität werden vorrangig in den beiden ersten Typen zu beobachten sein; Textsignale der Generalisierung deuten primär auf den Typus der Inszenierung, und Selbstreflexion zeigt in der Regel eine Thematisierung des Erzählens auf einer höheren Abstraktionsebene an, wenngleich gerade auch die Selbstreflexion durchaus an eine konkrete Erzählerfigur gebunden sein kann.

Im folgenden Textbeispiel lassen sich insbesondere die beiden letzten der soeben aufgezählten Textsignale für eine Metanarration erkennen: nämlich Generalisierung und Selbstreflexion. Es stammt wiederum aus dem *Don Quijote*, diesmal aus dem Übergang vom achten zum neunten Kapitel. Am Ende des achten Kapitels sehen wir unseren Helden gerade in einem dramatischen Kampf, das Schwert zum vernichtenden Schlag hoch über dem Kopf des Gegners erhoben, als uns der Erzähler berichtet:

Miguel de Cervantes Saavedra: Don Quijote (1605/15)

Es ist jammerschade, daß gerade bei dieser Stelle und Sachlage der Verfasser unserer Geschichte den Kampf in der Schwebe läßt, indem er sich damit entschuldigt, er habe von den Heldentaten Don Quijotes nicht mehr aufgeschrie-

ben gefunden, als bis hierher erzählt sei. Indessen hat der zweite Verfasser dieses Buches nicht glauben mögen, daß eine so interessante Geschichte ins Reich der Vergessenheit versinken könnte und daß die Literaten in der Mancha so wenig forschbegierig gewesen wären, daß sie nicht irgendwelche Papiere, die von diesem preisungswürdigen Ritter handelten, in ihren Archiven oder Schreibpulten aufbewahrt haben sollten; und in dieser Voraussetzung verzweifelte er nicht daran, das Ende dieser anziehenden Geschichte aufzufinden. Und da ihm der Himmel gnädig war, fand er dasselbe wirklich auf die Weise, wie im folgenden Kapitel erzählt werden soll.

Signale der Metanarration in Cervantes' *Don Quijote* — Interpretationsskizze

Wer an dieser Stelle spricht, ist zunächst unklar – der bisherige »Verfasser unserer Geschichte« (**Rollenzuweisung**) ist es offenkundig nicht, denn der scheint sich auf einmal verabschiedet zu haben ... Seine fadenscheinige Entschuldigung, die jetzt von dem urplötzlich auftauchenden »zweiten Verfasser dieses Buches« übermittelt wird, ist auf jeden Fall **metanarrativ**: Er könne, so behauptet der erste Verfasser nach Aussage des zweiten, nicht mehr über Don Quijote erzählen, weil er kein weiteres Material gefunden habe.

Der zweite Verfasser, der sich damit zugleich als neuer Erzähler zu erkennen gegeben hat (**markierte Erzähler-Identität**), erläutert sodann, dass derart interessante Geschichten wie die des Don Quijote nicht vergessen werden würden (**Generalisierung**), dass bekanntlich Literaten solche Berichte normalerweise in ihren Schubladen aufbewahren (ein eher triviales Allgemeinwissen als inhaltliche Variante der **Kolloquialität**), und dass er sich deshalb auf die Suche nach dem Ende der »anziehenden Geschichte« gemacht habe und im folgenden Kapitel auch erzählen werde, wie er sie gefunden habe (**Selbstreflexion des Erzählens**). Womit der Leser nunmehr hoffen darf, dass nach dieser umfangreichen **Erzählillusion** auch die eigentliche **Geschehensillusion** – also die Geschichte des Don Quijote – fortgesetzt werden wird ...

2.5.4 | Von der Selbstreflexion des Erzählens zur Metafiktion

Was wir hier im Übergang vom achten zum neunten Kapitel des *Don Quijote* beobachten können, geht aber schon weit über eine bloße Veranschaulichung des Erzählvorganges im Sinne einer »Mimesis des Erzählens« (Nünning 2001) hinaus. Das wird im anschließenden neunten Kapitel noch deutlicher: Denn dieses Kapitel erzählt nun genau das, was wir soeben in Form eines knappen Einwurfs von Seiten des mysteriösen zweiten Verfassers erfahren haben, gleich noch einmal und jetzt in aller Breite. Wir können dieses Textbeispiel – es erstreckt sich im Original über gut fünf Druckseiten – nur noch in knappen Auszügen zitieren. Es läuft auf eine vollkommene Parodie des Erzählens selbst hinaus:

IV.2
Wie erzählt der Erzähler? – Parameter des Diskurses

Miguel de Cervantes Saavedra: Don Quijote (1605/15)

Im ersten Teil dieser Geschichte verließen wir den mutigen Biskayer und den preiswürdigen Don Quijote, die blanken Schwerter hochgeschwungen, wie eben jeder von ihnen einen wütigen Hieb hoch herab führen wollte, so gewaltig, daß, wenn er voll gesessen hätte, beide von oben bis unten zerteilt und zerspalten und wie ein Granatapfel auseinandergeschnitten worden wären. Und in diesem Augenblick, wo der Ausgang so ungewiß war, hörte die anmutige Geschichte auf und blieb ein Bruchstück, ohne daß ihr Verfasser uns Nachricht gegeben, wo das Mangelnde zu finden wäre.

Dies verursachte mir großen Unmut, und das Vergnügen über das wenige, das ich gelesen hatte, verwandelte sich in Mißvergnügen [...]. Mit dem Auffinden der Geschichte ging's aber folgendermaßen zu: Als ich mich eines Tages auf dem Alcaná in Toledo befand, kam ein Junge herzu und wollte einem Seidenhändler etliche geschriebene Hefte und alte Papiere verkaufen [...]. In dieser Voraussetzung drängte ich ihn, mir schnell den Anfang zu lesen; er tat dies, indem er das Arabische aus dem Stegreif ins Kastilianische übertrug, und sagte mir, es laute: *Geschichte des Junkers Don Quijote von der Mancha, geschrieben von Sidi Hamét Benengelí, arabischem Geschichtsschreiber* [...]. In dem ersten Hefte war ganz naturgetreu Don Quijotes Kampf mit dem Biskayer dargestellt, in derselben Stellung, wie die Geschichte berichtet [...]. Wenn man jedoch an dieser Geschichte im Punkte der Wahrheit etwas auszusetzen hätte, so könnte es schwerlich etwas andres sein, als daß ihr Verfasser ein Araber gewesen, weil das Lügen eine besondere Eigentümlichkeit dieser Nation ist. [...] In dieser unserer Geschichte, das weiß ich, wird man alles finden, was man nur immer in der ergötzlichsten wünschen kann, und wenn irgend etwas Gutes darin fehlen sollte, so bin ich überzeugt, es liegt die Schuld mehr an dem Hund von Verfasser als an dem Gegenstand. Und nun kurz: der zweite Teil, der Übersetzung zufolge, hub an wie nachstehend:

Die scharfschneidigen Schwerter der beiden mannhaften und ingrimmigen Kämpen, gezückt und geschwungen, schienen nicht anders als Himmel, Erde und Unterwelt zu bedrohen [...].

Interpretationsskizze

Signale der Metafiktion in Cervantes' *Don Quijote*

Was hier mit Genuss problematisiert und parodiert wird, ist das **literarische Erzählen** als Ganzes: Hinter dem zweiten, namenlosen Verfasser taucht mit »Sidi Hamét Benengelí« gleich noch ein dritter auf; der zweite berichtet uns über diesen Sidi Hamét im selben Atemzug, dass jener, weil Araber, notorisch lüge. Etwaige Mängel der Geschichte – die der zweite Verfasser seinerseits jedoch bislang nur in einer aus dem Stegreif vorgetragenen mündlichen Übersetzung von Sidi Haméts Text aus dem Arabischen zu Ohren bekommen hat; es gibt also mit dem Übersetzer de facto noch eine vierte Vermittlungsinstanz! – seien deshalb diesem dritten »Hund von Verfasser« anzulasten.

Die immer abstruser werdende Konstruktion läuft so auf eine komplette immanente Dekonstruktion jeder Erzählillusion hinaus; dabei vergleicht sie zugleich aus einer scheinbar distanzierten Perspektive die Teile der Geschichte, die sie selber ist. Wer den Roman jetzt noch als Geschehensillusion lesen will, muss dies aus freien Stücken tun und ohne dass er sich auf einen Erzähler als Gewährsmann berufen könnte. Wir finden uns so als Leser in der gleichen Situation wie unser armer Held, der in seine Fantasiegespinste verstrickte Don Quijote: Wir müssen an die Geschichte wider jeden besseren Wissens und nur um ihrer ästhetischen Qualität willen glauben. Das war letztlich wohl auch kaum anders zu erwarten bei diesem ersten Roman der Neuzeit, dessen Erzähler uns bereits in den allerersten Zeilen der Vorrede so anspricht:

> Müßiger Leser! Ohne Eidschwur kannst du mir glauben, daß ich wünschte, dieses Buch, als der Sohn meines Geistes, wäre das schönste, stattlichste und geistreichste, das sich erdenken ließe. Allein ich konnte nicht wider das Gesetz der Natur aufkommen, in der ein jedes Ding seinesgleichen erzeugt.

Auch diese klassische *exculpatio* (ein rhetorischer Trick, bei dem der Redner durch scheinbare Anerkenntnis einer Schuld etwaigen Einwänden von vornherein den Wind aus den Segeln zu nehmen versucht) wird flugs wieder relativiert: Schon im nächsten Absatz nämlich bezeichnet sich der Erzähler, der zunächst als angeblicher Verfasser alle Schuld für seinen »Sohn des Geistes« auf sich genommen hatte, nur noch als »ich, der ich zwar der Vater des Don Quijotes scheine, aber nur sein Stiefvater bin«.

Für derartige Fälle einer Thematisierung des Fiktionscharakters der gesamten Erzählung hat Monika Fludernik (2003, S. 28) – in einer Präzisierung der Definitionen von Werner Wolf aus dem Jahr 1998 (Wolf 2008) und Ansgar Nünning (2001) – die Bezeichnung **Metafiktion** vorgeschlagen, die in **eine explizite und eine implizite Variante** unterschieden werden kann. In Cervantes' *Don Quijote* begegnen wir vordergründig der expliziten, durch einen Erzähler sprachlich direkt thematisierten Variante. Eine implizite Variante der Metafiktion kann man zugleich in der Spiegelung unserer eigenen Rezeptionsproblematik auf der Ebene der Handlung erkennen. Unser Problem lautet: Als was wollen wir den *Don Quijote* lesen: als Geschehensillusion oder als gewitzten Roman über das Erzählen? Das analoge, im Roman dargestellte Problem des Helden lautet: Als was will Don Quijote seine Begegnung mit Dingen und Personen erfahren – als nüchterne Wirklichkeit, oder aber als Stationen eines heroischen Minnedienstes an einer Geliebten, wie dies in seinen geliebten Ritterromanen erzählt wird? Don Quijote entscheidet sich bekanntlich für letzteres – zu unserem, der Leser, Glück und Genuss!

Bereits am Anfang der Entwicklung des modernen Romans ist das Erzählen, wie der *Don Quijote* zeigt, zugleich ein narrativer und ein metanarrativer Diskurs. Auf der Ebene der Narration ist das Erzählen fiktionsstiftend, auf der Ebene der Metanarration reflektiert und problematisiert es jedoch zugleich die Fiktion wie das Erzählen selbst als ästhetische Darstellungsverfahren. Metanarrative Tendenzen sind in konkreten Erzähltexten je nach deren Zugehörigkeit zu einem Genre, einer Epoche oder ei-

Metafiktion

nem künstlerisch-ästhetischen Programm zwar unterschiedlich ausgeprägt – sie sind aber durchaus keine Erfindung der Moderne und Postmoderne, wie mitunter behauptet wird.

Damit können wir nun abschließend die verschiedenen Formen und Ebenen des metanarrativen Diskurses in einer Grafik systematisch anordnen:

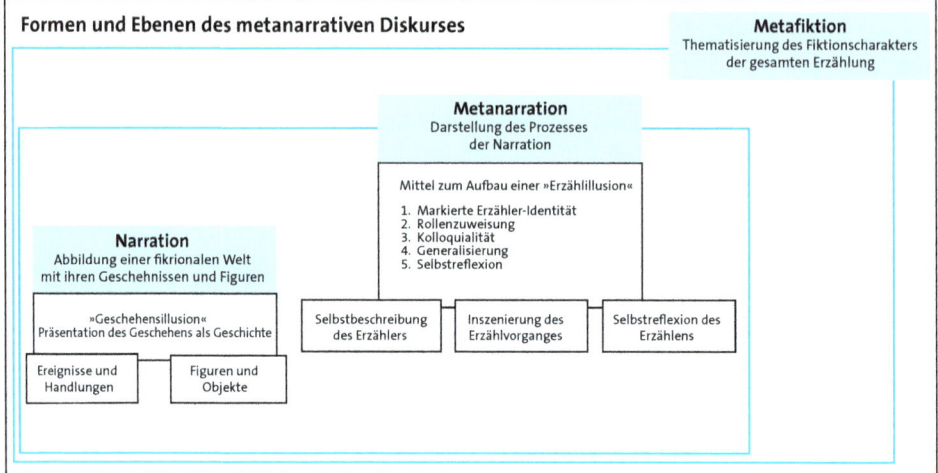

Leitfragen für die Analyse des Erzählens über das Erzählen

Die Analyse zum Erzählen über das Erzählen kann anhand folgender Leitfragen vorgenommen werden:
- Phänomene der Erzählillusion: Lassen sich typische Merkmale erkennen, wie sie zum Aufbau einer Erzählillusion verwendet werden:
    - Markierte Erzähler-Identität,
    - Rollenzuweisungen an den Leser,
    - Kolloquialität,
    - Generalisierungen,
    - Selbstreflexionen.
- Typus der Metanarration: Welche Form einer Metanarration liegt jeweils vor:
    - Selbstbeschreibung des Erzählers,
    - Inszenierung des Erzählvorganges,
    - Reflexion des Erzählens.
- Illusionsfördernde oder illusionshemmende Wirkung: Wie ausgeprägt ist die Erzählillusion in Relation zur Geschehensillusion? Wird die Geschehensillusion unterstützt, gebrochen oder aufgehoben?
- Metanarration oder Metafiktion: Thematisieren die metanarrativen Passagen den Erzählprozess, oder thematisieren sie den Status der Fiktion? Handelt es sich also schon um eine Metafiktion?
- Programmatik: Deutet der metanarrative Diskurs des Textes auf allgemeinere ästhetische oder poetologische Konzeptionen?

Literatur

Baker, Sheridan: »Narration. The writer's essential mimesis«. In: The journal of narrative technique 11/3 (1981), S. 155–156.
Culler, Jonathan: Structuralist poetics. Structuralism, linguistics and the study of literature. London 1975.
Fludernik, Monika: »Metanarrative and metafictional commentary. From metadiscursivity to metanarration and metafiction«. In: Poetica 35 (2003), S. 1–39.
Friedemann, Käte: Die Rolle des Erzählers in der Epik [1910]. Hildesheim 1977.
Grabes, Herbert: »Wie aus Sätzen Personen werden ... Über die Erforschung literarischer Figuren«. In: Poetica 10 (1978), S. 405–428.
Hutcheon, Linda: Narcissistic narrative. The metafictional paradox. New York 1984.
Nünning, Ansgar: »Mimesis des Erzählens. Prolegomena zu einer Wirkungsästhetik, Typologie und Funktionsgeschichte des Akts des Erzählens und der Metanarration«. In: Helbig, Jörg (Hg.): Erzählen und Erzähltheorie im 20. Jahrhundert. Festschrift für Wilhelm Füger. Heidelberg 2001, S. 13–48.
Stanzel, Franz K.: Die typischen Erzählsituationen im Roman. Dargestellt an ›Tom Jones‹, ›Moby-Dick‹, ›The Ambassadors‹, ›Ulysses‹ u. a. Wien/Stuttgart 1955.
Williams, Jeffrey: »Narrative of narrative (Tristram Shandy)«. In: Modern Language Notes 105 (1990), S. 1032–1045.
Wolf, Werner: Ästhetische Illusion und Illusionsdurchbrechung in der Erzählkunst: Theorie und Geschichte mit Schwerpunkt auf englischem illusionsstörenden Erzählen. Tübingen 1993.
– : »Metafiktion«. In: Nünning, Ansgar (Hg.): Metzler Lexikon Literatur- und Kulturtheorie. Stuttgart/Weimar ⁵2013, S. 513 f.

Literatur zum Weiterlesen

Bareis, J. Alexander/Grub, Frank Thomas (Hg.): Metafiktion. Analysen zur deutschsprachigen Gegenwartsliteratur. Berlin 2010.

2.6 | Zuverlässigkeit des Erzählens

Im Alltag fragen wir uns stets, wie glaubwürdig wohl das ist, was uns andere erzählen. Nicht selten kommen dabei Zweifel auf: Vertritt unser Gegenüber nicht eine irgendwie befremdliche Ansicht? Wirkt die Darstellung der Ereignisse, die wir da geliefert bekommen, möglicherweise deshalb nicht ganz schlüssig, weil wichtige Elemente ausgelassen oder verfälscht wiedergegeben worden sind?

Auch bei der Lektüre von Erzähltexten sollten wir uns fragen, wie glaubwürdig die Darstellung des Erzählers eigentlich ist. Dabei geht es nicht darum, dass in der fiktionalen Literatur ja (fast) alles erfunden ist; vielmehr ist zu fragen, ob die Ausführungen des Erzählers gemäß der textinternen Logik plausibel sind.

Zum Begriff

Unzuverlässiges Erzählen wurde als Phänomen in Erzähltexten erstmals 1961 von Wayne C. Booth beschrieben. Das Erzählen ist unzuverlässig, wenn es gute Gründe gibt, die Darstellung des Erzählers anzuzweifeln, oder wenn seine Behauptungen über das, was in der erzählten Welt der Fall ist, offenkundig falsch sind.

Wir können grundsätzlich drei Formen von unzuverlässigem Erzählen unterscheiden:

- Mimetische Unzuverlässigkeit liegt vor, wenn Informationen über Handlungsabläufe – im Zusammenspiel mit Figuren, Angaben zu Ort

Drei Formen von Unzuverlässigkeit

und Zeit etc. – oder Angaben über die konkrete Beschaffenheit der erzählten Welt widersprüchlich, zweifelhaft oder unzutreffend sind und die Widersprüche nicht anderweitig aufgelöst werden können (vgl. auch Martínez/Scheffel 2012, S. 105 f.).
- Theoretische Unzuverlässigkeit liegt vor, wenn die Aussagen des Erzählers in Bezug auf allgemeine Sachverhalte wenig angemessen oder unzutreffend sind.
- Evaluative Unzuverlässigkeit liegt vor, wenn Einschätzungen und Bewertungen des Erzählers, die sich auf die jeweilige erzählte Welt beziehen – wie Handlungselemente oder Figuren – nicht zu überzeugen vermögen.

Zweistimmigkeit: Wenn wir nach der Zuverlässigkeit des Erzählens fragen, nehmen wir einen ähnlichen Gütetest vor wie auch im Alltag. Allerdings mit einem Unterschied – im Fall der literarischen Kommunikation dürfen wir als Leser mit einem Verbündeten rechnen: dem **Autor**. Denn Erzähltexte zeichnen sich durch eine **doppelte Kommunikation** aus (s. das Kommunikationsmodell in Kap. I.5): Der Erzähler ist die textinterne Sprecherinstanz der fiktionalen Erzählung; der reale Produzent des ästhetischen Produkts ›Erzähltext‹ dagegen ist der textexterne reale Autor. Der russische Literaturtheoretiker Michail M. Bachtin hat die Auswirkungen dieser Zweistimmigkeit bereits in den 1920er Jahren beobachtet:

> Michail M. Bachtin: *Das Wort im Roman*, S. 213
>
> Die Redevielfalt, die in den Roman eingeführt wird [...] ist *fremde Rede in fremder Sprache*, die dem gebrochenen Ausdruck der Autorintentionen dient. Das Wort einer solchen Rede ist ein *zweistimmiges* Wort. Es dient gleichzeitig zwei Sprechern und drückt gleichzeitig zwei verschiedene Intentionen aus: die direkte Intention der sprechenden Person und die gebrochene des Autors. [...] In ihnen [den innerlich dialogisierten Wörtern] ist ein potentieller, unentwickelter und konzentrierter Dialog zweier Stimmen, zweier Weltanschauungen, zweier Sprachen angelegt. [Hervorhebungen im Originaltext]

Die Bedeutung des Romans kann nach Bachtins Ansicht innertextlich nur ermittelt werden, wenn der Betrachter diese Zweistimmigkeit in Rechnung stellt, denn der Autor kann – quasi am Erzähler vorbei – eine Botschaft vermitteln, die den Behauptungen des Erzählers widerspricht. Erzählerische Unzuverlässigkeit ist somit als eine Strategie bzw. als ein ästhetisches Mittel des Autors anzusehen, das – etwa zum Zweck der **literarischen Ironie** – bewusst eingesetzt wird.

Quantität vs. Qualität: Der US-amerikanische Literaturwissenschaftler James Phelan, ein Schüler Booths, unterscheidet die Ausprägungen von Unzuverlässigkeit jeweils nach zwei Kriterien: nach der **Menge der vergebenen Informationen** und nach der **Richtigkeit der geschilderten Sachverhalte**. Im ersten Fall lässt sich die jeweilige Form der Unzuverlässigkeit in quantitativer, im zweiten Fall in qualitativer Hinsicht spezifizieren.

Unzuverlässigkeit in Abhängigkeit von der Erzählerposition: Unzuverlässigkeit ist ein Phänomen, das vor allem in **homodiegetischen Erzählungen** auftritt, denn ein Erzähler, der als Figur gestaltet ist, verfolgt meist mit seinem Erzählen persönliche Interessen – so will er zum Beispiel seine früheren Handlungen rechtfertigen oder negative Erfahrungen beschönigen.

Aber auch **heterodiegetische Erzähler** können unzuverlässig sein; in diesem Fall sind ihre Darstellungen in mimetischer Hinsicht meist durchaus korrekt, aber in evaluativer Hinsicht erscheinen ihre Aussagen zweifelhaft. Die Erzählungen Heinrich von Kleists zum Beispiel sind darauf angelegt, die Erwartungen des Lesers zu durchkreuzen und ethische Regeln zu verletzen. Der Autor erreicht dies, indem er mit irritierenden Widersprüchen arbeitet und eine Erzählinstanz verwendet, deren Beurteilung der geschilderten Ereignisse der Leser äußerst befremdlich finden muss. Kleist verfolgt damit eine aufklärerische Zielsetzung: Er fordert den Leser dazu auf, auch einem scheinbar allwissenden ›auktorialen‹ Erzähler (im Sinne Stanzels) und dessen Aussagen gegenüber stets kritisch zu bleiben, obwohl solch eine Vermittlungsinstanz traditionell als unhinterfragbare Autorität angesehen wird, die über die fiktionale Wahrheit verfügt und damit unbedingt zuverlässig ist. So lassen sich etwa provozierend fragwürdige Deutungen des Erzählers darauf zurückführen, dass dieser anfällig für religiöse Schwärmerei oder durch eine befremdliche Autoritätsgläubigkeit charakterisiert ist und aus diesem Grund das Geschehen nicht vorurteilsfrei schildern und bewerten kann. Kleist will auf diese Weise den Leser zu der Erkenntnis führen, »**daß sowohl die dargestellte Wirklichkeit als auch das unzulängliche Bewußtsein reformbedürftig ist**. Demnach steht nicht nur das Erzählte zur Debatte; zur Debatte steht auch der Erzähler« (Schmidt 2003, S. 215). Wie im Fall Kleist kann die Anwendung der Unzuverlässigkeitshypothese dazu führen, dass bislang allgemein akzeptierte Interpretationsansätze revidiert werden müssen (vgl. Müller 2005).

Gibt es auch unzuverlässige Reflektorfiguren? Ganz sicher. Aber diese Art von Unzuverlässigkeit ist kein Phänomen im Sinne der vorgestellten Theorie, da letztere sich auf das »Wie«, auf die Art und Weise des Erzählens bezieht. Eine Reflektorfigur – also eine erzählte Figur, durch deren Bewusstsein das Geschehen gefiltert wird – erzählt jedoch nicht, das vermag nur der Erzähler. Allerdings kann im Fall der erlebten Rede eine Variante der von Bachtin geschilderten Zweistimmigkeit festgestellt werden, da hier Erzählerrede und Figurenrede miteinander verschmelzen und es so zu einer ironischen Akzentuierung der Figur durch den Erzähler kommen kann (s. Kap. IV.2.2.3). Unzuverlässig wären dann aber auch in diesem Fall nicht die Darstellungen, sondern die Auffassungen und Bewertungen der Figur. Ob diese Konstellation zu den Phänomenen der Unzuverlässigkeit zu zählen ist, ist nur eine von vielen Fragestellungen, die sich der Erzähltheorie auf dem Gebiet der Unzuverlässigkeit noch stellen.

Intentionale vs. nichtintentionale Unzuverlässigkeit: Nicht alle Erzähler belügen ihren Adressaten mutwillig. Gerade mit unangenehmen Erinnerungen hat es so seine eigene Bewandtnis. Das hat auch der Erzähler in Wolf Haas' Roman *Komm, süßer Tod* (1998) beobachtet:

> **Weil oft legt man sich im Leben gewisse Dinge ein bißchen zurecht, damit sie nicht so schmerzlich sind wie die ungeschminkte Wahrheit. Das ist eigentlich nur menschlich, einziges Problem: Man fängt mit der Zeit an, wirklich an die geschminkte Version zu glauben.**

Wolf Haas: *Komm, süßer Tod* (1998, S. 159)

Wolf Haas:
Komm, süßer Tod
(1998)

Wenn ein Erzähler nun von solch schmerzlichen Erfahrungen berichtet, kann es sein, dass er ohne Absicht nicht die ›ungeschminkte Wahrheit‹, sondern die ›geschminkte Version‹ erzählt, an die er inzwischen selbst glaubt. Die Autorinstanz kann dem Leser dies zu verstehen geben, indem er in die Erzählung des Erzählers Inkonsistenzen und Widersprüche integriert, die sich mittels der Hypothese, dass der Erzähler diese Erlebnisse verdrängt oder beschönigt hat und seine Darstellung für angemessen hält, auflösen lassen.

Bindende vs. entfremdende Unzuverlässigkeit: Wenn uns Menschen mit voller Absicht belügen und hinters Licht führen, finden wir sie in der Regel nicht sonderlich sympathisch. Wenn wir aber beobachten, dass ihr Erzählen unzuverlässig ist, weil sie es selbst nicht besser wissen oder in Konflikt geraten sind mit einer als hohl und verlogen erlebten Umgebung, erregen sie unter Umständen unser Mitleid. In der Narratologie wird entsprechend zwischen einer ›bindenden‹ und einer ›entfremdenden‹ Unzuverlässigkeit (*bonding* vs. *estranging unreliability*) unterschieden – je nachdem, ob der Leser zu dem Erzähler eine ablehnende oder verständnisvolle Haltung einnimmt (Phelan 2007). Ein **verrückter Erzähler** zum Beispiel, der offenkundig psychopathische Züge aufweist und eine Gefahr für seine Umgebung darstellt, wird kaum in den Genuss der Leserzuneigung kommen. Wenn aber ein **kindlicher oder jugendlicher Erzähler** auftritt, der das Geschehen nicht angemessen zu deuten vermag oder die Doppelmoral der Welt, in der er lebt, noch nicht durchschauen kann, nehmen wir ihm die unzuverlässige Darstellung in der Regel nicht übel.

Aufgelöste vs. nichtaufgelöste Unzuverlässigkeit: Oft ist für den Leser lange nicht erkennbar, dass er es mit einem unzuverlässigen Erzähler zu tun hat. Im Fall von Agatha Christies Kriminalroman *The Murder of Roger Ackroyd* (1926, dt. *Alibi*) beispielsweise berichtet ein homodiegetischer Erzähler von den Umständen eines Mordes und der Suche nach dem Täter. Erst ganz am Ende offenbart er, dass niemand anders als er selbst der Verbrecher ist. Diese Variante bezeichnen wir als ›aufgelöste Unzuverlässigkeit‹. In Henry James' Roman *The Turn of the Screw* (1898, dt. *Das Durchdrehen der Schraube*) dagegen fehlt solch eine eindeutige **Entlarvung** der Erzählerin. Der Leser hat zwar ausgesprochen gute Gründe, sie als eine überspannte Person anzusehen, da sie an Geister glaubt und diese für den Handlungsverlauf verantwortlich macht. Es besteht aber auch die Möglichkeit, die Existenz solcher Erscheinungen als Tatsache in der erzählten Welt zu interpretieren. Diese Variante bezeichnen wir als ›nichtaufgelöste Unzuverlässigkeit‹. In ihrer extremen Form besteht für den Leser gar keine Möglichkeit mehr, die Inkonsistenz aufzulösen und einen Gegenentwurf zu der Darstellung des Erzählers zu erstellen, um das fiktional wahre Geschehen zu rekonstruieren.

Ermittlung der Unzuverlässigkeit als Leistung der Interpretation: Wie das letzte Beispiel zeigt, markiert ein Erzähltext nicht immer zweifelsfrei, dass wir es mit einem unzuverlässigen Erzähler zu tun haben. Der Befund ergibt sich häufig erst aus der Kombination einer deskriptiven Analyse mit einer Interpretationshypothese, die nach dem Sinngehalt des Gesamttextes fragt. Aus diesem Grund wird das Phänomen der Unzuverlässigkeit oft auch als ein »Begriff zwischen Narratologie und Interpretationstheorie« bezeichnet (Kindt 2004).

Funktion: Die Frage, welche Absicht der Autor mit dem Einsetzen einer unzuverlässigen Erzählerinstanz verfolgt, gehört mit zu den schwierigsten einer Erzähltextanalyse. Wie die Unzuverlässigkeit selbst kann meist auch ihre Funktion erst im Zuge einer eingehenden Interpretation ermittelt werden. Zwei Tendenzen sind aber auszumachen:

- **Aufklärerische Absicht:** Erzählerische Unzuverlässigkeit, die bewusst vom Autor gestaltet worden ist, verfolgt häufig eine aufklärerische Absicht: Der Leser soll zu einer selbständigen, kritisch hinterfragenden Lektüre provoziert werden, in Folge derer er sich gegebenenfalls von der Sichtweise der Erzählerfigur auf das dargestellte Geschehen emanzipiert, ihre Fehlurteile aufdeckt und zu einer eigenen Bewertung kommt.
- **Verunsicherung in der Moderne:** Seit der Moderne werden unzuverlässige Erzähler zudem gern von ihren Autoren eingesetzt, um die »transzendentale Obdachlosigkeit« (Lukács 1974, S. 32) des Menschen in der modernen Welt zu thematisieren, in der es keine Sicherheit gibt – weder die Sicherheit einer anerkannten Gesellschaftsordnung oder die Sicherheit gültiger Traditionen noch die innere Heimat einer fraglos akzeptierten Religion. Die Erzählkonzeption der Unzuverlässigkeit scheint besonders geeignet, diese Verunsicherung des Menschen darzustellen.

Zwei mögliche Funktionen von erzählerischer Unzuverlässigkeit

Leitfragen zur Analyse von narrativer Unzuverlässigkeit

- **Mimetische Unzuverlässigkeit:** Sind konkrete Sachverhalte (Handlung, Figuren, Angaben zu Ort und Zeit) nicht ausreichend oder unrichtig dargestellt?
- **Theoretische Unzuverlässigkeit:** Müssen die Behauptungen des Erzählers in Bezug auf generelle Sachverhalte als falsch angesehen werden?
- **Evaluative Unzuverlässigkeit:** Bewertet der Erzähler Sachverhalte unangemessen oder falsch?
- **Quantität vs. Qualität:** Ist die Darstellung unzuverlässig in Bezug auf die Menge der vergebenen Informationen – berichtet der Erzähler also wichtige Sachverhalte in zu geringem Umfang oder verschweigt er sie sogar ganz – oder ist die Darstellung unzuverlässig in Bezug auf die Richtigkeit der geschilderten Sachverhalte?
- **Intentionale vs. nichtintentionale Unzuverlässigkeit:** Legt der Erzähler in voller Absicht eine nichtglaubwürdige Darstellung vor oder ist er sich der Unstimmigkeit seines Berichts selbst nicht bewusst?
- **Funktion und Bedeutung:** Können unter der Unzuverlässigkeitshypothese Inkonsistenzen und Widersprüche im Erzähltext aufgelöst werden? Wenn ja, welche Absicht verfolgt der Autor mit dem Einsatz einer unzuverlässigen Erzählerinstanz?

IV.2
Wie erzählt der Erzähler? – Parameter des Diskurses

Literatur

Bachtin, Michail M.: »Das Wort im Roman«. In: Ders.: Die Ästhetik des Wortes. Hg. und eingeleitet von Rainer Grübel. Aus dem Russischen übersetzt von Rainer Grübel und Sabine Reese. Frankfurt a. M. 1979, S. 154–300.
Booth, Wayne C.: Die Rhetorik der Erzählkunst [engl. 1961]. Heidelberg 1974.
Kindt, Tom: »›Erzählerische Unzuverlässigkeit‹ in Literatur und Film. Anmerkungen zu einem Begriff zwischen Narratologie und Interpretationstheorie«. In: Hrachovec, Herbert/Müller-Funk, Wolfgang/Wagner, Birgit (Hg.): Kleine Erzählungen und ihre Medien. Wien 2004, S. 55–66.
Lukács, Georg: Die Theorie des Romans. Ein geschichtsphilosophischer Versuch über die Formen der großen Epik [1916]. München ²2000.
Martínez, Matías/Scheffel, Michael: Einführung in die Erzähltheorie [1999]. München ⁹2012.
Müller, Gernot: »Prolegomena zur Konzeptionalisierung unzuverlässigen Erzählens im Werk Heinrich von Kleists«. In: Studia Neophilologica 77 (2005), S. 41–70.
Phelan, James: »Estranging Unreliability, Bonding Unreliability, and the Ethics of Lolita«. In: Narrative 15 (2007), S. 222–238.
Schmidt, Jochen: Heinrich von Kleist. Die Dramen und Erzählungen in ihrer Epoche. Darmstadt 2003.

Literatur zum Weiterlesen

D'hoker, Elke/Martens, Gunther (Hg.): Narrative unreliability in the twentieth-century first-person novel. Berlin/New York 2008 (= Narratologia 14).
Hansen, Per Krogh: »Reconsidering the unreliable narrator«. In: Semiotica 165 1/4 (2007), S. 227–246.
Helbig, Jörg (Hg.): »Camera doesn't lie«. Spielarten erzählerischer Unzuverlässigkeit im Film. Trier 2006.
Kindt, Tom: Unzuverlässiges Erzählen und literarische Moderne. Eine Untersuchung der Romane von Ernst Weiß. Tübingen 2008.
Kindt, Tom/Köppe, Tilmann (Hg.): Unreliable narration. [Themenheft von] Journal of literary theory 5:1 (2011).
Lahn, Silke: »›In Wirklichkeit war das alles vielleicht ganz anders, als ich es erzähle.‹ Zum *unreliable narrator* im Werk Hans Erich Nossacks am Beispiel des Romans *Spätestens im November*«. In: Dammann, Günter (Hg.): Hans Erich Nossack. Leben – Werk – Kontext. Würzburg 2000, S. 175–194.
Liptay, Fabienne/Wolf, Yvonne (Hg.): Was stimmt denn jetzt? Unzuverlässiges Erzählen in Literatur und Film. München 2005.
Nünning, Vera (Hg.): Unreliable narration and trustworthiness. Intermedial and interdisciplinary perspectives. Berlin/München/Boston 2015 (= Narratologia 44).
Ohme, Andreas: *Skaz* und *unreliable narration*. Entwurf einer neuen Typologie des Erzählers. Berlin/München/Boston 2015 (= Narratologia 45).
Yacobi, Tamar: »Authorial Rhetoric, Narratorial (Un)Reliability, Divergent Readings: Tolstoy's *A Kreutzer Sonata*«. In: Phelan, James/Rabinowitz, Peter (Hg.): A Companion to Narrative Theory. Oxford 2005, S. 108–123.

2.7 | Merkmale des Stils

Erzähltexte sind ein Sonderfall der Redekunst. Für die Erzähltextanalyse sind Stilmerkmale der Erzählung besonders dann interessant, wenn die Wirkung des Textes auf den Leser genauer untersucht werden soll. Die folgenden Ausgangsfragen können dabei der Orientierung dienen: Welche sprachlichen Auffälligkeiten und welche Redefiguren finden sich im Erzähltext? Welchen Einfluss haben sie auf die Ausdrucksweise der Erzählung? Welche Reaktion sollen diese sprachlichen Mittel beim Rezipienten hervorrufen? Die Stilistik und die Rhetorik stellen zur Beantwortung dieser Fragen ein breites Instrumentarium zur Verfügung.

Wir geben in diesem Kapitel einen Überblick über Systematik, Begriffe und Verfahren beider Disziplinen; für eine eingehendere Stilanalyse ist der

Rückgriff auf einschlägige Fachbücher unumgänglich (vgl. Lausberg 1960; Ottmers 2007; Ueding/Steinbrink 2005).

> Stilistik und Rhetorik sind Methoden, mit denen man die Gestaltung sprachlicher Äußerungen analysieren kann. Während in der Stilistik insbesondere die **Wortwahl** und die **Satzmuster** der Äußerungen hervorgehoben werden, berücksichtigt die Rhetorik vor allem die **Effekte, die die Äußerungen auf das Publikum haben**.
>
> Als Rede- oder Stilfiguren bezeichnet man in diesem Kontext diejenigen stilistischen Phänomene, die in der Lehre der Stilistik und Rhetorik genauer definiert und mit Fachbegriffen gekennzeichnet worden sind. Man unterscheidet dabei systematisch zwischen Stilphänomen, die auf der **Wortebene** hervortreten (den sogenannten **Tropen**) und Phänomenen auf der **Satzebene** und darüber (den **rhetorischen Stilfiguren**).
>
> Kennzeichnend für die meisten Tropen ist, dass die Wörter nicht in ihrem wortwörtlichen, ›eigentlichen‹ Sinn verwendet werden, sondern in einem übertragenen, ›uneigentlichen‹. Die bekannteste Trope ist die **Metapher**, wie im folgenden Satz aus Ludwig Tiecks Novelle *Der Runenberg* (1802): »[...] aus der Tiefe redeten ihm Gewässer und rauschende Wälder zu und sprachen ihm Mut ein«. Die Verben ›zureden‹ und ›einsprechen‹ sind hier nicht im eigentlichen Sinne gebraucht, sondern deuten darauf hin, dass die wilde Natur für den einsamen Jäger menschliche Züge bekommt.
>
> Merkmal rhetorischer Stilfiguren ist dagegen, dass die Wortstellung im Satz von der Normalverwendung abweicht und uns dadurch auffällt. Eines der bekanntesten Beispiele hierfür ist der **Chiasmus**, die »Überkreuzstellung« von Subjekt, Prädikat und Objekt, Adjektiv oder Adverb in zwei aufeinanderfolgenden Sätzen: ›Die Welt ist groß, klein ist der Verstand‹. Daneben gibt es rhetorische Stilfiguren auf der Ebene ganzer Textpartien; sie erkennt man eher an der beabsichtigten Wirkung auf den Leser oder Hörer. Ein bekanntes Beispiel dafür ist die ***captatio benevolentiae***, das »Erheischen des Wohlwollens« durch den Redner, der zu Beginn des Textes den Rezipienten z. B. als ›geehrter Leser‹ direkt anspricht.

Zum Begriff

2.7.1 | Was ist ›Stil‹? – Zu den verschiedenen Stilkonzepten

Produktionsstilistik: Von den frühesten Aufzeichnungen über Literatur in der Antike (u. a. bei Aristoteles und Horaz) bis zu den Anfängen der bedeutungsorientierten Hermeneutik und der beschreibenden Philologie im 19. Jahrhundert galt das Interesse von Poetiken vorwiegend dem Problem, wie man eine gute Erzählung zu verfertigen hat. Die Frage nach der Art und Weise, in der eine Erzählung erzählt wird, ist daher lange unter einem **produktionsästhetischen Gesichtspunkt** erörtert worden. Leitgedanke hierbei war die Überzeugung, dass die Produzenten von Erzählungen zuerst über den Inhalt entscheiden, bevor sie sich mit dem Problem befas-

IV.2 Wie erzählt der Erzähler? – Parameter des Diskurses

sen, wie sie diesen Inhalt ausdrücken und stilistisch gestalten können. Die traditionelle Rhetorik setzte daher die *inventio* (die Auffindung des Stoffes) als ersten Arbeitsschritt an. Es folgen dann die *dispositio* (die Einordnung und Konzeptionierung) und die *elocutio* (die Ausformulierung).

Unter diesem produktionsästhetischen Gesichtspunkt betrachtet gehorcht die stilistische Gestaltung der Erzählung, ihr **Erzählstil**, keiner Notwendigkeit. Bestenfalls sagt der vom Autor gewählte Stil etwas über die literarische Tradition aus, in der seine Erzählung steht. Auch für die Vermittlung der Inhalte erscheint der Erzählstil in dieser Sichtweise als weitgehend beliebig – es sei denn, er erschwert den Vermittlungsprozess. Ein schwer verständlicher Erzählstil kann unterschiedlich gedeutet werden. Er kann entweder als Symptom dafür gelten, dass es dem Autor nicht gelungen ist, die sprachlichen Mittel in seiner Erzählung überzeugend einzusetzen, oder aber er kann im Gegenteil als angemessen und somit als Beleg für die poetische Kraft der Erzählung betrachtet werden.

Rezeptionsstilistik: Die aktuelle Forschung zur Stilistik verfolgt dagegen eher einen wirkungsorientierten Ansatz. Als Rezeptionsstilistik untersucht sie, welchen Einfluss die stilistischen Eigenheiten einer Erzählung auf die Vermittlung der Inhalte und auf die Reaktionen des Rezipienten haben. Dabei lassen sich drei Aspekte unterscheiden:

Aspekte der Rezeptionsstilistik

1. **Stil als formgewordener Inhalt:** Die Rezeptionsstilistik geht insgesamt davon aus, dass sich Erzählstil und Erzählstoff wechselseitig bedingen: Da es keinen Stoff ohne Form gibt, prägt die Form den Stoff entscheidend mit. Stil wird also als formgewordener Inhalt verstanden; er gilt nicht mehr nur als ein Nebenmerkmal der Darstellung, sondern wird im Hinblick auf seinen Einfluss auf die präsentierte Wirklichkeit untersucht. Unter Stil versteht man daher die **Vielheit der Textprozesse**, die dazu führen, dass eine Erzählung ihr volles Vermögen als Erzählung nicht nur von ihrem Inhalt her bekommt, sondern auch von der Art und Weise, in der sie gestaltet ist.

2. **Stil als Mittel, um Erzähler und Figuren zu profilieren:** Der Sprachstil bestimmt nachhaltig das Profil der Stimmen im Text. Schließlich resultieren die Vorstellungen, die der Leser von Erzähler und Figuren hat, nicht allein aus der Handlung, sondern auch aus dem sprachlichen Repertoire, dessen sie sich bedienen. Die Ausdrucksweise des Brillenhändlers Coppola in E. T. A. Hoffmanns Erzählung *Der Sandmann* (1817) beispielsweise ist aufgrund des gebrochenen Deutsch und der hiermit zusammenhängenden, ungewollten Metaphorik unverwechselbar:

E.T.A. Hoffmann: Der Sandmann (1817)

> Da trat aber Coppola vollends in die Stube und sprach mit heiserem Ton, indem sich das weite Maul zum häßlichen Lachen verzog und die kleinen Augen unter den grauen langen Wimpern stechend hervorfunkelten: »Ei, nix Wetterglas, nix Wetterglas! – hab auch sköne Oke – sköne Oke!« – Entsetzt rief Nathanael: »Toller Mensch, wie kannst du Augen haben? – Augen – Augen? –« Aber dann in dem Augenblick hatte Coppola seine Wettergläser beiseite gesetzt, griff in die weiten Rocktaschen und holte Lorgnetten und Brillen heraus, die er auf den Tisch legte. – »Nu – Nu – Brill – Brill auf der Nas su setze, das sein meine Oke – sköne Oke!« – Und damit holte er immer mehr und mehr Brillen heraus, so, daß es auf dem ganzen Tisch seltsam zu flim-

mern und zu funkeln begann. Tausend Augen blickten und zuckten krampfhaft und starrten auf zum Nathanael [...].

3. **Stil als Mittel zur Einbeziehung des Lesers:** Dem Erzähler steht ein umfangreiches Instrumentarium zur Verfügung, um den Leser in die erzählte Welt einzubeziehen und seine Anteilnahme am Erzählgeschehen zu lenken. Hierzu trägt die stilistische Gestaltung der Erzählung wesentlich bei. Ein einfaches Mittel ist der Einsatz eines **gruppenspezifischen Vokabulars**. Mit dieser Technik simuliert der Erzähler, dass er sich ausdrücklich an eine konkrete Gruppe wendet. Dem nicht zu dieser Gruppe gehörenden Leser wird dabei der Eindruck vermittelt, stiller Zeuge eines Austausches zwischen Dritten zu sein. Damit hat der Stil direkten Einfluss auf das Maß, in dem Leser zur literarischen Kommunikation eingeladen bzw. aus ihr ausgeschlossen werden.

Ein Beispiel: Im 14. Kapitel von Heinrich Heines Reisebildern *Ideen. Das Buch Le Grand* (1827) schildert der Erzähler, ein Schriftsteller, die Schwierigkeiten seines Berufs. Seine Texte muss er zum Beispiel immer sofort fertigstellen, weil die Realität ihm unablässig neue lukrative Erzählstoffe in die Hände spielt. Als Beispiel für so einen Stoff nennt er die Begegnung mit einem wohlhabenden Ehepaar während eines Spaziergangs an der Alsterpromenade in Hamburg – welch ein Geschenk! Mit der umgehenden literarischen Verwertung der »dicke[n] Millionärrinn« will der Erzähler den Erwerb eines Pferdes finanzieren. Diese erfreuliche Aussicht regt ihn aber dermaßen auf, dass er nicht nur »allerley Reuterbewegungen – hopp! hopp! – burr! burr!« zu machen beginnt und akustisch gestaltet, sondern auch sofort in Reitersprache verfällt:

> Sie sehen, Madame, welch ein Roß ich mir anschaffe! Begegnet mir die Frau auf der Promenade, so geht mir ordentlich das Herz auf, es ist mir, als könnt' ich mich schon aufschwingen, ich schwippe mit der Jerte, ich schnappe mit den Fingern, ich schnalze mit der Zunge, ich mache mit den Beinen allerley Reuterbewegungen – hopp! hopp! – burr! burr! – und die liebe Frau sieht mich an so seelenvoll, so verständnißinnig, sie wiehert mit dem Auge, sie sperrt die Nüstern, sie kokettirt mit der Crouppe, sie kourbettirt, setzt sich plötzlich in einen kurzen Hundetrapp – Und ich stehe dann mit gekreuzten Armen, und schaue ihr wohlgefällig nach, und überlege, ob ich sie auf der Stange reiten soll oder auf der Trense, ob ich ihr einen englischen oder einen polnischen Sattel geben soll – u. s. w. –

Heinrich Heine: *Ideen. Das Buch Le Grand* (1827), 14. Kapitel

Bis hier war die Erzählung eigentlich an die angesprochene Madame Evelina gerichtet, der das Reisebild auch gewidmet ist. Diese Adressierung wird aber durch den markanten Stilwechsel vorübergehend aufgehoben. Nun wendet sich der Erzähler vorwiegend an den Leser und wertet dabei die im Text angesprochenen Leserrollen zugleich um. Mit dem Fachwortschatz, der den mild-ironischen Grundton des sich als »frommer Christ« aufspielenden Erzählers ablöst, richtet dieser sich nämlich nicht mehr an eine allgemeine Leserschaft, sondern an einen ausgewählten Komplizen, der die Verflochtenheit von ästhetischem, finanziellem und erotischem Erfolg ebenso durchschaut wie der Erzähler.

2.7.2 | Wie kann man Stil erforschen? – Zur Stilanalyse

Stilphänomene: Literarische Stilphänomene wie die hier in Heines Text beobachteten werden zwar punktuell an gewissen Momenten im Erzählvorgang deutlich, sie sind aber zugleich funktional eingebettet in größere Partien des Erzähltextes, die einen Bezugsrahmen vorgeben. Stilphänomene beruhen so gesehen auf der Dialektik von Norm und Abweichung: Das Stilphänomen markiert eine Normüberschreitung, die von der stilistischen ›Nullstellung‹ abweicht. Solche Stilphänomene bezeichnet man als **Stilfiguren**.

Ein Erzählstil wird dabei offenkundig umso auffälliger, je größer die Normüberschreitung ist und je deutlicher die Stilfiguren damit hervortreten. Ohne das Vorhandensein von unmarkierten Textpassagen in der ›Nullstellung‹ ist jedoch grundsätzlich keine Normüberschreitung möglich. Das bedeutet aber nicht, dass umgekehrt das Fehlen solcher besonders hervorgehobenen Stilphänomene dem übergreifenden Stil eines Textes irgendwie Abbruch tun würde. Wenn ein Autor auf den Gebrauch von stilistischen Normüberschreitungen verzichtet, ist die Palette verwendeter Erzählmittel zwar beschränkter. Aber gerade das Fehlen solcher Stilmarkierungen kann wiederum zu einem bedeutungsvollen Textsignal werden.

Ein Beispiel hierfür liefert der durchgehend lakonische Sprachstil in Ernest Hemingways berühmter Novelle *The Old Man and the Sea* (1952, dt. *Der alte Mann und das Meer*), mit dem die Gefühle des Protagonisten selbst in der dramatischsten Szene – dem Kampf des Helden mit einem Hai – ebenso nüchtern geschildert werden wie das äußere Geschehen:

Ernest Hemingway: *Der alte Mann und das Meer* (1952)

Er schwang die Pinne über den Schädel des Hais, wo die Kiefer in der Zähigkeit des Fischkopfes, der nicht zerreißen wollte, verfangen waren. Er schwang sie einmal und zweimal und noch einmal. Er hörte, wie die Pinne zerbrach, und er schlug ungestüm mit dem zersplitterten Ende auf den Hai ein. Er fühlte, wie es eindrang, und da er wußte, dass es scharf war, stieß er es zum zweitenmal hinein. Der Hai ließ los und rollte fort. Das war der letzte Hai von dem Rudel, der kam. Es gab nichts mehr für sie zu fressen.

Der alte Mann konnte jetzt kaum atmen, und er hatte einen merkwürdigen Geschmack im Mund. Es war kupferartig und süßlich, und einen Augenblick hatte er Angst davor. Aber es war nicht viel davon.

Normative Poetik: »Welcher Stil passt zu welchem Inhalt?« Diese Frage bewegt die sogenannte normative Poetik, die Normen für den vom Schriftsteller zu verwendenen Sprachstil formuliert. Im Kontext einer normativen Poetik geht es in der Stillehre dabei insbesondere um das Problem der **Angemessenheit** (*aptum*) des Stils für den Inhalt des Erzähltextes sowie für das intendierte Publikum. In der klassischen Rhetorik unterscheidet man unter diesem Gesichtspunkt zwischen drei Stilarten (*genera dicendi*):

Dreistillehre
- Der **niedere Stil** (*genus humile*) hat eine belehrende Funktion und ist für anspruchslose Inhalte und einfache Protagonisten reserviert.
- Der **mittlere Stil** (*genus mediocre*) hat zum Ziel, das Publikum auf milde Weise zu erfreuen.

- Der hohe Stil (*genus grande*) dient der Darstellung eines Helden, dessen Schicksal die Zuhörer bewegen soll.

Die normativen Poetiken, die bis in das frühe 18. Jahrhundert tonangebend waren, machten strikte Vorschriften in Bezug auf die Einheitlichkeit des jeweils anzuwendenden Stils. Die unter diesen Bedingungen geschriebenen Erzähltexte zielten deshalb im Normalfall auf Homogenität ab; kalkulierte Stilbrüche und Normabweichungen waren diesen Texten eher fremd.

Die verschiedenen Genres der epischen Gattung, die sich im Verlauf der Literaturgeschichte ausgebildet haben, spiegeln die Poetikanweisungen der jeweiligen literaturgeschichtlichen Epoche. So ist z. B. das Kunstmärchen maßgeblich von der Poetik der Romantik bestimmt.

Lockerung der Stilvorschriften: Seit dem 18. Jahrhundert hat sich der Umgang mit Stilvorschriften weitgehend gelockert. Dies hat dafür gesorgt, dass der Stil ein stärkeres expressives Vermögen entwickelt hat, was sich sowohl auf den Stil des Erzählers als auch auf den der sich direkt oder indirekt mitteilenden Figuren auswirkt. So weist der Stil Spuren von **Gruppensprachen (Soziolekten)** auf, mittels derer die Sprecher ihre Zugehörigkeit zu einer Kultur, einer Region oder einer Genderposition verraten. Der Stil ist aber zugleich immer auch der Träger einer **individuellen Sprache (Idiolekt)**, mit der sich der jeweilige Sprecher von anderen unterscheidet. Diese Spannung zwischen Soziolekt und Idiolekt hat oft einen direkten – wenn auch schwer zu fassenden – Einfluss auf die ästhetische Wertschätzung von Erzähltexten durch das Lesepublikum.

Komplexe Erzählstile: Von zentraler Bedeutung für eine stilistische Analyse von Erzähltexten ist die Einsicht, dass Erzähltexte auch in stilistischer Hinsicht dynamisch sind – nicht nur auf der Ebene der dargestellten Handlung passiert etwas, sondern auch auf der Ebene des Sprachstils lassen sich Wandlungen, Brüche und damit ein Geschehen beobachten. **Veränderungen im Erzählstil** gehen oft einher mit dem, was auf der Handlungsebene geschieht und was erzählt – oder offenkundig verschwiegen – wird.

Veränderungen im Erzählstil

Ein legendäres Beispiel hierfür ist die Metamorphose des Erzählens in Vladimir Nabokovs Roman *Lolita* (1955). Den Großteil der Erzählung umfasst hier der Lebensrückblick des Protagonisten Humbert Humbert, der sich leidenschaftlich in die minderjährige Lolita verliebt, einige Jahre lang mit ihr – seiner Stieftochter und unfreiwilligen Geliebten – umherirrt, um letztlich seinen Doppelgänger und Kontrahenten Clare Quilty zu ermorden. Humbert erzählt seine Geschichte durchweg retrospektiv und mit der Absicht, sein Verbrechen nachträglich zu rechtfertigen. Doch vermittelt der Stil bei der erzählerischen Wiedergabe von Krisenmomenten – etwa durch konzentrierte Berichterstattung und rasche Satzwechsel – die emotionale Unruhe des Protagonisten zum Zeitpunkt des Geschehens.

Moderne Erzähltexte experimentieren in zunehmendem Maße mit der **Vielfalt der Stilebenen**. Die Komplexität des Erzählstils stellt damit nicht

Vladimir Nabokov: *Lolita* (1955)

selten die vom Leser meist spontan vorausgesetzte Einheitlichkeit der Erzählstimme in Frage. Die Erzählstimme kann sich dann in mehrere, voneinander unabhängige Stimmen aufspalten oder zu unterschiedlichen, nicht immer kongruenten Erzählebenen differenzieren. Vor allem in der **erlebten Rede** wird die Zuweisung des Erzählstils oft problematisch. Hier überlagern sich die Stimmen des Erzählers und der Figuren (s. Kap. IV.2.2). Solche *dual-* oder sogar *multiple-voice*-Techniken können genutzt werden, um eine Erzähldynamik zu erzeugen, die sich dem Zugriff der zentralen Erzählinstanz entzieht.

Narratologische Stilistik: Aus der Perspektive einer narratologischen Stilistik betrachtet sind erzähltechnische Stilmittel deshalb nicht bloß Schmuckformen: Sie sind vielmehr als Strukturen zu betrachten, die unmittelbar in den Erzählverlauf eingreifen. Man kann sie insofern rhetorisch im Hinblick auf den angestrebten erzähltechnischen Effekt analysieren und differenzieren.

Stilmittel, die sich auf der Ebene der Wortfolge oder der Satzstruktur manifestieren, zielen oft auf die **Hervorhebung** (*emphasis*) oder das **Vorenthalten** (*reticentia*; »die durch Abbruch eines begonnenen Satzes kenntlich gemachte […] Auslassung der Äußerung eines Gedankens«, Lausberg 1960, § 887) der mitgeteilten Inhalte und intensivieren dadurch das Verhältnis zwischen der Erzählstimme, der erzählten Wirklichkeit und dem Adressaten. Die bekanntesten Stilfiguren dieser Art sind die **rhetorische Frage** (*interrogatio*), die **Verdoppelung** (*geminatio* und *reduplicatio*) und der **Chiasmus**.

Andere Stilmittel, die Tropen, ersetzen auf der Wortebene die eigentlich gemeinte Äußerung durch einen anderen, ›uneigentlich‹ gemeinten Ausdruck. Bei **Metaphern** und **Personifizierungen** stammen das Eigentliche und das Uneigentliche aus unterschiedlichen Wortfeldern; diese Tropen sind als solche erst verständlich, wenn der Leser registriert, dass die gewählte Bezeichnung gerade nicht wortwörtlich gemeint ist. So bezeichnet der Erzähler in Johann Carl August Musäus' *Die Entführung* (1782–1786) die Nonnen, die nachts in dem vormaligen Nonnenkloster Schloss Lauenstein herumgeistern, als ›gespenstische Amazonen‹ – wir erkennen darin unschwer eine Metapher: Zwar sind sowohl Nonnen als auch Amazonen Frauen – aber welcher Unterschied könnte größer sein, als der zwischen den legendären Kriegerinnen und den friedfertigen Bräuten Christi?

2.7.3 | Vernetzung von Stilmitteln

Stilmittel im Erzähltext können, wie oben dargelegt wurde, nicht isoliert funktionieren – sie weisen notwendigerweise immer auf ihren narrativen Kontext zurück. Dabei gehen sie jedoch nicht allein mit den sie unmittelbar umgebenden, nichtmarkierten Textstellen Wechselbeziehungen ein, sondern auch und vor allem mit anderen Stilmitteln, mit denen sie so ein komplexes Netzwerk bilden.

Effekte der stilistischen Vernetzung: Die Effekte solcher Vernetzungen können vielfältig sein: Stilformen können sich gegenseitig symbiotisch verstärken, verschieben, mischen, oder transformieren. Wir wollen dies an drei Beispielen demonstrieren.

In Gottfried Kellers Novelle *Romeo und Julia auf dem Dorfe* (1856) wird der Wandel eines Mannes vom klugen Bauern zum streitsüchtigen alten Narren geschildert, wobei sein geistiger Rückschritt aus der Sicht seines Sohnes mit der Metapher vom Rückwärtsrudern charakterisiert wird. Diese Metapher erfährt nun ihrerseits durch einen anschließenden Vergleich mit der Fortbewegungsart eines Krebses eine **Verstärkung**:

> Er sah wohl die üble Wirtschaft seiner Eltern und glaubte sich erinnern zu können, daß es einst nicht so gewesen; ja er bewahrte noch das frühere Bild seines Vaters wohl in seinem Gedächtnisse als eines festen, klugen und ruhigen Bauers, desselben Mannes, den er jetzt als einen grauen Narren, Handelsführer und Müßiggänger vor sich sah, der mit Toben und Prahlen auf hundert törichten und verfänglichen Wegen wandelte und mit jeder Stunde rückwärts ruderte wie ein Krebs.

Gottfried Keller: Romeo und Julia auf dem Dorfe (1856)

Zahlreiche Beispiele solcher Symbiosen finden sich in Robert Musils Roman *Der Mann ohne Eigenschaften* (1930–1932). Hier treten sie oft in komplexen Netzwerken auf, in denen sich auch **Transformationen der Stilfiguren** beobachten lassen:

> Er war Herr in allen Zimmern wie ein Hirsch im Walde. Das Blut drängte wie ein Geweih mit achtzehn dolchscharfen Sprossen aus seinem Kopf. Die Spitzen dieses Geweihs streiften Wände und Decke. Es war Haussitte, daß in allen Zimmern, wenn sie augenblicklich nicht benützt wurden, die Vorhänge zugezogen wurden, damit die Farben der Möbel nicht unter der Sonne litten, und Soliman ruderte durch das Halbdunkel wie durch Blätterdickicht. Es machte ihm Freude, das mit übertriebenen Bewegungen auszuführen. Sein Trachten war Gewalt.

Robert Musil: Der Mann ohne Eigenschaften (1930–1932)

In diesem Beispiel wird der anfängliche Vergleich (»wie ein Hirsch«) alsbald um eine Verbmetapher erweitert (»drängte aus seinem Kopf«). Der zweite Vergleich »wie ein Geweih« passt zwar zum ersten (»wie ein Hirsch«), sein zugeordnetes Attribut (»dolchscharf« = scharf wie ein Dolch) aber kompliziert zugleich den Zusammenhang zwischen der anfänglichen Bezeichnung (»Herr«) und dem primären Vergleich (»Hirsch«), denn »Herr«, »Hirsch« und »Dolch« lassen sich schwer in einem Wortfeld und Vorstellungsbereich vereinigen. Im dritten Satz wird der Vergleich ›Blut = Geweih‹ dann zur Metapher verkürzt, wenn »die Spitzen des Geweihs« Wände und Decken streifen.

Ein dritter Effekt von Vernetzungen besteht darin, dass es an manchen Stellen unmöglich wird zu entscheiden, wie die Redeweise hier aufzufassen ist – im wortwörtlichen oder übertragenen Sinne? Die Frage bleibt offen, und der Erzähltext kann dank solcher Ambiguität den Eindruck erwecken, dass sich unter der textlichen Oberfläche ein Geheimcode versteckt, den nur ausgewählte Leser dechiffrieren können. Diesen Effekt nennen wir **Sylleptisierung** (eine Syllepse ist eine Stilfigur, die gleichzeitig wortwörtlich und figürlich gelesen werden kann). In Günter Grass' *Die*

IV.2
Wie erzählt der Erzähler? – Parameter des Diskurses

Blechtrommel (1959) streiten beim Einfall der russischen Soldaten Kurtchen und Oskar Matzerath über einen ›Bonbon‹ – das Nazi-Parteizeichen des Vaters, der es aus Angst vor Entlarvung im Mund versteckt und daran erstickt. Der Erzähler Oskar stellt fest:

Günter Grass: *Die Blechtrommel* (1959), »Die Ameisenstraße«

Während mein mutmaßlicher Vater die Partei verschluckte und starb, zerdrückte ich, ohne es zu merken oder merken zu wollen, zwischen den Fingern eine Laus.

Die Partei als Ganzes ist hier als Synekdoche (*totum pro parte*) für das »bunte runde Ding«, das Parteiabzeichen, zu verstehen, das seinerseits metonymisch (*pars pro toto*, d. h. als Teil für das Ganze stehend) auf die individuelle Parteizugehörigkeit hinweist. Der Vater stirbt konkret an dem Parteiabzeichen; wir können den Text insofern wortwörtlich nehmen. Aber zugleich gibt der Text an, dass Vater Matzerath auch im übertragenen Sinne an der Partei und am Verschweigen seiner Mitgliedschaft zugrundegeht. Zusätzlich deutet der Text schließlich noch eine implizite metaphorische Beziehung an, denn das erlebende Ich zerdrückt während des Geschehens unbewusst eine Laus: Oskar beobachtet den Tod seines verhassten Vaters nicht nur; er vollzieht ihn geradezu symbolisch als Tötung der Laus mit.

Verständlichkeit: Stilfiguren sind zwar nicht, wie mitunter abfällig behauptet wird, bloße Mittel, um etwas Einfaches mit schwierigen Worten zu sagen – aber sie machen den Verstehensprozess bei Erzähltexten erheblich komplexer und anspruchsvoller. Dabei ist es nicht ihre Aufgabe, das ›eigentlich Gemeinte‹ hinter der Fassade des Gesagten unsichtbar zu machen und den Leser in die Rolle eines Detektivs zu drängen. Die Verwendung rhetorischer Stilfiguren und Tropen mag die Verständlichkeitsansprüche eines Erzähltextes problematisieren oder gar bedrohen, aber diese Wahrnehmung löst oftmals auch gerade den Prozess aus, der die Lektüre von Erzähltexten so reich macht: die Deutung.

Leitfragen zur Stilanalyse

Bei einer konkreten Stilanalyse empfiehlt es sich, zur genauen Identifizierung einzelner Stilfiguren und rhetorischer Mittel auf ein einschlägiges Handbuch zurückzugreifen. Die Gesamtanalyse kann zugleich anhand folgender Leitfragen vorgenommen werden:

- **Wortebene:** Welche sprachlichen Ausdrücke werden in einem ›uneigentlichen‹, von der wortwörtlichen Bedeutung abweichenden Sinne verwendet? Kann man dabei Stilfiguren – sogenannte Tropen wie z. B. Vergleiche, Metaphern, Metonymien etc. – erkennen?
- **Satzebene:** Lassen sich auf Satzebene (also an der Wortstellung) rhetorische Stilfiguren wie z. B. Chiasmus, Aufzählung (*enumeratio*) oder Parallelismus erkennen?
- **Markierungen:** Welchen inhaltlichen Elementen und strukturellen Einheiten des Erzähltextes lassen sich die beobachteten stilistischen oder rhetorischen Markierungen als Charakterisierung zuordnen:

- Figuren oder Gegenständen in der erzählten Welt,
- Redepositionen (Erzähler- oder Figurenrede),
- Ereignistypen (z. B. Spannungsmomenten) oder komplexen Handlungsmustern,
- größeren Erzählabschnitten?
- **Interpretation:** Welche Bedeutungen und Konnotationen werden durch die verwendeten Stilfiguren jeweils ausgedrückt? Lässt sich unsere Interpretation inhaltlich (d. h. aus dem erzählten Geschehenszusammenhang) oder formal (d. h. im Hinblick auf Formmerkmale der Erzählung) stützen?
- **Wechselwirkung:** Wie wirken die einzelnen stilistischen und rhetorischen Phänomene aufeinander – verstärkend, ergänzend oder kontrastiv?

Literatur

Biebuyck, Benjamin: Die poietische Metapher. Ein Beitrag zur Theorie der Figürlichkeit. Würzburg 1998.
Biebuyck, Benjamin/Martens, Gunther: »On the narrative function of metonymy in chapter XIV of Heine's ›Ideen. Das Buch Le Grand‹«. In: Style 41/3 (2007), S. 342–365.
Fludernik, Monika: Towards a ›natural‹ narratology. London 1996.
Fohrmann, Jürgen (Hg.): Rhetorik: Figuration und Performanz. Stuttgart 2004.
Göttert, Karl-Heinz/Jungen, Oliver: Einführung in die Stilistik. Berlin 2004.
Groddeck, Wolfram: Reden über Rhetorik. Zu einer Stilistik des Lesens. Frankfurt a. M./Basel ²2008.
Gumpel, Liselotte: Metaphor re-examined. A non-aristotelian perspective. Bloomington 1984.
Kohl, Kathrin: Metapher. Stuttgart 2007.
Lakoff, George/Johnson, Mark: Metaphors we live by [1980]. Chicago ⁶2011.
Lausberg, Heinrich: Handbuch der literarischen Rhetorik. Eine Grundlegung der Literaturwissenschaft [1960]. Stuttgart ⁴2008.
Mauron, Charles: Des métaphores obsédantes au mythe personnel. Introduction à la psychocritique. Paris ³1968.
Ottmers, Clemens: Rhetorik. Stuttgart/Weimar ²2007.
Ricœur, Paul: La métaphore vive. Paris 1975.
Ueding, Gert u. a. (Hg.): Historisches Wörterbuch der Rhetorik. Tübingen 1992–.
–: Moderne Rhetorik: Von der Aufklärung bis zur Gegenwart. München 2000.
–: Klassische Rhetorik. München ⁴2005.
Ueding, Gert/Steinbrink, Bernd: Grundriß der Rhetorik. Stuttgart/Weimar ⁵2011.
Zymner, Rüdiger: Uneigentlichkeit. Studien zur Semantik und Geschichte der Parabel. Paderborn 1991.

Literatur zum Weiterlesen

Eroms, Hans-Werner: Stil und Stilistik. Eine Einführung. Berlin ²2014.
Shen, Dan: »Neo-aristotelian rhetorical narrative study. Need for integrating style, context and intertext«. In: Style 45/4 (2011), S. 576–597.
Shen, Dan: Style and rhetoric of short narrative fiction. Covert progressions behind overt plots. New York 2014.
Wergin, Ulrich: »Die Aufgabe des Stils. Zur Transformation des Feldes der Stilkritik im Grenzgang von/zwischen Celan, Heidegger, Adorno und Derrida«. In: Ders./Schierbaum, Martin (Hg.): Die Frage der Kritik im Interferenzfeld von Literatur und Philosophie. Würzburg 2015, S. 201–246.

3 Was erzählt der Erzähler? – Parameter der Geschichte

3.1 Aspekte der Thematik
3.2 Handlung
3.3 Figuren
3.4 Aspekte des Raums
3.5 Aspekte der zeitlichen Situierung

Nachdem wir in Kapitel IV.2 »Wie erzählt der Erzähler?« Fragen des Diskurses (*discours*) betrachtet haben, wenden wir uns in diesem Kapitel Fragen der **Geschichte** (*histoire*) zu. Vorgestellt werden damit Kategorien, mittels derer sich das, **was der Erzähler erzählt**, systematisch erfassen, beschreiben und untersuchen lässt. Im Zentrum stehen entsprechend die Aspekte **Thematik, Handlung, Figur**, **räumliche und zeitliche Struktur** sowie **Regeln und Gesetzmäßigkeiten** der Inhaltsdimension des Erzähltextes, die wir intuitiv als eine »erzählte Welt« wahrnehmen.

Die erste Kategorie ›Thematik‹ bezeichnet den inhaltlichen Gesamtzusammenhang des Erzählten; sie kennzeichnet diesen Zusammenhang in seiner ästhetischen Relevanz. Zu dem eigentlichen »Was«, also zur Ebene der »Geschichte«, rechnen wir dagegen die Erzählgegenstände: die Handlungen und Ereignisse, die Figuren mit ihrem Denken, Fühlen, Wollen, Handeln und mit ihren personalen Beziehungen sowie den Schauplatz und die Zeit des erzählten Geschehens – also die erzählte Welt. Im Bereich der »Geschichte« kann man damit pragmatisch, d. h. nach lebensweltlichen Kriterien, zusammen mit der Thematik insgesamt fünf zentrale inhaltliche Dimensionen unterscheiden, denen ein organisierendes ästhetisches Prinzip übergeordnet ist:

Fünf inhaltliche Dimensionen des Erzähltextes

- Thematik (s. Kap. IV.3.1),
- Handlungs- und Geschehensfolge (s. Kap. IV.3.2),
- Figuren (s. Kap. IV.3.3),
- Raum (s. Kap. IV.3.4) und
- Zeitliche Situierung (s. Kap. IV.3.5).

Wie wichtig die übergeordnete Kategorie der Thematik für unsere Auseinandersetzung mit Erzählungen ist, lässt sich daran erkennen, dass wir im Gespräch über einen neu gelesenen Roman nicht nur darüber informiert werden wollen, was in dem Roman »passiert«, sondern auch, wovon er denn insgesamt »handelt«. Als umgangssprachliche Ausdrücke sind »Handeln« und »Passieren« allerdings recht vage Begriffe; wir werden sie noch genauer zu bestimmen haben (s. Kap. IV.3.2). Nicht minder problematisch steht es um den Begriff der »erzählten Welt«. Im Englischen wird sie als *story world* – also: als »Welt der Geschichte« – bezeichnet. Deutlicher als mit der deutschen Bezeichnung wird damit auf die Funktion des Dargestellten für die Realisierung einer ästhetischen Aussageabsicht hingewiesen, die (zumindest im Fall des literarischen Erzählens) das eigentliche Motiv für das Erzählen der Geschichte ist. Das dargestellte »Was« ist insofern immer schon ein ästhetisches Konstrukt. Das gilt auch und gerade für die erzählte Welt.

Die erzählte Welt: Ein fiktionaler Prosatext entwirft in der Regel eine eigene Welt, die sowohl statische Elemente wie dynamische Prozesse und »Ereignisse« umfasst. Diese fiktionale Welt hat zwar etliche Parallelen zur Realität unserer Alltagswelt; es wäre aber falsch, sie einfach nach dem gleichen Muster verstehen und interpretieren zu wollen wie die empirische Alltagsrealität, die wir mit unseren Sinnen wahrnehmen und unserem Geist erfassen. Wir neigen – zumal in einer ›naiven‹, d. h. nicht-wissenschaftlichen Lektüre – allerdings dazu, unsere Alltagserfahrung auch für die erzählte Welt zu übernehmen. Das ist auch kaum zu vermeiden, denn die erzählte Welt ist in aller Regel so unterbestimmt, dass wir nur dann eine Wirklichkeitsillusion aufbauen können, wenn wir stillschweigend Ergänzungen des Erzählten vornehmen. In der literaturwissenschaftlichen Diskussion werden solche **Unvollständigkeiten**, die in Ausmaß und Funktion für den Text variieren, »Leerstellen« genannt (Dotzler 1999).

Das Gegenstück zur Unterbestimmtheit im literarischen Text ist **Überdeterminiertheit**. So werden zum einen Zusammenhänge explizit genannt (oder durch textuelle Hinweise nahegelegt), die wir im alltäglichen Erleben nur erahnen können, etwa die Handlungsmotivation einer Figur. Zum anderen ist das, was erzählt und beschrieben wird, immer schon eine Auswahl. Eben dadurch, dass Dinge und Phänomene beschrieben und erzählt werden, erhalten sie bereits ein bestimmtes Gewicht: Sie sind im wahrsten Sinne des Wortes bemerkenswert. Diese Besonderheit kann man »pointierte Bestimmtheit« nennen.

Die **pointierte Bestimmtheit** hat Konsequenzen für unseren Umgang mit dem Text. Für die Lektüre ergibt sich daraus, dass Details und Situationen potentiell bedeutsam sind. Aufgrund der Begrenztheit des literarischen Textes unterstellen wir eine gewisse Ökonomie in der Darstellung. Das lenkt den Blick darauf, welche Rolle die Einzelheiten für das Textganze spielen. Während wir beispielsweise Wiederholungen im Alltag meist keine Bedeutung beimessen, sind Wiederholungen im Text markant.

Im literarischen Text begegnen wir damit immer schon einer Auswahl und immer schon einer Versprachlichung, wie sie in unserer alltäglichen Welterfahrung nicht zu finden sind. Was uns also in der »naiven Lektüre« als realistische und oftmals neutrale Darstellung erscheint, ist tatsächlich bereits strukturiert und bereits das Ergebnis eines bestimmten Selektionsprozesses. Vor diesem Hintergrund erweist sich für alle Kategorien der Geschichte die Theorie Jurij Lotmans über die erzählte Welt als besonders fruchtbar.

Der literarische Erzähltext als semiotisches System

Lotmans semiotische Theorie: Auf die Schriften des russischen Literaturwissenschaftlers Jurij Lotman (1922–1993) wird meist in Zusammenhang mit seinen Überlegungen zur Kategorie des Raumes verwiesen. Bei Lotman wird der Begriff ›Raum‹ allerdings nicht im konkreten (topologischen oder geographischen) Sinne verwendet; es geht vielmehr um den abstrakten **Bedeutungsraum**. Betrachtet man die im literarischen Text entworfene Welt als ein semiotisches System, dann ist dieses System – in Analogie zu einem konkreten Raum, in dem wir uns aufgrund seiner architektonischen Anlage orientieren können – durch besondere Strukturmerkmale gekennzeichnet, die bedeutungstragend und -generierend sind.

Die literarische erzählte Welt als bedeutungshaft organisiertes System kann man zunächst im Hinblick auf ihre statischen Gegebenheiten beschreiben: anhand der in ihr – gemeinhin stillschweigend – vorausgesetzten **Werte**, **Normen**, **Regeln** und **Gesetzmäßigkeiten**. Auch die Figur(en), deren Gewohnheiten, Wertvorstellungen und alltägliche Handlungen die literarische Welt in ihrer Regelhaftigkeit charakterisieren, sind – solange sie sich unauffällig verhalten – zunächst statisch. Diese statische Seite der literarischen Welt nennt Lotman die **sujetlose Textschicht**. Erst vor ihrem Hintergrund kann es überhaupt zu Veränderungen kommen. Die meisten Figuren bleiben dieser regelhaft geordneten Dimension der literarischen Welt verhaftet und können sie nicht verlassen.

Die »Grenzüberschreitung«: In der Regel vermag einzig der Held einer Erzählung die Dimension des Regelhaften zu überschreiten. Eine solche **Grenzüberschreitung** beschreibt Lotman als das Ereignis des Textes, mit dem die **sujethafte Textschicht** etabliert wird. Die Grenzüberschreitung kann punktuell sein, sie kann sich aber auch über einen längeren Zeitraum erstrecken und damit im Laufe des gesamten Prosawerks vollendet sein; sie kann zu irgendeinem Zeitpunkt der Erzählung stattfinden. Die Etablierung der sujetlosen, d. h. in diesem Sinne ›ereignislosen‹, Textschicht mit den sie auszeichnenden Teilräumen geschieht gemeinhin sukzessive über den Gesamtverlauf des Textes hinweg.

Sujetlose und sujethafte Textschicht: Die erzählte Welt, wie sie im künstlerischen Werk durch die Erzählinstanz vermittelt wird, besteht damit aus sujetlosen und sujethaften Textschichten. Die interne Struktur der literarischen Welt wird bestimmt durch

- die Handlungsorte,
- die zeitliche Gliederung,
- Regelhaftigkeiten und Gesetzmäßigkeiten von Abläufen,
- (abstrakte) Werte und Normen.

Diese Strukturmerkmale können vorausgesetzt sein, sie können aber zum Teil auch erst durch die Handlungen bzw. die explizite Rede der Figuren etabliert werden.

Welt und Raum: Der literarische Erzähltext kann damit unter zwei Perspektiven betrachtet werden. Als **erzählte Welt** präsentiert er einen anschaulich vorgestellten fiktionalen Handlungsraum für die Ereignisse und Figuren. Als abstrakter **semiotischer Raum** hingegen basiert er auf einem grundlegenden Kontrast. Vor dem Hintergrund eines unmarkierten, bedeutungsneutralen sujetlosen Bereichs wird eine semiotisch markierte, sujethafte Dimension eröffnet. Die sujetlose Schicht wird dabei nicht erst durch explizit festgesetzte **Normen** und **Werte**, sondern wesentlich bereits durch implizite **Regeln** und **Gesetzmäßigkeiten** geprägt. Regeln und Gesetzmäßigkeiten sind nicht nur neutralere Konzepte als Normen, sie kommen dem, was die sujetlose Schicht der erzählten Welt etabliert, auch deutlich näher als die – oft allzu leicht auf das Moralische begrenzten – Begriffe Normen und Werte. Alle vier Momente tragen jedoch zur Bestimmtheit der erzählten Welt bei.

Worin besteht nun die Bestimmtheit einer erzählten – meist fiktionalen – Welt? Wenn etwa Robinson Crusoe im 17. Jahrhundert auf einer Insel sitzt, so ist klar, dass er diese nicht anders als auf dem Wasserwege verlassen kann und dass er dafür ein Boot braucht. Goscinnys und Uderzos Comicfigur Obelix hingegen könnte sich in die Fluten stürzen und würde – dank ihrer übermenschlichen Kräfte – mit Sicherheit schwimmend das Festland erreichen. Das Beispiel zeigt: Einerseits gibt der Schauplatz bestimmte allgemeingültige Regeln vor – man kann eine Insel eben nur auf dem Wasserwege oder zu Luft verlassen. Andererseits sind es die Figuren (Robinson Crusoe bzw. Obelix), die (in diesem Beispiel aufgrund ihrer körperlichen Konstitution) einen ganz unterschiedlichen Handlungsspielraum haben.

Tatsächlich sind häufig die **Figuren** ein entscheidender Faktor bei der **Festlegung der Regeln und Gesetzmäßigkeiten** der erzählten Welt. Einerseits werden im Verlauf der Geschichte ihr Charakter und ihre inneren Konflikte, ihre Handlungsweisen, ihr Beruf oder andere Tätigkeiten, ihre Vorlieben, ihre Werte usw. deutlich. Etabliert wird damit der **Handlungsspielraum**, den sie von sich aus mitbringen. Da in der erzählten Wirklichkeit etliche Figuren miteinander interagieren, begrenzen die Figuren wechselseitig ihren Handlungsradius. Inwieweit die Vorstellungswelt und Werte einer Figur zur Begrenzung des Handlungsspielraums einer zweiten werden können, hängt von der **Hierarchie der Figuren** innerhalb der erzählten Welt ab. Zu diesen Regeln kommen die Regeln hinzu, welche die Schauplätze der Geschehnisse vorgeben (siehe dazu Kap. IV.3.4). Und schließlich gelten auch externe Vorgaben, insbesondere **Genrekonventionen**, wie sie etwa für das Genre des Märchens gelten, in dessen erzählter Welt Wunder jederzeit möglich sind und als fester Bestandteil vorausgesetzt werden.

Integrative Funktion des Themas: Erst in der Gegenüberstellung von sujetlosen und sujethaften Dimensionen ergibt sich so für den literarischen Erzähltext die Möglichkeit, bedeutungshaft und ästhetisch relevant zu werden. Je stärker die bedeutungstragenden Einzelaspekte dabei miteinander interagieren, umso deutlicher wirkt die Erzählung thematisch geschlossen. Das Thema stiftet einen übergeordneten Sinnzusammenhang, vor dessen Hintergrund eine Geschichte zu lesen ist oder gelesen werden kann; es bezieht sich dabei gewöhnlich auf ein Problem, eine Opposition von Werten oder Einstellungen, eine Konfliktsituation, die verschiedene Ausformungen oder Lösungen erhalten kann (Daemmrich/Daemmrich 1987, S. 304–309). Die Frage nach dem »Thema« eines Textes führt inso-

IV.3

Was erzählt der Erzähler? – Parameter der Geschichte

fern aber auch schon über den methodischen Gegenstandsbereich der Erzähltextanalyse hinaus: Sie markiert den Überschneidungsbereich von Textbeschreibung und Textinterpretation.

Die sogenannten **Parameter der Geschichte** kann man also fünf Merkmalsgruppen zuordnen; wir stellen sie hier vorab in grafischer Form als Gesamtkomplex vor:

Die fünf wichtigsten Parameter der Geschichte

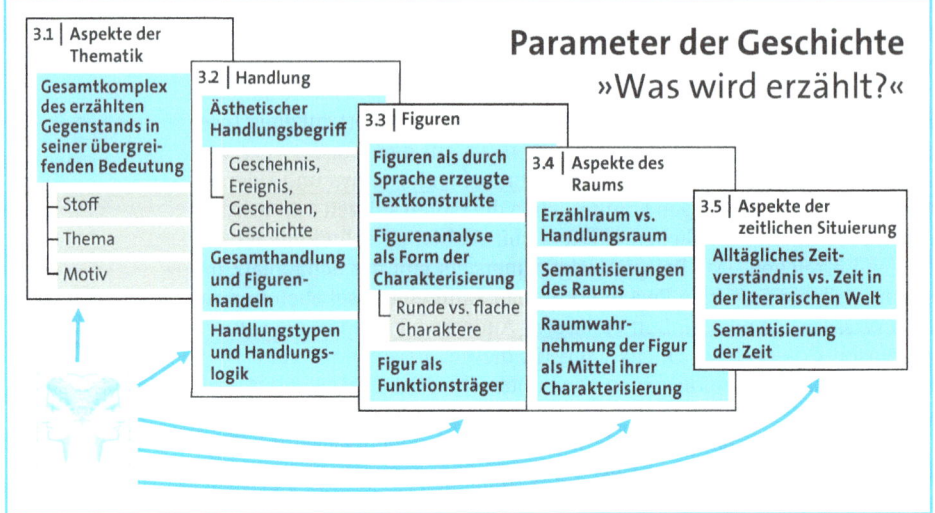

Literatur

Bachtin, Michail: Formen der Zeit im Roman. Frankfurt a. M. 1989.
Brinker, Menachem: »Theme and interpretation«. In: Sollors, Werner (Hg.): The return of thematic criticism. Cambridge 1993, S. 21–37.
Daemmrich, Horst S./Daemmrich Ingrid: Themen und Motive in der Literatur. Tübingen 1987.
Dotzler, Bernhard J.: »Leerstellen«. In: Bosse, Heinrich/Renner, Ursula (Hg.): Literaturwissenschaft. Einführung in ein Sprachspiel. Freiburg i. Br. 1999, S. 211–229.
Lotman, Jurij: Die Struktur literarischer Texte. München 1972.
Martínez, Matías/Scheffel, Michael: Einführung in die Erzähltheorie [1999]. München ^{9}2012.
Meyer, Herman: »Wilhelm Raabes Erzählkunst«. In: Deutsche Vierteljahrsschrift für Literaturwissenschaft und Geistesgeschichte 27 (1953), S. 236–367. Nachdruck in: Enders, Horst (Hg.): Die Werkinterpretation. Darmstadt 1967, S. 253–293.
Valéry, Paul: »Rede über die Dichtkunst«. In: Ders.: Werke, Bd. 5: Zur Theorie der Dichtkunst und vermischte Gedanken. Frankfurt a. M. 1991, S. 44–64.

3.1 | Aspekte der Thematik

Während mit Bezug auf das »Wie« der Erzählung, also zur Beschreibung der Vermittlungs- und Erzählformen eine gut ausgearbeitete, differenzierte Terminologie entwickelt worden ist (s. Kap. IV.2) und auch im Bereich des »Was« zu Handlung, Figur, Zeit und Raum relativ klare Beschreibungsinstrumente existieren (s. Kap. IV.3.2 bis IV.3.5), fehlt eine vergleichbar präzise, akzeptierte Begrifflichkeit für die Untersuchung des

Gesamtkomplexes des erzählten Gegenstandes in seiner übergreifenden Bedeutung. Die allgemeine umgangssprachliche Bezeichnung »Inhalt« oder »Inhaltsanalyse« ist ganz unspezifisch und für analytische Zwecke nicht weiterführend. Zwei literaturwissenschaftliche Begriffe vor allem werden zur Beschreibung dieses Bereichs angewandt, die aber nicht sehr trennscharf gegeneinander abgrenzbar sind: **Stoff** und **Thematik**. Dennoch können sie dazu dienen, die übergreifende Bedeutungsdimension von Erzählungen genauer zu bestimmen. Daneben ist noch der Begriff des **Motivs** zu nennen.

Ein wichtiges Unterscheidungskriterium von Stoff und Thema ist der **Abstraktionsgrad** (Mölk 1996).

- Stoff bezeichnet in relativ konkreter Form den Gegenstand (den »Inhalt«, das »Sujet«, das Geschehen) einer Erzählung hinsichtlich Figuren und Figurenkonstellation, Schauplatz, Ausgangssituation, Konflikt, Geschehensverlauf und Ausgang.
- Thema bezeichnet mit abstrakten Begriffen die sich im dargestellten Stoff manifestierende Idee, d. h. das die Gesamtstruktur des Erzähltextes organisierende Problem.

Stoff als Phänomen der Geschichte: Der Stoff ist folglich der Ebene der Geschichte (*histoire*) zuzuordnen: Der Begriff bezeichnet das **Material, das vom Erzähler auf eine bestimmte Weise im Diskurs (*discours*) vermittelt und besonders strukturiert** wird. Beim Stoff kann es sich um eine neue Geschichte handeln oder aber um ein bekanntes, aus der Tradition übernommenes Sujet, das zumeist auf neuartige Weise oder mit neuen Akzenten wieder erzählt und möglicherweise aktualisiert wird. Eine derartige Wiederverwendung bekannter Stoffe ist in Westeuropa in vielen Epochen (z. B. in der Antike, im Mittelalter und in der Renaissance) weitverbreitet.

Hierzu gibt es eine eigenständige Forschung, die sogenannte **Stoffgeschichte**, die die Herkunft und die Grundelemente verbreiteter Stoffe und ihre späteren Verarbeitungen und Variationen in Romanen, Novellen, Epen, aber auch in Dramen und Filmen referiert und analysiert (vgl. z. B. Frenzel 1998; Daemmrich/Daemmrich 1987). Beispiele sind die Geschichten Romeos und Julias, des trojanischen Krieges, von Ikarus und Daedalus, vom verlorenen Sohn, von Faust oder von Orpheus und Eurydike. Diese traditionellen Stoffe beinhalten meist komplexe Ereignisverläufe und versehen Figuren mit Namen. Der Bezug späterer Verarbeitungen solcher Stoffe zu früheren Versionen oder zur Quelle wird als **Intertextualität** bezeichnet. So steht etwa Thomas Manns Roman *Doktor Faustus* (1947) in unterschiedlichen intertextuellen Beziehungen zum Faust-Buch (1587) und zu Marlowes *Doctor Faustus* (geschrieben ca. 1592, gedruckt 1604) sowie zu Goethes *Faust* (1808).

Neben derartigen intertextuellen Stoffen mit namentlich identifiziertem Personal gibt es auch abstraktere Sujets mit festgelegten Handlungsverläufen ohne Protagonisten mit festen Namen, die in anderen Texten wieder aufgegriffen und variiert werden.

IV.3 Was erzählt der Erzähler? – Parameter der Geschichte

Zur Vertiefung

Sujets mit festgelegten Handlungsverläufen

So dient in England der Stoff von Richardsons *Pamela* (1740), der soziale Aufstieg eines bürgerlichen Dienstmädchens in den Adel, als Bezugsmuster für das Geschehen in einer Reihe von Romanen des 19. Jahrhunderts, wie Gaskells *Mary Barton*, Thackerays *Vanity Fair*, Brontës *Jane Eyre* oder Dickens' *Great Expectations*, mit vielfältigen häufig tiefgreifenden Variationen, meist im Sinne des Scheiterns dieser Aufstiegsversuche. Musterbildend wirkte dieser Stoff auch für bestimmte Sub-Gattungen sogenannter trivialer Literatur (Frauen- und Liebesromane). Die meisten Erzähltexte seit dem 18. Jahrhundert verwenden jedoch eigene Stoffe – ein Zeichen der Moderne.

Thema als Phänomen des Diskurses: Im Unterschied zum Stoff, der auf der Ebene der Geschichte angesiedelt ist, ist das Thema vornehmlich der Ebene des Diskurses zuzuordnen. Das Thema bezeichnet **die durchgängige Idee einer Erzählung**, die ›genetisch‹ (in der Komposition des Werkes) und ›analytisch‹ (in der Rezeption und Interpretation) betrachtet werden kann. In genetischer Hinsicht ist das Thema als die formende Idee zu verstehen, die den konkreten Einzelheiten von Handlungsentwicklung, Figurenkonstellation und Schauplatzwahl zugrunde liegt und sie in ihren Zusammenhängen bestimmt, in analytischer Hinsicht als die Gesamtbedeutung, die durch starke Abstraktion von den konkreten Einzelheiten herausgearbeitet wird (Prince 2003, S. 99). Wichtig ist, dass die thematische Struktur zwar im verwendeten Stoff bzw. im dargestellten Geschehen angelegt sein mag, dass sie aber erst im *Diskurs*, in der narrativen Vermittlung, auf eine bestimmte Weise entsteht, also durch den Erzähler impliziert und akzentuiert beziehungsweise durch den Rezipienten abstrahierend rekonstruiert wird.

Zur Illustration seien exemplarisch thematische Orientierungen traditioneller Stoffe in bekannten Werken genannt:

- sozialer Aufstieg einer Frau über Klassenschranken (Richardsons *Pamela*, 1740),
- die reife Umsicht des Alters gegenüber jugendlichem Übermut beim Umgang mit einer revolutionären Erfindung (»Daedalus und Ikarus« in Ovids *Metamorphosen*, entstanden im 1. Jh. n. Chr.),
- Verlangen nach umfassender Erkenntnis und Lebensgenuss ohne religiöse Beschränkung (*Faust-Buch, 1587*).

Motiv als kleinere semantische Einheit: In Abgrenzung zum Thema bezeichnet der Begriff des Motivs eine **kleinere und auch konkretere semantische Einheit**, ein beweglich einsetzbares, zumeist durch die Konvention bereitgestelltes Bauelement, das an verschiedenen Punkten der Geschehenskonstellation angesiedelt sein kann (Würzbach 1993) – bei den Figuren (z. B. die *femme fatale*), bei deren Einstellung (z. B. Eifersucht), der Handlung (z. B. Werbung zweier Männer um eine Frau) oder dem Schauplatz (z. B. Großstadtdschungel). Motive können unterschiedliche Funktionen bei der konkreten Realisierung der Thematik einer

Erzählung übernehmen, etwa das Motiv der *femme fatale* für die Thematisierung des Konflikts zwischen Leidenschaft und Rationalität.

Wie erkennen wir das Thema eines Textes?

Der thematische Rahmen wird auf der Textoberfläche meist nicht explizit benannt. Das Thema bedarf daher, um bei der Deutung eines Textes wirksam zu werden, der **Aktualisierung durch den Leser**. Anders gesagt: Die Frage, welches Thema ein Text »hat«, ist methodisch gesehen problematisch – denn sie impliziert, dass das Thema eine objektive (interpretationsunabhängige) Gegebenheit ist. Tatsächlich ist das Thema jedoch keine objektive, sondern eine funktionale Größe: Sobald ein Leser in einem Text ein Thema erkennt oder zu erkennen glaubt – dem Text also ein spezifisches Thema zuschreibt (Pavel 1993, S. 127) –, beginnt es zu wirken. Denn Sehen, Wahrnehmen und auch Lesen sind aktive und konstruktive Vorgänge, in denen das aufnehmende Bewusstsein das Aufgenommene (nach vertrauten Mustern, Vorbildern, Schemata) strukturiert, semantisiert und dadurch gewissermaßen schafft. Dieser aktiv-konstruktive Vorgang liegt ebenfalls der thematischen Rezeption eines narrativen Textes zugrunde, eine Dimension des Erzählens, die – wie gesagt – schwer zu systematisieren ist.

Lesen als konstruktive Tätigkeit

Um diesen Vorgang präziser zu erfassen, kann man Begriffe aus anderen Disziplinen heranziehen. Der Philosoph Ludwig Wittgenstein (1960, S. 503 und 506 f.; vgl. Brinker 1993, S. 31 f.) beschreibt eine derartige Operation als **Aspektsehen**, als »Sehen als«, wobei Sehen und Denken, Wahrnehmen und Deuten eng miteinander verknüpft sind: Man sieht und deutet beispielsweise ein Vexierbild als einen Entenkopf oder aber als Hasenkopf. Entsprechend kann man, übertragen auf den literarischen Bereich, etwa die Erzählung des Überfalls eines Psychopathen auf eine Familie in Ian McEwans Roman *Saturday* (2003) als Geschichte über einen psychisch gestörten Menschen oder aber über einen Terroristen lesen, denn für beide Deutungen kann man jeweils auf bestimmte Indizien im Text verweisen.

Ente oder Hase?

Der Soziologe Erving Goffman (1980, S. 31 ff.) schlägt für solche Deutungsvorgänge, wie sie prinzipiell dem Verstehen von Situationen und Handlungen in der Lebenswelt zugrunde liegen, die Begriffe des primären Rahmens und des Moduls (und der ›Modulation‹) vor. Eine **primäre Rahmung** liegt beispielsweise vor, wenn man die Handlung eines Mannes, der ein Kaninchen aus einem leeren Hut zieht, als ernsthafte Demonstration magischer Fähigkeiten oder aber als Taschenspielertrick zu Unterhaltungszwecken deutet. **Module** sind zusätzliche Rahmungen (Modulationen, Transformationen) von primären Rahmen. Dieser Fall liegt etwa vor, wenn die genannte Szene als Probe und Einübung oder als Parodie verstanden wird. Auf McEwans Roman *Saturday* bezogen: Man kann den Einbruch des Psychopathen in eine Familie und die Bedrohung ihres fried-

IV.3
Was erzählt der Erzähler? – Parameter der Geschichte

lichen und glücklichen Zusammenlebens (›primärer Rahmen‹) als eine Symbolisierung (Allegorisierung) für etwas anderes, für ein anderes Thema lesen (Modulation), beispielsweise für einen terroristischen Anschlag auf eine friedliche Gesellschaft.

Textindizien und thematische Rahmung: Da die thematische Rahmung eines Textes, also die Aktualisierung des implizit vermittelten Themas, im Leserbewusstsein während der Lektüre geschieht und stark von seinem Horizont, seinem Wissen, seinen Leseerfahrungen, seinen Bedürfnissen und seinen Wertvorstellungen beeinflusst wird, bestimmt der Leser in besonderem Maße die Bedeutung des Textes. Leser können somit einer Erzählung relativ ungehindert Themen und folglich Sinn zuschreiben, indem sie jeweils – für sie selbst plausibel und überzeugend – an einzelne Elemente des Textes anknüpfen und die Zusammenhänge demgemäß generalisieren und abstrahieren. Hierbei besteht die Gefahr, dass Leser lediglich ihre rein privaten, subjektiven Vorstellungen auf den Text projizieren. Für eine intersubjektive, also allgemeinere Gültigkeit beanspruchende Lektüre ist jedoch zu fordern, dass man sich bei der Bestimmung der Thematik auf nachweisbare Textindizien und den historischen Kontext stützt (Pavel 1993, S. 132 ff.; Brinker 1993, S. 33). So kann die Rahmung von McEwans *Saturday* im Sinne der Terrorismusthematik deutliche Bezüge auf den terroristischen Anschlag vom 11.9.2001 auf das World Trade Center anführen (wie die Beobachtung eines brennenden Flugzeugs über London, die Demonstration gegen den Irakkrieg der USA, die Diskussionen über den Terrorakt und militärische Strafmaßnahmen). Allerdings vermag auch die Begründung der Themenbestimmung durch Textverweise nicht in allen Fällen allgemeine Einigkeit zu erzielen, da manche Texte mehrdeutig sind und kontroverse Rahmungen erlauben. Aber der Verweis auf textuelle Indizien und den Kontext macht zumindest eine sinnvolle Diskussion über die Thematik mit rationalen Argumenten möglich.

Das Verfahren der thematischen Rahmung sei jetzt an dem kurzen Kafka-Text *Kleine Fabel* (1920) demonstriert:

Franz Kafka:
Kleine Fabel (1920)

«Ach«, sagte die Maus, »die Welt wird enger mit jedem Tag. Zuerst war sie so breit, dass ich Angst hatte, ich lief weiter und war glücklich, dass ich endlich rechts und links in der Ferne Mauern sah, aber diese langen Mauern eilen so schnell aufeinander zu, dass ich schon im letzten Zimmer bin, und dort im Winkel steht die Falle, in die ich laufe.« – »Du musst nur die Laufrichtung ändern«, sagte die Katze und fraß sie.

Interpretationsskizze

Verfahren der thematischen Rahmung in Kafkas *Kleiner Fabel*

Die in Kafkas *Kleiner Fabel* im Titel genannte Gattungsbezeichnung fordert dazu auf, für die Geschichte nicht nur einen primären thematischen Rahmen zu konstruieren, also die hier illustrierte Situation und Verhaltensweise der Tier-Figuren abstrakt zu bestimmen und auf einen Begriff zu bringen (primäre Rahmung), sondern dies konkrete Geschehen zugleich explizit als Bild (Allegorie) für menschliche Verhaltensweisen und eine menschliche Situation zu sehen und zu deuten (Modulation).

Aspekte der Thematik

Der primäre Rahmen ist aufgrund der Fabelkonvention für die Figuren der Maus wie auch der Katze (dies ist ein Aspekt des tradierten Stoffes von Figuren und Geschehen) relativ weitgehend vorstrukturiert: Die Rolle der Maus ist konventionell als die Schwache und Gejagte gekennzeichnet, die sich vor Nachstellungen schützen muss, und die der Katze als die auf Mäuse fixierte Jägerin. Als Thema ist somit Existenzangst und, davon motiviert, Streben nach Sicherheit und Schutz ansetzbar. Die konkrete Umsetzung dieses Stoffes besteht in der zweifachen Konfrontation der Maus mit zwei gegensätzlichen konkreten Gefahren: zum einen in der Bedrohung durch die (orientierungs- und schutzlose) Offenheit gegenüber der Gefahr des Gefangenwerdens in der Enge (Falle), zum anderen in der Verfolgung durch zwei Feinde, den Menschen (mittels der Falle) und die Katze. Ungewöhnlich – paradox oder sarkastisch – am konkreten Ausgang ist unter anderem, dass einer der beiden Feinde der Maus ihr ein praktisches Verhalten zum Schutz vor dem anderen empfiehlt, nur um sie anschließend zu verschlingen und damit die Befolgung dieses Rates unmöglich zu machen.

Die Gattungskonvention der Fabel fordert nun zur Konstruktion eines zusätzlichen thematischen Rahmens (eines Moduls) für diese Tiergeschichte im Sinne einer Übertragung auf menschliche Verhältnisse auf. Diese weitergehende Themenformulierung ist in geringerem Maße durch die Textdetails vorbestimmt oder eingeengt als bei der primären Rahmung (unter anderem, weil es im menschlichen Kontext kein direktes Pendant zur Katze-Maus-Relation gibt). Die Beziehbarkeit von Figurenkonstellation und Geschehensverlauf ist somit freier und lässt dem Leser einen größeren Raum bei der abstrahierenden Deutung.

In vorliegenden Interpretationen ist das Thema unter anderem folgendermaßen definiert worden:
1. Antinomien (unauflösliche Gegensätze) des menschlichen Daseins (Emrich 1958): Hier liegt eine sehr hohe Abstraktion des Dilemmas der Maus zwischen der Bedrohung durch Offenheit und der durch Einengung vor.
2. Menschliche Daseinsangst und die Unmöglichkeit des Entkommens vor den Gefahren (Doderer 1977): Hier wird das unauflösliche Dilemma konkreter auf menschliches Handeln bezogen.
3. Subjektive Schaffung des Dilemmas (sowohl der bedrohlichen Weite als auch der einengenden Mauern) erst durch das Bewusstsein, das also seine Situation und deren zerstörerische Wirkung selbst produziert (Nayhauss 1974): Hier wird die individuelle Erfahrung der bedrohlichen Lebensumstände als subjektivistische Projektion gedeutet (und als Kritik an der Romantik verstanden).
4. Allgemeine ausweglose Lage und unlösbarer Konflikt, mit der vielfältigen Möglichkeit von Konkretisierung, z. B. als Dilemma der menschlichen Technik zwischen Ozonloch und Atomgefahr (Vogt 1999, spielerisch): Hier wird auf hoher Abstraktionsebene das Dilemma benannt und dessen vielfältige Beziehbarkeit auf menschliche Dilemmata reflektiert.

Was die Frage der intersubjektiven Gültigkeit betrifft, so lassen sich diese Abstraktionen und Korrelierungen wohl jeweils durch Textindizien stützen, nehmen aber graduell etwas unterschiedliche Akzentuierungen vor. Die unter (4) tentativ angeführte ökologische Rahmung ist eine zeitgenössische Deutung, die zwar nicht für Kafka selbst angesetzt werden kann, aber durch die Gattungskonvention der Fabel – die Aufforderung zur auch aktualisierenden Übertragung auf menschliche Verhältnisse – gedeckt ist.

Leitfragen zur Bestimmung des thematischen Rahmens

- Paratexte: Gibt es paratextuelle Hinweise (Titel, Untertitel etc.) auf die vom Autor intendierte Rahmung?
- Konventionen: Gibt es konventionelle Indizien für die Rahmung (Gattungs- und Genrebezeichnungen, tradierte Stoffe und Motive, »sprechende Namen« etc.)?
- Intertextualität: Gibt es intertextuelle Indizien für die Rahmung (Anspielungen, Zitate, Figuren)?
- Primäre Rahmung: Welche über Textindizien belegbare Grundopposition organisiert das Geschehen? Lässt sich diese auf einen abstrakten Begriff bringen?
- Modulation: Wird die abstrakte Grundopposition auf einen neuen konkreten Gegenstandsbereich abgebildet oder übertragen (Allegorie, Symbolik)?

Literatur

Brinker, Menachem: »Theme and interpretation«. In: Sollors, Werner (Hg.): The return of thematic criticism. Cambridge 1993, S. 21–37.
Daemmrich, Horst S./Daemmrich Ingrid: Themen und Motive in der Literatur. Tübingen 1987.
Doderer, Klaus: Fabel. Formen, Figuren, Lehren. München 1977.
Emrich, Wilhelm: Franz Kafka. Bonn 1958.
Frenzel, Elisabeth: Stoffe der Weltliteratur: Ein Lexikon dichtungsgeschichtlicher Längsschnitte. Stuttgart [10]2005.
Goffman, Erving: Rahmen-Analyse. Ein Versuch über die Organisation von Alltagserfahrungen. Frankfurt a. M. 1980.
Martínez, Matías/Scheffel, Michael: Einführung in die Erzähltheorie [1999]. München [9]2012.
Mölk, Ulrich: »Motiv, Stoff, Thema«. In: Ricklefs, Ulfert (Hg.): Das Fischer-Lexikon Literatur. Frankfurt a. M. 1996, Bd. 2, S. 1320–1337.
Nayhauss, Hans-Christoph: »Franz Kafkas ›Kleine Fabel‹«. In: Wirkendes Wort 24 (1974), S. 242–245.
Pavel, Thomas: »Thematics and historical evidence«. In: Sollors, Werner (Hg.): The return of thematic criticism. Cambridge 1993, S. 121–145.
Prince, Gerald: A dictionary of narratology [1988]. Lincoln 2003.
Sollors, Werner (Hg.): The return of thematic criticism. Cambridge 1993.
Vogt, Jochen: Einladung zur Literaturwissenschaft [1999]. München [u. a.] [6]2008.
Wittgenstein, Ludwig: Tractatus logico-philosophicus. Tagebücher 1914–1916. Philosophische Untersuchungen. Frankfurt a. M. 1960.
Würzbach, Natascha: »Theorie und Praxis des Motivbegriffs«. In: Jahrbuch für Volksliedforschung 39 (1993), S. 64–89.

3.2 | Handlung

In Untersuchungen und Interpretationen von Romanen, Erzählungen, Filmen oder Theaterstücken ist immer auch die Rede von deren Handlung. Dass alle Erzählungen eine Handlung haben, scheint geradezu selbstverständlich. Aber in welchem Sinne ›gibt‹ es überhaupt Handlung? Was genau meinen wir, wenn wir von ›der Handlung‹ einer Erzählung sprechen?

Im Folgenden werden zunächst grundsätzliche Fragen wie diese erörtert, um eine Klärung des Begriffes und seine Abgrenzung von verwandten Konzepten zu erreichen. Danach widmen wir uns dem **ästhetischen Handlungsbegriff** und beleuchten die beiden für die angewandte erzähltheoretische Analyse zentralen Kategorien der **Gesamthandlung** und des **Figurenhandelns**. Der folgende Abschnitt behandelt sodann die Frage der genrespezifischen **Handlungstypen** und der **Handlungslogik**. Am Ende des Kapitels findet sich ein Fragenkatalog, der ein Gerüst für die **erzähltechnische Handlungsanalyse** bietet.

3.2.1 | Was ist ›Handlung‹?

Die Frage, was eigentlich eine Handlung ist, scheint zunächst trivial: Eine Handlung liegt eben vor, wenn jemand etwas tut oder wenn etwas passiert, oder wenn uns von solchen Vorkommnissen erzählt wird. Dass die Sache insbesondere in Hinblick auf eine erzählte Handlung bei genauerer Betrachtung doch etwas komplizierter ist, hat der Schriftsteller und Literaturtheoretiker Edward Morgan Forster (1879–1970) anhand eines Beispiels demonstriert. Forster formuliert eine **Minimalerzählung**, die aus den beiden folgenden Teilsätzen besteht:

> **Der König starb, und dann starb die Königin.**

Minimalerzählung nach Edward Morgan Forster

Eine Erzählung? Nun ja, wenn man keine besonderen Ansprüche stellt, kann man hier vielleicht eine Art Märchenerzählung erkennen; immerhin kommen ja märchentypische Protagonisten darin vor. Aber eine Handlung? Forster behauptete provozierend: Ja, warum denn nicht. Denn alles was man brauche, damit eine **Handlung** vorliegt, seien **zwei miteinander verknüpfte Ereignisse** – und sowohl der Tod des Königs wie der Tod der Königin stellten ja zweifellos Ereignisse dar …

Forsters These ist von Erzähltheoretikern immer wieder diskutiert worden. Der Strukturalist Gerald Prince (*1942) etwa stimmt ihr im Grundsatz zu. So sind sowohl »der König starb« als auch »die Königin starb« Aussagen, die ein **Ereignis** zum Gegenstand haben. Eine Handlung aber wird aus der Satzfolge, so Prince, erst durch das »und dann«, das einen zeitlichen Zusammenhang zwischen den beiden Ereignissen herstellt und sie sequentiell miteinander verknüpft. Wenn man es noch genauer nehmen will, ist diese Verknüpfung jedoch nicht nur temporaler Art, sondern implizit auch schon kausaler Natur: Die meisten Leser der beiden Sätze werden nämlich schlussfolgern, dass die Königin starb, **weil** der König gestorben ist. Um die Handlung eindeutig hervortreten zu lassen, müsste man Forsters Erzählung also leicht ergänzen und die psychologische Kausalität kennzeichnen:

Der König starb, und dann starb die Königin *vor Trauer*.

Aber damit wird die Sache schon erheblich komplizierter – denn jetzt stellt sich die Frage, ob die Handlung, von der Forsters Minimalerzählung berichtet, vielleicht nur deshalb erkennbar wird, weil wir nachträglich eine kausale Verknüpfung ›hineingelesen‹ haben. Prägnanter formuliert: Gab es die Handlung schon vor der Lektüre der Geschichte – oder haben wir die Handlung beim Lesen selber konstruiert? Und: Was meinen wir eigentlich, wenn wir von einem Ereignis reden? Wenn »der König starb« schon ein Ereignis ist, warum dann zum Beispiel nicht auch »es war Nacht«?

Diese Fragen sind nicht mehr nur rein erzähltheoretische Probleme, sie sind zugleich philosophischer Natur. Begriffe wie ›Handlung‹, ›Ereignis‹, ›Geschehen‹, ›Geschichte‹ und ›Erzählung‹ sind mehr als nur Wörter: Sie sind **Konzepte**, das heißt gedankliche Modelle für empirische (sinnlich wahrnehmbare) oder abstrakte (vorstellungshafte) Phänomene, mit denen wir uns befassen. Wir müssen diese Elemente definieren, bevor wir sie zu komplexen Theorien zusammenfügen – zum Beispiel zu einer Theorie der erzählten Handlung. Nur auf Grundlage einer solchen Theorie können wir literaturwissenschaftliche Analysen konkreter Romanhandlungen vornehmen.

3.2.2 | Geschehnis, Ereignis, Geschehen, Geschichte – und Erzählung

Wann ist etwas eine Geschichte, und wann ein bloßes Geschehen? Geschichten wie Geschehen sind aufgebaut aus Ereignissen. Im Alltagsverständnis bezeichnen wir etwas als ein Ereignis, wenn ›etwas passiert‹. ›Passieren‹ bedeutet im Wortsinne das ›Hindurchgehen‹ von etwas durch verschiedene Zustände, kürzer: eine **Zustandsveränderung**. Geboren-Werden, Sich-Verlieben und Sterben sind Typen von Ereignissen, die in der erzählenden Literatur immer wieder vorkommen. Alle drei bezeichnen Zustandsveränderungen von Figuren, die uns aus vielen Beispielen vertraut sind.

Passieren können solche Zustandsveränderungen allerdings auf zweierlei Weise, nämlich entweder als ein regelhafter und erwartbarer Vorgang, der nicht weiter auffällt (und deshalb oft auch gar nicht ausdrücklich erzählt, sondern nur impliziert wird), wie etwa der Wechsel der Tageszeiten. Zustandsveränderungen können jedoch andererseits auch als besonders herausgehobene und folgenreiche Zäsuren erfahren werden. Man muss deshalb **unmarkierte und markierte Zustandsveränderungen** unterscheiden. Die unmarkierte – d. h. regelmäßige und erwartbare – Zustandsveränderung bezeichnen wir im Folgenden als **Geschehnis**. Kennzeichnend für markierte Zustandsveränderungen ist dagegen der **Erwartungsbruch. Für diese zweite Kategorie werden wir den Begriff ›Ereignis‹ verwenden. Er bezeichnet eine Zustandsveränderung, die nach Lage der Dinge nicht erwartet werden konnte oder mit deren Ausbleiben man gerechnet oder zumindest darauf gehofft hatte – und die deshalb als markiert erfahren wird.

> **Erwartungsbruch als Kriterium der Ereignishaftigkeit** *Zur Vertiefung*
>
> Der Narratologe Wolf Schmid spricht in diesem Zusammenhang von der »**Imprädiktibilität**« – der Unvorhersagbarkeit – als Kennzeichen des Ereignisses im engeren Sinne (Schmid 2014, S. 16). Die Unvorhersagbarkeit und der **Abweichungscharakter** eines solchen auffälligen Ereignisses ergeben sich vor dem Hintergrund von Annahmen und Regeln, die unser Weltbild (oder unser Bild von der erzählten Welt) bestimmen. Es umfasst sowohl unser Wissen von objektiven Naturgesetzen als auch die historischen und sozialen Normen, die wir als gültig annehmen. Der zweite Aspekt erklärt, warum ein Vorgang in einer Epoche, für eine Lesergemeinschaft oder im Kontext eines Typus von erzählter Welt als ereignishaft gelten kann, während er in einem anderen Kontext als unauffällig gilt. Das beste Beispiel hierfür sind fantastische Erzählungen und Märchen, in deren Kontext Wunder – wie etwa die Verwandlung des Helden in ein Tier – mehr oder weniger zur Normalität gerechnet werden können, also in sehr geringem Maße ereignishaft sind. In Erzähltexten, die keine offenkundige Zugehörigkeit zu einem dieser Genres signalisieren, sind solche wundersamen Vorgänge hingegen stark auffällig; sie motivieren den Leser zumeist zu symbolischen Deutungen. Als Beispiel für diese zweite Gruppe kann Franz Kafkas Erzählung *Die Verwandlung* (1915) angeführt werden. Wenn ihr Held Gregor Samsa eines Morgens – in einer ansonsten scheinbar völlig normalen, der unseren sehr ähnlichen Welt – als Käfer erwacht, dann ist dies ein stark markiertes Ereignis.

Wenn wir von einem **Geschehen** sprechen, dann meinen wir damit in der Regel die undifferenzierte Gesamtheit aller unauffälligen (unmarkierten) Geschehnisse und auffälligen (markierten) Ereignisse. Sprechen wir hingegen von einer **Geschichte**, so beziehen wir uns auf einen Komplex von besonders herausgehobenen Ereignissen. Diese Einzelereignisse treten sowohl vor dem Hintergrund des Gesamtgeschehens als auch vor dem der statischen Gegebenheiten der erzählten Welt nicht nur einzeln, sondern auch und gerade in ihrem Zusammenhang als bedeutsam hervor. Gerade weil sie für uns diese besondere Qualität der Bedeutungshaftigkeit haben, lohnt es sich, die Geschichte in die Form einer ästhetisch organisierten **Erzählung** zu überführen und schließlich als **Erzähltext** zu rezipieren und weiterzugeben. Die für dieses Kapitel zentralen Begriffe sind hier definiert:

IV.3 Was erzählt der Erzähler? – Parameter der Geschichte

Grundbegriffe der Handlungsanalyse

Geschehnis: Eine im Geschehens- und Weltkontext **unauffällige** (unmarkierte) Zustandsveränderung.

Ereignis: Eine im Kontext **auffällige** (markierte) Zustandsveränderung.

Geschehen: Chronologische **Gesamtsequenz** aller Geschehnisse und Ereignisse.

Geschichte: Chronologisch geordnete Sequenz aus der **Teilmenge des Geschehens**, die für die Bedeutungsabsicht des Erzähltextes relevant ist; in der Regel umfasst die Geschichte alle Ereignisse, aber nicht alle Geschehnisse.

Erzählung: Die ästhetisch geformte Geschichte; sie **transformiert die Geschichte durch das ›Wie‹ des Erzählens**. Die Ereignis- und Geschehenselemente können in einer anderen Reihenfolge als die der Geschichte erscheinen.

Erzähltext: Der konkrete **sprachliche Ausdruck**, in dem die Erzählung präsentiert wird.

Zur Vertiefung

Terminologische Varianten

Die Bezeichnungen für die einzelnen Dimensionen der Handlung variieren leider je nach dem zugrunde gelegten erzähltheoretischen Ansatz sehr stark. Mitunter widersprechen sich die Bezeichnungen sogar. So werden in der anglo-amerikanischen Erzähltheorie die Begriffe *story* und *plot* auf zwei genau entgegengesetzte Weisen verwendet. Auch in der deutschsprachigen Erzähltheorie existieren gegenläufige Begriffsverwendungen. Der Erzähltheoretiker Eberhard Lämmert z. B. bezeichnet in seinem 1955 erschienenen Buch *Bauformen des Erzählens* gerade die ursprüngliche, chronologisch geordnete Ereigniskette als **Geschichte**, das erzählerisch umgeformte und akzentuierte »fertige Gebilde« (Lämmert 2004, S. 24) hingegen als **Fabel**, wobei die Fabel nach Lämmert die »unter ein Ordnungsprinzip gestellte Geschehensfolge« ist (S. 25).

Zudem stellt nach Lämmerts Ansicht schon das, was er Geschichte nennt, keine bloß willkürliche Ansammlung und Aufzählung von Ereignissen dar. Die Geschichte ist vielmehr ein **Stoff**, für den wiederum gilt: »Der *Stoff* muß bereits einen irgendwie gearteten Ereignis- und Lebenszusammenhang enthalten, um Grundlage einer Erzählung werden zu können« (ebd.). Erst die Fabel transformiert nach Lämmert diesen ursprünglichen **Stoffzusammenhang der Geschichte** in den **Sinnzusammenhang der Erzählung.**

Das idealgenetische Modell von Wolf Schmid: Die Terminologie dieses Bandes lehnt sich weitgehend an die von Wolf Schmid (2005) an. Schmids Begriffsbestimmungen wurden im Zusammenhang mit seinem »Idealgenetischen Modell der narrativen Ebenen« (Schmid 2014, S. 225) formuliert und basieren auf einer genauen Analyse von Pro und Contra aller zuvor verwendeten Termini.

›Idealgenetisch‹ heißt Schmids Modell nicht etwa deshalb, weil es ›besonders gut‹ zu sein beansprucht, sondern weil es ein ›vorgestelltes, gedachtes‹ ist – es drückt eine Idee aus. Die Idee, um die es hierbei geht,

IV.3
Handlung

ist die vom Entstehungsprozess (gr. *genesis*; deshalb ein idealgenetisches Modell) der Erzählung. Dieser Entstehungsprozess ist nach Schmid ein Prozess der **schrittweisen Umformung des Materials**, aus dem Erzählungen gemacht sind. Im Zuge der ästhetischen Umformung gewinnt das erzählerische Material zunehmend an Bedeutung und formaler Kohärenz, bis uns am Ende eine geschlossene Erzählung präsentiert werden kann. Der Prozess läuft dabei sukzessive über vier Stufen:

Geschehen → Geschichte → Erzählung → Präsentation der Erzählung

In der folgenden Tabelle stehen oben die von uns definierten und in diesem Band verwendeten Begriffe, darunter die – nahezu identischen – von Schmid, und darunter wiederum die in Wortwahl wie Bedeutungsumfang zum Teil sehr unterschiedlichen Termini, die in einigen wichtigen vorangehenden Erzähltheorien gebräuchlich sind. (Eine noch umfassendere Darstellung findet sich in Martínez/Scheffel 2012, S. 28). Die Tabelle kann von unten nach oben auch historisch gelesen werden. Es zeigt sich, dass es oftmals keine eindeutigen begrifflichen Entsprechungen gibt.

	Handlung				Diskurs	
	Geschehnis	Ereignis	Geschehen	Geschichte	Erzählung	Erzähltext
Schmid (2005)	Geschehen →			Geschichte →	Erzählung →	Präsentation
	Geschehensmomente und Eigenschaften					
Bal (1977)	*histoire*				*récit*	*texte*
Genette (1972 ff.)	*histoire*				*récit* (und *narration*)	
Stierle (1971)	Geschehen			Geschichte	Text der Geschichte	
Todorov (1966)	*histoire*				*discours*	
Anglo-amerikanische Erzähltheorie	story (plot)				plot (story)	
Lämmert (1955)	Geschichte, Stoff				Erzählung	
Russischer Formalismus	*fabula*				*sujet*	

Terminologische Varianten

3.2.3 | Handlungskonzepte

Handlungen bauen sich nach dem vorgestellten Modell aus Geschehnissen und Ereignissen auf – aber damit ist noch nicht geklärt, was denn nun eigentlich eine Handlung darstellt. Um dieses Problem zu lösen, müssen wir zunächst die Frage selbst genauer fassen: Wir wollen nicht versuchen zu klären, **was eine Handlung ist**, sondern was wir meinen, wenn wir **von einer Handlung reden**. Man nennt dies einen begriffsanalytischen Ansatz. Mit ihm lässt sich zwar nicht klären, was das ›Ding Handlung‹ ausmacht – dafür werden wir jedoch genauer verstehen, welche unterschiedlichen Bedeutungen von Handlung wir für gewöhnlich verwenden. Was also meint jemand, wenn er von Handlung spricht? Etwas, das objektiv in der Welt vorkommt, oder etwas, das er oder sie subjektiv in der Welt sieht? Diese Unterscheidung ist die zwischen einem **objektiven** und einem **konstruktiven Handlungskonzept**.

Objektives und konstruktives Handlungskonzept

Das objektive Handlungskonzept unterstellt, dass Handlungen in einer (realen oder fiktionalen) Welt gegenständlich vorhanden sind. Handlungen gelten damit als Tatsachen oder genauer: als Prozesse, die unabhängig davon existieren, ob sie von jemandem beobachtet werden oder nicht.

Das konstruktive Handlungskonzept argumentiert genau entgegengesetzt. Es geht davon aus, dass das, was wir als Handlung bezeichnen, ein ideelles Gebilde ist. Demnach ist **Handlung ein Konstrukt**, das nicht direkt in der reinen Beobachtung von Geschehnissen und Ereignissen anschaulich wird – vielmehr sind Handlungen bereits Interpretationen.

Als Interpretationskonstrukte sind sie das Ergebnis unserer Schlussfolgerungen darüber, wie das Beobachtete zusammenhängt. Wie bei allen Interpretationen fließen in diese Konstrukte viele Vorannahmen und Wissensbestände ein, von denen manche nur subjektive oder historisch begrenzte Gültigkeit besitzen. Zu diesen Vorannahmen und Wissensbeständen zählt insbesondere unser Wissen um typische Handlungsverläufe, die in bestimmten situativen Kontexten regelhaft vorkommen. Diese Handlungsverläufe nennt man *scripts*, die sie rahmenden Kontexte dagegen *frames*.

Zum Begriff

> Ein *frame* (Rahmen) ist ein bestimmter Situationskontext; das *script* beschreibt eine zugeordnete Handlungssequenz, die von uns typischerweise in diesem Kontext vollzogen wird. Wenn beispielsweise der *frame* ›Restaurant‹ vorliegt, so ist Teil des zugeordneten Skripts die Handlungssequenz ›einen Tisch finden – hinsetzen – Menü lesen – Bestellung aufgeben‹ usw. Unsere Kenntnis solcher *scripts* hilft uns sowohl beim Planen von Handlungen wie beim Verstehen beobachteter Ereignisverläufe. Entsprechendes gilt auch für unsere Interpretation erzählter Ereignisverläufe; wir interpretieren diese oftmals unbewusst vor dem Hintergrund unseres *script*-Wissens. – Die beiden Konzepte *script* und *frame* wurden 1977 von den Künstliche-Intelligenz-Forschern Roger C. Schank und Robert Abelson geprägt (Schank/Abelson 1977).

Erzählte Handlung als Konstrukt: Auch wenn das objektive Handlungskonzept unsere Alltagsrealität weitgehend bestimmen mag, ist es für den literaturwissenschaftlichen Zusammenhang und insbesondere für die Erzähltextanalyse wenig ergiebig. Es verleitet nämlich dazu, die Handlung zu reduzieren auf etwas, was scheinbar bloß ›abgebildet‹ worden ist, aber eigentlich schon vorher und unabhängig vom Kunstwerk ›Erzählung‹ existiert. Das ist nur insofern richtig, als eine spezifische Handlung ganz offensichtlich mehrfach, auf verschiedene Arten und sogar in verschiedenen Medien erzählt werden kann. Als Konstrukt manifestiert sich die Handlung zwar in einem konkreten Text – aber gerade **weil** sie ein ideelles Konstrukt ist, kann sie auch von diesem Text abgelöst und auf andere Kunstwerke übertragen werden.

Dies erklärt, warum wir bei einer vergleichenden Betrachtung individueller Erzähltexte wiederkehrende **Handlungsschemata** erkennen, angefangen vom einfachen ›boy meets girl‹ einer trivialen Liebesgeschichte bis hin zum philosophisch anspruchsvollen biographischen Verlaufsschema ›Aufstieg und Erfolg – Hybris (Anmaßung der Gottesähnlichkeit) – Vernichtung‹ wie etwa in Thomas Manns Roman *Doktor Faustus* (1947). Gerade dieser Altersroman Manns, den man beispielsweise auch als Epochenroman oder Variante des Faust-Mythos lesen kann, zeigt jedoch, dass anspruchsvollere literarische Erzähltexte sich selten auf ein klares Handlungsschema reduzieren lassen.

Geschichtsschreibung als Erzählung

Zur Vertiefung

Die Frage, ob es Handlung objektiv ›gibt‹, beschäftigt insbesondere auch die Geschichtswissenschaft. Der Wahrheitsanspruch der positivistischen (faktenbasierten) Geschichtsschreibung wurde schon im ausgehenden 19. und frühen 20. Jahrhundert von Philosophen wie Friedrich Nietzsche und Theodor Lessing bestritten. Lessing gab seinem Hauptwerk deshalb den bezeichnenden Titel *Geschichte als Sinngebung des Sinnlosen* (1919).
Der moderne Wissenschaftstheoretiker Hayden White stellte 1973 in seinem Buch *Metahistory. The Historical Imagination in Nineteenth Century Europe* (dt. *Metahistory. Die historische Einbildungskraft im 19. Jahrhundert in Europa*) den traditionellen Anspruch der Historiographie auf eine möglichst objektive Wiedergabe von historischen Prozessen ebenfalls grundsätzlich in Frage. Sein Argument lautet: Auch die Historiographie erzählt; sie kann deshalb im besten Falle ein möglichst plausibles und widerspruchsfreies narratives Konstrukt liefern. Die Geschichtsschreibung ist insofern der literarischen Erzählung eng verwandt – eine Verwandtschaft, auf die schon Aristoteles in seiner berühmten *Poetik* hingewiesen hat, indem er das Epos und die historiographische Erzählung hinsichtlich ihrer verschiedenen Wirkungsabsichten miteinander verglich.

3.2.4 | Die erzählte Handlung

Wenn wir erzählte Handlung grundsätzlich als Konstrukt ansehen, so stellt sich nun die nächste Frage – wer konstruiert sie? Der Erzähler? Der Leser? Oder vielleicht sogar beide zusammen? Und um es noch komplizierter zu machen: Wer **handelt** eigentlich **in** der Handlung?

Erzählte Handlung als Rezeptionskonstrukt: Will man untersuchen, wie Menschen Erzählungen verarbeiten, dann interessiert vor allem, wie auf der Grundlage gelesener Worte die einzelnen Vorstellungen zum ›Kopfkino‹ einer schlüssigen Ereignisfolge zusammengesetzt werden. In dieser sogenannten ›kognitivistischen‹ (d. h. an den Prozessen der Kognition, des Verstehens interessierten) Perspektive wird die Handlung als ein **Konstrukt des Rezipienten** aufgefasst, der die narrativen Informationen zum Geschehen verarbeiten und auf dieser Basis die kausalen und logischen

IV.3 Was erzählt der Erzähler? – Parameter der Geschichte

Verknüpfungen zwischen den einzelnen Ereignissen in seinem Kopf herstellen muss, um aus dem Geschehen schließlich eine kohärente Geschichte machen zu können.

Erzählte Handlung als Textkonstrukt: Die erzähltechnische Analyse richtet ihr Augenmerk allerdings in der Regel weniger auf den Rezeptionsprozess als auf den **Rezeptionsgegenstand ›Erzählung‹**, der in Form eines konkreten Erzähltextes vorliegt. In dieser Hinsicht betrachtet ist die Handlung ein Konstrukt, das man im Text bereits vorfindet.

Dementsprechend wird die **Handlung als Textkonstrukt** aufgefasst; sie ist ein Produkt des Erzählens, das an der sprachlichen Oberfläche des Textes – also an den Wörtern und Sätzen – ablesbar ist. Natürlich ›macht‹ der Text die Handlung nicht von selbst: Als ihr Urheber gilt letztlich der Autor. In Texten, in denen die Erzählinstanz deutlich ausgeprägt ist – zum Beispiel als ein allwissender und deutlich urteilender Erzähler – ist der logisch zugrunde liegende Handlungsgang allerdings oftmals stark überformt und nur noch schwer rekonstruierbar. In solchen Fällen wird genau genommen nicht mehr das eigentliche Geschehen präsentiert, sondern die Geschehensinterpretation des Erzählers.

Wer handelt? – Handlungen im Alltag: In der **Alltagssprache** reden wir von einer Handlung, wenn wir das **bewusste und absichtliche Tun** eines Menschen oder intelligenten Wesens meinen. Wenn wir jemandem eine Handlung zurechnen, dann unterstellen wir ihm also automatisch eine **Intention**: Er oder sie hat sich nicht einfach nur verhalten oder unbewusst reagiert, sondern zielgerichtet agiert. Wer eine Handlung ausgeführt hat, kann dafür verantwortlich gemacht werden. Deshalb ist es insbesondere im Strafrecht von erheblicher Bedeutung, welcher Grad an Intentionalität einem Tun zugemessen wird: In vollem Umfang verantwortlich gelten Menschen nach unserer Rechtsprechung nur für ihr bewusstes und absichtsvolles Tun oder Unterlassen (die sogenannte »Unterlassungshandlung«). Unbewusstes Tun bezeichnet man dagegen als **Verhalten**. Wenn also alltagssprachlich und im Bezug auf Menschen von Handlung die Rede ist, dann beinhaltet dies zugleich eine Wertung: Wir sprechen der handelnden Person eine **Absicht** zu.

Wer handelt in der fiktionalen Handlung? So einfach liegen die Dinge im Falle der erzählten Handlung allerdings nicht, insbesondere im Falle einer fiktionalen Erzählung. Denn: Haben erzählte Personen überhaupt ein autonomes Eigenleben und damit eigene Absichten? Sind nicht gerade die Figuren literarischer Erzählungen eigentlich nur die Instrumente einer übergeordneten Aussageabsicht von Erzähler und/oder Autor?

Auf diesen wesentlichen Unterschied zwischen den Handelnden in unserer empirischen Alltagswelt und denen in der erzählten Welt weist schon Aristoteles hin. In seiner ca. 335 vor Christus entstandenen *Poetik* stellt er in Bezug auf die dramatische Handlungserzählung fest:

Aristoteles: *Poetik* (ca. 335 v. Chr./ 1982), S. 21

> Der wichtigste Teil [...] ist die Zusammenfügung der Geschehnisse. Denn die Tragödie ist nicht Nachahmung von Menschen, sondern von Handlung und Lebenswirklichkeit. [...] Folglich handeln die Personen nicht, um die Charaktere nachzuahmen, sondern um der Handlungen willen beziehen sie Charaktere ein.

Handlung

Der aristotelische Begriff des ›Mythos‹: Unter den sechs Bestandteilen der Tragödie (Mythos, Charaktere, Sprache, Erkenntnisfähigkeit, Inszenierung und Melodik), die Aristoteles in der *Poetik* anführt, kommt dem **Mythos** die vorrangige Bedeutung zu. Bei Aristoteles bezeichnet dieser Begriff kein Genre – er ist vielmehr rein formal gemeint, im Sinne der zitierten »Zusammenfügung der Geschehnisse«. Mit ›Mythos‹ bezeichnet Aristoteles also die Konzeption der **Gesamthandlung**. Sie bestimmt **als ästhetisches Organisationsprinzip**, was in der erzählten Welt passiert und wie die erzählten Figuren zu handeln, zu denken und zu fühlen haben.

Diese ursprüngliche Bedeutung von Mythos entspricht unserer heutigen Redeweise von ›der Handlung‹ eines Romans oder eines Films. Auch wir meinen, wenn wir den Begriff auf die Erzählung als ganze anwenden, mit ›Handlung‹ die **handlungslogische Gesamtkonzeption**, die den Zusammenhang aller erzählten Geschehnisse und Ereignisse von **Anfang bis Ende organisiert**.

Erzählte Handlung als ›Mythos‹

Wer treibt die Handlung voran: Figuren oder ›Mythos‹? Aristoteles war, wie seine Hervorhebung des Mythos als wichtigste Komponente zeigt, entschiedener Befürworter einer Erzählweise, die man heutzutage als *plot driven* bezeichnet. Der *plot* – nach unserer Terminologie: die **Geschichte als ästhetische Gesamtkonzeption**, die immer auch schon die Wirkung auf den Leser im Auge hat – **determiniert** in diesem Fall **das Geschehen und die Figuren**. Handlungsorientierte Genres wie zum Beispiel der Abenteuerroman sind besonders deutlich *plot driven*. Was in diesen Erzählungen geschieht, hat eindeutigen Vorrang vor den Figuren, die lediglich in das Geschehen verwickelt und eigentlich auch austauschbar sind. Das Gegenteil sind Erzählungen, die man als *character driven* – d. h. von den Figuren determiniert – bezeichnet. Hier ergibt sich der Handlungsgang scheinbar wie von selbst aus den Anlagen, den Absichten und dem Tun der einzelnen Figuren.

Zwischen dem Handeln der Figuren und der (Gesamt-)Handlung gibt es im einen wie im anderen Fall Wechselwirkungen. Denn selbst in einer Erzählung, die wir unter die Kategorie *plot driven* einordnen würden, agieren die Figuren nur scheinbar autonom – letztendlich sind sie Mittel zum Zweck. Figuren sind allerdings umso glaubwürdiger, je stärker die Erzählung den Eindruck erweckt, dass die Figuren ›Menschen wie du und ich‹ sind.

Figurenhandeln: Die Figuren einer Erzählung werden uns deshalb in der Regel in der gesamten Bandbreite zwischen unbewusstem Verhalten einerseits und planvollem und bewusstem Tun andererseits vor Augen geführt, wie wir dies aus unserer Erfahrung mit realen menschlichen Akteuren kennen. Und wie bei unserer Auseinandersetzung mit unseren Mitmenschen interessiert uns im Hinblick auf Figuren insbesondere, warum sie tun, was sie tun: nämlich ihre **Motivation**. Zu den besonderen Merkmalen der erzählenden Literatur zählt in dieser Hinsicht gerade die Vielfalt der Möglichkeiten, die der Epik zur Vermittlung von Einsichten in die Figurenmotivation zur Verfügung steht. Je nach Gestaltung kann die Erzählung in unterschiedlichem Maße Auskunft geben über Handlungsabsichten, psychologische, kognitive und emotionale Dispositionen und schließlich selbst über die Gedanken der Figuren. Denn auch in dieser

IV.3 Was erzählt der Erzähler? – Parameter der Geschichte

Hinsicht ›passiert‹ etwas in der Erzählung, weil zum Figurenhandeln eben nicht nur das bloße äußere Tun und Verhalten, sondern auch die **innere Handlung** zählt.

Zur Vertiefung

Innere und äußere Handlung

Schon Gotthold Ephraim Lessing hat in seiner berühmten *Hamburgischen Dramaturgie* (1767) darauf aufmerksam gemacht, dass eine Verkürzung des Handlungsbegriffs auf das äußere Tun unangemessen ist. Er schreibt:

Gotthold Ephraim Lessing: Hamburgische Dramaturgie (1767/1973), S. 373

Gibt es aber doch wohl Kunstrichter, welche einen [...] so materiellen Begriff mit dem Worte *Handlung* verbinden, daß sie nirgends Handlung sehen, als wo Körper so tätig sind, daß sie eine gewisse Veränderung des Raumes erfordern. Sie finden in keinem Trauerspiele Handlung, als wo der Liebhaber zu Füßen fällt, die Prinzessin ohnmächtig wird, die Helden sich balgen [...]. Es hat ihnen nie beifallen wollen, daß auch jeder innere Kampf von Leidenschaften, jede Folge von Gedanken [...] eine Handlung sei [...].

Was Lessing hier für die Dramatik feststellt, gilt in noch höherem Maße für die Epik, weil dieser Gattung weitaus umfangreichere Mittel zur Verfügung stehen, um den Figuren gleichsam ›in den Kopf‹ zu schauen.

3.2.5 | Handlungstypen

Bereits die antike Poetik unterschied zwei grundlegende Typen von Handlungsverläufen, denen das Figurenhandeln untergeordnet ist, nämlich die **tragische** und die **komische Gesamthandlung**. Diese zwei Typen gelten (neben der ›Ständeklausel‹) als bestimmend für die beiden dominanten Genres der dramatischen Gattung, **Tragödie und Komödie**.

Zum Begriff

Nach der Ständeklausel müssen die handlungstragenden Figuren von Tragödie und Komödie jeweils einer bestimmten sozialen Schicht angehören. Als Protagonisten der Tragödie kommen nur Mitglieder der gehobenen Stände in Frage, also etwa Könige oder Fürsten. Die Helden der Komödie können dagegen nur Bauern und Bürgerliche sein. Diese feste Zuordnung der Handlungsrollen zu sozialen Schichten galt bis Mitte des 18. Jahrhunderts als verbindlich; erst Gotthold Ephraim Lessings *Miss Sara Sampson* (1755) überwand das starre Schema und begründete zugleich das Genre des Bürgerlichen Trauerspiels, in dem nun gerade auch das Schicksal bürgerlicher Helden als tragisch und exemplarisch geschildert wird.
In der Epik war eine analoge Schematik der Zuordnung von Handlungsrollen zu sozialen Ständen vor allem im höfischen Roman (12. bis 14. Jahrhundert) und in den Romanen des Barock verbreitet. Bereits der erste moderne Roman – Miguel de Cervantes' *Don Quijote* (1605/15) – durchbricht jedoch bewusst diese Norm, denn sein komischer Held ist ausgerechnet ein Ritter.

Diskrepanz von Handlungslogik und Motiven: In der Tragödie wie in der Komödie ist die Handlung im Kern nach dem gleichen Prinzip organisiert. Beide Varianten der Gattung Drama inszenieren eine offenkundige Diskrepanz zwischen den Motiven und Handlungsabsichten der Figuren einerseits – also dem, was deren je subjektives Handeln bestimmt – und der Logik, die sich letztlich in der Gesamthandlung durchsetzt. So bewirkt in der Regel der tragische Held, der eigentlich hehre Motive hat und Gutes oder Edles zu tun beabsichtigt, seinen eigenen Untergang und die Vernichtung der Seinen. Umgekehrt agieren in der Komödie Figuren aus selbstsüchtigen und mitunter ethisch sehr fragwürdigen Motiven und bewirken dabei dennoch letztlich Gutes.

Ein derartiges **inszeniertes Spannungsverhältnis** zwischen der Motivation von individuellem Figurenhandeln und der Logik der ästhetisch organisierten Gesamthandlung ist auch für manche epischen Genres bestimmend. Ein Beispiel hierfür liefern die sogenannten **Schelmenromane**, zu denen Hans Jakob Christoffel von Grimmelshausens *Der abenteuerliche Simplicissimus Teutsch* (1668) zählt. An dem egozentrischen und willkürlich handelnden Helden Simplicius, der von einem Schicksalsschlag zum nächsten und von einer skurrilen Begebenheit zur nächsten stolpert, es dann aber zu einigem gesellschaftlichen Erfolg bringt, demonstriert der Erzähler, wie sich am Ende schließlich doch noch Gottesfurcht und Religiösität durchsetzen. Im letzten, vom Helden selbst erzählten Kapitel des Buches heißt es zum Beispiel:

> Also, sah ich ein stachelicht Gewächs, so erinnerte ich mich der Dornenkron Christi, sah ich einen Apfel oder Granat, so gedachte ich an den Fall unserer ersten Eltern und bejammert denselbigen; gewann ich ein Palmwein aus einem Baum, so bildet ich mir vor, wie mildiglich mein Erlöser am Stammen des hl. Kreuzes sein Blut für mich vergossen [...]. Mit solchen und dergleichen Gedanken hantierete ich täglich; ich aß nie, daß ich nicht an das letzte Abendmahl Christi gedachte; und kochte mir niemal keine Speis, daß mich das gegenwärtige Feur nicht an die ewige Pein der Höllen erinnert hätte.

Hans Jakob Christoffel von Grimmelshausen: *Der abenteuerliche Simplicissimus Teutsch* (1668)

Inszeniertes Spannungsverhältnis

Interpretationsskizze

Unser Zitat stammt aus dem 23. Kapitel des sechsten Buches von Grimmelshausens *Der abenteuerliche Simplicissimus Teutsch* (es folgt ein siebtes, das jedoch nicht aus der Ich-Perspektive des Helden erzählt ist). Simplicius lebt am Ende seines bewegten Lebens zurückgezogen auf einer Insel. Hier wird ihm nun nicht nur die Natur zum vollkommenen Gleichnis Gottes; er interpretiert auch sein gewöhnliches Alltagshandeln – einen Gang durch den Garten; das Ernten von Palmwein; Kochen und Essen usw. – durchweg vor der Folie biblischer Erzählungen. Das zuvor abwechslungsreich erzählte, vermeintlich subjektiv motivierte Handeln des Simplicius Simplicissimus wird damit am Ende dieses Schelmenromans umgedeutet zum symbolischen Handlungsmuster.

3.2.6 | Handlungslogik

Viele Erzählungen aus verschiedensten Epochen und Genres teilen allgemeine **formale Organisationsprinzipien**. Diese sind für die erzähltechnische Analyse besonders fruchtbar. So kann man – wiederum in Analogie zum Drama – auch in erzählenden Texten zentrale Momente wie die **Klimax** (Handlungshöhepunkt), die **Peripetie** (Schicksalswende) und rahmende Partien wie die **Vor- oder Nachgeschichte** unterscheiden. Auch **parallele und kontrastierende Handlungsstränge** gehören zu den allgemeineren Ordnungsformen, die der Erzählforscher Eberhard Lämmert bereits 1955 in seinem Buch *Bauformen des Erzählens* erfasst hat.

Genrespezifische Handlungslogik: Allerdings weisen die unterschiedlichen **epischen Genres oft auch eine spezifische Handlungslogik** auf – wobei diese jedoch häufig durch Merkmale in Erscheinung tritt, die eigentlich der erzählerischen Organisation der Vermittlungsweise und nicht mehr der reinen Geschehenslogik zuzurechnen sind.

Für die **Novelle** etwa ist die sogenannte ›unerhörte Begebenheit‹, die auf Goethes Definition der Novelle zurückgeht, in der Handlung charakteristisch. Mit ›unerhört‹ ist nicht etwa ein moralisch verwerfliches, sondern ein bislang ›nie gehörtes‹ und in diesem Sinne vom Erzähler als besonders beachtenswert präsentiertes Vorkommnis gemeint (s. Kap. III.2).

Der **Detektivroman** liefert ein weiteres Beispiel. Er verbindet zwei Handlungsstränge miteinander: eine chronologisch erzählte, analytische Entdeckungshandlung, deren Protagonist der Detektiv ist; und eine von ihrem Resultat (dem aufzuklärenden Verbrechen) her erzählte Kriminalhandlung, an deren detektivisch zu rekonstruierendem Anfang die Motive des Verbrechers standen.

Auch der **Bildungsroman** erzählt seit Christoph Martin Wielands *Geschichte des Agathon* (1668) in einem allgemeinen Sinne betrachtet immer wieder die gleiche Handlung, wenn auch in mannigfachen Variationen: Kindheit und Jugend des Helden bereiten einen Läuterungsprozess vor, der dem Protagonisten schließlich kritische Selbsterkenntnis und damit den Übergang in das reife Erwachsenenalter ermöglicht. Im Falle des Bildungsromans tritt der Erzähler oftmals primär durch den thematischen Fokus auf den Werdegang des Protagonisten hervor.

Im **Märchen** ist im Unterschied zu diesen drei Genres eher die **ursprüngliche Geschichte** bewahrt. Dazu zählt unter anderem das Merkmal der Wiederholung von bestimmten Sequenzen des Figurenhandelns (wie zum Beispiel die dreifache Prüfung des Helden). Diese Wiederholungen werden nicht einfach durch mehrfaches Erzählen erzielt, sondern sie geschehen tatsächlich in der erzählten Welt (s. Kap. III.2).

Zur Vertiefung

Der Aarne-Thompson-Katalog

Das Märchen als literarische wie orale Untergattung bietet sich damit dazu an, die Handlungsvarianten eines bestimmten epischen Genres empirisch zu erfassen. Pioniere einer solchen systematischen Katalogisierung von Märchen auf der Basis ihrer Handlungsverläufe waren die beiden Volkskundler Antti Aarne und Stith Thompson, die 1910 das nach ihnen benannte Aarne-Thompson-Klassifikationssystem publizierten. Dieses System erfasst gut 2500 weltweit vorkommende Märchen-Plots, die durch die Verknüpfung von **Motiven** dargestellt sind.

Propps Funktionsmodell: Für den russischen Volkskundler Vladimir Propp war die auffällige Schematik vieler Märchenhandlungen Anlass, sie formal zu beschreiben. Propp versuchte, innerhalb einer Teilgruppe von Märchen – den sogenannten ›russischen Zaubermärchen‹ – eine **formale Grundstruktur** ausfindig zu machen, auf die sich alle konkreten Erzählungen des Textkorpus als Varianten zurückführen lassen. Dazu reduzierte er zunächst die handlungsbestimmenden Geschehensmomente und Ereignisse auf abstrakte Funktionsbegriffe wie »Auszug des Helden«, »Aussprechen des Verbots«, »Übertretung des Verbots«. In dem von ihm untersuchten Korpus von hundert Zaubermärchen machte er **31 solcher Funktionen** aus und kam zugleich zu dem Ergebnis, dass diese immer in der gleichen Reihenfolge angeordnet waren, dabei jedoch in einem konkreten Märchen durchaus nicht alle realisiert sein mussten. Propps Buch *Morfologija skazki* (1928, dt. *Morphologie des Märchens*) begründete so die **formalistische Erzähltextanalyse**, die in ihren Untersuchungen in hohem Maße von den konkreten Figuren, von deren Handlungen und vom Geschehen abstrahiert, um das **kausallogische Organisationsprinzip der Gesamthandlung** ausweisen zu können.

Formale Grundstruktur in *Rotkäppchen und der Wolf*

Interpretationsskizze

Mit ›Funktion‹ bezeichnet Propp jede Aktion einer handelnden Person, die für den Fortgang der Gesamthandlung von entscheidender Bedeutung und damit im Zusammenhang gesehen unverzichtbar ist. Die ersten fünf Funktionen des Zaubermärchens lauten:
1. Ein Familienmitglied verlässt das Haus.
2. Dem Helden oder der Heldin wird ein Verbot auferlegt oder ein Auftrag erteilt.
3. Das Verbot wird missachtet.
4. Der böse Gegenspieler versucht, Erkundungen einzuholen.
5. Der Gegenspieler erhält Informationen über sein Opfer.

Die Anwendung des Funktionenmodells kann man leicht an einem Märchen wie *Rotkäppchen und der Wolf* demonstrieren. Welchen funktionalen Wert die Aktion einer Figur für die Gesamthandlung hat, lässt sich dabei allerdings nur aus dem konkreten Kontext erschließen. Zur Erinnerung sei deshalb kurz die Handlung umrissen (hier nach der Fassung der Brüder Grimm); die Zuordnung zu den Propp'schen Funktionen 1 bis 5 ist in Klammern eingefügt. In unserem Beispiel ist übrigens die Funktion (4) nicht realisiert, denn der Wolf erhält die gesuchten Informationen sofort bei der ersten Begegnung:
1. Rotkäppchen wird von der Mutter mit einem Korb Esswaren zur kranken Großmutter geschickt (1), die am anderen Ende des Waldes wohnt.

2. Die Mutter schärft Rotkäppchen ein, nicht vom Wege abzukommen (2).
3. Rotkäppchen missachtet das Verbot (3) und trifft beim Blumenpflücken im Wald auf den Wolf,
4. der Rotkäppchen aushorcht (5), zum Haus der Großmutter vorauseilt und diese auffrisst.

Der als Großmutter verkleidete Wolf täuscht das später eintreffende Rotkäppchen und frisst auch sie. Ein Jäger befreit schließlich Rotkäppchen und die Großmutter aus dem Bauch des schlafenden Wolfs, dem nun anstelle der Frauen Steine in den Bauch gelegt werden. Der Wolf erwacht, geht durstig zum Brunnen und wird vom Gewicht der Steine hinuntergezogen; er ertrinkt.

Strukturale Handlungsanalyse: Der formalistische Ansatz Propps gilt heute als Vorläufer der strukturalen Handlungsanalyse, die im Rahmen der ab Mitte der 1960er Jahre hauptsächlich in Frankreich entstehenden Methode des **Strukturalismus** eine zentrale Rolle einnahm. Strukturalistische Erzähltheoretiker, Narratologen, Anthropologen und Semiotiker entwickelten verschiedene Ansätze und Modelle zur Beschreibung der erzählten **Handlung als Strukturphänomen**. Eine Struktur ist allerdings mindestens zweidimensional: Propps rein lineares Modell reichte insofern zum Beispiel nicht aus, mehrsträngige und verschachtelte Handlungsverläufe zu erfassen.

Der Grundgedanke der strukturalen Analyse war zunächst, dass man die Erzählung in Analogie zu sprachlichen Sätzen beschreiben kann. Nach Ansicht der Strukturalisten lassen sich demnach in einer Erzählung zwei Ebenen unterscheiden:

- die Oberflächenstruktur (im Satz die einzelnen Wörter, in der Erzählung die konkreten Inhalte, wie zum Beispiel die Figuren und Geschehnisse) und
- die abstrakte Tiefenstruktur (im Satz die Struktur von grammatischen und syntaktischen Relationen, in der Erzählung die Struktur einer analogen narrativen Grammatik).

So wie man die grammatische Tiefenstruktur unserer gesprochenen Sätze nicht direkt sieht, aber – entsprechende Kenntnisse vorausgesetzt – jederzeit aus konkreten Äußerungen herauslesen kann, geht es bei der strukturalen Handlungsanalyse darum, die Oberflächenstruktur des Handlungsverlaufs auf eine handlungslogische Tiefenstruktur zurückzuführen. Diese Tiefenstruktur stellt sich in einer strukturalistischen Perspektive in Form von **Relationen der Äquivalenz und der Opposition** zwischen den an der Oberfläche erzählten Elementen der Handlung dar. Solche Elemente können Ereignisse, Figuren, Sachverhalte etc. sein. Äquivalent sind Elemente dann, wenn sie bedeutungsgleich oder funktionsgleich sind; eine Oppositionsbeziehung besteht, wenn sich ihre Bedeutungen oder Funktionen widersprechen.

Strukturalistische Analyse des Ödipus-Mythos nach Lévi-Strauss

Interpretationsskizze

Das bekannteste Beispiel der strukturalen Analyse einer Gesamthandlung stammt von dem Anthropologen Claude Lévi-Strauss. Er untersucht in seinem Buch *Mythologica* (1964) unter anderem den Ödipus-Mythos, der in seiner antiken Urform eine komplexe Serie von Ereignissen umfasst. Sie reicht von der Vorgeschichte über Kadmos und dessen Schwester Europa über den (seit Sigmund Freud verkürzt als ›Ödipus-Komplex‹ bekannt gewordenen) Vatermord und Inzest mit der Mutter bis hin zur Nachgeschichte um die Heldin Antigone. Die motivischen Bestandteile dieser Gesamterzählung bezeichnete Lévi-Strauss als »Mytheme«. In der gerade skizzierten chronologischen Reihenfolge erzählt, stellen sie die Oberflächenstruktur des Mythos dar.

Die Tiefenstruktur des Mythos kann man nach Lévi-Strauss erst erkennen, wenn man die chronologische Serie in eine Art Partitur umformt und die Mytheme nach Äquivalenz- und Oppositionsrelationen anordnet, zum Beispiel in einer Tabelle. So eine Tabelle lässt sich dann auf zwei Arten lesen: horizontal nach Zeilen oder vertikal nach Spalten. Durch die erste Lesart lässt sich die uns bekannte Oberflächen struktur der Erzählung nachvollziehen. Die zweite Lesart verdeutlicht Äquivalenz- und Oppositionsbeziehungen der Mytheme und somit die Tiefenstruktur des Mythos.

An dieser Tiefenstruktur kann man, so behauptete Lévi-Strauss, einen Grundwiderspruch ablesen, der sich den Menschen der archaischen Gesellschaft als unbegreiflich darstellte. Die Erzählung an der Oberfläche des Textes bringt also in Verbindung, was auf der Ebene der Tiefenstruktur nicht zusammen gedacht werden kann. Der Mythos versucht somit, einen das Weltbild in Frage stellenden Widerspruch – eine **Aporie** – erzählerisch zu bewältigen.

Semiotische Handlungsanalyse: Tatsächlich lassen sich, wenn man sie sehr abstrakt auffasst, in vielen Erzähltexten abstrakte Grundkonstellationen identifizieren, die dem Handlungsverlauf als Grundidee unterliegen – oder die man ihm selber interpretierend unterlegen kann. Wie aber kommt man von einer derartigen abstrakten Strukturbeschreibung zurück zum konkret erzählten Geschehen, zu den Ereignissen und zum Figurenhandeln?

Einen Versuch, die strukturalistische Beschreibung des Figurenhandelns mit der Modellierung der logischen Tiefenstruktur der Gesamthandlung zu verknüpfen, stellt der Ansatz von Algirdas Julien Greimas dar. In seiner 1966 veröffentlichten *Sémantique structurale* (1966, dt. *Strukturale Semantik*) kombiniert er erstmals Zeichentheorie und Logik, um so zu einer Theorie der Bedeutung (Signifikation) zu gelangen. Dazu beschreibt Greimas zunächst das Handeln der Figuren als das von sogenannten **Aktanten**. Die Aktanten repräsentieren sechs abstrakte Handlungsrollen, die von den erzählten Figuren eingenommen werden können:
- Subjekt (der ›Held‹),
- Objekt (das begehrte Objekt oder die gesuchte Person),
- Adressant (der Auftraggeber),

- Adressat (derjenige, der den Auftrag erhält),
- Adjuvant (der Helfer),
- Opponent (der Gegner).

Die motivische Logik einer Handlung lässt sich in der Verknüpfung der sechs Aktanten erfassen. Die Beziehung von Aktanten zu Figuren ist dabei nicht notwendig eins zu eins: Ein Aktant kann in Gestalt mehrerer Figuren erscheinen, eine Figur kann mehrere Aktantenrollen einnehmen.

Interpretationsskizze

Rotkäppchen und der Wolf nach dem Aktantenmodell

Auch die Anwendung des Aktantenmodells lässt sich an *Rotkäppchen und der Wolf* gut demonstrieren. Am einfachsten zu klären ist die Frage nach dem Adressanten: Diese Rolle nimmt offenkundig die Mutter ein; Adressat ist demnach Rotkäppchen. Sie ist aber zugleich auch Subjekt der Handlung und – zusammen mit der Großmutter – darüber hinaus Objekt, nämlich aus der Perspektive des Wolfs. Aus Rotkäppchens Perspektive ist der Wolf Opponent. Auch die Aktantenrolle des Adjuvanten ist mehrfach besetzt: Nicht nur der Jäger agiert als Helfer in der Not; auch Rotkäppchen nimmt eine zunächst weniger offensichtliche Helferrolle ein, denn sie verhilft als Informantin dem Wolf überhaupt erst dazu, die Großmutter und dann das Mädchen fressen zu können. Je nach Beschreibungsperspektive können die fünf Personen der Märchenerzählung (und genaugenommen auch die unbelebten ›Helfer‹ Korb, Blumen im Wald, Steine und Brunnen) somit verschiedenen Aktantenrollen zugeordnet werden. Diese Zuordnungen kann man tabellarisch wie folgt darstellen:

aktuelle Perspektive	Subjekt	Objekt	Adressant	Adressat	Adjuvant	Opponent
Rotkäppchen	Rotkäppchen	Korb	Mutter	Rotkäppchen	Jäger	Wolf
Mutter	Mutter	Korb	Mutter	Rotkäppchen	Jäger	Wolf
Wolf	Wolf	Rotkäppchen, Großmutter	Wolf	Rotkäppchen	Mutter, Blumen, Korb, Großmutter	Mutter, Jäger, Brunnen
Großmutter	Großmutter	Korb, Rotkäppchen	Mutter	Rotkäppchen	Wolf, Rotkäppchen	Wolf
Jäger	Jäger	Wolf, Steine	Jäger	Jäger, Rotkäppchen, Großmutter	Steine	Wolf

Schon diese skizzenhafte Anwendung des Aktantenmodells verdeutlicht allerdings, dass die Zuordnung von Aktantenrollen in hohem Maße interpretationsabhängig ist.

Logik des Figurenhandelns: Das Abstraktionsniveau strukturalistischer Handlungsanalysen, die nach Lévi-Strauss oder Greimas verfahren, ist extrem hoch. Deshalb sind diese Modelle – so interessant sie in theoretischer Hinsicht sein mögen – nur unter sehr hohem Aufwand konkret anwendbar. In der Praxis der Erzähltextanalyse konzentrieren sich literaturwissenschaftliche Untersuchungen weiterhin eher auf Ansätze, die mit unserem Alltagsverständnis von Handlung als absichtlich bewirktem Geschehen in Einklang stehen. In dieser Perspektive beschreibt man die **Gesamthandlung als Folge der Wechselwirkungen zwischen den je subjektiv motivierten Einzelhandlungen** der Figuren oder Handlungsträgern.

Die *move*-Grammatik: Eine praktisch gut anwendbare, jedoch zugleich theoretisch fundierte Methode zu einer solchen Analyse hat der Erzähltheoretiker Thomas Pavel 1985 vorgestellt. Seine *move grammar* analysiert die Gesamthandlung als ein komplexes Gewebe von einzelnen **moves, also (Spiel-)Zügen**, die die Figuren ausführen. Jede Figur verfolgt nach Pavel durchweg ein eigenes, übergeordnetes Handlungsziel; sie reagiert aber zugleich mit jedem ihrer *moves* auf die sich kontinuierlich ändernde dynamische Gesamtkonstellation. Denn der ›Spielzug‹ der einen Figur durchkreuzt oder unterstützt immer zugleich die Strategie einer anderen.

Einen einzelnen *move* kann man damit als eine **Transformation von einer Ausgangssituation (*problem*) in eine Folgesituation (*solution*, Lösung)** beschreiben; jede Folgesituation wird ihrerseits zur Ausgangssituation eines übergeordneten *move* – und so weiter, bis schließlich eine Gesamtkonstellation hergestellt ist, in der den handlungstragenden Figuren keine Handlungsoptionen mehr verbleiben. Das heißt nicht unbedingt, dass ihre ursprünglichen individuellen Absichten zu ihrer Zufriedenheit realisiert worden wären – es bedeutet vielmehr, dass das ›Spiel‹ der Handlung sich erschöpft hat und an sein Ende gekommen ist.

Rotkäppchen und der Wolf als *move*-Struktur

Interpretationsskizze

Auch eine praktische Anwendung der *move*-Grammatik lässt sich gut an dem Märchen *Rotkäppchen und der Wolf* demonstrieren. In der Analyse wird die Handlung zunächst in eine **Sequenz aus einzelnen Handlungszügen** zerlegt. Jeder dieser *moves* ist dabei an die Perspektive einer handelnden Figur gebunden und fällt in deren Domäne. Stellt man nun die Gesamtstruktur der Handlung als ein Gewebe aller *moves* dar, so wird schnell deutlich, wie ein erster *move* jeweils auf der nächsthöheren Ebene als neues Problem aufgefasst wird: Der Ausgangs-*move* der Mutter ist motiviert von ihrer Sorge um die bettlägerige Großmutter; um ihr zu helfen, wird Rotkäppchen mit dem Korb auf den Weg geschickt. Dabei hält die Mutter Rotkäppchen dazu an, nicht vom Wege abzugehen. Aus Rotkäppchens Perspektive stellt genau dieses Gebot ein Problem dar; sie löst es, indem sie auf ihrem Weg Blumen für die Großmutter pflückt, was ihr einen Vorwand liefert, das Gebot zu umgehen. Indem Rotkäppchen nun in ihrer Handlungsdomäne diesen zweiten *move* vollzieht, unterstützt sie jedoch unwissentlich die Absichten des Wolfes, der aus einer ganz anderen Motivationslage heraus handelt: Er will fressen. Rotkäppchens Handlung stellt aus der übergelagerten Wolf-Perspektive insofern einen **unterstützenden Handlungsstrang** dar (Pavel bezeichnet diesen Fall als *auxiliary*, also als Helfer-Strang). In der folgenden Grafik ist die Verkettung wesentlicher *moves* in *Rotkäppchen und der Wolf* grob skizziert; eine genaue *move*-Analyse wäre natürlich erheblich detaillierter.

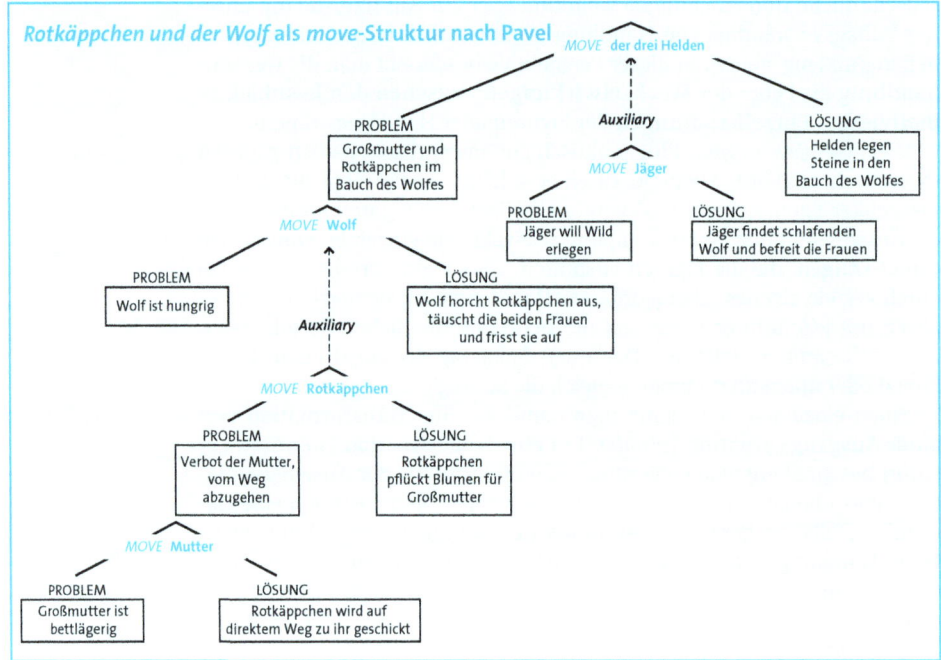

3.2.7 | Erzähltechnische Handlungsanalyse in der Praxis

In der literaturwissenschaftlichen Praxis sind Handlungsanalysen kein Selbstzweck: Sie dienen in der Regel dem Ziel, eine möglichst objektive Basis für eine anschließende Textinterpretation oder für die Zuordnung der Erzählung zu einer Epoche, einem Werk oder einem Genre zu schaffen. Aus dieser Zielsetzung leiten sich einige methodische Maximen ab.

Grundsätzlich ist es bei der erzähltechnische Handlungsanalyse wichtig, Distanz zu unserem Alltagsverständnis von Handlung als intentionalem Tun und Verhalten von Menschen einzunehmen. Schon was wir gemeinhin als empirisch beobachtete Handlung ansehen – menschlich verursachtes Geschehen in der realen Welt – entpuppt sich bei einer genaueren Betrachtung als Interpretation. Zudem sind viele dieser Interpretationen *script*-basiert; in ihnen bestätigt sich insofern, was wir von der Welt zu wissen meinen. Aber solches Wissen ist oft nur in Bezug auf eine bestimmte Gesellschaft oder historische Epoche gültig. Legen wir es unkritisch bei der Interpretation fremder oder historischer Erzählungen an, so kann dies schnell in die Irre führen.

Dieser Konstruktcharakter von Handlung tritt an der erzählten Handlung besonders deutlich hervor. Denn hier geht es nicht allein um die Frage der historischen oder gesellschaftlichen Spezifik: Vielmehr werden Handlungen in literarischen Erzählungen grundsätzlich **nicht als (vermeintlich) neutrale Sachverhalts- und Geschehensbeschreibungen** dargeboten, sondern unterstehen einer übergeordneten **ästhetischen Aussageabsicht**. Zumindest unterstellen wir ihnen aufgrund der literarischen Konventionen eine solche Absicht.

Kohärente Gesamthandlung vs. Figurenhandeln: In der erzähltechnischen Perspektive ist es deshalb wenig ergiebig, wenn man die Handlung eines Textes von vornherein reduziert auf das, was die Figuren tun. Wie auch immer ihr jeweiliges Handeln im Erzähltext auf der Inhaltsebene motiviert sein mag (kausal, psychologisch, sozial, strategisch etc.), so steht dieses **Prinzip der figurenzentrierten Motivation** letztlich immer im Dienste der **kohärenten Gesamthandlung**. Die Gesamthandlung instrumentalisiert die Figuren und erzählten Geschehnisse zur Geschichte. Sie überformt sie, um an ihnen eine übergeordnete Bedeutung zu illustrieren. In diesem Sinne sei deshalb nochmals an die bereits zitierte Feststellung von Aristoteles erinnert: »Folglich handeln die Personen nicht, um die Charaktere nachzuahmen, sondern um der Handlungen willen beziehen sie Charaktere ein.«

Gleichzeitig gilt allerdings zu berücksichtigen, dass das literarische Erzählen seit Beginn des 20. Jahrhunderts in zunehmendem Maße von Entwurf und Darstellung sinnhaft-kohärenter Welten, Handlungen und Identitäten abgerückt ist. Dieser Wandel der ästhetischen Konvention spiegelt die Abkehr von einem Menschen- und Weltbild, das bis zum Ende des 19. Jahrhunderts dominant und gerade in der Epoche des Realismus für die Erzählung maßgeblich war. Das Gesamthandlungskonstrukt – der aristotelische ›Mythos‹ – als sinnstiftendes Organisationsprinzip tritt in der postmodernen Literatur in den Hintergrund. Eine erzähltechnische Handlungsanalyse solch **moderner Erzählformen** muss dies bei der Wahl ihrer Methoden berücksichtigen. Statt ein übergreifendes Gesamtkonstrukt von Handlung zu erschließen, kann die Analyse hier im besten Falle nur noch **parallele und konkurrierende Handlungskonstrukte** ausweisen. Sie nähert sich damit einer Perspektive an, bei der figurenzentriertes Handeln statt kohärenter Handlung ins Blickfeld rückt.

Leitfragen zur erzähltechnischen Handlungsanalyse

- Figuren als Handlungsträger: Welche Figuren beeinflussen durch ihr Handeln in besonderem Maße den Ausgang der Gesamthandlung?
- Typologie der handlungstragenden Figuren: Lassen sich die Figuren bestimmten Handlungsrollen (im Sinne der Aktanten-Rollen nach Greimas) zuordnen?
- Dynamik des Figurenhandelns: Welche Wechselwirkungen zwischen den Handlungszügen einzelner Figuren (im Sinne der *move*-Grammatik von Pavel) lassen sich erkennen? Wie sind diese in den Gesamthandlungsentwurf integriert?
- Schematisierter Handlungsverlauf: Folgt die Verkettung von Ereignissen und Einzelhandlungen einem Funktionsschema (im Sinne des Propp'schen Funktionen-Modells)?

IV.3 Was erzählt der Erzähler? – Parameter der Geschichte

- **Komplexität des Handlungsentwurfes:** Sind Parallelhandlungsstränge und Kontrasthandlungen identifizierbar? In welcher funktionalen Beziehung stehen sie zum Haupthandlungsstrang (additiv, kontrastiv, kumulativ)?
- **Logische Grundstruktur:** Kann man eine der Oberflächenhandlung zugrunde liegende logische Grundstruktur) erkennen (im Sinne der Modelle von Lévi-Strauss oder Greimas)?
- **Genrespezifische Muster:** Lassen sich genrespezifische Handlungsmuster erkennen (Tragödie, Komödie, Schelmenroman, Bildungsroman, Novelle etc.)? Inwiefern handelt es sich dabei bereits um Phänomene des ›Wie‹ des Erzählens?
- **Epochenspezifische Handlungskonzeption:** Liegt dem Erzähltext ein epochenspezifisches Erzählkonzept zugrunde (Barockroman, realistischer Roman, postmoderner Roman etc.)? Hat dies Konsequenzen für die Methode der Analyse?

Literatur

Aristoteles: Poetik. Griechisch/deutsch. Übersetzt und hg. von Manfred Fuhrmann. Stuttgart 1982.
Greimas, Algirdas Julien: Strukturale Semantik. Methodische Untersuchungen [frz. 1966]. Braunschweig 1971.
– : »Elemente einer narrativen Grammatik« [frz. 1969]. In: Blumensath, Heinz (Hg.): Strukturalismus in der Literaturwissenschaft. Köln 1972, S. 47–67.
Herman, David: Story logic: problems and possibilities of narrative. Lincoln 2002.
Lämmert, Eberhard: Bauformen des Erzählens [1955]. Stuttgart ^{9}2004.
Lessing, Gotthold Ephraim: »Hamburgische Dramaturgie« [1767]. In: Göpfert, Herbert (Hg.): Gotthold Ephraim Lessing. Werke. München 1973, Bd. 4, S. 229–720.
Martínez, Matías/Scheffel, Michael: Einführung in die Erzähltheorie [1999]. München ^{9}2012.
Pavel, Thomas: The Poetics of plot. The case of english renaissance drama. Manchester 1985.
Propp, Vladimir: Morphologie des Märchens [russ. 1928]. Frankfurt a. M. ^{2}1982.
Renner, Karl N.: »Die strukturalistische Erzähltextanalyse«. In: Brinker, Klaus/Antos, Gerd/Heinemann, Wolfgang/Sager, Svend F. (Hg.): Text- und Gesprächslinguistik. Ein internationales Handbuch zeitgenössischer Forschung. Berlin/New York 2000, Bd. I, S. 43–53.
Schank, Roger C./Abelson, Robert: Scripts, plans, goals and understanding. Hillsdale 1977.
Schmid, Wolf: Elemente der Narratologie [2005]. Berlin/Boston ^{3}2014.
Todorov, Tzvetan: »Die Kategorien der literarischen Erzählung« [frz. 1966]. In: Hillebrand, Bruno (Hg.): Zur Struktur des Romans. Darmstadt 1978, S. 347–369.
White, Hayden: Metahistory. Die historische Einbildungskraft im 19. Jahrhundert in Europa. Frankfurt a. M. 1991.

3.3 | Figuren

3.3.1 | Das Interesse des Lesers an den Figuren

Eines der größten Vergnügen bei der Lektüre von Romanen ist für viele Leser, dass man einen detaillierten Einblick in die Persönlichkeit eines anderen Menschen erhält. Das Gefühl, den literarischen Figuren ›nahe zu sein‹ oder sogar eine ›Beziehung zu ihnen zu haben‹ verdankt sich dabei verschiedenen Faktoren. Dazu gehört, dass wir gemäß der literarischen Konvention in die Psyche der Figuren eindringen können und ihre innersten

Gedanken erfahren: Wenn schon nicht direkt, wie etwa in einer homodiegetischen Erzählung, dann womöglich durch eine heterodiegetische Erzählinstanz, die alles weiß – vielleicht sogar mehr als die Figur selbst.

Im Folgenden werden wir zunächst einige grundsätzliche Überlegungen zu unserer Auffassung von Figuren anstellen. Figuren kann man einerseits als menschenähnliche, d. h. **anthropomorphe Vorstellungen** ansehen, andererseits als **durch Sprache erzeugte Textkonstrukte**. Den zweiten Gesichtspunkt wollen wir anhand eines mehrdimensionalen Figurenmodells erläutern, das dann in einer ausführlicheren Beispielanalyse zur Anwendung gebracht wird. Unsere besondere Aufmerksamkeit gilt dabei den **Formen der Charakterisierung**. Wir beleuchten abschließend die Differenz zwischen diesem Ansatz und der strukturalistischen Konzeption von **Figur als Funktionsträger**. Am Ende des Kapitels findet sich eine Liste mit Leitfragen für die **erzähltechnische Figurenanalyse**.

> Zum Begriff
>
> Figur (lat. *figura*: Form, Gestalt) wird abgeleitet von *fingere*, was ›vortäuschen‹ oder auch ›erdichten‹ bedeutet. Im Englischen verwendet man für ›Figur‹ den Begriff *character*, was dem deutschen Wort Charakter entspricht. Charakter kommt von gr. *kharakter* (Kennzeichen), das sich von *kharássein* (einritzen, prägen) ableitet. In der Zusammenschau sehen wir, dass sowohl ›Fiktion‹ (fingieren) als auch ›schreiben‹ (einritzen) in dem Begriff der Figur anklingen.

Figuren als anthropomorphe Vorstellungen

Obwohl wir Figuren bei der Lektüre durchaus als quasi-reale Personen erfahren, sollten wir nicht vergessen, dass sie **Textkonstrukte** sind, die mit den Mitteln der Sprache erzeugt werden. In einer Erzählung erscheinen Figuren nicht zum Selbstzweck. Vielmehr übernehmen sie eine für die Gesamterzählung relevante Funktion der **Bedeutungsvermittlung**. Das ist keine triviale Feststellung, wenn man die möglichen Fehlschlüsse bedenkt, die entstehen können, wenn man literarische Figuren als wirkliche Menschen auffasst. Es macht z. B. wenig Sinn, über das Verhältnis zwischen der dargestellten Figur und dem Autor/der Autorin zu spekulieren. Es scheint naheliegend zu sein, das Verhalten von Figuren als ›erzählte Menschen‹ psychologisch oder psychoanalytisch zu beschreiben. Dabei riskiert man jedoch, dem Text und den Figuren allgemeine, ihnen nicht notwendigerweise angemessene Modelle (Ödipus-Komplex, C. G. Jungs Archetypen etc.) aufzudrücken.

Strukturalistische und formalistische Ansätze: Dieser naiv-**mimetische Ansatz** ist wiederholt von Literaturwissenschaftlern angegriffen worden. Ihre Behauptung: Vergisst man, dass literarische Figuren keine realen Menschen sind, gelangt man zu einem falschen Verständnis des literarischen Werks – man wird der Literatur nicht gerecht. Diese Position wurde jedenfalls bis ins späte 20. Jahrhundert in mehreren wegweisenden narratologischen Studien vertreten – so beispielsweise von Vladimir Propp, Boris Tomaševskij, Algirdas Julien Greimas und Roland Barthes. Diese Literaturwissenschaftler haben eins gemeinsam: Sie sind in erster Linie an der Struktur des Textes interessiert, dem Inhalt kommt in ihren **nichtmimeti-**

IV.3
Was erzählt der Erzähler? – Parameter der Geschichte

schen Ansätzen eine nachgeordnete Rolle zu. Somit behandeln sie zwar wichtige allgemeine Gesichtspunkte der Erzählung, betrachten aber die Figuren – im Verhältnis zum übergeordneten Forschungsgegenstand ›Gesamterzählung‹ – als zweitrangig (z. B. als Träger von Handlungsfunktionen wie bei Propp, s. Kap. IV.3.2.6). Auch gehen sie von der Annahme aus, die Figuren ließen sich in gleichem Maße auf ein abstraktes Konstrukt reduzieren wie der Erzähler. Die **anthropomorphen, auf den Menschen bezogenen Konnotationen literarischer Figuren** werden dabei schlichtweg ignoriert.

Figuren als Persönlichkeiten: Eine der Haupterrungenschaften der Narratologie ist das weiter entwickelte Verständnis des Erzählers in schriftlichen Texten. Der Erzähler ist kein menschliches Subjekt – und daher nicht mit dem Autor gleichzusetzen –, sondern ein körperloses Konstrukt, dessen ›Stimme‹ wandelbar sein kann. Der Versuch jedoch, Figuren auf vergleichbare Weise zu betrachten, führt zu einer Vernachlässigung wesentlicher Aspekte. Dazu zählt, dass Figuren, obwohl sie innerhalb eigenständiger Erzählungen und Erzählwelten erschaffen werden (und daher von ihnen abhängig sind), dennoch zumindest teilweise unabhängig wirken. Nachdem die Lektüre einer Geschichte beendet ist, leben die Figuren in der Vorstellung des Lesers häufig fort. Wenn wir einen Erzähltext aus der Hand legen, haben wir zumeist eine Art von Beziehung zu den Figuren aufgebaut. Manche der Figuren nehmen einen geradezu exemplarischen Wert an, etwa wenn wir sie nutzen, **um bestimmte Verhaltensweisen zu kennzeichnen** (»Was für eine Donquichotterie!«, »Richtig, Sherlock!« etc.). Der Leser entwickelt Sympathien und Antipathien gegenüber den unterschiedlichen Figuren, und während Details der Handlungsstruktur nach der Lektüre ziemlich schnell verblassen, bleiben die Figuren in unserem Denken erstaunlich gegenwärtig – nicht als Wörter, sondern als sprachlich vermittelte Persönlichkeiten.

Die meisten Leser tendieren dazu, bereits bekannte Handlungen abzulehnen und nicht ein zweites Mal zu lesen. Im Gegensatz dazu sind uns **wiederkehrende Figuren** oftmals willkommen. Viele Beispiele hierfür finden sich in der Kriminalliteratur: Sherlock Holmes, Miss Marple oder Kommissar Beck erscheinen in Fortsetzungsreihen mit prinzipiell immer gleichen Handlungsschemata. Interessant sind auch Fälle der Weiterentwicklung von Nebenfiguren, die dann ihre eigene Geschichte bekommen – sogenannte *spin-offs*. Huckleberry Finn aus Mark Twains *The Adventures of Tom Sawyer* (1876, dt. *Die Abenteuer von Tom Sawyer*) beispielsweise: Acht Jahre nach seinem ersten Auftritt bekam er sein ›eigenes‹ Buch – *The Adventures of Huckleberry Finn* (1884, dt. *Die Abenteuer des Huckleberry Finn*). Auch können die gleichen Hauptfiguren in völlig neuen Geschichten auftauchen, womit die Entwicklung einer Figur über einen größeren Zeitraum fortgeführt wird. Ein Beispiel hierfür ist Frank Bascombe, der Held in Richard Fords Romanen *The Sportswriter* (1986, dt. *Der Sportreporter*), *Independence Day* (1995, dt. *Unabhängigkeitstag*) und *The Lay of the Land* (2006, dt. *Die Lage des Landes*). Ähnlich verhält es sich schließlich mit Geschichten, die wiederholt erzählt werden, um damit neue Seiten des Protagonisten zu enthüllen. So in der *Wergeland*-Trilogie des Norwegers Jan Kjærstad: Sie umfasst die Romane *Forføreren* (1993, dt. *Der*

Verführer), *Erobreren* (1996, dt. *Der Eroberer*) und *Oppdageren* (1999, dt. *Der Entdecker*), in denen drei Frauen auf ihre jeweils eigene Weise das Leben der Figur Wergeland schildern (Multiperspektivismus, s. auch Kap. IV.2.3.4).

Alles in allem lesen wir zwar möglicherweise hauptsächlich der Handlung wegen, aber ganz sicher auch, weil wir ein Interesse an den Figuren haben. Die klassische Narratologie jedoch hat diesen wirkungsästhetischen Gesichtspunkt wenig gewürdigt – einerseits aufgrund ihrer Tendenz, Figuren ausschließlich als Funktionsträger, die bestimmte Rollen ausführen, zu begreifen; andererseits aufgrund ihrer entschiedenen Gleichgültigkeit gegenüber den psychologischen Aspekten von Figuren. In neueren Studien zum Thema ›Figuren‹ wird hingegen auch der wirkungsästhetische Gesichtspunkt berücksichtigt. So unterscheidet James Phelan (2005) **drei funktionale Dimensionen** der Figur:

- Mimetische Dimension: die Figur erscheint als Abbildung einer Person,
- Thematische Dimension: jede Figur repräsentiert zugleich eine oder mehrere Gruppen oder Handlungsfunktionen, die im Dienste des thematischen Anliegens der Erzählung stehen,
- Synthetische Dimension: die Figur spielt eine besondere Rolle bei der Konstruktion der Erzählung als Artefakt.

Funktionale Dimensionen der Figur

Fotis Jannidis, der sich in seinem Buch *Figur und Person. Beitrag zu einer historischen Narratologie* (2004) auf den kommunikativen Aspekt literarischer Texte konzentriert, rückt das **konstruktive Handeln des Lesers** in Bezug auf die Figuren ins Blickfeld. Aus Jannidis' Sicht ist eine Figur als »mentales Modell« des Lesers (2004, S. 11) zu verstehen, der sich an Welt- und Textwissen erinnern muss, um eine Figur (re-)konstruieren zu können. Figuren werden in diesem Sinne als Leserkonstrukte verstanden, die sowohl von Genreaspekten als auch von alltagspsychologischen Annahmen über Verhalten und Handeln abhängig sind.

3.3.2 | Figuren als fiktive, durch sprachliche Referenz erschaffene Personen

Wie haben wir literarische Figuren eigentlich zu verstehen? Einen guten Rahmen bietet uns die **Theorie möglicher Welten**, da sie uns Figuren als menschenähnliche Wesen betrachten lässt, die durch sprachliche Referenz erschaffen werden und in einer fiktiven Welt leben. Lubomír Doležel hat diesen Aspekt auf folgende Weise beschrieben:

> Fiktive Welten sind mögliche Welten in der Hinsicht, dass sie Ensembles möglicher, nicht verwirklichter Einzelheiten sind – Personen, Zustände, Ereignisse und so weiter. Hamlet ist kein Mensch, der in der wirklichen Welt vorkommt; er ist eine denkbare Person, die in einer alternativen Welt lebt, der fiktiven Welt von Shakespeares Drama. Indem sie das Universum des Diskurses erweitert, verleiht die Semantik möglicher Welten dem Konzept fiktiver Referenz Legitimität. Der Name ›Hamlet‹ ist weder leer noch selbstreferentiell; er bezieht sich auf ein Individuum einer fiktiven Welt.

Lubomir Doležel: *Possible worlds of fiction and history* (1998), S. 787 [Übers. der Autoren]

IV.3
Was erzählt der Erzähler? – Parameter der Geschichte

Nach Doležel kann diese fiktive Welt mit unserer Welt vergleichbar sein, ebenso kann sie sich aber radikal von ihr unterscheiden. Die unserer Welt ähnlichere fiktive Welt ist dabei nicht ›wirklicher‹ als die andere, abweichende: »Tolstois Napoleon ist nicht weniger fiktiv als sein Pierre Besuchow, und Dickens' London nicht wirklicher als Carrolls Wunderland« (Doležel 1998, S. 787).

Ontologische Homogenität

Voraussetzung dafür, dass fiktive Personen in einer erzählten Welt zusammenwirken und nebeneinander bestehen können ist das Vorhandensein von **ontologischer Homogenität** (zur Definition des Begriffs ›Ontologie‹ s. Kap. IV.1.2).

Ontologische Homogenität kann anhand des Umgangs mit fiktiven Figuren von Kindern beim Spielen illustriert werden: Kinder bringen Figuren wie etwa Spiderman oder Tarzan in das Spiel mit ein; die jeweilige Figurenwelt bildet dabei die Grundlage, auf derer sich das Erfinden von Geschichten entfalten kann. Wenn man Spiderman ist, wird das in den meisten Fällen bedeuten, dass man die Kriminellen einer Stadt bekämpft und nicht Leoparden, Löwen oder böse Zauberer – letztere gehören nämlich zu den Welten von Tarzan oder Harry Potter. Im Gegensatz dazu werden Figuren, die aus vergleichbaren Erzählwelten stammen (wie Superman, Batman und Spiderman) in Kinderspielen häufig zusammengeführt. Superman, Batman und Spiderman verfolgen ähnliche Anliegen und zeichnen sich durch ähnliche Charakteristika aus (ihre Eltern sind tot oder ermordet worden, sie kämpfen gegen das Böse, sie besitzen teilweise übernatürliche Fähigkeiten). Harry Potter teilt zwar diese Eigenschaften, ist aber Teil einer völlig anderen Erzählwelt. Daher werden nicht alle vier Figuren gleichzeitig in dasselbe Spiel aufgenommen.

Was für das Kinderspiel gilt, trifft auch auf unsere Vorstellung von der Vereinbarkeit literarischer Figuren mit literarischen Welten zu. Als Leser können wir uns die Figur Frank Bascombe aus Richard Fords Romanen in unserer alltäglichen Umgebung vorstellen – und möglicherweise auch das Monster aus Mary Shelleys *Frankenstein* (1818). Sehr schwer fällt es uns hingegen, das Monster gedanklich in Bascombes Welt hineinzuversetzen oder umgekehrt Bascombe in die Welt Dr. Frankensteins. Ihre Welten sind ontologisch einfach zu verschieden.

Literarische Figuren und ihre Welt: Literarische Figuren werden definiert und bestimmt durch die erzählte Welt, in der sie leben. Diese wird zumindest teilweise den Regeln folgen, die wir aus unserer realen Welt kennen. Es besteht allerdings die Möglichkeit, dass einige Regeln, die auf die reale Welt zutreffen, in der erzählten Welt keine Gültigkeit besitzen. Ganz gleich, wie sehr die fiktive Erzählwelt unserer realen Welt auch ähneln mag – ein grundlegender Unterschied bleibt immer bestehen: Fiktion ist nicht ›referentiell‹ im buchstäblichen Sinne des Wortes (sie verweist nicht auf einen außersprachlich gegebenen Gegenstand oder Zustand). Vielmehr ist sie dadurch gekennzeichnet, dass sie eine nichtwirkliche Welt durch performative Sprechakte überhaupt erst erschafft. In diesem Sinne können wir den spezifischen *modus vivendi* von Figuren definieren: **Figuren werden als Existenzen jenseits von Sprache erachtet, treten aber nur durch Sprache in Erscheinung.** Betrachtet man die Figur auf Ebene des Textes, so ist sie ein Abstraktum. Indem der Leser sich eine bestimmte Vorstellung von einer Figur macht, schreibt er z. B. Pronomen und/oder Eigennamen physische und mentale Eigenschaften und Beziehungen untereinander zu. Somit erzeugt er die Idee einer anthropomorphen Einheit im Textuniversum – die Figur ist also ein leserabhängiger Vorstellungskomplex.

3.3.3 | Figurenmodelle

›Runde‹ und ›flache‹ Charaktere: Figuren sind grundsätzlich mehr oder weniger als ›runde‹ oder ›flache‹ Charaktere gestaltet. Diese einfache, aber nützliche Unterscheidung stammt von Edward Morgan Forster, der sie wie folgt erläutert:

> Flache Charaktere hießen im 17. Jahrhundert ›Humore‹ und werden heute manchmal Typen, manchmal Karikaturen genannt. In ihrer reinsten Form haben sie als Gerüst eine einzige Idee oder Eigenschaft: Wenn mehr als ein Motiv in ihnen wirkt, beginnt damit schon die Krümmung zu runden Charakteren.

Edward Morgan Forster: *Ansichten des Romans* (1927/1949), S. 77

In jedem Roman gibt es Figuren, die nur dazu dienen, dem Protagonisten Profil zu verleihen – ihn also zu ›rund‹ zu machen – oder die Handlung voranzutreiben (s. Kap. IV.3.3.2). Diese Figuren, die reine Funktionsträger sind und lediglich eine Idee, eine Rolle, eine Eigenschaft oder einen Wert verkörpern, sind flache Charaktere. Forsters ›bildliche‹, metaphorische Terminologie ist nicht unproblematisch. Neutralere Begriffe wie z. B. ›einfach‹ und ›komplex‹ scheinen angemessener zu sein. Forsters Terminologie hat allerdings den Vorteil, dass sie die Figurengestaltung sowohl nach inhaltlichen Gesichtspunkten als auch unter dem Aspekt der Erzählperspektive beleuchtet.

Um sowohl die anthropomorphe Konnotation als auch die textlichen Aspekte der Figur im Gedächtnis zu behalten, können wir das folgende Modell benutzen, um Figuren zu schematisieren. Die Figur wird hier als **die zwischen den verschiedenen Textaspekten und -ebenen vermittelnde Verbindung** angesehen.

		showing (›zeigen‹)			*telling* (›erzählen‹)
Oberflächenstruktur	Figurenhandeln	Sprache (Stil/Botschaft) der Figuren	äußere Erscheinung	interpersonelle Charakterisierung	Kommentare des (allwissenden) Erzählers
Struktur der Mitte	Charaktereigenschaft	Charaktereigenschaft	Charaktereigenschaft	Charaktereigenschaft	←
	PSYCHOLOGISCHE DIMENSION	SOZIO-KULTURELLE DIMENSION	META-TEXTUELLE DIMENSION	INTER-TEXTUELLE DIMENSION	←
	psychologischer Typus	soziokultureller Typus	Figurentyp oder ›Rolle‹	bereits bekannte Figur oder reale Person	←
Tiefenstruktur	Ideologie, Denkmuster, Werte	thematische Struktur	Erzählschema	Erzählmuster Handlung	intertextuelle Bezüge ›Prätexte‹	←

Erweitertes Figurenmodell nach Hansen (2000, S. 117–155)

IV.3
Was erzählt der Erzähler? – Parameter der Geschichte

Das Modell geht von der klassischen Unterscheidung zwischen **Erzählen** (*telling*) **und Zeigen** (*showing*) aus (s. Kap. II.2.2.3). Es kennzeichnet damit den entscheidenden Unterschied zwischen dem impliziten *showing* einer Figur – etwa durch ihr Handeln, ihr Sprechen und die wertungsfreie Beschreibung – und dem expliziten *telling* der Figureneigenschaften durch einen eindeutig präsenten Erzähler. Darüber hinaus operiert das Modell mit drei Strukturebenen:

- Die Oberflächenstruktur umfasst die sequentielle Darstellung der **Ereignisse**, an denen die Figur teilhat.
- Die Struktur der Mitte umfasst die **Charaktereigenschaften**, die dem Material der Oberflächenstruktur entsprechen, sowie die **erkennbaren Typen**, die durch eben diese Eigenschaften geformt und in der Vorstellung des Lesers zum Leben erweckt werden.
- Die Tiefenstruktur umfasst die Regeln, Konventionen und Strukturen, welche die Möglichkeiten für die Gestaltung, Entwicklung und (Re-)Präsentation der Figur festlegen.

Die Funktionsweise des Modells und die Leistung der Forster'schen Differenzierung wollen wir anhand eines Beispiels veranschaulichen. Es ist der Anfang von Jane Austens *Pride and Prejudice* (1813, dt. *Stolz und Vorurteil*):

Jane Austen: Stolz und Vorurteil (1813/1996), S. 5–7

Es ist eine allgemein anerkannte Wahrheit, daß ein Junggeselle im Besitz eines schönen Vermögens nichts dringender braucht als eine Frau.

Zwar sind die Gefühle oder Ansichten eines solchen Mannes bei seinem Zuzug in eine neue Gegend meist unbekannt, aber diese Wahrheit sitzt in den Köpfen der ansässigen Familien so fest, daß er gleich als das rechtmäßige Eigentum der einen oder anderen ihrer Töchter gilt.

»Mein lieber Mr. Bennet«, sagte seine Gemahlin eines Tages zu ihm, »hast du schon gehört, daß Netherfield Park endlich vermietet ist?«

Das habe er nicht, antwortete Mr. Bennet.

»Doch, doch«, erwiderte sie, »Mrs. Long war nämlich gerade hier und hat es mir lang und breit erzählt.«

Mr. Bennet gab keine Antwort.

»Willst du denn gar nicht wissen, an wen?« rief seine Frau ungeduldig.

»Du wirst es mir erzählen; ich habe nichts dagegen, es mir anzuhören.«

Das genügte ihr als Aufforderung.

»Stell Dir vor, mein Lieber, Mrs. Long sagt, daß ein junger Mann aus dem Norden Englands mit großem Vermögen Netherfield gemietet hat; daß er am Montag in einem Vierspänner heruntergekommen ist, um sich den Besitz anzusehen, und so entzückt war, daß er mit Mr. Morris sofort einig geworden ist; noch vor Oktober will er angeblich einziehen, und ein Teil seiner Dienerschaft soll schon Ende nächster Woche im Haus sein.«

»Wie heißt er denn?«

»Bingley.«

»Ist er verheiratet oder ledig?«

»Na, ledig natürlich! Ein Junggeselle mit großem Vermögen; vier- oder fünftausend pro Jahr. Ist das nicht schön für unsere Mädchen!«

»Wieso? Was hat das mit ihnen zu tun?«

IV.3
Figuren

»Mein lieber Mr. Bennet«, erwiderte seine Frau. »Wie kannst du nur so schwerfällig sein! Du mußt dir doch denken können, daß er eine von ihnen heiraten soll.«

»Ist er *deshalb* hierhergezogen?«

»Deshalb! Unsinn, wie kannst du nur so etwas sagen! Aber es könnte doch gut sein, daß er sich in eine von ihnen verliebt, und darum mußt du ihm einen Antrittsbesuch machen, sobald er kommt.«

[...]

In Mr. Bennet vereinigten sich Schlagfertigkeit, sarkastischer Humor, Gelassenheit und kauzige Einfälle zu einer so merkwürdigen Mischung, daß es seiner Frau auch in dreiundzwanzig Ehejahren nicht gelungen war, ihn zu begreifen. *Ihr* Gemüt war leichter zu durchschauen. Sie war eine Frau von geringer Einsicht, wenig Weltkenntnis und vielen Launen. Wenn sie unzufrieden war, glaubte sie, nervöse Zustände zu haben. Ihre Lebensbeschäftigung war die Verheiratung ihrer Töchter, Besuche und Neuigkeiten waren ihr Lebenstrost.

Figurendarstellung in Jane Austens *Stolz und Vorurteil* *Interpretationsskizze*

Figurendarstellung beim *telling*: Durch einen Erzählerkommentar wird der Textabschnitt im Darstellungsmodus des ›Erzählens‹ eröffnet. Offensichtlich wird hier ein die erzählte Welt beherrschendes Grundprinzip vermittelt, indem ideologische und thematische Kernpunkte der Tiefenstruktur der Figuren erklärt werden: Es handelt sich um eine Welt, in der Ehe und Reichtum höchste Priorität beigemessen werden (Ideologie) und in der das Materielle den menschlichen Werten vorgezogen wird (Ideologie und thematische Struktur). Wir bemerken schnell, dass der Erzählerkommentar durch einen ironischen Unterton geprägt ist. Dies deutet darauf hin, dass die Allgemeingültigkeit dieses Grundprinzips im Folgenden in Frage gestellt werden wird. Zugleich werden damit Regeln für die (Re-)Präsentation der Figuren aufgestellt – die unterschwellige Ironie erlaubt z. B. eine karikaturartige Darstellung der Charaktere (Erzählschema). Durch unsere Erwartungshaltung – die Formulierung der ›allgemein gültigen Wahrheit‹ wird einen Grund haben, der im noch zu erzählenden Geschehen liegt – wird schließlich eine Handlung angedeutet (Erzählmuster).

Figurendarstellung beim *showing*: Im mittleren Teil der Textpassage – Mr. und Mrs. Bennet unterhalten sich über den Neuankömmling Mr. Bingley – verschiebt sich der Darstellungsmodus vom ›Erzählen‹ zum ›Zeigen‹. Nun ist es im Grunde genommen dem Leser überlassen, die Persönlichkeiten der beteiligten Figuren zu gestalten, indem er die Oberflächenstruktur – also die Äußerungen und das Handeln der Figuren – in Charaktereigenschaften übersetzt und sie zu einem anthropomorphen Subjekt zusammenfügt.

Die Struktur der Mitte: Das jeweilige Subjekt der Figuren wird als Einheit innerhalb des gesamten Textentwurfs fungieren, dabei jedoch von charakteristischen Dimensionen bestimmt werden. So werden den Figuren in den meisten Fällen psychologische Charaktereigenschaften zugeordnet (psychologische Dimension). Gleichzeitig werden sie in ein soziales und kulturelles Umfeld in der Erzählwelt eingeordnet (soziokulturelle Dimension). Allerdings sind die Figuren auch durch spezifische textuelle Kennzeichen charakterisiert – Kennzeichen, die etwa durch das Genre (metatextuelle Dimension) oder durch Intertextualität (intertextuelle Dimension) begründet sind. Alle vier Dimensionen können dazu beitragen, dass eine Figur die Form eines markanten Typus annimmt, der uns wiederholt in den verschiedensten Erzähltexten begegnet. Beispiele für einen psychologischen Typus sind ›der Narzisst‹, ›der Psychopath‹ etc. Soziokulturelle Typen sind z. B. ›der Arbeiter‹, ›der Kapitalist‹, ›der Künstler‹ etc. Durch die dem jeweiligen Genre entsprechenden Strukturen kann ein bestimmter Figurentypus bzw. eine bestimmte ›Rolle‹ festgelegt sein, z. B. ›der Schurke‹, ›der Held‹ etc. Schließlich kann die Figur durch intertextuelle Bezugnahme auf bereits bekannte Figuren bestimmt sein (z. B. Dr. Faustus bei Thomas Mann, der sich auf Goethes *Faust* bezieht).

Im zitierten Beispiel aus *Stolz und Vorurteil* wird offensichtlich die psychologische Dimension betont. Darauf weist der Erzähler im letzten Teil des Zitats explizit hin: Er resümiert und nimmt Stellung zu den Figuren, die der Leser auf Basis des Dialogs im vorhergehenden Abschnitt (re-)konstruiert hat.

Runde und flache Charaktere: Während für Mrs. Bennet die Kategorie des flachen Charakters angemessen erscheint, ist Mr. Bennets Charakter – aufgrund seiner differenzierteren Persönlichkeit – rund. Die karikaturhafte Darstellung Mrs. Bennets ist bestimmt durch den kritischen Blick des Erzählers auf jene »allgemein anerkannte Wahrheit«, die zu Beginn der Textpassage formuliert wurde. Freilich muss nicht jeder flache Charakter derart ideologisch festgelegt sein.

3.3.4 | Charakterisierung

Die Oberflächenstruktur des oben skizzierten Figurenmodells unterscheidet vier Kategorien von Beschreibungselementen, die zur Charakterisierung einer Figur beitragen. Im folgenden Abschnitt werden wir diese Kategorien genauer betrachten.

1. **Figurenhandeln:** Diese Kategorie erfasst die **aktiven und passiven Taten** der Figuren. Die folgenden Fragen bezüglich des Figurenhandelns können sehr lohnend sein:
    - Ist das Handeln einer Figur mit einer Veränderung der Figur verbunden oder nicht? Ist die Figur in einer Entwicklung begriffen oder werden feststehende Charaktereigenschaften deutlich?
    - Handelt eine Figur absichtlich oder unabsichtlich? Kann sich die jeweilige Figur ›beherrschen‹ oder nicht?
    - Wird das Handeln einer Figur tatsächlich verwirklicht oder denkt die Figur lediglich darüber nach, zu handeln – spielen sich die Aktionen also primär im Kopf der Figur ab?
    - Werden die Aktionen ausgeführt oder unterlassen? Liegt Handeln oder ›Nicht-Handeln‹ vor?

- Ist die Ausführung bzw. die Unterlassung des Handelns willensgesteuert oder geschieht sie aufgrund eines Drängens von Außen her?
2. Sprache: Diese Kategorie tritt auf zwei verschiedene Arten als Mittel der Figurencharakterisierung auf. Zum einen werden **stilistische Charakteristika** (z. B. dialektale oder syntaktische Besonderheiten) erfasst, die die direkte Rede, die erlebte Rede oder den inneren Monolog einer Figur kennzeichnen (Stil). Es geht aber auch um die **Inhalte** (Botschaft) – durch die impliziten und expliziten Mitteilungen in ihrem Sprechen und Denken wird die Figur zu einem Individuum in der erzählten Welt.
3. Äußere Erscheinung: Diese Kategorie scheint im oben zitierten Abschnitt aus *Stolz und Vorurteil* auf den ersten Blick nicht ausgeprägt zu sein: **Attribute wie Physiognomie oder Kleidung** werden nicht thematisiert. Aber wir sollten die äußere Erscheinung nicht darauf beschränken, was wir im alltäglichen Leben darunter verstehen. Zwar erkennen wir in einer durchschnittlichen Fernsehproduktion anhand von Merkmalen wie Körperhaltung und Aussehen schnell, wer zu den Guten und wer zu den Bösen gehört. In der Literatur – und auch in der Fiktion im Allgemeinen – werden Figuren aber nicht zuletzt **durch ihren Namen bzw. ihre ›Bezeichnung‹, ihre soziokulturelle Position sowie ihre unmittelbare Umgebung charakterisiert**.

    Von besonderer Bedeutung in dieser Kategorie ist die **Namensgebung als Mittel der Figurencharakterisierung**. Im Allgemeinen funktionieren Namen und andere Bezeichnungen – wie Roland Barthes es formuliert hat – ›sparsam‹: Sie ersetzen eine Anzahl von Charakteristika durch eine einzige nominale Einheit (Barthes 1993; vgl. auch Docherty 1983). Namen können allerdings auch dazu dienen, auf sinnbildliche oder symbolische Weise Bedeutung zu vermitteln. Man denke beispielsweise an den **Lautwert** des Namens Ebenezer Scrooge aus Charles Dickens' *A Christmas Carol* (1843; dt. *Eine Weihnachtgeschichte*): Schon der Klang des Nachnamens spiegelt die Feindseligkeit und Grantigkeit der Figur wider.
4. Interpersonelle Charakterisierung: In diese Kategorie fallen Beschreibungen einer Figur, die andere Figuren über sie geben. Diese Art der Charakterisierung erfolgt also weder explizit durch den Erzähler noch durch das Handeln, die Sprache oder die äußere Erscheinung einer Figur. Konturiert eine Figur durch ihr Handeln oder eine Beschreibung den Charakter einer anderen Figur, wird sie damit ein **Charaktant**. Die Erzählliteratur ist reich an Figuren, die als Charaktanten andere Figuren konturieren. Ist dies nur einer unter vielen Aspekten der jeweiligen Figurenrolle – etwa nur in bestimmten Passagen eines Textes – übernimmt die Figur die **Funktion eines Charaktanten**. Werden Nebenfiguren hingegen einzig zu dem Zweck eingeführt, eine zweite Figur zu charakterisieren, spricht man von **reinen Charaktanten**.

    Bei der Beschreibung von Charaktanten liegt es nahe, ihre Wirkungsweise näher zu bestimmen:
    - Wirkt der Charaktant **aktiv** oder **passiv**; d. h. wird die fragliche Figur aktiv durch das Handeln und/oder die Sprache des Charaktanten konturiert oder passiv im Kontrast zu ihm?

IV.3
Was erzählt der Erzähler? – Parameter der Geschichte

- Wirkt der Charaktant **dynamisch** oder **prädikativ**; d. h. motiviert er eine Veränderung der Figur oder bringt er bereits vorhandene, dem Leser bislang unbekannte Eigenschaften der Figur ans Licht?

Anhand von Beispielen wollen wir nun die verschiedenen Kategorien der Charakterisierung von Figuren veranschaulichen. Greifen wir zu diesem Zweck zunächst auf die oben zitierte Passage aus Jane Austens *Stolz und Vorurteil* zurück.

Interpretationsskizze

Charakterisierungen in Jane Austens *Stolz und Vorurteil*

Figurenhandeln: Mr. Bennet ignoriert die Aufforderung seiner Frau, nachzufragen, was sie von Mrs. Long erfahren hat (»›Willst du denn gar nicht wissen, an wen?‹, rief seine Frau ungeduldig«). In diesem ›Nicht-Handeln‹ deutet sich Mr. Bennets Überlegenheit und Arroganz an, ebenso aber Integrität und Persönlichkeit gegenüber Mrs. Bennet.

Sprache (Stil): Im Fall von Mrs. Bennet fällt in der zitierten Passage vor allem der stilistische Aspekt auf – etwa in ihrer zweite Bemerkung: »›Doch, doch‹, erwiderte sie, ›Mrs. Long war nämlich gerade hier und hat es mir lang und breit erzählt.‹« Der erste Satzteil beinhaltet eine Ellipse (Auslassung) – ausformuliert hätte er lauten müssen: »Doch, doch, denn Mrs. Long hat mit dem neuen Besitzer gesprochen«. Durch die Auslassung wird ein Gefühl von Ungeduld, Eifer und Aufregung vermittelt. In den folgenden Sätzen verstärkt sich dieser Eindruck: Mrs. Bennets Ausführungen sind gespickt mit Ausrufen wie »Na, ledig natürlich!«, »Wie kannst du nur so schwerfällig sein!« und »Deshalb!«. Zusätzlich verstärkt wird der Eindruck der Ungeduld und Aufregung dadurch, dass Mr. Bennets Äußerungen – im Kontrast zu denen seiner Frau – keinerlei Ausrufe enthalten.

Sprache (Botschaft): Bei der Betrachtung des Inhalts von Mrs. Bennets Äußerungen erkennen wir, dass dieser mit der ›allgemeingültigen Wahrheit‹ vom Anfang der Textpassage korrespondiert. Im Gegensatz dazu stehen die von Mr. Bennet vorgebrachten Zweifel eher im Einklang mit dem, was der Erzähler über diese Wahrheit zu denken scheint – wir erinnern uns an seinen ironischen Unterton! Mrs. Bennets zweifelsfreier Glaube daran, dass sich Mr. Bingley in eine ihrer Töchter verlieben wird, lässt sie naiv erscheinen. Ihr Mann hingegen bleibt – diese Wünsche seiner Frau betreffend – skeptisch, wodurch seine rationale Denkweise verdeutlicht wird.

Äußere Erscheinung: Diese Kategorie ist in unserer Textstelle vor allem hinsichtlich der Namen, genauer: der Bezeichnungen vertreten. Mehrere interessante Besonderheiten lassen sich feststellen. Mr. Bennet wird immer als ›Mr. Bennet‹ bezeichnet, in leicht abgeschwächter Form mit dem Zusatz »mein lieber« sogar von seiner Frau. Mrs. Bennet hingegen wird meist über die eheliche Beziehung bezeichnet: »seine Gemahlin«, »seine Frau«. Es hat den Anschein, als ob ihre ganze Existenz und Identität von ihrem Ehemann abhingen. Im weiteren Verlauf des Romans erfahren wir, dass dies tatsächlich der Fall ist. Denn: Mrs. Bennet ist eine jener Frauen, die »ein[en] Junggeselle[n] im Besitz eines schönen Vermögens« geheiratet hat, der dringend eine Frau brauchte. Sowohl das Gespräch zwischen den beiden als auch die Schlussbemerkung des Erzählers zeigen, dass sie ihren Mann jedoch niemals richtig kennen-, geschweige denn verstehen gelernt hat.

Interpersonelle Charakterisierung: Durch sein Schweigen, als Mrs. Bennet eine Antwort von ihm erwartet, lässt Mr. Bennet seine Frau ›hervortreten‹ und ihr ungeduldiges Naturell enthüllen. Es ist sein ›Nicht-Handeln‹, das ihre Ungeduld – im Kontrast zu seiner Gelassenheit – für den Leser erkennbar werden lässt. Auch motiviert Mr. Bennet keine Veränderung des Charakters seiner Frau, vielmehr wird eine bereits vorhandene Charaktereigenschaft deutlich. Mr. Bennet übernimmt also in dieser Textpassage die Funktion eines passiv-prädikativen Charaktanten.

Ein weiteres Beispiel für die **Charakterisierung durch Namen** liefert Bret Easton Ellis' Roman *American Psycho* (1991). Dessen Protagonist ist ein psychopathischer Yuppie, der den Namen Patrick Bateman trägt. Dieser Name ermöglicht eine ganze Reihe von **Konnotationen**.

Charakterisierung durch Namen in Ellis' *American Psycho*

Interpretationsskizze

Auffällig ist zunächst, dass der Vorname ›Patrick‹ die erste Silbe mit dem Wort ›pathologisch‹ teilt. Diese Gemeinsamkeit deutet bereits die kriminelle Neigung des Protagonisten an. Der Nachname ›Bateman‹ hingegen ist eine Chiffre für die Art von Figur, welche er darstellt: Rückwärts buchstabiert bedeutet er *nametab* (Namensschild, Etikett) und spiegelt somit die krankhafte Fokussierung des Namensträgers auf Lifestyle, Markenprodukte und Konsumismus wider.

Des Weiteren klingen im Namen ›Bateman‹ andere bekannte Figuren an: Norman Bates aus Alfred Hitchcocks Film *Psycho* (1960) und die Comicfigur Batman – zwei zentrale Typen der amerikanischen Fiktion: Serienmörder und Superheld. Was auf den ersten Blick als krasser Gegensatz erscheint – der psychopatische Mörder Bates einerseits, Batman als Hüter der Gerechtigkeit andererseits – hat bei genauerer Betrachtung ziemlich viel gemeinsam. Beide Figuren haben eine doppelte Identität (Batman ist eigentlich Bruce Wayne, der schizophrene junge Mann Norman Bates verkörpert zugleich seine herrschsüchtige Mutter). Die Eltern beider Figuren sind gestorben, was bei beiden ein Trauma zur Folge hatte. Die geheimen Identitäten beider Figuren werden bestimmt durch Gewalttätigkeit – Bates' Gewalttaten sind monströs, wenn auch aus psychologischer Sicht verständlich; Batmans Gewalttätigkeit hingegen wird akzeptiert, weil sie der guten Sache dient. Die Parallelen zum Protagonisten aus *American Psycho*, Patrick Bateman, sind zahlreich. Auch er ist elternlos und insgeheim ein gewalttätiger Sadist.

IV.3 Was erzählt der Erzähler? – Parameter der Geschichte

Im folgenden Textabschnitt aus *American Psycho* fahren Patrick Bateman und sein Freund Timothy Price in einem Taxi zu einer Party:

Bret Easton Ellis:
American Psycho
(1991), S. 18–19

Beim Aussteigen entdeckt er [Timothy Price] auf der Straße – »Bingo: *Dreißig*« – einen Bettler in einem gammeligen, dreckig-grünen Overall, unrasiert, mit schmutzigem, zurückgeklatschtem fettigem Haar, und hält ihm zum Spaß die Taxitür auf. Der Penner, verstört und leise brabbelnd, den Blick beschämt aufs Pflaster gerichtet, hält uns mit unsicherer Hand einen leeren Styropor-Kaffeebecher hin.
»Ich glaube, er will das Taxi nicht«, kichert Price und knallt die Taxitür zu. »Frag ihn, ob er American Express nimmt.«

Dieser kurze Textabschnitt weist zwei verschiedene Charakterisierungen auf, anhand derer sich die **Wirkungsweise von Charaktanten** beschreiben lässt:

Interpretationsskizze

Charakterisierungen durch Charaktanten in Ellis' *American Psycho*

Die Figur des Bettlers wird vom Ich-Erzähler Bateman beschrieben (Darstellungsmodus ›Erzählen‹), während Price durch sein Handeln charakterisiert wird (Darstellungsmodus ›Zeigen‹). Price lässt den Bettler ›hervortreten‹ und seine Unsicherheit und Verelendung zur Schau stellen, während umgekehrt durch den Bettler Price' Zynismus und Sarkasmus offenbar werden. Insofern sind beide – Price und der Bettler – Charaktanten, denn ihre Interaktion ermöglicht es dem Leser, ihnen die jeweiligen Charaktereigenschaften zuzuordnen.

Das Verhältnis der beiden Figuren ist im Gesamtentwurf des Romans allerdings nicht symmetrisch. Price spielt eine zentrale Rolle und taucht im Verlauf des Romans immer wieder auf, während wir diesem Bettler nur ein einziges Mal – und zwar in dieser Szene – begegnen. Price' Funktion als Charaktant des Bettlers ist also im Grunde genommen belanglos. Die einzige Funktion des Bettlers ist es, Price zu charakterisieren, er ist also ein reiner Charaktant. Die Charakterisierung erfolgt durch das Handeln des Bettlers auf aktive Weise – er hält Price den Kaffeebecher hin, wodurch eine Reaktion ausgelöst wird. Auch in diesem Fall wird jedoch keine Veränderung der charakterisierten Figur herbeigeführt, sondern lediglich eine bereits bestehende Charaktereigenschaft verdeutlicht. Der Bettler ist demnach ein aktiv-prädikativer Charaktant.

3.3.5 | Figuren als Aktanten

Literarische Figuren dürfen nicht allein im Hinblick auf ihre menschenähnlichen (anthropomorphen) Eigenschaften oder ihre wechselseitige Charakterisierung betrachtet werden. Figuren tragen mit ihrem Handeln und Verhalten auch dazu bei, die Gesamthandlung der Erzählung zu realisieren (s. Kap. IV.3.2.6). Strukturalistische Ansätze wie das Greimas'sche Aktantenmodell sind nicht an den Figuren als quasi-menschlichen Individuen interessiert, sondern ausschließlich an den Funktionen, die sie in Bezug auf die Gesamthandlung – den ›Mythos‹ im Sinne Aristoteles' – wahrnehmen. Das Aktantenmodell von Greimas lässt sich vor diesem Hintergrund gut auf die Romane des 18. und 19. Jahrhunderts – die klassischen Bildungsromane und die großen realistischen Romane – anwenden, weil deren Charaktere noch relativ klar konturiert sind. Ihre Motivationen für das Handeln der Figuren lassen sich in diesem Fall schlüssig auf die verschiedenen Aktantenrollen abbilden.

Die Anwendung des Aktantenmodells auf die Literatur des 20. Jahrhunderts ist dagegen deutlich schwieriger. Im realistischen Roman des 19. Jahrhunderts ist der Protagonist noch in einem auf Erfahrungen beruhenden Prozess des ›Werdens‹ begriffen, der ihn am Ende zu einem reiferen Verständnis von der erzählten Welt und seiner selbst hinführt. Die Protagonisten moderner Romane sind hingegen oftmals dadurch geprägt, dass sie solch ein tieferes Verständnis von sich selbst und der erzählten Welt niemals erlangen. Anstatt Erfahrungen als Möglichkeit der Identitätsfindung aufzunehmen, begreifen sie sich selbst als leer oder aufgelöst – als bloßer Punkt, in dem sich die Ereignisse überschneiden. Wie es der Erzähler in Robert Musils Roman *Der Mann ohne Eigenschaften* (1930) über die Figur Ulrich formuliert: Es geht darum, das eigene Leben so zu erfahren, als ob

Aktantenmodell oder Figurenmodell?

> sich alles darin so vollzogen habe, wie wenn es mehr zueinander gehörte als zu ihm. Auf A war immer B gefolgt, ob das nun im Kampf oder der Liebe geschah. Und so musste er wohl auch glauben, das die persönlichen Eigenschaften, die er dabei erwarb, mehr zueinander als zu ihm gehörten, ja jede einzelne von ihnen hatte, wenn er sich genau prüfte, mit ihm nicht inniger zu tun als mit anderen Menschen, die sie auch besitzen mochten.

Robert Musil: Der Mann ohne Eigenschaften (1930)

Musils Held zieht daraus den Schluss, »daß er mit alledem ja doch ein Charakter sei, auch ohne einen zu haben« (S. 155). Er realisiert also, dass er nicht als ›Einheit‹ existiert, die durch subjektive Erfahrung und Werte bestimmt wird, sondern als entindividualisierte ›Figur‹ in der großen ›Erzählung‹ Wirklichkeit. Auf diese Erkenntnis reagiert er mit Gleichgültigkeit gegenüber der Welt, wenn nicht gar mit regelrechtem Nihilismus. Ein eigenes Anliegen und eine Motivation, die man im Sinne des Greimas'schen Aktantenmodells handlungslogisch erfassen könnte, hat dieser Held damit nicht mehr.

So scheinen postmoderne Romane wie *American Psycho* auf den ersten Blick – wenn man sie anhand des Aktantenmodells zu beschreiben versucht – oftmals wenig Sinn zu machen. Patrick Bateman ist unzweifelhaft das Subjekt, aber er scheint überhaupt kein **Anliegen** zu haben. Sein Handeln – ob es nun mit seiner ›offiziellen‹ Identität als Börsenmakler oder mit seinem Alter Ego als Psychopath in Verbindung steht – hat keinerlei Ziel. Deshalb kann man keine weiteren Aktantenrollen wie Gegner, Helfer, Empfänger etc. identifizieren. Batemans Welt ähnelt dabei der von Musils *Mann ohne Eigenschaften*: Es gibt in beiden Welten keine menschlichen Werte; der Mensch ist in ihnen eine leere Gestalt ohne Vertrauen in persönlichen oder kulturellen Fortschritt. Dieser weltanschauliche Nihilismus spiegelt sich auch in der Anlage der Figuren: Sie sind keine semantisch – d. h. über individuelle Werte und Motive – definierten Subjekte mehr, sondern vielmehr abstrakte bzw. syntaktische – d. h. nur noch in und durch Sprache vorhandene – Subjekte, die uns als Schnittmengen verschiedener semiotischer und ideologischer Strukturen begegnen. Wie diese beiden Beispiele zeigen, sollte die Methodik einer konkreten Figurenanalyse die epochen- und genrespezifischen Besonderheiten der jeweils untersuchten Erzählung berücksichtigen. Insbesondere im Falle moderner Literatur kann die Figurenanalyse mit dem hier vorgestellten Figurenmodell adäquater ausgeführt werden als mit (handlungs-)logisch orientierten Figurenkonzeptionen.

Leitfragen zur Figurenanalyse

Bei der Analyse literarischer Figuren ist eine doppelte Perspektive zu berücksichtigen: Einerseits erscheint uns die Figur als ein menschliches oder quasi-menschliches Wesen, mit dem wir – ob durch Identifikation oder durch Ablehnung – eine Beziehung eingehen können; andererseits ist die Figur eine symbolische Manifestation gewisser Werte, Ideen oder Konzepte im Gesamtentwurf der Erzählung. Bei der Figurenanalyse muss man diese Perspektiven voneinander unterscheiden, um aus ihnen jene Charaktereigenschaften zu destillieren, die wir als Motive für das Handeln der Figur betrachten. Dazu lassen sich folgende Leitfragen aufstellen:

- Grad der Profilierung: Sind die Charaktere – nach Forster – ›flach‹ oder ›rund‹?
- Explizite vs. implizite Charakterisierung: Wird die Figur in erster Linie von einem allwissenden Erzähler explizit beschrieben oder müssen wir als Leser die Persönlichkeit der Figur aus ihrem Handeln und ihren Äußerungen erschließen?
- Profilierung im Modus des Zeigens (*showing*): Welche Mittel der Profilierung durch Figurenhandeln, Figurenrede, äußere Merkmale oder die Interaktion mit anderen Figuren (Charaktanten-Beziehungen) werden eingesetzt?
- Prinzipien der Figurenwelt: Stellt die fiktive Welt spezielle Regeln und Normen auf, nach denen wir das Handeln und Äußerungen der Figuren beurteilen müssen/sollen?
- Figurentypus: Verkörpert die Figur einen sozialen, kulturellen oder psychologischen Typus? Sind die Hauptfiguren einer bereits bekannten literarischen Figur, einer lebenden oder einer historischen Person nachempfunden oder haben sie Ähnlichkeit mit einer solchen?
- Genrespezifische Figurenrollen: Wird die Anlage und Verteilung der Rollen unter den Figuren von Genrekonventionen bestimmt?
- Figurenkonstellationen: Gibt es systematische Beziehungen zwischen den Figuren in der Erzählung wie z. B. Oppositionen, Dualismen, Parallelismen, Ähnlichkeiten oder Negationen?

Literatur

Docherty, Thomas: Reading (absent) character. Towards a theory of characterization in fiction. Oxford 1983.
Doležel, Lubomír: »Possible worlds of fiction and history«. In: New Literary History 29/4 (1998), S. 785–809.
Ferrara, Fernando: »Theory and model for the structural analysis of fiction«. In: New Literary History 5/2 (1974), S. 245–68.
Forster, Edward Morgan: Ansichten des Romans [engl. 1927]. Berlin/Frankfurt a. M. 1949.
Grossmann, Reinhardt: Die Existenz der Welt. Eine Einführung in die Ontologie. Frankfurt a. M. ²2004.
Hansen, Per Krogh: Karakterens rolle. Aspekter af en litterær karakterologi [Die Rolle des Charakters. Aspekte einer literarischen Charakterologie]. Holte 2000.
Jannidis, Fotis: Figur und Person. Beitrag zu einer historischen Narratologie. Berlin 2004.
Jauss, Hans Robert: »Levels of identification of hero and audience«. In: New Literary History 5/2 (1974), S. 283–317.
Phelan, James: Reading people, reading plots. Character, progression, and the interpretation of narrative. Chicago 1989.
– : Living to tell about it. A rhetoric and ethics of character narration. Ithaca 2005.

Literatur zum Weiterlesen

Eder, Jens/Jannidis, Fotis/Schneider, Ralf (Hg.): Characters in fictional worlds. Understanding imaginary beings in literature, film, and other media. Berlin/New York 2010.

3.4 | Aspekte des Raums

Die erzählte Welt: Wie in unserer Alltagswahrnehmung ist auch in der Begegnung mit einer literarischen Welt die Kategorie des Raums nur mittelbar erfahrbar: Ein Gegenstand befindet sich im Raum; eine Figur bewegt sich durch einen Raum hindurch – der erste verharrt an seinem spezifischen Ort, die Figur hingegen wechselt von einem Ort zum nächsten, und indem wir beide beobachten, wird die abstrakte Vorstellung eines ausgedehnten Raumes für uns quasi-sinnlich erfahrbar. Jedes Element der fiktionalen Welt hat, so scheint es, zu jedem Zeitpunkt seinen Ort. Aber wie man sich dieses »einen Ort haben« im Erzähltext vorzustellen hat und wie man Ort und Raum als erzähltechnische Kategorien analysieren kann, ist komplizierter, als es zunächst den Anschein hat.

Der sprachlich dargestellte Raum: Für ein Verständnis des Raumes und seiner Rolle im literarischen Kunstwerk ist es hilfreich, zunächst **das Spezifische der sprachlichen Darstellung von Räumen** zu betrachten. Im Alltag nehmen wir Räume visuell wahr, dabei erschließt sich der Gesamteindruck eines Raums »auf einen Blick«. Die Augenblicklichkeit des Erfassens fehlt hingegen bei der sprachlichen Darstellung. Je detaillierter ein Raum beschrieben ist, desto mehr gerät das Gesamtensemble und damit der Gesamteindruck eines Raumes aus dem Blick.

Untersucht man nun literarische Werke hinsichtlich der Weise der Raumdarstellung, so zeigt sich, dass ein literarischer Text meist **Raumeindrücke** oder die **Wahrnehmung des Raumes** wiedergibt, nicht so sehr den Raum als solchen. Längere beschreibende Passagen von Orten und Räumen sind häufig an menschliche Wahrnehmungen gebunden; oft erfolgen, eingeflochten in beschreibende Passagen, Blickwechsel auf Figuren und ihre Emotionen oder Handlungen. Eine reine Darstellung des Raumes muss deutlich poetisch ausgestaltet sein, um von den Lesenden ihres ästhetischen Reizes wegen geschätzt werden zu können.

IV.3 Was erzählt der Erzähler? – Parameter der Geschichte

Wie die Kategorie der Zeit ist im Erzähltext also auch die Kategorie des Raums immer schon vorausgesetzt. Während jedoch die Zeit der erzählten Geschehnisse wie die des Erzählens ebendieser Geschehnisse letztlich immer ein geschlossenes Kontinuum ausmacht, kann die **Raumgestaltung** deutlich komplexer konstruiert sein. Das zeigt sich besonders dann, wenn man die Frage nach dem Ort des Erzählers stellt.

Ort oder Raum des Erzählers: Der Ort, an dem der Erzähler spricht und damit als Erzählender sprachlich handelt, wird im literarischen Erzähltext nur selten genau definiert und beschrieben. Eine Ausnahme bilden Ich-Erzählungen im Präsens und insbesondere Prosawerke, die aus einer Rahmen- und einer Binnenerzählung bestehen und so eine »Geschichte in der Geschichte« präsentieren. In der Erzählliteratur finden sich viele Beispiele, bei denen diese Art der Trennung sogar in Form einer vielstufigen Schachtelung vorgenommen worden ist – so etwa in Jan Graf Potockis Roman *Abenteuer in der Sierra Morena oder die Handschrift von Saragossa* (1847 ff.), in dem man bis zu zwölf verschachtelte Erzählebenen ausfindig machen kann.

Inklusionsschema: Bei solchen komplex ineinander geschachtelten Erzählungen spricht man von einem **Inklusionsschema**. Hier ist jeder Erzähler immer zugleich auch Teil einer fiktionalen Welt: Er hält sich wie die anderen Figuren »seiner« Welt an den im Text näher beschriebenen Schauplätzen auf, so dass hier mit dem Handlungsraum zugleich auch ein **Erzählraum** ausgestaltet ist (vgl. das Storm-Beispiel *Der Schimmelreiter* in Kap. IV.1.3).

Erzählraum und Handlungsraum: Auf der Ebene der Geschichte – also der Ebene des »Was?« der Erzählung – sind damit systematisch zwei Kategorien von Orten bzw. Räumen zu unterscheiden:
- Erzählraum: Er definiert den Ort, an dem der Erzähler sich aufhält und von dem aus er spricht.
- Handlungsraum: Er definiert den Ort oder die Orte, wo die Figuren agieren und die Geschehnisse stattfinden.

Semantisierter Raum: Zu den Besonderheiten des Raumes im literarischen Text zählt, dass es eigentlich keinen neutralen oder leeren Raum gibt: Der erzählte Raum ist immer schon irgendwie »semantisiert«, das heißt bedeutungshaft. Daher münden Untersuchungen des Raumes in einem fiktionalen Text auch schnell in die Werkinterpretation: Der Raum steht gemeinhin in engem Zusammenhang und Wechselspiel mit den Aspekten der Figur und den Regeln und Gesetzmäßigkeiten des Werkes. Für eine erzähltechnische Raumanalyse sollte man dennoch zunächst bewusst nur beschreibend und nicht gleich deutend verfahren, weil sonst die Komplexität der Raumgestaltung leicht durch eine vorschnelle Gesamtinterpretation verdeckt werden kann. Manchmal spiegelt so ein Raum zum Beispiel die Hierarchien und moralischen Bewertungen wider, die in der fiktionalen Welt gelten. Die scheinbar wertfreie Beschreibung der räumlichen Dimension unterstützt dann auf subtile Weise die Wertungen, die der Erzähler explizit oder implizit ausspricht.

IV.3 Aspekte des Raums

Zugegeben, die Stadt selber ist häßlich. Sie sieht so gesetzt aus, dass man einige Zeit braucht, bis man merkt, was sie von so vielen anderen Handelsstädten auf dem ganzen Erdball unterscheidet. Wie soll man auch eine Stadt anschaulich beschreiben, <u>die keine Tauben, keine Bäume und keine Gärten besitzt, in der weder Flügelschlag noch Blätterrauschen zu hören ist</u>? Ein farblos-nüchterner Ort! [...]

Eine bewährte Art, eine Stadt kennenzulernen, besteht darin, herauszufinden, wie ihre Bewohner arbeiten, wie sie lieben und wie sie sterben. In unserem Städtchen vermengt sich all dies und geschieht mit der gleichen Maßlosigkeit, doch ohne innere Anteilnahme. [Hervorhebung A. B.]

Albert Camus: Die Pest (1947)

Semantisierung des Raums in Albert Camus' *Die Pest*

Interpretationsskizze

Anhand dieses Romanbeginns zeigt sich, wie schnell einem Ort Charakteristika beigelegt werden, die über eine neutrale Beschreibung hinausgehen. Der Ausdruck »Stadt« ist noch verhältnismäßig wenig konkret, doch schon die Bestimmung der Stadt als Handelsstadt gibt eine Reihe von Merkmalen vor, v. a. hinsichtlich der Gestalt und Bewohner dieser Stadt: Die Stadt wird geprägt sein von Kontakten nach außen, es wird viele Kaufleute geben, grundsätzlich wird ein ökonomisches Denken den Alltag vieler Bewohner bestimmen, die soziale Struktur wird ethnisch, ökonomisch und religiös heterogen sein usw. Die eigentliche Semantisierung des Ortes erfolgt aber erst in den nächsten Sätzen, wenn die Stadt als ein Ort der Leblosigkeit beschrieben wird (vgl. die Unterstreichung im Zitat). Das wird weiter gesteigert über die Beschreibung der Bewohner, die alles »mit der gleichen Maßlosigkeit« und »ohne innere Anteilnahme« tun. Noch bevor also in der Stadt die Pest ausbricht, erscheint die Stadt als ein gewissermaßen toter Ort. Diese Semantisierung und ihr Bedeutungspotential für den Roman kann allerdings erst die Betrachtung des Gesamttextes erhellen.

Raumeindruck: Die nachfolgende Anfangspassage aus Theodor Fontanes Roman *Effi Briest* (1894/95) zeigt, wie die Wahrnehmung des Raumes durch Raumeindrücke (einfache Unterstreichung) und menschlich Messbares (markiert durch eine doppelte Unterstreichung) erfolgt. In diesem Beispiel wird auch deutlich, wie der Autor zwischen einzelnen ins Auge springenden Details und der Beschreibung der Gesamtanlage wechselt.

In Front des schon seit Kurfürst Georg Wilhelm von der Familie von Briest bewohnten Herrenhauses zu Hohen-Cremmen fiel heller Sonnenschein auf die mittagsstille Dorfstraße, während nach der Park- und Gartenseite hin ein rechtwinklig angebauter Seitenflügel einen breiten Schatten erst auf einen weiß und grün quadrierten Fliesengang und dann über diesen hinaus auf ein großes, in seiner Mitte mit einer Sonnenuhr und an seinem Rande mit Canna indica und Rhabarberstauden besetztes Rondell warf. <u>Einige zwanzig Schritte weiter</u>, in Richtung und Lage genau dem Seitenflügel entsprechend, lief eine ganz in kleinblättrigem Efeu stehende, nur an einer Stelle von einer kleinen weißgestrichenen Eisentür unterbrochene Kirchhofsmauer, hinter der der

Theodor Fontane: Effi Briest (1894/95)

IV.3
Was erzählt der Erzähler? – Parameter der Geschichte

Hohen-Cremmener Schindelturm mit seinem blitzenden, weil neuerdings erst wieder vergoldeten Wetterhahn aufragte. Fronthaus, Seitenflügel und Kirchhofsmauer bildeten ein einen kleinen Ziergarten umschließendes Hufeisen, an dessen offener Seite <u>man</u> eines Teiches mit Wassersteg und angekettetem Boot und dicht daneben einer Schaukel <u>gewahr wurde</u>, deren horizontal gelegtes Brett zu Häupten und Füßen an je zwei Stricken hing – die Pfosten der Balkenlage schon etwas schief stehend. Zwischen Teich und Rondell aber und die Schaukel <u>halb versteckend</u> standen ein paar mächtige alte Platanen. [Hervorhebungen A. B.]

Interpretationsskizze **Funktion von Raumbeschreibung in Theodor Fontanes *Effi Briest***

In der Anfangsbeschreibung sieht man, wie sich die Raumschilderung ähnlich einer Kamerafahrt aus der Totalen in einer detaillierten Beschreibung auf die Schaukel verengt. Die Schaukel, deren Alter über die Schieflage der Pfosten anklingt, wird im Laufe des Romans zu einem Sinnbild für Effi Briests Jugend und ihre leichte, oft noch kindlich anmutende Ausgelassenheit, die sie in der unglücklichen Ehe immer mehr verliert. Solche fokussierende Funktion der Beschreibung von Räumen lässt sich häufig beobachten. Um ihre Bedeutung bestimmen zu können, ist in der Regel eine Gesamtanalyse des literarischen Textes nötig.

Die Wichtigkeit der Kategorie des Raums wird dadurch unterstrichen, dass die Raumwahrnehmung und der Raumeindruck in der Regel sehr eng an den Erzähler bzw. an Figuren gebunden sind. Daraus ergeben sich zwei der zentralen Funktionen des Raums innerhalb des literarischen Textes:

Funktionen des Raums
- Hinweise auf die Grundkonflikte im Werk,
- Charakterisierung von Figuren.

Hinweis auf Grundkonflikte: Mit der Bindung an die Erzählinstanz wird über den Raum oft ein zentrales Motiv des Textes eingefangen. Das liegt an der herausragenden Position der Erzählinstanz, über die uns ja die ganze literarische Welt vermittelt wird. Den von ihr vorgenommenen Gewichtungen entnehmen wir deshalb die Gesamtkonzeption der literarischen Welt (es sei denn, wir erkennen sie anhand irgendwelcher Merkmale als ›unzuverlässigen Erzähler‹; s. Kap. IV.2.6).

Charakterisierung von Figuren: Unsere Lektüreerfahrung zeigt zugleich, dass Raum und Figur häufig eng aneinander gebunden sind. Einerseits werden Räume und Orte oft aus der Perspektive der Figur wahrgenommen. Mit den **Raumwahrnehmungen der Figur** wird zugleich auch die Figur selbst charakterisiert: Was sie wahrnimmt, wie sie wahrnimmt gehört zu dem, was ihre Persönlichkeit ausmacht. Andererseits sind Orte und Räume eines literarischen Textes immer »ausgestattete« Räume, denn die Gegenstände in einem Raum sind abgestimmt auf die Bedürfnisse und den Handlungsradius der Figur. Dies gilt auch in der Negation: Steht die Raumgestaltung den Gewohnheiten einer Figur völlig entgegen, so kann darüber signalisiert werden, dass sie an dem betreffenden Ort fremd ist.

Aspekte des Raums

Unser nächstes Textbeispiel ist ein Sonderfall einer solchen wechselseitigen Charakterisierung von Raum und Figur: Der Raum wird zum Bild des emotionalen Zustandes oder des Innenlebens der Figur. Eines der bekanntesten Beispiele dafür ist Hans Castorps Spaziergang durch den Schnee in Thomas Manns Roman *Der Zauberberg*. Der folgende Ausschnitt aus Brigitte Kronauers Roman *Teufelsbrück* spielt auf die entsprechende Passage bei Mann an:

Brigitte Kronauer: *Teufelsbrück* (2000), S. 359

> Auch ich war unterwegs. Und wissen Sie, woran ich gedacht habe, bei diesem Starren aufs Weiße? Dass ich Sie am Abend wiedersehen würde, hier drinnen, mit dem vielen Schnee drumherum, ja von draußen malte ich mir diesen heißen Raum in der kalten Nachtlandschaft aus und Sie darinnen. [...] [A]ber dann, am nächsten Morgen [...] standen sie da, die Berge, ringsum warteten sie schon, die herrlichen Massen, und lachten blökend von allen Seiten, die rohen Unschuldslämmer. [...]
>
> Weil alles so neu ist und nichts dreckig wird und so matt strahlt über große Schultern weg, hören die Gedanken auf, die Vergangenheit, man denkt nicht zurück, die mächtige weiße Gegenwart merzt alles aus. <u>Es ist eine gewaltige Willenskraft, ein weißes Schmettern, in dem nichts anderes zugelassen wird.</u> Das ist der Unterschied zur bloßen Ansicht von solchen Gebieten. Jetzt stand ich zwischen dem geräuschlosen Atmen der Weißballungen. [Hervorhebung A. B.]

Die gesamte (wie bei Mann von Mangel an Konturen geprägte) Landschaftsbeschreibung erfolgt aus der Perspektive einer Erzählerin, die selber in der erzählten Welt lokalisiert ist; sie ist also eine sekundäre Erzählerin (s. Kap. IV.1.3). In dem markierten Satz lässt sich jedoch kaum zuordnen, ob dieser die Landschaft oder die Erzählerin beschreibt.

Leitfragen zur Analyse des Raums

Räumlichkeit als Gesamteindruck: Die folgende Liste von Untersuchungskriterien für den Raum soll einen Leitfaden für die Analyse geben; dabei unterscheiden wir nicht zwischen den Konzepten Ort und Raum. In ihrer Gesamtheit resultiert aus den verschiedenen Handlungsorten und Handlungsräumen der fiktionalen Welt die komplexe Vorstellung von der abstrakten Räumlichkeit der erzählten Welt. Um diesen komplexen Eindruck analytisch zu »zerlegen«, lassen sich folgende Fragen an den Text stellen:

- **Quantität:** Gibt es einen Ort/Raum oder sind es mehrere?
- **Struktur:** Wenn es mehrere Orte/Räume gibt, in welchem Verhältnis stehen diese zueinander? Wie homogen ist der einzelne Raum?
- **Realisierung:** Auf welche Art und wie ausführlich sind die Orte/Räume beschrieben? Wie stark sind diese Beschreibungen erzähler- oder figurengebunden?
- **Relationalität:** Wie verhalten sich Figuren, wie die Gegenstände im Raum zueinander? Falls es mehrere Orte/Räume gibt: Wie verhalten sich die einzelnen Orte/Räume zu einander?

- **Blickwinkel:** Aus welchem Blickwinkel werden Orte und Räume aufgebaut – aus der Totale oder aus der Mitte heraus? Hierbei geht es nicht um die Perspektive einer (figuren- oder erzählergebundenen) Raumwahrnehmung, sondern um die Organisation der Raumdarstellung.
- **Bewegtheit:** Gibt es Bewegungen im Raum bzw. von einem Ort/Raum zum andern? Auch hier gilt zudem die Frage nach dem Blickwinkel: Wenn es Bewegungen gibt, ist die Bewegung selbst beschrieben oder deren Anfangs- und Endpunkt? Sind Bewegungen aus der Totale beschrieben oder aus dem Blickwinkel derer, die sich bewegen?

Während die bislang genannten Untersuchungskriterien eher beschreibend sind, weisen die drei folgenden einen eher interpretatorischen Charakter auf:
- **Funktion:** Welche Funktion haben diese Beschreibungen? Dient beispielsweise der Ort/Raum lediglich als Kulisse? Werden Orte/Räume deutlich gegeneinander abgegrenzt und unterstützen so die Strukturierung der literarischen Welt? Trägt der Ort/Raum zur Charakterisierung der Figur(en) bei? Oder handelt es sich bei Ortsbeschreibungen in erster Linie um Phänomene der Perspektive? – Damit verbunden und ein Spezialfall dessen:
- **Verbildlichung:** Handelt es sich bei dem dargestellten Raum wirklich um eine Außenwelt? Erfüllt der Ort/Raum primär den Zweck, beispielsweise emotionale Zustände und das Innenleben einer Figur zu illustrieren? (vgl. oben den Punkt ›Relationalität‹).
- **Semantisiertheit:** Ist die Räumlichkeit mit einem Wertesystem verbunden? Häufig werden verschiedene Orte/Räume mit verschiedenen Regeln und Gesetzmäßigkeiten, aber auch mit Werten und Vorstellungen verbunden. In diesem Fall ist dann auch zu untersuchen, ob es Überschneidungen in Bezug auf die Gesetzmäßigkeiten etc. der verschiedenen Räume gibt (vgl. auch oben die Punkte ›Struktur‹, ›Realisierung‹ und ›Relationalität‹).

Literatur

Breidert, Wolfgang [u. a.]: »Raum«. In: Ritter, Joachim/Gründer, Karlfried/Gabriel, Gottfried (Hg.): Historisches Wörterbuch der Philosophie. Bd. 8, Basel 1992, Sp. 67–111.
Bronfen, Elisabeth: Der literarische Raum. Eine Untersuchung am Beispiel von Dorothy M. Richardsons Romanzyklus ›Pilgrimage‹. Tübingen 1986.
Dünne, Jörg/Günzel, Stephan (Hg.): Raumtheorie. Grundlagentexte aus Philosophie und Kulturwissenschaften. Frankfurt a. M. 2006.
Hoffmann, Gerhard: Raum, Situation, erzählte Wirklichkeit. Stuttgart 1978.
Maatje, Frank C.: »Versuch einer Poetik des Raumes. Der lyrische, epische und dramatische Raum« [1968/69]. In: Ritter, Alexander (Hg.): Landschaft und Raum in der Erzählkunst. Darmstadt 1975.
Wenz, Karin: Raum, Raumsprache und Sprachräume. Tübingen 1997.

Literatur zum Weiterlesen

Dünne, Jörg/Mahler, Andreas: Handbuch Literatur & Raum. Berlin/Boston 2015.
Lotman, Jurij M.: Die Innenwelt des Denkens [russ. 2000]. Berlin 2010.

3.5 | Aspekte der zeitlichen Situierung

Alltägliches Zeitverständnis: Zusammen mit dem Raum gilt die Zeit als Grundkategorie aller Erfahrung: Was immer existiert und geschieht, ist notwendig »in der Zeit«. Umgekehrt gilt, dass wir die Zeit nicht an sich wahrnehmen können, denn im Unterschied zum visuellen Raumsinn besitzen wir ja keinen eigenen »Zeitsinn«. Wir schließen vielmehr von den wahrgenommenen Veränderungen in der Welt auf das Verstreichen von Zeit, denn jede Veränderung, jedes Geschehen und jedes Ereignis setzt logisch das Vergehen von Zeit voraus.

Als philosophische Kategorie betrachtet mag die Zeit in ihrer Abstraktheit zwar kaum fassbar scheinen; – als Alltagsphänomen hingegen bestimmt die Idee der Zeit unseren Tagesablauf auf selbstverständlichste Weise, was sich beispielsweise in Terminkalendern niederschlägt, darin, dass ein Jahr in Jahreszeiten eingeteilt wird, in der Einteilung in Tage, Monate und Jahre usf. Zwar korrespondieren all diesen Einteilungen Phänomene in der Natur; aber die Benennung und die Weise der Aufteilung ist eine menschliche Konstruktion.

Genre und Zeit: In manchen literarischen Genres kommt der Zeit schon aus Gründen der kulturellen Konvention eine besonders herausgehobene Funktion zu: Utopie und Science-Fiction-Roman sind gemeinhin in der (fernen) Zukunft angesiedelt; historische Romane spielen in einer vergangenen Epoche, wobei in beiden Fällen die Regeln und Gesetzmäßigkeiten oder auch Werte der literarischen Welt der Situierung des Geschehens und der Figuren in einer zeitlich entfernten Realität geschuldet sind.

Zeit in der literarischen Welt: Aber auch unabhängig von der Frage des historischen »Wann?« bleiben die Abläufe in einer literarischen Welt grundlegend von der Kategorie ›Zeit‹ abhängig: Wie in unserer wirklichen Lebenswelt sind auch die in einer Erzählung dargestellten **Ereignisse und Zustände immer schon zeitlich situiert**. Umgekehrt gilt jedoch, dass nicht jede Angabe im erzählenden Text, die dem Wortsinne nach Informationen über die Zeitstruktur verspricht, notwendig auch als Zeitangabe gewertet werden muss. So wäre es zum Beispiel unsinnig, eine Angabe zum Alter eines Protagonisten als reine Zeitangabe zu interpretieren, statt sie als Aussage zur Eigenart der Figur aufzufassen. Ähnlich verhält es sich mit den gewohnten Tagesabläufen der Figuren: Sie gehen in deren Charakterisierung mit ein. Für das Entstehen unserer Vorstellung von der Organisation der Zeit in der literarischen Welt tragen sie wenig bei.

Manche Zeitangaben fließen auch in die Ortsbeschreibung mit ein, oft beiläufig wie in dem obigen Zitat aus Theodor Fontanes Roman *Effi Briest* (s. Kap. IV.3.4).

Am wichtigsten bleibt damit in Hinblick auf die Kategorie der Zeit ihre **Funktion für die Gestaltung der Ereignisse** und des Gesamtgeschehens. Hier sind es insbesondere die Dauer und Geschwindigkeit einzelner Veränderungen, Situationen sowie des Gesamtgeschehens, die bei einer erzähltechnischen Analyse in den Blick genommen werden müssen.

Semantisierung der Zeit? Zu den Eigenheiten der Raumgestaltung im literarischen Kunstwerk zählt die Tatsache, dass der Raum semantisiert werden kann. Wie in Kapitel IV.3.4 dargelegt, kann der Raum vom Erzähler zur Charakterisierung der Figuren sowie zur verräumlichten Anschaulichkeit von Gesetzmäßigkeiten verwendet werden, indem verschiedene Räume miteinander kontrastiert oder verglichen werden. Die **Zeit hingegen widersetzt sich einer solchen Semantisierung**: Die Handlung spielt – für alle Figuren gleichermaßen – in einem bestimmten Jahr. Eventuelle Unterschiede beispielsweise der Tages- oder Jahreszeiten können allenfalls unterschiedlichen Schauplätzen geschuldet sein; an dem jeweiligen Ort der Handlung ist aber entweder für alle Figuren ein sonniger Wintertag oder ein regnerischer Herbsttag. Zwar können die verschiedenen Figuren bestimmte Tageszeiten unterschiedlich bewerten, aber es ist für alle gleichermaßen Nacht (oder Tag oder Frühling etc.). Zeit ist insofern nicht semantisierbar, wie es der Raum ist.

Die Kategorie ›Zeit‹ in der erzähltechnischen Analyse der Geschichte

Nach diesen grundsätzlichen Überlegungen zur Rolle der Kategorie ›Zeit‹ bei der Gestaltung des »Was« der Erzählung wollen wir jetzt einen Leitfaden zu ihrer erzähltechnischen Analyse geben.

Zeit im Diskurs vs. Zeit in der Geschichte: In Kapitel IV.2.3 wurde die Zeit als eine dem Erzählen immanente Kategorie betrachtet, also auf der Ebene des Diskurses. Hinsichtlich der Geschichte nimmt sie eine ganz andere Stellung ein: Die erzählten Geschehnisse setzen einen Zeitverlauf voraus, und sie nehmen eine bestimmte Zeitspanne ein; außerdem ist das Erzählte zeitlich kontextualisiert.

Die Leitfrage bei einer Untersuchung der Zeit auf der Geschichte-Ebene ist, **wann**, **wie lange** und **wie oft** das Erzählte spielt. Darunter fallen zum Beispiel Aussagen über den Zeitpunkt wie die Nennung eines bestimmten Datums mit Tages-, Monats- und Jahresangabe – vielleicht sogar mit Uhrzeit. Aber auch Hinweise auf allgemein bekannte historische Vorfälle können die Erzählung in einer Epoche situieren.

Formen von Zeitangaben: Oft ist die zeitliche Situierung nur vage angedeutet, insbesondere Jahresangaben werden eher selten vorgenommen. In der Anfangspassage aus Fontanes *Effi Briest* (s. Kap. IV.3.4) beispielsweise wird beiläufig ein Sommertag um die Mittagszeit entworfen; ein konkretes Jahr jedoch wird nicht genannt. Zeitangaben können auch verschlüsselt gegeben sein: Beispielsweise erlauben die Angaben von Tag und Monat zusammen mit der Mitteilung, dass Vollmond ist, eine Rekonstruktion des Jahres, in dem sich die Ereignisse zutragen. Welche Funktion einer solchen **Nennung von empirischen Fakten** – sogenannten **Realia** – für den literarischen Text zukommt, ist werkabhängig und eine Frage der Interpretation. Ganz allgemein gilt für das Einflechten solcher Angaben in einen fiktionalen Text aber, dass sie – wie alles andere – Teil der erzählten Welt sind. Man könnte sagen: Sie werden fiktionalisiert – und damit sind sie zuallererst als Elemente dieser erzählten Welt zu betrachten, und zwar in der Form, in der sie in ihr gegeben sind.

Spezifische Zeitangaben finden sich vor allem im Briefroman oder in der Tagebuchfiktion – beispielsweise in Johann Wolfgang von Goethes *Italienische Reise* (1816/1817).

Weitere Funktionen: Datierungen in diesem Rahmen können aber über die zeitliche Situierung hinaus noch andere Funktionen erfüllen. In der Erzählung *Zapiski sumasšedšego* (1835, dt. *Aufzeichnungen eines Wahnsinnigen*) von Nikolaj Gogol' beispielsweise zeigen die zunächst nur unkonventionellen, dann immer unsinnigeren Datierungen den zunehmenden Wirklichkeitsverlust des Helden an. Zeitangaben können aber auch zur metaphorischen Darstellung räumlicher Distanz eingesetzt werden, wie das folgende Beispiel, die Anfangspassage von Hubert Fichtes Roman *Die Palette* (1968), zeigt:

> Jäcki geht über den Gänsemarkt: Die Palette ist neunundachtzig bis hundert Schritte vom Gänsemarkt entfernt. [...]
>
> Fünf Minuten zu Fuß von der Palette entfernt – das hängt von der Schrittlänge ab und von dem Verkehr an den Übergängen: Axel Springer, der Botanische Garten, Brockstedts Galerie. Wenn man langsam geht, weil man zuviel getrunken hat, wenn man nödelt, weil man jemanden überreden will, weil man wartet, dass einer nachkommt, weil man gammelt, nur so langsam geht, weil man jemanden beobachtet, braucht man fünf Minuten von der Palette bis zum Gänsemarkt.

Hubert Fichte: Die Palette (1968)

Zeitspannen als Angaben der räumlichen Distanz — *Interpretationsskizze*

Die Angabe »fünf Minuten« in der Anfangspassage von Fichtes Roman *Die Palette* markiert weniger eine zeitliche Spanne als vielmehr eine räumliche Entfernung mit dem Effekt größerer Anschaulichkeit und Nachvollziehbarkeit dieser Entfernung. Darüber hinaus werden in dieser kurzen Passage über die Entfernung zwischen zwei Orten Verhaltensweisen und Tätigkeiten der »Palettianer«, der Protagonisten des Buches, vorweggenommen.

In Erzähltexten wird selten der **Zeitraum**, den die Geschehnisse insgesamt einnehmen, explizit genannt; gemeinhin gibt ein Text dafür aber zumindest Anhaltspunkte. Dieser Punkt spielt in die Kategorie der **Ereignisabfolge** mit hinein, anhand derer sich die Gesamtdauer der Handlung im Idealfall rekonstruieren lässt (s. Kap. IV.2.3).

Leitfragen zur Analyse der zeitlichen Situierung

Die zeitliche Gestaltung und Situierung der Geschichte lässt sich anhand folgender Leitfragen untersuchen:
- **Dauer:** Welche Zeitspanne nimmt die *Geschichte* insgesamt ein? Welche Zeitspannen nehmen einzelne Handlungen und Ereignisse ein?
- **Zeitpunkte:** Zu welchem Zeitpunkt finden einzelne Handlungen und Ereignisse statt?

IV.3 Was erzählt der Erzähler? – Parameter der Geschichte

- **Zeitbestimmung:** In welcher Form liegt die zeitliche Bestimmung vor (konkret oder allgemein, explizit oder implizit, direkt oder verschlüsselt)?
- **Zusatzfunktionen der Zeitbestimmungen:** Kommen den Zeitangaben noch andere Funktionen zu? Wenn ja, welche?

Literatur

Assmann, Jan [u. a.]: »Zeit«. In: Ritter, Joachim/Gründer, Karlfried/Gabriel, Gottfried (Hg.): Historisches Wörterbuch der Philosophie. Bd. 12, Basel 2004, Sp. 1186–1262.
Frank, Manfred: Das Problem ›Zeit‹ in der deutschen Romantik. Zeitbewußtsein und Bewußtsein von Zeitlichkeit in der Frühromantischen Philosophie und in Tiecks Dichtung. Paderborn u. a. 1990.
Hamburger, Käte: Die Logik der Dichtung [1957/1968]. Stuttgart ^{4}1994.
Müller, Günther: Die Bedeutung der Zeit in der Erzählkunst. Bonn 1947.
Ricœur, Paul: Zeit und Erzählung [frz. 1983–1985]. 3 Bde. München ^{2}2007.
Weinrich, Harald: Tempus. Besprochene und erzählte Welt [1964]. München ^{6}2001.

Literatur zum Weiterlesen

Matzat, Wolfgang: »Zeitgestaltung.« In: Ders.: Perspektiven des Romans. Raum, Zeit, Gesellschaft. Stuttgart/Weimar 2014, S. 182–253.
Middeke, Martin (Hg.): Zeit und Roman. Zeiterfahrung im historischen Wandel und ästhetischer Paradigmenwechsel von sechzehnten Jahrhundert bis zur Postmoderne. Würzburg 2002.
Weixler, Antonius/Werner, Lukas (Hg.): Zeiten erzählen. Ansätze – Aspekte – Analysen. Berlin/Boston 2015 (= Narratologia 48).

V Weitere Themenfelder der narratologischen Analyse

1 Lyrik
2 Drama
3 Film
4 Comic
5 Digitale Erzähltextanalyse

Einleitung

Erzählen und Repräsentieren: Geschichten werden nicht nur in sprachlichen Texten wie Romanen, Witzen oder Biographien **erzählt**, sondern auch in anderen literarischen Gattungen und Medien **repräsentiert** – etwa in der Lyrik, im Drama, im Film oder im Comic. Erzählen und Repräsentieren sind insofern beides Modi der Narration, weshalb sie in der alltagssprachlichen Verwendung zumeist undifferenziert unter den Begriff ›Erzählen‹ gefasst werden. Bei genauerer Betrachtung muss man jedoch **einen engen von einem weiten Begriff des Erzählens** unterscheiden.

Übertragbarkeit narratologischer Kategorien: Alle narratologischen Kriterien basieren zunächst auf der Grundunterscheidung zwischen:
- repräsentierter **Geschichte** (dem ›Was‹ der Erzählung),
- **Repräsentationsform** (dem ›Wie‹ der Erzählung als Produkt),
- **Repräsentationsakt** (dem ›Wie‹ des Erzählens als Prozess).

Dieser Unterscheidung verdankt sich die Übertragbarkeit narratologischer Kategorien auf andere Gattungen und Medien.

Konstituenten von Narrativität: Das Gemeinsame zwischen den verschiedenen Erscheinungsformen des Erzählens in unterschiedlichen Medien und Gattungen liegt dabei in der Grundstruktur von Geschichten, d. h. den Konstituenten von Narrativität. Geschichten bestehen aus einer **zeitlichen Geschehenssequenz**, die sich von einer Ausgangssituation über Veränderungen (Ereignisse) zu einer Endsituation (bezogen auf dieselben Figuren) erstreckt. Die gattungs- und medienspezifischen Unterschiede sind vor allem durch die **Vermittlungsmodalitäten**, d. h. durch die zur Repräsentation der Geschichte jeweils genutzten Vermittlungsinstanzen und -kanäle bedingt. Als Instanzen treten auf (hierarchisch gestaffelt): **realer Autor, abstrakter (impliziter) Autor, Erzähler, Figur.**

Der reale Autor kann unberücksichtigt bleiben, weil in einer narratologischen Analyse immer das Werk (und nicht der reale Autor) als Gegenstand der Analyse und als letzter Bezugspunkt aller Verstehensleistungen gilt.

Der abstrakte Autor (allgemeiner: das übergeordnete Präsentationssystem) ist diejenige Instanz, der die Gesamtorganisation des Werkes (Auswahl, Anordnung, Präsentationsmodus, Wertungsimplikationen etc.) zugeschrieben wird, die aber selbst keine Stimme hat. Der abstrakte Autor kommuniziert **durch andere Instanzen**.

Erzähler und Figuren dagegen sind Instanzen, die jeweils nach Gattung unterschiedliche Funktionen in der Vermittlung übernehmen:
- Literarische Erzählungen sind idealtypisch durch die Einschaltung einer (extradiegetischen) **Erzählerfigur** charakterisiert und kommunizieren gänzlich im sprachlichen Medium. Das Geschehen wird also **diegetisch vermittelt** (*telling*).
- Lyrik ist hinsichtlich der Vermittlungsinstanzen variabel: Gedichte können eine extradiegetische Instanz, einen Sprecher analog dem Erzähler in einer Erzählung, einsetzen und so eine Geschichte **diegetisch** präsentieren, oder aber diese nur durch Figurenrede, also **mimetisch**, vermitteln.

Gattungsspezifische Vermittlungsformen

- Dramen – im engeren Sinne die Aufführungen auf der Bühne – verzichten prinzipiell auf die Erzählinstanz und präsentieren das Geschehen gänzlich über die (von Schauspielern verkörperten) Figuren, durch deren Reden (Stimmen) sowie mittels Gestik, Mimik, Kleidung, Bühnenbild, Beleuchtung etc., d. h. **mimetisch** (*showing*). Sie nutzen dabei sowohl das sprachlich-akustische als auch das visuelle Medium.
- Filme weisen ähnlich wie ein auf der Bühne inszeniertes Drama zumeist keine übergeordnete Erzählinstanz auf. Nicht selten treten jedoch innerhalb der audiovisuellen Darstellung Erzählinstanzen auf – wenn etwa eine Stimme aus dem Off eingangs den Hintergrund darstellt oder Überleitungen zwischen Szenen erläutert. Vorhanden sind aber immer die Ebene des Figurenhandelns und die faktisch gegebene, aber nicht personalisierte Ebene des realen Filmemachers (in Form der Auswahl, Anordnung, Perspektivierung etc. der Sequenzen). Das Geschehen im Film wird also vorzugsweise **mimetisch** (*showing*) vermittelt.
- Comics kommunizieren anders als literarische Erzählungen nicht allein im sprachlichen Medium, sondern nutzen ähnlich wie Filme zudem auch das visuelle Medium – allerdings nicht in Form dynamischer, sondern mittels statischer Bilder. Der akustische Kanal hingegen wird in aller Regel nicht bedient, wenn auch Besonderheiten – wie etwa das Ertönen einer Melodie beim Umblättern einer bestimmten Seite – prinzipiell möglich sind. Comics weisen somit idealtypisch eine visuelle Erzählinstanz und eine sprachliche Erzählinstanz auf. Letztere kommentiert meist mittels Erzählkästen das in Bildern dargestellte Figurenhandeln, stellt zeitliche Bezüge zwischen den Panels her oder liefert zusätzliche Informationen zur Bildebene. Das Geschehen wird also **diegetisch** (telling) und **mimetisch** (showing) vermittelt.

Im Folgenden konzentrieren wir uns zunächst auf die Erscheinungsweisen des Erzählens in der Lyrik und im Drama, wobei im Mittelpunkt die Frage der Anwendbarkeit narratologischer Analysekategorien stehen soll. Anschließend widmen wir uns dem audiovisuellen Erzählen insbesondere im Spielfilm sowie dem sprachlich-bildlichen Erzählen im Comic.

Abschließend behandeln wir in V.5 die Grundlagen der **digitalen Erzähltextanalyse**. Diese bedeutet eine Erweiterung und Bereicherung traditioneller philologischer Verfahren um computergestützte Methoden, die prinzipiell gattungs- und genreunabhängig eingesetzt werden können. Dabei betrachten wir sowohl qualitativ (*close reading*) wie quantitativ (*distant reading*) orientierte Ansätze, die zum Teil durch webbasierte Tools und Arbeitsumgebungen unterstützt werden.

Literatur

Chatman, Seymour: Coming to terms. The rhetoric of narrative in fiction and film [1990]. Ithaca ²1993.

Titzmann, Michael: »The systematic place of narratology in literary theory and textual theory«. In: Kindt, Tom/Müller, Hans-Harald: What is narratology? Berlin/New York 2003 (= Narratologia 1), S. 175–204.

Weidle, Roland (Hg.): Focus on transmedial and transgeneric narration. [Themenheft von] Anglistik 18/2 (2007).

1 Lyrik

Anwendbarkeit narratologischer Kategorien auf die Lyrik: Sowohl die Vermittlungsform als auch die (zeitlich geordnete) Ereignisfolge in Gedichten lassen sich mit narratologischen Kategorien analysieren (Hühn/Schönert 2002; Hühn 2004), wie hier an Johann Wolfgang von Goethes Gedicht *Dem aufgehenden Vollmonde: Dornburg, 25. August 1828* demonstriert sei.

Johann Wolfgang von Goethe: *Dem aufgehenden Vollmonde*

Dem aufgehenden Vollmonde
Dornburg, 25. August 1828

Willst du mich sogleich verlassen?
Warst im Augenblick so nah!
Dich umfinstern Wolkenmassen,
Und nun bist du gar nicht da.
Doch du fühlst, wie ich betrübt bin,
Blickt dein Rand herauf als Stern!
Zeugest mir, dass ich geliebt bin,
Sei das Liebchen noch so fern.
So hinan denn! hell und heller,
Reiner Bahn, in voller Pracht!
Schlägt mein Herz auch schmerzlich schneller,
Überselig ist die Nacht.

Die Vermittlungmodalitäten im Gedicht

Interpretationsskizze

In Bezug auf die Vermittlung ist festzustellen, dass der Sprecher in Goethes Gedicht *Dem aufgehenden Vollmonde* – als Protagonist – eine ihn betreffende Geschichte im Präsens ›erzählt‹ (präsentiert). Dies geschieht im Moment des Erlebens (gleichzeitiges Erzählen), also mimetisch (im Modus des *showing*) und scheinbar unvermittelt, wie bei einer Figur in einem Drama, die man auf der Bühne sprechen sieht. Zugleich wird jedoch, durch Titel, Orts- und Datumsangabe, die Identität des Sprechers/Erzählers mit dem empirischen Autor impliziert. Es fallen also drei Positionen – Autor, Erzähler, Figur/Protagonist – zusammen. Ein derartiger Zusammenfall ist für Gedichte (in manchen Epochen, etwa der Romantik) typisch; daher wird der Lyrik generell das **Merkmal der Subjektivität** und Erlebnishaftigkeit zugeschrieben.

Dieser Eindruck unvermittelter Subjektivität ist jedoch ein sorgfältig **inszenierter Effekt**, der die strategische Formung der präsentierten Erfahrung (durch Selektion, Anordnung, Blickpunkt, Stil etc.) und damit die arrangierte Vermitteltheit als solche bewusst verschleiert. Damit soll eine bestimmte **Wirkung** erzielt werden: So geht es in Goethes Gedicht darum, die Authentizität des Erlebens zu steigern, indem das Geschehen in der Krise selbst wiedergegeben wird. Zugleich soll das Streben nach ihrer Lösung, hier die Sehnsucht nach Erwiderung der Liebe, intensiviert und damit der Übergang vom Gefühl des Verlassenseins zur Zuversicht auf Gegenliebe glaubhaft gemacht werden.

Das Erleben als mentale Geschichte: Die so präsentierte Erfahrung stellt eine **Geschehenssequenz im Bewusstsein** des Sprechers dar, der damit zugleich der eigentliche Protagonist dieser Geschichte wird. Narratologisch gesehen spricht sich das lyrische Ich mit der Präsentation des Gedichts zugleich eine eigene (mentale) Geschichte zu. Mit dieser Geschichte stabilisiert der Sprecher sein Ich – und ermöglicht dem Leser den stellvertretenden **identifikatorischen Nachvollzug**.

Die Geschichte selbst beginnt in der ersten Strophe mit der **Erzählung eines Naturvorgangs** (der Verdeckung des Vollmondes durch Wolken), der sogleich mit der **psychischen Situation des Sprechers** (dem Gefühl des Verlassenseins als Parallele zur Verdunkelung) assoziiert wird. Das äußerliche Geschehen wird damit als Ausdruck der psychischen Lage (des Liebesverlangens) thematisch gerahmt. Die zweite Strophe führt den Naturvorgang weiter, bis zum Erscheinen des hellen Mondrandes über den Wolken. Der Vorgang wird jetzt deutlicher als vorher mit der Gefühlslage des Sprechers verknüpft – er spiegelt zunächst dessen Betrübtheit, wird aber dann zum Indiz (»zeugest«) dafür, dass die ferne Geliebte ihn wiederliebt. Die dritte Strophe vollendet schließlich diesen Vorgang mit dem vollen Wiederauftauchen des Mondes, das das Ich als Zeichen der Liebesgewissheit deutet, die den Sprecher »überselig« macht. **Im Laufe des Gedichtes verschiebt sich die Betonung** hierbei immer mehr von der (äußeren) **Naturerscheinung** zu der mit ihr assoziierten (inneren) **Gefühlslage des Sprechers**, und zwar im Sinne der ereignishaften Überwindung einer Krise mit der Implikation der Erfüllung (wenn auch – vorläufig – erst mental).

Diese Erzählung wird in der Sprecherrede an den Mond adressiert, was eine stellvertretende Anrede an die ferne Geliebte darstellt, so dass der Sprecher die Erscheinungsweise des Mondes als Ausdruck der Einstellung der Geliebten zu deuten vermag. Hierzu suggeriert er punktuell eine (Wahrnehmungs-)Perspektive von ihrer Position aus, sozusagen ihre interne Fokalisierung (vor allem in »willst du mich […] verlassen«, »du fühlst«, »blickt dein Rand«, »zeugtest mir«, »hinan«), ehe er dann in der vorletzten Zeile seine eigene psychische Reaktion hierauf direkt formuliert, **den Umschwung des Gefühls als entscheidendes Ereignis der vermittelten Geschichte**.

Typische Merkmale lyrischen Erzählens

Lyriktypisch sind folgende Merkmale des Erzählens in diesem Gedicht:
- die starke **Raffung von Geschehensabfolgen**;
- die **Konzentration auf psychische Vorgänge** unter Verzicht auf konkrete soziale und äußerliche Details wie Namen oder Lebensumstände;
- die **Vorliebe für gleichzeitiges (simultanes) Erzählen**, nicht selten in der zweiten Person;
- der Vollzug des ereignishaften Umschwungs in einer konkreten Handlung. Dies bezeichnet man als **performativen Vollzug**.

Vielfach ist aber der Erzählakt auch direkt vor das Ereignis platziert (allerdings nicht in diesem Beispiel), mit der Implikation, dass das Erzählen gezielt dazu dient, dieses herbeizuführen, das Erzählen also zur Problemlösung und (Selbst-) Klärung funktionalisiert wird.

Hühn, Peter/Schönert, Jörg: »Zur narratologischen Analyse von Lyrik«. In: Poetica 34 (2002), S. 287–305.

Hühn, Peter: »Transgeneric narratology: Applications to lyric poetry«. In: Pier, John (Hg.): The dynamics of narrative form. Berlin/New York 2004 (= Narratologia 4), S. 139–158.

Hühn, Peter/Kiefer, Jens: The narratological analysis of lyric poetry. Studies in English poetry from the 16th to the 20th century. Berlin/New York 2005 (= Narratologia 7).

Kafalenos, Emma: »Narrative Borderlands I: The lyric, the image, and the isolated moment as temporal hinge«. In: Dies.: Narrative causalities, Columbus 2006, S. 157–178.

Müller-Zettelmann, Eva: »Lyrik und Narratologie«. In: Nünning, Vera/Nünning, Ansgar: Erzähltheorie transgenerisch, intermedial, interdisziplinär. Trier 2002, S. 129–153.

Schönert, Jörg: »Normative Vorgaben als ›Theorie der Lyrik‹?«. In: Frank, Gustav/Lukas, Wolfgang (Hg.): Norm – Grenze – Abweichung. Kultursemiotische Studien zu Literatur, Medien und Wirtschaft. Passau 2004, S. 303–318.

Schönert, Jörg/Hühn, Peter/Stein, Malte (Hg.): Lyrik und Narratologie. Text-Analysen zu deutschsprachigen Gedichten vom 16. bis zum 20. Jahrhundert. Berlin/New York 2007 (= Narratologia 11).

Literatur

Heiden, Bruce: »Narrative in poetry. A problem of narrative theory«. In: Narrative 22/2 (2014), S. 269–283.

Hühn, Peter/Sommer, Roy: »Narration in poetry and drama«. In: Hühn, Peter/Meister, Jan Christoph/Pier, John/Schmid, Wolf (Hg.): Handbook of narratology. Berlin/Boston ²2014, Bd. 1, S. 419–434.

Hühn, Peter: Facing Loss and Death, Narrative and Eventfulness in Lyric Poetry. Berlin, Boston 2016 (= Narratologia 55).

Literatur zum Weiterlesen

2 Drama

Das Drama als konkretisierte Geschichte: Unter ›Drama‹ im eigentlichen Sinne versteht man die **Aufführung auf einer Bühne**, und nicht lediglich den Dramentext (als eine andere, rein literarische Gattung). Dramen unterscheiden sich insofern gattungsspezifisch von Erzählliteratur durch die **direkte leibhafte Präsentation einer Geschichte** durch lebendige Schauspieler in ihren körperlichen Aktionen und Reden. Das heißt, Dramen repräsentieren konkret und **mimetisch**, direkt vor den Augen und Ohren der Rezipienten und ohne die (diegetische) Vermittlung durch die Stimme einer personalisierten Erzählinstanz.

Die dramatische Kommunikationsinstanz: Dennoch ist auch im Drama grundsätzlich eine (stimmlich-sprachlich jedoch nicht direkt manifeste) übergeordnete Instanz anzusetzen. Sie **entwirft und realisiert die konkrete Geschichte** mit ihrer Handlung (Anfang, Veränderung, Schluss) und Bedeutung durch Auswahl, Anordnung, Segmentierung, Perspektivführung, Wertungen, Sprachformung etc. Diese nichtpersonalisierte Kommunikationsinstanz kann man als **abstrakten Autor** oder als extradiegetischen Präsentator bezeichnen (vgl. Jahn 2001, S. 672).

Aspekte dramatischer Narrativität: Damit lassen sich bei einem Drama prinzipiell zwei Aspekte von Narrativität untersuchen: die Struktur der präsentierten Geschichte und deren (weniger offensichtliche und meist vernachlässigte) Formung und Akzentuierung durch eine Präsentationsinstanz. Die Untersuchung der **dramatischen Plot-Struktur** kann sich derselben Kategorien wie bei der Analyse der Handlungsstruktur literarischer Erzähltexte bedienen, also etwa des Bezugs auf Skripts oder etablierte Plot-Muster bei der Bestimmung der ereignishaften Umschwünge.

Dies sei im Folgenden an Shakespeares Tragödie *Macbeth* (geschrieben um 1606) erläutert. Die Hexen (die Zauberschwestern) hatten geweissagt, Macbeth werde König, Banquo aber der Ahnherr einer Königsdynastie werden. Durch die Ermordung des vorherigen Königs, Duncan, hat Macbeth nun tatsächlich die Königswürde erlangt. Sein Versuch, diese Position durch Ermordung Banquos dauerhaft für seine Nachkommen zu sichern, scheitert aber, denn Banquos Sohn entkommt. Auch seine eigene Position ist gefährdet, da der mächtige Adlige Macduff sich seinem Befehl entzieht. Macbeth reflektiert über sein Handeln:

William Shakespeare: *Macbeth* (um 1606)

Ich will nun morgen – und beizeiten will ich's –
Hin zu den Zauberschwestern, und sie sollen
Mir mehr noch sagen: jetzt bin ich entschlossen,
Auf schlimmstem Weg das Schlimmste zu erfahren.
Beiseite alles, steht's für mich nur gut:
Ich bin so weit geschritten schon im Blut,
Daß, wollt ich jetzt im Waten stillestehn,
Zurück so schwierig wär wie Weitergehn;
Seltsam ist's, was in meinem Hirn sich regt
Und Tat muß werden, eh' ich's überlegt.

Zur Plot-Struktur im Drama

Interpretationsskizze

Ein zentraler Aspekt des auf der Bühne repräsentierten Geschehens von Shakespeares *Macbeth* ist das Streben des Protagonisten nach Gewinn bzw. Erhalt der autonomen Königsmacht als höchster Realisierung seines eigenen Selbst. Zwar erreicht Macbeth, praktisch gesehen, dieses Ziel rasch durch die Ermordung seines Vorgängers. Aber sein Handeln ist die längste Zeit nicht autonom und selbständig, sondern bedarf äußerer Anstöße und Versicherungen, durch die Hexen und deren Prophezeiungen sowie durch seine Frau. Erst am Schluss, im Zweikampf mit seinem Widersacher Macduff, als dieser ihm die trügerische Sicherheit der Hexenprophezeiung raubt und Macbeth illusionslos, ohne äußere Stütze weiterkämpft und untergeht, erlangt der Held die gesuchte innere Stärke. Sein Durchbruch zum autonomen Handeln erst im Moment des letztlich selbstverschuldeten Untergangs ist das tragische Ereignis dieses Plots. Tragisch ist ferner, dass Macbeths gesetzwidriges Handeln ihn in seiner Integrität zerstört, statt sie zu konstituieren. Mit dieser Spezifik vollzieht das Drama den genretypischen Plot-Verlauf vom **Aufstieg und Fall des tragischen Helden**.

Dieser Plot wird vom abstrakten Autor, der übergeordneten Präsentationsinstanz, durch die besondere Modellierung des dramatisch präsentierten Geschehens – der zweite Aspekt der Narrativität im Drama – profiliert. Hierzu gehört u. a. die Segmentierung des Geschehens – von der durch Macbeth erfolgreich niedergeschlagenen Rebellion gegen den vorigen König und seinem Mord an ihm bis zum Erfolg der Rebellion gegen ihn selbst. Wichtig ist dabei insbesondere die Perspektivtechnik der dramatischen Darstellung: der Wechsel zwischen Macbeths interner Fokalisierung (in seinen Monologen) und der Perspektive derjenigen Figuren, auf die sich sein Handeln stützt (die Hexen, Lady Macbeth), zwischen seiner (äußeren) Präsentation in Interaktion mit anderen und den Dialogen der anderen untereinander (besonders mit Macduff und auf der sich formierenden Gegenseite). Dadurch wird nicht nur die Entwicklung von Macbeths problematischer Handlungsfähigkeit und sein wachsender Kontrollverlust über die eigenen Aktionen akzentuiert, sondern auch die moralische Unterscheidbarkeit von Gut und Böse zunehmend verwischt (etwa durch die betonte Analogisierung der Kampfhandlungen guter und böser Figuren und durch die Spiegelung des Anfangs im Schluss).

Typisch für das dramatische Erzählen sind damit folgende Merkmale:

Typische Merkmale dramatischen Erzählens

- Die **mimetisch-performativen Gestaltungsmöglichkeiten** von Geschichten im Drama.
- Epische Verfahren im engeren Sinne, die erzähltheoretischen Untersuchungen natürlich direkter zugänglich sind. Dies trifft besonders auf die **Gestaltung differenzierter Vermittlungsebenen** zu. Dazu zählt zum Beispiel der Einsatz einer extradiegetischen **personalisierten Erzählerfigur** (z. B. in Bertolt Brechts *Kaukasischem Kreidekreis* oder Thornton Wilders *Our Town*) oder extradiegetischer, mehr oder weniger unpersönlicher Elemente (wie **Prolog** und **Epilog**) oder die (intradiegetische) **Erzählung von Geschichten durch Figuren**.

Weitere Themenfelder der narratologischen Analyse

Literatur

Fludernik, Monika: »Narrative and drama«. In: Pier, John/García Landa, José Angel (Hg.): Theorizing narrativity. Berlin/New York 2008 (= Narratologia 12), S. 355–383.

Jahn, Manfred: »Narrative voice and agency in drama. Aspects of a narratology of drama«. In: New Literary History 32 (2001), S. 659–679.

Nünning, Ansgar/Sommer, Roy: »Drama und Narratologie. Die Entwicklung erzähltheoretischer Modelle und Kategorien für die Dramenanalyse«. In: Nünning, Vera/Nünning, Ansgar: Erzähltheorie transgenerisch, intermedial, interdisziplinär. Trier 2002, S. 105–128.

Nünning, Ansgar/Sommer, Roy: »Diegetic and mimetic narrativity: Some further steps towards a narratology of drama«. In: Pier, John und García Landa, José Angel (Hg.): Theorizing narrativity. Berlin/New York 2008 (= Narratologia 12), S. 331–354.

Richardson, Brian: »Drama and narrative«. In: Herman, David (Hg.): The Cambridge Companion to Narrative. Cambridge 2007, S. 142–155.

Literatur zum Weiterlesen

Claycomb, Ryan M.: »Here's how you produce this play. Towards a narratology of dramatic texts«. In: Narrative 21/2 (2013), S. 159–179.

Hühn, Peter: »Recent developments in transgeneric narratology. Applications to poetry and drama«. In: Germanisch-romanische Monatsschrift 63/1 (2013), S. 31–46.

Hühn, Peter/Sommer, Roy: »Narration in poetry and drama«. In: Hühn, Peter/Meister, Jan Christoph/Pier, John/Schmid, Wolf (Hg.): Handbook of narratology. Berlin/Boston ²2014, Bd. 1, S. 419–434.

Marx, Peter W.: Handbuch Drama. Theorie, Analyse, Geschichte. Stuttgart/Weimar 2012.

3 Film

Audiovisuelle Erzählungen stellen reale oder erfundene Ereignisse mittels Bild-Ton-Kombinationen dar. Sie werden durch diverse Medien verbreitet, insbesondere durch Fernsehen, Kino, DVD, Internet und Mobiltelefone. Heute bilden sie die am stärksten genutzte und wohl einflussreichste Form des Erzählens überhaupt. Allein mit dem Fernsehen verbringt im Durchschnitt jeder Bewohner Deutschlands weit mehr als drei Stunden pro Tag, und der überwiegende Teil des Programms ist narrativ strukturiert – ob Spielfilme, Serien, Nachrichten, Dokumentationen oder Werbeclips.

Audiovisuelles Erzählen weist Gemeinsamkeiten sowohl mit dem schriftsprachlichen als auch mit dem theatralen Erzählen auf. Wie Romane können Filme frei zwischen verschiedenen Perspektiven, Zeiten und Schauplätzen wechseln. Wie Theateraufführungen sprechen sie die Sinne der Zuschauer unmittelbar und in einem zeitlich fest vorgegebenen Ablauf an. Die meisten Kategorien der Erzähltextanalyse, die im Hauptteil dieses Buches vorgestellt wurden, lassen sich mit einigen Modifikationen auch auf den Film anwenden. Im Mittelpunkt dieses Kapitels stehen deshalb **Spielfilme**, auch weil sie am ausführlichsten erforscht sind und eine solche Formenvielfalt und Komplexität besitzen, dass sich die wichtigsten Forschungsergebnisse auch auf andere audiovisuelle Medien übertragen lassen.

Interaktive Medien: Vom audiovisuellen Erzählen im engeren Sinn sind **interaktive Angebote in Computermedien** abzugrenzen. Obwohl sie ebenfalls Bild-Ton-Kombinationen verwenden und oft narrative Strukturen aufweisen, führt die Interaktivität dazu, dass aktive, immersive und präsentische Nutzungsformen wie etwa das Spielen im Vordergrund stehen, nicht die Imagination einer Geschichte. So bringen im **Computerspiel** erst die Aktionen der Spieler Ereignisfolgen in der dargestellten Welt hervor, und diese werden nicht als erzählerisch vermittelt und sinnhaft geordnet erlebt, sondern als zufallsbestimmt und selbst gestaltet. Aus diesen Gründen werden interaktive Medienangebote im Folgenden ausgeklammert.

Zur historischen Entwicklung von audiovisuellen Medien — Zur Vertiefung

Betrachtet man die historische Entwicklung audiovisuellen Erzählens, so fällt sofort die enorme **Ausweitung seiner Reichweite und seiner Medien** auf. Auch seine Formen haben sich seit Kinetoskop und dem frühen Stummfilm erheblich verändert und ausdifferenziert. Gegenwärtig ist im Kinofilm eine Verbreitung trickreicher, unzuverlässiger Erzählungen in Form von *mind game movies* wie David Finchers *Fight Club* (USA 1999) zu beobachten, bei denen sich das gesamte Geschehen nachträglich als trügerische Imagination der Protagonisten herausstellt. Im Fernsehen verbreiten sich die ausufernden, komplex strukturierten Erzähluniversen neuartiger, anspruchsvoller Serien wie *Six Feet Under* (USA 2001–2006, Konzept: Alan Ball). Das Internet ist zum Ort zahlloser Klein- und Kleinsterzählungen geworden, die auf Foren wie YouTube oder AtomFilms ihre Zuschauer fin-

> den und zum Teil auf das Mobiltelefon heruntergeladen werden. All diese Entwicklungen erweitern die ohnehin kaum überschaubare Variationsbreite audiovisuellen Erzählens.

Besonderheiten filmischen Erzählens: Das audiovisuelle Erzählen zeichnet sich durch **medienspezifische Besonderheiten** aus, und es ist Gegenstand einer eigenständigen Forschungstradition innerhalb der Film- und Medienwissenschaft (für einen Überblick vgl. Schweinitz 1999). Wir konzentrieren uns im Folgenden auf die Erörterung von **sieben wesentlichen Spezifika audiovisuellen Erzählens**:

Sieben Spezifika audiovisuellen Erzählens

1. Audiovisuelle Darstellungsmittel
2. Zeitlichkeit
3. Mehrschichtigkeit
4. Konkretheit der dargestellten Welt
5. Zurücktreten von Erzählinstanzen
6. Formen der Perspektivierung
7. Pragmatik und Emotionalität

3.1 | Audiovisuelle Darstellungsmittel

Die offensichtlichste Besonderheit des audiovisuellen Erzählens besteht in seinen konkreten Mitteln der erzählerischen Darstellung, des *Diskurses* (für ausführlichere Übersichten vgl. Hickethier 2007; Borstnar/Pabst/Wulff 2002). Dabei sind mindestens vier größere Bereiche zu nennen, die jeweils spezifische Verfahren umfassen:
- Mittel der Bildgestaltung,
- Mittel der Tongestaltung,
- Bild-Ton-Kombinationen,
- Montage.

Mittel der Bildgestaltung: Die Bilder audiovisueller Erzählungen können farbig oder schwarzweiß sein; sie können durch Fotografie oder durch Animation (z. B. Zeichentrick, Computer) hergestellt werden. Die Gestaltungsmittel beim fotografischen Spielfilm sind die *mise en scène*, die schauspielerische Darstellung und die Kameraführung.

Die *mise en scène* umfasst alle Verfahren des Arrangements der dargestellten Objekte und Ereignisse vor der Kamera, insbesondere die Auswahl und Gestaltung von Schauplätzen und Requisiten, etwa hinsichtlich:
- Material,
- Farbigkeit,
- Textur,
- Beleuchtung,
- Einsatz von Spezialeffekten (Modelle, Pyrotechnik, Rückprojektionen usw.).

Die Aspekte der **schauspielerischen Darstellung** reichen von der Besetzung (Casting) und dem Einsatz von Stars über das individuelle Spiel der

Darsteller, ihre Performanz und ihren Schauspielstil (z. B. *method acting*; vgl. Dyer 1999) bis zu ihren Masken, Kostümen und ihrer Inszenierung vor der Kamera.

Die **Kameraführung** legt die Rahmung und den spezifischen Bildausschnitt (›Kadrierung‹) fest und bestimmt die optische Perspektive nach Höhe und Blickwinkel (Normal-, Unter- oder Aufsicht; frontal, seitlich, von hinten). Kadrierung, Perspektive und räumliche Wirkung des Bildes werden durch die Objektivwahl mitbestimmt (Weit-, Normal-, Tele- oder Zoomobjektive). Sie können zudem durch verschiedene Kamerabewegungen flexibel verändert werden, etwa durch Schwenks, Fahrten, Handkamera-, Steadycam- oder Kranbewegungen. Im Animationsfilm wird jedes Einzelbild durch Computer, Zeichentrick oder Stop Motion frei entworfen; computergenerierte Bilder werden auch in den fotografischen Real- oder Live-Action-Film integriert. All diese Mittel tragen dazu bei, die grafische Komposition und Farbigkeit des Filmbildes, seine dreidimensionale Raumwirkung und seinen Wandel zu gestalten.

Mittel der Tongestaltung: Zum Bereich der Tongestaltung gehören:
- Auswahl oder Komposition von **Musik**,
- Aufzeichnung von **Stimmen** und **Klangatmosphäre** (›Atmos‹),
- gezielte Erzeugung von **Geräuschen**,
- Veränderung und Verbindung der Tonspuren nach Konzepten des **Sound Design**.

Der Ton kann vielfältige Funktionen für die Erzählung erfüllen, etwa Authentisierung, Aufmerksamkeitslenkung, Emotionsausdruck, Stimmungsvermittlung, Rhythmisierung, Kohärenzstiftung, Strukturierung, Parallelisierung, Kontrastierung, Kommentar, Metaphernbildung oder Ironisierung.

Bild-Ton-Kombinationen: In der Postproduktionsphase werden die aufgezeichneten Bilder und Töne geschnitten und gemischt. Dabei lassen sich verschiedene Möglichkeiten der **Bild-Ton-Kombination** unterscheiden (Überblicke bieten Griem/Voigts-Virchow 2002 oder Borstnar/Pabst/Wulff 2002). Häufig ist der Ton einer **Quelle im Bild** zugeordnet, etwa einem Sprecher. Beim **Off-Ton** liegt die Quelle dagegen außerhalb des Bildes, etwa wenn man nur den Zuhörer eines Dialoges sieht. Der Ton kann überdies rein subjektiv sein, etwa »Stimmen im Kopf« einer halluzinierenden Figur. All dies sind Varianten des sogenannten **diegetischen Tons**, bei dem die Tonquelle – ob sichtbar oder unsichtbar – innerhalb der dargestellten Welt lokalisiert ist. Es wird aber auch **nichtdiegetischer Ton** eingesetzt, etwa begleitende Filmmusik oder Voice-Over-Stimmen. Diegetischer und nichtdiegetischer Ton können sich zum Bild synchron, vor- oder nachzeitig entwickeln. Bild- und Toninformationen können sich im Film überlagern (Redundanz), ergänzen (Komplementarität) oder in Widerspruch miteinander geraten (Diskrepanz), wodurch vielfältige Effekte erzeugt werden können.

Interpretationsskizze — Diskrepanz von Bild- und Toninformationen in *Singin' in the Rain*

Ein witziges Beispiel dafür liefert das Musical *Singin' in the Rain* (USA 1952) von Stanley Donen und Gene Kelly, das von der Einführung des Tonfilms handelt: Durch einen technischen Fehler verschieben sich bei der Vorführung eines Films im Film dessen Bild- und Tonspur, so dass die Heldin plötzlich mit tiefer Männerstimme die Dialogbeiträge ihres Filmpartners spricht.

Montage: Die Montage **verknüpft einzelne Einstellungen und Tonabschnitte** in zeitlicher Abfolge zu größeren Sequenzen und schließlich zum gesamten Film. Damit liefert sie wichtige Anhaltspunkte für die Segmentierung der Filmerzählung in kleinere Einheiten. Bei der Analyse werden diverse Formen inhaltlich oder formal bestimmter Segmente unterschieden:
- **Plansequenzen** geben eine kontinuierliche Handlungseinheit in einer einzigen Einstellung wieder.
- **Szenen und gewöhnliche Sequenzen** lösen eine Handlungseinheit in mehrere Einstellungen auf.
- **Parallelmontagen** wechseln zwischen Ereignissen, die gleichzeitig an verschiedenen Orten stattfinden.
- **Montagesequenzen** dienen der Raffung.

Darüber hinaus haben sich allgemeinere Grundformen der Montage herausgebildet. Im **Mainstreamfilm** dominiert die unauffällige **Kontinuitätsmontage** (›unsichtbarer Schnitt‹), die den Eindruck eines raumzeitlichen Ereignisflusses verstärken und den Zuschauern die Illusionierung und Orientierung in Raum und Zeit der Erzählung erleichtern soll. Um dies zu erreichen, werden etliche Regeln befolgt – etwa die Vermeidung von optischen Achsensprüngen und plötzlichen Orts- und Szenenwechseln (*jump cuts*). Andere Formen der Montage weichen von diesem Standard durch stärker grafische, rhythmische, assoziative, konflikthafte oder irritierende Bild- und Ton-Verbindungen ab. So dient **Kollisionsmontage** dazu, zwei intensive, kontrastreiche Einstellungen aufeinanderprallen zu lassen und dadurch emotionale Reaktionen und zusätzliche Bedeutungen zu erzeugen.

Audiovisuelle Erzählungen vermitteln ihre Geschichten also durch vielfältige Möglichkeiten der Gestaltung, Kombination und Verknüpfung von Bildern und Tönen. Darüber hinaus zeichnen sie sich durch allgemeinere narrative Besonderheiten aus.

3.2 | Zeitlichkeit

Audiovisuelle Erzählungen werden in einem festgelegten zeitlichen Rahmen, Ablauf und Rhythmus vermittelt und erlebt. Deshalb ist bei ihnen die **Zeitdramaturgie der Narration** (*mise en temps*, *timing*) von besonderer Bedeutung. Dies betrifft sowohl das Verhältnis zwischen der **Zeit des**

Diskurses (**discours**) und der **Zeit der Geschichte** (**histoire**) als auch das Verhältnis beider zur **Projektions- und Rezeptionszeit**. Während Leser ihre Lektüre beliebig unterbrechen, wiederholen, verlangsamen und beschleunigen können, geben audiovisuelle Erzählungen der Rezeption einen festen Zeitrahmen und Zeitverlauf vor: Der Filmklassiker *Casablanca* (USA 1942) von Michael Curtiz zum Beispiel dauert immer 102 Minuten, und der Protagonist Rick Blaine küsst seine große Liebe Ilsa Lund stets in der 79. Minute. DVDs ermöglichen zwar das Springen, Aufhalten, Beschleunigen und Verlangsamen solcher Zeitabläufe, dennoch bleiben sie grundsätzlich angelegt und bestimmen die Rezeption. Die Zeit des Geschehens und die Zeit der Rezeption scheinen kongruent zu sein. Diese Charakteristik audiovisuellen Erzählens verstärkt den **Eindruck der Gegenwärtigkeit erzählter Ereignisse**, während literarische Erzählungen oft zur Vergangenheitsausrichtung, zur rückblickenden Imagination tendieren.

Das **Zeitverhältnis** zwischen *Geschichte, Diskurs* und Rezeptionsablauf ist im Film zudem schwieriger und (zumindest im Mainstreamfilm) tendenziell **weniger flexibel gestaltbar als in der Literatur**. Die Möglichkeiten, erzählte Zeit zu raffen, zu dehnen, sie umzustellen, stillzustellen oder durch abstrakte Überlegungen, Beschreibungen, Reflexionen oder Kontemplationen aufzuhalten, sind im Film zumindest dann geringer, wenn eine hohe Erzählauffälligkeit vermieden werden soll. Chronologische Brüche, Slow Motion, Fast Motion, lange Schwenks über Landschaften, Standbilder oder rückwärts laufende Bewegtbilder fallen tendenziell stärker auf als Zeitmanipulationen im schriftlichen Erzählen. Die entscheidenden Manipulationen der Zeit finden daher nicht in der Einstellung statt, sondern in der Montage. Zudem haben sich im Mainstreamfilm stark **konventionalisierte Formen der Zeitdramaturgie** herausgebildet: Im westlichen Kulturraum dauert ein Spielfilm in der Regel 90 bis 150 Minuten, die relativ gleichmäßig in drei bis fünf, meistens aber vier Akte eingeteilt sind (vgl. Thompson 1999). Auf diese Weise wird etwa alle 20 bis 30 Minuten ein entscheidendes Ereignis gezeigt, wodurch das Interesse der Zuschauer aufrechterhalten werden soll. Andere, episodische oder experimentelle Formen filmischen Erzählens weichen von diesem Schema erheblich ab, doch es bildet im narrativen Wissen der meisten Zuschauer einen festen Bezugspunkt.

3.3 | Mehrschichtigkeit

Kombination von Zeichenformen: Audiovisuelle Erzählungen sprechen die Sinne auf mehrfache Weise an, indem sie **diverse Zeichenformen kombinieren** – fotografische oder animierte Bewegtbilder, Standbilder und Schrift auf der Bildebene; gesprochene Sprache, Geräusche und Musik auf der Tonebene. Die Komplexität audiovisuellen Erzählens erhöht sich durch die Vielfalt der Möglichkeiten, solche Zeichenäußerungen simultan und sukzessiv zu kombinieren, etwa durch Montage, Collage, Splitscreen, Inserts, Voice Over, Überlagerung von Bildern und Tonspuren.

V.3 Weitere Themenfelder der narratologischen Analyse

Interpretationsskizze — **Kombination von diversen Zeichenformen in *Casablanca***

Der bereits erwähnte Filmklassiker *Casablanca* beginnt beispielsweise mit einer schriftlichen Titelsequenz, die mit dramatischer Musik unterlegt ist. Danach beschreibt eine Voice-Over-Stimme die Flucht europäischer Emigranten vor den Nazis, während die Bildebene zunächst eine Weltkugel zeigt, dann eine Landkarte in alternierender Montage mit Dokumentaraufnahmen von Flüchtlingen. Der anschließende Hauptteil des Films kombiniert fotografische Bewegtbilder von Schauspielern mit Dialogen, Geräuschen und Musik.

Konsequenzen der Plurimedialität: Die Plurimedialität und Mehrstimmigkeit von Filmen und anderen AV-Medien hat weitreichende Folgen für ihre Art des Erzählens:

- **Filmisches Erzählen zeichnet sich durch größere semiotische Komplexität und eine höhere Dichte von Sinneseindrücken und Informationen aus** als rein sprachliches Erzählen. Die visuellen und auditiven ›Kanäle‹ des Films vermitteln verschiedene Formen von Zeichen und erzeugen Vorstellungen, die der Zuschauer zwar zum Teil sprachlich ausdrücken kann, zum Teil jedoch auch als anschaulich-analoge Vorstellungen direkt erfährt.
- **Filme verbinden diegetische und mimetische Erzählformen, *telling* und *showing*, Sagen und Zeigen.** Durch Schrift, Dialoge und Voice Over können sie sprachlich erzählen; durch Bilder, Geräusche und Musik können sie Ereignisse anschaulich vorführen. Das wichtigere Mittel ist dabei in den meisten Fällen das audiovisuelle Zeigen, die Fokussierung der Aufmerksamkeit auf bewegte Bilder und Klangräume.
- **Filme können mehrere Erzählebenen zugleich eröffnen**, etwa indem sie auf der Bild- und der Tonebene zur selben Zeit verschiedene Ereignisse darstellen oder dieselben Ereignisse auf unterschiedliche Weisen kommentieren.
- **Die diversen ›Kanäle‹ des Films treten miteinander in Wechselwirkung und erzeugen weitere Bedeutungsschichten**. Das Ganze ist mehr als die Summe seiner Teile. So können Dialoge die Aufmerksamkeit auf die Sprecher oder Zuhörer im Bild lenken, während außerdiegetische Filmmusik zugleich etwas über deren Emotionen mitteilt. Die Gewichtung der verschiedenen Darstellungsebenen kann sich verschieben.

Interpretationsskizze — **Voice Over in Diskrepanz zur Bildinformation**

Durch ihre Mehrschichtigkeit können audiovisuelle Erzählungen komplexe Wirkungen erzeugen. Alexander Kluges *Die Artisten in der Zirkuskuppel – ratlos* (D 1968) deutet etwa die dokumentarischen Bilder einer Versammlung bekannter Schriftsteller (der Gruppe 47) um, indem eine Voice-Over-Stimme behauptet, es handle sich um ein Treffen von Zirkusdirektoren. In Stanley Kubricks *Barry Lyndon* (GB 1975) stellt der Voice

Over des Erzählers die Erlebnisse des Titelhelden mit kaltem Sarkasmus dar, während die Bildebene eher dazu geeignet ist, Mitgefühl hervorzurufen, und an manchen Stellen kommentierend auf die barocke Malerei verweist. Neben einer solchen Polyphonie der Bedeutungen ermöglicht die mehrschichtige Sinnesansprache audiovisueller Erzählungen vor allem aber auch eine größere Nähe zu unserem Wirklichkeitserleben.

3.4 | Konkretheit der dargestellten Welt

Die in audiovisuellen Erzählungen dargestellte Welt hat im Vergleich zur Literatur eine weit **größere Explizitheit, Anschaulichkeit, Vollständigkeit und Konkretheit**. Denn das audiovisuelle Erzählen entspricht – stärker als andere Erzählformen – unserer nichtmedialen, direkten Weltwahrnehmung. Die Bilder und Töne, die Filmzuschauer sehen und hören, sind wahrnehmungsnahe Zeichen, die in vielerlei Hinsicht mit den Reizen der Außenwelt übereinstimmen. Diesen Zeichentyp bezeichnet man als »**ikonische Zeichen**«, so wie z. B. Rauch als Zeichen für Feuer gilt. Die Licht- und Schallwellen, die von Projektor und Lautsprecher ausgesandt werden, ähneln in ihrer Informationsstruktur dem Licht und dem Schall, die von realen Gegenständen ausgehen. Sie vermitteln daher viel stärker als die symbolischen (sogenannten ›arbiträren‹, d. h. im Unterschied zu den ikonischen Zeichen rein konventionsbasierten) Schriftzeichen der Literatur den Eindruck, die dargestellte Welt unmittelbar sinnlich wahrzunehmen. Die Montage der Einstellungen orientiert sich zudem meist an der Dynamik lebensweltlichen Wahrnehmens und Imaginierens.

Das hat erhebliche **Folgen für die Wirkung und Erfahrung audiovisuellen Erzählens**: Einerseits können audiovisuelle Erzählungen die Sinneseindrücke und Körperreaktionen ihrer Zuschauer direkter aktivieren und manipulieren. Sie können Wahrnehmungen, Erinnerungen, Imaginationen, Halluzinationen und subjektive Erlebnisqualitäten von Figuren unmittelbar wiedergeben. Andererseits werden das Ausblenden und Fokussieren von Informationen sowie die Vermittlung abstrakter, verallgemeinernder Darstellungen und Kommentare im Vergleich zur Literatur erschwert.

Audiovisuelle und sprachliche Repräsentationen im Vergleich
Interpretationsskizze

Das Körperbild und die Stimme von Humphrey Bogart stellen die Figur Rick Blaine in *Casablanca* unendlich viel detaillierter und konkreter dar, als jede sprachliche Beschreibung es vermöchte. Umgekehrt kann eine fokussierte, auf das Wesentliche reduzierte Aussage wie ›Rick blickte Ilsa an‹ auf audiovisuelle Weise kaum vermittelt werden – selbst in einer Naheinstellung der beiden Figuren würde man die spezifische Art des Blicks, des Äußeren, der Umgebung der Figuren in unzähligen Einzelheiten wahrnehmen. Auch Sätze, die das Innere von Figuren explizit benennen, wie etwa ›Rick blickte Ilsa verletzt an‹, haben kein audiovisuelles Pendant. Ricks Verletztheit müsste aus seiner Mimik erst erschlossen werden, zudem ist nonverbale Kommunikation vieldeutiger als verbale. Tendenziell ist die dargestellte Welt audiovisueller Erzählungen also einerseits konkreter, andererseits aber auch mehrdeutiger als jene der Literatur. Ihre Wahrnehmungsnähe hat außerdem Auswirkungen auf das Ausmaß, in dem sie als narrativ vermittelt erlebt werden.

3.5 | Zurücktreten von Erzählinstanzen

Aufgrund der zuvor skizzierten Merkmale audiovisuellen Erzählens haben Filmzuschauer bis zu einem gewissen Grad den **Eindruck, die dargestellten Welten, Figuren und Ereignisse unmittelbar wahrzunehmen und zu erleben**. Hinzu kommt, dass Filme in der Regel keinen einzelnen Autor haben, sondern in kollektiver Autorschaft arbeitsteilig produziert werden, und dass die im Kino apparativ vorgeführten Bild-Ton-Kombinationen nicht so offensichtlich auf einen Urheber verweisen wie Sprache auf einen Sprecher.

Zur Vertiefung

Zur Frage der Erzählinstanzen im Film

Aus diesen Gründen ist innerhalb der Filmnarratologie sehr umstritten, ob bei allen Filmen eine übergeordnete Erzählinstanz angenommen werden sollte (für einen Überblick vgl. Stam/Burgoyne/Flitterman-Lewis 1992, S. 69–122). Semiotische Positionen gehen meist davon aus, dass es eine solche Erzählinstanz geben muss, welche die Bilder und Töne eines Films auswählt und zu bestimmten Wirkungen kombiniert – einen »Enunziator«, *cinematic narrator* oder *grand image-maker*, dessen Wirken auch von den Zuschauern wahrgenommen werden kann (z. B. Gaudreault/Jost 1999). Die meisten kognitiven Filmtheorien nehmen dagegen an, dass diese Funktion vom realen Filmteam erfüllt wird und dass die pauschale Annahme zusätzlicher Erzählinstanzen überflüssig und irreführend ist (z. B. Bordwell 1985). Film-Erzähler oder implizite Autoren gibt es ihnen zufolge nur dann, wenn kompetente Zuschauer sie im Rezeptionsprozess auf der Grundlage von Subjektivitätshinweisen im Film konstruieren. Diese Hinweise können verschiedener Art sein, etwa Voice-Over-Stimmen, wertende Montagen oder Überblendungen vom im Bild dargestellten Erzähler zum Inhalt der Erzählung.

Vieles spricht dafür, von einer **Hierarchie möglicher Narrationsebenen** im Film auszugehen (vgl. Branigan 1992). Im komplexesten Fall können Filme auf Erzählinstanzen verweisen, die auf vier Ebenen liegen: auf die realen Filmemacher, außerfiktionale Erzähler, extradiegetische sowie intradiegetische Erzähler, die das Handeln der Figuren vermitteln und das Geschehen über sie fokalisieren. Filme können beliebig viele dieser Erzählebenen mehr oder weniger genau bestimmen.

Erzählinstanzen in *Casablanca*

Interpretationsskizze

Der Anfang von *Casablanca* verweist etwa auf mindestens zwei Erzählinstanzen: Die Titelsequenz erinnert zunächst an die realen Filmemacher; die Voice-Over-Stimme des Prologs gehört dagegen einem weiteren, nicht-diegetischen Erzähler. Dieser skizziert zuerst außerfiktional die reale politische Situation Europas und geht dann zur fiktionalen Darstellung des Lebens im Mikrokosmos Casablanca über. Sein Voice Over weicht schließlich einer unmittelbaren Wiedergabe des Geschehens in Bild und Ton, die nur implizit auf die realen Filmemacher verweist, nicht aber auf weitere Erzählinstanzen.

Allgemein lässt sich festhalten, dass Filme zwar mehrere Erzählinstanzen besitzen können, dass jedoch nur die Ebene der realen Filmemacher und die Ebene des Figurenhandelns in jedem Film gegeben sind, wobei die erstere im Bewusstsein der Zuschauer in der Regel stark in den Hintergrund tritt. Dies wirkt sich auch auf ein weiteres Merkmal audiovisuellen Erzählens aus: seine Perspektivierung, Fokalisierung oder Subjektivierung.

3.6 | Formen der Perspektivierung

Literaturwissenschaftliche Modelle der Perspektivierung und ihre Unterscheidungen bestimmter Erzählsituationen oder Fokalisierungstypen lassen sich nicht ohne Weiteres auf den Film übertragen. Dies wird deutlich, wenn man die Perspektiven von Produzenten, Erzählinstanzen, Figuren und Rezipienten systematisch miteinander in Verbindung bringt (vgl. Eder 2008).

Audiovisuelles Erzählen zeichnet sich vor allem durch die Formen aus, in denen es die Wahrnehmung der Zuschauer, ihre **optischen und akustischen Perspektiven**, mit den Perspektiven der **Figuren annähern und sogar mit ihnen zur Deckung** bringen kann. In Theateraufführungen nehmen wir eine sinnlich-anschauliche, aber unbewegliche Außensicht auf die Figuren ein. Beim Lesen literarischer Werke können wir frei zwischen verschiedenen Außen- und Innenperspektiven wechseln, erfassen diese jedoch nur imaginativ oder sprachlich. Der Film verfügt über die zusätzliche Möglichkeit, den Zuschauern die Wahrnehmungen der Figuren direkt und anschaulich durch subjektive Einstellungen oder subjektiven Ton nahezubringen. So wird der Ton in *Raging Bull* (USA 1980, Regie: Martin Scorsese) etwa plötzlich leise und dumpf, nachdem der Protagonist im Boxkampf einen Schlag auf das Ohr bekommen hat. Andererseits ist es jedoch schwieriger, das nicht-anschauliche, begriffliche Denken der Figuren wiederzugeben. Es muss in Bilder und Töne übersetzt, durch Schrifttafeln oder Voice Over vermittelt werden, und diese auffälligen Verfahrensweisen werden typischerweise eher vermieden.

Auch dabei spielt die optische Perspektive eine besondere Rolle. Hier haben sich verschiedene Formen der **Point-of-view-Montage** herausgebildet (vgl. Branigan 1984). Die minimale Grundform besteht in der Verbindung zweier Einstellungen: Eine zeigt den Blick einer Figur (*point/glance shot*), die andere, was die Figur sieht (*point/object shot*). Diese Einstellungen können in verschiedener Reihenfolge und Frequenz miteinander kombiniert werden, dabei können auch die Blicke anderer Figuren mit einbezogen werden. Bei Dialogen wird häufig das Schuss-Gegenschuss-Verfahren verwendet: Wir sehen jeden der Beteiligten abwechselnd aus der Sicht seines Gesprächspartners. Der *point/object shot* kann außerdem in unterschiedlichem Maße der subjektiven Wahrnehmung einer Figur angenähert werden. Er kann direkt vom Standpunkt der Figur aufgenommen sein (subjektive Kamera) oder nur aus ungefähr derselben Richtung (*eyeline match*, *overshoulder*). Auch die Art und Weise, wie die Figur ihr Blickobjekt sieht, kann mehr oder weniger deutlich vermittelt werden, etwa durch die Verwendung verschiedener Einstellungsgrößen, den Einsatz der Schärfentiefe, eine unruhige Handkamera oder die *mise en scène* (visuelle Metaphern, grafische Bildkomposition, Beleuchtung, Farbdramaturgie).

Interpretationsskizze **Perspektivierung in *Casablanca***

Casablanca liefert viele Beispiele der Point-of-view-Montage – etwa in jenen Szenen, in denen Ilsa abwechselnd Blicke mit ihrem ehemaligen Liebhaber Rick Blaine und mit ihrem Mann Victor László wechselt. Auch der gezielt eingesetzte Wechsel von Kameraeinstellungen zur Rezeptionssteuerung lässt sich hier gut beobachten: Dass Rick seine Aufmerksamkeit auf Ilsa richtet und wie er sie wahrnimmt, wird durch Close-ups von Ingrid Bergman miterlebbar, in dem die Schönheit ihres Gesichtes durch Weichzeichner, Glamour-Beleuchtung, Haar- und Augenlichter idealisiert wird, während das musikalische Leitmotiv *As Time Goes By* eine melancholisch-nostalgisch-romantische Stimmung auslöst.

Konventionen und Konventionsbrüche: Im Mainstreamfilm haben sich bestimmte **Standardkonventionen der Perspektivierung** herausgebildet, die am ehesten dem auktorialen Erzählen oder der Nullfokalisierung entsprechen. Während viele Independent- und Autorenfilme keinen Zugang zur Figurenpsyche bieten, ist das Innenleben von Mainstreamfiguren im Wesentlichen leicht zu erschließen. Dennoch herrscht allgemein eine Außensicht auf die Figuren vor, wobei die Kamera eine ideale Beobachterperspektive einnimmt, frei zwischen verschiedenen Figuren wechselt und sich gelegentlich ihren visuellen und akustischen Wahrnehmungen annähert (POV-Montagen, subjektiver Ton). Seltene Rückblenden können die Erinnerung einzelner Figuren zeigen.

Die Perspektivierung wird oft **genreabhängig gestaltet** und gesteuert (vgl. Smith 1995; Eder 2008). So nähern sich die Zuschauer von Psychothrillern meist einer einzelnen Figur an, während sie in Melodramen eher die Perspektiven mehrerer Charaktere verfolgen. Im neueren Film und Fernsehen hat sich das Verfahren verbreitet, die Imaginationen oder Halluzinationen von Figuren ohne weitere Markierung audiovisuell darzustellen. In der Fernsehserie *Six Feet Under* treten die Hauptfiguren ins Zwiegespräch mit nahestehenden Verstorbenen, oder ihre Gefühlsausbrüche werden zunächst in Bild und Ton gezeigt, bevor die Montage sie nachträglich als bloße Vorstellungen entlarvt, meist als Handlungsimpulse, die in Wirklichkeit unterdrückt wurden. Die Verbreitung solcher Erzählweisen ist ein Hinweis darauf, dass sich die Formen des audiovisuellen Erzählens beständig verändern und ausdifferenzieren.

3.7 | Pragmatik und Emotionalität

Die zuvor genannten strukturellen Spezifika audiovisueller Erzählungen stehen in engem Zusammenhang mit ihrer **Pragmatik**, mit den spezifischen **Formen, Rahmenbedingungen, Konventionen, Zielen und Wirkungstendenzen** der audiovisuellen Erzählkommunikation. Spielfilme oder Fernsehserien haben im Vergleich zu Literatur und Theater nicht nur eine größere Verbreitung, ihre Produktion erfordert in der Regel auch einen höheren finanziellen, zeitlichen und organisatorischen **Aufwand**. Durch die arbeitsteilige Produktion ist in der Regel von einer multiplen Autorschaft audiovisueller Erzählungen auszugehen. Zudem erfordert ihr Produktionsaufwand meist eine entsprechende **kommerzielle Auswertung** und ein größeres, weniger spezifisches Publikum. Die kollektive Produktion und Rezeption audiovisueller Erzähltexte ist außerdem stärker durch Institutionen (Produktionsfirmen, Kinos) und Apparate (Aufnahme- und Projektionstechnik) vermittelt. Auf die Konventionen narrativer Filmkommunikation wirken sich all diese Faktoren – verbunden mit der Mehrdeutigkeit audiovisueller Zeichen – in der Regel so aus, dass auf Seiten der Zuschauer größere Interpretationsspielräume und eine erhebliche **Bedeutungsoffenheit** herrschen. Insbesondere Mainstreamfilme sind hauptsächlich daraufhin angelegt, dass sie ein großes, zahlendes Publikum unterhalten – und zwar verschiedene Zuschauergruppen auf verschiedene Weise.

Filmgenres, Stars und konventionelle Erzählmuster: Um das Ziel der Unterhaltung eines heterogen zusammengesetzten Publikums zu erreichen, haben sich im westlichen Mainstreamkino bestimmte Genres, Starsysteme und konventionelle Erzählmuster herausgebildet. Sie strukturieren das kognitive und emotionale Erleben der Zuschauer. Die emotionale Wirkungsstärke audiovisueller Erzählungen hat sich auch auf deren Erforschung ausgewirkt: Es dominieren rezeptionsorientierte Positionen, denen es weniger auf Strukturbeschreibungen oder Interpretationen und stärker auf wirkungsbezogene Analysen ankommt.

Filmgenres sind prototypisch organisierte, historisch veränderliche Gruppen von Filmen, die gemeinsame Merkmale in inhaltlicher, formaler oder wirkungsbezogener Hinsicht aufweisen, etwa hinsichtlich Ort, Zeit, Ikonographie, Narrationsstruktur und Motivkonstellation (der amerikanische Westen und der Shootout im Western; die Zukunft und die Technik im Science-Fiction-Film) oder hinsichtlich emotionaler Wirkungen (das Lachen in der Komödie, der Thrill im Thriller, die Angst im Horrorfilm, das Mitleiden im Melodram). **Stars** bieten den Zuschauern die Möglichkeit, sich über verschiedene Filme hinweg an einem bewunderten Menschentyp zu orientieren, dessen Image durch die Berichterstattung über Stars weiterentwickelt wird. Eine dritte Achse der Orientierung und des narrativen Wissens bilden konventionelle **Erzählmuster** im Handlungsaufbau.

> **Zur Vertiefung**
>
> **Erzählmuster in Mainstreamfilmen**
>
> Viele Mainstreamfilme folgen einem typischen Erzählmuster (vgl. Bordwell 1985): Ein aktiver Protagonist mit nachvollziehbaren Motiven versucht über mehrere Handlungsphasen hinweg, ein klar definiertes Ziel zu erreichen, und überwindet dabei verschiedene Hindernisse. Dieser Prozess der Problemlösung wird in einer sich steigernden, weitgehend linearen Abfolge von vier Akten geschildert und endet nach einem krisenhaften Höhepunkt meist mit einem Happy End, in jedem Fall aber mit einer eindeutigen Auflösung. Dabei werden typischerweise zwei Handlungsstränge miteinander kombiniert: eine heterosexuelle Liebesgeschichte und ein stärker aktionsbetonter Strang. Im Bereich des Independent-, Autoren- oder ›Kunstfilms‹ haben sich andere Erzählkonventionen entwickelt, die sich oft gezielt von dem typischen Grundschema absetzen.

Wir können also zusammenfassend festhalten: Audiovisuelles Erzählen unterscheidet sich in mehrfacher Hinsicht von anderen Erzählformen. Der *Diskurs* – also das Wie des Erzählens – ist durch eine **Vielfalt konkreter Mittel und Verfahren zur Gestaltung** und Verknüpfung von Bildern und Tönen geprägt. Sein **feststehender Zeitablauf** trägt zu einem Eindruck der Präsenz bei und erfordert spezifische Formen der Zeitdramaturgie und des Timings. Seine **Kombination mehrerer semiotischer Kanäle** ermöglicht eine Mehrschichtigkeit und Polyphonie des Erzählens. Die audiovisuelle Darstellung verleiht der dargestellten Welt große **Konkretheit und Detailliertheit**, erschwert jedoch die Fokussierung narrativer Informationen und die Vermittlung abstrakter Bedeutungen. Die Zuschauer können die dargestellten Ereignisse aus **frei wechselnden Perspektiven** verfolgen und die optische und akustische Perspektive der Figuren auf das Geschehen manchmal scheinbar direkt übernehmen; sie müssen das abstrakte Denken der Figuren, ihr Fühlen, Wünschen und Bewerten allerdings vorwiegend aus äußeren Hinweisen erschließen. Nicht zuletzt zeichnet sich zumindest das Erzählen im Spielfilm auch in pragmatischer Hinsicht aus, unter anderem durch seinen **Produktionsaufwand**, die Ausrichtung auf ein großes **Publikum**, die Tendenz zur Bedeutungsoffenheit, die Relevanz von Genres, Stars und Handlungskonventionen sowie durch seine emotionale Wirkungsstärke.

Literatur

Bartsch, Anne/Eder, Jens/Fahlenbrach, Kathrin (Hg.): Audiovisuelle Emotionen. Emotionsdarstellung und Emotionsvermittlung durch audiovisuelle Medienangebote. Köln 2007.
Bordwell, David: Narration in the fiction film. London 1985.
Borstnar, Nils/Pabst, Eckhard/Wulff, Hans Jürgen: Einführung in die Film- und Fernsehwissenschaft. Konstanz 2002.
Branigan, Edward: Point of view in the cinema. A theory of narrativity and subjectivity in classical film. Berlin/New York/Amsterdam 1984.
– : Narrative comprehension and film. New York 1992.
Dyer, Richard: Stars. Supplementary chapter by Paul McDonald. London 1999.
Eder, Jens: Die Figur im Film. Grundlagen der Figurenanalyse. Marburg 2008.

Fleishman, Avrom: Narrated films. Storytelling situations in cinema history. Baltimore/London 1992.
Gaudreault, André/Jost, François: »Enunciation and narration«. In: Miller, Toby/Stam, Robert (Hg.): Companion to film theory. Malden/Oxford 1999, S. 45–63.
Griem, Julika/Voigts-Virchow, Eckart: »Filmnarratologie. Grundlagen, Tendenzen und Beispielanalysen«. In: Nünning, Vera/Nünning, Ansgar (Hg.): Erzähltheorie transgenerisch, intermedial, interdisziplinär. Trier 2002, S. 155–184.
Grodal, Torben: Moving pictures: A new theory of film genres, feelings, and cognition. Oxford 1999.
Hickethier, Knut: Film- und Fernsehanalyse [1993]. Stuttgart/Weimar ⁵2012.
Kozloff, Sarah: Invisible storytellers. Voice-over narration in american fiction film. Berkeley/Los Angeles/London 1988.
Schweinitz, Jörg: »Zur Erzählforschung in der Filmwissenschaft«. In: Lämmert, Eberhard (Hg.): Die erzählerische Dimension. Berlin 1999, S. 73–87.
Smith, Murray: Engaging characters. Fiction, emotion, and the cinema. Oxford 1995.
Stam, Robert/Burgoyne, Robert/Flitterman-Lewis, Sandy (Hg.): New vocabularies in film semiotics. Structuralism, post-structuralism, and beyond. New York 1992.
Thompson, Kristin: Storytelling in the new Hollywood. Understanding classical narrative technique. Cambridge, Mass./London 1999.

Literatur zum Weiterlesen

Böhnke, Alexander: Paratexte des Films. Über die Grenzen des filmischen Universums. Bielefeld 2015.
Brössel, Stephan: Filmisches Erzählen. Berlin/New York 2014 (= Narratologia 40).
Eder, Jens/Jannidis, Fotis/Schneider, Ralf (Hg.): Characters in fictional worlds. Understanding imaginary beings in literature, film, and other media. Berlin/New York 2010.
Kuhn, Markus: Filmnarratologie. Ein erzähltheoretisches Analysemodell. Berlin/New York 2011 (= Narratologia 26).
Mittell, Jason: Complex TV. The poetics of contemporary television storytelling. New York 2015.
Pinkas, Claudia: »Grundlagen narrativer Vermittlung im Film«. In: Dies.: Der phantastische Film. Instabile Narrationen und die Narration der Instabilität. Berlin/New York 2010 (= Narratologia 25), S. 102–151.
Thon, Jan-Noël (Hg.): Transmedial narratology and contemporary media culture. On transmedial strategies of narrative representation in contemporary films, comics, and video games. Lincoln 2016.

4 Comic

Comics erzählen mittels Folgen (**Sequenzen**) unbewegter Einzelbilder (**Panels**), die sich zu kausallogischen Ereignisketten fügen. Während kurze Formen wie der **Comicstrip** aus einer Sequenz von minimal zwei Bildern bestehen, nutzen Comichefte oder -alben zwischen 30 und 70 Seiten, um eine Vielzahl von Sequenzen zu präsentieren. Seit den 1970er Jahren entstehen zudem Romane in Comicform (**Graphic Novels**), die nicht selten über 100 Seiten umfassen und das hochgradig kreative Potential nutzen, das sich aus dem Zusammenspiel von Schrift und Bild ergibt. Graphic Novels wie *Jimmy Corrigan. The Smartest Kid on Earth* (2000) von Chris Ware, *The Three Paradoxes* (2007) von Paul Hornschemeier oder *Asterios Polyp* (2009) von David Mazzucchelli sind Beispiele hierfür.

Jimmy Corrigan. The Smartest Kid on Earth (2000) von Chris Ware

Anordnungen der Panels: Neben der einfachen linearen Abfolge von Einzelbildern mit den üblichen Rahmen finden sich häufig auch auffälligere Anordnungen und Formen von Panels. Diese schaffen zusätzliche Korrespondenz- oder Kontrastrelationen und werden meist zu atmosphärischen, narrativen oder ästhetischen Zwecken eingesetzt. Wenn zum Beispiel ein Superheld in die Höhe springt, kann eine vertikale Streckung des Panels seine Bewegung und damit die actionreiche Erzählung dynamisch unterstreichen.

Die Gestaltung des Raums zwischen den Panels (**Gutter**) ist häufig ein Indikator für nichtdargestellte Zeit: Ist er besonders groß, kennzeichnet dies oft eine größere Auslassung (**Ellipse**). Die nichtdargestellte Zeit bleibt dabei meist unbestimmt, kann aber häufig aus dem Kontext erschlossen werden.

Visuelle und sprachliche Erzählinstanz im Comic: Die meisten Comics weisen neben Bildern auch sprachliche Texte auf; beide Bestandteile können ereignishaft (s. Kap. IV.3.2.2) und somit narrativ sein. In der Analyse ist es entsprechend sinnvoll, bildliche und sprachliche Informationen zu unterscheiden. Operiert man mit einem Kommunikationsmodell (s. Kap. I.5), kann man erstere einer visuellen, letztere einer sprachlichen Erzählinstanz zuordnen.

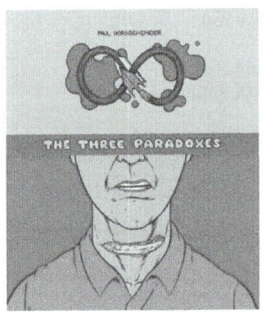

The Three Paradoxes (2007) von Paul Hornschemeier

- **Die visuelle Erzählinstanz** ist vor allem verantwortlich für Kategorien der Vermittlung wie Auswahl, Perspektivierung, Akzentuierung und Anordnung der Bildelemente und Bilder eines Comics.
- **Die sprachliche Erzählinstanz** ist vergleichbar mit jener in der Erzählliteratur und kann ebenso komplex ausfallen wie diese (s. hierzu Kap. V.4.2), ist im Comic aber immer im Verhältnis zur visuellen Ebene zu betrachten.

Fokalisierung, Okularisierung und Wissensvermittlung: Ein wichtiger Bestandteil der Textanalyse ist die Frage nach der **Relation des Wissens** zwischen der visuellen und der sprachlichen Erzählinstanz einerseits und den Figuren andererseits. Dabei ist es sinnvoll, Fragen der Fokalisierung (bezüglich des Wissens) von Fragen der Okularisierung (bezüglich der visuellen Wahrnehmung) zu unterscheiden.

Die zentralen Fragen bezüglich der Wissensvermittlung lauten: Zeigt die visuelle Erzählinstanz in Relation zum Wissen der Figur **mehr, genauso viel oder weniger** (zu den verschiedenen Fokalisierungstypen nach Genette s. Kap. IV.2.1.1)? Und wie verhält sich die sprachliche Erzählinstanz dazu – konform mit dem vorherrschenden Fokalisierungstyp oder disparat zu diesem? Da die Fokalisierung auf der Mikroebene in der Regel fluktuiert, kann auf der Makroebene – also bezüglich längerer Passagen oder des gesamten Comics – meist nur eine generelle Tendenz des vorherrschenden Fokalisierungstyps angegeben werden.

Die zentrale Frage bezüglich der visuellen Wahrnehmung lautet: Zeigt die visuelle Erzählinstanz in etwa das, was eine Figur wahrnimmt (Mitsicht oder interne Okularisierung) oder nicht (Übersicht oder Null-Okularisierung)?

4.1 | Informationsvergabe durch das Bild

Genre- und Erzählkonventionen im Comic: Ab den 1920er Jahren beginnen sich, vor allem ausgehend von US-amerikanischen Zeitungscomics, unterschiedliche Comic-Genres auszudifferenzieren. Orientiert an den Inhalten sogenannter Pulp-Hefte – kurze serielle Erzählungen, die vor allem an Zeitungskiosken verkauft wurden –, boten Comics ab diesem Zeitpunkt nicht mehr nur komische Inhalte, sondern öffneten sich auch für Genres wie Science-Fiction, Abenteuer- oder Liebeserzählungen.

Etwa zur selben Zeit beginnen sich auch die wichtigsten Major-Genres des populären Kinofilms und deren **Erzählkonventionen** herauszubilden. Comics weisen bereits sehr früh Parallelen hierzu auf. So liefern sie zum Beispiel eingangs häufig eine dem *establishment shot* ähnliche überblicksartige Darstellung jenes Raumes, in dem sich die Geschichte entwickeln wird. Oder die Panels stellen Figuren in einer Dialogsequenz immer abwechselnd dar, was dem *shot reverse shot* entspricht. Auch die Gestaltung der Überleitungen zwischen den Panels ist oft mit dem Schnitt bzw. der Montage im Film vergleichbar, etwa wenn die Darstellung einer Handlung im Comic analog zum filmischen *match cut* in einem nachfolgenden Panel – meist unter veränderter Perspektive – wieder aufgenommen wird. Die Beeinflussung der visuellen Darstellungskonventionen in Film und Comic ist wechselseitig und setzt sich bis heute fort.

Darstellung von Veränderung: Anders als der Film kann der Comic mit seinen statischen Bildern Bewegung nicht direkt repräsentieren. Veränderungen müssen daher immer durch zusätzliche **stilistische Mittel** (beispielsweise durch Bewegungslinien, dynamische Panelformen oder übersteigerte Posen der Figuren) oder durch **kontrastive Darstellungen** markiert werden: Wenn etwa ein Panel ein blaues Haus zeigt und im folgenden Panel Trümmer eines blauen Hauses zu sehen sind, dann ist diese Darstellung als Zustandsveränderung zu lesen, die mit den Worten »ein Haus ist eingestürzt« umschrieben werden kann.

In der westlichen Welt werden schriftsprachliche Erzählformen von links nach rechts und von oben nach unten rezipiert (Leserichtung). Eine entsprechend gestaltete Sequenz von Panels wird gemeinhin als zeitlich organisierter kausallogischer Handlungsverlauf gelesen – ein Verständnis, das die **Darstellungseigenschaften des Gezeigten** in der Regel bestätigen: So gewährleisten etwa physiognomische Besonderheiten einer Figur, dass ein über mehrere Panels dargestelltes Handeln (aufstehen am Morgen, frühstücken in der Küche, an der Bushaltestelle stehen, im Büro sitzen) auch tatsächlich demselben **Subjekt** zugeordnet werden kann. Entsprechend erlauben spezifische Eigenschaften eines **Objekts**, wie die blaue Farbgebung des einstürzenden Hauses im obigen Beispiel, die beiden Abbildungen als unterschiedliche Zustände desselben Objekts zu identifizieren. Hierbei muss auch die Gestaltung des Handlungsorts (**Setting**) stimmig sein – dieselbe Stadtsilhouette im Hintergrund von Panel A und B etwa –, so dass der Rezipient eine Einheit von Subjekt, Objekt und Setting rekonstruieren kann. Wenn eine Panelfolge aufgrund der Darstellungseigenschaften nicht als zeitlicher Verlauf interpretierbar ist, kann ein logischer Zusammenhang meist durch die Textanteile oder den Kontext hergestellt werden (s. Kap. V.2.2).

Erzählebenen: Auch in der diegetischen Welt des Comics kommen gestaffelte Erzählebenen und damit inkludierte Erzählungen vor (s. Kap. IV.1.3). Solche **Binnenerzählungen** können ein eingebettetes Medium repräsentieren, beispielsweise eine Fernsehsendung, die die Figuren im Verlauf der Haupthandlung sehen, oder auch die sprachliche Äußerung oder den inneren Vorgang einer Figur. Für die Gestaltung von Erinnerungen, Phantasien oder Träumen nutzt der Comic häufig das folgende Schema:

1. Die visuelle Erzählinstanz zeigt zunächst die Figur. Dabei wird – etwa durch eine besondere Betonung von einzelnen Gesichtspartien wie Stirn oder Augen – suggeriert, dass ihre Aufmerksamkeit nicht auf die diegetische Realität, sondern auf innere Prozesse gerichtet ist. Soll die Darstellung eines Traums folgen, ist die Figur in der Regel schlafend abgebildet.
2. Auf diese einleitende Rahmung folgt die mentale Binnenerzählung, die zusätzlich markiert sein kann, beispielsweise durch einen anderen Zeichenstil oder eine besondere Panelumrandung, etwa in Form einer Gedankenblase.
3. Nach Abschluss der Binnenerzählung verschwinden die gesonderten Markierungen; die visuelle Erzählinstanz wechselt zurück auf die primäre Ebene, zeigt erneut die denkende, sich erinnernde oder träumende Figur und vermittelt wieder Informationen, die im Rahmen der erzählten Welt als Realität anzusehen sind.

4.2 | Informationsvergabe durch Sprache

Viele Comics vermitteln Informationen nicht nur auf visueller, sondern auch auf sprachlicher Ebene. Dabei sind (mindestens) drei Arten von Schriftsprache zu unterscheiden:

1. Erzählerrede und Kommentare der sprachlichen Erzählinstanz: Die Erzählerrede wird üblicherweise deutlich abgesetzt von der diegetischen Figurenrede, indem sie eingerahmt in **Erzählkästen** erscheint. Ihr kommen Funktionen zu, die mit jenen der Voice-Over-Erzählerrede im Film vergleichbar sind (s. Kap. V.3.3). Die sprachlichen Informationen können in einem widersprüchlichen, polarisierenden, komplementären oder paraphrasierenden Verhältnis zur Bildebene stehen. Wie in Erzähltexten auch kann die ontologische Position der sprachlichen Erzählinstanz zur erzählten Welt hetero- oder homodiegetisch sein (s. Kap. IV.1.2).

2. Figurenrede in Sprech- und Gedankenblasen: Häufig erfolgt die sprachliche Informationsvergabe ausschließlich über die direkte Figurenrede, ohne dass eine extradiegetische sprachliche Erzählinstanz in Erscheinung tritt. Die Äußerungen bzw. mentalen Prozesse der Figuren (s. Kap. IV.2.2) sind meist in direkter Rede formuliert; die Umrandung (**Outline**) in Form von Sprech- und Gedankenblasen markiert dabei die Art der Rede – geäußert oder mental – in der erzählten Welt. In die Umrandung dieser *bubbles* ist in der Regel eine Spitze integriert, Dorn oder Ventil genannt, die auf die sprechende bzw. denkende Figur gerichtet ist. Bei *speech bubbles* sieht der Dorn in der Regel wie ein ununterbrochener Pfeil aus, während bei *thought bubbles* unterbrochene Linien oder kleine Kreise als Sprechermarkierung fungieren. Zusätzlich sind Gedankenblasen an ihrer geschwungenen Outline zu erkennen. Die Funktion der Sprech- und Gedankenblasen entspricht weitgehend den **Inquit-Formeln** in Erzähltexten.

Eine Figur kann zu einer eingebetteten sprachlichen Erzählinstanz werden, wenn sie mindestens eine sprachliche Minimalerzählung vermittelt. Längere Erzählungen von Figuren werden häufig im weiteren Verlauf zusätzlich in eine bildliche Repräsentation übersetzt, die von der visuellen Erzählinstanz gezeigt wird.

3. Darstellung von Geräuschen in Soundwords: Geräusche und Musik werden im Comic normalerweise durch Schrift repräsentiert. Dabei handelt es sich strenggenommen um eine synästhetische Imitation, weil der Comic im Gegensatz zu Theaterinszenierungen oder zum Film keinen auditiven Kanal aufweist. Insbesondere für die Darstellung von Geräuschen durch Soundwords spielt die typografische Gestaltung der Schrift eine große Rolle. So werden besonders laute Töne konventionell durch eine besonders fettgedruckte Schrift wiedergegeben. In Superhelden-Comics werden Soundwords häufig als grafische Elemente stilisiert, die zu einer zusätzlichen Dynamisierung der auf Action ausgelegten Darstellung führen. Neuere Graphic Novels verzichten dagegen in der Regel auf den Einsatz von Soundwords.

Literatur

Baetens, Jan: »Graphic Novels«. In: Cassuto, Leonard/Reiss, Benjamin/Viginia, Clare (Hg.): The Cambridge History of the American Novel. Cambridge 2011, S. 1137–1153.
Dittmar, Jakob F.: Comic-Analyse. Konstanz 2008.
Kuhn, Markus: Filmnarratologie. Ein erzähltheoretisches Analysemodell. Berlin/New York 2011 (= Narratologia 26).
Kuhn, Markus/Veits, Andreas: »Narrative mediation in comics. Narrative instances and narrative levels in Paul Hornschemeier's *The Three Paradoxes*«. In: Birke, Dorothee/Köppe, Tilmann (Hg.): Author and narrator. Transdisciplinary contributions to a narratological debate. Berlin/München/Boston 2015, S. 235–263.
McCloud, Scott: Comics richtig lesen. Hamburg 1994.

Literatur zum Weiterlesen

Abel, Julia/Klein, Christian (Hg.): Comics und Graphic Novels. Eine Einführung. Stuttgart 2015.
Groensteen, Thierry: Comics and narration. Jackson 2013.
Hescher, Achim: Reading graphic novels, genre and narration. Berlin/Boston 2016 (= Narratologia 50).
Kukkonen, Karin: Studying comics and graphic novels. Chichester 2013.
Schüwer, Martin: »Erzählen in Comics. Bausteine einer plurimedialen Erzähltheorie«. In: Nünning, Vera/Nünning, Ansgar: Erzähltheorie transgenerisch, intermedial, interdisziplinär. Trier 2002, S. 185–216.
Stein, Daniel/Thon, Jan-Noël (Hg.): From comic strips to graphic novels. Contributions to the theory and history of graphic narrative. Berlin/Boston 2013 (= Narratologia 37).
Thon, Jan-Noël (Hg.): Transmedial narratology and contemporary media culture. On transmedial strategies of narrative representation in contemporary films, comics, and video games. Lincoln 2016.

5 Digitale Erzähltextanalyse

Erzähltexte stehen uns heute oftmals im elektronischen Format zur Verfügung. Die neuen Praktiken des digitalen Schreibens und Publizierens einerseits, bei denen Texte bereits im sogenannten **Born-digital-Format** entstehen, und andererseits die Fortschritte bei der **Retrodigitalisierung** von Druckpublikationen haben den Aufbau umfangreicher digitaler Textsammlungen ermöglicht. Manche dieser Textarchive sind frei über das Internet zugänglich, wie etwa das »Deutsche Textarchiv« oder das »Projekt Gutenberg-DE«, in denen Teile des klassischen Erzähltextkanons vorliegen. Andere, in philologischer Hinsicht hochwertigere digitale Editionen setzen mitunter eine spezielle Zugangsberechtigung voraus. Schwieriger wird es in jedem Fall beim Zugriff auf Erzähltexte mit einem Publikationsdatum ab Beginn des 20. Jahrhunderts: Hier setzt das Urheberrecht Grenzen. Für ausgewiesene Forschungszwecke gelten allerdings Sonderregelungen; Universitätsbibliotheken wie Verlage bieten zur Klärung der Rechtefrage Beratung an.

Index Thomisticus: Neben der Verfügbarkeit der Texte im digitalen, maschinenlesbaren Format setzt eine computergestützte Analyse zugleich die Verfügbarkeit von Verfahren und Softwarelösungen voraus, die es ermöglichen, erzählanalytische Fragestellungen mit dem Computer zu bearbeiten. Die Entwicklung solcher Methoden und Programme zählt zu den Kernaufgaben des interdisziplinären Forschungsfeldes der **Digital Humanities** (DH). Als Pionier in diesem Bereich gilt heute der **Jesuitenpater Roberto Busa**, der schon 1949 damit begann, das Gesamtwerk des Kirchenvaters Thomas von Aquin mit Hilfe von IBM-Lochkartencomputern zu erfassen.

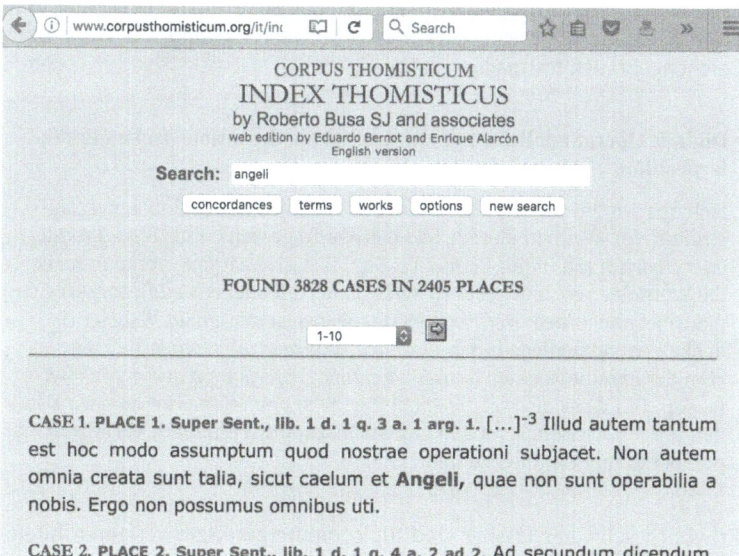

Suche nach Vorkommnissen des Wortes »angeli« im Gesamtwerk von Thomas von Aquin

Das Resultat, der *Index Thomisticus*, war die erste **digitale Konkordanz**: ein computerlesbares Gesamtwortverzeichnis, das sämtliche Fundstellen aller in dem Textkorpus von knapp 200 Bänden vorkommenden Wörter enthält. Dabei wurden die Einträge zugleich **lemmatisiert**, das heißt, jedes Einzelvorkommnis (*token*) wurde einer grammatischen Stammform (*type*) zugeordnet. Die Erstellung dieser ersten Konkordanz nahm dreißig Jahre in Anspruch; sie ermöglicht es uns heute, in diesem Textkorpus von ca. 11 Millionen Wörtern Umfang per Computer in Sekundenbruchteilen herauszubekommen, wo und wie oft Thomas von Aquin beispielsweise ein bestimmtes religiöses Konzept mit einem positiven Adjektiv verknüpft hat. Auch die Suche nach einzelnen Wörtern oder in einzelnen, ausgewählten Texten des Korpus ist möglich.

Digitale und menschliche Textanalyse im Vergleich: Busas Pionierarbeit demonstriert, dass eine sinnvolle Verwendung von Computern in der Sprach- und Textanalyse neben der Umwandlung von Druckschrift in elektronische, maschinenlesbare Zeichen auch ein **Umdenken in Bezug auf gewohnte Auffassungen von Text** voraussetzt. Der menschliche Leser verarbeitet den Erzähltext normalerweise sequentiell und linear – also Wort für Wort, Satz für Satz, Seite für Seite –, bis daraus die Erzählung als bedeutungshaftes Ganzes entstanden ist, die wir unwillkürlich mit bereits gelesenen Erzählungen vergleichen und verknüpfen. Der Computer hingegen sieht den Text von vornherein als Ganzes – aber eben nur in Form einer bedeutungsneutralen Tabelle, in der alle Wörter des Textes exakt als diskrete Elemente verzeichnet sind. Implizite historische und hermeneutische Kontexte bleiben in dieser Sichtweise zunächst ebenso ausgeblendet wie textimmanente Phänomene, die interpretativ erschlossen werden müssen.

Diese andere Sicht des Computers auf den Erzähltext hat für die digitale Erzähltextanalyse sowohl Vor- wie Nachteile. Gut analysierbar sind mit digitalen Verfahren grundsätzlich erzähltechnische Phänomene, die man zuverlässig am konkret vorliegenden Wortmaterial und am Wort- bzw. Zeichengebrauch festmachen kann.

Zur Vertiefung

Digitale Operationalisierung zur Ermittlung der ontologischen Erzählerposition

Nehmen wir an, uns liegt ein fiktionaler Erzähltext ohne Rahmenerzählstruktur vor. Wenn in diesem Text die Wortfolge »ich« + *verbum dicendi oder credendi* (zu Inquit-Formeln s. Kap. IV.2.2.2) häufiger vorkommt als die Wortfolge »er« bzw. »sie« + *verbum dicendi* oder *credendi*, so lässt sich plausibel annehmen: Der Erzähler des Textes ist mit großer Wahrscheinlichkeit ein homodiegetischer Erzähler. Unsere erzähltechnische Frage »Hat der Erzähltext einen homo- oder einen heterodiegetischen Erzähler?« (s. Kap. IV.1.2) ist also relativ leicht digital zu operationalisieren – wir können unser Forschungsproblem mit einem **quantifizierenden Verfahren** und per Computer untersuchen.

Erheblich schwerer fassbar sind für computergestützte Verfahren hingegen erzähltechnische Phänomene und Fragestellungen, die interpretationsabhängig sind. Hier reicht es nicht mehr aus, eine Tabelle nach Fundstellen zu durchsuchen, sondern es müssen logische Verknüpfungen und Verzweigungen berechnet werden.

> **Automatische Anaphernresolution**
>
> Wenn der Computer im Hinblick auf unsere Frage nach der ontologischen Erzählerposition herausgefunden hat, dass im fraglichen Text dominant heterodiegetisch erzählt wird, interessiert uns in erzähltechnischer Hinsicht nun, welche konkrete Figur von dem heterodiegetischen Erzähler jeweils mit einer »er«- bzw. »sie«-Erwähnung im Text als Sprecher gekennzeichnet worden ist und wie sich die Redeanteile dieser Figur auf den Gesamttext verteilen. Die maschinelle Beantwortung dieser Frage setzt voraus, dass dem Computer neben der Worttabelle auch ein **Verfahren zur eindeutigen Auflösung von Verweisen** zur Verfügung steht, die im Text beispielsweise mittels Präpositionen vorgenommen worden sind. Solch ein Verfahren wird als automatische Anaphernresolution bezeichnet. Ähnliches gilt für alle anderen Operationen, bei denen mehr als der Blick auf die reine Textoberfläche und die wortwörtliche Textgestalt gefordert ist: Deiktika – also Raum- bzw. Zeitverweise wie »dort«, »jetzt« etc. –, Metaphern, Synonyme und Homonyme sowie historische Sprachformen und ähnliche Formen der uneigentlichen, also nicht wortwörtlich gemeinten Rede setzen Interpretationsleistungen voraus, damit der Computer sie korrekt zuordnen und verknüpfen kann.

Zur Vertiefung

Digitale Textannotation und -analyse: Bei der computergestützten Analyse von Einzeltexten und kleineren Textkorpora bietet für solche Fälle das Verfahren der digitalen Textannotation und -analyse eine interessante Alternative. Bereits in den 1980er Jahren wurden hierfür die ersten Werkzeuge entwickelt; eines der bekanntesten war das an der University of Toronto programmierte Desktopprogramm **TACT** (Textual Analysis Computing Tools). Heute stehen webbasierte Textannotations- und Analyseplattformen wie **CATMA** (Computer Assisted Textual Markup and Analysis) zur Verfügung, die unabhängig vom Betriebssystem eines Rechners funktionieren. Sie ermöglichen es, digitale Texte zunächst mit **Markup** zu versehen. Dabei wird der auf die Plattform hochgeladene Text mit einer expliziten, terminologisch geregelten erzähltheoretischen Beschreibung angereichert.

Das geschieht im ersten Schritt manuell: Wir identifizieren, klassifizieren und annotieren die jeweils interessanten erzähltechnischen Phänomene des Textes. Abhängig vom Umfang und von der Feingliedrigkeit (**Granularität**) der Annotation erfolgt dabei eine mehr oder minder dichte Ergänzung der jeweiligen **Textdaten** mit erzähltheoretischen **Metadaten**. Bereits bei der systematischen Markierung einzelner Worte und Wortfolgen mit digitalen Annotationen (**Tags**) können dabei erste Muster und Abhängigkeiten hervortreten, die uns neue Einsichten in den annotierten Text wie in das annotierte erzähltechnische Phänomen ermöglichen. So verzichtet der deutsche Gegenwartsautor Uwe Timm in seinen Erzähltexten weitgehend auf die Kombination »er« bzw. »sie« + *verbum dicendi* ebenso wie auf den Gebrauch von Anführungszeichen. Schon im Zuge der

Schritt 1: Manuelle Annotation

Annotation wird also deutlich: Nicht eine Inquit-Formel wie »Er rief« oder »Sie sagte«, sondern das Umschalten von der grammatischen dritten in die erste Person ist in diesem Werkkontext der Indikator für das Umschalten von der Erzähler- zur Figurenrede. Analog zu diesem Beispiel können mit dem Verfahren des Markup unter anderen folgende erzähltechnische Phänomene explizit ausgezeichnet werden:

- Vorkommen und Verteilung von handlungstragenden Figuren im Text sowie Figurenkonstellationen,
- auffällige inhaltliche und rhetorische Merkmale der Erzählerrede wie Kommentare oder ironische Distanzierungen,
- Strukturphänomene der Ordnung in der Erzählerrede wie Analepsen oder Prolepsen (s. Kap. IV.2.3.2).

Schritt 2: Digitale Analyse
Die anschließende digitale Textanalyse baut auf diesem ersten Verfahrensschritt auf. Jetzt werden mit Hilfe des Computers Text- und Metadaten sowohl gemeinsam wie getrennt auf Vorkommnisse, Kombinationsmuster und Verteilungshäufigkeiten untersucht. Die Grundform der Anfragen, die der Nutzer dabei an den Computer stellt, lautet: »Finde im Text A alle Stellen, an denen das Wort/der Tag/die Wort-Tag-Kombination x vorliegt.« Tiefe und Genauigkeit solcher maschinellen Analysen übersteigen dabei sehr schnell das, was ein menschlicher Leser jemals leisten könnte oder möchte – denn die Maschine macht weder Ausnahmen, noch verlässt sie sich auf Intuitionen oder behilft sich mit hochgerechneten Daten (**Extrapolationen**) zur Abkürzung einer langwierigen Suche nach erzähltechnisch interessanten Mustern. Die Suchergebnisse werden dabei als Listen von Fundstellen ausgegeben, die wiederum in Form von Verteilungsgraphen oder in anderer Form visualisiert werden können. Aufgrund der Standardisierung von Datenformaten und Beschreibungssprachen im Forschungsfeld der Digital Humanities ist bei der Arbeit mit Webapplikationen wie **VOYANT**, einer webbasierten Analyseumgebung für digitale Texte, oder **CATMA** außerdem sichergestellt, dass die Ausgabedaten mit anderen Softwarepaketen und Statistikprogrammen weiter bearbeitet werden können.

Nicht nur für den menschlichen Nutzer, sondern auch für die textanalytischen Verfahren und Programme selbst resultiert aus dieser Nachbear-

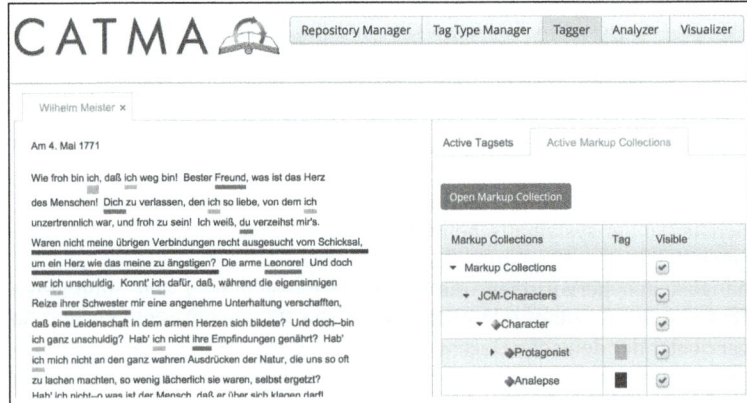

Mit CATMA annotierter Text

beitung von Text- und Annotationsdaten mittlerweile ein wichtiger Lerneffekt: Je mehr verlässliche, von menschlichen Experten generierte erzähltheoretische Annotationsdaten vorliegen, umso bessere Resultate können Informatiker beim Trainieren von Algorithmen *(machine learning)* erzielen. Diese Algorithmen können dann einen Teil der aufwändigen manuellen Annotationsarbeit übernehmen. CATMA beispielsweise kann dank derartiger Erweiterungen mittlerweile in deutschsprachigen Erzähltexten nicht nur explizite Zeitausdrücke automatisch erkennen, sondern auch Vor- und Rückblenden identifizieren und narratologisch als Analepsen oder Prolepsen annotieren.

Distant-reading-basierte Textanalyse: Das Verfahren der digitalen Textannotation und -analyse steht mit seiner genauen, manuellen erzähltechnischen Textbeschreibung noch in der Tradition des philologischen *close reading*. Von zunehmender Bedeutung ist in letzter Zeit bei der Anwendung computergestützter Methoden auf Erzähltexte jedoch das umgekehrt ansetzende Verfahren des sogenannten *distant reading* geworden. Das Forschungsinteresse gilt dabei nicht länger der erzähltechnischen, inhaltlichen oder stilistischen Charakteristik eines einzelnen Textes oder Autorenwerkes – es richtet sich vielmehr auf die Genese von literarischen Formen und die Ausprägung von Tendenzen in sehr großen, mitunter mehrere literarische Epochen umfassenden **Korpora**.

Traditionell haben sich die Literaturwissenschaften bei der Analyse entsprechend großer Textmengen beholfen, indem einige wenige kanonische, als exemplarisch geltende Texte genau untersucht und die gewonnenen Ergebnisse dann spekulativ verallgemeinert wurden. Computergestützte Verfahren ermöglichen es jedoch heute, auch in der Erzähltextanalyse rein empirisch zu arbeiten.

Computergestützte empirische Analyse großer Textmengen *Zur Vertiefung*

Unsere obige Frage nach den Vorkommnissen von »er« bzw. »sie« + *verbum dicendi bzw. credendi* lässt sich dank **Google Books Ngram Viewer** mit wenigen Klicks an alle deutschsprachigen Texte des Zeitraums 1800 bis 2000 stellen, die im Google-Books-Korpus digital erfasst sind. In der nachstehenden Abbildung repräsentiert die obere Kurve die Anzahl der Ergebnisse mit Kleinschreibung von »er« bzw. »sie« und die untere Kurve die Anzahl der Ergebnisse mit Großschreibung von »Er« bzw. »Sie«. Der Verlauf der oberen Kurve legt nahe, dass die Verwendung der heterodiegetischen Erzählerposition im fraglichen Zeitraum stetig abgenommen hat. Hier müsste nun aber zunächst genau nachgeprüft werden, inwieweit das analysierte Korpus überhaupt **repräsentativ** ist und ob die formulierte Anfrage nicht möglicherweise eine zu hohe **Zahl an falschen Resultaten** produziert hat. Methodisch problematisch ist in unserem Beispielfall insbesondere die Tatsache, dass im Google-Books-Korpus sowohl fiktionale als auch faktuale Texte enthalten sind. Andererseits ist zu berücksichtigen, dass angesichts der Größe des Korpus – gegenwärtig mehr als 20 Millionen Bände – punktuelle Verzerrungen statistisch gesehen kaum zu Buche schlagen.

Weitere Themenfelder der narratologischen Analyse

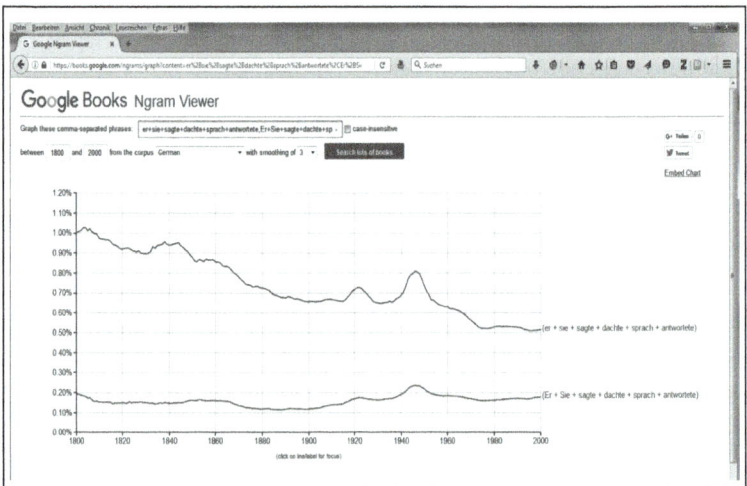

Korpusanalyse mit Google Books Ngram Viewer

Distant-reading-basierte Ansätze in der Erzähltextanalyse verwenden vorrangig automatische, algorithmische Verfahren. Dazu zählen insbesondere die folgenden in der Computerlinguistik und Informatik entwickelten statistischen Methoden:

- automatische Themen- und Inhaltsanalyse *(topic modelling)*,
- automatische Erkennung der Erwähnung von Orten, Objekten, Personen und Ereignissen *(named entity recognition)*,
- automatische Stilanalyse *(stylometry)*,
- automatische Analyse der Beziehungen zwischen den Agenten innerhalb eines sozialen Netzwerks *(social network analysis)*.

Wie bei allen statistischen Verfahren sind die dabei gewonnenen Ergebnisse Wahrscheinlichkeitsaussagen, die sich auf die Gesamtmenge der analysierten Textdaten beziehen. Der Zweck einer *Distant-reading*-Analyse besteht darin, am konkreten Wortmaterial eines Korpus Tendenzen und Orientierungen zu identifizieren, die sich im Zuge des laufenden, andauernden Wandels menschlicher Erzählpraktiken in deren jeweiligen gesellschaftlichen und historischen Kontexten ausprägen.

Die beiden hier skizzierten Verfahren und Ansätze zu einer digitalen Erzähltextanalyse – das interaktive Verfahren der manuellen Textannotation und -analyse einerseits, das rein maschinelle Verfahren *Distant-reading*-basierter Korpusanalysen andererseits – sind Teil des umfassenderen Gegenstandsbereichs der **computational narratology**. In diesem Forschungsfeld werden neben der anwendungsorientierten Frage, wie man mit Hilfe des Computers narrative Texte analysieren kann, auch die automatische Generierung von Erzählungen *(story generation)* und die computergestützte Modellierung kognitiver Prozesse bei der Verarbeitung von Erzählungen untersucht. Von besonderem Interesse ist für die *computational narratology* aber die metatheoretische Frage: **Welchen theoretischen und methodischen Gewinn können wir aus der Begegnung zwischen Narratologie und Informatik ziehen?** Und welche neuen Fragestellungen können jetzt an unserem Forschungsgegenstand Erzähltext untersucht werden?

Computergestütztes Arbeiten in der Erzähltextforschung ergänzt so insgesamt das Methodenrepertoire erprobter, traditioneller Verfahren um empirische Ansätze, mit denen insbesondere größere Textkorpora systematisch untersucht und ausgewertet werden können.

Literatur

Brunner, Annelen: Automatische Erkennung von Redewiedergabe. Ein Beitrag zur quantitativen Narratologie. Berlin/Boston 2015 (= Narratologia 47).
Gervás, Pablo: »Story generator algorithms«. In: Hühn, Peter/Meister, Jan Christoph/Pier, John/Schmid, Wolf (Hg.): The living handbook of narratology. Zugänglich unter: www.lhn.uni-hamburg.de/article/story-generator-algorithms (gesehen am 25. April 2016).
Gius, Evelyn: Erzählen über Konflikte. Ein Beitrag zur digitalen Narratologie. Berlin/Boston 2015 (= Narratologia 46).
Jannidis, Fotis/Lauer, Gerhard: »Burrows's Delta and its use in German literary history«. In: Erlin, Matt/Tatlock, Lynne (Hg.): Distant readings. Topologies of German culture in the long nineteenth century. Rochester 2014.
Jockers, Matthew L.: Macroanalysis. Digital methods and literary history. Urbana/Chicago/Springfield 2013.
Lagoni, Frederike: Fiktionales versus faktuales Erzählen fremden Bewusstseins. Berlin 2016 (= Narratologia 53).
Mani, Inderjeet: »Computational narratology«. In: Hühn, Peter/Meister, Jan Christoph/Pier, John/Schmid, Wolf (Hg.): The living handbook of narratology. Zugänglich unter: www.lhn.uni-hamburg.de/article/story-generator-algorithms (gesehen am 25. April 2016).
Meister, Jan Christoph: Computing action. A narratological approach. Berlin/New York 2003 (= Narratologia 2).
Modrow, Lena: Wie Songs erzählen. Eine computergestützte, intermediale Analyse der Narrativität. Frankfurt a. M. 2016.
Moretti, Franco: Distant reading. New York 2013.
Terras, Melissa/Nyhan, Julianne/Vanhoutte, Edward (Hg.): Defining Digital Humanities. A reader. Farnham/Burlington 2013.

CATMA (Computer Assisted Textual Markup and Analysis). Zugänglich unter: http://catma.de (gesehen am 25. April 2016).
Deutsches Textarchiv. Zugänglich unter: http://www.deutschestextarchiv.de (gesehen am 25. April 2016).
Die Digitale Bibliothek bei TextGrid. Zugänglich unter: https://textgrid.de (gesehen am 25. April 2016).
Google Books Ngram Viewer. Zugänglich unter: https://books.google.com/ngrams (gesehen am 25. April 2016).
Index Thomisticus. Zugänglich unter: http://www.corpusthomisticum.org/it/index.age (gesehen am 25. April 2016).
Projekt Gutenberg-DE. Zugänglich unter: http://www.projekt.gutenberg.de (gesehen am 25. April 2016).
VOYANT (a web-based reading and analysis environment for digital texts). Zugänglich unter: http://voyant-tools.org (gesehen am 25. April 2016).

Webbasierte Applikationen zur digitalen Textanalyse und digitale Textarchive

Digital Humanities im deutschsprachigen Raum. Zugänglich unter: http://dig-hum.de (gesehen am 25. April 2016).
Digital Research Tools (Verzeichnis digitaler Forschungsinstrumente und Ressourcen für die wissenschaftliche Nutzung). Zugänglich unter: http://dirtdirectory.org/ (gesehen am 25. April 2016).
European Association for Digital Humanities. Zugänglich unter: http://eadh.org (gesehen am 25. April 2016).

Laufend aktualisierte Verzeichnisse textanalytischer Tools und Projekte

VI Anhang

1. Glossar erzähltheoretischer Grundbegriffe
2. Über die Autoren und Beiträger
3. Verzeichnis der Abkürzungen
4. Literatur zur Erzähltheorie
5. Sachregister
6. Personen- und Titelregister

1 Glossar erzähltheoretischer Grundbegriffe

Dieser Überblick über die wichtigsten erzähltheoretischen Termini wurde von Christiane Hauschild erstellt und von Henning Brockmann und Silke Lahn überarbeitet sowie ergänzt.

Achronie: Fehlen der zeitlichen Einordnung eines → **Ereignisses** oder → **Geschehnisses** auf der Ebene der Geschichte. Von achronischer Struktur spricht man auch dann, wenn die Zeitstruktur eines Textes insgesamt aufgrund einer komplexen Verschränkung von → **Analepsen** und → **Prolepsen** nur schwer erkennbar ist (s. auch → **Ordnung**).

Adressat: In der literarischen Erzählkommunikation auf einer Ebene mit dem → **Erzähler** stehende Adressateninstanz der erzählenden → **Rede**. Meist bleibt der narrative Adressat unmarkiert, in einigen Fällen kann er aber in der → **Erzählerrede** auch direkt angesprochen werden. Wie der Erzähler vom → **Autor** muss auch der narrative Adressat vom realen → **Leser** unterschieden werden.

Aktant (von lat. *actio*, frz. *acte*: Handlung i. S. v. Handeln): Form einer handelnden Instanz; als Kategorie der Beschreibung von → **Figuren** ein Konzept der von Algirdas Julien Greimas geprägten *Sémantique structurale* (1966, dt. *Strukturale Semantik*). Ausgehend von Vladimir Propps Analyse der sogenannten ›russischen Zaubermärchen‹ weist Greimas erzählten Figuren sechs mögliche abstrakte (in allen Erzähltexten wiederkehrende) Rollen zu: Subjekt (der Held), Objekt (das begehrte Objekt oder die gesuchte Person), Adressant (der Auftraggeber), Adressat (derjenige, der den Auftrag erhält), Adjuvant (der Helfer) und Opponent (der Gegner) (s. auch → **Funktion**, → **Handlung**, → **Handlungsschema**).

Anachronie: Abweichung vom Regelfall des → **chronologischen Erzählens**. Im Fall der Anachronie stimmt die temporale Anordnung der → **Ereignisse** und → **Geschehnisse** auf der Ebene der Geschichte nicht mit der Anordnung der Ereignisse und Geschehnisse auf der Ebene des Diskurses überein. Die beiden grundlegenden Formen der Anachronie sind → **Analepse** und → **Prolepse**. Anachronien können nach ihrer Reichweite (zeitlicher Abstand zwischen dem Zeitpunkt der gegenwärtigen Handlung und dem Zeitpunkt der Anachronie) und nach ihrem Umfang unterschieden werden (s. auch → **Ordnung**).

Analepse: Form der → **Anachronie**; nachträgliche Erwähnung eines → **Ereignisses** oder → **Geschehnisses**, das innerhalb der Geschichte zu einem früheren Zeitpunkt des → **Geschehens** stattgefunden hat (vgl. Gegenbegriff → **Prolepse**).

analytische Erzählung: Die analytische Erzählung beginnt mit einem → **Ereignis** und rekonstruiert rückblickend in → **Analepsen** das → **Geschehen**, das zu diesem Ereignis geführt hat. Analytisch aufgebaut sind z. B. Detektivromane (vgl. Gegenbegriff → **synthetische Erzählung**).

anaphorisches Erzählen: Kategorie des Parameters → **Frequenz**; Sonderform des → **singulativen Erzählens**. Anaphorisches Erzählen folgt der Formel nE/nG (n-mal erzählen, was n-mal geschehen ist).

Anisochronie (gr. *a(n)*-: verneinender Partikel, *iso*: gleich, *chronos*: Zeit): Begriff des Parameters der → **Dauer** nach Genette.

auktoriale Erzählsituation: Typus der → **Perspektivierung** nach dem Konzept der → **Erzählsituationen** von Stanzel. Die auktoriale Erzählsituation zeichnet sich durch die Anwesenheit eines persönlichen, sich in Einmengungen und Kommentaren zum Erzählten kundgebenden → **Erzählers** aus, der nicht Teil der erzählten Welt ist (vgl. → **Ich-Erzählsituation**, → **personale Erzählsituation**).

äußere Rede: Sämtliche mündliche Äußerungen einer Figur, auch Selbstgespräche (s. auch → **Figurenrede**; vgl. → **innere Rede**).

autodiegetischer Erzähler: Sonderfall des → **homodiegetischen** Erzählers. Der → **Erzähler** ist als → **Figur** Teil der → **erzählten Welt** und zugleich die Hauptfigur der Geschichte.

Autor (lat. *auctor*: Urheber, *augere*: hervorbringen): In der literarischen Erzählkommunikation auf einer Ebene mit dem realen → **Leser** stehender realer Produzent des Textes und historischer Urheber eines Werkes. Der Autor muss vom → **Erzähler** unterschieden werden.

Autorinstanz: In der literarischen Erzählkommunikation auf einer Ebene mit der → **Leserinstanz** stehender ›Stellvertreter‹ des realen → **Autors** in der → **Erzählung**, der die Einstellungen und Wertungen des Autors zum Ausdruck bringt. Die Autorinstanz muss vom realen Autor und vom → **Erzähler** unterschieden werden.

Das Konzept ist sehr umstritten, da in vielen Erzähltexten eine Autorinstanz kaum in Erscheinung tritt bzw. nur sehr schwer vom Erzähler zu unterscheiden ist. Wayne C. Booth stützt sich auf das Konzept der Autorinstanz, um → **unzuverlässiges Erzählen** zu definieren (s. auch → **Distanz**).

Bewusstseinsstrom (*stream of consciousness*): Absolut selbständige Form des freien inneren Monologs bzw. des autonomen Gedankenzitats, die eine Nachahmung der freien Assoziation als Verfahren der Psychoanalyse darstellt (s. auch → **Figurenrede**).

Binnenerzählung: Von einem übergeordneten Erzähler in seine Erzählung integrierte untergeordnete Erzählung, auch ›Erzählung in der Erzählung‹ genannt (s. auch → **Erzählebenen**; vgl. Gegenbegriff → **Rahmenerzählung**).

chronologisches Erzählen (gr. *chronos*: Zeit, *logos*: Ordnung): Präsentation der → **Ereignisse** und → **Geschehnisse** im *ordo naturalis*, d. h. in ihrer natürlichen, quasi-realen Reihenfolge auf der Ebene des → **Geschehens** (s. auch → **Ordnung**).

co-occurence: → **Simullepse**.

covert narrator (engl. verborgener Erzähler): → **Erzähler**, der kaum oder gar nicht in Erscheinung tritt. Die Vermittlungsfunktion des Erzählers scheint kaum vorhanden und die Erzählung sich selbst zu erzählen (s. auch → **Distanz** im Sinne Genettes, → **Mittelbarkeit**; vgl. Gegenbegriff → *overt narrator*).

Dauer: Parameter zur Beschreibung des Verhältnisses von → **erzählter Zeit** und → **Erzählzeit** in Bezug auf den jeweils in Anspruch genommenen Zeitraum in ›Geschichte‹ und im ›Diskurs‹. Unterschieden werden → **Isochronie** (→ **zeitdeckendes Erzählen**) und die → **Anisochronien** (Abweichungen im Verhältnis von Erzählzeit und erzählter Zeit) → **Zeitraffung** mit dem Sonderfall der → **Ellipse** und → **Zeitdehnung** mit dem Sonderfall der → **deskriptiven Pause** (s. auch → **Zeit**; vgl. → **Frequenz**, → **Ordnung**).

deskriptive Pause (erzählte Zeit < ∞ Erzählzeit, wobei ∞ = »unendlich« bedeutet): Kategorie des Parameters → **Dauer**, Sonderfall der → **Zeitdehnung**. Eine deskriptive Pause liegt vor, wenn das Erzähltempo so stark verringert wird, dass die erzählte Zeit stillzustehen scheint, d. h. dass der Fortgang der → **Handlung** unterbrochen wird. Deskriptive Pausen dienen dem → **Erzähler** z. B. zum Einfügen von Kommentaren oder für detaillierte Beschreibungen.

Dialogizität: Begriff von Michail M. Bachtin. Dialogizität manifestiert sich u. a. in der Eigenschaft erzählender Texte, grundsätzlich zwei Sinnpositionen abbilden zu können, mit denen sich unterschiedliche Benennungen und Bewertungen der erzählten → **Geschichte** verbinden können: die eines → **Erzählers** und die einer sprechenden Figur. Dialogizität im Sinne Bachtins bedeutet, dass mit der Rede einer Figur ein neuer Wertungshorizont in den Erzähltext eingebracht wird. In der

Narratologie ist dieses Konzept teilweise in Theorien zur → **Perspektivierung** eingeflossen, z. B. bei Schmid (s. → **Erzählperspektive**).

Diegese: Der Terminus *diégèse* wurde von Etienne Souriau in die Filmtheorie eingeführt. Souriau bezeichnet damit all das, was sich laut der vom Film präsentierten Fiktion ereignet und was sie impliziert, wenn man sie als wahr ansähe. Genette übernimmt den Begriff 1972 als Synonym zur »Erzählung als Geschichte (*histoire*)«. 1983 präzisiert er die Bedeutung: Die Diegese ist »das Universum, in dem die Geschichte spielt, in etwa so, wie man sagt, daß Stendhal nicht im selben Universum lebt wie Fabrice«.

Diegesis: Begriff von Wolf Schmid zur Bezeichnung der → **erzählten Welt**; Ort des → **Geschehens** (s. auch → **Erzählebenen**, → **erzählte Welt**, vgl. Gegenbegriff → **Exegesis**).

diegesis vs. *mimesis:* Begriffspaar zur Bestimmung der Form der → **Rede** nach Platon. Die Form des → **Erzählens**, in der ein → **Erzähler** spricht, nennt Platon *diegesis*; die Wiedergabe von Figurenrede hingegen bezeichnet er als *mimesis*. Das Epos (d. h. der Erzähltext) stellt nach Platon eine Mischform aus *diegesis* und *mimesis* dar, da es sich aus → **Erzählerrede** und → **Figurenrede** zusammensetzt. In Anlehnung daran unterscheidet die moderne Erzählforschung zwei → **Modi** der Darstellung: Im diegetischen Modus werden → **Geschehen** und Figurenrede durch eine Vermittlungsinstanz dargestellt; im mimetischen Modus wird Figurenrede in direkter Form möglichst authentisch wiedergegeben (s. auch → **dramatischer Modus**, → **narrativer Modus**).

diegetisch: alles, was zur Ebene der → **Diegesis** gehört. Schmid verwendet den Begriff ›diegetischer Erzähler‹ als Alternativbezeichnung für → **homodiegetischer Erzähler** (vgl. Gegenbegriff → **nichtdiegetisch**).

diegetischer Modus: → *diegesis* vs. *mimesis*.

discours: → *histoire* vs. *discours*, → **Geschichte vs. Diskurs**.

Diskurs: → **Geschichte vs. Diskurs**.

Distanz: Genette bezeichnet als *distance* (frz. Distanz) den Grad der → **Mittelbarkeit** des → **Erzählens**. Die Darstellung kann im → **narrativen Modus** (mit größerer Distanz) oder im → **dramatischen Modus** (mit geringerer Distanz) erfolgen.

In einer zweiten Bedeutung beschreibt *distance* (engl. Distanz) das Verhältnis von narrativem → **Adressaten**, → **Erzähler** und → **Figur** zueinander sowie zum Erzählten. Kriterien, die mit dem Begriff Distanz beschrieben werden, sind räumliche und zeitliche Position, emotionale und ethische Positionierung etc. (s. auch → *showing* vs. *telling*).

doppelte Zeitlichkeit: → **Zeit**.

dramatischer Modus: Kategorie der → **Distanz** nach Genette; erzählerische Vermittlung ohne bzw. mit möglichst geringer Distanz in dem Sinne, dass der → **Erzähler** als Vermittlungsinstanz wenig hervortritt. Musterfall des dramatischen Modus ist die szenische Darstellung, d. h. die direkte → **Rede** und Gegenrede von → **Figuren** (s. auch → *diegesis* vs. *mimesis*, → *showing* vs. *telling*; vgl. Gegenbegriff → **narrativer Modus**).

effet de réel: → **Realitätseffekt**.

Ellipse (Aussparung) (erzählte Zeit ∞ > Erzählzeit, wobei ∞ = »unendlich« bedeutet): Kategorie des Parameters → **Dauer**, Sonderfall der → **Zeitraffung**. Eine Ellipse liegt vor, wenn das Erzähltempo so stark beschleunigt wird, dass Zeiträume der erzählten Zeit übersprungen werden und somit gar nicht zur Darstellung kommen.

Ereignis: Im Allgemeinen jede Form von Zustandsveränderung; als Grundbegriff der Handlungsanalyse jedoch nur die im Kontext des → **Geschehens** auffällige (markierte) Zustandsveränderung (vgl. → **Geschehnis**).

erlebte Rede: Mögliche Art der Wiedergabe von → **Figurenrede**; s. auch → **Dialogizität**.

Erzählebenen: Die Unterscheidung der verschiedenen Erzählebenen dient im Fall der Verschachtelung von → **Rahmen-** und → **Binnenerzählung** der Bestimmung des jeweiligen repräsentationslogischen Orts des Erzählens. Es empfiehlt sich, die verschiedenen Erzählebenen – anders als in Genettes Terminologie (s. → **extradiegetisch, intradiegetisch, metadiegetisch**) – analog zu ihrem jeweiligen → **Erzähler** numerisch (also als ›primäre Ebene‹, ›sekundäre Ebene‹, ›tertiäre Ebene‹ usw.) zu bezeichnen (s. auch → **primärer Erzähler**, → **sekundärer, tertiärer (usw.) Erzähler**).

Erzählen: Erzählen gilt heute – wie die Sprache – als anthropologische Universalie, d. h. als etwas Bestimmendes für das Menschsein. Erzählen ist eine kognitive Aktivität, die die Fähigkeit impliziert, → **Geschichten** als Schemata zu konstruieren, die sich sowohl auf die reale Wirklichkeit als auch auf fiktive, mögliche Welten beziehen können. Ob ein Text erzählend ist, soll objektiv und kontextfrei am Text nachweisbar sein (→ **Minimalgeschichte**, → **Narrativität**).

erzählende Figur: → **Figur**, die nicht nur handelt und beschrieben wird, sondern ihrerseits Teile der → **Erzählung** erzählt. In der literarischen Erzählkommunikation steht die erzählende Figur auf einer Ebene mit ihrem jeweiligen → **fiktiven Adressaten** (s. auch → **Binnenerzählung**, → **Erzählebenen**, → **Rahmenerzählung**).

Erzähler: Eine der drei Dimensionen der Erzähltextanalyse neben Geschichte und Diskurs. Der Erzähler ist die Vermittlungsinstanz (das ›Wer‹ des → **Erzählens**) des Geschehens, die mehr oder weniger stark ausgeprägt in Erscheinung tritt (s. auch → **Geschichte vs. Diskurs**). – In der literarischen Erzählkommunikation ist der Erzähler die auf einer Ebene mit dem → **Adressaten** stehende Sprecherinstanz der erzählenden → **Rede**, die sämtliche Informationen über das → **Geschehen** sowie über die → **Figuren** und Sachverhalte der → **erzählten Welt** vermittelt. Der → **primäre Erzähler** ist unbedingt vom realen → **Autor** zu unterscheiden.

Erzählerposition: In diesem Band neueingeführter Begriff für die ontologische Beziehung des Erzählers zur Ebene der → **Diegesis**. Der Erzähler kann entweder in der erzählten Welt auch als Figur auftreten (→ **homodiegetischer Erzähler**) oder auch nicht (→ **heterodiegetischer Erzähler**). Martínez/Scheffel bezeichnen dieses Kriterium als ›Stellung des Erzählers zum Geschehen‹ (2012, S. 84).

Erzählerrede: Als Erzählerrede werden in der Regel all jene Textpassagen bezeichnet, die keine Form der → **Figurenrede** darstellen. In allen Formen der indirekten Redewiedergabe allerdings – wie in der erlebten Rede – fusionieren Erzähler- und Figurenrede miteinander.

Erzählerzeit: In diesem Band neueingeführter Begriff für die Zeit des → **Erzählers**, die den Erzählvorgang strukturiert. Damit ist vor allem jene Zeitdauer gemeint, die das Erzählen auf der Ebene der → **Exegesis** in Anspruch nimmt und auch als ›Narrationsdauer‹ bezeichnet werden kann. Die Kategorie der Erzählerzeit ist vorrangig in der Homodiegese relevant (vgl. → **erzählte Zeit**, → **Erzählzeit**).

Erzählperspektive: In einem allgemeinen Verständnis bezeichnet der Begriff die Spezifik einer erzählerischen Vermittlung in Hinblick auf Auswahl, Präsentation und Wertung des Dargestellten. Präziser definiert ist das Konzept der → **Perspektivierung** von Wolf Schmid. Nach Schmid ist die Erzählperspektive »der von inneren und äußeren Faktoren gebildete Komplex von Bedingungen für das Erfassen und das Darstellen eines Geschehens« (Schmid 2014, S. 121). Im Unterschied zu dem allein auf die Kriterien ›Wahrnehmen‹ und ›Wissen‹ beschränkten Konzept der → **Fokalisierung** stellt das Konzept der Erzählperspektive insbesondere die Frage, inwieweit der Bericht des → **Erzählers** durch dessen Überzeugungen, Normen, Wertungen und Mutmaßungen – d. h. durch seine ideologische Position – bestimmt wird. Eine solche Bewertung der Erzählperspektive in Hinblick auf die Markierung einer ideologischen Position verfährt allerdings nicht mehr nur beschreibend, sondern notwendig auch interpretierend.

Erzählsituation (ES): Konzept der → **Perspektivierung** von Franz K. Stanzel. Das Konzept der Erzählsituation orientiert sich am Kriterium der verbal-erzählerischen Vermittlung (→ **Mittelbarkeit**). Stanzel unterscheidet drei typische Erzählsituationen, die mit entsprechenden Romantypen korreliert sind: Die → **auktoriale**, die → **personale** und die → **Ich-Erzählsituation**. Das Konzept der Erzählsituation fasst mehrere Kriterien zusammen, die in der heutigen Erzählforschung jeweils für sich betrachtet werden. Daher wird es inzwischen nur noch selten verwendet.

erzählte Rede: → **Figurenrede**.

erzählte Welt: Raumzeitliches Kontinuum, auf dessen → **Ereignisse** und → **Geschehnisse**, → **Figuren** und Sachverhalte die Aussagen des Textes referieren. Der Leser rekonstruiert die erzählte Welt möglichst widerspruchsfrei (s. → **Konsistenz**) und tendenziell auch in Analogie zum eigenen Erfahrungshorizont, dem → **Weltwissen**. Erzählte Welten können homogen (in sich schlüssig) oder heterogen sowie stabil oder instabil sein. Zudem können sie durch den Vergleich mit der realen Welt klassifiziert werden. So sind in bestimmten Genres Ausnahmen von Konsistenz und Analogie zum Weltwissen des Lesers kanonisiert (z. B. im Märchen, in der Science-Fiction, im Comic etc.). (s. auch → **Diegesis**, → **mögliche Welten**).

erzählte Zeit: Zeit der → **Geschichte**, d. h. jener Zeitraum, den das → **Geschehen** in Anspruch nimmt (s. auch → **Geschichte vs. Diskurs**; vgl. → **Erzählerzeit** und → **Erzählzeit**).

Erzähltempo, Erzählgeschwindigkeit: → **Dauer**.

Erzählung: Im Allgemeinen jeder schriftlich oder mündlich mitgeteilte erzählende Text; im engeren Sinne und als Grundbegriff der Handlungsanalyse die ästhetische Transformation der → **Geschichte**. In der Erzählung erscheinen die → **Ereignisse** und → **Geschehnisse** der logisch zugrunde liegenden Geschichte in derjenigen zeitlichen Anordnung, wie sie dem narrativen **Adressaten** mitgeteilt werden. Die Erzählung ist Teil der Ebene des Diskurses (s. auch → **Geschichte vs. Diskurs**).

Erzählzeit: Zeit des Diskurses, d. h. jene Zeit, die die Lektüre des Erzähltextes in Anspruch nimmt. In der Regel wird die Erzählzeit nach dem Seitenumfang des Erzähltextes bemessen (s. auch → **Geschichte vs. Diskurs**; vgl. → **Erzählerzeit**, → **erzählte Zeit**).

Exegesis: Begriff von Wolf Schmid zur Bezeichnung des → **Orts des Erzählens**; die Welt des → **Erzählers**, in der die → **Erzählung** als seine Redeäußerung produziert wird und in der der → **Erzähler** seine Kommentare, Wertungen etc. macht (s. auch → **Erzählebenen**; vgl. Gegenbegriff → **Diegesis**).

externe Fokalisierung (frz. *focalisation externe*): Typus der → **Perspektivierung** nach dem Konzept der → **Fokalisierung** von Genette. Eine externe Fokalisierung liegt vor, wenn in einem bestimmten narrativen Segment der → **Erzähler** weniger sagt, als die → **Figur** weiß bzw. wenn eine scheinbar objektive Erzählweise dominiert (vgl. → **interne Fokalisierung**, → **Nullfokalisierung**).

extradiegetisch, intradiegetisch, metadiegetisch: Von Genette geprägte Begriffe zur Bestimmung des logischen → **Orts des Erzählens** in Relation zu den verschiedenen → **Erzählebenen** und der → **Diegese**. In diesem Band werden die trennschärferen Begriffe → **primärer Erzähler**, → **sekundärer, tertiärer (usw.) Erzähler** verwendet.

fabula vs. *sujet:* Vom russischen Formalismus geprägtes Begriffspaar, das in etwa der Dichotomie → **Geschichte vs. Diskurs** entspricht. Das jeweilige Verständnis der Begriffe – die kaum exakt ins Deutsche zu übertragen sind – kann stark variieren und muss daher sehr genau definiert werden.

faktuales Erzählen: → **fiktionales Erzählen vs. faktuales Erzählen**.

Figur: Im Allgemeinen jede natürliche Person, die in einer → **Erzählung** auftritt. Figuren können als Existenzen jenseits von Sprache – als anthropomorphe Vorstellungen (d. h. als menschenähnliche Wesen) – angesehen werden, treten jedoch nur durch Sprache in Erscheinung. Demnach sind Figuren im engeren Sinne durch Sprache erzeugte Textkonstrukte und somit oftmals Träger textueller → **Funktionen**.

Figurenrede: Wiedergabe der → **Rede** und/oder Gedanken von Figuren durch den → **Erzähler**. Die narrative Präsentation von Figurenrede umfasst sowohl → **äußere** als auch → **innere Rede**. Nach dem Grad der → **Mittelbarkeit** unterscheidet man jeweils drei Kategorien der äußeren und der inneren Rede: zitierte, transponierte und erzählte Figurenrede. Die jeweils ersten beiden Kategorien können in nicht autonomer (d. h. in Verbindung mit erläuternder → **Erzählerrede**) oder in autonomer (d. h. allein stehender) Form auftreten.

Äußere Rede:
1. zitiert: direkte Rede, autonome direkte Rede;
2. transponiert: indirekte Rede, autonome indirekte Rede (»erlebte Rede«);
3. erzählt: stark bearbeitete Darstellung der Äußerungen durch den Erzähler.

Innere Rede:
1. zitiert: Gedankenzitat, autonomes Gedankenzitat (»innerer Monolog«);
2. transponiert: indirekte Gedankenrede, autonome indirekte Gedankenrede (»erlebte Gedankenrede«);
3. erzählt: stark bearbeitete Darstellung der Gedankenrede durch den Erzähler (»Bewusstseinsbericht«).

fiktional vs. fiktiv: Als ›fiktional‹ wird die → **Erzählung** (der von einem → **Erzähler** vermittelte Geschehenszusammenhang) bezeichnet; ›fiktiv‹ hingegen ist die gesamte → **erzählte Welt** und alles darin befindliche, z. B. die → **Figuren**. Im Deutschen können die beiden Ausdrücke unterschieden werden. Die Unterscheidung wird allerdings in der Fachliteratur nicht konsequent umgesetzt; auch ist eine exakte Übersetzung der Begriffe (z. B. ins Englische oder Französische) sehr schwierig.

fiktionales Erzählen vs. faktuales Erzählen: Fiktionales Erzählen erhebt – im Gegensatz zum faktualen Erzählen – keinen Anspruch auf Wahrheit. Im Mittelpunkt des fiktionalen Erzählens steht daher nicht die Frage nach der Wahrhaftigkeit, sondern die Frage nach Wirkung des → **Erzählens**.

Die Debatte um die Unterscheidung zwischen fiktionalem und faktualem Erzählen reicht zurück bis in die Antike. Für Platon gilt Wahrheit als oberstes Kriterium, er bezeichnet daher jegliche Fiktion als Lüge. Sein Nachfolger und Kontrahent Aristoteles hingegen erkennt, dass es in der Dichtung nicht um die Wiedergabe von Fakten geht, sondern um die Darstellung allgemeiner Erfahrungen. Ausschlaggebend sei daher nicht das Kriterium der Wahrheit, sondern das der Wahrscheinlichkeit.

Ob ein Text als fiktional oder faktual angesehen wird, ist abhängig von der kulturellen Übereinkunft, die von Epoche zu Epoche wechseln kann. Heute gilt Fiktionalität als literarische Konvention. Im Regelfall sind fiktionalen Texten Fiktionalitätssignale eingeschrieben, anhand derer der Status der Fiktionalität erkennbar wird.

fiktiver Adressat: In der literarischen Erzählkommunikation auf einer Ebene mit der → **erzählenden Figur** stehender → **Rezipient**, an den sich die erzählende Figur wendet; in der Regel eine andere → **Figur** (s. auch → **Erzählebenen**).

Fokalisierung (frz. *focalisation*): Konzept der → **Perspektivierung** nach Genette, das die Kriterien → **Stimme** (*voix*) und → **Modus** (*mode*) unterscheidet. Genette geht von der *information complète* (frz., Allwissen) der extradiegetischen Erzählinstanz als Nullpunkt aus und unterscheidet drei Fokalisierungstypen: → **Nullfokalisierung**, → **interne** und → **externe Fokalisierung**. Innerhalb eines Textes kann die Fokalisierung wechseln. Genette beschreibt → **Paralepse** und → **Paralipse** als Abweichungen von der im Text zu erwartenden Norm (Alterationen).

frame (engl., Rahmen): Als bekannt angenommener Situationskontext, in dem üblicherweise ein dem Kontext zugeordnetes → *script* vollzogen wird. *Frames* sind kognitive abstrakte Schemata (d. h. Strukturen, die komplexes → **Weltwissen** repräsentieren); sie sind dynamisch (d. h. veränderlich) und lenken die Erzeugung und das Memorieren von Wissen, die Wahrnehmung sowie das Verstehen sprachlicher Äußerungen. *Frames* dienen dazu, stereotype Handlungsabläufe mit jeweils festgelegten Akteuren zu beschreiben. Die *frame-theory* (engl., Schematheorie) entstand im Zusammenhang der Forschung zur künstlichen Intelligenz und fand Eingang in kognitivistische Ansätze der Erzählforschung.

free indirect discourse (FID) (engl., autonome indirekte Rede): → **Figurenrede**.

Frequenz: Parameter der → **Zeit** zur Beschreibung der Wiederholungshäufigkeit von → **Ereignissen** und → **Geschehnissen** auf der Ebene der → **Geschichte** im Vergleich zum → **Diskurs**, d. h. zur Untersuchung der Frage, wie oft ein Ereignis oder Geschehnis ›passiert‹ und wie oft es erzählt wird. Unterschieden werden → **singulatives Erzählen** (mit der Sonderform des → **anaphorischen Erzählens**), → **repetitives Erzählen** und → **iteratives Erzählen** (vgl. → **Dauer**, → **Ordnung**).

Funktion (lat. *functio*: Aufgabe): Im Allgemeinen die Aufgabe, die ein Element in einem wohldefinierten Ganzen erfüllt. Im engeren Sinne und als Grundbegriff der Handlungsanalyse das Handeln einer → **Figur** in Bezug auf den Gesamtkontext der → **Erzählung**; von Vladimir Propp (1928) aufgrund seiner Analyse der sogenannten ›russischen Zaubermärchen‹ geprägter Begriff zur Unterscheidung der von ihm erarbeiteten 31 wiederkehrenden Klassen von → **Handlung** (i. S. v. Handeln), die Figuren auf abstrakte Erzählfunktionen zurückführen. Auf dieser Grundlage ordnet Propp erzählten Figuren sieben (in allen Zaubermärchen wiederkehrende) ›Handlungskreise‹ zu (Held, falscher Held, Gegenspieler, Sender, Schenker, Helfer, gesuchter Gegenstand bzw. gesuchte Person). Greimas (1966) greift Propps Funktionsbegriff im Konzept der → **Aktanten** auf.

Gedankenzitat: Mögliche Art der Wiedergabe von → **Figurenrede**.

Geschehen: Grundbegriff der Handlungsanalyse; chronologische Gesamtsequenz aller → **Geschehnisse** und → **Ereignisse**.

Geschehnis: Grundbegriff der Handlungsanalyse; im Kontext des → **Geschehens** unauffällige (unmarkierte) Zustandsveränderung (vgl. → **Ereignis**).

Geschichte: Als Grundbegriff der Handlungsanalyse die chronologisch geordnete Sequenz aus der Teilmenge des → **Geschehens**, die für die Bedeutungsabsicht des Erzähltextes relevant ist. I. d. R. umfasst die Geschichte alle → **Ereignisse**, aber nicht alle → **Geschehnisse**. Die Geschichte geht über das Geschehen durch die Präsenz von → **Motivierungen** und von kausalen Verknüpfungen der Ereignisse hinaus (s. auch → **Erzählen**).

Geschichte vs. Diskurs: Geschichte bezeichnet das ›Was‹ des → **Erzählens**, der Begriff entspricht in etwa dem von Todorov (1966) eingeführten Begriff der *histoire*. Die Geschichte besteht aus den Elementen der → **erzählten Welt**, → **Figuren** und → **Handlung**, die zusammen den Gegenstand des Erzählens ausmachen. → **Geschehnis**, → **Ereignis**, → **Geschehen** und → **Geschichte** (als Begriff der Handlungsanalyse) sind Teilmengen der Gesamtebene der Geschichte.

Diskurs bezeichnet die kompositorische und sprachliche Realisierung, das ›Wie‹ des Erzählens, der Begriff entspricht in etwa dem von Todorov (1966) eingeführten Begriff des *discours*.

Anhang

Neben den Dimensionen Geschichte und Diskurs kann die Dimension des → **Erzählers**, das ›Wer‹ des Erzählens, als eigenständige Kategorie angesehen werden.

Granularität (von lat. *granum*: Korn): Kategorie zur Bestimmung der Feingliedrigkeit eines Systems. Der Begriff findet vor allem in der Fotografie Anwendung, wo er – entsprechend den Pixeln bei digitalen Bildern – die Körnigkeit eines Bildes angibt. Von John L. Austin (1962) in die linguistische Pragmatik eingeführt, bezieht sich der Begriff auf die lexikalische Ausdifferenzierung der Sprache. Analog zur linguistischen Verwendung wird der Begriff auch in der Erzähltextanalyse verwendet. So kann ein → **Ereignis** oder → **Geschehnis** mehr oder weniger feinkörnig, d. h. mehr oder weniger detailliert erzählt werden.

Handlung: Im allgemeinen Verständnis als ›das, wovon ein Text handelt‹ entspricht der Begriff der → **Geschichte**. Demgegenüber ist Handlung (i. S. v. ›Handeln‹) die intendierte Aktion eines Agenten. In der Erzähltextanalyse ist der Begriff des Handelns bei der Analyse stereotypisierter Handlungsschemata als Invarianten bestimmter Genres von Bedeutung (z. B. im Detektivroman oder im Märchen) (s. auch → **Funktion**, → **Handlungsschema**, → **Schemaliteratur**).

Handlungsschema: In der Regel das einer Gruppe von Texten gemeinsame, durch vergleichende Analyse erkennbare verallgemeinerte Muster, dem die → **Geschichte** folgt. Werden ganze literarische Genres von Handlungsschemata dominiert (z. B. Detektivromane), spricht man von → **Schemaliteratur**. Ein Schema konstituiert sich aus → **narrativen Rollen** (z. B. der Verbrecher, der Kommissar) und ihnen zugeordneten stereotypen Arten des Handelns.

heterodiegetischer Erzähler: → **Erzähler**, der nicht als → **Figur** in seiner → **Erzählung** erscheint und somit nicht Teil der → **erzählten Welt** ist (vgl. Gegenbegriff → **homodiegetischer Erzähler**).

histoire, récit, narration: Von Genette (teilweise in Anlehnung an Todorov und den russischen Formalismus) geprägte Begriffe, die mit einer Dreiteilung dasselbe Phänomen beschreiben wie die Dichotomie → **Geschichte vs. Diskurs**. Der Begriff *histoire* entspricht bei Genette dem ›Was‹ der → **Erzählung**, als *récit* bezeichnet er die Erzählung als Ganzes. Der Begriff *narration* bezeichnet bei Genette den Akt des → **Erzählens**. Das jeweilige Verständnis der Begriffe – die kaum exakt ins Deutsche zu übertragen sind – kann stark variieren und muss daher sehr genau definiert werden.

histoire vs. discours: Von Tzvetan Todorov 1966 in Anlehnung an den russischen Formalismus geprägtes Begriffspaar, das in etwa der Dichotomie → **Geschichte vs. Diskurs** entspricht (s. auch → *histoire, récit, narration*).

homodiegetischer Erzähler: → **Erzähler**, der selbst auch als → **Figur** in der → **Erzählung** erscheint und somit Teil der → **erzählten Welt** ist (vgl. Gegenbegriff → **heterodiegetischer Erzähler**).

Ich-Erzählsituation: Typus der → **Perspektivierung** nach dem Konzept der → **Erzählsituationen** von Stanzel. Der → **Erzähler** gehört hier eindeutig zur Welt der Figuren; er selbst hat das Geschehen miterlebt oder beobachtet oder unmittelbar von den eigentlichen Akteuren des Geschehens in Erfahrung gebracht (vgl. → **auktoriale Erzählsituation**, → **personale Erzählsituation**).

implied author: → **Autorinstanz**.

inkludiertes Erzählen: → **Binnenerzählung**.

innere Rede: Im Erzähltext wiedergegebene mentale Prozesse (Gedanken, Gefühle, Wahrnehmungen) einer → **Figur** (s. auch → **Figurenrede**; vgl. → **äußere Rede**).

innerer Monolog: Mögliche Art der Wiedergabe von → **Figurenrede**.

Instanz: → **Sprecher- und Adressateninstanzen**.

interne Fokalisierung (frz. *focalisation interne*): Typus der → **Perspektivierung** nach dem Konzept der → **Fokalisierung** von Genette. Eine interne Fokalisierung liegt vor, wenn der → **Erzähler** nur das sagt, was die betreffende → **Figur** weiß. Die interne Fokalisierung kann fixiert (an eine Figur gebunden) oder variabel (an wechselnde Figuren gebunden) sein (vgl. → **externe Fokalisierung**, → **Nullfokalisierung**).

intradiegetisch: → **extradiegetisch, intradiegetisch, metadiegetisch**.

Isochronie (gr. *iso*: gleich, *chronos*: Zeit): Begriff des Parameters der → **Dauer** nach Genette; konstantes Verhältnis von Dauer der → **erzählten Zeit** und Dauer der → **Erzählzeit**, meist in Bezug auf ein begrenztes Textsegment. Es wird dann von → **zeitdeckendem Erzählen** gesprochen. Davon unterschieden werden die verschiedenen → **Anisochronien**.

iteratives Erzählen: Kategorie des Parameters → **Frequenz**. Iteratives Erzählen folgt der Formel 1E/nG (einmal erzählen, was n-mal geschehen ist). Aus der Art und Weise des Erzählens kann dabei meist auf die Form und Häufigkeit der Wiederholung des → **Ereignisses** bzw. → **Geschehnisses** geschlossen werden.

Kausalität: Vom Leser aufgrund textueller Evidenz konstruierter Zusammenhang zwischen zwei erzählten → **Ereignissen** oder → **Geschehnissen**, der sie in eine Beziehung von Ursache und Wirkung setzt. Die → **erzählte Welt** kann Kausalitätssysteme beinhalten, die mit dem Kausalitätsverständnis der realen Welt nicht vereinbar sind (z. B. Wunder und Magie im Märchen). Unter Kausalität ist im weitesten Sinne auch die räumliche und zeitliche Kontingenz, d. h. die räumliche und zeitliche Kontinuität der erzählten Welt zu fassen. Kausalität ist einer der wichtigsten Faktoren für die Konstruktion von → **Kohärenz** von Texten (s. auch → **Motivation**).

Kohärenz (lat. *cohaerere*: zusammenhängen): Narrative Kohärenz umfasst alle Faktoren, die dazu beitragen, dass ein Erzähltext inhaltlich zusammenhängt und verständlich ist – beginnend mit → **Ereignissen** und → **Geschehnissen** als kleinste Einheiten der Erzählung, über ihre Verknüpfungen und die räumliche und zeitliche Kontingenz auf der Ebene der → **Geschichte** bis hin zur stimmigen Einbettung der Erzählung in einen kulturellen Verwendungszusammenhang.

Konsistenz vs. Inkonsistenz: Logik bzw. Widerspruchfreiheit vs. Widersprüchlichkeit. Auf der Ebene der Geschichte (des ›Was‹ des Erzählens) können sich diese Begriffe u. a. auf die → **erzählte Welt** beziehen: Eine erzählte Welt ist dann konsistent, wenn sie bezüglich ihrer Geschichte widerspruchsfrei ist. Auf der Ebene des Diskurses (des ›Wie‹ des Erzählens) bezieht sich der Begriff Konsistenz auf das in sich stimmige Verhältnis der narrativen Ebenen und Instanzen zueinander. Bestimmte Inkonsistenzen sind als Verfahren der Literatur bekannt und kanonisiert, z. B. die → **Metalepse** und die → *mise en abyme*.

Leser: In der literarischen Erzählkommunikation auf einer Ebene mit dem → **Autor** stehender realer → **Rezipient** des Erzähltextes, wobei die Kommunikation zwischen Autor und Leser zeitversetzt erfolgt. Wie der Autor vom → **Erzähler** muss der reale Leser vom narrativen → **Adressaten** unterschieden werden.

Leserinstanz: In der literarischen Erzählkommunikation auf einer Ebene mit der → **Autorinstanz** stehender ›Stellvertreter‹ des realen → **Lesers** in der → **Erzählung**, der von der Autorinstanz indirekt angesprochen wird. Wie die Autorinstanz vom realen → **Autor** und vom → **Erzähler** muss die Leserinstanz vom realen Leser und vom narrativen → **Adressaten** unterschieden werden. Das Konzept der Leserinstanz ist sehr umstritten, da in vielen Erzähltexten eine Leserinstanz kaum in Erscheinung tritt bzw. nur sehr schwer vom narrativen Adressaten zu unterscheiden ist.

metadiegetisch: → **extradiegetisch, intradiegetisch, metadiegetisch**.

Metalepse: Die narrativen Ebenen betreffende logische Inkonsistenz im Erzähltext (Beispiele: → **Figuren** sprechen über ihren → **Autor**; Figuren entpuppen sich als → **Leser** und somit als Zuschauer des eigenen → **Geschehens** etc.). Eine Sonderform der Metalepse ist die → *mise en abyme*.

mimetische Sätze: → **theoretische Sätze vs. mimetische Sätze**.

mimetischer Modus: → *diegesis* vs. *mimesis*.

Minimalerzählung (engl. *minimal narrative*): Formales Schema eines Erzähltextes, anhand dessen die minimalen Anforderungen an eine → **Erzählung** diskutiert werden – z. B. die Frage, auf welcher Ebene eines Erzähltextes sich → **Handlung** konstituiert. So behauptet Edward Morgan Forster, schon zwei miteinander verknüpfte → **Ereignisse** würden eine Handlung darstellen. Andere Erzählforscher vertreten die These, die rein temporale Beziehung dieser Ereignisse suggeriere zugleich eine kausale Beziehung; die Handlung konstituiere sich dann im Prozess der Lektüre (s. auch → **Kausalität**, → **Motivation**).

mise en abyme (frz., In-den-Abgrund-Setzung): Form der → **Metalepse**, bei der → **Binnenerzählung** und → **Rahmenerzählung** sich gegenseitig enthalten bzw. im Verlauf der Erzählung auseinander hervorgehen.

Mittelbarkeit: Zuerst von Käte Friedemann (1910) eingeführter Begriff; obligatorische Anwesenheit einer vom → **Autor** eingesetzten Vermittlungsinstanz als Gattungsmerkmal von Erzähltexten. In Konsequenz dieser Auffassung ist der → **Erzähler** ein integraler Bestandteil jedes Erzähltextes. Stanzel stellt mit diesem Begriff den ›indirekten‹ Charakter der verbalen narrativen Texte dem ›direkten‹ von Drama und Film gegenüber; seine Typologie der → **Erzählsituationen** sollte die jeweilige Ausprägung der Mittelbarkeit differenzierter erfassen. Genette beschreibt Mittelbarkeit unter dem Begriff der → **Distanz** (s. auch → *covert narrator*, → *overt narrator*).

Modus (frz. *mode*): Kategorie nach Genette; Regulierung der narrativen Information im Medium der → **Rede** durch → **Distanz** und → **Fokalisierung**.

mögliche Welten (engl. *possible worlds*): Begriff zur Beschreibung der → **erzählten Welt**, der auf den Logiker Saul Kripke zurückgeht; in den 1970er Jahren fand das Konzept Eingang in die Narratologie. Die erzählte Welt eines Erzähltextes steht immer in einer Ähnlichkeitsrelation zur realen Welt. Je nach Ausprägung der Ähnlichkeit lassen sich physikalisch mögliche Welten, ›übernatürliche‹, physikalisch (teilweise) unmögliche Welten (z. B. im Märchen, in der Science-Fiction etc.) und logisch unmögliche Welten (d. h. Welten, die nicht ohne gravierende logische Inkonsistenzen zu rekonstruieren sind) unterscheiden (s. auch → **Konsistenz vs. Inkonsistenz**, → **Ontologie**).

Motivation: Kausale Verbindung der → **Ereignisse** und → **Geschehnisse**, die über die rein temporale Sequenz des → **Geschehens** hinausgeht. Erzähltexte kennen eine Vielzahl an Vermittlungsmöglichkeiten der Einsicht in die Figurenmotivation. Je nach Gestaltung kann die → **Erzählung** in unterschiedlichem Maße Auskunft geben über Handlungsabsichten, psychologische, kognitive und emotionale Dispositionen der → **Figuren**.

narrataire (frz. → **Adressat**).

narration: → *histoire, récit, narration*.

narrative Rolle: Das Konzept der narrativen Rolle entspricht dem der *dramatis personae* im Drama. Die Rolle charakterisiert eine → **Figur** in ihrer → **Funktion** für die → **Handlung**. Je nach Gattung sind solche Rollen mehr oder weniger präzise vorgegeben und schematisiert (z. B. Opfer, Verdächtige, Täter, Ermittler etc. im Detektivroman) (s. auch → **Schemaliteratur**).

narrativer Modus: Kategorie der → **Distanz** nach Genette; erzählerische Vermittlung mit relativer großer Distanz in dem Sinne, dass der → **Erzähler** als Vermittlungsinstanz stark hervortritt (s. auch → *diegesis* vs. *mimesis*, → *showing* vs. *telling*; vgl. Gegenbegriff → **dramatischer Modus**).

Narrativität: Begriff zur Beschreibung der formalen Anforderungen an eine → **Erzählung**, d. h. zur Erläuterung der Frage ›Was macht einen Text zum Erzähltext?‹. Narrativität wird auf unterschiedlichste Arten definiert und ist nicht zuletzt abhängig von kulturellen und epochalen Konventionen. Weit verbreitet ist die Auffassung, Narrativität generiere sich aus dem Diskurs (der Art und Weise, dem ›Wie‹ des Erzählens), nicht aus der Geschichte (dem Inhalt, dem ›Was‹ des Erzählens). Diskutiert wird Narrativität u. a. auch am Beispiel der → **Minimalerzählung** (s. auch → **Erzählen**, → **Geschichte vs. Diskurs**, → **Kausalität**).

nichtdiegetisch: Schmid schlägt den Begriff ›nichtdiegetischer Erzähler‹ als Alternativbezeichnung für Genettes Terminus → **heterodiegetischer Erzähler** vor (vgl. → **diegetisch**).

Nullfokalisierung (frz. *focalisation zéro*): Typus der → **Perspektivierung** nach dem Konzept der → **Fokalisierung** von Genette. Eine Nullfokalisierung (ein unfokalisierter Text) liegt vor, wenn der → **Erzähler** mehr weiß, als die → **Figur**, »oder genauer, wo er mehr sagt, als irgendeine der Figuren weiß« (Genette 2010, S. 120 f.), d. h. wenn die erzählerische Vermittlung keine Einschränkung aufweist (vgl. → **externe Fokalisierung**, → **interne Fokalisierung**).

Ontologie (gr. *on*: seiend, *logos*: Lehre): Lehre vom Sein, vom Aufbau der Welt und den Kategorien alles Seienden; philosophische Disziplin zur Beschreibung der allgemeinen Grundstrukturen der Welt. In der Erzähltextanalyse bezeichnet der Begriff die Struktur der Seinsweise der → **erzählten Welt**. Unter ontologischem Gesichtspunkt können sowohl Fragen zum → **Erzähler** als auch zur erzählten Welt und den darin vorkommenden → **Figuren** gestellt werden (z. B. ›Was ist in der jeweiligen Welt grundsätzlich möglich, was unmöglich?‹, ›Existieren Figuren und Erzähler in der gleichen Welt oder in prinzipiell verschiedenen?‹) (s. auch → **mögliche Welten**).

Ordnung: Parameter zur Beschreibung des Verhältnisses Zeit der Geschichte und Zeit des Diskurses in Bezug auf die Reihenfolge des dargestellten → **Geschehens**. Auf der Ebene der Geschichte wird die Reihenfolge der → **Ereignisse** und → **Geschehnisse** als chronologisch, als *ordo naturalis* (lat., natürliche Ordnung) gedacht. Auf der Ebene des Diskurses variiert der Erzähler diese Reihenfolge meist; der Erzähltext weist dann → **Anachronien** und ggf. sogar → **Achronien** auf, was als *ordo artificialis* (lat., künstliche Ordnung) bezeichnet wird (s. auch → **Geschichte vs. Diskurs**, → **Zeit**; vgl. → **Dauer**, → **Frequenz**).

ordo naturalis vs. *ordo artificialis:* → **Ordnung**.

Ort des Erzählers: Ort, an dem der → **Erzähler** spricht und damit als Erzählender sprachlich handelt. Der Ort des Erzählers wird im Erzähltext nur selten genau definiert und beschrieben. Es sind Erzählraum (der Ort, an dem der Erzähler sich aufhält und von dem aus er spricht) und Handlungsraum (der Ort bzw. die Orte, an dem bzw. denen die → **Figuren** agieren und das → **Geschehen** stattfindet) zu unterscheiden. – Martínez/Scheffel (2012, S. 78) bezeichnen mit dem Ausdruck ›Ort des Erzählens‹ die repräsentationslogische Stellung des Erzählers zum Geschehen (s. → **Erzählebenen**).

overt narrator (engl., offener Erzähler): → **Erzähler**, der ein gewisses Persönlichkeitsprofil aufweist und als → **Figur** gestaltet ist. Die Vermittlungsfunktion eines solchen Erzählers ist deutlich spürbar (s. auch → **Distanz** im Sinne Genettes, → **Mittelbarkeit**, vgl. Gegenbegriff → *covert narrator*).

Paralepse (gr. *para-lambano*: hinzunehmen): Alteration (Abweichung von der im Text ansonsten eingehaltenen Norm) der → **Perspektivierung**. Eine Paralepse liegt vor, wenn der → **Leser** Informationen erhält, die aufgrund der jeweiligen Perspektivierung nicht zu erwarten wären (vgl. Gegenbegriff → **Paralipse**).

Paralipse (gr. *para-leipo*: auslassen): Alteration (Abweichung von der im Text ansonsten eingehaltenen Norm) der → **Perspektivierung**. Eine Paralipse liegt vor, wenn dem → **Leser** Informationen vorenthalten werden, die aufgrund der jeweiligen Perspektivierung zu erwarten wären (vgl. Gegenbegriff → **Paralepse**).

personale Erzählsituation: Typus der → **Perspektivierung** nach dem Konzept der → **Erzählsituationen** von Stanzel. Der → **Erzähler**, der in der erzählten Welt nicht als Figur auftritt, tritt vollkommen zurück und verzichtet auf Kommentare. Der Leser hat den Eindruck der unmittelbaren Präsenz; »er betrachtet das Ganze mit den Augen der Romanfigur, die jedoch nicht erzählt, sondern in deren Bewußtsein sich das Geschehen gleichsam spiegelt. Damit wird diese Romanfigur zur persona, der Rollenmaske, die der Leser anlegt« (Stanzel 1993, S. 17) (vgl. → **auktoriale Erzählsituation**, → **Ich-Erzählsituation**).

Perspektivierung (lat. *perspicere*: hindurchsehen): Qualitative, subjektive Akzentuierung und ›Färbung‹ des Erzähltextes, die auf der Ebene des Diskurses sprachlich ausgedrückt oder logisch impliziert wird und durch die der → **Erzähler** mehr oder weniger stark ausgeprägt in Erscheinung tritt. Es existieren verschiedene Konzepte der Perspektivierung, die jeweils unterschiedliche logische Kriterien in den Vordergrund stellen und demzufolge jeweils Vorteile und Nachteile beinhalten. Bei der Untersuchung der Perspektivierung sollte daher stets das verwendete Modell angegeben werden (s. auch → **Erzählperspektive** (Schmid), → **Erzählsituation** (Stanzel), → **Fokalisierung** (Genette) → *point of view*).

plot vs. *story:* In der anglo-amerikanischen Erzähltheorie gebräuchliches Begriffspaar, das in etwa der Dichotomie → **Geschichte vs. Diskurs** entspricht. Da die Begriffe z. T. auch entgegengesetzt gebraucht werden (*story* vs. *plot*) und kaum exakt ins Deutsche übertragen werden können, empfiehlt es sich, auf ihre Verwendung zu verzichten.

point of view (engl., Blickpunkt, Blickwinkel): Konzept der → **Perspektivierung**, das den Standpunkt, von dem aus ein Geschehen sinnlich wahrgenommen und gewertet wird, zum Hauptkriterium der Beschreibung des → **Erzählers** macht.

primärer Erzähler: Begriff von Wolf Schmid zur Bezeichnung jenes → **Erzählers**, der die Erzählung erster Stufe erzählt und dessen erzähllogischer Standort auf der Ebene der → **Exegesis** anzusiedeln ist (s. auch → **Erzählebenen**).

Prolepse: Form der → **Anachronie**; vorgreifende Erwähnung eines → **Ereignisses** oder → **Geschehnisses**, das erst zu einem späteren Zeitpunkt des → **Geschehens** stattfinden wird (vgl. Gegenbegriff → **Analepse**).

Rahmenerzählung: Erzählung, in der ein weiterer Erzähler auftritt, der eine → **Binnenerzählung** berichtet (s. auch → **Erzählebenen**).

Realitätseffekt (frz. *effet de réel*): Von Roland Barthes geprägter Begriff zur Bezeichnung der Menge an deskriptiven Details, die sich der funktionalen Betrachtung eines Erzähltextes zu entziehen scheinen. Diese handlungslogisch irrelevanten Details vermitteln dem → **Leser** die Fülle und Dichte einer realen Welt; sie naturalisieren somit die → **erzählte Welt**. Besonders ausgeprägt findet sich der Realitätseffekt in den klassischen realistischen Erzähltexten des 19. und 20. Jahrhunderts.

récit: → *histoire, récit, narration.*

Rede: Grundlegende Form der Präsentation von Informationen in Erzähltexten. Grundsätzlich werden→ **Erzählerrede** und → **Figurenrede** unterschieden. Zwischen den beiden Polen → *diegesis* vs. *mimesis* im Sinne Platons befinden sich eine Vielzahl von möglichen Formen der Rede (s. auch → **Modus**).

repetitives Erzählen: Kategorie des Parameters → **Frequenz**. Repetitives Erzählen folgt der Formel nE/1G (n-mal erzählen, was einmal geschehen ist). Repetitives Erzählen wird häufig durch → **Prolepsen** verursacht: Der → **Erzähler** deutet ein → **Ereignis** oder ein → **Geschehnis** zunächst an und schildert es später erneut (und deutlich detaillierter), sobald der Handlungsverlauf den chronologischen Zeitpunkt dieses Ereignisses oder Geschehnisses erreicht hat.

Rezipient (lat. *recipere*: aufnehmen): Allgemeine und medienunabhängige Bezeichnung für den Empfänger einer Botschaft (s. auch → **Adressat**, → **Leser**, → **Leserinstanz**).

Rückwendung: → **Analepse**.

Schemaliteratur: Bezeichnung für literarische Genres, die sich durch oft vordergründig präsente Handlungsschemata auszeichnen, wobei die Schematisierung der → **Handlung** mit der Typisierung der → **Figuren** zu → **narrativen Rollen** einhergeht.

script: Handlungssequenz, die üblicherweise in einem als bekannt angenommenen Situationskontext, dem → *frame*, vollzogen wird. Die Kenntnis von *scripts* hilft beim Planen von Handlungen und beim Verstehen beobachteter Ereignisverläufe.

sekundärer, tertiärer (usw.) Erzähler: Begriffe zur Bezeichnung jener → **Erzähler**, die eine untergeordnete Erzählung, eine sogenannte → **Binnenerzählung** (oder sekundäre, tertiäre (usw.) Erzählung), erzählen. Ihr erzähllogischer Standort (Exegesis) ist jeweils auf der Ebene jener → **Diegesis** angesiedelt, die ihrer Diegesis übergeordnet ist (s. auch → **Erzählebenen**).

showing vs. *telling* (engl., Zeigen vs. Erzählen): Das Begriffspaar geht auf die angelsächsische Romantheorie (Henry James, Percy Lubbock) zurück und wurde häufig mit normativem Anspruch verwendet: Eine → **Erzählung** solle ihre → **Geschichte** nicht erzählen, sondern zeigen. *Showing* entspricht weitgehend bei Genette dem → **dramatischen Modus**, *telling* dem → **narrativen Modus** (s. auch *diegesis* vs. *mimesis*, → **Distanz**).

Simullepse: In diesem Band neueingeführter Begriff für eine Form der → **Anachronie**. → **Ereignisse** oder → **Geschehnisse**, die simultan stattfinden, können nur nacheinander erzählt werden. Daher muss der Erzähler in der Chronologie der Ereignisse wieder zurückgehen, sobald er den ersten Handlungsstrang dargestellt hat, um den zweiten schildern zu können. Simullepsen sind somit eine Folge der Linearisierung – jenes Verfahrens, das die verschiedenen Geschehenselemente für die Darstellung im Erzähltext auswählt und reiht.

singulatives Erzählen: Kategorie des Parameters → **Frequenz**. Singulatives Erzählen folgt der Formel 1E/1G (einmal erzählen, was einmal geschehen ist). Singulatives Erzählen kann als Normfall des Parameters Frequenz angesehen werden. Eine Sonderform stellt das → **anaphorische Erzählen** dar.

Sprecher- und Adressateninstanzen: Alle in der literarischen Erzählkommunikation voneinander zu unterscheidenden Redesubjekte mit ihren jeweiligen Rezipienten (→ **Autor** und → **Leser**, → **Autorinstanz** und → **Leserinstanz**, → **Erzähler** und → **Adressat**, → **erzählende Figur** und → **fiktiver Adressat**).

Stimme (frz. *voix*): Kategorie nach Genette, die den binnenpragmatischen Akt des Erzählens umfasst. Mit ihrer Hilfe werden das ontologische, repräsentationslogische und zeitlogische Verhältnis des → **Erzählers** zum von ihm Erzählten einerseits und zum Adressaten andererseits beschrieben. ›Stimme‹ entspricht in diesem Band weitestgehend der Dimension ›Erzähler‹.

story: → *plot* vs. *story*, → **Geschichte vs. Diskurs**.

story world (engl., Welt der Geschichte): Begriff für die im Erzähltext fiktiv gesetzte Welt und alle Implikationen, die aus ihr ableitbar sind (vgl. → **erzählte Welt**).

stream of consciousness: → **Bewusstseinsstrom**.

style indirect libre (frz., autonome indirekte Rede): → **Figurenrede**.

sujet: → *fabula* vs. *sujet* → **Geschichte vs. Diskurs**.

synthetische Erzählung: Anders als in der → **analytischen Erzählung** wird in der synthetischen das → **Geschehen** in seiner chronologischen Reihenfolge geschildert. Synthetisches Erzählen verläuft also additiv, d. h. es wird sukzessive aus einzelnen → **Ereignissen** aufgebaut.

telling: → *showing* vs. *telling*.

theoretische Sätze vs. mimetische Sätze: Theoretische Sätze in Erzähltexten sind generalisierende Behauptungen über die Gültigkeit von allgemeinen Sachverhalten oder Wahrheiten (die aber nicht notwendigerweise der Wahrheit entsprechen müssen). Im Gegensatz dazu stellen mimetische Sätze konkrete Ereignisse oder singuläre Sachverhalte in der → **erzählten Welt** dar und behaupten somit deren fiktive Existenz (vgl. Martínez/Scheffel 2012, S. 212 f. und 214).

transponierte Rede: → **Figurenrede**.

unzuverlässiges Erzählen (engl. *unreliable narration*): Begriff, der 1961 von Wayne C. Booth in die Erzähltheorie eingeführt wurde. Mit dem Ausdruck *unreliable narrator* wird ein → **Erzähler** bezeichnet, dessen Darstellung im Verhältnis zu dem, was in der erzählten Welt der Fall ist, als zum Teil unglaubwürdig erscheint. So kann er z. B. verschiedene → **Ereignisse** oder → **Geschehnisse** falsch oder ungenügend schildern oder befremdliche Wertungen vorlegen. Der Leser hat in diesen Fällen guten Grund, an der Aufrichtigkeit oder der Kompetenz des Erzählers zu zweifeln. Offensichtlich ist die Unzuverlässigkeit, wenn eine im Text signalisierte Diskrepanz zwischen der Sicht des Erzählers und jener der → **Autorinstanz** besteht (→ **Dialogizität**). Unzuverlässiges Erzählen evoziert meist eine kritische Distanzierung des Lesers zum Erzähler oder erzielt einen humoristisch-ironischen Effekt. Wir unterscheiden in diesem Band drei Formen des unzuverlässigen Erzählens (s. auch → **theoretische Sätze vs. mimetische Sätze**).

Vorausdeutung: → **Prolepse**.

Weltwissen: Komplexer philosophischer Begriff zur Beschreibung des subjektiven Wissenshorizonts (vor allem des → **Lesers**). Das Weltwissen impliziert Kenntnisse der → **Ontologie** und umfasst das Wissen darüber, welche → **Ereignisse** und → **Geschehnisse** in unserer Welt mit Sicherheit zu erwarten sind, welche sich regelmäßig oder regelhaft vollziehen und welche möglich oder unmöglich sind. Bei der Lektüre eines Erzähltextes gleicht der Leser die erzählten Ereignisse und Geschehnisse mit seinem Weltwissen ab und generiert so einen Erwartungshorizont, den er im weiteren Verlauf entweder bestätigt findet oder korrigieren muss (s. auch → *frame*, → **mögliche Welten**, → *script*).

Zeit: In der Erzähltextanalyse sind vor allem die zeitlichen Relationen der beiden Ebenen → **Geschichte vs. Diskurs** von Interesse. Durch die Unterscheidung ›Zeit der Geschichte‹ vs. ›Zeit des Diskurses‹ – Günther Müller prägte 1948 hierfür das Begriffspaar → **erzählte Zeit** vs. → **Erzählzeit** – ergibt sich die sogenannte ›doppelte Zeitlichkeit‹, die bezeichnend für jedes → **Erzählen** ist. Für die Bestimmung des Verhältnisses von erzählter Zeit und Erzählzeit können mit Genette drei Parameter unterschieden werden:
1. → **Ordnung** (die Reihenfolge der Ereignisse in der Geschichte im Verhältnis zu der Anordnung ihrer Darstellung im Diskurs),
2. → **Dauer** (die Dauer eines Geschehenselements in der Geschichte im Verhältnis zu der Dauer seiner Darstellung im Diskurs),
3. → **Frequenz** (die Wiederholungshäufigkeit von ähnlichen Geschehenselementen in der Geschichte im Verhältnis zu der Häufigkeit ihrer Darstellung im Diskurs).

Neben der Zeit der Geschichte und der Zeit des Diskurses kann man zudem die → **Erzählerzeit** unterscheiden.

zeitdeckendes Erzählen (erzählte Zeit = Erzählzeit): Kategorie des Parameters → **Dauer**; Modellfall der → **Isochronie**. Im Fall des zeitdeckenden Erzählens entspricht die Dauer eines Geschehenselements der → **erzählten Zeit** der Dauer seiner Darstellung in der → **Erzählzeit**; das Verhältnis von erzählter Zeit und Erzählzeit heißt dann ›konstant‹.

Zeitdehnung (erzählte Zeit < Erzählzeit): Kategorie des Parameters → **Dauer**; eine der beiden möglichen → **Anisochronien**. Im Fall des Zeitdehnung ist die Dauer eines Geschehenselements in der erzählten Zeit deutlich kürzer als die Dauer seiner Darstellung in der Erzählzeit. Demzufolge ist die Menge der gegebenen Informationen verhältnismäßig hoch. Eine Sonderform der Zeitdehnung stellt die → **deskriptive Pause** dar (vgl. Gegenbegriff → **Zeitraffung**).

Zeitpunkt des Erzählens: Parameter der Dimension des → **Erzählers** nach Genette. Begriff für den erzähllogischen Zeitpunkt des Erzählers im Verhältnis zu den erzählten Ereignissen. Um das Verhältnis zwischen dem Zeitpunkt des Erzählens und dem Zeitpunkt der erzählten Ereignisse zu beschreiben, lassen sich folgende Formen unterscheiden: späteres Erzählen, gleichzeitiges Erzählen und früheres Erzählen sowie eingeschobenes Erzählen als Unterform des späteren Erzählens.

Zeitraffung (erzählte Zeit > Erzählzeit): Kategorie des Parameters → **Dauer**; eine der beiden möglichen → **Anisochronien**. Im Fall der Zeitraffung ist die Dauer eines Geschehenselements in der erzählten Zeit deutlich länger als die Dauer seiner Darstellung in der Erzählzeit. Demzufolge ist die Menge der gegebenen Informationen verhältnismäßig gering. Eine Sonderform der Zeitraffung stellt die → **Ellipse (Aussparung)** dar (vgl. Gegenbegriff → **Zeitdehnung**).

Zeitsprung: → **Ellipse (Aussparung)**.

zitierte Rede: → **Figurenrede**.

Zweistimmigkeit: → **Dialogizität**.

2 Über die Autoren und Beiträger

Die Autoren

Silke Lahn studierte Germanistik, Geschichte und Philosophie in Hamburg. Sie ist Wissenschaftliche Mitarbeiterin am Institut für Germanistik in Hamburg. Ihre Forschungsschwerpunkte sind Fiktionstheorie, Narratologie, *unreliable narration* und die deutschsprachige Literatur des 20. Jahrhunderts.
Silke Lahn verfasste die Kapitel III.2 Paratexte, III.3 Genres der Epik, IV. Einleitung (zusammen mit Jan Christoph Meister), IV.1 Wer erzählt die Geschichte? Parameter des Erzählers, IV.2.2 Präsentation von Rede und mentalen Prozessen, IV.2.3 Zeitrelationen zwischen Diskurs und Geschichte sowie IV.2.6 Zuverlässigkeit des Erzählens.

Jan Christoph Meister ist Professor für Neuere deutsche Literatur in Hamburg. Seine Forschungsschwerpunkte sind Literaturtheorie, Textanalyse und Computerphilologie.
Jan Christoph Meister verfasste die Kapitel I. Was ist Erzählen?, III. Einleitung, III.1 Autor und Autorkonzepte, IV. Einleitung (zusammen mit Silke Lahn), IV.2 Einleitung, IV.2.1 Anlage der Erzählperspektive, IV.2.5 Erzählen über das Erzählen, IV.3.2 Handlung und V.5 Digitale Erzähltextanalyse.

Die Beiträger

Matthias Aumüller studierte Philosophie, Psychologie, Slavistik und Germanistik in Marburg und Hamburg. Promotion 2005. Habilitation 2013. Er ist Privatdozent für Allgemeine Literaturwissenschaft und Neuere deutsche Literaturgeschichte in Wuppertal. Seine Forschungsschwerpunkte sind Literaturtheorie, Narratologie sowie deutsch-russische Literatur- und Wissenschaftsbeziehungen.
Matthias Aumüller verfasste die Kapitel II. Einleitung, II.1 Antike (zusammen mit Anja Burghardt) und II.2 Moderne.

Benjamin Biebuyck ist Professor für Neuere deutsche Literatur in Gent (Belgien). Seine Forschungsschwerpunkte sind Literatur- und Figürlichkeitstheorie sowie die Mikroanalyse von komplexen Kommunikationsprozessen in literarischen und philosophischen Texten.
Benjamin Biebuyck verfasste das Kapitel IV.2.7 Merkmale des Stils.

Anja Burghardt studierte Philosophie und Slavistik (mit Ausflügen in die Finnougristik und die osteuropäische Geschichte) in Hamburg und London. Promotion 2009. Sie ist derzeit Akademische Rätin im Bereich Slavische Literaturwissenschaft in München. Ihre Forschungsschwerpunkte sind russische und polnische Lyrik sowie Literaturtheorie.
Anja Burghardt verfasste die Kapitel II.1 Antike (zusammen mit Matthias Aumüller), IV.3 Einleitung, IV.3.4 Aspekte des Raums und IV.3.5 Aspekte der zeitlichen Situierung.

Jens Eder ist Professor für Medien- und Kommunikationswissenschaft an der Universität Mannheim. Seine Forschungsinteressen liegen in den folgenden Gebieten: Theorie und Analyse audiovisueller Medien; transmediale Medienangebote; Fiktion, Narration, Dramaturgie und Rezeption; Figuren und Emotionen; mediale Menschenbilder; Motivforschung; aktuelle Entwicklungen der audiovisuellen Medienproduktion in Deutschland und den USA.
Jens Eder verfasste das Kapitel V.3 Film.

Per Krogh Hansen ist Institutsleiter des Institut for Design og Kommunikation an der Syddansk Universitet in Kolding (Dänemark). Seine Forschungsschwerpunkte sind Narratologie sowie moderne dänische und norwegische Literatur.
Per Krogh Hansen verfasste das Kapitel IV.3.3 Figuren. Aus dem Englischen übersetzt wurde es von Marie Isabel Schlinzig.

Peter Hühn war bis zur Pensionierung Professor für Britische Literatur in Hamburg. Seine Forschungsschwerpunkte sind die Geschichte der englischen Lyrik, Lyriktheorie, Narratologie sowie Detektiv- und Verbrechensroman.
Peter Hühn verfasste die Kapitel IV.3.1 Aspekte der Thematik sowie V. Einleitung (ergänzt zur 3. Auflage von Silke Lahn), V.1 Lyrik und V.2 Drama.

Markus Kuhn ist Associate Professor für Medienwissenschaft an der Süddänischen Universität in Odense (Dänemark). Von 2010 bis 2015 war er Juniorprofessor für Medienwissenschaft am Institut für Medien und Kommunikation in Hamburg. Seine Forschungsschwerpunkte sind Filmnarratologie und transmediale Erzähltheorie, Webserien, Genretheorie, Erzählen im Internet, Comic- und Animationsforschung sowie Faktualität/Fiktionalität.
Markus Kuhn verfasste das Kapitel V.4 (zusammen mit Andreas Veits).

Felix Sprang ist Professor für Anglistische Literatur in Siegen. Bis 2014 war er wissenschaftlicher Mitarbeiter am Institut für Anglistik und Amerikanistik in Hamburg. Seine Forschungsschwerpunkte sind Wissenskulturen der frühen Neuzeit, frühneuzeitliches Theater, Bild- und Textwissenschaft sowie Denkformen der *volta* in der englischen Lyrik.
Felix Sprang verfasste das Kapitel IV.2.4 Wissensvermittlung und Informationsvergabe.

Andreas Veits studierte Germanistik in Hamburg. Seine Masterarbeit über Bewusstseinsdarstellung und Fokalisierung im Comic wurde 2012 mit dem Roland-Faelske-Preis ausgezeichnet. Er ist wissenschaftlicher Mitarbeiter am Institut für Medien und Kommunikation in Hamburg. Seine Forschungsschwerpunkte sind transmediale Narratologie, Visual Storytelling und Audiovision im Internet.
Andreas Veits verfasste das Kapitel V.4 (zusammen mit Markus Kuhn).

3 Verzeichnis der Abkürzungen

ahd.	althochdeutsch
dt.	deutsch
DH	Digital Humanities
engl.	englisch
ES	Erzählsituation
ET	Erzählertext
frz.	französisch
FT	Figurentext
gr.	griechisch
Jh.	Jahrhundert
Kap.	Kapitel
lat.	lateinisch
mhd.	mittelhochdeutsch
ndl.	niederländisch
russ.	russisch
s.	siehe

4 Literatur zur Erzähltheorie

Grundlagenwerke der Erzähltheorie

Aristoteles: Poetik. Griechisch/deutsch. Übersetzt und hg. von Manfred Fuhrmann. Stuttgart 1982.
Bal, Mieke: Narratology. Introduction to the theory of narrative [ndl. 1978]. Toronto/Buffalo/London ³2009.
–: »Einführung in die strukturale Erzählanalyse« [frz. 1968]. In: Dies.: Das semiologische Abenteuer. Frankfurt a. M. 1997, S. 101–143.
Barthes, Roland: S/Z [frz. 1970]. Frankfurt a. M. 2001.
Booth, Wayne C.: Die Rhetorik der Erzählkunst [engl. 1961]. Heidelberg 1974.
Bremond, Claude: Logique du récit. Paris 1973.
Chatman, Seymour: Story and discourse. Narrative structure in fiction and film [1978]. Ithaca/London ⁶1993.
Chatman, Seymour: Coming to terms. The rhetoric of narrative in fiction and film [1990]. Ithaca/London ²1993.
Cohn, Dorrit: Transparent minds. Narrative modes for presenting consciousness in fiction [1978]. Princeton ⁶1983.
Culler, Jonathan: Structuralist poetics. Structuralism, linguistics and the study of literature [1975]. London 2002.
Fludernik, Monika: Towards a ›natural‹ narratology. London/New York 1996.
Forster, Edward Morgan: Ansichten des Romans [engl. 1927]. Berlin/Frankfurt a. M. 1949.
Friedemann, Käte: Die Rolle des Erzählers in der Epik [1910]. Hildesheim 1977.
Genette, Gérard: Die Erzählung. Paderborn ³2010. – Diese Ausgabe versammelt die beiden nachfolgenden Titel:
–: »Discours du récit. Essai de méthode«. In: Ders.: Figures III. Paris 1972, S. 65–282.
–: Nouveau discours du récit. Paris 1983.
Hamburger, Käte: Die Logik der Dichtung [1957/1968]. Stuttgart ⁴1994.
Herman, David (Hg.): Narratologies. New perspectives on narrative analysis. Columbus 1999.
Herman, David/Phelan, James/Richardson, Brian/Warhol, Robyn: Narrative theory. Core concepts and critical debates. Columbus 2012.
James, Henry: The art of the novel. Critical prefaces [1907–09]. London 1935.
Janik, Dieter: Die Kommunikationsstruktur des Erzählwerks. Ein semiologisches Modell. Bebenhausen 1973.
Kayser, Wolfgang: Das sprachliche Kunstwerk. Eine Einführung in die Literaturwissenschaft [1948]. Tübingen ²⁰1992.
Koschorke, Albrecht: Wahrheit und Erfindung. Grundzüge einer Allgemeinen Erzähltheorie. Frankfurt a. M. 2012.
Lämmert, Eberhard: Bauformen des Erzählens [1955]. Stuttgart ⁹2004.
Lotman, Jurij: Die Struktur literarischer Texte [russ. 1970]. München ⁴1993.
Lubbock, Percy: The craft of fiction [1921]. London 1968.
Lukács, Georg: Die Theorie des Romans. Ein geschichtsphilosophischer Versuch über die Formen der großen Epik [1916]. München ²2000.
Müller, Günther: Morphologische Poetik. Gesammelte Aufsätze. Darmstadt ²1974.
Petersen, Jürgen H.: Erzählsysteme. Eine Poetik epischer Texte. Stuttgart/Weimar 1993.
Prince, Gerald: Narratology. The Form and Functioning of Narrative. Berlin/New York/Amsterdam 1982.
Rimmon-Kenan, Shlomith: Narrative fiction – contemporary poetics [1983]. London/New York ²2002.
Schmid, Wolf: Elemente der Narratologie [2005]. Berlin/Boston ³2014.
Stanzel, Franz K.: Typische Formen des Romans [1964]. Göttingen ¹²1993.

– : Theorie des Erzählens [1979]. Göttingen ⁸2008.
Todorov, Tzvetan: »Die Kategorien der literarischen Erzählung« [frz. 1966]. In: Hillebrand, Bruno (Hg.): Zur Struktur des Romans. Darmstadt 1978, S. 347–369.
Tomaševskij, Boris V.: Theorie der Literatur. Poetik [russ. 1925]. Wiesbaden 1985.
Uspenskij, Boris A.: Poetik der Komposition. Struktur des künstlerischen Textes und Typologie der Kompositionsform [russ. 1970]. Frankfurt a. M. 1975.
Vogt, Jochen: Aspekte erzählender Prosa. Eine Einführung in Erzähltechnik und Romantheorie [1972]. München [u. a.] ¹¹2014.
Weber, Dietrich: Erzählliteratur. Göttingen 1998.
Weinrich, Harald: Tempus. Besprochene und erzählte Welt [1964]. München 2001.

Lexika und Handbücher

Anz, Thomas (Hg.): Handbuch Literaturwissenschaft. 3 Bände. Stuttgart/Weimar 2007.
Brunner, Horst/Moritz, Rainer (Hg): Literaturwissenschaftliches Lexikon: Grundbegriffe der Germanistik. Berlin ²2006.
Burdorf, Dieter/Fasbender, Christoph/Moennighoff, Burkhard (Hg.): Metzler Lexikon Literatur. Begriffe und Definitionen. Stuttgart/Weimar ³2007.
Gfrereis, Heike (Hg.): Grundbegriffe der Literaturwissenschaft. Stuttgart/Weimar 1999.
Herman, David (Hg.): The Cambridge companion to narrative. Cambridge ⁴2010.
Herman, David/Jahn, Manfred/Ryan, Marie-Laure (Hg.): Routledge encyclopedia of narrative theory. London/New York 2005.
Hühn, Peter/Meister, Jan Christoph/Pier, John/Schmid, Wolf (Hg.): Handbook of narratology. 2 Bände. Berlin/Boston ²2014.
Klauk, Tobias/Köppe, Tilmann (Hg.): Fiktionalität. Ein interdisziplinäres Handbuch. Berlin/Boston 2014.
Martínez, Matías (Hg.): Handbuch Erzählliteratur. Theorie, Analyse, Geschichte. Stuttgart/Weimar 2011.
Meid, Volker: Sachwörterbuch zur deutschen Literatur. Stuttgart 2001.
Nünning, Ansgar (Hg.): Metzler Lexikon Literatur- und Kulturtheorie. Ansätze – Personen – Grundbegriffe. Stuttgart/Weimar ⁵2013.
Prince, Gerald: A dictionary of narratology [1988]. Lincoln 2003.
Weimar, Klaus/Fricke, Harald/Müller Jan-Dirk (Hg.): Reallexikon der deutschen Literaturwissenschaft [1997–2003]. 3 Bände. Berlin/New York ³2007.
Wilpert, Gero von: Sachwörterbuch der Literatur. Stuttgart ⁸2001.

Einführungen

Bauer, Matthias: Romantheorie und Erzählforschung. Eine Einführung [1997]. Stuttgart/Weimar ²2005.
Fludernik, Monika: Erzähltheorie. Eine Einführung [2006]. Darmstadt ⁴2014.
Jeßing, Benedikt/Köhnen, Ralph: Einführung in die Neuere deutsche Literaturwissenschaft [2003]. Stuttgart/Weimar ³2012.
Keen, Suzanne: Narrative Form [2003]. Basingstoke/New York ²2015.
Köppe, Tilmann/Kindt, Tom: Erzähltheorie. Eine Einführung. Stuttgart 2014.
Martínez, Matías/Scheffel, Michael: Einführung in die Erzähltheorie [1999]. München ⁹2012.
Neumann, Birgit/Nünning, Ansgar: An introduction to the study of narrative fiction [2008]. Stuttgart ⁴2011.
Vogt, Jochen: Einladung zur Literaturwissenschaft [1999]. München ⁷2016.

Vogt, Jochen: Wie analysiere ich eine Erzählung? Ein Leitfaden mit Beispielen. Paderborn 2011.
Wenzel, Peter (Hg.): Einführung in die Erzähltextanlayse. Kategorien, Modelle, Probleme. Trier 2004.

Reader und Sammlungen grundlegender Texte

Bal, Mieke (Hg.): Narrative theory. Critical concepts in literary and cultural studies. 4 Bände. London/New York 2004.
Jannidis, Fotis, Lauer, Gerhard, Martínez, Matías, Winko, Simone (Hg.): Texte zur Theorie der Autorschaft. Stuttgart 2000.
McQuillan, Martin (Hg.): The narrative reader. London/New York 2000.
Roberts, Geoffrey (Hg.): The history and narrative reader. London/New York 2001.
Wagner, Karl (Hg.): Moderne Erzähltheorie. Grundlagentexte von Henry James bis zur Gegenwart. Wien ²2015.

Internetressourcen

CATMA (Computer Assisted Textual Markup and Analysis). Zugänglich unter: http://catma.de (gesehen am 25. April 2016).
Dennerlein, Katrin/Jannidis, Fotis/Spörl, Uwe: Erzähltextanalyse. Technische Universität Darmstadt et al. Zugänglich unter: http://www.li-go.de/definitionsansicht/prosa/erzaehltextanalyse.html (gesehen am 25. April 2016).
Hühn, Peter/Meister, Jan Christoph/Pier, John/Schmid, Wolf (Hg.): The living handbook of narratology. Universität Hamburg. Zugänglich unter: http://www.lhn.uni-hamburg.de (gesehen am 25. April 2016).
IASLonline. Zugänglich unter: http://www.iaslonline.de (gesehen am 25. April 2016).
Jahn , Manfred: Narratology. A guide to the theory of narrative. Universität zu Köln. Zugänglich unter: http://www.uni-koeln.de/~ame02/pppn.htm (gesehen am 25. April 2016).
Kocher, Ursula/Kopp, Kristian/Manns, Stefan/Schicktanz, Andrea: Literaturtheorien im Netz. Freie Universität Berlin. Zugänglich unter: http://www.literaturtheorien.de (gesehen am 25. April 2016).
NarrNetz – Narratologie im Netz. Zugänglich unter: http://www.icn.uni-hamburg.de/narrnetz/(gesehen am 25. April 2016).
Projekt Gutenberg-DE. Zugänglich unter: http://www.projekt.gutenberg.de (gesehen am 25. April 2016).
VOYANT (a web-based reading and analysis environment for digital texts). Zugänglich unter: http://voyant-tools.org (gesehen am 25. April 2016).

5 Sachregister

A

Aarne-Thompson-Katalog 226
Abgeschlossenheit 28
Ablaufschema 171
ab ovo 151, 170
achèvement 38
Achronie 151, 297
Adjuvant 230, 297
Adressant 57, 229, 297
Adressat 12, 16, 57, 101, 107 ff., 168 f., 183, 191, 200, 230, 297, 302, 305, 309
Agent 38, 304
Aktant 177, 229 f., 233, 246, 297
Aktantenmodell 230, 246 f.
Algorithmen 291
Allegorie 180, 212, 214
Allegorisierung 212
Allsicht 118, 120
Alltagserzählung 12 f., 73
Alltagshandeln 225
Alltagskommunikation 184
Allwissenheit 34
Alteration 39, 303, 307 f.
Anachronie 147 ff., 164, 297
Analepse 147 ff., 184, 297
analytische Erzählung 297
Anaphernresolution 289
Animationsfilm 271
Anisochronie 154, 297, 305
Annotation 289
anterior narration 106
Anthropologisierung 67
Anthropomorphisierung 66, 116 f., 175
Aporie 229
Äquivalenz- und Oppositionsrelationen 229
Aspektsehen 211
audiovisuelles Erzählen 269, 277, 280
Aufmerksamkeitslenkung 271
Ausgangssituation 209, 231, 261
Aussageposition 126
Aussagesubjekt 107, 133 f., 176
Außenperspektive 88
Außenposition, realweltliche 51
Außensicht 34, 118, 277 f.
äußere Rede 131, 298
Äußerungssubjekt 12, 141
Aussparung 35, 153, 299
Authentifizierungsfunktion 98 ff.
Autodiegese 81
Autor 15, 29, 32, 46, 67, 73, 84, 88, 98, 109, 175, 190, 193, 222, 235, 261, 276, 298
Autorfunktion 51
Autorinstanz 17, 51, 192, 298
Autorintention 52, 190
Autorkonzept 46, 48, 51 f.

B

Barock 29, 224, 234
Bedeutungsraum 206
Begleittexte 54
Begriffssystematik 18, 129, 147
Beobachterperspektive 278
Berichtsituation 97
Bewusstseinsbericht 137, 302
Bewusstseinsstrom 63, 138, 298
Bildgestaltung 270
Bild-Ton-Kombinationen 269 ff., 276
Bildungsroman 63, 226, 234, 247
Binnenerzähler 91, 96, 100
Binnenerzählung 20, 90 ff., 94 f., 99, 108, 250, 298
Binnenhandlung 95, 103, 109
Biographie 261
Biographismus 47
Briefroman 106, 119, 257
bubble 285

C

captatio benevolentiae 56, 195
CATMA 289 ff.
Charaktant 243 ff., 248
Charakterisierung 242
Chiasmus 195, 200, 202
Chronologie 149, 151, 157, 309
chronologisches Erzählen 149, 298
Cliffhanger 94
close reading 291
closure 6, 170
Comic 282
Comicstrip 282
computational narratology 292
Computerspiel 269
co-occurence 149, 298
covert narratee 107
covert narrator 75 f., 298

D

Dauer 147, 152, 154, 156, 159, 164, 298, 310
Deiktika 134, 139, 144, 163
Dekonstruktion 186
deskriptive Pause 101, 154, 298
Detailfülle 155 f.
Detektivroman 32, 171, 226, 304, 306
Dialogizität 298
Dichtungstheorie 26, 40
Diegese 299
diegesis 27, 39, 79, 81, 127 f., 299
Diegesis 19 f., 79, 82, 94, 108, 127 f., 299
diegetischer Modus 127, 299
diegetisch (Schmid) 19, 79, 271, 299
Digital Humanities 287
discours 32, 71, 112, 209, 219, 299
discourse time 20
discourse world 20
Diskurs 17 ff., 32, 71, 92, 102 f., 105, 112, 143 f., 147, 151 f., 164, 209 f., 256, 273, 280, 298 ff., 303, 307
dispositio 196
distance 299
Distant reading 291 f.
doppelte Zeitlichkeit 102, 145, 299, 310
dramatischer Modus 299
Drei-Stufen-Modell der Redewiedergabe 129, 138
Dual-voice-Technik 138, 200

E

Ebenen 100, 300
effet de réel 155, 299
eleos 26
Ellipse 35, 153, 244, 299
elocutio 196
embedding 91
emphasis 200
Enunziator 276
Epik XI, 15, 29, 60, 175, 223
Epilog 150, 267
episches Präteritum 160
Episodizität 3
Epistemologie 117, 125
Epitext 55 f., 58
Epochenroman 221
Epos 26 f., 29, 60 f., 127, 129, 172, 221, 299
Ereignis 36, 110, 147 f., 157 ff., 206, 215 ff., 264 f., 267, 273, 299
Ereignishaftigkeit 217
erlebendes Ich 82, 202
Erlebnishaftigkeit 263
erlebte Rede 133 ff., 137 f., 140 f., 191, 200, 243, 300, 302
Erwartungsbruch 217
Erwartungshaltung 54, 60, 150, 170, 241
Erwartungshorizont 171, 310
Erzählabsicht 109
Erzählakt 145, 178, 265
Erzählanlass 83, 109
Erzähldauer 147, 152, 154, 156, 159, 164, 298, 310
Erzähldistanz 97, 103
Erzählebenen 90, 100, 300
Erzählen 3, 5, 27, 38, 77, 116, 174, 300
Erzählen, anaphorisches 157, 297
erzählendes Ich 82 f., 109, 146, 180
Erzählen, eingeschobenes 104, 311
Erzählen, gleichzeitiges 103, 105, 263 f., 311
Erzählen, iteratives 35, 158 f.
Erzählen, iteratives 285f. 305
Erzählen, prädiktives 95, 106
Erzählen, prospektives 103, 106 f., 149, 311
Erzählen, repetitives 157, 308
Erzählen, retrospektives 103 f., 311
Erzählen, singulatives 157, 309
Erzähler 18 ff., 71, 73, 109, 261, 300
Erzähler, allwissender 118, 135, 176, 184, 222
Erzähler, autodiegetischer 81, 298
Erzähler, Er-Erzähler 88
Erzähler, extradiegetischer 20, 93 f., 267, 301
Erzählerfigur 84 f., 92, 168, 172, 184, 261, 267
Erzähler, heterodiegetischer 20, 95
Erzähler, homodiegetischer 20, 80, 95, 146, 304
Erzähler-Ich 29
Erzähler, Ich-Erzähler 15, 56, 88, 101, 104, 180, 246
Erzähler, inkludierter 103, 146
Erzähler, intradiegetischer 93 f., 301, 305
Erzählerkommentar 241
Erzählerkonzept 30, 176
Erzähler, metadiegetischer 93 f., 301, 305
Erzählerposition 84, 86 f., 190, 300
Erzähler, primärer, sekundärer, tertiärer etc. 20, 109, 309

Sachregister

Erzählerrede 27, 51, 84, 112, 127, 129 f., 132 f., 138 f., 141, 191, 300
Erzählertext 133, 139 f., 142, 314
Erzählerzeit 19 f., 108, 145 f., 163, 300
Erzählillusion 175 ff., 179, 182 f., 186, 188
Erzählinstanz 17, 19 f., 30, 34, 38, 47, 73, 82, 115 ff., 120 ff., 125 f., 174, 176, 191, 206, 222, 235, 252, 266, 270, 276
Erzählkästen 285
Erzählperspektive 32, 114 f., 239, 300
Erzählraum 250, 307
Erzählschema 241
Erzählsituation 33 f., 88 f., 110, 126, 176, 277, 301
Erzählsituation, auktoriale 34, 88 f., 118, 176, 297
Erzählsituation, Ich-Erzählsituation 34, 88, 304
Erzählsituation, personale 34, 88 f., 308
Erzähltempo 152 f., 298 f., 301
erzählte Rede 131, 137 f., 301
Erzähltext 60
erzählte Zeit 19 f., 35, 145, 151 ff., 156, 163, 273, 298 f., 301, 310 f.
Erzählung in der zweiten Person 85
Erzählzeit 19 f., 35, 145 ff., 151 ff., 156, 159, 298 f., 301, 310 f.
establishment shot 283
evocative present 83
exculpatio 187
Exegesis 19 f., 82, 94, 108, 301, 309
Expressionismus 14
Extrapolation 290

F

Fabel 62, 65 ff., 166, 184, 213 f.
fabula 20, 32, 301
Familienähnlichkeit 60
Fantasyromane 14
Figur 17, 204, 233 ff., 242, 246, 261 f.
Figurenanalyse 235, 248, 280
Figurencharakterisierung 123, 172, 202, 235, 242 ff., 248, 252 ff.
Figurenhandeln 215, 223 ff., 229, 233, 242, 244, 248
Figurenkonstellation 209 f., 213
Figurenmodelle 239, 247 f.
Figurenmotivation 223, 306
Figurenrede 27, 112, 127 ff., 137 ff., 141, 191, 203, 248, 261, 302
Figurentext 84, 139 f., 142, 314

Figur, erzählende 300
Fiktionalitätserklärung 56
Filmnarratologie 103, 269, 276, 281
flashback 147
flashforward 148
Fokalisation, kollektive 123
Fokalisierung 19, 30, 38, 115 ff., 125 f., 267, 277 f., 302
Fokalisierung, externe 118, 121, 125, 301
Fokalisierung, interne 119 f., 125, 264, 305
Fokus 116, 125
Folgesituation 231
foreshadowing 170
Formalismus, russischer 31 f., 37, 301, 304
frame 220, 303
free indirect discourse 138, 303
Frequenz 144, 147, 156, 159, 164, 278, 303, 310
Funktionsmodell (Propp) 227

G

Gattungskonvention 83, 213 f.
Gedankenbericht 137
Gedankenblasen 285
Gedankenrede 130 f., 135 ff., 302
Gedankenzitat 131, 135 f., 302 f.
Gegenwartshandlung 98
Generalisierung 184
Genres 55, 60, 199, 207, 223, 226, 234
Gesamthandlung 27, 123, 215, 223 ff., 227, 229, 231, 233, 246
Geschehen 115, 216, 218 f.
Geschehensebene 123
Geschehensillusion 175 ff., 179 f., 184 f., 187 f.
Geschehenslogik 226
Geschehenssequenz 261, 264
Geschehnis 216, 218, 303
Geschichte 17 ff., 32, 71, 102, 105, 151 f., 162, 164, 204, 218 f., 256, 273, 298, 300, 303
Geschichtsroman 63
Gesellschaftsroman 63
Google Books Ngram Viewer 291 f.
Granularität 152, 156, 304
Graphic Novels 282
Grenzüberschreitung 101, 206
Gut-Böse-Schema 67
Gutter 282

H

Handlungsanalyse 215, 218 f., 221, 226, 228 f., 231 ff., 299, 301, 303 f.
Handlungsaufbau 68, 280
Handlungsführung 51
Handlungskonzepte 220
Handlungslogik 215, 226
Handlungsmotivation 205
Handlungsraum 206, 250, 307
Handlungsschema 221, 304
Handlungsstruktur 236, 266
Handlungstypen 224
Helferrolle 230
Herausgeberfiktion 99 f., 102
Hermeneutik XI, 195
Heterodiegese 82, 87, 103, 160
Heuristik XI, 125
heuristische Verfahren 45
histoire 20, 38, 71, 219, 303 f.
Historiographie 221
Homodiegese 80, 82 ff., 87, 101, 103 f., 138, 146, 160, 300
Hörbuch 8

I

Ich-Erzählung 85, 99, 103, 119, 160, 182, 250
Ich-Perspektive 225
idealgenetisches Modell (Schmid) 124, 218
Ideendrama 65
Illusionsbildung 14, 33, 128, 155 f.
Illusionsbruch 176
implied author 47, 304
impliziter Autor 52, 261
Imprädiktibilität 217
Informationsaufnahme 116 f., 121, 126
Informationssteuerung 126
Informationsvergabe 116, 127, 135, 165 ff., 169, 171 ff.
Inklusionsschema 91 ff., 95 ff., 100, 109, 250
Inkonsistenz 192 f., 305 f.
in medias res 151, 170
Innenperspektive 88, 137 f.
innere Rede 131, 135, 304
innerer Monolog 135, 137, 302, 304
Inquit-Formel 130 f., 133 ff.
intentional fallacy 47, 53
intercalated narration 104
Interferenz 138 f., 142
Intertextualität 52, 209, 214, 242
Introspektion 80, 86 f., 89, 135 f.
in ultimas res 151, 163

inventio 196
Isochronie 154, 305
Isotopie 103

K

Kadrierung 271
Katalysen 37
katharsis 26
Kausalität 143, 216, 305
Kerne 37
Klappentext 55
Klimax 226
Kognition 177, 221
Kohärenz 219, 271, 305
Kollisionsmontage 272
Kolloquialität 183
Kommunikationsmodell 16, 190
Kondensierung 131
Kontextualisierung 52
Kontextwissen des Lesers 57 f., 125
Kriminalliteratur 236
Krise des Romans 63
Künstlerroman 63
Kunstmärchen 68, 199
Kurzgeschichte 62, 64

L

Leerstelle 150, 153, 170, 173, 205
Legende 62, 66
Lehrgedicht 26, 65
Leitmotiv 64, 278
Leseanweisung 57, 61
Leser 13, 46, 48, 54, 56, 60, 82, 86, 125, 128, 141, 148, 155, 168, 177, 188, 191, 194, 211, 213, 221, 234, 305
Leseraffekte 166, 169
Leseransprachen 77, 107
Leserapostrophe 183
Leserinstanz 305
Leser, realer 73, 102, 107, 109
Linearisierung 149, 309

M

machine learning 291
Makroebene 283
Märchen 66 f., 166, 184, 215, 226, 230, 301, 304
Markiertheit des Erzählers 86, 183
Markup 289
match cut 283
Mauerschau 105
Mehrstimmigkeit 274
Metafiktion 168, 182, 185 ff.

Sachregister

Metalepse 101 ff., 157, 306
Metanarration 178, 180 ff., 187 f.
Metapher 195, 200, 202, 271, 278
Mikroebene 283
mimesis 27, 39, 127 f., 178, 299
Mimesis des Erzählens 178, 185
mimetisch 261 ff., 266 f.
mimetischer Modus 127, 299
Minimalerzählung 215 f., 306
mise en abyme 102 f., 306
mise en scène 270, 278
mise en temps 272
Mitsicht 33, 117, 119 f., 283
Mittelbarkeit 30, 89, 135, 176, 306
Montage 270, 272 ff., 277 ff.
Moskau-Tartu-Schule 34
Motiv 209 f., 225, 227, 252
Motivation 169, 223, 225, 233, 247, 306
Motivkonstellation 279
move-Analyse 231 f.
move-Grammatik 231, 233
Multiperspektivismus 158, 237
Mytheme 229
Mythos 14, 27, 221, 223, 229, 233, 247

N

Nachwort 55, 99 f.
named entity recognition 292
narrataire 107, 306
narratee 107
narration 20, 38, 304
narrative turn 3
Narrativität 3, 261, 266 f., 307
Narratologie XI, 36
narratorial 88, 122, 125, 139, 141, 148
narratoriale Perspektive 122, 124
Naturalisierung 177
Neugier 57, 166, 169, 173
nichtdiegetisch (Schmid) 79, 271, 277, 307
nonnarrator 75 f.
Novelle 29, 61, 64, 226, 234
Novellentheorie 29
Novellenzyklus 64, 91
Nullfokalisierung 118, 120 ff., 125, 278, 307
Null-Okularisierung 283

O

Oberflächenstruktur 228 f., 240 ff.
Objektkonstitution 51
Off-Ton 271
Okularisierung 283

Ontologie 238, 249, 307
Opponent 230, 297
Oppositionsbeziehung 228
Ordnung 8, 147, 159, 164, 307, 310
ordo artificialis 147 f., 307
ordo naturalis 147 f., 298, 307
Outline 285
overt narratee 107
overt narrator 75 f., 91, 307

P

Panel 282
Parabel 62, 65, 166, 168
Paralepse 307
Paralipse 308
Paratext 54, 56 f., 60 f., 100, 214
passage à l'acte 38
Patient 38
peripeteia 28
Peripetie 226
Peritext 55 f.
Permutation 147
Personifizierung 200
Perspektivierung 19, 34, 114 f., 270, 277 f., 299, 308
Perspektivmodell 121, 139 f.
Perspektivparameter 124
Perspektivtheorie 33
phobos 26
Plot 20, 27, 218, 223, 227, 266, 308
Plurimedialität 274
poetic justice 172 f.
point of view 33, 116, 278, 308
Polaritätsprofil 140 f.
Polyphonie 275, 280
präsentisches Erzählen 83 f.
primacy effect 179
Primärillusion 178 f.
Prolepse 148 ff., 158, 184, 308
Prolog 109, 267

R

Rahmenerzählung 20, 90 f., 94 f., 98 f., 308
Rahmenhandlung 95
Raumanalyse 250, 252, 255
Realia 256
Realitätseffekt 9, 155, 308
récit 20, 38, 304
Redeankündigung 130
Rededarstellung 128, 132
Redewiedergabe 39, 126, 129, 131 ff., 135, 139 f., 142, 300
Reflektorfigur 88 f., 191

reticentia 200
Rezeptionsforschung 156
Rezeptionskonstrukt 221
Rezipient 309
Rhetorik 76, 194 ff., 198, 203
rhetorische Frage 200
Robinsonade 63
Roman 62
Romanpoetik 32
Romantheorie 29
Romantische Ironie 181
Rückwendung 36, 147, 151, 309
runde vs. flache Charaktere 239, 242

S

Schärfentiefe 278
Schelmenroman 234
Schemaliteratur 309
Schematheorie 303
Schicksalswende 226
Schutzumschlag 54 f., 57 f.
Science-Fiction 255, 279, 301, 306
script 220, 232, 309
Sekundärillusion 178 f.
Selbstreflexion 15, 50, 123, 180 ff.
Selektion 89, 120 f., 155, 263
Semiotik 37, 41
Sende- und Empfängerinstanz 108
Sequenz (Comic) 282
Setting 284
Shortstory 62, 65, 75, 118
shot reverse shot 283
showing 33 f., 128, 240 f., 248, 262 f., 274, 309
Simullepse 149, 309
simultaneous narration 105
Skaz 84
social network analysis 292
Soundword 285
Spannung 83, 90, 116, 124, 150, 162, 166, 169 f., 173
Spielfilme 269, 279
Split-screen-Technik 149
Splitscreen-Technik 273
Sprechblasen 285
Sprecher- und Adressateninstanzen 17, 190, 297, 300, 309
Ständeklausel 224
Stilanalyse 194, 198, 202
Stillehre 198
Stimme (*voix*) 20, 38, 73, 100, 117, 133, 138, 158, 190, 196, 200, 236, 262, 266, 271, 309
Stoff 52, 64, 67, 181, 196, 209, 213, 218

Stoffgeschichte 209
story 6, 32, 218, 308 f.
story generation 292
story time 20
story world 19 f., 204, 309
stream of consciousness 111, 138, 298, 309
Strukturalismus XI, 3, 31 f., 34, 36 ff., 228
Sturm und Drang 14
style indirect libre 138, 309
stylometry 292
sujet 31, 301, 309
Syllepse 201
Sympathielenkung 166, 172 f.
Synekdoche 202
synthetische Erzählung 310

T

TACT 289
Tag 290
Teichoskopie 105
telling 33 f., 128, 240 f., 261, 274, 299, 309
Textinterferenz-Modell 84, 129, 138
Textsorte 11, 55, 60 f., 108, 184
Textuniversum 239
Thematik 14, 204, 208 ff., 212
Tiefenstruktur 228 f., 240 f.
Tongestaltung 270 f.
topic modelling 292
Trope 195, 202
Typenkreis (Stanzel) 34, 88 f.

U

Überraschung 83, 99 f., 153, 166, 170, 173
Übersicht bzw. ›Sicht von hinten‹ 34, 283
ulterior narration 103
unreliability 189, 194, 310, 312
Unzuverlässigkeit 113, 189 ff., 310
Urheberrecht 49

V

verbum credendi 130, 136
verbum dicendi 130, 134
Verfremdung 31
Vermittlungsfunktion 75, 298, 307
Vermittlungsinstanz 30, 71, 73, 129, 186, 191, 299 f., 306 f.
Vermittlungsmodalitäten 261
virtualité 38
Voice Over 273 ff., 277

Sachregister

Volksmärchen 66 ff.
Vorausdeutung 36, 169 f., 310
Vorwort 54 ff., 98 f., 109
VOYANT 290

W
Weltwissen 166, 171, 310
Wertungshorizont 298
Widmung 54 ff.
Wissen 19, 118, 165 f.

Z
Zaubermärchen 32, 227, 297, 303
Zeichentheorie 229
Zeitanalyse 35, 103, 143, 255, 272
Zeitangaben 162, 164, 256
Zeitbestimmer 144
zeitdeckendes Erzählen 155, 310
Zeitdeckung 35
Zeitdehnung 35, 154 f., 169, 311
Zeitdeiktika 144
Zeitdramaturgie 272 f., 280
zeitliche Situierung 255
Zeitraffung 35 f., 152 ff., 264, 311
Zeitsprung 153, 311
Zuverlässigkeit 83, 113, 129, 189 f.
Zweistimmigkeit 138, 190 f., 311

6 Personen- und Titelregister

A

Aarne, Antti 226
Abbott, H. Porter 63, 68
Abel, Julia 286
Abelson, Robert 220, 234
Alkibiades 13
Allen, Woody 102
- *The Purple Rose of Cairo* 102
Antonsen, Jan Erik 59
Antor, Heinz 142
Anz, Thomas 68, 316
Aristoteles 10, 13 f., 20, 26 ff., 39 f., 127, 195, 221 ff., 233 f., 247, 302, 315
- *Poetik* 13, 20, 26 ff., 39 f., 127, 221 ff., 234, 315
Äsop
- *Der Fuchs und die Trauben* 66
Assmann, Jan 258
Augustinus, Aurelius 143, 164
- *Bekenntnisse* 143, 164
Aumüller, Matthias XIII, 312
Austen, Jane 240 f., 244
- *Stolz und Vorurteil* 240 ff.
Auster, Paul 104 f., 146, 163
- *Leviathan* 104 f., 146, 163
Aust, Hugo 64, 68
Austin, John L. 304
Avanessian, Armen 164

B

Bachtin, Michail M. 30, 138, 142, 190 f., 194, 208, 298
Baetens, Jan 285
Baker, Sheridan 174 f., 189
Bal, Mieke 18, 121, 126, 315, 317
Ball, Alan 269
- *Six Feet Under* 269, 278
Balzac, Honoré de 63
Banfield, Ann 142
Bareis, J. Alexander 20, 189
Barnes, Jonathan 40
Baroni, Raphaël 171, 173
Barthes, Roland 9, 20, 37, 40, 48, 53, 112, 155, 164, 170, 173, 235, 243, 308, 315
Bartsch, Anne 280
Bauer, Matthias 121 f., 316
Beardsley, Monroe C. 47, 53
Bergman, Ingrid 278

Beyle, Henri (= Stendhal) 63, 299
Biebuyck, Benjamin XIII, 203, 312
Birke, Dorothee 53
Blanckenburg, Christian Friedrich von 29, 39
Blixen-Finecke, Karen Christence baronesse von 55
- *Den afrikanske Farm* 55
Blixen, Tania 55
- *Afrika – dunkel lockende Welt* 55
Blödorn, Andreas 111
Boccaccio, Giovanni 64, 91, 95
- *Das Dekameron* 64, 91, 95, 98
Bode, Christoph 83, 90, 110
Bogart, Humphrey 275
Böhnke, Alexander 281
Böll, Heinrich 63
Booth, Wayne C. 33, 47, 87, 110, 189 f., 194, 298, 310, 315
Bordwell, David 276, 280
Borges, Jorge Luis 102, 110
Borstnar, Nils 270 f., 280
Branigan, Edward 276 f., 280
Brecht, Bertolt 65, 267
- *Der kaukasische Kreidekreis* 267
Breidert, Wolfgang 254
Bremond, Claude 38, 40, 315
Brinker, Menachem 208, 211 f., 214
Britten, Benjamin 8
- *Death in Venice* 8
Brockmann, Henning XIII, 297
Bronfen, Elisabeth 254
Brontë, Charlotte 210
Brössel, Stephan 281
Brunner, Annelen 293
Brunner, Horst 68, 316
Burdorf, Dieter 68, 316
Burghardt, Anja XIII, 312
Burgoyne, Robert 276, 281
Busa, Roberto 287 f.

C

Caesar, Julius
- *Der Gallische Krieg* 85
Camus, Albert 251
- *Die Pest* 251
Carroll, Noël 169, 173
Čechov, Anton 65, 114, 116 ff., 124
- *Krankenzimmer Nr. 6* 114, 116, 119 ff., 124

- *Tsss!* ... 118
Cervantes Saavedra, Miguel de 160, 174, 176, 178f., 184, 186
- *Der sinnreiche Junker Don Quijote von der Mancha* 157f., 160f., 174f., 178ff., 184ff., 224
Chatman, Seymour 39f., 75, 110, 262, 315
Chaucer, Geoffrey 91
- *Canterbury Tales* 91
Christie, Agatha 192
- *Alibi* 192
Claycomb, Ryan M. 268
Coenen, Hans Georg 66, 68
Cohn, Dorrit 83, 110, 142, 315
Conrad, Joseph 170
Cortázar, Julio 101
- *Ende des Spiels* 101
Culler, Jonathan 177, 189, 315
Currie, Gregory 53
Curtiz, Michael 273ff.
- *Casablanca* 273ff., 277f.

D

Daemmrich, Horst S. 207ff., 214
Daemmrich, Ingrid 207ff., 214
Dällenbach, Lucien 102
Defoe, Daniel 63
- *Robinson Crusoe* 63, 207
Dennerlein, Katrin 317
Detering, Heinrich 53
D'hoker, Elke 194
Dickens, Charles 85, 210, 238, 243
- *Eine Weihnachtgeschichte* 243
- *Oliver Twist oder Der Weg eines Fürsorgezöglings* 85
Dinesen, Isak (= Karen Blixen) 55
- *Out of Africa* 55
Dittmar, Jakob F. 285
Döblin, Alfred 54, 138, 148, 150f.
- *Berlin Alexanderplatz* 138, 148, 150f.
Docherty, Thomas 243, 249
Doderer, Klaus 213f.
Doležel, Lubomír 237f., 249
Donen, Stanley/Kelly, Gene
- *Singin' in the Rain* 272
Dorleijn, Gillis J. 53
Dostoevskij, Fedor 86, 129, 137
- *Der Doppelgänger* 138
- *Die Brüder Karamazov* 86
Dotzler, Bernhard J. 205, 208
Doyle, Arthur Conan 81

- *Sherlock-Holmes-Geschichten* 81, 236
Dujardin, Edouard 137
- *Der geschnittene Lorbeer* 137
Dünne, Jörg 254
Dyer, Richard 271, 280

E

Eckermann, Johann Peter 64, 68
Eco, Umberto 37, 100
- *Der Name der Rose* 100
Eder, Jens XIII, 249, 277f., 280f., 312
Einstein, Albert 144
Eisen, Ute E. 111
Elias, Norbert 144, 164
Ellis, Bret Easton 245f.
- *American Psycho* 245ff.
Emrich, Wilhelm 213f.
Eroms, Hans-Werner 203

F

Fahlenbrach, Kathrin 280
Fasbender, Christoph 68, 316
Ferrara, Fernando 249
Fichte, Hubert 257
- *Die Palette* 257
Fielding, Henry 104
- *Tom Jones. Geschichte eines Findlings* 104, 110
Fincher, David 269
- *Fight Club* 269
Fitzgerald, Scott F. 81
Flaubert, Gustave 32, 86
- *Madame Bovary* 86
Fleishman, Avrom 281
Flitterman-Lewis, Sandy 276, 281
Fludernik, Monika 20, 41, 68, 137, 142, 164, 182, 187, 189, 203, 268, 315f.
Fohrmann, Jürgen 203
Fontane, Theodor 162, 251f., 255f.
- *Effi Briest* 251f., 255f.
- *Frau Jenny Treibel* 162
Ford, Richard 236, 238
- *Der Sportreporter* 236
- *Die Lage des Landes* 236
- *Unabhängigkeitstag* 236
Forster, Edward Morgan 62, 68, 215f., 239, 248f., 306, 315
Frank, Manfred 258
Frenzel, Elisabeth 209, 214
Freud, Sigmund 137, 229
Fricke, Harald 316

Friedemann, Käte 30, 39 f., 47, 53, 71, 73, 110, 138, 142, 176, 189, 306, 315
Friedman, Melvin 111
Friedman, Norman 33 f., 39 f.
Frisch, Max 91, 94
– *Stiller* 91, 94 f.
Fuhrmann, Manfred 40
Füllmann, Rolf 68

G

Gaskell, Elizabeth 210
Gaudrealt, André 276, 281
Genette, Gérard XII, 18, 20, 33, 35, 37 ff., 52, 54 f., 57 f., 81, 86 f., 90, 92 ff., 103 f., 110 ff., 115 f., 118 f., 121 f., 124 ff., 128, 142, 146 f., 149, 152, 155, 157, 164, 283, 297 ff., 304 ff., 309 ff., 315
Gernhardt, Robert 66, 68
Gervás, Pablo 293
Gfrereis, Heike 316
Gide, André 102
– *Die Falschmünzer* 102
Gius, Evelyn 293
Gleichnis vom verlorenen Sohn 65, 209
Goethe, Johann Wolfgang von 35, 47, 63 f., 68, 91, 111, 209, 226, 242, 263
– *Dem aufgehenden Vollmonde* 263
– *Faust* 209 f., 242
– *Italienische Reise* 257
– *Unterhaltungen deutscher Ausgewanderter* 64, 68, 91
– *Wilhelm Meisters Lehrjahre* 63
– *Wilhelm Meisters Wanderjahre* 64
Goffman, Erving 211, 214
Gogol, Nikolaj 257
– *Aufzeichnungen eines Wahnsinnigen* 257
Goscinny, René 207
Göttert, Karl-Heinz 203
Grabes, Herbert 175, 189
Gralla, Tomasz XIII
Grass, Günter 46, 63, 201 f.
– *Die Blechtrommel* 202
Greimas, Algirdas Julien 112, 177, 229 f., 233 ff., 297, 303
Griem, Julika 271, 281
Grimm, Jacob und Wilhelm 66 f., 227
– *Der Hase und der Igel* 67
– *Die zwölf Jäger* 67
– *Dornröschen* 67
– *Jorinde und Joringel* 67
– *Kinder- und Hausmärchen* 66 f.
– *Rotkäppchen und der Wolf* 67, 227 f., 230 ff.
– *Schneewittchen* 67
Grimmelshausen, Hans Jakob Christoffel von 62, 225
– *Der abenteuerliche Simplicissimus Teutsch* 62, 225
Grodal, Torben 281
Groddeck, Wolfram 203
Groensteen, Thierry 286
Grossmann, Reinhardt 249
Grub, Frank Thomas 189
Grüttemeier, Ralf 53
Gumpel, Lieselotte 203
Günzel, Stephan 254
Gymnich, Marion 68

H

Haas, Wolf 63, 151 f., 191 f.
– *Das Wetter vor 15 Jahren* 63
– *Komm, süßer Tod* 151, 191 f.
Hamburger, Käte 10, 39, 47, 53, 80, 99, 103, 110, 135, 142, 160, 164, 258, 315
Hamsun, Knut 80 ff.
– *Hunger* 80, 82
Hansen, Per Krogh XIII, 194, 239, 249, 313
Hauschild, Christiane 297
Heiden, Bruce 265
Heine, Heinrich 180 f., 197 f.
– *Die Harzreise* 180
– *Ideen. Das Buch Le Grand* 197
Helbig, Jörg 194
Heliodor 62
– *Aithiopika* 62
Hemingway, Ernest 65, 75, 118, 198
– *Der alte Mann und das Meer* 198
Hengartner, Thomas 174
Henning, Anke 164
Heraklit 144
Herman, David 20, 25, 40 f., 234, 315 f.
Hermann, Judith 162
– *Camera Obscura* 162
– *Diesseits der Oder* 162
– *Hunter-Tompson-Musik* 163
– *Sommerhaus, später* 162
Hescher, Achim 286
Hesse, Hermann 54 f., 54
– *Demian. Die Geschichte einer Jugend* 54 f.
– *Der Steppenwolf* 100
Heyse, Paul 64
Hickethier, Knut 270, 281

Hitchcock, Alfred 245
– *Psycho* 245
Hoffmann, E.T.A. 30, 61, 64, 111, 196
– *Das Fräulein von Scudery* 64
– *Der goldene Topf. Ein Märchen aus der neuen Zeit* 61
– *Der Sandmann* 196
– *Die Serapions-Brüder* 30, 64
Hoffmann, Gerhard 254
Hoffmann, Torsten 48, 53
Horaz 14, 40, 170, 195
Hornschemeier, Paul 282
– *The Three Paradoxes* 282
Horstmann, Jan XIII
Huet, Pierre Daniel 29
Hühn, Peter XIII, 166, 174, 265, 268, 313, 316 f.
Hutcheon, Linda 178, 189

I

Ireland, Ken 149, 164
Iser, Wolfgang 170, 174

J

Jäckel, Hartmut 5 f.
– *Menschen in Berlin. Das letzte Telefonbuch der alten Reichshauptstadt 1941* 5 f.
Jahn , Manfred 317
Jahn, Manfred 121, 123, 126, 266, 316
Jakobson, Roman 37, 40
James, Henry 32 f., 40, 88, 128, 138, 192, 309, 315
– *Das Durchdrehen der Schraube* 192
– *The Ambassadors* 33
Janik, Dieter 129, 142, 315
Jannidis, Fotis 46, 48, 53, 237, 249, 281, 293, 317
Jauss, Hans Robert 249
Jeßing, Benedikt 316
Jockers, Matthew L. 293
Johnson, Mark 203
Johnson, Uwe 158
– *Mutmassungen über Jakob* 158
Jolles, André 66, 68
Jost, François 276, 281
Joyce, James 75, 138, 145, 152, 162
– *Ulysses* 75, 110, 138, 145, 152, 162
Jung, C. G. 235
Jungen, Oliver 203
Jürgensen, Christoph 57 f.

K

Kablitz, Andreas 121, 126
Kafalenos, Emma 265
Kafka, Franz 49, 65, 89, 212, 214, 217
– *Die Verwandlung* 89, 217
– *Kleine Fabel* 212
– *Vor dem Gesetz* 65
Kant, Immanuel 73, 176, 180
Kayser, Wolfgang 47, 53, 315
Keen, Suzanne 316
Kehlmann, Daniel 50
– *Die Vermessung der Welt* 50
Keller, Gottfried 64, 201
– *Die Leute von Seldwyla* 64
– *Romeo und Julia auf dem Dorfe* 201, 209
Kiefer, Jens 265
Kierkegaard, Søren 99 f.
– *Entweder – Oder. Ein Lebensfragment* 99 f.
Kindt, Tom 34, 40, 52 f., 193 f., 316
Kjærstad, Jan 236
– *Der Entdecker* 237
– *Der Eroberer* 237
– *Der Verführer* 237
Klauk, Tobias 21
Klein, Christian 286
Kleist, Heinrich von 153, 191, 194
– *Die Marquise von O…* 153
Klimek, Sonja 111
Kluge, Alexander 274
– *Die Artisten in der Zirkuskuppel – ratlos* 274
Kluge, Friedrich 174
Kocher, Ursula 317
Kohl, Kathrin 203
Köhnen, Ralph 316
Köppe, Tilmann 21, 53, 194, 316
Kopp, Kristian 317
Korthals Altes, Liesbeth 53
Koschorke, Albrecht 21, 315
Kozloff, Sarah 281
Kracht, Christian 56, 84, 162
– *Faserland* 56, 84, 162
Kreimeier, Klaus 59
Kripke, Saul 306
Kronauer, Brigitte 253
– *Teufelsbrück* 253
Kronenwerth, Sibylle XIII
Kubrick, Stanley 274
– *Barry Lyndon* 274
Kuhn, Markus XIII, 281, 285, 313
Kukkonen, Karin 111, 286
Künzel, Christine 53

L

Lagoni, Frederike 293
Lahn, Silke IX, 194, 297, 312
Lakoff, George 203
Lämmert, Eberhard 35f., 39f., 94f., 98, 101, 110, 147, 164, 218, 226, 234, 315
Langer, Daniela 53, 111
Lanser, Susan S. 30, 40, 81, 110
Lauer, Gerhard 48, 53, 293, 317
Lausberg, Heinrich 195, 200, 203
Leech, Geoffrey 137, 142
Lenz, Siegfried 63
Lessing, Gotthold Ephraim 65, 224, 234
– *Eine Parabel* 65
– *Miss Sara Sampson* 224
– *Nathan der Weise* 65
Lessing, Theodor 221
Lévi-Strauss, Claude 37, 229f., 234
Liptay, Fabienne 194
Lodge, David 170, 174
Lorck, Etienne 142
Lotman, Jurij 205f., 208, 254, 315
Lubbock, Percy 32f., 35, 39f., 128, 142, 309, 315
Lukács, Georg 29, 144, 164, 194, 315
Lüthi, Max 67f.

M

Maar, Paul 5
– *Die Geschichte vom Jungen, der keine Geschichten erzählen konnte* 5
Maatje, Frank C. 254
Maclean, Marie 59
Mahler, Andreas 254
Mani, Inderjeet 293
Mann, Heinrich 64
Mann, Thomas 7f., 50, 54, 64, 145, 152, 164, 209, 221, 242, 253
– *Der Tod in Venedig* 7
– *Der Zauberberg* 145, 164, 253
– *Die Buddenbrooks* 152
– *Doktor Faustus* 209f., 242
Manns, Stefan 317
Margolin, Uri 111
Marlowe, Christopher 209
– *Doctor Faustus* 209f.
Martens, Gunther 194, 203
Martínez, Matías 32, 40, 48, 53, 110, 112, 129, 142, 155, 164, 190, 194, 208, 214, 219, 234, 300, 307, 310, 316f.
Marx, Leonie 65, 68
Marx, Peter W. 268
Matzat, Wolfgang 258
Maupassant, Guy de 65
Mauron, Charles 203
Mayer, Matthias 68
Mazzucchelli, David 282
– *Asterios Polyp* 282
McCloud, Scott 285
McEwan, Ian 87, 211 f.
– *Abbitte* 87
– *Saturday* 211 f.
McQuillan, Martin 317
Meid, Volker 65, 68, 316
Meister, Jan Christoph IX, X, XIII, 125, 164, 293, 312, 316f.
Melville, Herman 63
– *Moby Dick* 63
Metz, Christian 37
Meyer, Anne-Rose 68
Meyer, Herman 208
Middeke, Martin 258
Miller, Dean A. 172, 174
Mittell, Jason 281
Modrow, Lena 293
Moennighoff, Burkhard 58, 68, 316
Mölk, Ulrich 209, 214
Möllendorff, Peter von 111
Mommertz, Stefan 111
Moretti, Franco 293
Moritz, Rainer 68, 316
Mulisch, Harry 161 f.
– *Das Attentat* 161 f.
Müller, Gernot 191, 194
Müller, Günther 35, 40, 145, 147, 164, 258, 310, 315
Müller, Hans-Harald 52f.
Müller, Heiner 46, 53
Müller-Zettelmann, Eva 265
Murakami, Haruki 77
– *Gefährliche Geliebte* 77
Musäus, Johann Carl August 200
– *Die Entführung* 200
Musil, Robert 201, 247
– *Der Mann ohne Eigenschaften* 201, 247

N

Nabokov, Vladimir 86, 199
– *Lolita* 199
– *Träger Rauch* 86
Nayhauss, Hans-Christoph 213f.
Neuhaus, Stefan 53, 67f.
Neumann, Birgit 68, 316
Neumeier, John 8

Newton, Isaac 144
Nietzsche, Friedrich 153, 221
– *Also sprach Zarathustra* 153
Nordaum, Lene 20
Nossack, Hans Erich 58, 84f., 100, 150
– *Der Fall d'Arthez* 84f.
– *Der jüngere Bruder* 100
– *Dorothea* 58
– *Spätestens im November* 150
Nünning, Ansgar 25, 40, 68, , 175, 178, 182, 185, 187, 189, 268, 316
Nünning, Vera 194
Nussbaum, Martha C. 172, 174
Nyhan, Julianne 293

O

O'Brien, Flann XI, 56
– *In Schwimmen-Zwei-Vögel* XI, 56, 101
Ohme, Andreas 194
O'Nan, Stewart 108
– *Die Speed Queen* 108
Ottmers, Clemens 195, 203
Ovid 210
– *Metamorphosen* 210
Oz, Amos 106ff.
– *Black Box* 106ff.

P

Pabst, Eckhard 270f., 280
Pascal, Roy 142
Pavel, Thomas 211f., 214, 231ff.
Penonne, Florence 68
Perutz, Leo 46, 53, 100
– *Der Marques de Bolibar* 100
Petersen, Jürgen H. 68, 111, 315
Petsch, Robert 35, 40
Phelan, James 20, 190, 192, 194, 237, 249, 315
Pier, John 316f.
Pinkas, Claudia 281
Platon 10, 26f., 39f., 127f., 144, 299, 302, 308
Poe, Edgar Allan 65, 167ff.
– *Die schwarze Katze* 167ff., 172
Potocki, Jan Graf 250
– *Abenteuer in der Sierra Morena oder die Handschrift von Saragossa* 250
Pouillon, Jean 33, 38, 40
Prince, Gerald 25, 32, 40, 111, 210, 214f., 315f.
Propp, Vladimir 32, 35, 37, 39f., 177, 227f., 234f., 297, 303
Proust, Marcel 57f., 110

Q

Quintilian 76

R

Raabe, Wilhelm 61, 83, 105, 146, 148, 162
– *Die Chronik der Sperlingsgasse* 61, 83, 105, 146, 148, 162
Rath, Wolfgang 68
Renner, Karl N. 234
Retsch, Annette 56, 58
Richardson, Brian 20, 268, 315
Richardson, Samuel 210
– *Pamela* 210
Ricœur, Paul 164, 203, 258
Rimmon-Kenan, Shlomith 20, 94, 102ff., 110, 142, 149, 164, 315
Roberts, Geoffrey 317
Romberg, Bertil 93, 110
Rorty, Amélie Oksenberg 40
Ross, Gary 102
– *Pleasantville* 102
Roth, Joseph 61
– *Hiob. Roman eines einfachen Mannes* 61
Roth, Philip 99
– *Portnoys Beschwerden* 99
Rowling, Joanne K. 14
– *Harry Potter* 14, 238
Rushdie, Salman 49
– *The Satanic Verses* 49
Ryan, Marie-Laure 316

S

Saint-Exupéry, Antoine de 55
– *Der kleine Prinz* 55
Saussure, Ferdinand de 37, 40
Schank, Roger C. 220, 234
Scheffel, Michael 21, 32, 40, 110ff., 129, 142, 155, 164, 190, 194, 208, 214, 219, 234, 300, 307, 310, 316
Scheinpflug, Peter 68
Schenda, Rudolf 166, 174
Schernus, Wilhelm XIII, 164
Schicktanz, Andrea 317
Schlegel, Friedrich 181
Schlinzig, Marie Isabel 313
Schmid, Wolf 18ff., 74, 84, 86, 93f., 107f., 110, 115, 121f., 124ff., 129, 133, 138f., 142, 149, 155, 164, 217ff., 234, 299ff., 307f., 315ff.
Schmidt, Arno 57f., 174
– *Gelehrtenrepublik* 57f.
Schmidt, Jochen 191, 194

Schmidt-Lauber, Brigitta 174
Schneider, Ralf 249, 281
Schnitzler, Arthur 64, 75
- *Fräulein Else* 75
- *Leutnant Gustl* 75
Schnurre, Wolfdietrich 65
Schönert, Jörg X, 53, 125, 263, 265
Schröder, Wilhelm 67
- *Het Wettloopen tüschen den Haasen un den Swinegel up der Buxtehuder Heid* 67
Schüwer, Martin 286
Schweinitz, Jörg 270, 281
Scorsese, Martin 277
- *Raging Bull* 277
Scott, Walter 63
- *Waverly* 63
Shakespeare, William 237, 266 f.
- *Macbeth* 266 f.
Shelley, Mary 238
- *Frankenstein* 238
Shen, Dan 203
Short, Mick 137, 142
Šklovskij, Viktor B. 31, 37, 39 f.
Smith, Murray 278, 281
Sollors, Werner 208, 214
Sommer, Roy 265, 268
Sontag, Susan 6, 20
Sophokles
- *König Ödipus* 106, 229, 235
Souriau, Etienne 299
Spielhagen, Friedrich 29 f., 32, 39 f.
Spitzer, Leo 82, 110, 142
Spörl, Uwe 317
Sprang, Felix XIII, 313
Stam, Robert 276, 281
Stanitzek, Georg 58 f.
Stanzel, Franz K. 18, 33 f., 39 f., 88 ff., 110, 126, 142, 176, 189, 191, 297, 301, 304, 306, 308, 315
Stein, Daniel 286
Stein, Malte 265
Steinberg, Günter 142
Steinbrink, Bernd 195, 203
Steinecke, Hartmut 29, 40
Stendhal (= Henri Beyle) 63, 299
Sternberg, Meir 142, 165, 171, 174
Sterne, Laurence 146
- *Leben und Meinungen von Tristram Shandy, Gentleman* 146, 152
Stifter, Adalbert 64
- *Bunte Steine* 64
Stockwell, Peter 171, 174

Storm, Theodor 95 ff., 103, 109, 132, 134, 146, 156, 250
- *Der Schimmelreiter* 95 ff., 103, 109, 132, 140, 146, 156, 250
Strawson, Galen 3, 20

T
Tausendundeine Nacht 91, 94 f., 98
Terras, Melissa 293
Thackeray, William Makepeace 86, 210
- *Jahrmarkt der Eitelkeit. Ein Roman ohne einen Helden* 86, 210
Thomas von Aquin 287 f.
Thompson, Kristin 273, 281
Thompson, Stith 226
Thon, Jan-Noël 281, 286
Tieck, Ludwig 195, 258
- *Der Runenberg* 195
Timm, Uwe 15 f., 289
- *Heißer Sommer* 15
- *Rot* 15 f.
Tismar, Jens 68
Titzmann, Michael 34, 41, 261
Todorov, Tzvetan XI, 18, 20, 33, 36, 41, 106, 111 f., 118 f., 234, 303 f., 316
Tolkien, J.R.R. 14
- *Herr der Ringe* 14
Tolstoj, Lev 87 f., 91, 108, 138, 238
- *Anna Karenina* 87 f.
- *Die Kreutzersonate* 91, 108
- *Krieg und Frieden* 138
Tomaševskij, Boris V. 37, 39, 41, 235, 316
Tucholsky, Kurt 48
Twain, Mark 236
- *Die Abenteuer des Huckleberry Finn* 236
- *Die Abenteuer von Tom Sawyer* 236

U
Uderzo, Albert 207
Ueding, Gert 195, 203
Uspenskij, Boris A. 33 f., 41, 316

V
Valéry, Paul 208
Vanhoutte, Edward 293
Veits, Andreas XIII, 285, 313
Vernant, Jean-Pierre 41
24 (Fernsehserie) 149
Visconti, Luchino 8
Vogel, Matthias 165, 174
Vogt, Jochen 152, 164, 213 f., 316 f.

Voigts-Virchow, Eckart 271, 281
Vološinov, Valentin 138 f., 142
Voßkamp, Wilhelm 29, 41

W

Wagner, Karl 317
Wahrenburg, Fritz 29, 40
Walzel, Oskar 30 f., 35
Ware, Chris 282
- *Jimmy Corrigan: The Smartest Kid on Earth* 282
Warhol, Robyn 20, 315
Weber, Dietrich 20, 316
Weidle, Roland 262
Weimar, Klaus 203, 316
Weinrich, Harald 165, 258, 316
Weiß, Ernst 95, 108
- *Jarmila. Eine Liebesgeschichte aus Böhmen* 95, 108
Weixler, Antonius 258
Wenz, Karin 254
Wenzel, Peter 68, 317
Wergin, Ulrich 203
Werner, Lukas 258
White, Hayden 221, 234
Wieland, Christoph Martin 111, 162, 226
- *Die Abenteuer des Don Sylvio von Rosalva* 162
- *Geschichte des Agathon* 226
Wilder, Thornton 267
- *Our Town* 267
Williams, Jeffrey 189
Wilpert, Gero von 68, 316
Wimsatt, William K. 47, 53
Wingert, Lutz 165, 174
Winko, Simone 48, 53, 317
Wirth, Uwe 111
Wittgenstein, Ludwig 211, 214
Wolf, Christa 63
Wolf, Werner 21, 90, 102, 111, 178, 182, 187, 189
Wolf, Yvonne 194
Wright, Edmond Leo 166, 174
Wulff, Hans Jürgen 270 f., 280
Würzbach, Natascha 210, 214

Y

Yacobi, Tamar 194
Yates, Frances A. 168, 174

Z

Zipfel, Frank 111
Zymner, Rüdiger 68, , 203

Dieter Burdorf
Einführung in die Gedichtanalyse
3., aktualisierte und erweiterte Auflage 2015,
X, 297 Seiten, € 19,95
ISBN 978-3-476-02227-1

Dieser Band bietet eine Einführung in alle Aspekte der Gedichtanalyse und -interpretation. Der Autor beschreibt die sprachlichen Besonderheiten von Lyrik und stellt die metrischen Grundformen sowie verschiedene Gedichtformen vor, die anhand von zahlreichen Beispielen aus der deutschsprachigen Lyrik vom 16. bis zum 21. Jahrhundert illustriert werden. Weitere Kapitel untersuchen die Bildlichkeit und den Wirklichkeitsbezug von Gedichten. Die 3. Auflage wurde vollständig neu bearbeitet, aktualisiert und erheblich erweitert.

Benedikt Jeßing / Ralph Köhnen
Einführung in die Neuere deutsche Literaturwissenschaft
3., aktualisierte und überarbeitete Auflage 2012
XI, 420 Seiten, € 19,95
ISBN 978-3-476-02387-2

Die bewährte Einführung bietet einen Überblick über alle Teilbereiche der Neueren deutschen Literaturwissenschaft:

- Literaturgeschichte vom 16. bis zum 20. Jahrhundert

- Literarische Gattungen: Lyrik, Drama und Erzählende Prosa

- Rhetorik, Stilistik und Poetik

- Literatur und andere Künste / Intermedialität

- Methoden und Theorien

- Literaturwissenschaftliche Praxis und Berufsfelder

Der Band vermittelt Grundwissen und eröffnet weiterführende Fragestellungen. Mit Abbildungen, Zeittafeln und Übungsaufgaben.

www.metzlerverlag.de
J.B. METZLER
Part of SPRINGER NATURE

Franziska Schößler
Einführung in die Dramenanalyse
2012, X, 277 Seiten, € 19,95
ISBN 978-3-476-02339-1

▶ Verbindet literatur- und theaterwissenschaftliches Wissen

▶ Mit vielen Abbildungen, Definitionen, Musterinterpretationen, Literaturhinweisen und Register

Dieser Band bietet eine umfassende Einführung in alle Bereiche des Dramas und der Dramenanalyse. Er erklärt die zentralen Grundbegriffe und – ausgehend von Tragödie und Komödie – die einzelnen dramatischen Genres wie z.B. bürgerliches Trauerspiel, Schicksalstragödie und Tragikomödie. Im Zentrum stehen die Dramenanalyse und das dafür nötige Handwerkszeug bzw. Analysekategorien wie Aufbau/Handlungsverlauf, Figuren, Sprache, Raum und Zeit. Zahlreiche Kurzinterpretationen und Leitfragen illustrieren das Vorgehen bei der Analyse. Weitere Kapitel widmen sich z.B. unterschiedlichen Bühnentypen, der Theatergeschichte, der Institution Theater samt ihren Berufsbildern, der Dramendidaktik und Theaterpädagogik sowie theoretischen Konzepten wie Postdramatik, Theatralität, Performativität, Liminalität und Ritual.

GPSR Compliance

The European Union's (EU) General Product Safety Regulation (GPSR) is a set of rules that requires consumer products to be safe and our obligations to ensure this.

If you have any concerns about our products, you can contact us on ProductSafety@springernature.com

In case Publisher is established outside the EU, the EU authorized representative is:

Springer Nature Customer Service Center GmbH
Europaplatz 3
69115 Heidelberg, Germany

Batch number: 09377543

Printed by Printforce, the Netherlands

Printed in Italy by Printer Trento S.p.a.